VORSICHT, DACHLAWINEN!

LARS AVADEM

VORSICHT, DACHLAWINEN!

Deutsche Erstausgabe
ASARO VERLAG 2013

Bibliografische Information
der Deutschen Nationalbibliothek:

Die Deutsche Nationalbibliothek
verzeichnet diese Publikation in der
Deutschen Nationalbibliografie;
detaillierte bibliografische Daten sind
im Internet über
http://dnb.d-nb.de abrufbar.

Alle Rechte der Verbreitung, auch
durch Film, Funk und Fernsehen,
fotomechanische Wiedergabe,
Tonträger, elektronische
Datenträger und auszugsweisen
Nachdruck, sind vorbehalten.

ASARO FIRSTEDITION-REIHE

© 2013 Asaro Verlag

**Covergestaltung T. Schröder
Unter Verwendung von:**
time_tree©DianaTerlemezyan (Fotolia.com)

ISBN: 978-3-95509-029-6
Printed 2013 in Germany

**www.asaro-verlag.de
mail@asaro-verlag.de**

Erstes Kapitel
Kindheit

Holger Geh wurde Mitte April 1953 in Dortmund geboren.
Sein Vater, Jahrgang 1913, war Elektroingenieur.
Seine Mutter, Jahrgang 1921, war Stenotypistin.

Die ersten zwei Jahre seines Lebens lebte Holger mit seinen Eltern im Dortmunder Norden. Gegenüber der Wohnung befand sich ein Hüttenwerk, die Westfalenhütte. Nach Auffassung seiner Mutter eine reine Malochergegend - eine schlechte Gegend, so meinte sie.

1955 zog Holgers Familie, nach Mutters Ansicht, in einen besseren Bezirk Dortmunds - in die Hamburgerstraße. Das Haus lag in der Nähe des ‚Lübecker Hofes', eines in großen Teilen vom Krieg verschont gebliebenen alten Gefängnisses, nicht weit von der Innenstadt. Das Wohnhaus war mit einer der ersten Nachkriegsneubauten, in dem neun Familien wohnten.

Im Erdgeschoss befand sich ein kleines Milchgeschäft. Der Hausbesitzer besaß selbst eine kleine Molkerei und die Milch lieferte man in großen Kannen an. Abgefüllt wurde dann in die unvergessenen Metallmilchkannen mit Holzgriff. Das Haus war ein Erstbezug nach Erstellung.

Holgers Vater ließ noch während der Bauphase auf eigene Kosten eine Elektroleitung von ihrer Wohnung in der zweiten Etage in den dazugehörigen Keller legen, um seine ‚Elektroexperimente' weiterführen zu können. Das Haus war nicht isoliert, beziehungsweise gedämmt. Die innen liegenden Bäder übertrugen nicht nur über den gemeinsamen Entlüftungsstrang sämtliche Bade-und Toilettengerüche, sondern auch die begleitenden anorganischen und organischen Geräusche. Man wusste, weil man es eben live hörte, wann die Nachbarn ehelichen oder auch außerehelichen Sex hatten. Hier tat sich insbesondere ein Ehepaar aus der dritten Etage hervor. Meistens geschah so etwas nach ordentlichem gemeinsamem Alkoholgenuss in einer der vielen damals noch vorhandenen Eckkneipen.

Laut grölend betrat dann das Ehepaar zu später Stunde den Hausflur und entledigte sich offensichtlich von Etage zu Etage seiner Kleidung. Teilweise nicht nur unter Gestöhne, sondern, zumindest von ihr, unter Einbeziehung eines Standardliedes: ‚Nur einmal im Jahr ist Karnavall, ist Karnavall!' Aber Karneval war eben doch öfter. Zumindest in diesem Mietshaus und in dieser speziellen Wohnung.

Kaum war die Wohnungstür hinter dem Paar geschlossen, wurde sie wohl noch in der Wohnungsdiele nach allen Regeln der Kunst durchgevögelt, denn sie schrie im wahrsten Sinne des Wortes die Bude zusammen. Im Hause herrschte dann einvernehmliche Stille, denn Fernsehen gab es noch nicht flächendeckend. Nur das ‚Erstes Programm' in Schwarz-Weiß. Hörfunk war angesagt!

Fast genauso häufig bekam diese Frau von ihrem Mann ordentlich das Fell versohlt - mit sichtbaren Blessuren. Der Sohn dieses Paares war ungefähr drei Jahre älter als Holger und schrie bei solchen Gelegenheiten immer: »Papa, lass die Mama in Ruhe!«

Gegen den Willen seiner Mutter war dieser Junge natürlich Holgers großes Idol. Er klärte Holger über alle wichtigen Details der Sexualität auf. Zumindest in verbaler Form. Holger lernte von ihm, dass eine Frau nicht nur einen Namen hatte. Sie konnte bei Bedarf auch mit ‚Schickse, Ische, Tiffe, Öhne', oder auch als ‚Schlunze' und ‚Schlampe' tituliert werden.

Die Bedarfsanforderungen solcher Titulierungen waren Holger natürlich noch nicht geläufig. Somit endeten Holgers Titulierungsversuche gegenüber einigen älteren Nachbarmädchen meist mit einem Beschwerdebesuch ihrer aufgebrachten Mütter bei seiner Mutter und der sich daran anschließenden Tracht Prügel.

Bedarfstitulierungen bei Männern, beziehungsweise Jungen wie ‚Freier, Sack, Wichser' oder ‚Kober und Penner' verliefen weniger spektakulär. Holger bekam von dem Rufgeschädigten gleich was vor die Moppe und abends von seiner Mutter zusätzlich, denn er hatte sich ja sichtbar geprügelt und das sollte er nun mal nicht.

Der Kindergarten, den Holger besuchte, war der Melanchton-Kindergarten. Mutter brachte ihn zu Fuß hin und holte ihn wieder ab. Die lederne Brottasche vor dem Bauch war obligatorisch.

Als Kind trug er noch Strumpfstrapse mit langbeinigen Strümpfen unter kurzen Hosen. Heute würde man Leggins dazu sagen. Damals wurden diese Dinger meistens von den Großmüttern gestrickt und waren nur kratzig und peinlich.

Der Weg zum Kindergarten war nicht ungefährlich. Am Zusammenschluss der Hamburgerstraße mit der Kaiserstraße gab es eine große Kreuzung mit der Klönnestraße. Über deren Mitte hing noch eine Ampellaterne. Zeitzeugen werden sich noch gut an diese Dinger erinnern. Ein drehender gleichschenkeliger Zeiger deckte die gegenüberstehenden Grün, - beziehungsweise Rotringe ab. Die Gelbphase war praktisch nicht existent, sondern wurde durch einen kleinen weißen Unterbrechungsstrich zwischen Rot und Grün angedeutet. Das Verkehrsaufkommen war damals minimal, aber wenn es Unfälle gab, dann eben öfter an diesen Ampellaternenkreuzungen.

Vielfach beherrschten Pferdefuhrwerke noch das Straßenbild. Die bekannten alten Dortmunder Brauereien ließen zum großen Teil ihr Bier im Stadtbereich und den nahen Außenbezirken durch solche Fuhrwerke ausliefern. Selbst Stangeneislieferanten für die Kneipen, Milch- und Fischläden und Kleintransportunternehmen und Kohlelieferanten bedienten sich dieser Transportmittel.

Dortmund war eine durch den Krieg stark zerstörte Stadt. Dies lag unter anderem daran, dass Dortmund über kriegswichtige Schwerindustrie wie Kohlegruben und Eisenindustrie verfügte. Viel entscheidender für die zahlreichen Bombenangriffe auf die Stadt dürfte jedoch der Sachverhalt gewesen sein, dass sie am östlichen Rand des Ruhrgebietes gelegen einen der Hauptverkehrsknotenpunkte des damaligen Reiches darstellte. Hier trafen sich die Ost-West- und Nord-Süd-Achsen der Eisenbahnen und der Autobahnen mit ihren jeweiligen kriegswichtigen Anschlüssen in das Sauer- und Siegerland mit der umfangreichen Metallindustrie, die vorwiegend an den Flüssen lag, sowie die Erreichbarkeit des Münsterlandes und der Soester Börde mit ihren Nahrungsrohstoffen. Der Dortmunder Hafen, noch vom Kaiser eingeweiht, spielte wohl eher eine untergeordnete Rolle.

Im Frühjahr 1945, kurz vor dem Ende des Zweiten Weltkrieges, erlebte Dortmund einen der schlimmsten Luftangriffe, der eigentlich nur noch der letzten Demoralisierung der Bevölkerung galt. Die Innenstadt wurde fast vollständig ausradiert. Holger konnte sich noch schwach an eine zwar aufgeräumte, aber sehr übersichtliche Innenstadt erinnern, die ihre zahlreichen Häuserlücken durch Holzzäune verbarg.

Der ‚Freistuhl' am Bahnhof war dem Erdboden gleich. Schemenhaft glaubte er, dort sich an die Vorbeifahrt der Borussen nach Erlangung des Fußballmeistertitels 1957 erinnern zu können. Seine Eltern waren mit ihm wohl dort, denn Unterhaltung und Abwechslung war in diesen Jahren eher selten.

Am Platze des heutigen Stadttheaters existierten noch die Reste der einstigen jüdischen Synagoge. Die schwarzen, ausgebrannten Mauerreste ragten mahnend in den Himmel.

Straßenbahnen fuhren wieder und prägten für den jungen Holger eindrucksvoll mit ihrer Größe als kleiner Zug - mit einem oder zwei Beiwagen, das Straßenbild. Es gab sogar noch Motorwagen mit offenem Führerstand. Er empfand diese Gefährte eindrucksvoll, insbesondere, wenn sich der Fahrer deutlich sichtbar an Kreuzungen nach allen Seiten umschaute, um die Richtung zu wechseln. Das Gequietsche der Räder in den Kurven war ihm in Erinnerung.

Straßenbahnfahrten waren für ihn eher selten, denn sie kosteten ja Geld. An eine konnte er sich jedoch gut erinnern. Jeder Beiwagen eines Straßenbahnzuges hatte an den Kopfseiten seine eigene Feststellbremse in Form eines großen Handrades. Als er für einen Augenblick von seiner Mutter unbeaufsichtigt war, gelang es ihm, dieses in Bewegung zu setzen und die Wagenbremsen anzuziehen. Die einsetzende Geschwindigkeitsreduzierung des Straßenbahnzuges sowie der durch die feststehenden Räder fabrizierte Funkenflug waren beachtlich. Den heranstürmenden Schaffner konnte Holgers Mutter gerade noch davon abhalten, ihm eine zu tafeln. Beide wurden umgehend des Fahrzeuges verwiesen und Holger bekam von seiner Mutter auf der Straße den Hintern versohlt.

Ampeln oder andere Lichtzeichenanlagen waren in der Innenstadt nicht vorhanden. An größeren Kreuzungen, wie dem Grafenhof und dem Neutor, regelten Polizisten den Verkehr. Sie standen in weißen Jacken oder Mänteln mitten auf der Kreuzung. Und das funktionierte! Weisungsmissachtende pfiffen sie unerbittlich mit der Trillerpfeife und deutlichen

Handzeichen aus dem Verkehr und bedachten sie am Straßenrand mit einem schriftlichen Verweis.

Auch in Holgers Straße standen noch einige Kriegsruinen. Trotz notdürftiger Absperrungen und strenger Verbote durch die Elternhäuser waren diese Ruinen für Holger und die anderen Kinder ein Eldorado des Abenteuers. Daraus resultierten zerrissen Hosen, Hemden und Schuhe, bepflasterte Arme, Beine und Köpfe sowie verdroschene Hinterteile durch die Eltern wegen Verbotsübertretung. Sie spielten stundenlang in ihren, mit der Fantasie von Kindern existierenden Burgen, Schlössern oder Verliesen.

Gegessen wurde auf der Straße. Die Mütter warfen eingepackte belegte Brote auf den Gehsteig. Bei größeren Höhen, ab circa zweite Etage, kamen auch Bindfäden mit einer angebundenen Milchkanne für den Brottransport zum Einsatz.

Für Toilettenbesuche blieb keine Zeit. Die Notdurft wurde, in welcher Form auch immer, in den Ecken der Spielstätten verrichtet. Für größere Maßnahmen der Reinigung hatte man ja das Zeitungspapier der geschilderten Verpflegungspakete. Holger spielte mit gleichalterigen Jungens und Mädchen, denn Spielplätze gab es kaum und Spielzeug war teuer.

Geschlechtsspezifische Schamhaftigkeiten waren noch ganz selten und somit machte Holger irgendwann zwangsläufig die Feststellung, dass Jungens irgendwie besser ausgestattet waren als Mädchen. Jungens hatten einen Pimmel und konnten damit stehend und zielgerichtet pinkeln. Man konnte Weitpinkeln, man konnte aber auch Fächerpinkeln durch Auseinanderziehen der Vorhaut üben. Letzteres endete immer in toller Sauerei, weil man sich fast zwangsläufig auf die Hände und an die Beine pinkelte. Der viele Staub gab ein äußerst pikantes Bild und es juckte fürchterlich.

Und nun das Drama des Erkennens! Mädchen waren nicht vollständig! Sie konnten nicht Weit- oder Fächerpinkeln!

Da, wo Jungens und Männer, bei seinem Vater hatte es Holger mit Haaren umwachsen schon mal gesehen, ein lenkfähiges Organ besaßen, hatten Mädchen nur einen Schlitz! Wie die Schlitze, die in Kneipen an den Spiel- oder Musikautomaten zur Münzbeschickung existierten. Mädchen konnten nur im Sitzen oder Hocken pinkeln. Pinkeln im Stehen war für sie hoffnungslos. Holger hatte es zusammen mit einigen Jungen und Mädchen probiert. Es gab nur angepisste weiße Strumpfhosen und Schühchen mit den entsprechenden Staubspuren wie bei den Jungen, wenn die mit Fächerpinkeln vor den Mädels angaben. Und es gab Hausbesuche aufgebrachter Mädcheneltern, die sich über den geschilderten Geschlechtervergleich fürchterlich aufregten, obwohl Holger kein Initiator der Pinkelvergleiche war. Es gab weiterhin die geschilderten Pinkelwettkämpfe unter den Jungen. Die Mädchen setzten, nunmehr ohne eigene aktive Beteiligung, mit Murmeln auf die Gewinner und Holger warf weiterhin mehr als einen Blick auf die Einwurfschlitze der Mädchen, wenn deren Höschen beim Spielen verrutschten. Übrigens waren es genau diese Mädchen, die ihm und den anderen Jungen erzählten, dass alle Frauen und Mütter Schlitze zwischen den Beinen hätten - mit Haaren drum herum. Und dass alle Kinder der Welt aus diesen Schlitzen kämen, egal ob männlich oder weiblich. Das Hineinkommen war noch etwas Geheimnisumwittertes.

Meist, wenn Holger vom Spielen heimkam, wurde er noch im Hausflur von seiner Mutter ausgezogen und nackt in das der Wohnungseingangstür gegenüberliegende Badezimmer geführt und in der Badewanne stehend einer gründlichen Reinigung unterzogen.

Eines Tages erschien in der Hamburgerstraße ein Unternehmen mit mehreren starken Lastwagen und einem alten Seilbagger. Unter unsäglichem Lärm und Staub rissen sie die Ruinen, die ‚Spielstätten' der Kinder nieder. Holger lernte die für ihn früheste Form des Recyclings kennen. Es kamen Kolonnen von Frauen und Männern, die mit Hämmern bewaffnet, auf Holzschemeln oder geschichteten Steinquadern sitzend, die Mörtel- und Putzreste von den Ziegeln abschlugen. Eine unendlich mühselige Arbeit! Die Ziegel wurden fein säuberlich auf die Lastwagen gestapelt und den nächsten Neubauten zugeführt. Schrott war begehrt und wurde sofort abgefahren. Was man übersah, sammelte Holger mit seinen Spielgefährten nach Feierabend der Werktätigen ein. Sie verramschten es an einen kleinen Schrotthändler, der praktischerweise eine Straße weiter saß, für einige Pfennige. Den Erlös hatten alle Kinder dann an einer der vielen Buden in Brausepulver und Lakritz investiert und halfen somit mit ihrem kindlichen Eifer das Bruttosozialprodukt des Landes anzuschieben.

Wie schon erwähnt war Spielzeug teuer. Holgers Spielzeugpark in Form einiger Autos passte problemlos in einen Schuhkarton. Allmählich dividierten sich Jungen und Mädchen in ihren Spielinteressen auseinander. Mädchen fanden Jungen doof und selbstverständlich galt das auch umgekehrt. Mädchen hüpften wie dusselig über irgendwelche Steinquader und verständigten sich dabei mit Reimen oder Zahlenspielen.

Sonntags zogen sie dann in Gruppen mit irgendeinem bescheuerten Kinderwagen ums Eck und bemutterten idiotische gelbliche Plastikpuppen mit von Oma gehäkelten Nachtjäckchen und Mützchen.

Holger und die Jungen bastelten sich Zwillen. Wer kennt sie nicht? Sie bestanden aus einer kurzen Astgabel mit einer Astdicke von mindestens 1,5 Zentimetern. Zwischen zwei der Astspitzen spannten die Jungen eines von den guten Gummis der Einmachgläser ihrer Mütter und schon hatten sie mit dem Gummizugnippel als Auflage eine wunderbare Schleuder von kleinen Steinen oder Murmeln. So ein Geschoss, von Holger auf den Hintern eines Mädels gefeuert, hatte ungeahnte Folgen. Sofortige Schreie, wenn der Treffer deckend lag, und anschließend Senge von seiner Mutter, wenn die empörten Elternteile des angeschossenen Mädels nach Beschwerde wieder abrückten. Seine Zwille wurde umgehend eingezogen und der Demilitarisierung durch den Küchenofen zugeführt. Die Neukonstruktion wurde von ihm umgehend in Angriff genommen. Da die Sache natürlich nicht ungefährlich war, verlegten sich die Jungen auf das Zerballern von kleinen Dachfenstern. Das war schon eine hohe Kunst und erforderte eine ruhige Hand und gewisse ballistische Grundkenntnisse. Bei den 45°-Dachneigungen gab es oft Abpraller, die dann nett über die Dachpfannen schepperten. Durchschlagenden Erfolg hatten alte rostige Gewindemuttern. Denen hielt keine Glasscheibe stand. Der ganze Erfolg ließ sich nur einige Straßen weiter einheimsen, wo man möglichst gesichtsunbekannt war.

Holger hatte natürlich das Glück, von einem offensichtlich erzürnten Hausbesitzer auf dem Fahrrad bis nach Hause verfolgt zu werden. Er hatte auch nicht gut gezielt. Es war keine Fensterscheibe kaputt und auch keine Dachpfanne. Aber die Regenrinne hatte eine, auch von der Straße sichtbare, schwache Delle. Es wurde unter den Erwachsenen, über seinen Kopf hinweg, Regress in Form von Keile verhandelt. Er bekam sie!

Was alle Parteien übersehen hatten, den Querschläger seines von der Rinne abgeprallten Geschosses in den Lack eines Autos. Insofern hatte der kleine Holger Glück gehabt! Die vorgenannten Prozeduren wiederholten sich! Weiterreichende Treffererfolge mit Katapulten wurden mit defekten Fahrradschläuchen und ähnlichen Erfindungen erzielt.

Zwischenzeitlich wurden auch Straßenbanden gegründet. Man verprügelte sich gegenseitig um die Besitzrechte von Straßenabschnitten. Im Detail hieß dies, dass die sogenannten Älteren (circa 8-12 Jahre alt!) sich mit Schlagen und Boxen beschäftigten und die Jüngeren, wie Holger (circa 4-9 Jahre alt!), mit Treten, Spucken und Sand werfen, oder was so halt an Streuendem da war. Die Zeiten der Prügelei fanden nach eigener gegnerischer Aufklärung statt. War der Gegner nach Zahlen schwach, wurde schon mal ein kurzer Besuch zur Einschüchterung abgestattet, um irgendeine Straßenecke für die eigene Bande okkupieren zu können. Fair war man, wenn man zwangsläufig gegnerisches Gebiet betreten musste, zum Beispiel mit den Eltern oder mit Mitschülern auf dem Schulweg. Hier reichte es völlig aus, sich gegenseitig die Abneigung durch Schielen, Grimassen oder Zunge zeigen einzugestehen. Fair war man auch, wenn man den Gegner auf das eigene Gebiet ließ, um ihn an der Eckkneipe für den Alten zu Hause drei Flaschen Bier kaufen zu lassen. Kam man damit nicht nach Hause, dann war fast überall Hosenwalzer angesagt und der war in der Regel einer Straßenbandenprügelei, zumindest damals, um Längen überlegen.

Mädchen spielten bei diesen Auseinandersetzungen kaum eine Rolle. Sie berichteten nur, wie im wirklichen Leben, natürlich flüsternd über die Prügelerfolge ihres Straßenbandenhelden an ihre Freundinnen. Natürlich nur so laut, dass die Jungen es noch so eben erahnen konnten.

War der Held etwa ein Gegner der eigenen Straßenbande, so konnte man fast ungestraft die Bedarfstitulierung ‚Ische' für die aus den eigenen Reihen stammende Gunstbezeugerin verwenden. Aber nur fast! Das schon geschilderte Bestrafungsritual nach solchen verbalen Einstufungen von Mädchen fiel auch für Holger und die anderen Jungen nach den Beschwerden der Mädcheneltern wie gewohnt aus.

Mit Mädchen trafen sich die Jungen eigentlich nur noch zum Knickern und dies meistens sonntags, weil es eben kaum Krach machte. Die Gewinne richteten sich nach Zeit und Abschießens von gegnerischen Murmeln. Die Wertigkeiten der Murmeln wurde vorher einvernehmlich festgelegt und diente den Jungen unter anderem zur Munitionsbeschaffung für ihre Tätigkeit mit ihren Zwillen. Da das Knickern im Knien oder Hocken ausgeübt wurde, diente Holger dieser Sport auch dazu, um mal wieder Einblicke unter die Kleider der Mädchen zu erhalten.

Die Sichtbarkeit ihrer Spalten beim Verrutschen ihrer Höschen während des Spielens bestätigte seinen Verdacht, dass die Natur diesen Sachverhalt der Unvollkommenheit offensichtlich billigend in Kauf genommen hatte.

Die Straßenaufklärung hatte alsbald ihr Übriges geleistet und Holger wusste daraufhin oberflächlich, dass ein Baby allenfalls aus der Spalte einer Frau herauskommen könnte, wenn ein Mann vorher seinen Pimmel in diese Spalte hineingesteckt hatte. Das Ganze konnte nur geschehen, wenn die Erwachsenen verheiratet waren und ordentlich Haare zwischen den Beinen hatten. Es sollte auch nur nachts geschehen und im Dunklen. Man sollte auch nicht darüber sprechen. Wenn sich Holger so seinen kleinen schrumpeligen Jungenpimmel ansah, konnte er die von der Straße geschilderten perspektivischen Verwendungszwecke in zwischengeschlechtlicher Richtung nicht so richtig nachvollziehen und sein Interesse an Mädchen sank gegen Null.

Holger sollte die Berswordt-Grundschule gegenüber dem Ostfriedhof besuchen. Mit dem Schulbeginn begann eine lange Leidenszeit in seinem Leben. Er war psychisch von einem Elternteil, in seinem Fall speziell von seiner Mutter vergewaltigt worden. Nachvollziehen kann das eigentlich nur derjenige Mensch, der ebenfalls von einem Elternteil psychisch oder gar physisch vergewaltigt wurde.

So lange Holger zurückdenken konnte, erzählte ihm seine Mutter, dass sein Vater ein Elektroingenieur war und sein Großvater mütterlicherseits in der Vorkriegszeit als Ingenieur auf einer großen Werft in Schichau/Elbing beschäftigt war. Folglich sollte er als Generationenfolger dieses Erbe der akademischen Grade seiner Ahnen mit Steigerung antreten und mindestens mit dem Titel ‚Doktor' im Ausbildungsverlauf abschließen. Ob die Promotion auf technischem oder gar medizinischem Hintergrund basierte, schien letztendlich egal zu sein. Seine Mutter war in dieser Beziehung geradezu krankhaft dünkelhaft und zählte sich zu den sogenannten Herrenmenschen und zur geistigen Elite. Sie hasste das Volk der Juden auf das Äußerste. Erst viel später, in reiferem Alter, wurde Holger klar, was die nationalsozialistische Zeit seiner Mutter angetan hatte und wozu sie geprägt worden war. Solange er die Schule noch nicht besuchte, war ihm ihr Bildung- und Herrenmenschgefasel egal! Aber nun hatte er den Salat!

Der erste Schultag

Mit einer Zuckertüte bewaffnet und den Ledertornister auf dem Rücken führte ihn seine Mutter in die Schule. Der Ranzen war noch gepackt mit der Schieferschultafel, Schwammkästchen und der flachen Holzdose mit Schubdeckel für die Schieferstifte. Seine Mutter hatte noch einen Putzlappen gehäkelt, der an der Schiefertafel mit einem Bindfaden befestigt war und keck aus dem Ranzen heraus baumelte. Alle I-Männchen waren so ausgestattet und bei allen flog dieses untrügliche Einschülererkennungszeichen nach wenigen Tagen unabgesprochen in den Ranzen.

Nach dem obligatorischen Gruppenfoto, gestaffelt auf der Schultreppe stehend, zog man in die Klassen. Die Lehrer wurden zugeteilt, die Stundenpläne verteilt und dann durften die draußen wartenden Eltern (zumeist Mütter) ihre Sprösslinge wieder in Empfang nehmen.

Holger hatte eine sehr mütterliche Klassenlehrerin. Am zweiten Schultag erklärte sie mit viel Geduld den Buchstaben ‚O', der ja eigentlich nach seiner Meinung eine bessere Null war. Also eigentlich ein Kringel. So sahen seine ‚Os' dann auch aus. Sie fanden nicht unbedingt die sofortige Zustimmung seiner Lehrerin und zur Belohnung durfte er mit noch ganz Wenigen aus der Klasse noch drei weitere Reihen Kringel auf die Tafel kratzen. Die Resultate waren nicht wirklich besser, aber seine Lehrerin ließ Gnade walten und stellte Besserung in Aussicht, wenn seine Hand erst einmal schreibgewohnt war.

Nach Stundenende überließ man ihn, wie alle Mitschüler, den vor der Schule wartenden Elternteilen zum Heimweg.

Seine Mutter fragte interessiert nach dem Unterrichtsverlauf und ließ sich von ihm die Kringeltafel zeigen. Zum Vergleich schaute sie auf die Nullentafel einer Mitschülerin, die diese als Unterrichtsergebnis stolz ihrer eigenen Mutter präsentiert hatte. Dann wurden Holger von seiner Mutter beide Tafeln zum Vergleich vorgehalten. Er musste zugeben, dass die Unterschiede schon beachtlich waren. Er versuchte noch wahrheitsgemäß mit der Meinung seiner Lehrerin ‚über fehlende Schreibgewohnheit' zu punkten. Er war chancenlos!

Mutter stellte ihm sofortiges nachmittägliches ‚Üben' in Aussicht und führte es auch umgehend durch! Gnadenlos! Seit diesem Tage lebte Holger fast für seine gesamte Schulzeit mit häuslich auferlegten Übungen, Stubenarresten und Nachhilfen. Er blockierte natürlich ebenfalls umgehend und komplett! Alles, was im Entferntesten mit Ausbildung und Weiterbildung zu tun hatte, ging ihm vollständig am Arsch vorbei.

Sein Vater war gebürtiger Berliner. Selbst seine verbalen Einlassungen zu den schulischen Leistungen seines Sohnes ließen diesen unberührt. Der Vater pflegte manchmal zu sagen: »Die loofen alle an dir vorbei.« Es interessierte Holger nicht im Mindesten, wer ‚Die' waren und es interessierte ihn nicht, wer, wann und wie und auf welcher Seite und in welche Richtung an ihm vorbeilaufen sollte und wollte.

Bei Holgers Erziehung existierte bei seinen Eltern absolute Gewaltenteilung. Sie lag eindeutig in den Händen seiner Mutter. Sie ließ keinen

Augenblick aus, um Holger mit ihrem Doktortitelgefasel auf den Senkel zu gehen.

Sein Vater arbeitete volltags bei der AEG. Seine Mutter arbeitete halbtags am Vormittag als Schreibkraft. Die Überwachung seiner Schulaufgaben war somit sichergestellt.

Die einzig nennenswerte Erkrankung während der Grundschulzeit für Holger war Scharlach. Er lag 14 Tage im Krankenhaus und wurde täglich mit einer Spritze gepeinigt. Danach musste er noch ungefähr vier Wochen zu Hause das Bett hüten. Nach der Hälfte dieser Zeit desinfizierte eine Nachbarin, nämlich die, die öfter im Jahr ‚Karneval' hatte und praktischerweise beim Gesundheitsamt arbeitete, sein Kinderzimmer. Dieser Vorgang verschaffte dem Jungen den unendlichen Vorteil, endlich wieder Spielbesuch empfangen zu dürfen. Dachte er jedenfalls. Was kam, waren handverlesen Schüler aus seiner Klasse, die ihn mit ihren mitgebrachten Schulheften langweilten. Seine Mutter wollte ja unbedingt sicherstellen, dass er den krankheitsbedingt versäumten Lehrstoff aufholen konnte.

Neben dem Schulunterricht bekam er auch noch mütterlich verordneten Rhythmikunterricht. Der fand sinnigerweise in dem Schulgebäude statt, das er schon vormittags besuchen durfte. Natürlich war dieser Unterricht nachmittags, sodass ein Tag mit einem Schulweg von ungefähr 45 Minuten je Strecke vollständig kaputt war, denn es musste ja noch unter mütterlicher Aufsicht der Schulaufgabenbereich zu ihrer Zufriedenheit abgehandelt werden.

Für Holger war dieser Rhythmikunterricht reiner Quatsch. Es waren tänzerische Bewegungsabläufe nach Klaviermusik, die eine ältliche Musiklehrerin aus dieser Kiste heraushaute. Bänderschwingen an Stöckchen und Kegelschwingen war auch dabei. Ebenfalls das rhythmische Begleiten der ganzen Hopserei mit einem Tamburin. Viel später, bei der Betrachtung alter Wochenschaufilme aus der Vorkriegszeit, wurde Holger zunehmend bewusst, dass dieser Sport nach den Erinnerungen seiner Mutter aus ihrer Jungmädchenzeit im BDM stammen musste. In dieser Rhythmusgruppe waren außer einem anderen Leidensgenossen und ihm nur Mädchen. Anfangs war das für die Überprüfung gewisser Wachstumssachverhalte der Mädchen noch ganz interessant, denn der Schulsport verlief streng nach Geschlechtern getrennt. Allerdings gewährten die mit Gummiband versehenen Beinabschlüsse der schwarzen kurzen Mädchengymnastikhosen nunmehr keinen Kontrollblick auf ‚Schlitze'. Dafür zeigten sich unter einigen kurzärmligen weißen Turnhemdchen bei wenigen der Mädels schwach erkennbare Nippel.

Als der andere männliche Kandidat die Hüpftruppe verließ, plärrte Holger seiner Mutter solange die Ohren voll, bis sie ihn auch von diesem Unterricht abmeldete. Als Ersatz wurde ihm Blockflötenunterricht auferlegt. Die gute alte Moeck-Blockflöte. Welches Kind hat sie nicht spielen dürfen! Der Unterrichtsort war identisch. Und die Musiklehrerin war es auch. Holgers Mutter bestand nun mal auf Musikunterricht. Sie war es angeblich von Haus aus so gewohnt und ihr Sohn musste in diese Fußstapfen treten.

Durch die Scharlacherkrankung wurde Holger in jungen Jahren kurzsichtig. Es fiel seiner Mutter irgendwann während der Grundschulzeit auf, weil er auf deutliche Distanz auf einem der noch wenigen Werbeplakate eine Kuh mit einem Pferd verwechselte. Die ohnehin anstehende Regeluntersuchung in der Grundschule brachte deutliche Gewissheit der unbestreitbaren Kurzsichtigkeit im Kindesalter.

Eine elegante Brille der Marke Familienkasse aus Horn, überreicht durch eines der damals noch wenigen Optikerfachgeschäfte, war die Folge. Holger war damals einer der ersten Brillenträger in seiner Klasse. Die daraus resultierenden Spitznamen, wie: Brillenschlange, Uhu, Glasbaustein, Lupo oder Blindschleiche haben sein Verhältnis zu einer Lehranstalt und seine ohnehin etwas distanzierte Einstellung zum ‚Lernen' nicht weiter positiv beeinflussen können.

Kinder können eben gnadenlos hart und gemein untereinander sein. Im Schulsport wurde der Junge natürlich sofort ein Wahlhandicap. Wenn er, wie damals schon üblich, durch Wahlverfahren zwischen zwei Mannschaften ausgewählt wurde, war er natürlich der Letzte.

Während der Schulzeit auf der Berswordt-Grundschule brach er sich den Arm. Natürlich gegen die Weisung der Lehrer war er die breite Schultreppe hinunter zur Pause auf den Schulhof gerast. Wen man sich dabei schräg nach vorn auf das Geländer stütze und beide Hände nach vorn hielt - als Auflager für den Restkörper, dann erzielte man affenartige Geschwindigkeiten. Das war natürlich verboten. Die Ursächlichkeit dieses Verbotes erfuhr Holger schmerzlichst, als er mit seinem Arm abrutschte und zwischen die eisernen Geländerstäbe geriet. Es gab einen Ruck und ihm wurde schlecht. Während des folgenden Unterrichtes hielt er den Arm ruhig, denn ihn zu bewegen war schmerzhaft. Zu Hause wurde ihm wieder schlecht und er wachte nachts laut schreiend auf, weil er eine Drehung auf den Arm gemacht hatte.

Am nächsten Tag ging seine Mutter mit ihm sofort zu einem Arzt, der einen Armbruch feststellte und den Arm sofort in Gips legte. Es war ein glatter Bruch am linken Arm und nach drei Wochen war das Thema erledigt und der junge Holger um eine Erfahrung reicher.

Selbstverständlich ging er damals zur Jungschar. Natürlich auch nur auf elterliche Weisung. Es war so etwas Ähnliches wie ein Pfadfinderverein und wurde von der evangelischen Kirche, der er mit seinen Eltern angehörte, organisiert. Diese Einrichtung war für ihn eher von harmloser Natur. Man beschränkte sich auf Bastel- und Singnachmittage. Die Sangeseinlagen begleiteten die jungen Gruppenleiter auf der Gitarre. Gesungen wurden meist Wanderlieder oder Liedgut aus der deutschen Mundorgel. Es gab auch irgendwelche Spiele im Kirchgarten.

Im Sommer war der Abschluss solcher Übungen meist ein Lagerfeuer mit lockerem Drumherumsitzen und dem Abgesang des bis dahin erlernten Liedgutes. Es gab auch sinnvolle Basteleien, wie zum Beispiel das Dosentelefon mit den zwei Einmachdosen und dem dazwischen gespanntem Bindfaden. Das funktionierte auch zu Hause und Holger konnte damit auch bei den Nachbarskindern ordentlich punkten.

Der selbst gebaute Diaprojektor für Negative mit Vaters Lupe und einer Taschenlampe dagegen war ein Flop und wurde nach kurzer Probezeit wieder deaktiviert. Die entliehenen Hilfsmittel packte er wieder in den väterlichen Schreibtisch. Ihr Verschwinden war nicht einmal bemerkt worden.

Als Holger offiziell zu den Pfadfindern wechseln wollte, verweigerten das seine Eltern. Die zusätzliche Zeit, die dies erfordert hätte, wie vermehrte Gruppenabende und Wochenendfahrten könne er sinnvoller in seine nachmittäglichen Übungsarbeiten für die Schule stecken. Dies wurde ihm auch permanent so vermittelt. So verblieb ihm dann noch der Blockflötenunterricht, um mit dem erlernten Repertoire im Familienkreise vorwiegend zu Geburtstagen oder Weihnachten auftreten zu können.

Die Spielideen und Spielzeuge auf der Straße entwickelten sich langsam entsprechend der aufkeimenden Motorisierung Deutschlands. Holger bekam zu Weihnachten unter Mithilfe der Großeltern und der Paten einen luftbereiften Roller geschenkt. Er war rot, hatte eine Vorderrad- und eine Rücktrittbremse und war so schnell, wie man es wollte. Nur, Holger war mit dem Ding fast immer allein, denn die anderen Kinder hatten so ein Luxusteil nicht und ließen ihn das auf das Deutlichste spüren. Sie spielten etwas, wenn er zu ihnen stieß, bei dem sein Roller eher hinderlich war.

Nachdem Holgers Vater in ziemlich kurzer Abfolge zwei Hinterradgummimäntel hatte wechseln müssen, die Holger mit Gewaltbremsungen der äußerst effizienten Hinterradbremse ruinierte, um mit ohrenbetäubendem Gummiradiergepfeife eines blockierenden Hinterrades harmlose Fußgänger von hinten zu bockartigen Ausweichsprüngen zu veranlassen, konfiszierte er den Roller und verbannte ihn in den Keller. Aus nachvollziehbaren Gründen ebbte das Interesse an diesem Spielgerät umgehend ab und es wurde nach kurzer Standdauer von den Eltern verkauft.

Die Jungen entwickelten zusehends ihre Neigung zu selbst gebauten Seifenkisten, deren Zubehörteile von ihnen unter Hilfe sämtlicher nicht immer ganz legaler Mittel von der Straße oder aus den Kellern ihrer Eltern besorgt wurden. Manch wohlmeinender väterlicher Rat wurde ebenfalls mit verbaut und dann kam die Frage der Bereifung. Oft wurden Räder alter Kinderwagen eingesetzt. Die vorhandenen Achsen aus Metall konnte man mit viel Glück unter die Tragachsen aus Holz setzen. Die vordere Tragachse war mittig mit einem Bolzen an dem Sitzbrett befestigt. Gelenkt wurden diese Seifenkistenkonstruktionen mit den Füßen, welche die geschilderten Achskonstruktionen wegdrehten. Zur Unterstützung gab es noch Schnüre, die neben den Vorderrädern angeschlagen waren und die Lenkbewegung der Füße unterstützten. Die einzige Schwäche war die Bereifung, denn die stammte ja von Kinderwagen und war keine Kurvengeschwindigkeit mit Fliehkräften gewohnt. Also wurden mit dubiosen Methoden alte Kugellager besorgt, die unter Zuhilfenahme von Altöl und Terpentin ihre Lauffähigkeit wiederfanden. Diese alten Kugellager wurden auf gestiftete Holzachsen gepresst und mit alten Schrauben lagegesichert. An der Tankstelle bekam man etwas Schmierfett, das seinen Einzug in die Lager fand. Das Altöl und das übrige Terpentin sowie der Fettüberschuss wurden auf einem der immer noch reichlich vorhandenen Trümmergrundstücke mit einem grandios qualmenden Feuerchen rückstandslos entsorgt. So behandelt fuhren die Jungen mit Holger aber auch jedes ehemals festsitzende Kugellager frei. Solche ausgerüsteten Seifenkisten machten einen höllischen Lärm, den die Bürgersteige der Nachkriegszeit bestanden vorwiegend aus großformatigen Betonsteinplatten. Die Unterbauten waren aus Kostengründen mehr als spartanisch. Das hatte zur Folge, dass man nicht von einem durchgehend glatten Untergrund für Seifenkistenrennen an Gefällestrecken sprechen konnte. So war die Geräuschentwicklung, vor allen Dingen in Kurven, mit kreischendem klackerndem Gequietsche absolut infernalisch!

Die zu dieser Zeit vermehrt kaufbaren Rollschuhe standen dem Gelärm kaum nach. Denn auch sie fuhren auf den geschilderten Stahlkugellagern. Gummibereifte Rollschuhe kamen erst viel später auf den Markt. Die Rollschuhe waren auch eigentlich keine Rollschuhe, sondern lediglich Auflagerrollplatten. Sie ließen sich mit einem beiliegenden Vierkantschlüssel über einen eingebauten Balken in der Länge verschieben und dann für die gefundene Größe durch vordere und hintere Anschlagpunkte fixieren. Der eigene Schuh wurde dann nach gleichem System in der Breite mit vier Klampen auf der Rollplatte fest fixiert. Da die vier Klampen die Schuhsohle und den Absatz jeweils beidseitig umspannten, war das ganze Konstrukt nur so gut wie die Robustheit des Vernähens der Schuhsohle am Schuh. Die wenigsten Schuhe, einschließlich der Sohle, hielten den beim Rollen und Kurvenlaufen entstehenden Querkräften stand. Was den Schustern, denn die gab es damals noch reichlich, viel zusätzliche Arbeit bescherte.

Das besagte Rollschuhprinzip gab es zeitgleich auch als Schlittschuhgleiter. Aber auch hier überwogen die Ausfälle durch Sohl- und Absatzabrisse. Solche Erscheinungen bewogen Holgers Eltern dazu, ihn nicht mit solchen Utensilien auszustatten. Kurze Zeit später gab es technisch überholte Rollschuhe. Es handelte sich immer noch um das gleiche Grundkonstrukt. Die Schuhe des Läufers wurden jedoch mit Lederriemen und Lederführungen fixiert, sodass die Sohle unbelastet blieb und der Schuh in Gänze somit auch.

Holgers Wunsch nach solchen Rollschuhen blieb unerfüllt, da sich seine Eltern, insbesondere seine Mutter, schon zu diesem Zeitpunkt mit dem Gedanken befassten, in Zukunft ein eigenes Haus bauen zu wollen. Dies bedeutete für ihn, dass die in Erwägung gezogenen und ausgeführten Sparmaßnahmen auch seine Person mit einbezogen. Offiziell wurde dies natürlich nicht gezeigt, aber im kleinsten Familienkreise waren die Einsparungen schon spürbar. Auch am Essen wurde geknapst. Es gab die gute Brotsuppe mit Dörrobst.

Oft lief der Junge mit der rechteckigen Glasschale zum Fischhändler. So ein richtiger mit fast vollständiger Fliesenauslage, wo die Fische in und auf Eis lagen. Für ein paar Pfennige kaufte er dann Heringe, die seine Mutter zu Hause ausnahm und mit Zwiebeln und Essig einlegte. Dazu gab es dann Pellkartoffel oder Bratkartoffeln mit Speck. Letzteres aber nur, wenn Gäste dabei waren.

Heute ist das schon fast eine Delikatesse und muss in einem Restaurant gut bezahlt werden. Auch Leber mit Bratzwiebeln und Kartoffelpüree stand häufiger auf dem Programm und ging Holger als Kind absolut schräg runter. Weißkohl, Rotkohl, Blumenkohl, Grünkohl und Rosenkohl in den verschiedensten Varianten. Sonntagsbraten waren die ganz große Ausnahme. Wenn schon Fleisch, dann Kohlrouladen oder Königsberger Klopse. Ansonsten gab es Schnitten mit Leberwurst und im Sommer mit Tomaten oder Radieschen oder mit selbst gemachtem Quark mit Schnittlauch.

Holgers ohnehin schon sehr überschaubarer kleiner Spielzeugpark wurde durch seine Eltern nur unwesentlich vergrößert. Einzige Ausnahme war seine Patentante Bärbel, eine Jugendfreundin seiner Mutter. Wenn die schenkte, dann langte sie richtig gut zu. Irgendwann schenkte sie ihrem Patensohn zum Geburtstag ein Schuco-Fernlenkauto. Damals natürlich noch mit Drahtfernlenkung, aber schon mit Batterieantrieb und richtiger Lenkung der Räder.

Kleidung, die ohnehin wegen der Wachstumsphasen nötig war, schenkte man ihm zum Geburtstag oder zu Weihnachten. Etwas Handfestes, für einen Jungen, fehlte völlig. Natürlich gab es nach vielem Gemaule und mit Einsatz der Großeltern und Paten endlich einmal zu Weihnachten die kleine Märklin-Eisenbahn in Kreisform, eine Vervollständigung oder Weiterführung verlief jedoch halbherzig.

Immer wieder wurde Holger auf die Zukunft in einem möglichen Eigenheim verwiesen. Dies sei doch erst die Grundlage für die Realisierung einer größeren Modelbahnanlage. Nun gut, Klein-Holger hatte ja als Kind keine Möglichkeiten, solche Aussagen anzuzweifeln. Und die Zukunft eines eigenen Gartens, der ihm in Aussicht gestellt wurde, mit der Möglichkeit, mit Freunden ungestört Federball spielen zu können, ließ ihn eigentlich ziemlich kalt. Diese Freunde kannte er noch nicht, denn seine Eltern wollten aus dem innerstädtischen Bereich wegziehen. Scheiß Garten! Er hatte die ganze Straße!

Und in dieser Straße wurde gerade mal wieder gebaut. Es galt, die Versorgungsleitungen den gestiegenen Anforderungen in der Aufbauphase der Stadt anzupassen. Es wurde geschachtet und verlegt und entsprechend gelärmt und gestaubt. Die langläufige Baustelle war, der damaligen sicherheitstechnischen Gepflogenheit entsprechend, mit Petroleumsturmlaternen im geregelten Abstand, kenntlich gemacht. Ein schönes langes Flackerglühwürmchen mit sehr vielen Laternchen. Diese hatte Holger auf dem Heimweg von der Eckkneipe, wo er für irgendeinen Besuch, der bei seinen Eltern weilte, einige Flaschen Bier kaufen sollte, etwas abgedimmt. Eigentlich war die Endeinstellung des Dochtdrehers nach seinem Vorbeigang eher im negativen Bereich und es glühte nichts mehr!

Was er nicht wusste war, dass diese Baustelle durch einen Nachtwächter in einem kleinen unbeleuchteten Bauwagen überwacht wurde. Dieser folgte ihm distanziert, jedoch so nahe, dass er offensichtlich unschwer erkennen konnte, auf welchen Klingelknopf der Junge drückte, um in den Hausflur zu gelangen. Nachdem sich die Wohnungstür hinter ihm geschlossen hatte, klingelte es erneut. Kurze Zeit später stand ein erzürnter Nachtwächter in der Wohnungsdiele und bedachte Holger nach Gegenüberstellung mit ihm mit allen möglichen Schimpfworten, wie: »Bengel, Blage, Göre, dummer Junge.« Gleichzeitig bot er sich an, dem ‚unartigen Knaben' den Hintern versohlen zu wollen. Der erboste Wächter drohte zudem mit Anzeige und verwies lautstark auf die Mühe, nunmehr im Dunklen seinen Lampenpark erneut erhellen zu müssen. Holgers Mutter bot sich an, ihm für zwei DM seine Ansprüche und Mühen abzukaufen zu wollen und die körperliche Züchtigung der Eigenregie zu überlassen. Doch dieses Arschgesicht von Nachtmütze zeigte unendliches Verhandlungsgeschick und nebenbei auch noch eine zünftige Bierfahne, sodass die gütliche Einigung, nach weiteren 50 Pfennig-Schritten und sich wiederholenden gegenteiligen Argumentationen über diese Abfindungshöhe, bei endlich drei DM lag. Den heutigen Wert dieser Freilassungssumme könnte man bei glatten 30 Euro ansiedeln. Der Nachtwächter zog höflich und fröhlich ab. Wahrscheinlich hatte er so eine Nummer im Dauerrepertoire.

Holgers sofortiger Verweis auf den anwesenden Besuch seiner Eltern, mit der Empfehlung aus Gründen der Peinlichkeit auf eine Züchtigung seiner Person zu verzichten, blieb unberücksichtigt! Mutter führte ihn umgehend in sein Zimmer und es gab Senge vom Feinsten. Für körperliche Züchtigungen war seine Mutter zuständig und sie schlug eine scharfe Kelle.

Sein Vater, der ja immer erst abends nach Hause kam, war der Meinung, dass Bestrafungen unmittelbar nach einem straffälligen Delikt auszuführen seien. Deswegen enthielt er sich meist der nachträglichen Bestrafung durch Prügel. Sein Sohn hat ihm das eigentlich immer hoch angerechnet!

Da die Bestrafung mit der flachen Hand auf den Hintern erfolgte, war die Grenze erreicht, als Holger begann, Lederhosen zu tragen. Seine Mutter verlegte sich auf seine nackten Oberschenkel. Das tat bissig weh. Als auch hier die Schmerzgrenze stieg, zog sie einen Kochlöffel aus Holz zu Hilfe. Eines Tages ging auch dieser zu Bruch. Die Relikte landeten im Kohlenkasten. Allerdings kannte der Erfindungsreichtum von Holgers Mutter kaum Grenzen. Denn in Reserve hatte sie schon eine auf der Straße gefundene lederne Hundeleine. An diese Mistleine konnte sich ihr Sohn noch lange erinnern. Die Farbe der Leine war blassblau und sie war wohl schon länger im Einsatz gewesen, denn die Kanten waren leicht ausgefranst. Also hatte ein Fiffi damit ordentlich um die Ecken gezogen. Diese Lederleine verursachte gute Schmerzen, vor allen Dingen, wenn Mutter es vergaß, auf das Leinenende zu achten. Eines hatte die obligatorische Handschlaufe, das andere jedoch einen Karabinerhaken, um das Halsband des Wautzis anzuschlagen. Wenn der am Körper einschlug, kam Holger nicht um Brüllerei herum. Das war wegen der Hellhörigkeit des Hauses aber gar nicht im Sinne seiner Mutter. Schlagen gehörte eigentlich nicht zu ihrem vornehmen Getue und sie brüllte ihn dann immer an, dass er doch mit seinem Gebrülle aufhören solle, denn die Nachbarn würden dann ja sonst was denken.

Leises Heulen war nicht unbedingt Holgers Stärke, aber nun hatte sich seine Mutter ein glattes Eigentor geschossen. Beim nächsten Leineneinsatz brüllte er wie am Spieß und schrie zusätzlich lautstark um Hilfe. Im Haus war es bedenklich still und die Hundeleine kam nie wieder zum Einsatz. Sie hing jedoch weiterhin an dem Schlüsselbrettchen im Wohnungsflur, bis Holger sie heimlich entsorgte, was seine Eltern stillschweigend zu Kenntnis nahmen. Als Prügelersatz gab es nunmehr Ohrfeigen als Straflektion. Seine Mutter war mit ihren Rechts-Linkskombinationen flink wie irgendwas.

Die Geschichte mit dem Nachtwächter ließ Holger jedoch zu der Überlegung kommen, dass der angekündigte perspektivische Spielgarten an einem eigenen Haus möglicherweise gar nicht so dumm war, denn er hatte von durch Nachtwächter bewachten Gärten noch nichts gehört.

Um kein falsches Bild von Holgers Eltern oder seiner Mutter entstehen zu lassen, sei Folgendes erklärt. Körperliche Züchtigungen waren für ihn, wenn zeitnah zum Delikt seiner kindlichen Verfehlungen ausgeführt, absolut akzeptabel. Er war halt ein richtiger Junge! Mit allen Fehlern behaftet, die seine Mutter eigentlich nicht akzeptieren wollte. Er hätte, nach ihrer Aussage ohnehin ein Mädchen werden sollen. Die Natur hatte das irgendwie verhindert und er war mit dieser Entscheidung zufrieden. Allerdings bekam er diesen Makel der falschen Geschlechtlichkeit noch für einige Jahre von seiner Mutter vorgehalten.

Holgers Großeltern von Mutters Seite waren nach dem Kriege in Stadthagen bei Hannover hängen geblieben. Sie bekamen eine Anstellung auf dem Lande als Magd und Knecht. Wenn Holgers Mutter und er sie besuchte, nahmen sie ihn öfter zur Ernte auf die Felder mit. Das Größte war für ihn, wenn sie ihn auf einen der riesigen Kaltblüter hoben. Er saß fast im Schneidersitz auf dem Rücken dieses mächtigen Pferdes, das ihn absolut ignorierte und offensichtlich als Fliege abtat.

Lustig wurde es auf dem Hof immer, wenn gedroschen wurde. Eine riesige Dampfmaschine kam auf den Hof gefahren, die den hölzernen Dreschkasten an der Deichsel hinter sich herzog. Das ganze Gespann wurde wegen der Brandgefahr auseinandergezogen und der breite Ledertransmissionsriemen in Form einer langen Acht auf die Treibräder des Dreschkastens aufgelegt.

Der Dampfmaschinenführer fütterte das Vehikel ordentlich mit Kohle und der Dreschkasten erwachte nach Freigabe der Transmission zu fürchterlich lautem Eigenleben. Viel Volk lief durch die Gegend und verlud das ausgedroschen Korn in Säcke oder verbrachte das ausgedroschene Stroh gleich auf den Boden der Tenne. Holger hatte sich meist dort versteckt, um nicht aufzufallen und in das Bett gebracht zu werden. Dann wurde nach Arbeitsende gegessen und getrunken, gesungen und gelacht und viele der Anwesenden zogen sich zu zweit in das frisch eingelagerte Stroh zurück. Klein-Holger wurde dabei immer gefunden und gegen sein Gemaule dem Bett zugeführt und verpasste so, wie er irgendwie spürte, den interessanteren Teil des Abends.

Seine Großeltern waren einfache und gütige Leute. Sie kamen ursprünglich vom Lande in Ostpreußen. Sie hatten das unendliche Pech, gleich zwei Weltkriege mitmachen zu müssen. Großvater diente in beiden Kriegen als Soldat. Er brachte seinem kleinen Enkel unendlich viel bei. Aus Weiden mit einem Bindfaden eine tolle Knallpeitsche zu machen oder Pfeil und Bogen zu schnitzen. Wobei die Pfeile, die er fertigte, schon richtige Präzisionsgeschosse waren. Vorn war ein alter Nagel eingelassen, der gegen weiteren Aufspliss des Pfeilholzes mit einer engen Drahtumwicklung gesichert war. Hinten waren drei Federhälften eingelassen, die er irgendeinem Federvieh auf dem Hof geklaut hatte. So ein Pfeil aus Großvaters Manufaktur ging ab wie Schmitzens Katze. Wenn Großmutter solche Sachen sah, sagte sie immer in ihrem ostpreußischen Dialekt: »Most dem Jongchen necht so domme Sachen beibringen!«

Holgers Mutter schämte sich ihrer eigenen Mutter, weil sie kein klares Hochdeutsch sprach und somit ihre ursprüngliche Herkunft vom Lande nicht leugnen konnte. Holgers Mutter war in Elbing geboren und vertrat konsequent die Meinung, dass Stadtleute etwas Besseres waren als Bauern.

Holger war vielleicht sieben Jahre alt, als seine Großeltern von Stadthagen nach Gelsenkirchen-Bismarck in die Erdbrüggenstraße zogen. Zu Besuchen bei ihnen fuhr man mit der Eisenbahn. Die Strecke von zwei Kilometern zum Hauptbahnhof von Dortmund wurde, um Geld zu sparen, zu Fuß erledigt, und zwar frühmorgens und spätabends nach der Rückkehr.

Mit der Eisenbahn zu fahren, war für ihn absolut faszinierend. Es war ein Traum, vor den bis zu zwei Meter großen Treibrädern einer Dampf-Schnellzuglok stehen zu können, und dem Rasseln der Speispumpen und dem Fauchen der Ventile zuzuhören.

Holgers Mutter war eine sehr attraktive Frau. Bauarbeiter auf der Straße pfiffen ihr immer nach, denn sie hatte wunderschöne Beine, die sie unter Verwendung vieler selbst genähter Röcke und Kleider auch gerne zeigte. Jedenfalls schaffte sie es eines Tages, auf dem Bahnsteig des Hauptbahnhofes in Dortmund, einen Lokomotivführer zu überreden, ihren Sohn auf den Steuerstand seiner Maschine zu heben. Dieses Erlebnis vergaß Holger nie, ebenso die begleitenden Gerüche von heißem Eisen, warmen Öl und Wasser sowie warmer Kohle. Wenn der Heizer die Feuerluke aufriss, um Kohle nachzulegen, waberte einem aus dem Feuerkasten eine heiße Lohe entgegen. Holgers Berufswunsch war umgehend gefasst! Er wollte Lokomotivführer werden! Natürlich wurde ihm das umgehend von seiner Mutter wieder ausgeredet mit dem Verweis auf den für ihn ja schon geplanten akademischen Bildungsweg zum Doktor. Aber, und da hatte sie natürlich absolut recht, sollte man für alle Berufseindrücke offen sein. Lokomotivführer sei, wie nach dem Besuch ihres Sohnes auf dem Lokführerstand nunmehr ersichtlich, ein schmutziger und zugiger Beruf. Der Beruf eines Doktors war jedoch sauber mit einem Umfeld von Weisungsempfängern. War für Holger alles uninteressant! Er würde Dampflokomotivführer werden! Beschlossene Sache!

Eisenbahnfahren war damals noch gemütlich und abenteuerlich. Einmal kam seine Mutter mit ihm auf den Bahnsteig gehetzt, da war der Zug schon zur Ausfahrt freigegeben. Die Lok machte die ersten zwei, drei Dampfstöße und zog an. Der Stationsvorsteher sah Holger mit seiner Mutter hereineilen und was machte der gute Mann? Er pfiff ab! Er pfiff ab! Er pfiff lang anhaltend und zeigte dem Lokführer die rote Kelle! Der Lokführer riss den Dampfregler zurück und ließ die Druckluftbremse fallen. Die Personenwagen klackerten alle lustig in die Puffer und nach ungefähr fünf Metern stand die ganze Fuhre wieder. Mutter und Holger sausten in den nächsten Wagen. Mutter, nicht ohne dem Stationsvorstand ein gewinnendes Lächeln mit einem bescheidenen Dankeswort zu schenken. Schon wurde die Ausfahrt wieder freigegeben und der Zug ruckelte los.

‚Losruckeln' war für die damaligen Zugfahrten der richtige Ausdruck. Damals gab es noch einige Personenwagen mit offenen Übergängen, was bedeutete, dass man aus dem geschlossenen Wagen auf einen Vorbau mit Geländer trat. Dies war auch gleichzeitig mit zwei seitlichen Stufen versehen der Zugang zu den Wagen. Von Wagen zu Wagen ging man über eine Plattenbrücke, die seitlich über Scherengitter abgesichert war. Holger konnte sich nicht mehr erinnern, ob der Wechsel von Wagen zu

Wagen während der Fahrt verboten war und nur dem Betriebspersonal freistand.

Die Schienen hatten noch Einzellängen von ungefähr zehn Metern und waren dann zusammengelascht. Das waren die Schienenstöße, die sich dem Fahrgast nicht nur akustisch deutlich mitteilten.

Es ging mitten durch den Ruhrpott. Vorbei an den vielen Zechen mit den Kolonnen von Kohlenwagen, die auf den Abtransport warteten oder leer auf die baldige Beladung. Zügeweise Grubenholz, um die Streben abzustützen. Lange Zugreihen mit metallenen Ausbauteilen für den Bergbau. Güterwagen noch und nöcher. Dazwischen die vielen bunten Privatwagen der Brauereien. Vorbei an den Stahlhütten. Hier konnte man vom Zug aus sehen, wie das Roheisen beim Abstich aus dem Hochofen floss und in entsprechende Roheisentransportwagen mit feuerfester Ausmauerung geleitet wurde. Gerade nachts waren das grandiose Schauspiele mit viel Gefunkel und Gestrahle. Die Kokereien dampften und zischten, wenn der Koks glühend aus den Batterien rausgedrückt und abgelöscht wurde. In jedem Bahnhof war ein Ablaufberg, über den die Güterzüge gedrückt wurden, um sie in einem anschließenden Weichenfächer mit sehr vielen nebeneinanderliegenden Geleisen zur Neuzusammenstellung mit lautem Gepolter einlaufen zu lassen. Das Ruhrgebiet, der Pott lebte! Und wie!

Diese Eisenbahnfahrten verbrachte Holger immer nur im Stehen, die Nase an die Wagenscheibe gedrückt und die ganzen optischen und akustischen Eindrücke aufsaugend wie ein Schwamm, einschließlich der damit verbundenen Gerüche. In Gelsenkirchen angekommen stieg er meist mit Mutter sofort in den grünen Bus am Bahnhof und fuhr mit ihr die 25 Minuten raus nach Bismarck zu den Großeltern. Die Haltestelle war unmittelbar vor der Haustür des Hauses, in dem sie wohnten. Großvater stand meist hinter dem Fenster der Küchengaube und winkte hinunter.

Als Holger etwas älter war, durfte er auch die Ferien bei den Großeltern verbringen. Seine Mutter brachte ihn per Bahn hin und holte ihn auch so wieder ab. Oder, aber dies kam wesentlich seltener vor, seine Großeltern machten einen Gegenbesuch in Dortmund und nahmen ihn gleich mit.

Bei den Großeltern die Ferien zu verbringen war Luxus pur. Opa nahm seinen kleinen Enkel überall mit hin und erklärte ihm alles. Großvaters Ruhe und Gelassenheit war grenzenlos. Aber möglicherweise wurde man so, wenn man zwei Weltkriege überstanden hatte und immer wieder von vorn anfangen musste. Von den Kriegen erzählte er nie. Als Junge war Holger natürlich auf so etwas gerade erpicht und gespannt und animierte seinen Großvater regelmäßig von seinen Erlebnissen zu berichten. Eines bekam er jedoch recht früh mit. Sein Großvater war zumindest im Ersten Weltkrieg bei einer berittenen Einheit gewesen. Daher resultierte auch seine tiefe Liebe zu Pferden. Pferde leiden zu sehen war ihm ein Gräuel. Wenn er mit seinem Enkel spazieren ging, hatte er immer einige Würfelzuckerstücke in der Tasche. Sah er ein Pferdefuhrwerk an der Straßenseite stehen, gab es für die Tiere immer ein Leckerchen und einige Streicheleinheiten. Wenn an dem Geschirr der Pferde etwas unordentlich war oder gar falsch, was den Tieren hätte Schmerz und Schaden zufügen können, dann konnte es sogar passieren, dass Großvater den zugehörigen Fuhrmann oder Gespannführer anherrschte: »Kerl, halt deine Gäule in Ordnung.« Wenn der Gegenüber aufbegehren wollte, wies ihn Großvater mit seinem Fachwissen der militärisch erlernten Geschirrordnung ziemlich schnell und gründlich daraufhin, wo der Fehler lag.

Viel später erfuhr Holger, dass sein Großvater während des Ersten Weltkrieges die ihm anvertrauten Pferde auch erschießen musste, wenn das Futter aufgebraucht war und die Tiere zu verhungern drohten. Oder, was ebenso schlimm war, wenn die Pferde im Gefecht verwundet wurden und ihren schweren Verletzungen nicht sofort erlegen waren. Von ihm hörte der kleine Enkel einmal den Begriff der ‚brechenden Augen'. Erst viel später als Erwachsener konnte er diesen Ausdruck verstehen.

Als Urlauber bei den Großeltern nächtigte der kleine Holger immer auf der sogenannten Besucherritze zwischen Oma und Opa. Nachts kamen dann für seinen Großvater die Kriegsbilder im Albtraum vielfach zurück. Er schrie dann oft und stammelte, schwer atmend, zusammenhanglose Worte und bruchstückhafte Sätze, wie: »Ist durch .., im Graben .., oder, raus .., Alarm .., weg .., tot .., verschüttet ...! Meist rutschte dann Großmutter über den Jungen hinweg und weckte den Kriegsveteranen auf ihre Art. Die beiden Alten liebten sich still und schweigend, was Holger, bis heute als keineswegs anstößig empfand und sein Großvater schlief dann wieder schnarchend ein.

Opa war ein Soldat aus Leib und Seele gewesen. Nicht wegen irgendwelcher politischer Überzeugungen, sondern aus reiner Pflichterfüllung gegenüber dem Vaterland. Er besaß ein großes Verständnis für körperliche Ertüchtigung, Gründlichkeit, Verlässlichkeit, Sauberkeit und Pünktlichkeit. Seine ältesten Lederschuhe und Stiefel waren so sauber gewienert, dass man sich darin spiegeln konnte. Nach dem Aufstehen machte er vor geöffnetem Fenster im Schlafzimmer, mit bloßem Oberkörper, bei Wind und Wetter, egal ob Sommer oder Winter, seine Freiübungen sowie einen akkuraten militärischen Stechschritt auf der Stelle! Und das sogar noch in hohem Alter!

Opa hatte eine penible Ordnung in seiner kleinen Werkzeugsammlung, die sich in einem kleinen Abstellraum in ihrer Wohnung befand. Dies betraf ebenso die in verschiedensten Zigarrenkästen beheimatete Ansammlung von unterschiedlichsten Materialien, wie Nägeln, Schrauben, Muttern, Kleineisenteile etc. Selbst Oma rüffelte er, wenn sie seine ‚heilige Ordnung' verletzte! Holger jedoch durfte ungestraft und von Opa unkommentiert, die ganze Herrlichkeit für seine Zwecke zusammennageln und verschrauben. Stundenlang durfte sich der Junge, während seiner Besuche bei den Großeltern, in das kleine Kämmerchen zurückziehen und seiner kindlichen jungenhaften Konstruktionsfantasie freien Lauf lassen. Selbst die Beschwerden seiner Eltern, über seine, meist zum Besuchsende hinterlassener Unordnung, wurden von Opa ignoriert. Der verwies einfach auf die viele Zeit, die er als Rentner besaß, um die vielen, mit kindlichem Elan, zu Flugzeugen und Schiffen zusammengeschraubten Brettchen und Hölzchen, auseinanderzuklauben und entsprechend wieder einzusortieren.

Stundenlang ging der Großvater mit seinem Enkel spazieren und erklärte ihm technische Dinge, wie die Funktionsweisen von Dampfmaschinen oder Autos und Schiffen. Das konnte er sehr gut, denn er war nach

Auskunft seiner Mutter ein Ingenieur. Wenn ihn sein Enkel selbst nach diesem Titel befragte, gab der Großvater nie eine direkte bejahende oder verneinende Antwort.

Holgers Großeltern besaßen in dem Haus, in dem sie wohnten, zwei Keller. Einer war bis unter die Decke vollgestopft mit Holz! Und zwar akkurat! Die Großeltern hatten nach ihren Erfahrungen der zwei miterlebten Weltkriege eine tierische Angst davor, im Falle eines erneuten Krieges ohne Energie dasitzen zu müssen. Nämlich ohne Energie für Wärme und damit ohne Energie für das Kochen. Oma war in den kleinen Geschäften ihrer häuslichen Umgebung bekannt dafür, nach den Holzresten der Kisten und Kästen zu fragen, in denen Obst und Gemüse angeliefert wurde. Es waren schon arg zerschlissene Reste, denn die intakten Kisten wurden damals dem sofortigen Kreislauf der umgehenden Neubeschickung zugeführt. Opa hatte die Aufgabe, diese Kisten mit einer Zange von den Verbindungsmitteln wie Schrauben, Nägeln und Drähten zu befreien und in den Holzkeller einzusortieren. Großmutter war wegen ihrer Sammelleidenschaft dieser Rohstoffe in der Gegend bekannt und man zollte ihr höchsten Respekt, selbst wenn es die Umgebung nicht allzu ernst nahm, denn in Gelsenkirchen-Bismarck, und damit in unmittelbarer Nähe gab es mehr als eine Kohlenzeche und somit eigentlich Energie im Überfluss.

Waschtage waren im Hause der Großeltern ebenfalls ein denkwürdiges Ereignis. Sie wurden lange vorher im Hauskalender als ‚Belegung' eingetragen. Am Morgen solch eines Waschtages entfachte Großvater unter dem stationären Waschzuber in der im Keller gelegenen Waschküche mit Kleinholz, aus seinem Vorratskeller, ein Feuer, das im Laufe des Tages durch Kohle aus der eigenen Bevorratung ergänzt wurde.

Den Waschzuber, ein in Beton eingelassener Metallkessel, befüllte Oma mit Wasser. Die schmutzige Wäsche warf sie mit Waschmitteln in diesen Behälter und kochte diese. Selbstverständlich hatte dieses riesige Instrument einen metallenen Deckel mit einem Durchmesser von ungefähr einem Meter. Extrem schmutzige Wäsche, wie bekackte Unterhosen, was bei Holger schon mal der Fall war, oder beblutete Unterhosen, was bei Frauen wohl schon mal der Fall war, wenn Tante Maria ihre Unterwäsche und die ihrer Familie hinzufügte, wurde einer handwerklichen Spezialreinigung über das geriffelte metallene Waschbrett mit Kernseife zugeführt. Diese Spezialreinigung fand außerhalb des Waschzubers statt in einer kleinen ovalen Zinkbadewanne.

Die Wäsche wurde gekocht und mit einem riesigen Rührpaddel in Bewegung gehalten. Danach wurde die Wäsche einer stationären Wanne zum Ausspülen mit kaltem Wasser zugeführt. Dann kam das Ganze zum Trocknen in den Garten oder in den Trockenkeller. Das vollständige Waschprogramm dauerte ungefähr einen Tag. Holgers Großmutter agierte mit ihrer ganzen bäuerlichen Kraft und Ausdauer, eine starke helle lange Lederschürze vor der Brust und das bereits ergraute Haar mit einem meist bläulichen Kopftuch gebändigt.

In Gelsenkirchen lebte auch die Schwester von Holgers Mutter. Sie war Holgers zweite Patentante und hieß Maria. Tante Maria hatte mit ihrem Mann Ewald zwei Söhne, Freddy und Anton. Dieser Sachverhalt war auch der Grund, weswegen die Großeltern von Stadthagen nach Gelsenkirchen gezogen waren. Onkel Ewald war im Zweiten Weltkrieg in der Stahlindustrie tätig gewesen. Während einem der vielen Luftangriffe wurde er an der Hüfte verletzt. Diese Verletzung wurde während der Kriegswirren nie konsequent behandelt, sodass ihn Holger nur mit Gehhilfe und orthopädischen Schuhen kennenlernte.

Wenn Holger mit seinen Eltern Tante Maria in Gelsenkirchen zum Wochenende besuchte, kam es häufig vor, dass sie Maria von ihrem Arbeitsplatz im Kaufhaus WEKA in der Bahnhofsstraße abholte. Sie arbeitete dort in der Käse- und Schinkenabteilung. Die Verkäuferinnen trugen aus hygienischen Gründen noch weiße Haarhauben. Die Patentante wechselte irgendwann aus der Lebensmittelabteilung in die Hutmacherabteilung. Sie hatte sich mit dem Schneiden von Käse und Schinken dauerhaft die Hände geschädigt, sodass sie den erforderlichen Schneiddruck nicht mehr aufbringen konnte.

Wenn alle zusammen dann in der Wohnung der Tante eintrafen, kam es oft vor, dass Holger seinen Onkel aus der Kneipe an der Ecke abholen musste. Der saß dann öfter mit irgendwelchen Skatfreunden beim

Bierchen und drosch ein Blatt, das ihn den angekündigten Besuch der Verwandtschaft hatte vergessen lassen.

Großvater, Onkel Ewald und Holgers Vater saßen bei solchen Familienzusammenkünften öfter am Wohnzimmertisch zusammen und machten zigarrenrauchenderweise große Politik. Sie ventilierten die Frage, wie es wohl gewesen wäre, wenn die Amerikaner und ihre westlichen Alliierten nach dem Zusammenbruch des Dritten Reiches mit den Resten der damaligen Wehrmacht das russische Reich okkupiert hätten und andere schwerwiegende politische Themen.

Holger konnte sich gut daran erinnern, dass das Wohnzimmer durch den Zigarrenrauch der Marke Handelsgold bläulich durchwebt war. Die Frauen standen meist in der Küche und bereiteten Schnittchen für das Abendbrot vor. In Gelsenkirchen traf sich die Familie auch zum kollektiven Fernsehen. Die Großeltern hatten als Allererste aus dem Familienkreis einen Schwarz-Weiß-Fernseher. So einen mit Zimmerantenne in Fliegenform, die oben auf dem Flimmerkasten stand. Die damaligen, im Fernsehen laufenden Straßenfeger genannten Filme von Durbridge, Hitchcock oder Edgar Wallace sah die ganze Familie. Obwohl dies für die Großeltern ein ziemlich kostspieliges Vergnügen war, denn die Verpflegung der Kinder mit Ehepartnern und den drei Enkelsöhnen übernahmen sie immer. Sie pflegten diese Zusammenkünfte jedoch herzlich gerne, denn auf diese Weise traf sich ja die ganze engere Familie. Und die wusste das sehr zu schätzen.

Holger bewaffnete man als jüngstes Enkelkind mit Geld und einer Tasche und schickte ihn in die Kneipe gegenüber, um für die Erwachsenen einige Flaschen Bier zu kaufen. Für ihn selbst sprang meistens eine Flasche Malzbier heraus.

Während einer seiner Urlaube bei den Großeltern lernte der Enkel einen Jungen aus der Nachbarschaft kennen. Er hieß Till Beinemann. Zusammen mit Till spielte er mit einem anderen Jungen aus der Nachbarschaft des großelterlichen Hauses. Er hieß mit Nachnahmen Keseler, aber alle Kinder nannten ihn nur ‚Käse'. Irgendwie war dieser Käse in der ganzen Gegend offensichtlich als Tunichtgut bekannt. Die Großeltern sagten immer, wenn Holger zum Spielen auf die Straße ging: »Aber, spiel nicht mit dem Käse!«

Holgers neu gewonnener Freund Till und er spielten jedenfalls mit diesem Jungen. Meist gab es auch irgendwelchen Ärger. Entweder klaute dieser Käse das Spielzeug von Till und Holger und behauptete hinter, dass er es von ihnen geschenkt bekommen hätte, oder Holger und Till verkloppten ihn zu Revanche und behaupteten hinterher gemeinsam, von Nichts zu wissen. Holger verlor Till irgendwann aus den Augen und sollte ihn erst viele, viele Jahre später unter anderen Umständen wiedertreffen.

Tante Marias und Onkel Ewalds ältester Sohn hatte ein damals nicht seltenes Fortbewegungsmittel - einen Motorroller. Vetter Freddy nahm den kleinen Holger öfter mit zu einer Fahrt um den Häuserblock. Aber nicht hinten auf dem Beifahrersitz, sondern vorn hinter dem Lenker stehend, zwischen seinen Beinen. Ein absolutes Erlebnis damals. Heutzutage verständlicherweise unmöglich.

Holgers Eltern führten eine, auch für ihn als Kind schon spürbar, eigenartige Ehe. Seine Mutter fühlte sich selbstverständlich ganz als Ingenieursgattin und versuchte ihn permanent zu prägen und zu formen.

Sein Vater hatte eigentlich wenig Interesse an seiner Person. Das lag möglicherweise daran, dass er als Ehemann für Holgers Mutter die sogenannte zweite bis dritte Wahl gewesen war. Mutter war mal verlobt mit einem jungen Marineoffiziersanwärter. Das Bild von ihm stand, nach Holgers Erinnerungen, ungefähr bis zu seinem zehnten Lebensjahr in der Wohnzimmervitrine seiner Eltern. Das Bild zeigte einen jungen Mann in der Parade-Offiziersuniform der deutschen Kriegsmarine mit einem kleinen Seitendegen. Der Mann hatte einen sogenannten Schmiss im Gesicht. Später erfuhr Holger, dass dies wohl das untrügliche Zeichen dafür war, dass der Träger einst in einer studentischen Verbindung war, die sich mit scharfen Säbeln duellierte.

Sein Vater nahm ihm gegenüber nie Stellung zu diesem Bild. Er verwies stets darauf, dass sein Sohn für nähere Auskünfte doch seine Mutter befragen sollte. Und die erzählte, dass es sich bei diesem Bild um das Bild eines jungen Verwandten ihrer Familie handelte, der mit dem Schlachtschiff Bismarck während einer Feindfahrt im Zweiten Weltkrieg 1941 untergegangen war.

Viel später erfuhr Holger, dass dieser Mann der erste Verlobte seiner Mutter war. Diese ewige Zurschaustellung ihrer unvergessenen ersten Liebe in aller Öffentlichkeit hätte eigentlich für seinen Vater deprimierend sein müssen, aber an irgendwelche Äußerungen seines Vaters in diese Richtung konnte sich Holger nicht erinnern.

Holgers Vater lernte seine Mutter, nach ihren Schilderungen, noch während des Kriegsverlaufes in Eckernförde kennen. Er war von der AEG als junger Elektroingenieur an die deutsche Kriegsmarine im Rahmen entsprechender Rüstungsprogramme verliehen worden. Er war nie Soldat, sondern infolge seiner Ausbildung für die Rüstung ‚Unabkömmlich'. In Eckernförde war er in der Torpedoversuchsanstalt eingesetzt. Diese Einrichtung, am Ortsausgang von Eckernförde gelegen, erfüllt noch heute ihre Funktion für die deutsche Marine.

Vater war zu diesem Zeitpunkt als gebürtiger Berliner in Eckernförde stationiert. Sein bester Freund, der mit ihm zusammen studiert hatte, war trotz gleicher Ausbildung nicht ‚UK' gestellt worden. Er war Kradmelder bei einer Einheit in Russland und hatte Heimaturlaub, den er bei Holgers Vater in Eckernförde verbrachte. Holgers Mutter verbrachte zufällig ihren Urlaub auch in Eckernförde und so lernten sich diese drei Personen durch die Fügung des Schicksals beim Burgenbau am Strand kennen.

Vaters Freund, ebenfalls ein gebürtiger Berliner, war der Typ ‚Macher', was möglicherweise durch seine soldatische Lebensweise wesentlich mitgeprägt wurde. Er hatte eine knappe und herrische Ausdrucksweise, die trotzdem elegant und auffällig war mit eigenem Charme. Ähnlich wie die von Curd Jürgens in dem Film: ‚Des Teufels General'.

Vater war eher zurückhaltend, schweigsam und pedantisch. Und so kam es, wie es kommen musste. Holgers Mutter verliebte sich unsterblich in den Freund von Holgers Vater. Diese deutliche Zuneigung ihrerseits hielt bis zu seinem Tode unverhohlen an. Dieser Freund, Holger durfte ihn später bei seinem Vornamen ‚Onkel Karl' nennen, war jedoch zu diesem

Zeitpunkt bereits glücklich verlobt und erlag nicht den offensichtlichen Avancen seiner Mutter. Beide führten wohl einige Zeit einen intensiven Schriftwechsel. Mit Holgers späterem Vater blieb sie auch in lockerem Kontakt. Irgendwann hatte sie die Zwecklosigkeit ihrer Bemühungen um seinen Freund eingesehen.

Inzwischen waren ja auch viele männliche heiratsfähige Jahrgänge im Kriegsverlauf gefallen. Sie wandte sich den offenkundigeren Annäherungsversuchen von Holgers späterem Vater zu, die dann schlussendlich nach ungefähr siebenjähriger Verlobungszeit zum Eheschluss am 23.12.1950 in Stadthagen führte. Allerdings ließ sie ihn auch in Gegenwart des gemeinsamen Kindes für viele Jahre nie im Zweifel, dass er für sie eigentlich nur die dritte Wahl der partnerschaftlichen Auswahloptionen war und das Schicksal gegen sie entschieden hatte.

Holgers Vater war im Bekannten- und Freundeskreis der Eltern wegen seiner Sachlichkeit und seines hohen technischen Fachwissens sehr geschätzt. Allerdings besaß er kaum Humor und sein Sohn sah ihn wenig lachen.

Seine Mutter war dagegen eine humorvolle und fröhliche Frau, die auch gerne mit anderen Männern flirtete und kokettierte und das natürlich vorzugsweise in Gegenwart ihres eigenen Mannes, der das aber absolut übersah, denn Fingerspitzengefühl oder Sensibilität war absolut nicht sein Ding.

Während der Wohnzeit in dem Mehrfamilienhaus in der Hamburgerstraße wurde Holgers Vater von den Mitbewohnern ebenfalls bewundert. Stunden- und tagelang hielt er sich in seinem Keller mit dem schon erwähnten eigenen Stromanschluss auf, um, nach der offiziellen Version seiner Ehefrau, gegenüber den Nachbarn, seine elektrotechnischen Experimente durchzuführen. Vater hatte kistenweise alte Messinstrumente, Röhren, Widerstände und anderes Elektrozeug durch die Kriegs- und Nachkriegswirren gerettet und bastelte nun damit rum. Sinnvolle Ergebnisse dieser Bastelei hat Holger nie zu Gesicht bekommen. Jedoch war der Vater offensichtlich in der Lage, bei den damals üblichen Röhrenradios, wenn ein Fehler auftrat, die defekte Röhre oder ein anderes Strom führendes Bauteil mit seinen Messinstrumenten als Fehlerquelle einzugrenzen und durch Ersatz zu reparieren.

Dies rückte ihn für das Umfeld in die Nähe eines Erfinders und verschaffte ihm und seiner Frau, die das Ganze natürlich mit ihrem Dünkeldenken und geschickten verbalen Einlassungen pflegte, eine nicht unerhebliche zusätzliche Reputation.

Bald wurde Holgers Vater durch Nachbarn und weiterentfernten Nachbarn und deren weiterentfernten Bekannten und Nachbarn die verschiedensten Reparaturarbeiten ihrer Röhrenempfänger angetragen. Der Vater war ein absoluter Wahrheitsfanatiker und obrigkeitshörig. Er befürchtete durch eventuelle Schwarzarbeit und entsprechendes Gerede der Nachbarschaft, eine Verfolgung durch die Steuerbehörde.

Die Mutter war eher der Meinung, dass ein wenig Geld nebenbei nicht zu verachten sei. Der Vater, ein eher etwas ängstlicher Mann, führte mit Holgers Mutter ein langes intensives Gespräch mit dem Hinweis, durch solche Dummheiten, wie er es nannte, auch möglicherweise seinen Job verlieren zu können. Seine Mutter respektierte widerstrebend seine Einstellung und hielt den Nimbus der Gattin eines Ingenieurs mit Erfinderstatus aufrecht, indem sie verhalten das Gerücht nährte, dass sein Vater im Regierungsauftrag forsche.

Holger hatte jedenfalls sehr oft die Aufgabe, in den Keller zu steigen, wo Vater hinter dem mit Packpapier abgespannten Kellerverschlag experimentierte, um ihn zum Essen in die Wohnung hochzuholen. Der Vater, damals noch ein leidenschaftlicher Zigarettenraucher, frönte auch hier diesem Laster, denn die Kellerluft war im Schein der anfänglich üblichen Zwanzigwattbirnen bläulich. Manchmal lag auch noch der Duft von Lötzinn in der Luft, wenn er versuchte, seine zuvor auf Papier gebrachten Experimentalanordnungen in die Praxis umzusetzen.

Für Holger, als kleiner Junge, war es eigentlich nur ein unaufhörlicher Kreislauf von Zusammenlöten, wieder Auseinanderlöten, das Einsortieren in Kästchen und Schächtelchen und wieder Zusammenlöten. Das Ganze auf einer Grundfläche von maximal acht Quadratmetern - umgeben von den üblichen Ausstattungsmerkmalen eines Vorratskellers, nämlich gestapelten Briketts, einem Kohleverschlag, der üblichen Kartoffelkiste, dem zusammengezimmerten Holzregal für die Kolonnen der gefüllten oder auch leeren Einmachgläser, Holgers Kinderholzschlitten und anderer ausgelagerter Gebrauchsutensilien eines dreiköpfigen Haushaltes.

An der Kopfseite des Kellers, zur Straße hin, war das gängige in circa 1,70 Meter Höhe eingelassene Kellerfenster mit Lochgittersicherung, das oberhalb des davorliegenden Gehweges auch von außen für die Kohlebeschickung erreichbar war. Da Holgers Eltern den Kellerstrom selbst bezahlten, wurde die Beleuchtung etwas später, ganz im Sinne des Vaters, durch eine der noch seltenen Leuchtstoffröhren ersetzt, die ihren entsprechend hellen Lichtschein durch das Kellerfenster auf den Bürgersteig warf und die Gerüchte um Vaters Erfindungsreichtum zum Selbstläufer mutieren ließ.

Selbst Holger merkte schnell, dass die lange Abwesenheit seines Vaters im Keller nur einem Zwecke diente, nämlich ihm und seinem Vorsatz, möglichst viel allein zu sein. Er war alles andere als ein Familienmensch. Mit seinem Sohn konnte er eigentlich nichts anfangen. Zärtlichkeiten ihm gegenüber, oder gegenüber seiner Frau in Gegenwart des gemeinsamen Kindes, waren mehr als selten. Wenn jeder für sich, sie gewaltsam durch Umarmungen, oder Geschmuse einforderte, verkrampfte er sich ganz schnell, wandte den Kopf ab und sagte: »Es ist gut, es ist ja gut«, bis dieser tätliche Angriff, von wem auch immer ausgeführt, auf seine Person nachließ.

Eigentlich ließ sich Holgers Vater als absolut gefühlskalt bezeichnen. Nur einmal, vielleicht im Alter von neun Jahren, hatte der Junge seine Eltern beim Ficken erwischt. Er musste nachts auf die Toilette, die Schlafzimmertür war, wie üblich, nur angelehnt und er hörte seine Mutter stöhnen und gebetmühlenartig den Namen seines Vaters flüstern: »Heinz, ach mein Heinz, Heinz, ach, ach.« Da er sich für seine Mutter fürchtete, machte Holger kurz entschlossen das Licht im Schlafzimmer an und sah seinen Vater in Missionarsstellung auf seiner Mutter liegen. Schnell rutschte dieser von ihr herunter. Er trug wie sie auch ein langes weißes Nachthemd, deckte sich mit dem Oberbett zu und drehte seinem Jungen den Rücken entgegen. Bei Holgers Mutter ging das Bekleiden ihrer kaum sichtbaren Blöße ebenso schnell und er wurde von ihr nach der Ursächlichkeit seines überraschenden nächtlichen Besuches im elterlichen Schlafzimmer befragt. Er schilderte seine ehrliche Besorgnis über ihr vernehmliches Gestöhne und wurde mit dem Hinweis, dass es ihr gut gehe, zurück in sein Bett geschickt. Dieser Gesamtvorgang war für den Jungen extrem unbefriedigend, aber sosehr er sich auch anstrengte, so hatte er doch solche, auf einen ehelichen Geschlechtsverkehr hindeutenden Geräusche oder Anblicke, bei seinen Eltern nie wieder erlebt.

Nackt zeigte sich sein Vater nur vor ihm, wenn er aus dem Badezimmer kam und ein Handtuch um die Lenden trug. Seine Mutter zog es vor, sich immer mit einem Handtuch zu verhüllen, das sie versuchte, sich quer über den Körper zu ziehen. Das passte natürlich nur annähernd vorn und von hinten konnte Holger Mutters Modellarsch zu Kenntnis nehmen - mit reichlich Behaarung im Schritt. Irgendwann verrutschte das Handtuch an Mutters Vorderfront und er bekam wirklich wohlproportionierte stramme Brüste zu sehen. Mit dem Verweis, dass diese Brüste Holger ja schließlich als Säugling genährt hätten, blieben sie nunmehr nach der körperlichen Reinigung unverhüllt.

Irgendwann blieb seine Mutter mit dem Handtuch, das die untere Hälfte ihres Körpers verhüllte, an einem Schlüssel oder einer Türklinke hängen und er erblickte in ganzer Pracht einen schwarzen weiblichen Bär, der aber auch gar nichts von einem ihm bis zu jetzigen Zeitpunkt bekannten weiblichen Einwurfschlitz preisgab. Ihm wurde mitgeteilt, dass er ja nun eine Frau unten herum gesehen hätte, und dass ein anderer wesentlicher Unterschied zwischen den Geschlechtern eigentlich nicht bestünde.

Ansonsten war in Holgers Elternhaus eher Prüderie angesagt. Das spannende, auf der Straße schon erlernte Thema, wie Kinder gezeugt wurden, blieb von den Eltern vorerst unbehandelt. Holgers Mutter legte alsbald eine, insbesondere in Gegenwart von Gästen, gepflegte Eigenschaft an den Tag. Sie begann über ihren Mann in seiner Gegenwart, herzuziehen. Mal beklagte sie sich über ihr frühes Witwendasein, da Vater ja im Keller praktisch allein lebe, mal ließ sie in das Gespräch einfließen, schon lange nicht mehr richtig geküsst worden zu sein. Mal äußerte sie Bewunderung für Frauen, die von ihren Männern richtig begehrt und geliebt würden. Mal beklagte sie sich über die fehlende Aufmerksamkeit ihres Mannes. Sie machte dies allerdings auf so eine charmante und lustige Art, dass die Gäste ihr zwangsläufig lachend beistimmten.

Vater verhielt sich lange Zeit schweigend und nahm diese Demütigungen kommentarlos zu Kenntnis. Aber es gab auch bei ihm eine Grenze. Irgendwann begann er ihr tobend und schreiend zu antworten und brüllte vor versammelter Mannschaft, doch alles für Frau und Familie zu tun. Mutter war anfangs geschockt und lachte weiterhin mit der Bemerkung, dass er keinen Humor besitze. Die anwesenden Gäste, denen dieser Auftritt von Holgers Eltern äußerst unangenehm und peinlich war, kamen seiner Mutter zu Hilfe und betonten seinem Vater gegenüber, dass das Ganze nur ein Scherz sei, den er offensichtlich nicht verstanden hätte.

Die Gemüter kühlten wieder ab, aber solche Situationen wurden bald in Gesellschaft von Gästen die Regel. Besprochen oder geklärt wurden diese Dinge zwischen Holgers Eltern nie. Noch eine Marotte legte sich seine Mutter zu. Sie bekam urplötzlich sogenannte ‚Herzattacken'. Natürlich fast nur immer in Gegenwart anderer Menschen. Während der Unterhaltung wurde sie immer schweigsamer und zurückhaltender und griff sich dann an den Kopf oder an den Hals, bis ihr nach Kenntnisnahme durch die ganze Runde vollständige Aufmerksamkeit zuteil war. Sie begann zu zittern und mit den Zähnen zu klappern. Auf besorgtes Befragen nach ihrem Befinden antwortete sie immer mit piepsiger, fast ersterbender Stimme: »Es ist nichts, es ist nichts.«

Meist rutschten die Gäste vom Sofa und verteilten sich auf eilig herbeigeholte Stühle. Holgers Mutter wurde auf das Sofa gelegt und mit einer Decke versehen, denn sie fror nach ihrer Aussage. Meist wurde sie darauf mit einem Weinbrand wieder stabilisiert.

Holger hatte bei solchen Herzattacken natürlich immer viel Angst um das Leben seiner Mutter. Die erklärte ihm, dass die Ursächlichkeit dieser Anfälle bei einer nicht richtig auskurierten Diphterie während der Flucht zum Ende der Kriegszeit anzusiedeln sei. Holger hatte seine leisen Zweifel, ob dieser plötzlich auftauchenden gesundheitlichen Spätfolgen nach über 15 Jahren nach Kriegsende. Jedenfalls war das Resultat solcher Anfälle immer, dass die ganze Gesellschaft nur noch flüsterte und sich alle paar Minuten besorgt bei seiner Mutter nach ihrem Gesundheitszustand erkundigte, die sie mit matter piepsiger Stimme und vagen Auskünften beantwortete. Die Stimmung war jedenfalls auf dem Tiefpunkt und die Gesellschaften lösten sich in solchen Situationen nach kurzer Zeit auf.

Holger wurde bald klar, dass die Ehe seiner Eltern, im Vergleich zu den Eltern von Freunden mehr als eigenartig verlief.

Eines Tages kam er von der Schule nach Hause und fragte seine Mutter, was das Wort ‚fighten' bedeutete. Offensichtlich hatte er es auf seinem Schulweg irgendwo auf einer Zeitung an einem Kiosk gesehen. Der englischen Sprache nicht mächtig, sprach er dies ihm unbekannte Wort in Lautschrift aus, nämlich ‚fickten'.

Holgers Mutter erstarrte nach dieser für ihn eigentlich neutralen Frage sofort zur Salzsäule und fragte ihn streng, wo und vor allen Dingen von wem er dieses Wort gehört hätte. Der Junge merkte sofort, dass er etwas hinterfragt hatte, was er besser nicht hätte hinterfragen sollen. Noch mehrmals wurde er im Laufe des Nachmittages von seiner Mutter mit geänderter Fragestellung nach dem Urheber dieses von ihm überbrachten Wortes befragt. Er blieb standhaft bei seiner Aussage die Urheberschaft des Wortes nicht zu kennen.

Holgers Mutter jedenfalls nahm dieses Wort offensichtlich sehr ernst, denn abends, nachdem sein Vater aus dem Büro gekommen war, schilderte sie ihm hinter verschlossener Wohnzimmertür den gesamten Sachverhalt um dieses Wort. Holger wurde von seinen Eltern nochmals ernsthaft nach der Urheberschaft dieses offensichtlich grauenhaften Wortes einvernommen. Und endlich, nachdem der Druck so groß war, den die Eltern aufgebaut hatten, und er fast schon den Tränen nahe war, und es absehbar war, dass sie mit ihrer Fragerei keine Ruhe geben würden, schilderte er den eigentlich für ihn unbedeutenden Sachverhalt der Herkunft dieses Wortes. Er hatte es flüchtig auf einem Plakat oder einer Zeitung gelesen, dass die Boxer ‚fighten'. Die Erlösung über diese harmlose Erklärung des Wortes ging Holgers Eltern sichtbar über die Gesichter. Es erfolgte natürlich die anschließende Ermahnung und Aufforderung an ihn, sich bei sämtlichen für ihn unverständlichen Begriffen und Worten Hilfe suchend an seine Eltern zu wenden. Das hatte er natürlich nie mehr in Anspruch genommen. Die Bedeutung des Wortes ‚ficken' kannte er ja schon länger durch die Straßenaufklärung.

Mit seiner Mutter ging Holger immer zu einer Kinderärztin auf die Kaiserstraße, wenn entsprechende Untersuchungen bei ihm anstanden. Sie war in der Erinnerung des Jungen eine bildhübsche Frau mit langen braunen gelockten Haaren. Seine Mutter und er hatten ihr deswegen den Spitznamen ‚Schneewittchen' gegeben. Irgendwann bei einer dieser Untersuchungen war Frau Doktor möglicherweise zu streichelig am nackten Körper des Jungen, denn er bekam seinen ersten ‚Ständer', den er ruhig und interessiert beobachtete und umgehend auf eine plötzliche Erkrankung schloss, obwohl er sich unter den Händen von Frau Doktor eigentlich ganz wohl fühlte und sein neuer Kollege, der Kinderständer wohl auch.

Schneewittchen jedenfalls nahm das Ganze ruhig und gelassen zu Kenntnis und schnippte aus einer Bewegung heraus, wie zufällig, an Holgers kleine ‚Jungenlatte'. Die quittierte natürlich diesen überraschenden Angriff mit sofortigem Rückzug. Für Holger war der gesamte Vorfall überhaupt nicht peinlich. Konnte es auch nicht, denn er war ja für ihn nigelnagelneu.

Was er eher peinlich empfand, war das nach der Untersuchung anstehende Gewisper zwischen Schneewittchen und seiner Mutter und die für ihn zu entnehmende Konsequenz, in Zukunft bei gesundheitlichen Problemen einen ‚Erwachsenenarzt' in Anspruch zu nehmen.

So schnell konnte Kindheit zu Ende sein!

Die Grundschule absolvierte Holger als mittelmäßiger Schüler. Seine Mutter schob diesen Sachverhalt sofort auf sein vielwöchiges Fehlen in der Schule durch die Erkrankung an Scharlach. Trotz aller täglichen und wochenendlichen elterlichen Nachhilfen strotzten seine Zeugnisse nur vor lauter befriedigenden Zensuren. Selbstverständlich lief nach der Zeugnisausgabe das Telefon heiß, denn Holgers Eltern hatten schon eins und die Freunde und Bekannte riefen an, um mit den wesentlich besseren Zeugniszensuren ihrer Kinder strunzen zu können. Holger wurde dann mit vollem Respekt der Titel eines Spätzünders verliehen, der schon mal irgendwann kommen würde. Solche Tage waren für Holger schlichtweg scheiße, denn das Zukunftsgeplärr mit den akademischen Graden wurde bis abends regelmäßig und gebetsmühlenartig wiederholt und natürlich nach Feierabend mit den bekannten Kommentaren seines Vaters verbrämt: »Die loofen alle an dir vorbei. Alle loofen se an dir vorbei.«

Es gab damals schon eine Beratung durch die Klassenlehrer an den Grundschulen hinsichtlich des Überganges an eine weiterführende Schule. Holgers Mutter wurde angeraten, ihren Sohn eine Mittelschule besuchen zu lassen.

Selbstverständlich lehnte sie diesen Rat unter dem Verweis ab, dass die nächstgelegene Mittelschule nur mit dem Bus zu erreichen wäre und somit nach Schulschluss wertvolle Zeit verloren ginge, die zum Üben sinnvoller einzusetzen war. Das Gymnasium, das sie für ihren Sohn ohnehin schon auserkoren hatte, lag am Ostwall und war fußläufig in ungefähr zwanzig Minuten zu erreichen. Abgesehen davon war für den von ihr vorgesehenen akademischen Grad der Ausbildung ihres Sohnes das Abitur zwingend notwendig.

Zweites Kapitel
Jugend

Das Ostwallgymnasium war ein altsprachliges Gymnasium, das bedeutete, dass die erste Klasse mit Latein begann. In der dritten Klasse kam Englisch hinzu und ab der sechsten Klasse hatte man die Wahl zwischen Französisch und Griechisch als Pflichtfach. Mädels gab es an dieser Schule kaum. Die wenigen, die sie besuchten, mussten Griechisch wählen, denn nicht sehr weit entfernt gab es ein reines Mädchengymnasium mit neusprachigem Teil.

Damals gab es noch an diesem Gymnasium, das Holger nun besuchen sollte, die klassische zweitägige schriftliche Aufnahmeprüfung und umfasste die Kernfächer Schreiben, Rechnen, Malen und Erdkunde. Daraus wurden ziemlich schnell die Begrifflichkeiten Deutsch, Mathematik, Kunst und Geografie.

Holgers Mutter hatte dieses Gymnasium bewusst ausgewählt, denn es bot dem Sohn alle Möglichkeiten, den für sie begehrlichen Grad eines Doktors zu erreichen. Zur Not sogar als Arzt oder Anwalt, denn diese Berufsgattungen waren nach ihrer Auffassung hoch angesehen und verdienten das meiste Geld. Abgesehen davon würde es sie als Mutter mit unendlichem Stolz erfüllen, dereinst von ihrem Sohn, als dem Herrn Doktor berichten zu können.

Nach ungefähr einer Woche wurden die Aufnahme-Prüfungsergebnisse der Schulanwärter in der Pausenhalle des Ostwallgymnasiums als maschinengeschriebene Listen in alphabetischer Reihenfolge ausgehängt. Es war ein einfaches System. Aufgelistet waren nur die Besteher der Prüfung. Den Durchgefallenen wollte man die Schmach des namentlichen Erwähnens unter der Rubrik ‚Nicht bestanden' nicht angedeihen lassen.

Holger hampelte ungefähr eine halbe Stunde vor diesen Listen herum und konnte seinen Namen nicht finden! Langsam, um Zeit zu schinden, stromerte er nach Hause und versuchte sich entsprechende Ausreden über sein Versagen einfallen zu lassen. Seine Mutter schaute ihm schon aus dem Fenster erwartungsvoll entgegen und seine Schrittgeschwindigkeit halbierte sich. In der Wohnung angelangt riss sie ihn freudig an die Brust und gratulierte ihm überschwänglich zur bestandenen Aufnahmeprüfung am Gymnasium.

Holgers Vater war ebenfalls in der Schule gewesen und hatte seien Namen auf einem extra Zettel gefunden. Wahrscheinlich war irgendeine der Schulsekretärinnen zu schnell und hatte einige Namen ausgelassen, die nunmehr extra gelistet waren und somit Holgers Aufmerksamkeit entgingen. Sein Vater hatte dann nach Rückkehr in sein Büro sofort seine Frau angerufen und sie entsprechend informiert. Holgers Eltern vermittelten ihm umgehend und begeistert die riesige Chance eines schulischen Neuanfangs mit neuen Fächern, wie zum Beispiel Latein. Holger teilte ihre Euphorie nicht. Der geschichtliche Hintergrund dieser Sprache interessierte ihn enorm, die Grammatik und die Vokabeln jedoch kein Stück!

Die erste Klassenarbeit in der Sexta fiel, wie zu erwarten war, mangelhaft aus. Holger bekam sofort Nachhilfeunterricht durch einen älteren Schüler, was jedoch seine sehr abweisende Haltung zu dieser Sprache nicht änderte. Anfangs waren in seiner Klasse 40 Schüler. Ein gezieltes Eingehen auf den einzelnen Schüler war den Lehrkräften nicht möglich. Holger entwickelte sich in Richtung eines Klassenkaspers. Sein Name tauchte öfter im Zusammenhang mit einem Tadel oder einer Rüge im Klassenbuch auf.
Anfangs setzte er seine Mutter noch in Kenntnis, wann eine Klassenarbeit zurückgegeben werden sollte. Doch ihre ewige Fragerei nach Überschreitungen so eines Termins ging ihm bald auf den Senkel. Er fasste solche Rückgabetermine gern mit mehreren Arbeiten zusammen. Eine Ohrfeige gab es ohnehin bei jedem ‚Mangelhaft' und sie wurde nicht unwesentlich stärker, wenn er in einem anderen Fach eine identische Zensur ablieferte. Eine zusätzliche Zensur, mit einem ‚Ausreichend' und dem Verweis, dass es sich aber um eine gutes ‚Ausreichend' handelte, brachte ihm manchmal Linderung.
Das Moeck - Geflöhte hatte er mit dem Schulwechsel aufgegeben. Diese Zeit war nach Meinung seiner Eltern sinnvoller in häuslichen Übungsstunden anzusetzen. Freunde von Holgers Eltern hatten ebenfalls ihre Kinder auf dem Ostwallgymnasium. Sie besuchten Parallelklassen. Der eine Sohn interessierte sich überhaupt nicht für Holgers schulische Leis-

tungen, der andere war jedoch eine linke Bazille, der regelmäßig während der Pausen Holgers Klassenraum aufsuchte, das Klassenbuch inspizierte und jede neue eingetragene Zensur von Holger besonders natürlich die Schlechten, sofort zu Hause seiner Mutter erzählte. Die hatte dann nichts anderes zu tun als den Telefonhörer in die Hand zu nehmen und Holgers Mutter schon vorab zu unterrichten. Natürlich nicht ohne Querverweis auf die erheblich besseren Leistungen ihres eigenen Sohnes und dem gnädigen Abschluss, dass aus Holger eventuell eines Tages doch auch etwas werden könnte. So kam es oft vor, dass Holgers zu Hause vorgetragene Ausreden über noch nicht korrigierte Arbeiten nicht mehr dem aktuellen Stand entsprachen und somit hinfällig waren.

Leider waren solche Tage während seiner schulische Laufbahn am Ostwallgymnasium sehr häufig. Er bekam dann immer zweimal was an die Ohren. Erstmals von seiner Mutter für die schlechten Leistungen und dann nochmals abends von seinem Vater für das Lügen.

Irgendwann hatte Holger die Faxen dicke. Er bestach zwei wesentlich ältere Mitschüler mit einem kurz zuvor gefundenen, aber reichlich bebilderten und gut erhaltenen Pornoheftchen, die diesen Kandidaten im Wiederholungsfalle seiner Zensuren-Petzerei sofortige und unentgeltliche Prügel anboten. Natürlich wurde auch dieser Sachverhalt umgehend Holgers Mutter zugetragen mit dem Hinweis auf die gecharterte Schlägertruppe.

Sein Vater reagierte vollkommen atypisch. Er lobte den Einsatz seines Sohnes und vertrat schlichtweg die Meinung, dass der Zweck die Mittel heilige. Zur Belohnung wurde Holger in die Quinta versetzt.

Fast umgehend kam zu dem Nachhilfeunterricht in Latein auch noch einer in Mathematik hinzu. Eigentlich war Mathematik das Fach von Holgers Vater. Aber er schaffte es nicht, auf die altersbedingten Fragestellungen seines Sohnes einzugehen. Dauernd sprach er von Logik und Gesetzmäßigkeiten. Der jugendliche Blickwinkel seines Sohnes war ihm fremd und hinderte ihn offenbar auch nicht daran, seinen Kellertätigkeiten weiterhin nachzugehen. Diese Kellergänge, um ihm aus seinem Forscherleben zu reißen, wurden Holger allmählich zur Last, besonders wenn Mitbewohner ihn nach der Effektivität der Arbeiten seines Vaters befragten, was inzwischen auch schon mal vorkam. Seine Mutter entwickelte daraufhin ein simples Morsezeichen, um die Verständigung mit der Forschungsabteilung im Keller in beschleunigter Form aufrecht zu halten und so dem Sohn die häufigen Abholvorgänge zu ersparen. Sollte Vater zum Essen kommen, so drehte sie kurz die Sicherung aus der Zählertafel und der Forscher stand im Keller im Dunklen. Sollte er jedoch sofort und umgehend heraufkommen, weil möglicherweise ein Telefonanruf für ihn eingegangen war, so stand er zweimal im Dunklen.

Obwohl dieses Kommunikationssystem nicht ganz den Vorstellungen von Holgers Vater entsprach, er fühlte sich eindeutig gegängelt, so hatte er sich zwangsläufig damit abgefunden. Dieses Licht-Leit-System wurde natürlich auch deutlich missbraucht, um den Tüftler aus dem Keller in die Wohnung zu bitten, wenn Mutter mal eine schnelle Auskunft brauchte.

Holgers Mutter wechselte von einer Halbtags- zu einer Ganztagstätigkeit, was zu Folge hatte, dass der Sohn, wenn er nach Schulschluss nach Hause kam, mit einem eigenen Schlüssel die Wohnung betrat und das vorbereitete Mittagessen allein verspeiste. Zeit hatte er, denn die Liste der Schulübungen, die seine Mutter täglich für ihn neu erarbeitete und die neben den normalen Schulaufgaben abzuarbeiten war, wurden von ihm ohne jeden Elan, aber mit affenartiger Geschwindigkeit und ohne jede Gründlichkeit abgehandelt. Schulaufgaben reduzierte er auf ein Mindestmaß, denn den Rest konnte man in den Pausen vor den entsprechenden Stunden abschreiben. Manchmal pokerte Holger auch und verließ sich auch einfach darauf, dass er nicht zum Bericht oder Vorlesen der Schulaufgaben aufgerufen würde. Bei ungefähr 40 Mitschülern war das System nicht schlecht, denn aufgerufen wurden eigentlich immer nur zehn Mitschüler. Wenn man dann noch mindestens fünf Streber abzog, die aber auch bei jeder Frage gleich den Finger oben hatten und natürlich genommen wurden, war die Chance, aufgerufen und mit Nichterfüllung der Hausaufgaben erwischt zu werden, ziemlich gering. Außerdem konnte man noch auf Vergesslichkeit plädieren, musste dann aber blöderweise für die nächste Schulstunde des Faches nachliefern.

Es gab natürlich Lehrer, die ein perfides System für die Auswahl der abzufragenden Schüler entwickelt hatten. Sie benutzten ein Lottosystem! Ein Schüler hatte mit vorgegebener Geschwindigkeit still die Zahlen von 1-40 durchzuzählen und ein anderer Schüler durfte dann nach eigenem Gusto ‚Halt' sagen. Die gesamte Klasse hatte sich zuvor militärisch selbst durchzählen müssen und so hatte jeder Schüler seine persönliche Identifikationsnummer und durfte nach Ermittlung durch den Wahlleiter, es war immer der Lehrer, mit seinen Hausaufgaben rüberkommen.

Dieses System war wirklich sehr nervig und stressig und bewog Holger irgendwann dazu, zumindest für diese Fächer seine Hausaufgaben zu machen. Für Gedichte im Deutschunterricht hatte er, nach seiner Meinung, ein besonders gutes System entwickelt. Er lernte die ersten drei und die letzten drei Strophen gründlichst. Irgendwie schaffte er es dann immer, zumindest bei diesen Strophen herangenommen zu werden, um sie dann mit wunderbarer Betonung, das hatte er freiwillig auch noch gelernt, vor der gesamten Klasse vorzutragen.

Als Holger dann irgendwann zur Belohnung ein vollständiges Gedicht vortragen sollte, kollabierte dieses System aufs Fürchterlichste. Mitte Strophe vier versagte plötzlich sein Erinnerungsvermögen, ihm wurde plötzlich schlecht, teilweise aus Angst, denn mit so einer Reaktion des Lehrers hatte er ja gar nicht gerechnet. Er plädierte auf Schwindelgefühle (wie wahr!) und Angstzustände (auch wahr!) verbunden mit unkontrollierten Schweißausbrüchen (auch wahr! Hatte er! Wer in einer solchen Situation nicht?). Mit den guten Besserungswünschen der Lehrkraft und der Klasse versehen wurde er von einem Mitschüler nach Hause begleitet, um seinen Schwächeanfall auszukurieren. Ein solcher Schwächeanfall, bei einem am Anfang der Pubertät stehenden Jungen eher nicht ganz ungewöhnlich, verschaffte Holger, da es ja in Ausübung des schulischen Dienstes geschah, eigentlich immer einen Tag zusätzlicher Rekonvaleszenz mit dem entsprechenden Entschuldigungsschreiben seiner Mutter für den ersten Schultag nach Erkrankung.

Er hatte also Zeit, sich seinem Ego zu widmen und auch mal wieder seinen sich kräftig streckenden Jungenkörper weiter zu erforschen. Folgende

Entdeckung hatte er schon gemacht. Sein Pimmel war länger geworden und sein Beutelchen, wie seine Mutter es immer genannt hatte, war zu einem eigenständigen Säckchen mutiert. Der Oberspaß war aber, dass es nicht unangenehm war, an diesen Teilen herumzuspielen. Es machte sogar mächtig viel Spaß mit dem erwachenden Gefühl der Lust und Geilheit. Es war schön an den Brustnippeln herumzufingern, bis sie steif wurden. Auch wenn Holger langsam den Finger in das eigene Arschloch steckte, empfand er das als absolut nicht unangenehm. Das Streicheln an den Schenkelinnenseiten war auch nicht schlecht. Alle diese Dinge erinnerten Holger auf das Deutlichste an seinen letzten Besuch bei der hübschen Kinderärztin, die seinen nackten Jungenkörper auf für ihn so angenehme Weise untersucht hatte. Er bekam langsam aber deutlich einen Ständer.

Da er allein war, unterzog er diesen Vorfall einer gründlicheren Untersuchung. Die Vorhaut seines Schwanzes war jetzt straff und seine Mutter hatte ihn immer ermahnt, sich auch darunter in der Badewanne zu reinigen, was er auch immer brav gemacht hatte. Aber nun war der Schwanz steif und das Herunterziehen der Vorhaut brachte ein bislang unbekanntes Glücks- und Zufriedenheitsgefühl mit sich. Die eigenen Griffübungen seiner Hand wurden intensiver und schneller. Das geschilderte Gefühl steigerte sich bis zu einem fast ohnmächtigen Glücksgefühl von Körper und Geist. Holger erlebte seinen ersten Orgasmus mit dem gleichzeitigen Austritt einer fast durchsichtigen Flüssigkeit in deutlichen Spritzschüben aus seiner Eichel. Sie schmeckte ein wenig salzig.

Dieser Gesamtvorgang war für Holger so zufriedenstellend, dass er ihn noch mehrmals an diesem Tag ausübte. Er erinnerte sich an den auf der Straße erlernten Ausdruck des Wichsens und konnte ihn jetzt verstehen und zuordnen. Mit jedem Wichsen wurde der Ausfluss aus seinem Schwanz milchiger. Holgers Körper hatte mit der Spermaproduktion begonnen.

Blicke auf ältere Mädchen und Frauen wurden urplötzlich aus neuem Blickwinkel hochinteressant. Besonders stramme Titten, knackige Frauenärsche und zufällige Blicke unter Röcke hatten es ihm plötzlich wieder angetan. Und da konnte er als heranwachsender Junge durchaus erfinderisch sein. Besuche in einem Gartenlokal während eines Sommerausfluges mit dem auf den Boden fallen gelassenen Eislöffel verschafften ihm während des betont langsam und umständlich ausgeführten Vorganges des Aufhebens ungeahnte Einblicke unter Frauenröcke und zwischen Frauenbeine sowie einen daraus resultierenden Ständer, der es ihm für mehrere Minuten unmöglich machte, sich von seinem Sitzplatz wegzubewegen.

Holger wollte sich nicht mehr vor seiner Mutter nackt zeigen, was sie als dummes Zeug bezeichnete, da sie sich ja mit seinem Vater weiterhin bei ihren jeweiligen Badezimmerbesuchen auch vor ihrem Sohn weitestgehend nackt zeigen würden. Das war ja das Drama, dass sie es nicht verstand, dass sie Holger als Mutter, aber in erster Linie nunmehr als Frau auch geil machte. Nachts hatte er nun wollüstige Träume, wo ihm irgendwelche Traumfrauen Lüsternheit zukommen ließen. Daraus resultierte dann ein nächtlicher Samenerguss, der für seine Mutter am nächsten Tag deutlich sichtbar in der Schlafanzughose hängen blieb. Nun hatten es auch Holgers Eltern verstanden, dass ihr Sohn in der Pubertät angekommen war.

Hierauf basierend bekam der Junge eines Abends von seinem Vater feierlich ein Heftchen in Reclamgröße überreicht. Darauf stand als Einbandüberschrift: ‚Von Mann zu Mann'. Vater ermahnt ihn, jeden Abend vor dem Einschlafen wirklich nur eine Seite zu lesen. Bei Fragen oder Unverständnis über den Inhalt könne er sie, als seine Eltern, jederzeit um Rat und Auskunft bitten.

Holger hatte dieses dämliche Heftchen innerhalb von fast dreißig Minuten überflogen und stellte fest, dass es nichts, aber auch fast gar nichts enthielt, was er nicht auf der Straße gelernt oder zwischenzeitlich an sich selbst erfahren hatte. Das Einzige, was dieses Heftchen durchzog, war immer nur ein Gerede über eine soziale Verantwortung gegenüber einem Sexualpartner sowie der Voraussetzung eines entsprechenden Alters für die Gründung einer Familie.

Analverkehr wurde ausdrücklich als gefährlich und abnorm eingestuft und vollständig abgelehnt. Holgers Finger in seinem eigenen Arsch hatte ihn da jedoch etwas anderes erfahren lassen. Onanie wurde als etwas genauso Gefährliches gewertet mit weiterführenden Tendenzen zu einem ausgeprägten Egoismus. Nach einer Woche gab er dieses Heftchen an seinen Vater zurück. Der nahm es mit Verwunderung entgegen, denn er war der Meinung, dass sein Sohn, nach seiner zeitlichen Vorgabe, das Heftchen hätte noch wesentlich länger lesen müssen.

Holger versicherte ihm, viele, der in diesem Heftchen beschriebenen Vorgänge aus dem Schulunterricht zu kennen. Vater nahm das erstaunt, aber zufrieden zur Kenntnis - dass an den Schulen zu der damaligen Zeit noch gar kein Sexualkundeunterricht existierte, interessierte ihn nicht weiter, denn für ihn war das ganze Problem nun erledigt. Nur zu dem Thema ‚Onanieren' sagte er seinem Sohn noch den alten Spruch: »Denk immer daran, mein Junge, nach tausend Schuss ist Schluss!«

Wenn es nach dieser Altersweisheit ginge, hätte Holger aber seinen Munitionsgurt bis zum heutigen Lebensjahr um das Zigtausendfache überzogen. Seine Mutter nahm zu dem Vorgang der Aufklärung durch ihren Mann überhaupt keine Stellung, sondern betonte noch einige Male beiläufig, wenn es die Themen Schwangerschaft oder Geburt zuließen, dass sie selbstverständlich jede Frage ihres Sohnes zu diesem Sachgebiet beantworten wolle, wenn Bedarf bestünde. Holger stellte seinen Eltern in dieser Sache nie mehr eine Frage.

Was jedoch Holger absolut verwunderte, war die Dreistigkeit seiner Mutter. Sie log, wenn das Thema Aufklärung im Kreise befreundeter oder bekannter Ehepaare, die auch Kinder hatten, besprochen wurde. Seine Mutter behauptete stets mit wohlgesetzten Worten, dass ihr Kind von ihr und ihrem Mann gemeinsam nach den modernsten Erziehungsmethoden im Kreise der Familie aufgeklärt worden sei. Stellte jemand aus der Gesellschaft geschickte Fangfragen nach den Grundlagen dieser modernsten Aufklärungsmethoden oder driftete in irgendwelche Schlüpfrigkeiten ab, so versuchte Holgers Mutter stets, das Thema schnellstens im Sande verlaufen zu lassen. Holgers Vater waren solche Gespräche immer sichtbar peinlich und er war dankbar erfreut darüber, wenn sich die Unterhaltung in eine andere Richtung bewegte.

Irgendwann, nach ungefähr einem halben Jahr, war auch das Thema der Aufklärung im Freundeskreis der Eltern erledigt. Allerdings bekam

Holger noch einige Jahre lang diesen Aufklärungsquatsch nach modernsten Erziehungsmethoden als Eigenlob von seiner Mutter zu hören, bis er irgendwann den Kanal voll hatte und ihr sagte: »Du Mutti, die Sache mit dem Ficken und Kinder kriegen wusste ich schon vor euren hochmodernen Aufklärungsmethoden. Also lass den Hinweis auf diesen Erziehungsvorgang mir gegenüber bitte zukünftig weg, denn er wird jetzt als Schallplatte allmählich peinlich.« Natürlich zog seine Mutter einen fürchterlichen Flunsch und war einen Tag lang beleidigt.

Holger bekam von seinem Onkel Ewald aus Gelsenkirchen ein schwarzes schweres Herrenfahrrad der Marke Rabeneick geschenkt. Der Onkel hatte es wohl selbst mal gefahren, was aber mit seiner Beinbehinderung sehr beschwerlich war. Seine Söhne, die beide Anfang zwanzig Jahre alt waren, hatten andere Interessen und legten keinen Wert auf dieses Fahrrad. Holger unternahm per Rad ausgedehnte Ausflüge in die Umgebung. Irgendwann lernte er auf diesem schweren Fahrrad das ‚Freihändige Radfahren'. Und so kam es, wie es kommen musste, dass Holger fröhlich pfeifend freihändig vor sich hin fuhr und gelangweilt in die Weltgeschichte schaute, aber nicht auf die Fahrbahn. Nach einem lauten Knall fand er sich auf dem Asphalt sitzend neben seinem Fahrrad wieder. In seinem jugendlichen Leichtsinn war er auf einen am Straßenrand stehenden VW-Bus Typ T1 aufgefahren. An dem Wagen war nichts geschehen. Die relativ hochstehende Stoßstange des Busses hatte nur Kontakt mit dem Gummimantel des Vorderrades gehabt. Holger war ebenso unversehrt und nur verdattert. Selbst seine Hornbrille hatte unbeschadet überlebt. Aber sein Fahrrad! Das Vorderrad stand weit neben dem Tretlager, denn die Gabel war total verbogen und der Lenkkopf war ebenfalls gestaucht. Das Fahrrad war nicht mehr zu schieben, weil das Vorderrad sich eben nicht mehr lenken ließ. Also trug Holger das Vorderrad mit dem rollfähigen Hinteradrest nach Hause zurück und erntete von den Fußgängern mitleidige Blicke. Was ihn absolut überraschte, war die Reaktion seiner Mutter! Es gab keine Vorwürfe und keine Ermahnungen. Sie war ehrlich erleichtert, ihren Sohn gesund wiederzusehen und betonte, dass der materielle Schaden des beschädigten Fahrrades zu verschmerzen war, aber jede noch so kleine gesundheitliche Beeinträchtigung schwerer wiegen würde.

Holgers Vater sah das abends nach seiner Heimkehr von der Arbeit ganz und gar nicht so und machte seinem Sohn wegen seiner Dusseligkeit das Fahrrad ‚zu schrotten' heftige Vorhaltungen. Seine Mutter besänftigte ihn und das Fahrrad wurde von Vater und Sohn schnell zu einem bekannten Fahrradhändler, er war ehemaliger Radrennfahrer, in der Nähe der Kreuzung Kaiserstraße/Klönnestraße gebracht. Dieser schickte es zu dem Hersteller ein und nach fast exakt sechs Wochen konnten Holger und sein Vater es repariert und komplett frisch lackiert abholen. Das gute Stück sah aus wie neu!

Was Holger zu diesem Zeitpunkt noch nicht wusste, war der Sachverhalt, dass seine Eltern begannen, ihre Baupläne in die Tat umzusetzen. Und bei der logistischen Begleitplanung der Baumaßnahme war Holgers Fahrrad als Transportmittel ein fester Bestandteil gewesen. Mit ihm wollte sein Vater zu dem Neubau hinausfahren, um die Elektroinstallationsarbeiten aus Kostengründen in Eigenleistung selbst durchzuführen. Holgers Eltern hatten ein Grundstück im Dortmunder Süden unterhalb des ‚Höchsten' in dem Vorortsdreieck Loh-Benninghofen-Berghofen gefunden. Das Grundstück lag an der Althoffstraße, eine Parallelstraße der Straße ‚Im Papenkamp'.

Für Holgers Mutter war es eindeutig die Wohngegend der besseren Gesellschaft Dortmunds, zu der sie sich selbstverständlich hingezogen fühlte. Dass Dortmund, bedingt durch das Nord-Südgefälle und den Industrieansiedlungen dieses Wohngefälle naturbedingt mit sich brachte, focht sie nicht an. Nördlich der Bundesstraße 1, die Dortmund durchschnitt, lagen die Stahlwerke Union und Westfalenhütte, sowie fast sämtliche Brauereien Dortmunds und alle Zechen und Kokereien. Dass südlich der Bundesstraße 1 und damit in entfernter Blicknähe ihres künftigen Wohnortes das Stahlwerk der Hörder-Hüttenunion lag, tat sie als Bagatelle ab. Sie pries diese Gegend, die auch Holger durch einige Familienausflüge an Wochenenden nicht unbekannt war, in höchsten Tönen. Die schnelle Erreichbarkeit des Sauerlandes mit seinen Seen und Talsperren war für sie von Bedeutung. Ebenfalls fand sie Gefallen an der vielen frischen Luft, denn über Dortmund befand sich oft eine dunstige Glocke, hervorgerufen durch die Schlote der zahlreichen Hütten, Kokereien und Zechen. Und besonders wichtig erschien ihr natürlich die Möglichkeit, dass Holger mit Kindern aus sogenannten besseren Kreisen spielen würde, um daraus resultierend entsprechende Kontakte aufbauen zu können.

Holgers Vater war natürlich schon vor dem Baubeginn monatelang damit beschäftigt, im Keller Elektroinstallationspläne zu skizzieren und auf Papier zu bringen. Seine Eltern hatten sich das ehrgeizige Ziel gesetzt, ein Dreifamilienhaus zu bauen.

Aus damaliger Sicht nicht ganz verständlich, bis auf den Sachverhalt, günstigere Landesmittel in Anspruch nehmen zu können und damit auf ein alleiniges Wohnen verzichten zu müssen. Aus heutiger Sicht jedoch, mit den sich abzeichnenden Rentendiskussionen bedingt durch demografische Entwicklungen, war diese Überlegung absolut vorausschauend.

Als der Rohbau erstellt war, fuhr Holgers Vater anfänglich tatsächlich in seiner Freizeit bei Wind und Wetter mit Holgers Fahrrad von der Hamburgerstraße raus zu der Baustelle in der Althoffstraße. Während dieser Zeit, als sein Vater nur mit dem Fahrrad des Sohnes unterwegs war, besuchte ihn Holger mit seiner Mutter einige Male an den Wochenenden mit öffentlichen Verkehrsmitteln. Am Kaiserbrunnen in der Kaiserstraße bestiegen sie die Straßenbahn und fuhren zur Reinoldikirche. Dort stiegen sie in eine andere Straßenbahnlinie um, die nach Dortmund-Hörde fuhr. Dort war am Schildplatz wiederum Umsteigen angesagt, diesmal in einen schweren langen Diesel-Gelenkbus und die Fahrt ging raus in Richtung Dortmund-Höchsten. Von der Haltestelle Benninghofer-Heide ging es dann zu Fuß weiter entlang der Benninghoferstraße durch den Papenkamp in die Althoffstraße.

Holgers Vater nahm die Besuche seiner Familie wenig zu Kenntnis, denn er wollte sein Arbeitspensum ungestört ableisten. Holgers Mutter stolzierte dann meist wichtig in der Gegend herum und inspizierte den noch nicht vorhandenen Garten, der durch die Aushubreste des Kellers einer erdigen kleinen Gebirgslandschaft ähnelte. Traf sie durch Zufall an den Gartengrenzen einen der dort schon länger wohnenden Nachbarn, sie legte es ja förmlich darauf an, so nahm sie ihn umgehend in Beschlag, um ihn über jedes, nach ihrer Meinung wichtige Detail ihrer Familie und ihrer Herkunft zu unterrichten. Dieses bedeutete in erster Linie die Erklärung, dass ihr Mann als Elektroingenieur die Elektroinstallationen im Hause selbstverständlich selbst ausführte. Weiterhin erfolgte der Hinweis ihrerseits, dass ihr gemeinsames Kind ein altsprachliches Gymnasium besuchte.

Holger versuchte möglichst unsichtbar in der Gegend herumzulümmeln, um einer Vorstellung zu entgehen. Einmal hatte er, weil er unvorsichtig war, so etwas durchmachen müssen. Er war unbedachterweise in der Nähe, nachdem Mutter so einen Vorstellungskontakt hergestellt hatte, und wurde von ihr heranzitiert. Sie baute den Jungen vor sich in Front zu dem neuen Nachbarn, in diesem speziellen Falle war es eine Nachbarin, auf und legte ihm beide Hände von hinten auf die Schultern. Jeglicher Fluchtversuch war zwecklos! Dann wurde von ihr die eigene Familienchronik abgedudelt und die Gegnerische mit vielen »Ach« und »Ohs« und »sehr interessant« und »das muss ich mir merken«, dem eigenen Fundus hinzugefügt. Ganz schlimm wurde es, wenn solche ‚Bald-Nachbarn' auch noch Kinder in Holgers Alter hatten. Seine Mutter lief umgehend zu ihrer üblichen Vollform des belanglosen Meinungsaustausches auf und fragte mit ihrem ganzen Charme das Schema ihrer Informationssucht ab:

»Haben Sie einen Jungen oder ein Mädchen?«

»Ein Mädchen!«

»Wie interessant für dich, Holger. Mit dem Mädchen wirst du sicherlich auch einmal spielen!«

»Einen Jungen!«

»Wie schön für dich, Holger. Du hast schon einen neuen Spielkameraden und wohnst noch gar nicht hier!«

»Welche Schule besucht Ihr Kind?«

»Die Mittelschule!«

»Holger besucht das Gymnasium, aber mit einem guten Mittelschulabschluss kann man heute auch etwas erreichen!«

»Das Gymnasium!«

»Holger besucht das altsprachliche Ostwallgymnasium in Dortmund! Die Kinder können sich ja besuchen und zusammen für die Schule üben. Holger würde sich jedenfalls freuen! Und wenn dann noch etwas Zeit verbleibt, könnten sie auch noch etwas spielen! Nicht wahr, Holger! Du würdest dich doch freuen? Nun sag doch auch mal etwas! Sonst denken die Nachbarn noch, du seiest schüchtern!«

Holger war überhaupt nicht schüchtern! Er machte sich zu diesem Zeitpunkt ernsthafte Sorgen über den sich abzeichnenden verlängerten Schulweg, der ihm die wichtige Zeit für seine Spieltätigkeit offenkundig beschneiden würde. Für ihn waren im Moment ohnehin nur die ausschlaggebenden drei ‚Ws' wichtig: Weiber, wichsen und weiterhin nichts tun. Oder zumindest wenig!

Holgers Vater schuftete wirklich ordentlich in dem Neubau. Die Steckdosen hatte er alle selbst mit Meißel und Hammer in das Mauerwerk geschlagen. Kronenbohrer mit Diamantbesatz gab es noch nicht. Die Keller mit ihren grauen harten Steinen müssen fürchterlich anstrengend gewesen sein. Für den Rest der Vermauerung oberhalb der Kellerdecke hatte er damals in weiser Voraussicht den neueren und gut dämmenden Hochlochziegel in 30 Zentimeter Breite gewählt. Durch die nicht kontinuierlichen Einsätze von Holgers Vater an der Baustelle streckte sich natürlich die ganze Bauausführung nicht unerheblich.

Die Eltern überprüften nochmals ihre gesamten finanziellen Reserven und kauften einen nagelneuen VW-Standard-Käfer Typ A in dem eleganten Farbton grauweiß mit Dreispeichenlenkrad und Wischwasserfußpumpe. Für Holgers Mutter war es nur ein weiterer optischer Hinweis an die alte und neue Nachbarschaft auf den starken wirtschaftlichen Status ihrer Ehe, zumindest meinte sie das so. Nun konnte Holgers Vater auch nach seinem Feierabend, zu dem Neubau rausfahren, um zu arbeiten. Er war zwischenzeitlich beruflich von der AEG zum staatlichen Hochbauamt gewechselt. Das sichere, wenn auch gegenüber der AEG geringere Einkommen, das er im Hochbauamt bezog, war einer der Gründe von Holgers Eltern, den Weg zum Wohneigentum zu wagen.

Mit dem Wagen war nicht nur das Personentransportproblem gelöst, sondern auch das des Materiales, das sich inzwischen in Kartons mit Kabeln und Einsätzen für Unterputzsteckdosen im Keller stapelte.

Sehr oft kam nun auch Holgers Vetter Freddy, der älteste Sohn der Schwester seiner Mutter, an einem Tag am Wochenende mit der Eisenbahn von Gelsenkirchen angefahren, um im Rohbau zu helfen. Holgers Vater holte ihn direkt vom Bahnhof ab und sie fuhren mit entsprechenden Lunchpaketen und Getränken versehen zum Neubau heraus.

Freddy half Holgers Vater tatkräftig und interessiert und hatte, wie er immer wieder betonte, viel von ihm gelernt. Wenn Holger mit seinen Eltern nunmehr mit dem Wagen und nicht mehr mit der Eisenbahn nach Gelsenkirchen zu den Großeltern oder zur Familie von Mutters Schwester fuhren, durfte Vetter Freddy als kleines Dankeschön für seine Hilfseinsätze beim Hausbau, mit dem ‚Käfer' Ausfahrten machen. Er hatte zwischenzeitlich den Autoführerschein gemacht und sparte angestrengt für ein eigenes Auto.

Zu diesen Ausflügen nahm er immer sein Mädel Kirstin mit. Er hatte sie schon sehr früh kennengelernt. Sie war ein hübsches junges Mädchen und auch Holger konnte sich schon bei ihrem Anblick seine sehr konkreten Gedanken machen. Sie lachte sehr gerne, war aber im Gespräch eher verhalten und schweigsam. Nach heutigen Gesichtspunkten bleibt stark zu bezweifeln, ob die geschilderten Eigenleistungen von Holgers Vater nennenswerte finanzielle Vorteile erbrachten. Durch die schleppende Ausführung in Einzelkämpferform der Eigenleistung an Elektroinstallationsarbeiten blieb die Endfertigstellung des Hauses sehr weit hinter üblichen Ausführungszeiten zurück. Hieraus resultierten entsprechende Doppelfinanzierungen für die Mieten in der noch bewohnten Wohnung in Dortmund und der schon aufgelaufenen Tilgungen für die bereits ausgeführten Rohbauarbeiten.

Holgers Eltern wurden jedenfalls sehr oft nach der langen Dauer ihres Hausbaues befragt. Holgers Vater hatte mit großer Wahrscheinlichkeit diesen Sachverhalt billigend in Kauf genommen, um seinem Hang zum Alleinsein nachkommen zu können. Die finanzielle Übersicht und Verwaltung der Konten oblag in der Ehe von Holgers Eltern auf jeden Fall seiner Mutter und das war auch gut so, denn der Vater konnte mit Geld nicht gut umgehen. Wofür Holgers Vater in weiser Voraussicht in dem Neubau allerdings sorgte, war die für damalige Verhältnisse übergroße Anzahl an Steckdosen und an Leerrohren in den Wänden.

Im Jahre 1965 war es endlich so weit! Holgers Mutter hatte noch reichlich Druck auf den bauleitenden Architekten ausgeübt und Fertigstellungssicherheit in Form einer Klage angedroht.

Während der Sommerferien zogen Holgers Eltern um! Holger hatten sie über den evangelischen Freizeit- und Jugenddienst in ein Freizeitlager nahe Fulda verfrachtet. Einige Jungens aus der Bekanntschaft der Eltern waren ebenfalls dabei.

Es war offensichtlich ein reines Jungenlager und man wohnte in runden Bruchsteinhäusern unter Schieferdächern. Es gab nur wenig Ecken in diesen Häusern. Alle Einbaumöbel waren den Hausrundungen annähernd angepasst.

Betreut wurde dieser ganze Jungmännerverein von einigen wenigen älteren Betreuern und mehreren jungen hübschen Betreuerinnen. Alle so ungefähr 18-20 Jahre alt! Die Jungens hatten sich natürlich in sie verliebt und sie ließen sich unbekümmert in ihren Badeanzügen betrachten, wenn sie sich gegenseitig an den heißen Sommernachmittagen mit Gartenschläuchen auf den Freiflächen, welche die Häuser umgaben, nach ihren Spielaktivitäten abspritzten. Da kamen noch wenigstens Schamhaare unter den Beinansätzen hervor und die Beine glänzten nicht durch affektierte Nacktheit. Einige der jungen Damen trugen auch keine BHs unter ihren Blusen und gewährten den Jungens zusätzlich erforschende Einblicke.

Holger war mit zwei weiteren Jungens ein festes Trio in diesem Urlaubscamp. Das hübscheste Mädel dieser Betreuerinnengruppe zeigte für die Pubertätsaktivitäten dieses Trios viel Verständnis, da sie einen Bruder hatte, der sich in gleichem Alter befand. Sie erlaubte den drei Jungens immer versteckte Einblicke unter ihre Röcke, die sie gerne nach dem gemeinsamen Abendbrot trug. Sie machte dies jeweils in einer Form, die nur den drei Auserwählten diese Gunst gewährte, aber niemand anderem den Vorwand eines Anstoßes hätte gestatten können.

Je näher das Urlaubsende rückte, umso schwerer fiel es offensichtlich auch ihr, sich wieder von den drei Jungens trennen zu müssen. Am letzten Abend, bevor die drei in die Betten wanderten, zog sie noch jeden der Jungen in den Arm und drückte ihnen einen Kuss auf die Stirn. Sie gab ihnen zu verstehen, dass sie sie auch sehr gerne hätte, sie aber leider nicht ihre Alterszielgruppe darstellten.

Holger lag mit dem anderen Jungen auf einem Zimmer und noch lange logen sie sich vor dem Einschlafen gegenseitig flüsternd vor, wie oft sie sich doch auf dieses Mädel hin im Laufe des Tages einen abgewichst hätten.

Im Laufe der Nacht war das Gegröle amerikanischer Soldaten in den umliegenden Wäldern zu hören, die ihre Feldübungen abhielten und ihre Nachtcamps aufschlugen. Der Bereich um Fulda war der Teil der Bundesrepublik, den man für einen Angriff des Ostblockes am meisten gefährdet hielt, seitdem der Kalte Krieg zwischen den einstigen Alliierten des Zweiten Weltkrieges ausgebrochen war.

Der Tag des Abschiedes war da! Die Eltern waren gekommen und standen mit ihren Fahrzeugen vor den Häusern, um ihre Kinder einzusammeln.

Wie den drei Jungens erst jetzt bewusst wurde, waren auch gleichaltrige Mädchen in dem Ferienlager, was ihnen gar nicht aufgefallen war, weil die einzelnen Häuser nicht gemischt belegt waren und sie sich ohnehin nur in ihrer Fantasie mit ihren hübschen älteren Betreuerinnen beschäftigt hatten.

Holger fuhr mit seinen Eltern zusammen in dem ‚Käfer' nach Hause, und zwar nunmehr in das neue Zuhause in die Althoffstraße.

Holger hatte schon einige Tage vor dem Urlaub und dem parallel verlaufenden Umzug sein bescheidenes Spielzeug in einen Karton zusammenpacken und beschriften müssen. Diesen auszupacken und in die bereits umgezogenen Möbel wieder einzusortieren erforderte nicht viel Zeitaufwand.

Holgers Mutter musste offensichtlich für die Einhaltung des Umzugstermins einen Wahnsinnsdruck ausgeübt haben, denn sie wohnten gut 14 Tage in dem Dreifamilienhaus ohne eine Hauseingangstür. Mutter hatte sich auch rechtzeitig um Mieter für die Wohnung in der ersten Etage sowie im Dachgeschoss gekümmert, die ebenfalls kurz hintereinander einzogen, sodass das Haus vollständig bewohnt war und der Ertrag der Mieten die Tilgungsleistungen decken konnte.

Im Keller des Hauses befand sich ein Einzimmerappartement mit kleiner Toilette. Das Haus besaß an der Haustür drei Briefkästen jedoch ein Klingelschild für vier Einwohner-Parteien. Dank der Weitsicht von Holgers Vater wurde das Appartement extra eingeplant, um es möglicherweise perspektivisch an einen Studenten vermieten zu können, denn zeitgleich mit dem Umzug im Jahre 1965 wurde auch die Universität in Dortmund gegründet. Welche Vorausschau!

Vaters, möglicherweise etwas unbedacht, getätigte Äußerung, dass die Klingel des Appartements jedoch auch, nach entsprechender Schaltung, über die elterliche Wohnung im Erdgeschoss angesteuert werden konnte, ließ Holger innerlich etwas unruhig werden. Er wusste nur nicht weshalb, aber ein leichtes Fragezeichen blieb in seiner Erinnerung hängen.

Vorerst freute er sich über die Aussage, dass dieser Appartementraum einen Familienraum darstellte, der auch dann seine, auf einer Platte installierte, Modelleisenbahn beherbergen sollte. Nach Meinung von Holgers Vater würden Studenten als Mieter vorerst nicht interessiert sein, denn die Universität befand sich gerade erst im Aufbau und die wenigen schon vorhandenen Studenten würden wohl vorerst in Studentenheimen ihr Unterkommen finden. Holger nahm diese Argumentation ohne weitere Irritation hin. Für wesentlich bedenklicher empfand er den Sachverhalt, dass bei den beiden Mieterpaaren im Hause mindestens ein Lehrer in der ehelichen Gemeinschaft war.

Zum Zeitpunkt des Einzuges in den Neubau war die Althoffstraße eine Sackgasse, und zwar noch unbefestigt! Versorgungsleitungen für Strom und Wasser waren vorhanden. Sämtliche Häuser, auch das von Holgers Eltern hatte eine Ölzentralheizung, denn Öl kostete damals nur einige

Pfennige. Die drei jeweils 1500 Liter fassenden Tanks standen als gekoppelte Batterie in einem eigenen Keller.

Bürgersteige hatte die Althoffstraße auch noch nicht und die wenigen Autos standen vor den Häusern im Matsch. Befestigte Zuwegungen zu den Häusern existierten ebenso wenig, wie die Zufahrten zu den zwei Garagen des elterlichen Hauses, denn das Höhenniveau der zukünftigen Straßenbefestigung stand noch nicht fest. Der Garten stellte einschließlich der Terrasse eine Wüste dar. Die Eltern und Holger ebneten selbst vor der Terrassentür diese Lehmflächen und deckten sie mit einem ausrangierten Sisalteppich ab, um sie während der Sonnenstunden nutzen zu können.

Holgers Elternhaus war das letzte Neubauhaus in der Sackgasse. Unmittelbar daran schloss sich ein riesiger mehrere 1000 Quadratmeter großer verwilderter und ungepflegter Obst- und Gemüsegarten an. Die Umgebung von Holgers neuem Wohnort war spannend und er begann, sich mit seinem neuen Schulweg zu beschäftigen.

So ganz wirklich neu war er ja nicht für ihn. Denn bei den häufigeren sonntäglichen Ausflügen mit den öffentlichen Verkehrsmitteln, die ja vielfach dem Suchen nach einem ‚Neuen Zuhause' dienten, war er schon öfter mit seinen Eltern diese Strecke gefahren. Sogar noch im Jahre 1964 über die ‚Alte Hörder Brücke', einer herrlichen und vollständig genieteten Stahlbaukonstruktion mit wunderschönen Wappenschildern an den Brückenköpfen.

Da Holger nunmehr eine Monatskarte besaß, mit der er mit den öffentlichen Verkehrsmitteln den Schulweg bewältigen konnte, kamen ihm die geschilderten Erfahrungen der Verkehrsanbindungen zwischen neuem Wohnort und der Schule in Dortmund nur zugute. Vom ‚Ostwallgymnasium' ging er nach Schulschluss rüber zum Heiligen Weg. Dort stieg er in den Oberleitungsbus, der ihn bis zu Saarlandstraße fuhr. Oberleitungsbusse, kurz O-Busse genannt, waren für den technisch interessierten Jungen eine absolut geniale Erfindung. Umweltfreundlich und leise durch den reinen Elektroantrieb und schnell. Jede Straßenbahn musste vor einem Hindernis stehen bleiben, weil sie spurgebunden war. Ein O-Bus konnte jedoch ganz elegant, so es seine Fahrdrahtführungsstangen zuließen, einen

Bogen um ein Hindernis fahren. In Dortmund wurde dieses wunderbare Verkehrsmittel bedauerlicherweise in den Jahren 1966/67 abgebaut und verkauft. Holger hatte es noch sehr lange vermisst.

An der Kreuzung Saarlandstraße/Märkische Straße stieg Holger dann in die Straßenbahn und es ging mit ihr dann weiter nach Hörde und von dort aus mit dem Bus weiter in Richtung Höchsten.

Die Fahrten mit den Bussen waren manchmal mehr als lustig. Anfangs hatten die Busse einen Schaffner, der durch die Sitzreihen ging, um abzukassieren. Die folgenden Doppelgelenkdieselbusse liefen auch noch nicht im sogenannten Einmannbetrieb wie heutzutage. Sie hatten alle hinten im Wagen einen Schaffner auf einem quer zur Fahrtrichtung liegenden erhöhten Sitz. Man musste konsequent den Bus von hinten besteigen, um an dem Schaffner vorbeizugehen und seinen Fahrschein zu lösen oder wie wir Schüler, um unsere Monatsfahrkarte zu vorzuzeigen. Der Fahrer bekam die Fahrtfreigabe über ein optisch-akustisches Signal durch den Schaffner, wenn die Fahrgäste das Fahrzeug verlassen hatten, oder eingestiegen waren. Die Stationsansage der nächsten anzusteuernden Haltestelle erfolgte ebenfalls durch den Schaffner über Mikrofon und Lautsprecher und natürlich bei Bedarf ebenso in Gegenrichtung, denn der Fahrer war ebenfalls mit einem Mikrofon an die buseigene Lautsprecheranlage angeschlossen. Es gab Fahrer und Schaffner, die waren absolute Ulkgespanne. Und wenn die dann auch noch über die Lautsprecher miteinander kommunizierten, bog sich manchmal der ganze Bus, jedoch nicht vor Last, sondern vor Lachen.

An eine Situation konnte sich Holger noch besonders gut erinnern. Der Bus blieb plötzlich in Richtung Höchsten zwischen den Haltestellen Overgünne und Benninghofer-Heide auf freier Strecke stehen. Nach einiger Zeit fragte der Schaffner seinen Fahrer über Lautsprecheranlage: »Warum bleiben wir stehen? Ich habe keinen Halt ausgerufen!«

Darauf antwortete der Fahrer ganz ruhig: »Ich kann nicht weiter! Deine Verwandtschaft steht vor dem Bus!«

Der Schaffner erwiderte ganz versonnen: »Das kann nicht sein, mein Bruder mit Familie kommen erst am Wochenende.«

Der Fahrer gab belustigt zurück: »Du, das kann nicht sein! Die sind schon mal losgegangen und den Rest deiner Familie haben sie auch mitgebracht!«

Daraufhin standen selbstverständlich alle Fahrgäste auf, um nach vorn, durch die große Windschutzscheibe des Fahrzeuges einen Blick nach draußen erhaschen zu können. Der Bus war von einer riesigen Schafherde umgeben, die Richtung Overgünne wanderte. Es gab noch ein oder zwei lustige Abschlussbemerkungen zwischen Fahrer und Schaffner über die umherziehende Verwandtschaft und dann ging die Fahrt weiter.

Mit den Fahrern und Schaffnern der Straßenbahnen hatten Holger und die meisten anderen mitfahrenden Schüler ebenfalls ein gutes Verhältnis. Sie wurden meist nicht kontrolliert, da sie irgendwann gesichtsbekannt waren und es bekannt war, dass sie alle gültige Monatsfahrkarten besaßen. Also konzentrierten sich die Schaffner auf das Abknipsen der zahlenden Fahrgäste und riefen in den Wagen, nachdem sie festgestellt hatten, dass der Ein- und Ausstieg erledigt war: »Einer abklingeln!« Dies wurde dann immer umgehend von einem Schüler erledigt.

Die Straßenbahnzüge bestanden meist aus einer Zugmaschine und ein bis zwei Anhängern. Die Zugmaschine hatte neben dem Fahrer natürlich auch einen Schaffner. Das Abklingeln geschah über eine durch den Wagen laufende Lederleine knapp über Kopfhöhe. Wenn man an dieser Leine zog, wurden zwei jeweils am Wagenkopf außerhalb angebrachte Glocken angeschlagen. Das war die Fahrtfreigabe dieses Wagens an den Fahrer. Selbstverständlich hatten die Wagen jeweils zu den anderen einen eigenständigen Glockenton, denn sonst hätte der Fahrer nicht unterscheiden können, ob der Zug freigegeben war, da es auch schon mal vorkam, dass derselbe Wagen zweimal abgeklingelt wurde.

Nett war es auch in den Straßenbahnwagen dicht gedrängt zu stehen, was insbesondere zum Schulschluss der Fall war, denn auf der Heimfahrt kamen die Schülerinnen und Schüler von vielen Schulen zusammen, die im Einzugsgebiet der Fahrstrecke von Dortmund nach Hörde lagen. So heranwachsende Titten von 14-15-jährigen oder gar älteren Mädchen in die Seite gedrückt zu bekommen, insbesondere bei schwankender Fahrt in Kurven und Gefällen, gerade davon gab es in Hörde reichlich, war nicht unglücklich machend und konnte je nach Stimmungslage bei Holger sofort für einen fröhlichen ‚Halbsteifen' sorgen. Im Bereich der Althoffstraße hatte er schnell Kontakt mit anderen Jungen, die ebenfalls dort wohnten.

Drei nette Mädchen wohnten auch im Umfeld. Sie hießen Erika, Monika und Annette. Ihre Nachnahmen hatte Holger vergessen. Sie waren laut Meinung seiner Mutter Mädchen aus besserem Hause. Worauf diese Ansicht basierte, war für Holger nicht nachzuvollziehen, aber die Eltern dieser Mädchen hatten ebenfalls eigene Häuser in der Nachbarschaft und möglicherweise war dies für seine Mutter die Bewertungsgrundlage. Angeblich waren die Jungen um Holger auch Kinder aus besserem Hause, sodass er sich gar nicht mehr fragte, ob er selbst auch aus besserem Hause stammte. Seine Mutter verwies immer auf das gerade bezogene Wohneigentum und damit war für sie diese Frage ganz eindeutig geklärt.

Holger und die anderen Jungen und Mädchen hockten viel in dem verwilderten Obstgarten zusammen und aßen den Inhabern die Früchte weg. Sie saßen in den Bäumen und futterten Zwetschgen und Kirschen wie die Dummen, bis der Dünnpfiff einsetzte. Irgendwann bekamen die Eltern Kenntnis davon. Alle Kinder, auch die aus besserem Hause, und das waren alle, hielt man an, doch einige Ergebnisse ihrer Ernte mit nach Hause zu bringen.

Die Besitzer, ein älterer Herr, der mit seiner fast gleichalterigen Schwester zusammenlebte, bekamen Wind davon und versuchten die Kinder mit lautem Beschimpfen aus dem ungefähr sechstausend Quadratmeter großen Areal zu vertreiben. Der riesige Garten wurde in keiner Weise genutzt und das Obst verfaulte an den Bäumen und Sträuchern.

Die Jugendlichen ersannen alle möglichen Tricks, um die alten Leutchen von ihren eigenen Erntetätigkeiten abzulenken. Einige machten mit viel Geklapper Lärm an der einen Ecke des Grundstückes und die Erntetrupps zogen in die andere Ecke. Dabei signalisierten sich die unterschiedlichen Abteilungen jeweils mit Trillerpfeifen ihre aktuellen Standorte zu, um nicht zusammenzutreffen. Diese Maßnahmen waren auch geboten, denn die alten Herrschaften zogen mit Spaten durch die Gegend, um ihr Besitztum zu verteidigen und mit diesen Gartengeräten wollten die jungen Leute absolut keinen Kontakt haben.

Es gab in diesem riesigen Obstgarten aber auch alles! Neben, Birnen, Äpfeln und Kirschen natürlich auch Mirabellen und Zwetschgen sowie Sträucherreihen mit Johannisbeeren, Himbeeren, Brombeeren und Stachelbeeren. Dazu wilde Felder mit Kartoffeln, Erdbeeren und verschiedene Lauch- und Kohlsorten. Alles vernachlässigt!

Im Herbst war Holger mit seinen Freunden und Freundinnen abends bei der Ernte für das eigene Abendbrot vor Ort. Sie buddelten Kartoffel aus und legten sie in ein zünftiges Kartoffelfeuer. Die Spieße zum Wenden oder Drehen schnitzten die Jungen örtlich aus Fallholz zurecht und irgendeiner aus der Gruppe wetzte nach Hause, um etwas Butter und Salz zu organisieren. Das waren damals die schönsten improvisierten Fressgelage unter Jugendlichen, an die sich Holger erinnern konnte.

Natürlich hatten die Eigentümer bald davon auch erfahren. Eines Abends stand plötzlich, wie aus dem Nichts aufgetaucht, der alte Herr mit seinem Spaten wild fuchtelnd vor den jungen Leuten sowie ihrem lustigen Feuer und drohte alle möglichen Strafverfolgungsrituale an. Er konnte jedoch von den Mädels in der Gruppe alsbald beruhigt werden.

Sie erläuterten dem Gartenbesitzer die Vorteile, der für ihn ja unentgeltlichen Gartenüberwachung, die ja letztendlich nur zu seinem Vorteile wäre. Und siehe da, der alte Herr zeigte Einsicht, eventuell noch gefördert durch die deutlich sprießenden Brüste der Jung-Lolitas in der Gruppe. Er empfahl den Jugendlichen keine weiteren Besucher des Gartens zuzulassen und darauf zu achten, dass sie mögliche Kartoffelfeuer auch löschten. Die ganze Bande gelobte selbstverständlich vollständige Beachtung seiner Weisungen und er verschwand kommentarlos und so plötzlich im Dickicht seines Obstgartens, wie er aufgetaucht war.

Die Jungen und Mädchen hatten natürlich die Schamhaftigkeit vor dem anderen Geschlecht erreicht. Gepinkelt wurde nunmehr geschlechtergetrennt und im Abseits. Man verzog sich im Schatten der Dunkelheit ins nahe Dickicht und pinkelte hinter einen Baum. Zum Kacken ging man inzwischen nach Hause. Es galt nicht mehr als schicklich, so etwas im Freien zu erledigen. Zum Pissen saß oder stand man hinter Bäumen und steckte sein Revier ab, in den man rief, wenn sich jemand unbeabsichtigt dieser wilden Toilettenstelle näherte, wie zum Beispiel: »Ich bin hier«, oder »Hier sind schon viele!«

Das eigene Geschlecht verbarg man, und es wurde nur andeutungsweise darüber berichtet. Natürlich steckten die gleichalterigen Mädchen die Jungen inzwischen in den Sack. Sie wussten inzwischen über das Geheimnis des Küssens Bescheid und über die Periode der Frauen, die sie je nach Entwicklung und Reifefortschritt auch schon ereilt hatte.

Holger wechselte mit Mühe von der Quinta in die Quarta und bekam als zweite Fremdsprache Englisch.

In der Stadt Dortmund hatte sich zwischenzeitlich bautechnisch auch eine Menge getan. Das Stadttheater war nach fast siebenjähriger Bauzeit eröffnet worden und glänzte im wahrsten Sinne des Wortes durch seine, anfangs noch aufdringlich goldfarbene Kupfereindeckung.

Englisch fand Holger in den ersten drei Wochen des neuen Schuljahres richtig gut. Die Sprache war grammatikalisch wesentlich leichter als Latein. Allerdings verstand er nicht richtig den Unterschied zwischen Lautschrift und Schreibschrift. Die Folge war ein Diktat, das er total versiebte. Jedes Wort war falsch geschrieben. Das Aufgabenheft war mehr rot als blau und trug als Verzierung die Bewertung ‚ungenügend'.

Mitte des Schuljahres wurde Holger in die Quinta zurückversetzt. Seine Mutter hatte nun auch eine offizielle Entschuldigung für seine desolaten schulischen Leistungen. Es war natürlich der Hausbau! Er hätte es ihr nicht ermöglicht, mit entsprechender Sorge und Aufsicht die Ausbildung ihres Sohnes zu überwachen. Das änderte sich aber nun gründlich!

Der Nachhilfeunterricht wurde reduziert bis auf den Lateinunterricht. In Latein hatte Holger inzwischen eine sogenannte Betonfünf. Mathematik war nach Ansicht seiner Eltern ein Wiederholerfach und konnte von Holger selbst mit Fleiß bewältigt werden. Um darin bestehende Defizite auszumerzen, hatte er auf Verlangen seiner Eltern die Volkshochschule

Dortmund zu besuchen. Das war die erste richtige Entscheidung, die Holgers Eltern in Sachen seiner Ausbildung oder Weiterbildung trafen. Die Volkshochschulkurse waren sehr günstig und es war kein deprimierender Einzelunterricht, denn es waren mehrere Schicksalsgenossen unterschiedlichen Alters vorhanden. Alle waren mehr oder weniger gleich schlecht oder gut und es gab keinen Konkurrenzkampf, wie er in einer Schulklasse üblich war. Im Gegenteil, man half sich untereinander. Nun setzte Holgers Begeisterung für die Volkshochschule natürlich nicht schlagartig ein, sondern es war ein mehrjähriger Prozess des Begreifens, der kaum unmittelbare Auswirkung auf die gegenwärtige schulische Situation zeigte. Lediglich im Fach Mathematik, insbesondere im Bereich der Geometrie brachte ihm die Form des geschilderten Lernens Erfolge, die seine Zensur zumindest im stabileren Bereich zwischen befriedigend und ausreichend hielt. Aber es war ja auch ein Wiederholungsjahr!

Der wunderschöne verwilderte Garten, in dem Holger mit den anderen Jugendlichen ungefähr ein Jahr zu jeder Jahreszeit hauste, wurde gerodet! Ein Bauunternehmer hatte dem alten Geschwisterpaar für ein paar Kröten und die Zusicherung für sie selbst, auch ein neues Haus zu bauen, das ganze wunderschöne Gelände abgeschwatzt. Es war traurig, die alten Obstbäume fallen zu sehen, die dann, wie Osterfeuer, zu Haufen zusammengeschoben, in Flammen aufgingen.

Die Althoffstraße war bald darauf keine Sackgasse mehr, sondern wurde, noch grob, bis zur nächsten Querstraße verlängert. Die Befestigung der Straße erfolgte dann ebenfalls, nachdem die entsprechenden Versorgungsleitungen in dem neuen Straßenstück verbaut waren.

Nunmehr konnten Holgers Eltern auch die Eingangszuwegung und die Garagenzufahrt fertigstellen lassen. Im gleichen Zuge wurde der Garten mit Terrasse und Stützmauer angelegt.

Das Grundstück des Hauses hatte vom hinteren Gartenende bis nach vorn zum Fußgängerweg einen Höhenunterschied von einem Meter. Es war dringend notwendig, das Gelände abzufangen, denn schon kurz nach Bezug des Hauses war es einmal vorgekommen, dass bei einem sturzflutartigen Regenguss der Regen das Erdreich mitziehend in das Kellerappartement über den zwei Meter breiten Lichtschacht gelaufen war. Das Regenwasser hatte so heftig gegen das Kellermauerwerk gedrückt, dass selbst aus den Steckdosen Wasser zur Raumseite austrat.

Holgers Mutter hatte in ihrer Hilflosigkeit gegen diese Wassermassen fürchterlich geheult, denn eine Versicherung gegen solche Witterungsunbilden hatten Holgers Eltern damals aus Kostengründen nicht abgeschlossen. Die Mitbewohner kämpften Seite an Seite mit seinen Eltern, denn die ganze Schweinerei war an einem Wochenende passiert. Teilweise in Stiefeln oder barfuß bildeten sie zusammen eine Eimerkette und brachten die Brühe aus dem Keller auf die Straße.

Beim Wischen halfen auch alle mit. Holgers Mutter hatte sich zwischenzeitlich beruhigt, denn nach dem Säubern sah der Keller nicht mehr ganz so schlimm aus. Lediglich an einigen Stellen mussten die Kellerwände nach vollständiger Austrocknung nachgestrichen werden. Das haben dann Holger und sein Vater irgendwann mal zusammen erledigt. Für den versammelten Hausreinigungstrupp gab es daraufhin damals eine Nudelsuppe und einige Flaschen Bier, die im Hausflur auf den Treppenstufen sitzend zusammensitzend verspeist wurden. In solchen Sachen war Holgers Mutter immer unendlich spontan und erfinderisch.

Obstgarten also weg, aber dafür Straße da! Holger verlegte sich mit den anderen Jugendlichen in der Sommerzeit auf das abendliche Federballspielen. Dabei zeigten sie viel Fantasie und besorgten sich von ihren Eltern Sonnenschirmständer und Besenstiele. Ein Besenstiel in je einem Sonnenschirmständer hatte dann die richtige Höhe für eine dazwischen gespannte Wäscheleine, die als Netzoberkante fungierte. Das machte so einen Spaß, dass sogar dann und wann Erwachsene mitspielten.

Im Kellerappartement durfte Holger nun mithilfe des Vaters seine Eisenbahn auf einer Holzplatte fest installieren. Der hatte allerdings seinen Schreibtisch ebenfalls in diesem Raum. Im Winter war es oft der Fall, dass sie sich diesen Raum teilten. Dann hatte es Holgers Vater immer geschafft, seinen Sohn aus irgendwelchen dubiosen Gründen aus diesem ‚Familiengemeinschaftsraum' hinauszukomplimentieren. Entweder waren es die dringend anstehenden Nebenkostenabrechnungen für die Mieter oder es stand die fristgerecht abzugebende Einkommenssteuererklärung an.

Diese Termine begannen sich allmählich zu überschneiden, sodass Holgers Vater allmählich der Dauernutzer dieses Raumes wurde. Im Grunde hatte sich gegenüber seiner vorher in der Hamburgerstraße geführten Lebensweise nichts geändert. Selbst im Sommer waren Holger und seine Mutter an den Wochenenden häufig allein im Garten oder auf der Terrasse. Die vorhandene Türklingel im Keller war inzwischen mit einem Tastknopf in der elterlichen Wohnung gekoppelt, der sich neben dem Telefon befand. Das altbewährte ‚Kellerinformationssystem' funktionierte nunmehr auch hier, jedoch jetzt nicht mehr mit Licht, sondern mit Ton!

In der Klasse, in die Holger zurückversetzt worden war, hatte er sich mit einem Mitschüler angefreundet. Er war ein Jahr jünger als Holger und hieß Peter Löhne. Peters Vater war Zahnarzt! Das passte selbstverständlich genau in das Denkschema von Holgers Mutter. Sie musste jedem erzählen, selbst wenn er es nicht hören wollte, dass der beste Freund ihres Sohnes einen Vater hatte, der Zahnarzt war.

Selbst ihrem Sohn erzählte sie immer: »Du Holger, dein Freund hat angerufen. Du weißt schon, wen ich meine. Der, dessen Vater Zahnarzt ist!«

Holger wies sie fast jedes Mal daraufhin, dass der Satz: »Peter hat angerufen«, erheblich kürzer sei, aber sie ignorierte dies permanent. Selbst der Hinweis ihres Sohnes, dass das Praxisschild von Peters Vater unmittelbar neben dem Eingang zu deren Haus hing, da Praxis und Wohnung unter einem Dach waren, konnte sie nicht davon abhalten, ihren Sohn permanent an die Herkunft seines Freundes zu erinnern.

Peters Elternhaus lag in der Nähe des Brückenplatzes in Hörde. Da Holger ja nur eine Station vorher jenseits der Hörder Brücke in die Straßenbahn stieg, begann von hier aus ihr gemeinsamer Schulweg zum ‚Ostwallgymnasium'. Holgers Mutter achtete streng auf die soziale Auswahl der Freundschaften und Bekanntschaften ihres Sohnes.

Die erste ihrer Fragen ging immer in die Richtung des Berufes und des akademischen Grades des Vaters seiner neuen Bekanntschaften.

Die zweite Frage betraf die Mutter der neuen Bekanntschaft mit gleichem Zweck. Die dritte Frage ging in die identische Richtung und betraf mögliche Geschwister, wenn sie denn vorhanden waren.

Peter hatte einen Bruder. Er hieß Heribert und war ein Jahr älter als Holger. Heribert hatte eine kleine dralle Freundin, die in starkem optischen Kontrast zu Heriberts langer, schlaksiger Figur stand. Und dann gab es noch die ältere Schwester Elisa von den beiden Jungens. Sie hatte eine lange schlanke Figur mit Mäusetitten.

Holger mochte Peters Eltern. Offensichtlich beruhte das auf Gegenseitigkeit, denn bald war er das vierte Kind im Haus und wurde wie Peters Bruder behandelt. Bedingt durch die Anzahl der Kinder gab es häufig Feiern und Partys im Hause Löhne. Alle der Kinder nahmen daran teil und das auch gleich mit allen jeweiligen Freunden, damit sich der ganze Aufwand auch lohnte.

Es waren immer Kellerfeten, weil dort der meiste Platz war und weil es dort am dunkelsten war. Die Kellerdiele wurde erhellt durch zwei rote 20 Watt Birnen, was durchaus ausreichte, beim Tanzen die Kellerwände nicht umzustoßen. Von dieser Kellerdiele ging es jeweils weg in die Einzelkeller, die jeweils durch einige Kerzen schummerig erhellt waren. Ansonsten waren diese Keller voller alter Matratzen, Decken, junger Pärchen und anderer zahlloser Körperansammlungen. Es war einfach nur geil, in diesen Kellern im Dunkel zu liegen.

Für die jüngeren Jungen fiel immer etwas ab. Die Mädels, ob älter oder nicht, waren irgendwann so geil gefingert, dass sie es völlig vergaßen, wer die Hand in ihrer Hose hatte.

Es waren die Jahre des stark aufkommenden Rauschgiftkonsums, wie LSD oder Haschisch. Da duldeten die Elternhäuser eher etwas früheres Petting als vernichtende Drogen.

Holger hatte auch versucht, nach diesem Muster zu Hause etwas Ähnliches zu organisieren. Das Licht abzudunkeln untersagte seine Mutter sofort. Und während dieser Fete erschien sie in absolut geregelten Intervallen von dreißig Minuten, um scheinheilig zu hinterfragen, ob Holger und seinen Freunden etwas fehlen würde. Es fehlte natürlich gar nichts, es fehlte nur Ruhe vor ihrer Gegenwart! Das verstand sie natürlich nicht! Mit dieser Verhaltensweise hatte sie es tatsächlich geschafft, dass Holgers Freunde bisweilen Distanz zu ihm aufbauten. Offiziell betonte sie natürlich immer ihren, nach ihrer Meinung guten Kontakt zu diesen jungen Menschen, den sie meinte, auf Kosten ihres Sohnes pflegen zu müssen.

Es folgte Holger Versetzung in die Quarta. Für ihn war es zum zweiten Male. Wieder kam Englisch als Fremdsprache und war wieder sofort für Holger das altbekannte Handicap des Nichtverstehens. Er bekam sofort Nachhilfe durch eine Mieterin im Hause seiner Eltern. Sie war praktischerweise auch Englischlehrerin!

Holgers Eltern verstanden sich immer weniger. Die Zeit der Bauphase des neuen Wohnhauses mit Vorbereitung, Abwicklung und Eingewöhnungszeit, die sie eventuell etwas zusammengeführt hätte, war endgültig vorbei. Sie gingen immer mehr ihre eigenen Wege. Selbst auf gemeinsamen Fahrten zur Verwandtschaft nach Gelsenkirchen gerieten sie so frühzeitig aneinander, nämlich noch in unmittelbarer Nähe des Hauses, dass Holgers Vater den Wagen an den Straßenrand lenkte, ausstieg und kommentarlos zu Fuß nach Hause ging. Mutter, die ja auch einen Führerschein besaß, fuhr daraufhin mit ihrem Sohn allein nach Gelsenkirchen.

Und sie log! Und wie sie log! Sie log der ganzen Verwandtschaft das Blaue vom Himmel herunter! Sie erzählte allen, dass ihr Mann durch ein berufsbezogenes Projekt fürchterlich überlastet war, und nicht habe mitfahren können, weil er seine Wochenendruhe brauchte, um das Projekt weiterführen zu können. Der Witz war nur, dass ihr das alle glaubten! Selbst ihr Mann machte diesen Lügenscheiß mit! Bei anschließenden Treffen in verwandtschaftlicher Runde antwortete er auf Befragen ganz im Sinne seiner Frau und auch offensichtlich in seinem Interesse, dass er ein berufliches Thema abzuhandeln hatte, welches seine ganze Kraft in Anspruch nähme.

Die Realität sah aber anders aus. Holgers Vater setzte sich in seinen geliebten Keller ab, um sein ‚Junggesellendasein' zu pflegen. Seine Frau und ihr gemeinsamer Sohn waren an den Wochenenden zunehmend allein, während er im Kellerappartement weilte und die inzwischen altbekannten

Entschuldigungen, der obligatorischen Abrechnungen und Steuererklärungen, ins Feld führte.

Holger bekam zwischenzeitlich von seiner Mutter wieder Musikunterricht verordnet. Es sollte ein Klavier sein! So wollte es seine Mutter! Weil sie ja früher auch Klavier gespielt hatte! Es war ja auch so schön groß und fiel sofort auf!

Holger wollte nicht Klavier spielen!
Na gut, dann eben Geige! War so schön klassisch!
Holger wollte keine Geige spielen!
Na gut, dann eben Klarinette! Konnte so schön traurig klingen!
Holger wollte keine traurige Klarinette spielen!
Holger wollte Saxofon spielen!
Das wollte seine Mutter nicht! Erst mal! Das war ja Negermusik!

Nach Rücksprache mit einem Musiklehrer einigten sich Mutter und Sohn auf eine Jazztrompete, denn das stellte nach Meinung des Lehrers den richtigen Einstieg in eine möglicherweise folgende Ausbildung zum Saxofonisten dar.

So wurde es also beschlossen und Holger bekam ein neues Instrument einschließlich Koffer von der Jugendmusikschule in Dortmund geliehen. Der Unterricht fand im Ostwallgymnasium statt.

Wenn man die Abende in der Volkshochschule hinzuzählte, dann waren es bisweilen drei Nachmittage in der Woche, an denen sich Holger am Nachmittag oder Spätnachmittag auf den Weg machte, um in Sachen seiner schulischen – oder musischen Bildung tätig zu sein. Hinzu kamen noch die zeitlichen Aufwendungen für die Nachhilfen in Latein und Englisch, von den durch elterliches Dekret angeordneten eigenen Übungsstunden mal ganz abgesehen. Und dann waren da noch die täglichen Hausaufgaben!

Im Sommer verabredete sich Holger meist mit seinem Freund Peter Löhne zum Besuch des Wellinghofer Freibades. Meist kam sein Bruder Heribert auch mit. Er war ein Klasse höher als Peter und Holger. Auf dem Bauch liegend wurden gemeinsam die Schulaufgaben erledigt. Eigentlich war es eine sinnvolle Zeit, denn man befragte sich gegenseitig nach Wissensstoff und einer aus der Gruppe hatte meist eine richtige Antwort. Selbst Holger und Peter wurden manchmal von den Älteren nach Unterrichtsstoff befragt, der ihnen selbst nicht mehr gegenwärtig war.

Elisa, die ältere Schwester von Peter und Heribert war öfter in dieser Runde, da sie in einer der oberen Klassen ebenfalls ein Gymnasium besuchte. Ab und zu brachte sie einige Freundinnen mit, was für Holger absolut interessant war, denn dann gab es in unmittelbarer Nähe mal wieder andere Titten zu sehen als Elisas Mäusebeulen.

Eine ihre Freundinnen, sie hatte den Spitznamen Irmi und ein reichliches Lottermaul, was sie mit ihrer stromlinienförmigen Figur aber mehr als ausglich, sagte eines Tages im Schwimmbad zu Holger: »Holger, du bist eine alte Sau! Immer, wenn wir uns hier im Schwimmbad sehen, ziehst du mich gleich mit den Augen aus!« Sie lag durch Zufall direkt neben ihm, stieß ihm ihren Ellenbogen in die Rippen und setzte noch eins drauf: »Mach ruhig weiter so, es macht Spaß. Warst du eigentlich auf der letzten Kellerfete bei Löhnes auch bei mir in der Hose? Wenn ja, dann hast du Talent, auch wenn du viel zu jung für mich bist. Mein Gott, was war ich wieder zu!« Irmi konnte saufen wie ein Loch und besaß die uneingeschränkte Hochachtung aller Jungen.

Das Wellinghofer Freibad war der Zeit entsprechend mit einem Schwimmer- und einem Nichtschwimmerbecken ausgestattet. Getrennt wurden diese beiden Becken voneinander durch ein ungefähr 70 Zentimeter breites Mäuerchen, das die Bademeister für ihre Inspektionswege zwischen den Schwimmbecken in Ausübung ihrer Aufsichtspflicht nutzten. Einige Bademeister ließen es zu, dass man dieses Mäuerchen besetzte. Sie schlängelten sich durch die Sitzenden, andere gaben Anweisung, dieses Mäuerchen umgehend zu verlassen.

In Erinnerung war Holger, wie wahrscheinlich vielen anderen auch aus seiner Altersklasse, das alte hölzerne Umkleidehäuschen nahe am Schwimmerbecken. Man konnte sich dort umziehen und einen in der Innenwand integrierten roten Klapphebel umlegen. Dann erschien ein dienstbarer Geist, der einem den Bügel mit Kleidersack abnahm, dafür eine Metallmarke mit Armband herausgab und die Kleidung im Inneren des Gebäudes verstaute. Holger sah nie wieder ein hölzernes Umkleidehäuschen mit so vielen Astlöchern in Schritthöhe.

Holgers Mutter hatte gegen dieses Freizeitvergnügen ihres Sohnes im Sommer nichts einzuwenden, denn sie wähnte ihn ja in guten Händen und betonte überall, selbst in der Verwandtschaft, seinen guten Kontakt zu der Arztfamilie. Durch diese sommerlichen Vergnügungen im Schwimmbad durften natürlich Holgers Verpflichtungen für seine Nachhilfeunterrichte und seinen Musikunterricht nicht beeinträchtigt werden, sodass seine Aufenthalte dort in der Woche eher stundenweise waren.

Holger wurde mit einem ‚Mangelhaft' in Latein in die Untertertia versetzt. Inzwischen hatte er sich in der Schule zu einem sogenannten Saisonarbeiter entwickelt. So sagten das jedenfalls seine Lehrer in den Beurteilungen über ihn. Die Halbjahreszeugnisse waren jedes Mal katastrophal. Es gab geregelt blaue Briefe von der Schule, die seinen Eltern bestätigten, dass ihr Sohn ein fauler Hund war. Daraufhin war wiederum geballter Nachhilfeunterricht angesagt. Das waren die Zeiten, wo Holger auch an den Wochenenden zu Hause bleiben musste, wenn ihn seine Freunde anriefen, um ihn zum Fahrradfahren abzuholen. Seine Mutter sagte dann immer am Telefon: »Holger muss üben, ihr wisst doch, dass er schlecht in der Schule ist!«

Kunstunterricht war etwas, was Holger interessierte. Vor allen Dingen, wenn es etwas mit Basteln und Konstruieren zu tun hatte. Einige seiner Krangebilde aus Papier wurden sogar als Exponate für einige Monate in den Vitrinen der Pausenhalle seiner Schule ausgestellt.

Bildbesprechungen jedoch fand er grottenlangweilig. Holgers Schulklasse betreute ein kleiner netter rundlicher Kunstlehrer. Er liebte Bildbesprechungen und fabulierte jeweils in höchsten Tönen, wie es doch diesem und auch jenem Künstler gelänge, seine Eindrücke an den Betrachter durch Farben und Schatten zu vermitteln. Er hatte irgendein Kunstbuch mitgebracht und legte es unter einen Lichtprojektor. Das waren noch diese riesigen Dinger, wo man das Bild oder Buch auf eine Klappe legte, um es dann mit einer Hebelbewegung nach oben zum Projektionsspiegel zu drücken, der das Bild dann auf die große Leinwand an die Frontwand der Klasse warf. Die ganze Jungenklasse hing schläfrig in dem abgedunkelten Raum auf ihren Stühlen und machte sich ihre eigenen vielfach pubertätsorientierten Gedanken. Von irgendwo kam ein nettes Pornoheftchen durch die Klassenreihen gereicht, das wohl nach einem Dänemarkurlaub den Weg in das Ostwallgymnasium gefunden hatte, und erreichte nunmehr auch Holger. Der saß direkt neben dem Projektor und hatte die verantwortungsvolle Aufgabe, auf Weisung des Kunstlehrers, die Seiten des Kunstbuchschmarrens zu wechseln und somit neue Bilder für eintönige Besprechungen auf die Leinwand zu schicken. Holger fand, dass es Zeit für ein fröhliches Intermezzo zur Ertüchtigung der allgemeinen Konzentration war, und so schob er bei der nächsten Aufforderung des Lehrers zum Seitenwechsel des Kunstbuches einfach das schmalblättrige Pornoheftchen auf die Auflageplatte des Projektors und machte das Bild durch Nachjustierung der Objektivringe wirklich in jeder Beziehung scharf. Was er da unter den Projektor gelegt hatte, war irgendein pornografisches Bild, an dessen Darstellung oder Aussage er sich nicht mehr erinnerte. Dem Lehrer fiel die ganze Sache überhaupt nicht auf, da er aus Erinnerung der vorher zur Besprechung festgelegten Seiten seines Bildbandes weiterberichten wollte und mit dem Gesicht zu Klasse stand und somit die Abbildungen der Kunstwerke seiner Besprechungen im Rücken hatte.

Die Wirkung der riesigen pornografischen Lichtprojektion auf die Leinwand war für die Schüler der Klasse jedoch enorm. Nach vielleicht zehn Sekunden des Sehens, Verstehens und Begreifens war in der Klasse der Teufel los.

Gebrülle und Gejohle von allen Seiten: »Endlich Fickbilder! So muss Kunst sein! Das sag ich meinen Eltern! Weiter so! Alte Säue! Ich glaube, ich krieg ein Rohr!«

Der Lehrer drehte sich zu der Leinwand herum und brauchte auch einige Sekunden des Verstehens. Dann war er mit einigen raschen Schritten neben Holger und schaltete den Projektor aus. Er gab Weisung, die Vorhänge aufzuziehen und frage: »Wer war das?«

Holgers Antwort daraufhin: »Ich war das!«
»Warum?«
»Ich wollte mal Kontrast in das Programm bringen!«
»Nimm bitte deine Brille ab!«
»Ohne Brille kann ich aber nichts sehen!«
»Das musst du auch nicht!«

Holger nahm seine Brille ab und dann bekam er urplötzlich von dem kleinen dicklichen Kunstlehrer eine gescheuert.

Holger machte weiter kein Aufheben darum, denn er hatte nun mal Mist gebaut und stand auch dazu. Im Klassenbuch war daraufhin nur der Eintrag: ‚Holger Geh stört erheblich den Unterricht.' Weiter nichts!

Für eine Woche war er natürlich der Held der Schule, denn solche Vorfälle sprachen sich blitzschnell unter der Schülerschaft und dem Lehrkörper herum und das Gelärme und Gebrülle von Holgers Klasse war auch in den Nachbarklassen unüberhörbar gewesen.

Die meisten Schüler und selbst einige Lehrer grienten ihn an. Die wenigen Lehrerinnen versuchten, neutral in die Weltgeschichte zu schauen. Eine ältere musterte ihn eine Zeit lang verächtlich. Nach vierzehn Tagen war der ‚Pornografie-Unterricht' aber auch schon wieder Geschichte an der Schule. Der arme Kunstlehrer wurde kurze Zeit darauf nochmals während des Unterrichts hart gebeutelt. Holgers Klasse hatte die Aufgabe, sich mit Aquarellen zu beschäftigen und bei fast 40 Schülern war der Andrang an den wenigen Wasserhähnen der Waschbecken des Klassenraumes für Kunst natürlich nicht unerheblich, um die Pinsel auszuwaschen. Einer der Wasserhähne verweigerte die Teilnahme am Geschehen und klemmte teilnahmslos vor sich hin. Beflissentlich kam die kleine unterrichtende Kunstkugel hinzu und versuchte mit brachialer Gewalt, den Wasserhahn zu öffnen. Es gab ein unschönes Geräusch und plötzlich hatte er den ganzen Wasserhahn in der Hand und aus dem offenen Leitungsrohr schoss das Wasser mit vollem Strahl auf seinen schönen grau melierten Anzug. Er versuchte, das freie Rohrende mit der Hand abzudichten. Das war natürlich zwecklos! Er stand mitten in einer riesigen Dusche. Es gelang ihm, mit einer freien Hand, ein Stofftaschentuch aus der Hosentasche zu ziehen und vorsichtig gegen den Wasserdruck in das freie Rohrende zu drücken. Die Wasserfontäne reduzierte sich etwas und durchnässte ihn nur noch vom Hosenbund abwärts. Der durch die Schüler zwischenzeitlich eiligst herbeigerufene Hausmeister schieberte die Leitung ab und der Wasserstrom versiegte. Der arme Lehrer hatte keine trockene Faser mehr am Körper. Permanent behauptete er, diesen hinterhältigen Anschlag auf seine Person erahnt zu haben. Aber jeder konnte am Ort des Geschehens eindeutig erkennen, dass das Gewinde am Rohrende vollständig abgerissen war. Dumm gelaufen! Der bedauernswerte Lehrer bekam noch eine dicke Erkältung, die er eigentlich nicht verdient hatte, denn er war eigentlich ein Guter!

Holgers Wohnort, die Althoffstraße, hatte sich zwischenzeitlich deutlich verändert. Der Bauträger, der das Areal des Obstgartens gekauft hatte, war tätig geworden und zog in Verlängerung der ehemaligen Sackgasse Reihenhäuser hoch, die, weil sie kellerlos und somit relativ günstig waren, auch ziemlich schnell verkauft waren.

Die neuen direkten Nachbarn von Holger und seinen Eltern waren eher uninteressant und etwas farblos. Ehepaar mit vierzehnjähriger Tochter und Pudel drei Jahre alt. Die Tochter war sehr zurückhaltend und verklemmt und schaute Holger immer mit verstecktem Blick auf den Arsch. Das fiel selbst seiner Mutter auf! Der Vater der Nachbarstochter war Verkehrspolizist und wurde meist sonntags von irgendwelchen Bekannten zur Mittagszeit nach Einnahme seines Frühschoppens strackendicke vor die Tür seines Hauses gesetzt.

Die Mädels, mit denen Holger und die anderen Jungen noch zusammen in dem ehemaligen Obstgarten gehaust hatten, waren nunmehr an älteren Jungen interessiert und zeigten sich kaum mehr auf der Straße. Auch Holgers Hang zu jungenhaften Dummheiten verringerte sich etwas.

Einmal erschien noch die Polizei in seinem Elternhaus, weil er im Wellinghofer-Wald Munitionsreste aus dem Zweiten Weltkrieg gesammelt hatte. Sammeln war natürlich nicht die ganz korrekte Form des Beschriebs seiner Tätigkeit. Entwendet wäre eigentlich treffender! In dem Waldstück waren während des Weltkrieges großräumige Munitionsbunkeranlagen gewesen, die zum Kriegsende von den zurückweichenden Wehrmachtstruppen gesprengt worden waren. Ein Teil dieses, nicht explodierten jedoch verstreuten, Schrotts lag unter einer dünnen Erdschicht in dem Wald herum. Ein Räumkommando durchforstete nochmals gründlich diese ehemaligen Bunkeranlagen, denn das Wäldchen sollte offiziell zum frei begehbaren Naherholungsgebiet erklärt werden. Vorher hatten an vielen Bäumen Schilder gehangen, die vor Munitionsresten warnten und ausdrücklich ein Verlassen der Wege verboten.

An einer zentralen Sammelstelle im Wald waren nunmehr von dem Räumkommando hinter einem Gitterzaun Holztische aufgebaut worden, auf den die verrosteten Munitionsreste sortiert und klassifiziert wurden. Der Schrottkrempel, wie Granatkartuschen, alte Stahlhelme und Gewehrteile war für Holger und die anderen Jungen uninteressant. Die interessierten sich für die kleinen dünnen Sprengstoffstangen. Wenn man diese mit einem Feuerzeug ansteckte, zischten sie ab wie Feuerwerksraketen. Bei einer dieser Sammeltätigkeiten der Jungen in dem besagten Waldgebiet erschien eine Motorradstreife und nahm die Verfolgung der mit ihren Fahrrädern etwas langsameren Jungen auf. Bei Holger blieb es bei einer netten aber bestimmten Ermahnung des Ordnungshüters, die seine Mutter postwendend, nach Abzug des Polizisten mit einer zusätzlichen Ohrfeige bei ihrem Sohn unterstrich. Bei einem Jungen in der Nachbarschaft, der sich nicht so reuig zeigte wie Holger und mit Gemaule auf den Besuch der Polizei reagierte, erschien nach einigen Tagen das Jugendamt, um sich dieser Sache anzunehmen. Das Resultat dieser Intervention war Holger nicht mehr bekannt geworden.

Das Federballspiel in der Althoffstraße war bedauerlicherweise auch nicht mehr möglich. Dadurch, dass die Straße nunmehr keine Sackgasse war und durch die Neubebauung mit den anschließenden Reihenhäusern hatten die Verkehrsbewegungen nicht unerheblich zugenommen und ließen ein Abspannen der Straße mit einem Federballnetz nicht mehr zu.

Einige Male besuchte Holger mit seinen Eltern seine Großmutter väterlicherseits in Esslingen bei Stuttgart. Sie war ein kleiner dicklicher Knubbel mit Dackelbeinen und wohnte in einer alten Doppelhaushälfte auf der Neckarhalde hoch über dem Neckar. Einen Opa gab es auf dieser Familienseite nicht mehr. Selbst Holgers Vater hatte seinen leiblichen Vater nicht mehr kennengelernt und seine Mutter hatte nach dem Tode ihres Mannes mit dessen Bruder in seinem Hause auf der Neckarhalde zusammengelebt. Und den hat Holger auch nur einmal in seinem Leben gesehen. Jedenfalls hatte diese Oma ein verbrieftes lebenslanges Wohnrecht in dem Haus. Und, sie hatte einen eigenartigen Humor, nämlich gar keinen!

Wenn sie Holger bei seiner Ankunft mit seinen Eltern in ihrem Haus begrüßte, dann meist mit Worten, wie: »Was willst du denn hier?« Oder: »Mit dir habe ich ja nun gar nicht gerechnet!«

Mit ihrem Enkelkind Holger konnte diese Oma überhaupt nichts anfangen. Möglicherweise war dies eine Erblast, die sich auf Holgers Vater übertragen hatte. Lachen konnte diese Oma auch nur für sich allein. Meist war es nur ein Gekicher in ihr wabbeliges Doppelkinn. Einen Grund ihrer, für Außenstehende, nicht nachvollziehbaren wenigen urplötzlichen Erheiterungen, konnte sie jedenfalls nie angeben. Das einzige Thema, was sie interessierte, war ‚Essen'. Kurz nach dem Frühstück fragte sie nach den Wünschen des Mittagessens. Meist war es irre fettig und musste aus Braten oder Hühnchen, mindestens jedoch aus Bratwurst mit Kartoffeln und Gemüse mit Soße bestehen. Holger konnte sich noch gut an die riesigen Stoffservietten erinnern, die sie sich zwischen ihr dickes Doppelkinn und die Bluse stopfte und auf die dann unweigerlich die jeweiligen Soßen absabberten. Ihre Verdauung regulierte sie mit Litern von Apfelschorle, die sie selbst zusammenmixte, bis sie ihrem Geschmack entsprachen.

Hatte sie dann ordentlich Dünnpfiff, dann stopfte sie sich geregelt mit Bananenstauden zu, bis ihr die Plauze wehtat. Wenn man ihr, bei ihren Toilettenbesuchen, vor allen Dingen nach den Schorleorgien im Wege stand und sie mit ihren kurzen Dackelbeinen angesaust kam, konnte es durchaus passieren, dass sie, wen auch immer anschrie: »Weg da, ich scheiß dich an!«

Das Sprichwort hatte bei ihr tatsächlich seine reale Begründung. Mit ihrer Schwiegertochter kam Vaters Mutter natürlich nicht zurecht. Holgers

Mutter war ihr zu dünn. »An dir ist ja nichts dran«, sagte sie ihr ab und zu. Oder aber auch: »Der ist ja viel zu dünn!« Damit meinte sie natürlich nicht Holger, ihren Enkel, sondern ihren Sohn, Holgers Vater. In Omas Augen konnte Holgers Mutter natürlich nicht kochen. Auch schien Oma in irgendeiner Art und Weise altersgeil zu sein. Meist versuchte sie vorzugsweise in das Übernachtungszimmer von Holgers Eltern zu kommen, wenn Holgers Mutter sich anzog und nackt oder halb nackt war. Ob sie kontrollieren wollte, ob Holgers Vater etwas geheiratet hatte, woran er Spaß haben konnte, war Holger nie ganz klar geworden. Und frech war Oma! Frech wie Dreck! Sagte ihr Sohn etwas, was ihr nicht passte, so antwortete sie ihm doch tatsächlich: »Ach halt doch deinen Mund, du Arschloch!« Und der war feige und wehrte sich nicht, oder es war für ihn möglicherweise lebenslange Gewohnheit.

Passten Großmutter irgendwelche Antworten oder Meinungen anderer Menschen nicht, so antwortete sie: »Du bist ja doof!« Und das tat sie ohne Unterschied mit allen Menschen, mit denen sie Kontakt hatte, egal ob es der Dorfpfarrer war, ihr Arzt, der Apotheker oder die Verkäuferin im Lebensmittelgeschäft.

Wenn ihr Arzt sagte: »Sie sollten etwas weniger Fett essen, Tante Anna«, weil sie so jeder im Dorf nannte, kam von ihr prompt die Antwort: »Du bist ja doof! Essen ist gesund! Wollen Sie mir eigentlich alles verbieten?«

Fragte die Verkäuferin im Geschäft beim Auswiegen der Lebensmittel, meist war es ja sowieso Fleisch: »Darf es etwas mehr sein?«, so antwortete ihr Oma Dackelbein: »Habe ich etwas von weniger gesagt? Sie kennen mich doch! Du bist ja doof!« Der Witz war, dass man sie im Ort so kannte und akzeptierte.

Als sie bei einigen, Gott sei Dank, sehr wenigen Gegenbesuchen das Umfeld von Holgers Eltern ebenso titulierte, hatte Holgers Mutter einige Wochen zu tun, die entsprechend verletzten Gemüter zu beruhigen und die Verhaltensweise ihrer Schwiegermutter mit beginnender Demenz zu entschuldigen.

Nach kurzer Eingewöhnungsphase kam Holger mit dieser Großmutter väterlicherseits als Einziger blendend zurecht. Ohne große Anstrengung war er einfach noch frecher als sie. Begrüßte sie ihn anlässlich eines Besuches mit seinen Eltern in Esslingen mit den Worten: »Was willst du denn hier? Du bist viel zu groß geworden! Du bist ja doof!«, so antwortete ihr Holger: »Tach auch, Omma! Du bist ja eingelaufen! Ommmaa, Du bist aber ober doof!«

Zugegebenermaßen war seine Großmutter beim ersten Male etwas sprachlos und konsterniert, aber dann hatte sie mit ihrem Enkel ein gemeinsames Sprachniveau gefunden und die beiden kamen fortan gut miteinander aus. War sie manchmal, was aber wirklich nur noch selten vorkam, sauer auf ihren Enkelsohn, so beschwerte sie sich bei Holgers Vater über ihn: »Du hast da aber eine rotzfreche Göre, du Arschloch!«

Wenn Oma in den immer zahlreichen Wortwechseln mit ihrem Enkelsohn keine Worte mehr fand, was wirklich nicht selten war, dann wurde sie link und warf nach ihm. Vorzugsweise mit Stoffservietten, denn die lagen ja als Sabberlätzchen überall in ihrer Wohnung herum oder mit Handtüchern, Geschirrtüchern und Topflappen. Sie traf ihn nie! Holger spornte sie meist noch etwas an, indem er ihr zurief: »Oma, du bietest ja viel mehr Angriffsfläche! Du bist ja oberdoof! Komm! Lass uns Dackelwettrennen machen!«*

Holger traf seine Großmutter mit den aufgehobenen Stoffgeschossen immer. Einmal etwas unglücklich an ihrem voluminösen Doppelkinn, was sie an den Türrahmen taumeln ließ, wo sie sich ordentlich den Arm prellte. Sie nahm ihm das für den Rest des Tages etwas übel, aber die dämliche Werferei hatte ein abruptes Ende.

Die Fahrten mit dem Wagen nach Esslingen und zurück waren für Holgers Vater immer eine Strapaze. Entweder er fuhr Vollgas, was bei dem Käfer mit seinen 34 PS stolze 125 km/h sein konnten, oder er schlich mit 75 km/h über die Autobahn und ließ sich an Steigungen in die bergfahrenden Lkw-Züge hineindrängen, um dort mit 50 km/h im dritten Gang voranzuschleichen. Unter acht Stunden Fahrzeit schafften sie eine Strecke nie. Warum er Holgers Mutter nicht fahren ließ, hatte sich für den Sohn nie erschlossen.

Mit 14 Jahren ließen Holgers Eltern ihren Sohn erstmals in den Ferien arbeiten. Das war zwar offiziell verboten, aber seine Eltern hielten diese Erfahrung, die sie ihrem Sohn zukommen lassen wollten, für sinnvoll. Die ausgesuchte Firma gehörte Bekannten von ihnen. Insofern gab es keine weiteren bürokratischen Hürden. Die ganze Übung fand in der Kokosweberei Gorig in der Nähe des Dortmunder Borsigplatzes, der Wiege des Dortmunder Fußballs statt.

Das Unternehmen erwarb in Indien Sisal und färbte diesen in riesigen Holzbottichen, die einen höllischen Gestank verbreiteten. Es wurden nur einigen Standardfarben hergestellt, nämlich Schwarz, Rot, Blau, Grün und Gelb. Nach dem Trocknen wurde dieser Sisal aufgespult und in großen Webmaschinen zu endlos langen Läufern verwoben. Teilweise ergaben sich die großen Hotelflurläufer daraus, teilweise waren es tatsächlich die roten Läufer, die vor erlauchtem Besuch bei Staatsempfängen ausgerollt wurden. Die Masse ergab jedoch die Türabtreter, die nach dem Schneiden noch seitlich gekettelt wurden. Viele Teile wurden mit entsprechenden Pappschablonen auf Automaße zugeschnitten, um in dem Fußraum ausgelegt zu werden. Holger gehörte zu Pack – und Staplertruppe. 14 Tage seiner damaligen Sommerferien stapelte Holger Hoch und Tief. Lagerhaltung aufbauen und bei Versand wieder abbauen. Arbeitsbeginn war morgens um 7 Uhr und Holger fuhr die elf Kilometer vom Elternhaus in die Dortmunder Nordstadt mit dem Fahrrad. Nach zwei Tagen hatte er einen riesigen Muskelkater, bedingt durch die ungewohnte körperliche Belastung. Jedoch legte sich das wieder. Nach zwei Wochen war auch diese Erfahrung vorbei und Holger war durch diese mindestens 10-Stundentage einschließlich An- und Abfahrt hundekaputt. Stolz ließ er sich seinen Lohn ausbezahlen. Es war wohl 1,50 DM je Stunde und er investierte dieses erste Gehalt seines Lebens in den Kauf eines Fernglases. Es war ihm aber durchaus klar geworden, wie hart sein Vater während der Bauphase des gemeinsamen Hauses arbeiten musste. Seit dieser Zeit hatte Holger fast während aller Ferienzeiten gearbeitet, um sein Taschengeld aufzubessern.

Holger wünschte sich sehnlichst einen US-Army-Parka. Diese sackartigen Gebilde wurden teilweise von den Trägern kunstvoll mit Kugelschreiberbeschriftung verziert. Holger bekam diesen Wunsch nicht erfüllt, weil seine Mutter diese Dinger wie die Pest hasste. Stattdessen kaufte sie ihm irgendeinen deutschen Parkaverschnitt mit unmöglicher olivgrüner Farbe, einem herausknöpfbarem gelblichen Teddyfutter und einem breiten Gürtel. Holger fühlte sich reichlich verarscht und trug diesen Nachtwächtermantel, wie er ihn nannte, vorerst nicht ein einziges Mal in der Öffentlichkeit.

Holger gehörte nach seiner Meinung nunmehr zur revolutionären Generation und versuchte sich auch so zu geben. Die Schultasche war nicht mehr angesagt. Die Bücher und Hefte wurden mit einem alten Ledergürtel zusammengebunden und lässig über die Schulter gehängt. Vater schenkte Holger einen alten braunen breitkrempigen Hut, an den er zur Verzierung noch eine alte gefundene Uhrkette nähte. So ausgestattet ging Holger im Sommer barfuß zur Schule und wurde bewundert. Das meinte er jedenfalls!

Diese Verkleidung hatte er knapp einen Monat durchgehalten! Als Erstes verzichtete er auf das Barfußgehen. So ein Fehltritt in Hundescheiße machte einen enorm braunen Fuß und war besonders auf dem morgendlichen Weg zur Schule hin stark einschränkend, besonders wenn man noch in eine voll besetzte Straßenbahn steigen musste. Die komplett angeilende Tittendrückerotik eines Pubertierenden stank förmlich zum Himmel, zumindest bis zum Straßenbahndach. Nun war ja Holger erfinderisch!

Die Schultoiletten der Sporthalle seiner Schule waren außen liegend vom Schulhof gut und ebenerdig zu erreichen. Den Stinkefuß in die Toilette gesteckt und abgespült brachte meist einigen Erfolg. Aber bei trockener Scheiße brauchte Holger meist mehr als einen Spülvorgang, um nicht mehr ruchbar zu sein und der ganze Vorgang wurde zeitaufwendig. Der Weg in die Klasse machte aus einem nassen Fuß bald einen staubigen Fuß und somit einen interessanten optischen Unterschied zu dem unbehandelten Fuß. Der permanente Blick auf den Boden, um ruchbaren Hindernissen oder Scherben, Nägeln und spitzen Steinen auszuweichen, ließ Holger den Weg zu seinen Schuhen zurückfinden.

Auch das Verhältnis zu seiner Schultasche wurde alsbald wieder intensiver. Der von ihm benutzte Gürtel stellte urplötzlich seine zusammenhaltende Funktion ein und die Bücher und Hefte verteilten sich ausgerechnet morgens beim Umsteigen vom Bus in die Bahn am Schildplatz in Hörde. Viele Schüler halfen Holger, den ganzen Mist aufzusammeln. Natürlich musste es auch noch regnen, und zwar nicht zu knapp. Für Holger bedeutete dies natürlich Mehraufwand, denn einige seiner Hausaufgaben für den anstehenden Unterricht waren total versaut und mussten nachgearbeitet werden.

Auch eigene finanzielle Aufwendungen kamen auf ihn zu, denn seine Mutter erklärte ihm freudestrahlend, als er ihr am Nachmittag die durchnässten Bücher zeigte, dass jeder materielle Schaden zu ersetzen sei. Aber, eben durch ihn, denn er war ja der Verursacher des Schadens an den Büchern durch die Transportwahl mit dem Hosengürtel, anstatt mit der Schultasche. Dem konnte Holger argumentativ nicht widersprechen und seine Taschengeldkasse bekam einen nicht unerheblichen Aderlass.

Der alte Hut seines Vaters, den er immer noch trug, wurde ihm eines Tages bei dem Weg über die Hörder Brücke von einem Windstoß vom Kopf gerissen und landete in einem offenen Güterzugwagen der Bundesbahn, der zufällig unter der Brücke rangierte. Somit hatten sich Holgers revolutionäre Tendenzen ziemlich schnell aufgelöst und seine Eltern waren etwas entspannter, denn die von Holger gewählte Form der revolutionären Verkleidung hatte insbesondere seine Mutter sehr genervt.

Das gute alte Fahrrad von Onkel Ewald fuhr Holger endgültig zu Schrott. Nahe seinem Elternhaus traf er in einer kleinen engen Straße in einer S-Kurve auf einen entgegenkommenden Wagen und überflog diesen nach dem Zusammenprall in ganzer Länge. Erkennbare Schäden waren nur ein gebrochener Arm bei Holger, eine abgerissene Radioantenne an dem Auto und ein verbogenes Fragment, das kaum mehr Ähnlichkeit mit einem Fahrrad aufwies. Bei der nächsten Straßendurchfahrt eines Schrotthändlers wurden die Reste von Onkel Ewalds Fahrrad entsorgt. Von seinem angesparten Geld kaufte sich Holger ein Straßenrennrad. In seinen freien Stunden machte er einige Touren allein in das nahe gelegene Sauerland. Seine Eltern hatten erst einmal nichts dagegen, denn es diente ja auch der körperlichen Ertüchtigung.

Das Verhältnis von Holgers Mutter zu ihrer Schwester Maria in Gelsenkirchen begann sich zu verschlechtern. Die beiden fingen an, sich die Zuwendungen ihrer Eltern gegenseitig vorzuhalten und fühlten sich in dem einen oder anderen Falle gegenüber dem Geschwisterkind benachteiligt. Als dann die jeweiligen Partner, in diesem Falle Holgers Vater und auf der anderen Seite Onkel Ewald, anfingen, sich in diese Geschichte hineinzuhängen, egal mit welchem Vorzeichen, wurden die Familientreffen immer ungemütlicher. Holgers Mutter reagierte meist abstrafend mit ihren Herzattacken, was die gegenseitigen Besuche, egal in welche Richtung, oft erheblich abkürzte.

Die vielen Arztbesuche von Holgers Mutter bei Allgemeinmedizinern oder Kardiologen brachten keine sinnvolle Erklärung ihres Herzleidens. Das Verständnis von Holgers Eltern füreinander nahm immer mehr ab. Die Anzahl der Herzattacken seiner Mutter, nunmehr auch zu Hause, nahm jedoch zu. Sein Vater war in solchen Situationen absolut überfordert und fast handlungsunfähig.

Eines Nachts weckte er seinen Sohn und teilte ihm mit, dass es seiner Mutter sehr schlecht ginge und er doch einmal nach ihr schauen solle. Fast verächtlich sagt er: »Ich glaube, sie hat da wieder irgendeine ihrer Touren.«

Eigentlich wollte Holger erbost reagieren, aber er verkniff es sich und ging in das Schlafzimmer seiner Eltern. Seine Mutter lag zähneklappernd und zitternd im Bett und hatte ihre, wie in solchen Situationen üblich, bekannte piepsige Stimme, die eigentlich ihr umgehendes Ableben erwarten ließ. Sie bat ihren Sohn um diesen und jenen Gefallen, welchen er auch umgehend zu erfüllen versuchte. Seinen Vater spannte Holger in diese Tätigkeiten mit ein und auf Weisung verstand er es plötzlich, tätig zu werden und Decken gegen Kälte oder zusätzliche Kissen zu bringen. Es wurden für die Erkrankte Schnittchen zubereitet und es wurde ihr Tee eingeflößt. Nachtjäckchen wurde ihr angezogen und bei Hitzeschüben wieder ausgezogen. Heizkissen wurden unter die Füße gelegt und bei

Aufforderung wieder weggenommen. Und das alles mitten in der Nacht um ein Uhr!

Und urplötzlich sagte Holgers Mutter mit gefestigter Stimme etwas Saublödes: »Ach wie schön ist es doch, so umsorgt zu werden!«

In Holgers Innerem war eine Uhrfeder zum Zerreißen gespannt und die gab plötzlich ulkige Geräusche von sich, nämlich: »Ök, qietsch, zwurtsch, schnalz und plöp!« Diese innerlichen Uhrfedergeräusche waren Holger offensichtlich auf die Stirn geschrieben, denn seine Mutter fiel umgehend wieder in ihr herzzerreißendes Gepiepe zurück und krönte das Ganze für ihn mit der Ankündigung ihres baldigen Herztodes und der für ihn daraus resultierenden Halbwaisenschaft.

Holger flog daraufhin die berühmte Sicherung aus der Schalttafel und er eröffnete seiner Mutter auf ihrem potenziellen Sterbebett, dass er jetzt einen Notarzt anrufen wolle. Seine Mutter versuchte dies, mit dem Verweis, dass es ihr durch die aufopfernde Hilfe ihres Sohnes schon entschieden besser ginge, abzulehnen und den angekündigten Herztod etwas zu verschieben. Das interessierte Holger jetzt aber einen feuchten Scheißdreck! Diese fortwährenden Aufführungen eines sterbenden Schwanes gingen ihm inzwischen fürchterlich auf den Nerv! Und diese verbalen Konjunktive von Todesankündigungen machten ihn auch nicht schlauer! Also sauste er zum Telefon, rief einen Notarzt an und schilderte ihm eindringlich das Sterbeszenario seiner Mutter.

Der Arzt war innerhalb von zehn Minuten da! Er stürmte mit Vater und Holger in das Schlafzimmer. Mutter empfing ihn mit der allzu gut bekannten absterbenden Stimme: »Ach Herr Doktor, gut, dass sie da sind. Mein armes krankes Herz macht nicht mehr mit!«

Der Arzt schickte Holger aus dem Zimmer, um seine Mutter zu untersuchen und als Ersatz durfte sein Vater dabeibleiben. Nach vielleicht fünf Minuten öffnete er etwas die Tür. Holger vermutete, dass der Arzt ihn nunmehr bei seinen Ausführungen hatte mithören lassen wollen, denn schließlich hatte er ihn angerufen und nicht sein Vater. Der Arzt ließ Holgers Mutter ungefähr zehn Mal aus dem Bett aufstehen und hörte sie mit dem Stethoskop zum wiederholten Male ab und maß Puls und Blutdruck.

Dann sagte er mit bestimmter und schneidender Stimme: »Gute Frau, wenn alle meine Patienten so ein gesundes Herz hätten wie Sie, dann wäre ich arbeitslos! Sie haben offensichtlich einen ausgeprägten Hang zur Hyperventilation auf Knopfdruck, wenn Ihnen irgendetwas nicht passt und Sie sich Zuwendung einfordern wollen. Sie sollten sich mit Ihren Problemen an den Hausarzt, besser aber noch an einen Neurologen, wenden.«

Holgers Mutter explodierte förmlich! Sie behauptete weiterhin, einen schweren Herzmuskelschaden zu haben und bezeichnete den Arzt als Quacksalber. Der verbat sich dieser, für ihn unbotmäßigen, Titulierung und bescheinigte seiner Patientin einen ausgeprägten Hang zur Hypochondrie. Holgers Mutter verwies ihn darauf des Zimmers, was er mit einem trockenem: »Ich wollte sowieso gehen, ich habe Notdienst. Theaterbesuche stehen bei mir heute eher nicht auf dem Programm!«, quittierte.

Holgers Vater hatte er gar nicht weiter angesprochen oder beachtet. Holger brachte den Arzt zur Wohnungstür und beim Herausgehen wandte sich der Mann zu ihm und sagte freundlich: »Mein Junge, deine Mutter ist gesund, zumindest was es das Herz betrifft und damit kann sie recht alt werden. Aber dein Vater und du tun mir etwas leid.« Er war nicht nur ein guter Arzt, sondern offensichtlich auch ein guter Psychologe.

Natürlich versuchte Holgers Mutter ihm und seinem Vater des Öfteren noch zu erklären, dass sie wirklich schwer herzkrank war, denn die ganze Familie hatte dies ja nun jahrelang miterlebt. Aber die verhaltene Resonanz und das gemeinsame Schweigen machten sie zunehmend ärgerlich. Ihre Herzanfälle gingen aber umgehend in steiler Kurve zurück und nach weiteren zwei Jahren bescheinigte sie Holger und seinem Vater nach einem letzten Arztbesuch bei einem Kardiologen, dass ihr Herzmuskelschaden ausgewachsen war und sie nunmehr von sich behaupten konnte, endlich wieder ein gesundes Herz zu haben! Na wie toll, aber jahrelang wurde die ganze Familie mit dieser Hyperventilation terrorisiert!

Im Februar 1967 hatte Holger Konfirmation. Eine gute Freundin von Mutter kam mit ihrer hübschen 18-jährigen Tochter aus Gütersloh, um an diesem Festtag in der Küche mitzuhelfen und Holger verliebte sich prompt und hoffnungslos in dieses Mädel.

Die Großeltern aus Gelsenkirchen waren da, sowie Patentante Maria mit Onkel Ewald und den Söhnen Freddy und Anton. Die Großmutter aus Esslingen war auch da. Offensichtlich mussten sie Holgers Eltern ordentlich in die Mangel genommen haben, denn sie verkniff sich ihre verbalen Ungezogenheiten gegenüber den anderen Gästen. Nur einmal entgleiste sie etwas und tituliert Holgers Vater wie gewohnt: »Du Arschloch!«

Da sie jedoch ganz gegen ihre Gewohnheit dabei prustend lachte, hielten alle Gäste das für einen Witz und stimmen ebenfalls in das Lachen ein.

Holgers Patentante Bärbel war natürlich auch da und hatte mit ihrem Geschenk mal wieder den Vogel abgeschossen. Sie hatte Holger das heiß ersehnte Transistorradio geschenkt! Von den anderen Gratulanten bekam Holger Geldgeschenke und kaufte sich mit Vaters Hilfe bald darauf ein Tonbandgerät. Es war sogar stereotauglich, wenn man eine Stereoanlage hatte. Hatte der Holger aber nicht und so baute er sich selbst eine.

Von seinem Vater bekam er zwei alte Röhrenradios geliehen. Die guten Dinger mit dem berühmten magischen Auge, die noch fast drei Minuten Zeit brauchten, um richtig warm zu werden. Aber dann gab es auch ‚Foffo' auf die Lauscher. Ausgestattet waren diese Teile mit mindestens drei Lautsprechern. Ein kräftiger runder oder ovaler Basslautsprecher und zwei Mitteltonlautsprecher. Und dann hatte man noch schöne Klangtasten, mit denen wunderschön variiert werden konnte. Nämlich Bass, Orchester, Sprache und Jazz. Manch edlere Teile hatten noch mehr Lautsprecher, wie zusätzliche Hochtöner und eine affengeile Halltaste. Der Witz an diesen alten Mono-Röhrenradios war, dass man sie bis zum Anschlag aufdrehen konnte, ohne dass sie anfingen, zu klirren oder flirren. Diese alten Monoradios besaßen eine Maximalleistung von ungefähr 10-15 Watt. Eine Toneinstellung von Bass und Jazz sorgte für ordentlichen Druck in der Magengegend. Holger besorgte sich von irgendwoher eine einfache Schaltung für die Aufspaltung des Stereo-Signales in zwei Monosignale, nämlich links und rechts. Den Lötkolben lieh sich Holger von seinem

Vater sowie eine kleine Plastikschachtel. Die DIN-Einbaubuchsen kaufte er sich in einem Radiozubehörgeschäft und nach etwas Bastelarbeit war die Stereo-Monoweiche fertig. Dann schloss Holger die handelsüblichen DIN-Kabel an und fertig war seine eigene Stereoanlage. Das Resultat erwies sich als grandios! Das Ganze war weit über die räumlichen Grenzen des Hauses und des Grundstückes sehr gut und sehr laut zu vernehmen.

Es war Sonntag 11 Uhr! Bevor Holger sich von ‚The Lords' den Titel ‚Shakin all over' gönnen wollte, überlegte er kurz und entschied sich für Marschmusik. Das war nach seiner Meinung ziemlich neutral, zeugte von Gesetzestreue und einer nicht allzu übertriebenen Demut vor dem Staate. Also wählte Holger ‚Alte Kameraden'! Das musste doch eigentlich jedem Opa in der Siedlung die Beine zucken lassen. Holgers Opa wäre das mit Sicherheit passiert, so wie er vermutete. Aber der wohnte ja in Gelsenkirchen und soweit würde Holgers Übertragung wohl nicht reichen.

Holgers Eltern kamen von einem ihrer ganz seltenen gemeinsamen Sonntagsspaziergänge heim. Passanten, die ihnen entgegenkamen, berichteten begeistert von einem der rar gewordenen Platzkonzerte auf einem nahe gelegenen Sportplatz. Je mehr sich Holgers Eltern der Althoffstraße näherten, umso ungenauer wurde die Berichterstattung über dieses sonntägliche Musikerlebnis durch andere Passanten. Da ein Sportplatz eher nicht mehr ganz so nahe war, vermutete man einen außerplanmäßigen Schützenumzug durch das Dorf. Je näher sie ihrem Haus in der Althoffstraße kamen, umso mehr verdichtete sich für sie die Gewissheit, dass ein Heeresmusikkorps offensichtlich in ihren Mauern Stellung bezogen hatte, denn viele der unmittelbaren Nachbarn standen vor ihren Häusern oder lagen in ihren Fenstern, um der mit so einem großen Tamtam angekündigten ‚Prinzenproklamation' entgegenzusehen.

Rücksichtsvoll, wie Holger nun einmal war, hatte er natürlich darauf geachtet, dass bei dem Ausmarsch der ‚Alten Kameraden', die Mieter nicht im Hause waren. Trotzdem bekam er zur Belohnung von seiner Mutter erst mal eine getafelt. Holgers Vater war über die erfolgreiche Bastelei seines Sohnes ganz erstaunt, denn er hatte ihm, trotz dessen vielfacher Bitten, nie etwas über Elektrotechnik gezeigt. Holger bekam natürlich umgehend Auflagen über die zu wählende Lautstärke seiner Anlage, die er selbstverständlich nicht einhielt, denn nach seiner Meinung musste so etwas Knall-Bum machen und nicht säusel, säusel.

Daraufhin war die ganze Pracht eines Tages, als Holger von der Schule kam, von seinem Vater abgebaut und auf den Dachboden gepackt. Holger hörte ab sofort wieder aus seinem stereofähigen Tonbandgerät mit dem einen kleinen Monolautsprecher nur säusel, säusel.

Natürlich blieb Holgers Konfirmation innerhalb der Familie nicht ohne irgendwelche Wertungskommentare zwischen seiner Mutter und ihrer Schwester. Es gab wieder die üblichen Kommentare der ungerechten finanziellen Zuwendungen seitens ihrer Eltern an Holger als Enkelkind. Um Ruhe in diese Familienangelegenheit zu bekommen, ergriff Holgers Vater Partei gegen seine Frau und stimmt im Wesentlichen den Ansichten ihrer Schwester zu. Seit diesem Tage ging ein deutlicher Riss durch die Verbundenheit von Holgers Eltern. Er konnte diesen Sachverhalt durchaus nachvollziehen, denn seine Mutter fühlte sich durch ihren Partner allein gelassen und Holger wurde als Sohn immer mehr eine Art von Ersatzehemann, der zunehmend in die Entscheidungsfindungen des täglichen Lebens eingebunden wurde.

Wenn Holger auf seinen Vater verwies, der ihr doch zur Seite stehen sollte, dann sagte seine Mutter nur: »Wenn man ihn braucht, ist er sowieso nicht da!«

Holger bekam ein Magengeschwür!

Ob nun durch den ganzen Schulscheiß, mit dem damit für ihn verbundenen Leistungsdruck, oder durch das wenig harmonische Eheleben seiner Eltern, ließ sich im Nachhinein nicht mehr feststellen. Es tauchte urplötzlich auf und war sehr schmerzhaft und lästig. Nachdem Holger den Arzt aufgesucht hatte, kam dieser mit einem Röntgenbild an und sagte freudestrahlend: »Da haben wir ja ein kleines Ulcus-duodeni!« Es lag also direkt am Übergang vom Magen zum Zwölffingerdarm. Was folgte waren Essensumstellungen mit wenig Salz und Fett und die Einnahme irgendwelcher heilungsfördernden Medikamente.

Holgers Patentante Bärbel sagte sofort zu seiner Mutter: »Siehst du, soweit hast du das mit deinem übersteigerten Ehrgeiz nun gebracht, dass die Gesundheit von Holger Schaden nimmt!«

Holgers Mutter hatte auf alles eine Antwort parat: »Anderer Leute Kinder gehen auch auf das Gymnasium und haben kein Magengeschwür!«

Im Juli 1967 wurde Holger in die Obertertia versetzt. Mit dem Fach Englisch hatte er sich zwischenzeitlich arrangiert und pendelte sich zumindest bei der Versetzung auf ein ‚Ausreichend' ein. Nun bekam er jedoch noch Französisch hinzu! Holger fand diese Sprache faszinierend, erinnerte sie ihn doch fast schon an einen schönen Gesang. So schien auch seine Einstellung zu dieser Sprache zu sein, denn er kapierte überhaupt nichts und seine erste Arbeit war ein ‚Ungenügend'.

Im Geschichtsunterricht wurde interessanterweise das Thema des Dritten Reiches mit seinen Gräueltaten vollständig ausgespart, als wenn es nie geschehen wäre. Dafür wurden soziale Aspekte der Altersfürsorge behandelt und der gute Rentenbaum als Tanne erklärt. Interessanterweise existierten schon zeichnerische Modelle einer Rentenstruktur bei zurückgehenden Geburtszahlen und der umgekehrte Rententannenbaum - unten spitz und oben breit fand bei den Schülern Verständnis.

Der Trompetenunterricht machte Holger recht viel Spaß und er erzielte Fortschritte. Zu Hause konnte er mit der Trompete im Keller üben und dämpfte das Ganze noch mit einem Schallreduzierer, der in die Trompetenöffnung gesteckt wurde. Ausfallstunden in der Schule kompensierte Holger, indem er die Volksbibliothek in der Innenstadt besuchte und viel las. Natürlich konstruierte er auch einige Ausfallstunden selbst.

Henry Millers Sexus, Nexus und Wendekreis des Krebses las er dort so in wohliger Begleitung einiger Erektionen während der offiziellen Schulzeiten. Seine Eltern hatten solche Bücher nie gelesen, und wenn es doch so gewesen wäre, dann hätten sie gewiss nicht darüber gesprochen.

Über die ganzen Schweinereien des Zweiten Weltkrieges las Holger in der Volksbibliothek und wusste somit über sie Bescheid, noch bevor er

16 Jahre alt war. Dass eine sogenannte ‚Gaskammer' keine Gaskammer war, sondern ein niedriger gekalkter großer Raum mit nicht funktionsfähigen Duschköpfen an nicht funktionsfähigen Wasserleitungen wusste er aus Büchern. Dass das Gas, nämlich ‚Zyklon B' in diese Gaskammern durch Dachöffnungen in gebundener Form als Pellets geschüttet wurde, um dann mit der Körperfeuchtigkeit der nackten eingesperrten, meist jüdischen Menschen umgehend zu reagieren, und als Gas in Form von absolut tödlicher Blausäure auszufallen, wusste er aus Büchern.

Dieses Wissen, das er damals gegenüber gleichalterigen Mitschülern und Freunden und älteren Menschen voraushatte, wagte er nie mit jemand zu teilen und zu besprechen. Egal, ob realer geiler Sex oder Völkermord, irgendwann war eine Grenze erreicht, da sprach die Gesellschaft einfach nicht mehr darüber.

Das Ostwallgymnasium, das Holger besuchte, war etwa 1960 erbaut worden. Es hatte interessante Fensterkonstruktionen. Es waren Zweischeibenfenster. Das bedeutete, dass in einem Holzrahmen zwei Glasscheiben befestigt waren - ein ungeheurer Fortschritt in Richtung Schalldämmung und Isolierung. Tatsächlich waren diese Scheiben noch nicht miteinander verschweißt, wie heutige Isolierglasscheiben.

Irgendeines Tages fand in Holgers Klasse eine nette Keilerei statt, an der er aber selbst unbeteiligt blieb. Als Brillenträger war er in solchen Dingen eher sehr zurückhaltend. Er nahm die Ermahnungen seiner Eltern wirklich ernst, sich als Brillenträger möglichst nicht in eine Schlägerei verwickeln zu lassen. Nun kam bei der von Holger in der Klasse beobachteten Prügelei urplötzlich eine Schultasche angeflogen, die gegen den oberen Rand einer Fensterscheibe prallte. Erst war nichts zusehen, aber dann zeigte sich mit der Zeit ein Riss, der möglicherweise nur fünf Zentimeter lang war, und zwar genau in der oberen Ecke des Fensters. Irgendwann fiel dieses kleine Dreiecksstückchen nach innen in den Doppelscheibenzwischenraum und wurde nicht weiter beachtet. Das Fenster verdreckte im Laufe der Wochen und wurde etwas blind. Der Zwischenraum zwischen den beiden Einzelscheiben betrug vielleicht zwei bis drei Zentimeter.

In einer Freistunde huschte Holger vom Ostwall in die Innenstadt zum

Kaufhaus Karstadt. Dieses Kaufhaus hatte damals eine gut sortierte zoologische Abteilung. Holger kaufte in der Zierfischabteilung vier Guppys. So ausgerüstet sauste er zurück zur Schule und füllte mit einer mitgebrachten kleinen Gießkanne den Fensterscheibenzwischenraum bis oben hin mit Wasser auf. Da der kleine Dreiecksbruch der Innenscheibe so hoch oben in der Fensterecke war, konnte man den kleinen Streifen, der den Wasserstand markierte, kaum sehen. Die kleinen Guppys hineingesetzt und fertig war das wohl erste und einzige Fensteraquarium des Ostwallgymnasiums in seiner ganzen Geschichte.

Von den meisten Mitschülern, die sich zu diesem Zeitpunkt wegen der Freistunde außerhalb des Klassenzimmers befanden, waren Holgers Aktivitäten nicht bemerkt worden. Die wenigen, die ihm zusahen oder sogar halfen, akzeptierten stillschweigend die ästhetische Verschönerung des gemeinsamen Klassenzimmers.

Die folgende Unterrichtsstunde galt dem Fach Deutsch und wurde von einem älteren Lehrer bestritten, der wirklich schlechte Augen hatte und deshalb eine Brille der Güte ‚Glasbaustein' tragen musste. Selbst Holger als Brillenträger bemitleidete ihn aufrichtig.

Während des Unterrichtes blieb der Lehrer abrupt vor der Klasse stehen und stierte in Richtung des ‚Scheiben-Feucht-Biotopes' und sagte plötzlich: »Jungens, meine Augen lassen jetzt aber kräftig nach. Ich sehe dahinten auf der Scheibe schon vier Punkte, die sich bewegen. Seht ihr die auch?«

Sämtliche Augen der Klasse folgten seiner Zielangabe und auch bei dem letzten Mitschüler erfolgte nunmehr das Begreifen über die Beweglichkeit der Punkte. Erheiterndes Gebrüll war die Folge.

Der Deutschlehrer war nicht ungeschickt. Er entzog sich einer für ihn eventuell nerven- und kräftezehrenden Aufklärung der jetzt auch von ihm örtlich betrachteten Situation des Aquariums. Er schrieb schlicht in das Klassenbuch: »Die Klasse OIIId betreibt ein Lehrkraft irritierendes Fensteraquarium.« Bums! Nicht mehr und nicht weniger!

Es gab keine Verursacherverfolgung, denn der Riss in der Scheibe war auch schon zwischenzeitlich von dem Hausmeister festgestellt und protokolliert worden. Am nächsten Tag war der Fensterflügel leergelaufen. Die Guppys hatten aufgehört Guppys zu sein und das Fenster ließ sich nicht mehr öffnen, weil es durch die Feuchtigkeit total verzogen war. Nach weiteren 14 Tagen mit etwas Muff im Klassenzimmer wurde ein neues Fenster eingebaut.

Holger war mal wieder für eine Woche der Held der Schule. Selbst wenn es keine Ahndung der Tat gab, so hatte doch die Pausentrommel den realen Sachverhalt sofort weitergegeben. Was alle Schüler nicht wussten, war der Sachverhalt, dass der ganze Lehrkörper nach Schulschluss das ‚Lehrkraft irritierende Fenster' geschlossen besichtigt hatte, und sich mehr oder weniger gemeinschaftlich schlapp lachte. Holgers Klassenlehrer meinte jedenfalls einen Tag später unter vier Augen zu ihm: »Wenn du deinen Erfindungsreichtum und deine Fantasie zielgerichtet in den Unterricht stecken würdest, könnte aus dir wirklich etwas werden.«

Er wird wohl Recht gehabt haben, aber er kannte auch nicht die Qualen, die Holger zu Hause ausstehen musste, wenn er nicht die Erwartungen erfüllte, die seine Mutter ihm abforderte. Die hatte nunmehr ein gemeines System aufgebaut, das ihren Sohn zusätzlich unter Leistungsdruck setzen sollte.

Immer wenn Holger, nach ihrer Meinung, schlechte schulische Leistungen zeigte, sagte sie: »Wie stehen dein Vater und ich jetzt da? Wir haben allen unseren Freunden und Verwandten gesagt, dass du nun gute Zensuren bringst, aber nein, du blamierst uns völlig!«

Dazu konnte sie wie auf Knopfdruck noch einige Tränchen vergießen. Es war eine fürchterlich perfide Art von ihr, auf diese Art und Weise in Holger Schuldgefühle für ihr Wohlergehen erzeugen zu wollen.

In den Sommerferien 1967 machten Holgers Eltern mit ihm zusammen Urlaub. Sie besuchten gemeinsam seine Großmutter in Esslingen und fuhren dann weiter nach Überlingen zum Bodensee, wo sie einen alten Freund von Vater aufsuchten. Er zeigte ihnen einige der weniger bekannten Sehenswürdigkeiten der Bodenseeregion. Konstanz und Friedrichshafen sowie die Bodensee-Insel Mainau standen natürlich auch auf dem Programm. Die Besichtigung des Rheinfalls bei Schaffhausen in der Schweiz imponierte Holger ungeheuer. Selten hatte er bis dahin so ein gewaltiges Naturschauspiel gesehen.

Holgers Mutter betrat plötzlich auffallend gerne katholische Kirchen. Der Hintergrund war, dass Holger einmal leichtfertig eine der vielen lateinischen Inschriften übersetzt hatte. Das war nun der Anlass für sie, bei jedem Kirchenbesuch oder der Besichtigung alter Gebäude mit lateinischen Inschriften, ihren Sohn sofort um Übersetzung zu bitten. Und dies in einer aufsehenerregenden Art und Weise, sodass auch jeder in der Nähe stehende Mitmensch erfahren musste, dass Holger die lateinische Schrift lesen konnte. War seine Mutter jedoch der Meinung, dass das Umfeld in so einer Situation nicht seine, von ihr geschilderte, Befähigung erkannte, fühlte sie sich bemüßigt, ihn selbst noch auf seine, auf dem Gymnasium erworbenen, Kenntnisse der lateinischen Sprache hinzuweisen. Sie machte dies noch dazu mit einem fast schon schielenden Seitenblick aus den Augenwinkeln auf die Mitmenschen, die von Holgers Befähigungen eigentlich hätten beeindruckt sein sollen. Holgers Mutter war nämlich sehr stark kurzsichtig und hätte eigentlich eine Brille tragen müssen. Sie besaß auch eine, aber eitel, wie sie war, trug sie diese kaum, nicht einmal zum Autofahren.

Holger waren diese effektheischenden Auftritte seiner Mutter jedes Mal sehr peinlich und er versuchte sie, tunlichst zu vermeiden. Die Heimfahrt nach diesem Urlaub ging über den Schwarzwald mit zwei Zwischenübernachtungen bei der Großmutter in Esslingen.

Trotz aller massiven Anstrengungen von Holgers Eltern ließen seine schulischen Leistungen rapide nach. Im Juli 1968 stand unter seinem Zeugnis: ‚Laut Konferenzbeschluss nicht versetzt.' Natürlich mit dem bekannten Begleitschreiben an die Eltern, dass sie ihr Kind für die letzten Tage des Schuljahres nicht mehr zum Unterricht schicken mussten.

Und was macht Holgers Mutter? Sie zog sich schwarz an, als wäre in der Familie ein Trauerfall! Sämtlichen Freunden erzählte sie von ihrem Schicksalsschlag, ein Kind zu haben, das sie und ihren Mann so enttäuschte.

Holgers Großvater und seine Patentante Bärbel hielten bedingungslos zu ihm und irgendeine Bekannte seiner Mutter, die ihr ziemlich drastisch zu verstehen gab, dass sie doch diese dämliche Trauerwäsche ausziehen sollte.

Holgers Freundschaft zu Peter Löhne und der sie inzwischen umgebenden Clique blieb bestehen, selbst als Peter nun eine Klasse höher rutschte, was von Holgers Vater in bekannter Form kommentiert wurde: »Die loofen alle an dir vorbei! Alle loofen se an dir vorbei!«

Silvester 1968/69 feierte Holger erstmals außer Haus, nämlich bei Peter Löhne in Dortmund-Hörde mit einer riesigen affengeilen Fete im Keller.

Um ein Uhr nachts wankte er nach dieser Feier entlang der Benninghoferstraße Richtung Elternhaus. Natürlich war es für ihn Ehrensache, alle am Wegesrand liegenden Knallkörper-Blindgänger mit einem Feuerzeug möglichst noch zu lautem Leben zu erwecken. Das klappte auch meistens! Nur einer wollte nicht so richtig mitmachen, weswegen Holger ihn wie eine Zigarre zwischen die Zähne klemmte und versuchte, die kurze Lunte anzuzünden. Diese kurze Lunte war offensichtlich ein Schnellläufer, denn das Resultat war ein lauter Knall und Holger war plötzlich ein Langsamläufer, denn er saß mit seinem Hintern auf dem Straßenboden. Ansonsten keine weiteren schwerwiegenden Verluste. Allerdings reagierten die entgegenkommenden wenigen Passanten überhaupt nicht mehr auf seine ehrlich gemeinten guten Wünsche zum Neuen Jahr, sondern wechselten vorher rasch die Straßenseite.

Zu Hause angelangt konnte er diese Verhaltensweise nach einem Blick in den Spiegel durchaus nachvollziehen. Eine seiner Gesichtshälften war schwarz pulververschmiert. Zusätzlich zog sich ein feiner roter blutiger Riss über die Wange. Die Entgegenkommenden mussten wohl gedacht haben, dass der Leibhaftige selbst an dem Silvesterfeuerwerk teilgenommen hatte. Holger konnte jedoch keine weiteren Schäden verzeichnen und Wasser mit Seife brachten Abhilfe und hinterließen nur eine leicht gerötete Haut.

Im Frühjahr 1969 fuhr Holger mit seiner Schulklasse zu einem 10-tägigen Skiaufenthalt nach Oberstdorf in das Allgäu. Sein Vetter Freddy hatte ihm günstig Skier besorgt, denn er selbst war zu diesem Zeitpunkt schon begeisterter Skiläufer und verstand etwas von der Technik. Für Holger war diese Skifreizeit ein voller Erfolg. Er erlernte das Skilaufen nicht perfekt, aber zum Rutschen reichte es allemal, und die Liebe zu diesem Sport war geweckt.

Im April 1969 feierte Holger zu Hause mit einigen Freunden seinen 16-jährigen Geburtstag. Inzwischen waren er und alle seine Freunde Raucher geworden.

Peter Löhne und Holger besuchten nun auch die Tanzschule. Schon vorher waren die beiden mehr oder weniger geregelt zu den samstäglichen Schulschlusspartys gegangen, um abzuzappeln. Das bedeutete eigentlich, dass man auf der Stelle stampfte, die Arme bewegte und etwas mit dem Arsch wackelte. Mädchen mit ganz langen Haaren hatten es bedeutend schwerer. Sie mussten ihren Kopf ebenfalls in rotierende Bewegungen versetzen, damit ihnen ihre langen Haare möglichst gleichmäßig kreisförmig um den Kopf flogen.

Die richtige Tanzschule war ganz anders. Hier musste man gewaschen und gebürstet erscheinen. Die Pubertätspickel wurden Tage vorher ausgedrückt und mit hautberuhigenden Tinkturen imprägniert und farblich abgedeckt. Die Finger gehörten gebürstet und geschrubbt. Die Zähne mussten mehrmals täglich geputzt werden. Die nässenden Achseln bekamen Kontakt mit Puder und unter der Vorhaut wurde auch mal wieder gereinigt. Und los ging es zur Tanzstunde!

Es gab die ganze wunderbare Breitseite des Benimmprogrammes. Also das Übliche! In der Gegenwart der Angebeteten und ihrer Eltern sollte man möglichst nicht saufen, furzen, rülpsen und fluchen! Das hatte Holgers Mutter ihm ohnehin seit Jahren eingebläut. Mädchen und Jungens saßen einander gegenüber. Die Jungens mussten aufstehen und um die Hand der Mädels zum Tanz anhalten. Mit dieser Partnerin sollte man dann möglichst bis zum Abschlussball durchhalten oder zwischendurch unauffällig wechseln. Holger hatte beim Aussuchen der Tanzpartnerin unbegründete Startschwierigkeiten und bekam irgendeine übrig gebliebene Scharteke zugeteilt.

Im Juli 1969 wurde Holger in die Untersekunda versetzt und das nur, wie ihm seine Mutter noch für viele Jahre vorhielt, durch ihre Intervention. Als ihr Vater schon auf dem Sterbebett lag, lief sie mit schwarzer Trauerkleidung zu Holgers Mathematiklehrer und versuchte ihn zu einer Änderung der geplanten Zeugniszensur zu bewegen. Er ließ sich bewegen! Und zwar zu einem ‚Ausreichend', sodass Holger mit dem gewohnten ‚Mangelhaft' in Latein seine Versetzung ebenso schaffte.

Der Verlust seines Großvaters traf ihn schwer, denn dieser hatte immer viel Verständnis für ihn gezeigt.

Seinen Trompetenunterricht hatte Holger auf Veranlassung seiner Mutter an den Nagel hängen müssen, denn seine schulischen Leistungen waren permanent zwischen einem ‚Ausreichend' und ‚Mangelhaft'.

Holger bedauert das Ende des Trompetenunterrichtes, denn zu einem ‚Il Silenzio' von Nino Rossi reichte es schon gut.

Holgers Mutter schloss eine einjährige Ausbildung zur Sekretärin ab. Diese Ausbildung erfolgte bei der IHK zweimal in der Woche nachmittags und samstags. Sie war die Älteste in diesem Ausbildungsjahrgang und natürlich stolz wie Oskar auch noch als Lehrgangsbeste das Sekretärinnendiplom zu bekommen.

Im Tanzunterricht hatte Holgers Freund Peter ein nettes Mädchen aufgegabelt. Sie hieß Sybille Mölling. Sie hatte ein offenes nettes Gesicht, längere blonde Haare, die sie in der Mitte nach hinten gekämmt trug und mit einer Klammer hielt. Sie war ebenso Brillenträgerin wie Holger und besaß die identischen Probleme mit Stirnakne wie er. Beide empfanden Sympathie füreinander und es wurde ihnen schnell klar, dass sie mehr als einmal zusammen tanzen wollten. Peter und Holger besprachen die Angelegenheit wie unter Männern üblich, denn auch Peter war aufgefallen, dass er bei Sybille nicht mehr ganz im Vordergrund stand. Sie beschlossen beide diese Angelegenheit Sybille zu überlassen und die sagte dann irgendwann Peter, dass sie mit Holger gerne zum Abschlussball gehen wollte.

Ein Mann ein Wort und Peter akzeptierte die Entscheidung von Sybille sofort. Holger und Sybille galten nun als liiert! Als Holgers Eltern hörten, dass er eine neue Tanzschulfreundin hatte, strömten sie über vor Freude. So ein nettes Mädchen! Sie wohnte in der Klaus-Max Straße. Und ihr Vater war Diplom-Ingenieur bei den VEW! Details dieses Wechselspieles waren Holgers Eltern natürlich unbekannt! Name, Titel des Vaters und Wohnort zählten.

Im Dezember 1969 war es so weit! Der Abschlussball der Tanzschule im Goldsaale der Westfalenhalle Dortmund. Sogar Holgers Vater war dabei! Sie holen Sybille in der Klaus-Max-Straße ab, denn ihre Eltern waren bedauerlicherweise verhindert und ließen sich entschuldigen. Auch ihr fünf Jahre älterer Bruder, der ihnen erst als Begleitung zugesagt war, fand keine Zeit und ließ sich entschuldigen.

Peter Löhne hatte keine zu ihm passende Tanzpartnerin für den Abschlussball gefunden und ließ sich ebenfalls entschuldigen.

Der Abschlussball eierte mit den entsprechenden Fotos und Tänzen so vor sich hin. Nach Abschluss des Balles brachten Holger und seine Eltern Sybille nach Hause. Seine Mutter schwelgte in ihrem Glück! Ihr Sohn hatte eine Tanzfreundin, deren Vater Diplom-Ingenieur war!

Die nächsten Wochen wurden für Holger zu einer Belastungsprobe mit Sybille. Sie bestellte ihn zu allen möglichen Zeiten zu sich nach Hause. Holgers Mutter machte das nur mit, weil sie an den guten Einfluss des Mädchens aus gutem Hause auf ihren Sohn glaubte. Sybille empfing Holger meist immer leicht bekleidet. Ihre Eltern waren gerade dann meist nie da. Allenfalls ihr fünf Jahre älterer Bruder, Typ Arsch, der meist immer nur fragte: »Na, hat es denn endlich geklappt?« Treffen außerhalb von Sybilles Elternhaus fanden kaum mehr statt, und in ihrem Zimmer waren immer die Matratzen ausgelegt.

Und ziemlich schnell kam dann auch Sybille zum Thema: »Holger, ficken will ich mit dir, merkst du das denn gar nicht? Aber schön soll es sein, das erste Mal und romantisch. Und es soll nichts zwischen uns sein. Ich will dich ganz für mich allein spüren. Aber bis zum Februar 1970 muss das Thema erledigt sein, denn dann werde ich 16 Jahre alt. Fast alle meine Schulkameradinnen sind schon 16 Jahre alt und keine Jungfrauen mehr.«

Der ganze Quatsch sollte natürlich ohne Pariser passieren, der die Intimität hätte stören können und natürlich ohne Verhütungsmittel in Form einer Antibabypille, denn die gab es nur mit Einverständnis der Erziehungsberechtigten.

Sybille verfügte selbstverständlich über das profunde Wissen ihrer Schulkameradinnen, die ähnliche Probleme hatten, und die mit ihren Erfahrungen über irgendwelche Temperaturmessmethoden hinsichtlich zu vermeidender Schwangerschaften glänzen wollten.

Holger waren diese ganzen Konjunktive zu viel und er reichte bei Sybille ganz schnell seinen Abschied ein, denn einer Rolle als Dosenöffner ohne Gefühl und mit all dem potenziellen Risiko mochte er nicht nachkommen.

Er fragte noch kurz bei Peter nach, ob er eine nicht angekratzte Sybille zurückhaben wollte. Aber nach Holgers begleitenden Erzählungen verzichtete auch er dankend und das Thema war erledigt.

Vierzehn Tage später traf Holger Sybille mit ihrem neuen Freund in der Stadt. Er schätzte ihn auf gut 18 Jahre. Sybille würdigte ihn keines Blickes und Holger empfand keinerlei Schmerz oder Irritation dabei. Die ihm zugedachte Rolle hatte er offensichtlich nicht ausfüllen können und das war möglicherweise auch gut so.

Für seine Mutter war es natürlich ein herber Verlust, der sie noch jahrelang schmerzte. Eine Freundin, deren Vater Diplom-Ingenieur war! Und schon vorbei, wobei es doch ein so ‚offenes' (stimmte nicht!) Mädchen war!? Sie erfuhr nie die Wahrheit! Weder von ihrem Sohn noch von Peter bei einem seiner eher seltenen Besuchen bei Holger.

Zu dem erwähnten Abschlussball im Dezember kam noch ein Ereignis hinzu. Holger verkaufte seine Eisenbahnanlage. Sein Vater hatte es geschickt geschafft, ihn dazu zu bewegen. Mit permanentem hintergründigem Bohren, unter anderem mit dem Verweis auf Holgers neue Freundin und damit auf die verbundene geänderte Interessenlage, erreichte er es, dass sein Sohn auf die Modellbahnanlage im Keller verzichtete. Es fand sich nach einer Anzeige in der Tageszeitung ein Käufer, der die ganze Platte kurz vor Weihnachten abholte und Holger dafür 200 DM in die Hand drückte. Holger fuhr mit seinem Vater noch einmal zu diesem Käufer, um einige Kabel zu flicken, die ihm bei dem Transport der Anlage entzweigegangen waren. Der gute Mann wollte seinen kleinen Sohn mit der Modelleisenbahnanlage zu Weihnachten überraschen.

Holger dagegen überraschte es nach einigen Überlegungen, wie gut es doch seinem Vater gelungen war, den sogenannten Gemeinschaftskellerraum nunmehr ganz für sich allein okkupieren zu können.

Das Klima zwischen Holgers Eltern befand sich mal wieder auf dem Tiefpunkt, weil sein Vater fast jede freie Zeit seinem Kellerleben widmete und nicht der Familie. Manchmal übernachtete er auch im Keller. Irgendwann war das Gezanke und Gebrülle zwischen Holgers Eltern so groß, dass Vater auf seine Frau zuging und ihr in Gegenwart des Sohnes eine kräftige Ohrfeige verpasste.

Holger stürzte sich auf ihn, packte ihn am Kragen und brüllte ihn an: »Noch einmal so etwas und ich schlage dich zusammen!«

Offensichtlich nahm sein Vater das sehr ernst, denn er stammelte irgendwas vor sich hin und verschwand in seinen Kellerräumlichkeiten.

Holgers Mutter nahm sich daraufhin eine Anwältin, die seinen Vater mit irgendwelchen vorwurfsvollen Briefen zupflasterte. Der setzte sich daraufhin wieder für mehrere Tage in den Keller und schrieb handschriftlich auf Durchschlagpapier zurück. Für Holger war die eheliche Gemeinschaft seiner Eltern seit diesem Vorfall eigentlich nur noch eine Formsache.

Im Januar 1970 kam in Holgers Elternhaus eine Austauschschülerin aus Amerika. Sie hieß Moni und war die Tochter einer alten Freundin von Holgers Mutter aus den frühen Zeiten nach dem Zweiten Weltkrieg während einer kurzen gemeinsamen Arbeitstätigkeit in der englischen Militärverwaltung in Stadthagen.
Monis Eltern waren danach nach Amerika ausgewandert, um dort ihr Glück zu finden. Nun wollten sie, dass ihrer Tochter deutsche Gründlich-

keit und deutsches Denken beigebracht wurde. Nach einigen Telefonaten und Briefen mit Holgers Mutter stand die Verabredung. Holgers Eltern holten mit ihrem Sohn zusammen einen 17-jährigen weiblichen Teenager in Düsseldorf vom Flughafen ab, der es sogar schaffte, Holgers eher konservativen und knöchernen Vater zu beflirten. Moni konnte man nur mit einer permanent perlenden Flasche Sekt vergleichen. Egal wie alt die Männer waren, sie verfielen alle ihrem Charme mit ihrem guten Deutsch, das einen netten amerikanischen Sprachklang hatte. Moni bewohnte das Appartement im Keller. Holgers Vater hatte großzügig vorübergehend darauf verzichtet und Holger hatte ein neues Jugendzimmer bekommen, sodass die alten Möbel nunmehr im Keller standen. Platz war ja nun nach dem Wegfall seiner Eisenbahnanlage reichlich vorhanden, um so noch eine zusätzliche Übernachtungsmöglichkeit zu bieten.

Moni besuchte ein Mädchengymnasium, das in der Nähe von Holgers Gymnasium lag. Das hatte den Vorteil, dass er mit ihr den Schulweg zusammen per Bahn und Bus erledigen konnte. In der Schulklasse von Moni war auch die Tochter von Freunden von Holgers Eltern. Moni war fachlich weit hinter dem Wissensstandard ihrer deutschen Klasse zurück. Aber nach Auskunft ihrer deutschen Lehrer stellte sie eine menschliche Bereicherung für ihre Klasse dar und für das halbe Jahr der Austauschzeit wurden ihre Wissensdefizite deshalb nicht zu sehr in die Waagschale geworfen.

Holger wurde von seinen Eltern sofort vergattert, für Moni nur das ‚Brüderchen' zu spielen. Also war nichts mit Moni am Arsch packen!

Peter Löhne verliebte sich auch prompt in sie und während der nächsten Kellerfete bei ihm lagen sie prompt knutschend in der Ecke und Holger ging das Klappmesser in der Hose auf.

Moni wurde von Party zu Party gereicht. Die Schulklasse, die Moni besuchte, konnte wohl als etwas elitär bezeichnet werden, denn sie wurde von ihren neuen Schulfreundinnen in den Cabrios derer Eltern oder der Freunde abgeholt und abends wieder zurückgebracht. Sie verbrachte Samstage und Sonntage auf Tennis – und Golfplätzen mit entsprechendem Alkoholkonsum, den sie von Amerika her noch gar nicht kannte.

Holgers Mutter holte sich von Monis Mutter telefonisch Prokura, um Moni daraufhin etwas mehr an die Kette zu legen, wobei Holger ganz eindeutig die Rolle des Wachhundes zugewiesen bekam. Das klappte auch ganz leidlich, allerdings bekam Moni ein etwas verzogenes Bild von dem Ursprungsland ihrer Eltern. Sie hatte nunmehr die unumstößliche Meinung, dass sie perspektivisch einen Arzt oder Rechtsanwalt heiraten müsste, um den in Deutschland erlebten Lebensstandard auch in Amerika halten zu können.

Ende Juni 1970 verließ Holger das Ostwallgymnasium. Seine Zensuren waren dermaßen schlecht, dass eine Versetzung nicht möglich gewesen wäre. Und ein zweimaliges Wiederholen einer Klasse war in der Mittelstufe nicht zugelassen.
Moni flog Mitte Juli 1970 nach Amerika zurück und ein netter Lebensabschnitt, nämlich mit Schwesterchen, war für Holger zu Ende. Es wurde natürlich eine an ihn gerichtete Gegeneinladung ausgesprochen, aber er nahm sie niemals wahr.
In den weiteren Korrespondenzen zwischen Monis Mutter und Holgers Eltern wurde dann zunehmend deutlich, dass das Mädel sehr große Schwierigkeiten hatte, sich in ihrem Heimatland wieder zurechtzufinden. Sie vermisste die deutsche Gründlichkeit, die Sauberkeit und die deutsche Mentalität.
Im Juli 1970 verstarb zudem auch noch Holgers Großmutter aus Gelsenkirchen. Sie überlebte ihren Mann nur um ein Jahr. Das letzte Jahr hatte sie hochdement in einem geschlossenen Heim verleben müssen. Die wenigen Besuche in diesem Heim, mit den verbundenen Begleiterscheinungen der Behandlung dieser armen dementen alten Menschen, vergaß Holger nicht!

Er stand nun ohne Schulabschluss da, denn für den Abschluss ‚Mittlere Reife' wäre die erfolgreiche Versetzung in die Obersekunda nötig gewesen. Seine Mutter hatte aber auch hier ihre Fühler ausgestreckt, um ihren Wunsch nach einer Promotion ihres Sohnes nicht aus den Augen zu verlieren. Der bekam sechs Wochen lang intensivsten Nachhilfeunterricht durch einen Mathematiklehrer von der Realschule.

Am 5.11.1970 legte er in Unna eine ‚Sonderfremdenprüfung' zur Erlangung des Abschlusszeugnisses einer Realschule ab. Das einzige Prüfungsfach war Mathematik, denn alle anderen Zensuren wurden dem Gymnasiumzeugnis entnommen und Französisch war an einer Realschule kein Pflichtfach. Holger war froh, nun einen Schulabschluss zu haben und wollte eine Lehre absolvieren.

Seine Patentante Bärbel stimmte ihm telefonisch zu und empfahl seinen Eltern, ihm doch die Freiheit bei der Auswahl seines beruflichen Werdeganges zu gewähren. Holgers Mutter war selbstverständlich anderer Meinung! Als Erstes präsentierte sie natürlich eine Entschuldigung für das ‚Oberschulaus' ihres Sohnes. Die Belastung durch die Gastschülerin Moni sowie der kurze Tod infolge seiner Großeltern wurden dem Umfeld sofort als Ursächlichkeit seines Leistungseinbruches vorgestellt.

Mutter hatte natürlich gegen den Willen von Holger eine Folgelösung parat, die darin bestand, dass sie ihn auf dem ‚Staatlichen Aufbaugymnasium' in Unna für die Aufnahme in die Obersekunda angemeldet hatte.

Genau die Klassenstufe, die ihr Sohn in Dortmund am Ostwallgymnasium nicht geschafft hatte! Es war ein absolut bornierter Wahnsinn! Durch den Sachverhalt, dass die Sonderfremdenprüfung so spät abgelegt wurde, besuchte Holger das Aufbaugymnasium bei bereits begonnenem Schuljahr ab 14.11.1970 mit sofortigen Defiziten, die eigentlich unmöglich aufzuholen waren.

Unna, eine nette Klein- und Kreisstadt mit ungefähr fast 70.000 Einwohnern war von Dortmund vielleicht zwölf Kilometer entfernt. Die beiden Städte gingen über ihre Vororte eigentlich übergangslos ineinander über. Lediglich zwischen dem letzten Vorort Dortmunds, genannt Dortmund-Wickede und Unna-Massen als erstem Ausläufer Unnas in Richtung Dortmund war ein freies Feldstück ohne Bebauung von annähernd 500 Meter Länge. Unna war somit der östlichste Teil des Ruhrgebietes, danach kam erst mal eine Weile nichts. Zumindest mit den Augen einer Ruhgebietspflanze betrachtet, wie Holger es nun einmal war. Die nächsten erwähnenswerteren Städte in Richtung Osten, jedoch ohne jede industrielle Bedeutung, waren dann Werl, Soest, Lippstadt und dann Paderborn.

Holger fuhr mit der Eisenbahn nach Unna. In Dortmund-Hörde stieg er nunmehr vom Bus nicht mehr in die Straßenbahn, sondern in den Zug. Unna hatte einen lustigen kleinen Bahnhof und von ihm erreichte er die Schule über die Haupteinkaufsstraße in ungefähr 15 Minuten. Es gab viele nette Geschäfte und Eiscafés an dieser Straße, sodass der Weg, vor allen Dingen nach Schulschluss, nie eintönig oder langweilig war.

Durch den Schulwechsel nach Unna gingen seine Freundschaften zu Peter Löhne und den anderen, der inzwischen reichlich angewachsenen Clique, nicht in die Brüche. Ebenso wenig wie die Freundschaft zu Albert Dülling, einem Mitschüler aus seiner letzten Klasse am Ostwallgymnasium.

Ende Dezember kamen aus Holgers Freundeskreis Rita, Rolf und Jürgen zu ihm nach Hause, um ihn zu einer gemeinsamen Silvesterfeier nach Dortmund-Wellinghofen einzuladen. Holgers Mutter willigte ein und brachte ihn mit dem Wagen am Silvesterabend dorthin, denn sie wollte selbst sehen, wie das Umfeld der Menschen war, bei denen ihr Sohn die Jahreswende verbrachte. So waren jedenfalls immer ihre Argumentationen.

Es war eine nette und lustige Feier, die Holger jedoch um ein Uhr verlassen musste, da er von seiner Mutter die Auflage hatte, spätestens um zwei Uhr wieder zu Hause zu sein. Also stapfte er bei dichtem Schneetreiben von Wellinghofen nach Benninghofen zu seinem Elternhaus zurück.

Peter Löhne eroberte eine neue Freundin, sie hieß Sabine und war ein nettes schlankes Mädchen mit langen dunkelbraunen Haaren. Peter schottete Sabine vor seinem Freund Holger erkennbar ab. Der konnte ihm das nicht verdenken, denn er vermutete, dass Peter den Seitenwechsel von Sybille zu ihm während der Tanzschulzeit noch nicht verwunden hatte. Aber diese Sabine interessierte ihn eigentlich ohnehin nicht. Sie war ein Jahr älter als Holger, stand im Abitur und war immer fürchterlich verlegen. Sie sprach fast immer mit kaum geöffnetem Mund und ohne die Lippen zu bewegen. Sprach man sie direkt an, bekam sie eine Bombe (roter Kopf) und erwiderte, wenn überhaupt, ohne ihren Gesprächspartner direkt anzusehen. Es konnte sogar vorkommen, dass sie sich hinter Peters Rücken versteckte oder ihm ins Ohr flüsterte und er für sie antworten musste.

Holgers schulische Leistungen auf dem Aufbaugymnasium waren miserabel. Auch der Wechsel der Anrede vom ‚Du' auf das distanziertere ‚Sie' zwischen dem Lehrkörper und den Schülern änderte nichts daran.

Englisch und Mathematik stellten eine Katastrophe dar, aber auch seine Leistungen in Physik und Deutsch konnten nur bemitleidet werden. In Deutsch schrieb Holger ein ‚Ungenügend'. Daraufhin folgten tagelange Diskussionen mit seinem Deutschlehrer. Nach seiner Meinung hatte Holger konsequent am Thema vorbeigeschrieben. Forderte er als Lehrer eine Inhaltsinterpretation eines Textes, so würde Holger eine Textbeschreibung geliefert haben und natürlich auch umgekehrt. Orthografische oder grammatikalische Fehler wiesen Holgers geistige Ergüsse überhaupt nicht auf. Aber der Lehrer bestand darauf, dass solche Fehlleistungen ein ‚Ungenügend' tatsächlich rechtfertigen. Selbst Holgers Mutter fand diese Bewertungskriterien negativ.

Aber dies alles nützte nichts! Holger bekam in dem Fach Deutsch Nachhilfe, und zwar bei einer alten vertrockneten Lehrerin in der Nähe des Freibades in Wellinghofen. Diese Adresse war mit dem Fahrrad in zehn Minuten zu erreichen, sodass der Faktor der Anfahrt keine große Rolle spielte.

Was eine Rolle spielte, war der Faktor Geld! Holgers Mutter eröffnete ihrem Sohn, dass sie mit seinem Vater zusammen den Entschluss gefasst hatte, nicht länger für die Nachhilfeunterrichte ihres Kindes aufkommen zu wollen. Deshalb sollte er für die Behebung seiner Bildungslücken selbst bezahlen. Die Nachhilfestunden bei dieser ledigen Trockendose kosteten tatsächlich 15 DM und rissen eine beträchtliche Lücke in Holgers Taschengeldkonto.

Im April 1971 wurde Holger 18 Jahre alt und durfte zur Feier dieses Tages eine Kellerfete ausrichten. Alle Freunde kamen und ihre Freundinnen auch. Peter hatte seine Sabine im Schlepp und sein Bruder Heribert kam ebenfalls mit Freundin. Jürgen Mohn kam mit seinem Bruder Wolfgang und hatte auch noch Rita und Rolf mit im Gepäck. Die Mädels, mit denen Holger einst im Obstgarten zusammen wilderte, kamen auch, denn sie waren mal wieder solo.

Für Holger war es eine Zeit der kleinen Eitelkeiten und er trat wie seine Mutter ohne Brille auf, was zur Folge hatte, dass er wildfremde Menschen von Weitem freundlichst grüßte und beim Näherkommen feststellte, dass er sie gar nicht kannte. Er konnte in etwa nachvollziehen, wie es seiner Mutter gehen musste, denn sie war erheblich kurzsichtiger als er selbst. Also trug er bald schnell wieder seine Brille.

Holgers Vetter Anton aus Gelsenkirchen war ohne sein Wissen zu seiner Geburtstagsfeier hinzugeladen worden. Er wurde ihm von seiner Mutter als Überraschungsgast verkauft, in Wirklichkeit diente er jedoch als Anstandswauwau und sollte kontrollieren, dass alles im Rahmen verlief. Allerdings kannte Holger den Rahmen nicht, denn seine Mutter übte nach wie vor die Oberkontrolle aus und warf alle 30 Minuten einen verstohlenen, aber manchmal doch erkennbaren Blick durch das Kellerfenster.

Holger verbrachte, wenn es ging, jede freie Minute zusammen mit seiner Clique.

Im Winter machten sie lange Spaziergänge im Wannebachtal oder im Schwerter Wald. Im Sommer standen gemeinsame Fahrradtouren, Schwimmbadbesuche oder Paddelpartien auf dem Hengsteysee auf dem Programm.

Jürgen Mohn und Rolf Rutz besaßen als Erste aus Holgers Clique ein Auto. Somit war das Transportproblem gelöst und alle beteiligten sich jeweils an den Tankkosten.

An einem Samstag fuhren sie alle zusammen nach Haltern, um gemeinsam auf dem See zu paddeln. Rolf hatte sich zu diesem Zweck extra von seinen Eltern deren Opel Rekord Caravan geliehen, damit alle mehr Platz für die Gummipaddelboote und die Picknickkörbe hatten.

Es war ein wunderschöner Tag! Peter und Sabine knutschten, was das Zeug hielt und jeder war zufrieden. Irgendjemand übte dann zeitlichen Druck aus wegen einer Fußballübertragung und die ganze Bande brach nachmittags, durch die Sonne und die Paddelei leicht müde geworden, zur Heimfahrt auf. Auf der Rücksitzbank lagen Peter und Sabine und übten ihre Wiederbelebungsversuche durch Mund-zu-Mund-Beatmung. Rolf fuhr und neben ihm schlief auf dem Beifahrersitz Rita. Sie wusste im Moment mal wieder nicht, ob sie mit Jürgen oder Rolf gehen sollte. Holger lag hinten auf der Ladefläche des Caravans zwischen den Packsäcken der Gummipaddelboote. Er döste vor sich hin und lauschte nebenbei etwas eifersüchtig dem Lippengeschmatze von Peter und Sabine, was jedoch bei allen Versuchen von ihm und dem Einsatz aller Fantasie keinen Halbsteifen zum Leben erwecken konnte. Es lag wohl an der sommerlichen Abgeschlagenheit, denn bei Sabines Anblick im Bikini beim Paddeln war das im Laufe des Tages eigentlich noch ganz anders gewesen.

Rolf fuhr übereilt und statt der vorgeschriebenen 80 km/h satte 100 km/h wegen dieses dämlichen Fußballspieles, das irgendeiner aus der Clique auf der Wunschliste hatte. Rolf übersah ein herrlich großes rotes Stoppschild an einer Kreuzung und raste mit unverminderter Geschwindigkeit weiter. Von rechts kam ein dicker Mercedes, der ja ohnehin Vorfahrt hatte, und schoss das Auto der Truppe, im Bereich des Vorderwagens einschlagend, gut ab. Der Opel machte einen feinen Salto und fegte auf dem Dach liegend fast 20 Meter diagonal über die Kreuzung, bis er an einem hohen Bordstein abrupt aufgehalten wurde, die Heckklappe aufriss und Holger mitsamt der ihn umgebenden Gummipaddelboot-Verpackungssäcke ausspuckte.

Holger stand als Erster auf den Beinen, was aber auch nicht weiter verwunderlich war, denn er hatte das Fahrzeug ja auch als Erster verlassen. Der Rest der Truppe wurde von anderen Verkehrsteilnehmern aus dem Ex-Rekord herausgepflückt. Der Caravan war von der B-Säule an bis nach hinten mit einem Fließheck versehen. Peter und Sabine lagen auf dem Rücksitz, das war ihr Glück, denn sie wurden über die Vordersitze aus dem Wagen gezogen. Alle waren unverletzt und hatten keine Schnittwunden oder Kratzer. Nur Holger hatte sich seine Birne irgendwo angeschlagen und blutete kräftig. Er wurde von dem herbeigerufenen Krankenwagen in das nächste Krankenhaus gebracht, wo ihm eine vier Zentimeter lange Risswunde am Hinterkopf vernäht wurde. Auch die Insassen des anderen am Unfall beteiligten Fahrzeuges waren unverletzt. Die Eltern wurden informiert und holten ihre Sprösslinge ab. Alle hatten einen riesigen Schreck davongetragen und ein Teil ihrer jugendlichen Unbekümmertheit war dahin.

Im Juni 1971 machte Holger mit seiner Klasse eine einwöchige Studienfahrt nach Trier. Die Schüler übernachteten in einer Jugendherberge, die direkt an der Mosel lag. Die Besuche der Kaiserthermen, der Basilika sowie der Porta Nigra blieben Holger in guter Erinnerung, denn sie ließen in ihm den Entschluss reifen, das Aufbaugymnasium in Unna zu verlassen. Seine Zensuren garantierten ihm eine Nichtversetzung. Mit 18 Jahren war er schulmündig, was bedeutete, dass er selbst entscheiden konnte, ob er eine Schule weiterbesuchen wollte, oder nicht. Einen Schulabschluss hatte er ja nun mit der Mittleren Reife als gleichwertigen Realschulabschluss.

Holger ließ sich einen Termin bei dem Direktor seiner Schule geben und trug ihm sein Anliegen vor. Der versuchte ihn zunächst zu überzeugen, diesen Entschluss überdenken zu wollen und das Schuljahr zu wiederholen. Aber Holger blieb bei seinem Wunsch, die Schule verlassen zu wollen. Der Direktor zeigte Verständnis für Holgers häusliche Situation des ‚Lernzwanges' und seinen Wunsch, eine Lehre antreten zu wollen. Also unterschrieb Holger sein Entlassungsgesuch und ging ein letztes Mal durch Unna zum Bahnhof, um nach Hause zu fahren.

Seine Mutter reagierte entsetzt! Er hatte ihren Traum zerstört, eine Promotion erreichen zu können. Vaters Einlassung über: ‚Se loofen!' kam gewohntermaßen wieder zum Einsatz. Stundenlange und tagelange Diskussionen folgten über seine weitere Ausbildung. Holger strebte eine Lehre an! Aber auch hier hatte seine Mutter schon wieder vorgesorgt und schwafelte ihm einen weiterführenden Fachoberschulbesuch an den Kopf.

Dieser Schulzweig war ziemlich neu. Er setzte den Realschulabschluss, den Holger ja besaß, voraus. Man musste sich bereits in dieser Schulform fachlich sehr stark auf einen späteren Studienzweig an einer Fachhochschule festlegen. Der Fachoberschulbesuch dauerte zwei Jahre. Das erste Jahr erfolgte in Verbindung mit einem schulbegleitenden Praktikum. Montags und samstags war Schule, in den restlichen vier Tagen erfolgte das Praktikum. Das zweite Jahr der Fachoberschule war ein reiner 6-Tage-Schulunterricht. Holgers Mutter bearbeitete ihren Sohn nach allen Regeln der Kunst. Sie argumentierte, dass selbst bei einem neuerlichen Versagen in der Schule das Praktikum anzurechnen sei und somit eine möglicherweise folgende Lehre verkürzt werden könnte.

Holger willigte ein!

Seiner Mutter fiel ein Stein vom Herzen! Einem weiterführenden Studium zum Ingenieur stand nichts mehr im Wege und selbst eine Promotion war noch im Rahmen der Möglichkeiten. Holger meldete sich auf der Fachoberschule für Technik an, Fachrichtung Hüttentechnik/Werkstofftechnik. Hüttentechnik stand für die Fachrichtung der Stahlherstellung und Stahlweiterverarbeitung.

Die Beeinflussung zu dieser Wahl kam von Holgers Eltern, denn in Dortmund wurde an der Fachhochschule in der Sonnenstraße diese Fachrichtung gelehrt. Und als Großabnehmer der Studien-Absolventen galt natürlich der Konzern Hoesch, als größter industrieller Stahlhersteller in Dortmund, mit seinen drei Werken Union, Westfalenhütte und Phönix in Hörde. Holger trug diesen gesamten Entscheidungsvorgang mit, denn er ging für ihn in eine eindeutige technische Richtung, die er für sich selbst immer favorisiert hatte.

Freunden und Bekannten wurde von seiner Mutter umgehend erzählt, dass das Jahr in Unna auf dem Aufbaugymnasium ohnehin nur eine geplante Warteschleife war, um ganz gezielt die Fachoberschule zu besuchen, die gerade ganz neu geschaffen worden war! Holgers Fragestellung nach dem Sinn der von ihm selbst bezahlten Nachhilfestunden in dem Fach Deutsch konnte sie jedenfalls keine ihn befriedigende Antwort erteilen.

Zur Belohnung, weil Holger ja nunmehr offensichtlich bereit war, den

Schulweg weiterhin in Richtung Studium zu gehen, unternahmen seine Eltern mit ihm einen zehntägigen Urlaub in Deutschlands Norden. Sie besuchten Hamburg, Glücksburg, Flensburg und Eckernförde.

Holgers Vater ging so gut wie gar nicht auf seine Zeit an der Torpedoversuchsanstalt der Marine während des Dritten Reiches ein. Mutter dagegen erzählte zum x-ten Male ihre Geschichte der Flucht aus Elbing und dass die ganze Familie sich in Flensburg wiedergefunden hatte. Eigentlich hatte Mutter immer nur den Fluchtausgangspunkt, nämlich Elbing erwähnt und den Treffpunkt Flensburg. Der ganze Weg dazwischen war von ihr niemals überliefert oder weiter erwähnt worden. Eckernförde war für sie natürlich der Brüller der Erinnerungen. Hier hatte sie Vaters Freund kennengelernt und auch Holgers Vater. In dieser Reihenfolge nannte sie auch immer die Namen. Erst kamen der Freund und dann erst der Ehemann. Das blieb das ganze Leben so. Wenn Vaters Freund zu Besuch kam, dann flog sie ihm förmlich an den Hals.

Bei der Suche nach dem Strandabschnitt in Eckernförde, an dem Holgers Mutter die beiden Herren 30 Jahre vorher kennengelernt hatte, kamen seinen Eltern erhebliche Zweifel. Einer war für links, der andere favorisierte den rechten Teil. Infolgedessen bestimmte Holgers Mutter einen Strandabschnitt.

Dieser Urlaub blieb bis auf die geschilderten Urlaubsorte nicht weiter in Holgers Erinnerung. Ein eintägiger Ausflug über die Grenze nach Dänemark war ihm noch lange präsent aber auch das nur, weil die Dänen, offensichtlich in schlechter Erinnerung an die deutsche Besetzung ihres Landes während des Zweiten Weltkrieges, ausgesprochen unhöflich reagierten, wenn sie Holger und seine Eltern als Deutsche erkannten.

Ansonsten vergingen diese Tage nur in einem Schwelgen gemeinsamer Zukunftsplanung für Holgers weiterführende Ausbildung. Wie ein Endlostonband als Dauerschleife, die da hieß: »Erfolgreicher Abschluss der Fachoberschule mit anschließendem Ingenieurstudium im technischen Bereich. Anschließender Sprung in eine Promotionsmöglichkeit und folgender Karriere mit Auslandtätigkeit. Kinder von einer Frau, derer Herkunft man sich nicht schämen muss.«

Der Name von Sybille Mölling und ihrem diplomierten Vater wurde noch einige Jahre in Holgers Elternhaus erwähnt. Natürlich nur von seiner Mutter, sein Vater schien solche Dinge eher schneller zu vergessen.

Gut in Erinnerung war Holger auch noch das Marine-Ehrenmal in Laboe bei Kiel. Hier wachte sein Vater etwas aus seiner Lethargie auf und berichtete einiges von seiner einstigen Entwicklungstätigkeit in Eckernförde. Beeindruckend war auch der durch einen Schwimmbagger hergestellte Kanal bis an den Strand unterhalb des Ehrenmales. Hier sollte in den folgenden Jahren ein altes deutsches U-Boot als begehbares Ausstellungsstück an Land gelegt werden. Die Fundamente für diesen U-Bootkörper waren schon teilweise erstellt.

Für viele Jahrzehnte blieb dieser Urlaub in der Erinnerung von Holgers Mutter. In ihren Erzählungen bezeichnete sie ihn immer als Nordlandurlaub oder auch als Nordlandtour. Holger glaubte eher, dass für sie die wiedergefundene Erinnerung an die Örtlichkeit ihrer unerfüllten großen Liebe prägend war.

Die Fachoberschule war für Holger in Ordnung! Das schulbegleitende Praktikum machte er natürlich bei Hoesch. Die Grundausbildung war nach einem fest umrissenen Ausbildungsbegleitplan in der Westfalenhütte in der Nähe des Dortmunder Borsigplatzes. Zwei Wochen lang fuhr er mit öffentlichen Verkehrsmitteln zu Schule und zur Praktikumsstelle, dann wurde die Sache etwas zu unübersichtlich und er kaufte mit dem Einverständnis seiner Eltern ein Mofa der Marke Zündapp. Sein schönes goldenes Rennrad verkaufte er für 50 DM an seinen Freund Peter. Der motorisierte Untersatz kostete Holger 900 DM. Aber die Zündapp glänzte durch Zuverlässigkeit und ließ Holger nie im Stich.

Die Grundausbildung wurde in der Lehrwerkstatt der Westfalenhütte ausgeführt. Die Praktikanten absolvierten einen Schnelldurchgang, für den Lehrlinge bei normaler Ausbildung Monate brauchten. Die Ausbilder waren nett, aber auch sehr gründlich. Feilen, Schlichten, Glätten, Polieren, Körnern und Bohren standen auf dem Programm und das sechs Wochen lang. Abends musste der Arbeitsplatz Tipptop aufgeräumt sein. Kein

Körnchen durfte mehr auf der Werkbank liegen. Die Werkzeuge waren leicht eingeölt auf einem Staubtuch in der Schublade ausgerichtet nach Schnurschlag und Vorgabe. Jeder Praktikant hatte eine eigene Werkbank mit Vorhängeschloss und war dafür verantwortlich.

Holgers Zensuren im schulischen Bereich entwickelten sich, selbst für ihn kaum nachvollziehbar, absolut gut. Die Anforderungen lagen mit Sicherheit nicht ganz auf dem Niveau der vorher von ihm besuchten Gymnasien, aber diese neue Schulform glänzte durch kleine Klassen. Holger war Klassengrößen von 40 Schülern an den Gymnasien gewöhnt gewesen. Hier bestand eine Klasse nur aus 23 Mitschülern. Diese Schulform war eben noch nicht bekannt genug. Für Holger und die anderen Schüler erwies sich so ein intensiver Unterricht natürlich nur von Vorteil. Die Steigerung für ihn im Fach Deutsch von ‚ungenügend' auf die Zensur ‚gut' wirkte da schon etwas grotesk und war eine beachtenswerte Nummer. In Englisch schoss er sich auf ein ‚befriedigend' ein, lediglich in Mathematik blieb er auf einem ‚ausreichend' stehen. Alle anderen Zensuren waren wie im Deutschen eine ‚zwei'.

Das Thema der Nachhilfen fiel umgehend weg und seine Mutter war stolz wie Oskar über seine schulischen Leistungen, die sie im Kreise ihrer Freunde und Bekannte über den ‚Grünen Klee' lobte. Natürlich, und das betonte sie immer wieder, insbesondere unter der Berücksichtigung der Doppelbelastung aus Schule und Praktikum. Natürlich hatte Mutter immer an ihren Sohn geglaubt und so weiter …!

Holger durchlief die verschiedensten Praktikumsstationen nach Plan. Das Chemielabor im Werk Phönix war sehr interessant. Hier kamen per Rohrpost aus dem Oxygen-Stahlwerk Proben an, die sofort zu feinstem Eisenstaub zermahlen wurden, um eine gründliche Analyse zu durchlaufen. Diese Analysen begleiteten den gesamten Weiterverarbeitungsprozess, bis das fertiggestellte Material als Halbzeug oder Fertigprodukt das Werk verließ und mit dieser Analyse zusammen einem Kunden überstellt wurde.

Bedauerlicherweise geschahen in so einem Schwerindustriebetrieb die schlimmsten Unfälle. Einen Unfall hatte Holger miterlebt. Er war einer

Maschinen-Unterhaltungsabteilung zugeteilt. Einmal in der Woche war in dem Werk für eine Schichtdauer Stillstand. Während dieser Stillstandszeit fast sämtlicher Anlagen wurden die Frist- und Wartungsarbeiten erledigt. Eigentlich war es immer ein Ölen und Schmieren und Filterwechseln. Und genau bei diesen Filterwechseln passierte es. Holger hatte mit einem älteren Schlossergesellen mehrere große Hydraulikfilter zu reinigen. Das geschah in einem Eimer mit entsprechendem Industriereiniger. Holger war der Handlanger, der dem erfahrenen alten Schlosser die Filter anreichte. Dies wurde in einer kleinen langen schlauchförmigen Werkstatt praktiziert. Nach der Nassbehandlung mussten die Filter trocken geblasen werden. Das geschah normalerweise mit Druckluft. In dieser Werkstatt war der Druckluftanschluss jedoch tot. Möglicherweise war er im Zuge der Wartungsarbeiten ebenfalls abgesperrt worden. Was machte der gute Altgeselle? Er ging in den hintersten und kleinsten Teil der Werkstatt und blies die Filter mit reinem Sauerstoff trocken. Ein Anschluss lag ja dort mit den entsprechenden Hinweisen auf Warntafeln: Bei Verwendung für eine entsprechende Lüftung sorgen!

Holgers zusätzliche Warnhinweise auf die Gefährlichkeit von reinem Sauerstoff hinsichtlich der leichten Brennbarkeit schlug er mit seinem Erfahrungsargument »Haben wir immer so gemacht!« in die sprichwörtliche Luft. Holger ging die vielleicht fünf Meter zu der geöffneten Werkstatttür um die nächsten Filter zu holen, die ein anderer Schlosser in einem Eimer zur Reinigung abgestellt hatte. Er drehte sich um und sah den erfahrungsbehafteten Altgesellen an einen elektrischen Schleifstein treten und ihn anstellen, um die Spitze eines Schraubendrehers zu glätten. Nein, was flogen die Funken schön und besonders grell!! Nicht einmal eine Schleifschutzbrille hatte der Witzbold auf, die über dem Arbeitsplatz hing und per Warnhinweis zur unbedingten Nutzung aufforderte. Die lustigen hellen Fünkchen sprangen auf seine Ärmel und der Blödmann merkte nicht, dass er ganz allmählich von den Ärmeln an aufwärts anfing zu brennen. Der geruchslose Sauerstoff hatte sich in seinem Arbeitsanzug festgesetzt und wollte nur noch eins, nämlich oxidieren. Und das machte er schneller und schneller. Bei dem Schlosser kam das Erkennen und Verstehen gemeinsam mit dem Hitzeschwall im Gehirn an. Der Mann warf das gerade bearbeitete Werkstück weg, begann ein Gehampel auf der Stelle und brüllte: »Ich brenne! Ich brenne!«

Holger schrie ihn an: »Komm hierher zur Tür!« Aber der Mann ignorierte das komplett oder er stand unter Schock, jedenfalls unterbrach er seinen Feuertanz nicht. Holger sauste von der Tür aus zu ihm hin, packte ihn an eine Hand und zerrte ihn mit affenartiger Geschwindigkeit durch die Tür ins Freie, wo er ihn hinwarf und sich dann über ihn rollte, um die Flammen zu ersticken. Der Mann hatte unglaubliches Glück. Es hatte nur der Sauerstoff gebrannt. Auf seiner Kleidung hatte sich noch gar kein Brandherd gebildet. Seine Klamotten rochen wie frisch gemangelt und fühlten sich leicht warm an. Nicht ein Haar an ihm war angekokelt! Aber ansonsten hatten die beiden Pech!

Als sie gerade ihre gemeinsame Feuerlöschübung auf dem Boden liegend abhielten, kam, wie sollte es auch anders sein, ein Fahrzeug des Werkschutzes vorbei. Der witterte seine große Chance und rief gleich die Werksfeuerwehr herbei, die sehr schnell mit viel ‚Lalülala' zur Stelle war, sich mit schwerem Atemschutz kostümierte und unbedingt Brandnester löschen wollte. Es gelang ihr jedoch erfolgreich, den immer noch laufenden Schleifstein abzustellen und die Bude zu lüften.

Nach dem Abrücken der Feuerwehr begann natürlich die Einvernahme durch den Werkschutz in Gegenwart des zuständigen Schichtobermeisters und des Betriebsingenieurs. Holger erzählte die eigene Version des Geschehens. Der Altgeselle kleinlaut seine Version mit dem ausdrücklichen Zusatz sämtliche Warnhinweise der Beschilderung und die zusätzlichen verbalen Warnhinweise von Holger leichtfertig vernachlässigt zu haben.

Ungefähr 14 Tage später sahen sich die beiden wieder. Holger war inzwischen in einer anderen Ausbildungsabteilung. Der Schlosser war seltsam einsilbig. Beide wurden nochmals zu einer Intensivunterweisung durch die Werksfeuerwehr eingeladen. Das Geschehene wurde unter Laborbedingungen in einem Glaskasten nachgespielt und auf das Ausführlichste erläutert und blabla und blablabla! War doch bei der Unfallaufnahme alles schon mal geschehen, außerdem erfolgten von Holger die zusätzlichen verbalen Warnhinweise und außerdem war er der Ersthelfer vor Ort, der dem Schlosser den Kittel gerettet hatte. Nützte nix! Stundenlanges Abspulen von Vorschriften, Anweisungen und Belehrungen! Dann endlich die Unterschriften der erfolgten Belehrung über den Umgang mit gefährlichen Gasen in geschlossenen Räumen.

Der Altgeselle trollte sich umgehend davon. Holger bekam kein Wort des Dankes oder der Anerkennung von ihm, dass er ihm geholfen hatte, sein Fell glatt zu halten. Die Krönung kam dann jedoch noch zwei Monate später in der vierteljährlich erscheinenden Werkszeitschrift unter der Rubrik: Vorsicht am Arbeitsplatz! Der Umgang mit geruchslosen Gasen. Ein Praktikant hatte … Und so weiter und so weiter.

Personen und Handelnde glatt getauscht! So konnte man seinen Laden auch sauber halten!

Jürgen Mohn hatte sich ein Mädel von der Post geangelt und die brachte gleich noch zwei Freundinnen mit, sodass Holger mit diesen zusammen und anderen Freunden ab und an zum Kegeln ging. Eine der neuen jungen Damen, sie hieß Brigitte, war ein attraktives Mädel und hatte wohl auch ein Auge auf Holger geworfen. Allerdings hatte sie plötzlich einen für Holger seltsamen Wunsch. »Holger, bevor ich mit dir schlafe, möchte ich, dass du meine Eltern kennenlernst«, flüsterte sie ihm bei solch einer Kegelgelegenheit ins Ohr und knabberte zärtlich an seinem Ohrläppchen.

Holger leuchtete nicht so richtig ein, was dass eine mit dem anderen zu tun haben sollte, es sei denn, dass seine erste Nacht mit Brigitte im elterlichen Schlafzimmer auf der Besucherritze des Ehebettes zwischen den Eltern hätte stattfinden sollen. Möglicherweise sollte man zumindest alle Vornamen der Beteiligten kennen bei solch einer Übung?

Holger dachte an seine Kindheit zurück und die Übernachtungen zwischen seinen Großeltern. Deshalb sagte er ganz ungeniert: »Eigentlich wollte ich mit dir ficken und nicht mir deinen Eltern!«

Brigitte, die neben ihm saß, und ihre Hand unter dem Tisch an der Kegelbahn ganz oben zwischen seinen Schenkeln hatte, und mit einem Finger sanft seinen erwachenden Halbsteifen in der Hose streichelte, rückte merklich von ihm ab. Holger ließ in jeder Beziehung die Finger von ihr und sie klinkte sich ziemlich schnell aus dieser Truppe wieder aus.

Im Herbst 1971 besuchte Holger mit seinem alten Schulfreund Albert Dülling die Fahrschule Spernak in der Klaus-Max-Straße, um den Führerschein für das Auto zu machen. Es machte natürlich einen Heidenspaß, denn die meisten Verkehrsvorschriften waren den jungen Leuten selbstverständlich schon geläufig. Holger musste den Führerschein aus eigener Tasche bezahlen, weil seine Mutter der Meinung war, dass sie und Holgers Vater bislang genug Geld in die Ausbildung des Sohnes gesteckt hätten. Des Weiteren war sie der Meinung, dass man einen Führerschein haben konnte, aber nicht unbedingt haben musste. Insofern war Holger natürlich stark daran interessiert, mit möglichst wenigen kostenintensiven Fahrstunden auszukommen.

Albert Dülling machte mit 13 Fahrstunden seine Fahrprüfung und Holger mit 15 Stunden. In der vorletzten geplanten Fahrstunde hätte er beinahe eine alte Dame übersehen und ihr Rentnerdasein fast abrupt beendet, sodass der Fahrlehrer sich bemüßigt fühlte, ihm zur Vorsicht zwei zusätzliche Fahrstunden zu verordnen.

Der Fahrlehrer fragte Holger, ob er nicht den Motorradführerschein anhängen wollte. Es war von insgesamt 45 DM die Rede. Die Autofahrstunde kostete 25 DM und die Motorradlehrstunde 15 DM. Er veranschlagte also zwei Motorradstunden zur Unterweisung, eine halbe Prüfungsstunde und 7,50 DM Prüfungsgebühr.

Da Holger am Mofafahren Gefallen gefunden hatte und sich vorstellen konnte, möglicherweise irgendwann im Leben Motorrad zu fahren, fragte er seine Eltern, ob sie ihm die veranschlagten 45 DM geben könnten.

Seine Mutter lehnte dieses Ansinnen von ihrem Sohn strikt ab. Selbst die von ihm erweiterte Variante, ihm diese 45 DM leihweise für den Motorradführerschein zu Verfügung stellen zu wollen, wurde von ihr kategorisch abschlägig beschieden mit den Worten: »Mein lieber Sohn, das Motorrad war ein einfaches Fortbewegungsmittel der Kriegs- und Nachkriegszeit. In Zukunft wird es nur noch Autos geben. Motorräder wird es bald nicht mehr geben!« Ob sie sich da nicht entscheidend geirrt hatte?

Albert Dülling wollte Holger die 45 DM netterweise leihen, aber unter Schulfreunden hatte Holger so etwas nie gemacht. Deshalb lehnte er dankend ab, obwohl er das Anerbieten sehr schätzenswert fand. Also verschob er das Thema des Motorradführerscheines auf eine unbekannte Zukunft und bezahlte, wie von seinen Eltern gefordert, den Autoführerschein in Höhe von 382,50 DM aus eigener Tasche. Die Rechnung hob er auf, um sie als Erinnerung an diese Zeit anzusehen.

Holger bekam, wie viele Tausende anderer junger Männer, seine Aufforderung zur Musterung. Natürlich hatte er überhaupt keine Lust, dem Ruf zu ‚Preußens Gloria' Folge zu leisten. Deshalb fragte er in seinem Freundeskreis um Rat.

Es kristallisierte sich folgendes absolut todsicheres Mittel heraus, das ihm am Dringlichsten zur Anwendung ans Herz gelegt wurde. Frühzeitig sollte er schwarzen Kaffee saufen der Marke ‚Sirup halbsteif'. Und davon möglichst viel, möglichst auf nüchternem Magen und mit einer Mitnahmenotration in Form einer Thermoskanne. Falls die Einnahme dieser Notration in flüssiger Form nicht möglich war, sollte Holger Kaffeebohnen in die Taschen stecken und langsam fein zerkauen und schön einspeicheln als Mokka für Arme! Und so tat Holger auch!

Wie ein Flummi hüpfte er durch die Etagen des Kreiswehrersatzamtes. Seine Pisse, die er für ‚Umsonst' im Messbecher abgeben musste, stank bedenklich konzentriert nach Muckefuck und hätte nach seiner eigenen spontanen Einschätzung jeden Ruder-Achter im Finale zum Rennboot mutieren lassen. Der Griff des Arztes an seine Eier mit der Aufforderung zu Husten war ihm gar nicht unangenehm und forcierte fast einen Dauerhusten. Der berühmte Finger im Arsch löste bei ihm ein grölendes Freudengeheul aus. Er war voller Euphorie!

Zwischendurch wurde er zu Liegestützen und anderen Körpereinsätzen aufgefordert. Er fühlte sich wie gedopt und fand alles nur noch lustig und nett. Immer wieder Unterbrechungen mit Blutdruckmessungen und Pulszählerei. Irgendein Sanitätsanwärter erbarmte sich Holgers hochgeputschten Adrenalinspiegels und bescheinigte ihm mit trauriger Stimme seinen körperlichen Exitus!

Einer seiner dienstgradhöheren Vorgesetzten erklärte ihn daraufhin, unter Verweis auf Holgers stark beschleunigte Bewegungen, verbunden mit überhöhtem Puls und Blutdruck, für bescheuert und schmiss ihn raus. Dann wurde Holger mit einer Überweisung zu einem Kardiologen geschickt, der über den zu erwartenden Patienten vorab telefonisch informiert wurde.

Bei diesem Facharzt wurde er für zwei Stunden in ein Wartezimmer eingeparkt. Er bekam drei Flaschen Mineralwasser in die Hand gedrückt mit der Bitte, sich daran reichlich zu bedienen. Sein Kaffeebohnenvorrat war zwischenzeitlich versiegt.

Nach zwei Stunden wurde Holger von dem Facharzt gründlich untersucht, bekam ein Attest in verschlossenem Umschlag in die Hand gedrückt und durfte wieder zur Weiteruntersuchung beim Kreiswehrersatzamt antreten. Der leitende Arzt dort sah sich das Attest an und sagte nur: »Oh, da waren wir heute Morgen aber ganz schön aufgeregt! Ist ja prima. Mit dem Herzen ist alles in Ordnung und der Kreislauf hat sich ja nun auch wieder stabilisiert!« Damit war Holger zum Abschluss der Untersuchungen gesundheitlich voll tauglich bis auf kleine Einschränkungen. Fallschirmspringen durfte er nicht wegen seiner Brille. Schade auch, so etwas hätte er gern gemacht! U-Boot-Fahrer durfte er auch nicht werden wegen seiner körperlichen Größe. Machte nix! Wollte er auch nicht! Für Panzer galt Gleiches. Zu groß für kleine Panzer.

Einen Tag später erfolgte die technische Musterung. Reaktionstests auf Licht und Schall! Intelligenztests in Wort, Zahl und Zeichnung! Nachdem Holger bei der medizinischen Musterung so toll bestanden hatte, strengte er sich bei der zweiten Musterung wirklich an, denn er wollte das Beste für sich daraus machen, wenn er schon zu diesem Verein musste.

Sein Praktikum bei Hoesch machte ihm weiterhin viel Freude und Spaß! Selbst im Winter waren die Anfahrten mit dem Mofa zu seinem Einsatzplatz im Werk allemal besser als mit den öffentlichen Verkehrsmitteln. Er trug dabei eine Fellmütze mit langen Ohrenklappen und eine Motorradbrille. Der bislang konsequent ignorierte Parka mit dem Gürtel leistete nun bei Regen und kaltem Wetter gute Dienste. So ausgestattet sah er offensichtlich reichlich lustig aus, besonders wenn ihm bei der Fahrt die Ohrenklappen der Mütze fast waagerecht links und rechts vom Kopf wegstanden und er ein wenig an die Zeichentrickfilmfigur Goofy von Walt Disney erinnerte.

Mitten im Winter hatte Holger seinen Praktikumsplatz an einem der drei Hochöfen im Werk Phönix in Hörde. Für die Männer am Ofen war die Arbeit anstrengend und nicht ungefährlich. Von vorn wurden sie durch die extreme Hitze förmlich angesprungen und von hinten fiel ihnen die eisige Kälte, die die seitlich offene Abstichhalle durchzog, in den Rücken. Alle sechs Stunden, also einmal pro Schicht, war Ofenabstich. Die Männer, die diese Arbeiten ausführten, trugen schwere silberfarbenbeschichtete Hitze reflektierende bodenlange Schutzmäntel. Ihre Schutzhelme waren mit großflächigen Maschenschutzschirmen versehen, die vor das Gesicht geklappt wurden, um dem irren Funkenflug zu entgehen, der gerade beim Abstich entstand.

Beim Abstich wurde der Wind vom Ofen genommen. Das war die Luft, die im unteren Teil des Hochofens auf das Schmelzgut, nämlich Koks und Eisenerz, geblasen wurde, um das Höllenfeuer zu erzeugen. Der im Abstichloch befindliche Lehmpfropfen (Verschlusskorken) wurde mit einer Sauerstofflanze herausgebrannt. Hierbei handelte es sich um dünne Stahlrohre, die mit dem Schweißbrenner an der Spitze zum Schmelzen gebracht wurden. Durch diese wurde daraufhin reiner Sauerstoff gepresst, der sich an dem glühenden Eisen sofort entzündete und damit den Eisen vernichtenden Abbrand mit Temperaturen bis 5500 °C erzeugte. Verstärkt wurde das schöne Funkenfeuerwerk, wenn das flüssige glühend helle Roheisen anschließend aus dem Hochofen schoss und sich in den mit Quarzsand ausgekleideten Roheisenabflussrinnen verteilte. Aus diesen Rinnen floss dann das Roheisen senkrecht nach unten in einen Roheisentransportwagen, der mit feuerfesten Schamottesteinen ausgekleidet war.

Diese Transportzüge der Werkseisenbahn standen quasi im Souterrain des Hochofenwerkes, waren eigentlich je Ofenabstich immer acht Wagen lang und wurden nach Befüllung rüber zum Stahlwerk Phönix gefahren, um dort das Roheisen zu Stahl weiterverarbeiten zu lassen.

Sehr gefährlich war es nach dem Eisenabstich am Hochofen. Die Abflusskanäle bildeten dünne Schlackenschichten, unter den sich noch in einigen Bereichen Eisenpfützen befinden konnten. Eigentlich gleich den Bildern, die man von Vulkanausbrüchen her kannte.

Diese Schlackendeckel wurden regelmäßig aufgebrochen, um die noch glühenden Eisenseen als Gefahrenstelle kenntlich zu machen und den Abkühlvorgang zu beschleunigen.

Holger hatte es erlebt, wie ein Mann an so einem Abflusskanal ausrutschte, ins Straucheln geriet und durch einen Schlackendeckel in den glühenden Eisensee trat. Sein Gebrüll, bis ihn die Ohnmacht erlöste, hatte er noch jahrelang im Ohr. Der Krankenwagen der Werksfeuerwehr brachte ihn umgehend in das nahe gelegene Hüttenhospital, das eine Eigeneinrichtung der Betriebskrankenkasse der Firma Hoesch war. Am nächsten Tag hörte Holger von den Männern am Hochofen, dass dem Verunfallten der Fuß amputiert wurde.

Es geschahen auch Unfälle der eher ulkigen Art. Als Beispiel dafür war eine zufällig schlechte Kommunikation zwischen den Rangierern der Werksbahn und der Hochofenmannschaft. Daraus resultierte ein geöffneter Abflussrinnenschieber an einer Stelle, unter der kein Roheisentransportwagen stand. Die Folge war, dass das Roheisen auf den Gleiskörper floss und alles, insbesondere die Schienen und Schwellen der Werkseisenbahn strukturell ungemein veränderte. Das wurde damals aber nicht ganz so ernst genommen, denn materielle Schäden, waren zu ersetzen.

Holger erlebte während seiner Praktikantenzeit auf dem Werk Phönix die Inbetriebnahme von Europas modernster Stranggussanlage. Prägend war für ihn weiterhin der Einsatz in der Schmiede. Der alte grauhaarige Meister, der den Laden leitete, liebte keine Praktikanten. Er bezeichnete sie als ‚Rumsteherle'.

Holger erkämpfte sich seine Achtung, indem er hart mitarbeitete. Der Meister laberte nicht lange herum, sondern setzte Holger am Dampfhammer ein, um Abraummeißel neu zu schmieden und zu richten. Das bedeutete, dass er das Werkstück nach der Angabe des Meisters auf dem Amboss halten und drehen musste. Wenn er das Werkstück nicht plan auf den Amboss auflegte und der Meister den Dampfhammer fuhr, bekam er einen dermaßen harten Schlag in den Arm und die Schulter, dass er meinte, nie wieder schmerzfrei arbeiten zu können. Aber er hatte diese Übung bald raus und der Meister wollte ihn am Ende der Stationszeit nicht gehen lassen.

Von seinem Vater erfuhr Holger, dass dieser als junger Ingenieur für die AEG auf dem Werk Phönix die elektrotechnische Installation der 3- und 4- Meter-Walzbandanlage mit geleitet hatte. Und genau auf dieser Bandanlage holte er sich zum Ende seines Betriebspraktikums bei Hoesch noch warme Füße.

Obwohl überall Schilder vor einer Bandüberquerung warnten, eigentlich war es keine Warnung, sondern ein eindeutiges Verbot, übermannte Holger der Leichtsinn. Er wollte sich den Umweg zu der nächsten Brücke ersparen, um diese Bandanlage zu überqueren. Das in Ruhe liegende breite Stahlband machte einen erkalteten Eindruck und Holger betrat es. Der Anlagenfahrer in seinem hoch gelegenen Fahrstand sah ihn und drückte wie wild auf sein Alarmhorn. Holger wollte keinen Ärger und wurde schneller. Unter ihm wurde alles etwas weich und rutschig. Er machte instinktiv kleinere Tapp-Tapp-Schritte und erreichte mit Brandgeruch in der Nase die andere Bandseite und sprang auf den staubigen Hallenboden. Ein Blick nach unten bestätigte die Ursächlichkeit des Brandgeruches. Beide Schuhsohlen seiner Sicherheitsschuhe brannten. Und gar nicht mal wenig! Schnell schlackerte er die Flammen aus und warf noch einen Blick hoch zum Fahrstand.

Der Anlagenfahrer schüttelte den Kopf und zeigte ihm den berühmten Vogel, während ein Kollege die Tür aufriss und Holger nachbrüllte: »Kannst du nicht lesen? Du Blödmann! Auf dem Band sind noch mindestens 350° C. Den Letzten, der das vor dir versucht hatte, haben wir als Toast runterkratzen müssen.« Schwein gehabt in letzter Minute!

Seinen 19ten Geburtstag feierte Holger wieder als Kellerfete in seinem Elternhaus. Diesmal ohne Anstandswauwau und permanente Kontrolle seiner Mutter. Holgers Freunde aus der Gymnasialzeit hatten inzwischen feste Freundinnen. Nur Holger nicht! Aus den Erzählungen seiner Freunde konnte er nur entnehmen, dass sie über stundenlanges Petting, Gefummel und Geknutsche auch noch nicht herausgekommen waren.

Sabine, die Freundin seines langjährigen Freundes Peter Löhne, entwickelte sich zu einer langbeinigen Schönheit, die ihre langen dunkelbraunen Haare in zwei langen Zöpfen trug, was ihr ausgesprochen gut stand. Schüchtern und zurückhaltend war sie allen anderen gegenüber allerdings immer noch. Sie hatte das Abitur gemacht und studierte inzwischen Sozialwissenschaft. Sie kaufte sich einen alten VW-Käfer für ihre Fahrten zur Uni. Er hatte eine gewöhnungsbedürftige hell beige Farbe.

Rolfs Eltern hatten einen großen Garagenplatz und eines Tages traf sich die ganze Clique frühmorgens auf diesem Platz, um Sabines Käfer zu lackieren. Es wurden Farbdosen verteilt und Pinsel. Zur körperlichen Stärkung bei der Arbeit gab es trockene Brötchen, Fleischwurstkringel und ein Schächtelchen Bier. Am Abend war der Käfer wunderschön bunt mit roten Kotflügeln, einer blauen Kofferraumhaube mit einem großen gelben Kreis und orangefarbenen Türen und Seitenteilen. Er fiel wirklich in Dortmunds Autoszene auf!

Holgers Vetter Anton heiratete. Es hatte ihn beruflich in den Stuttgarter Raum verschlagen. Holgers Eltern und ihr Sohn hatten eigentlich sehr wenig Kontakt zu ihm, seitdem er in den süddeutschen Raum gezogen war.

Anton legte jedoch sehr starken Wert auf ihre Teilnahme an seiner Hochzeit und so fuhren sie zusammen nach Ludwigsburg, um an seiner Trauung teilzunehmen. Die Feier wurde von den Eltern seiner zukünftigen Frau ausgerichtet und die ließen sich tatsächlich nicht lumpen.

Am Abend vor der kirchlichen Trauung lernte Holger mit seinen Eltern Antons Frau Ilka kennen. Es war eine kleinere ernsthafte Frau mit einer riesengroßen Brille. Nicht ganz uninteressant das Mädel, nach Holgers Meinung aber ohne jede erotische Ausstrahlung. Sie war in der Werbebranche unterwegs.

Die Trauung fand in einem kleinen überladenen Barockkirchlein statt, das wohl in dieser Gegend einen gewissen Bekanntheitsgrad besaß. Danach ging es mit viel Gehupe in einem Autokorso zu einer Burg, wo in dem burgeigenen Restaurant die Hochzeitsfeier abgehalten wurde.

Nun wurde Holger und seinen Eltern auch klar, warum sein Vetter Anton so viel Wert auf ihre Teilnahme an der Hochzeit mit Ilka legte. Die Verwandtschaft von Ilkas Seite war sehr groß. Da existierten Onkel, Tanten und Großtanten und Ilkas Freundes- und Bekanntenkreis war ebenfalls ziemlich umfangreich. Da wäre Vetter Anton mit seinen Eltern und seinem Bruder Freddy und dessen Ehefrau Kirstin deutlich in der Minderzahl gewesen.

Als Tischdame hatte Holger irgendeine ledige Freundin von Ilka neben sich sitzen, die er mit ihren reichlich 30 Jahren bespaßen sollte. Ging natürlich gar nicht, denn sie fanden sich vom ersten Blick an gegenseitig unsympathisch. Sie Holger, weil er kein altersgerechter Tischpartner für sie war, und Holger sie, weil sie ihn dies deutlich spüren ließ. Also drehten sich ihre wenigen Sätze um höfliche Belanglosigkeiten. Als dann nach dem offiziellen Teil der Reden, des Essens und der obligatorischen Tanzeinlagen die steife Tischordnung aufgehoben wurde, verloren sie sich aus den Augen.

Holger suchte sich eine alte Tante aus Ilkas umfangreichem Verwandtschaftsanhang und textete sie mit irgendwelchen Niedlichkeiten seines jugendlichen Erfahrungsreichtum zu. Sie quietschte vor Spaß und haute sich zwischendurch mit Likörchen die Birne zu. Irgendwann wurde Tantchen mit sichtbarer ‚Anheiterung' zwangsabgeführt. Holger wurde erklärend mitgeteilt, dass die alte Tante, bedingt durch ihre fortgeschrittene Demenz und ihre Schwerhörigkeit, immer gerne lache. Ach so, deswegen war das Gespräch etwas einseitig!

Nach einem Stündchen Gefechtspause ging er an einen Onkel von Ilka ran. Zuvor überzeugte er sich durch eingehende Musterung, dass dieser Kandidat nicht schwerhörig war. War er nicht, denn er trug deutlich sichtbar ein Hörgerät und reagierte prompt auf Ansprache. Also setzte sich Holger zu ihm.

An Alkohol hatte er bislang so gut wie gar nichts getrunken, denn seine Eltern waren ja zugegen. Auch Onkel Paul, so hieß der alte Herr mit Hörgerät, war bei dem Alkoholgenuss ziemlich zurückhaltend. Kein Wunder, seine Frau Erna hatte, wie Holger sah, ein ziemlich wachsames Auge auf seinen Alkoholkonsum. Allerdings nahm Tante Erna, so titulierte sie Holger im Stillen, mit Freude zu Kenntnis, dass er nur Wasser trank.

Nach einem Viertelstündchen abtastendem Geplapper drückte Holger bei Onkel Paul, er mochte wohl Jahrgang 1910 gewesen sein, auf die Bundeswehrtaste, in Bezug auf seine vorausgegangene Musterung und den irgendwann abzuleistenden Militärdienst.

Militär? Militär! Militär!!! Es klappte! Juhu, es klappte!!! Onkel Paul sprang problemlos an wie eine alte JU 52! Erst etwas stotternd, aber dann immer runder laufend. Onkel Paul erzählte von seinen Erfahrungen als Landser während des Zweiten Weltkrieges.

Irgendwann bekam Tante Erna das Gesprächsthema mit, warf Holger einen etwas tadelnden Blick zu und sagte: »Na, junger Mann, da haben Sie aber etwas angestellt!« Dann zog sie sich in einen der anderen Gesellschaftsräume zurück, wo sich schon einige Damen- und Herrenklübchen gebildet hatten.

Kaum war Erna verschwunden, wurde erst mal Bier und Cognac geordert. Und weil Erna weg war, wurde nach Ankunft der Lage gleich die Nächste geordert. Paul erzählte von seinem Einmarsch in Russland und seinen erfolgreichen Gefechten und Manövern. Onkel Paul war nach dem Warmlaufen voll in die Luft gestartet und steuerte von Schlacht zu Schlacht. Einige Herren, ähnlich seines Jahrganges, gesellten sich zu ihnen und stellten ihre Kriegserfahrungen bei. Die nächsten Lagen wurden gebracht.

Onkel Paul war inzwischen sichtlich erheitert, hatte den Schlips abgelegt und den obersten Hemdknopf geöffnet. Die anderen Landser taten auch so. Holger wurde von allen Landsern inzwischen mit: »Mein Junge!« tituliert.

Entscheidende Entwicklungen des Krieges wurden nochmals korrigiert.

Kommandounternehmungen wurden ausgeführt! Die Lagen Alkohol wurden inzwischen in 15-minütiger Taktung aber dafür auch in doppelter Menge geordert. Die Bedienung war inzwischen zur Ordonnanz befördert und wurde auch so angesprochen. Die Militärs hatten sich in ihren Stellungen eingegraben und führten Kesselschlachten. Paul war inzwischen vom einfachen Landser zur Waffen-SS gewechselt und hatte Kontakte zur Führung!

Holger wollte jetzt den Endsieg und drückte die Taste: »Alte Kameraden!« Sein stiller Verweis auf sein ehemaliges Platzkonzert mit seiner eigenen kleinen selbst gebauten Stereoanlage verhallte jedoch ungehört.

Längst war Holger mit Paul auf »Du« und »Du«. Onkel Paul ging ab wie eine V1 mit Nachbrenner. Er hatte die Geschwindigkeit einer JU 52 längst hinter sich gelassen und führte im Qualm von eiligst herbeigeschafften Zigarren Gefechte im Stellungskrieg und holte eingeschlossene Regimenter wieder heraus.

Holger wurde zwischendurch in das Schlachtengeschehen der Herren eingebunden und mit Weisungen weggeschickt, Bunker auszubauen, Verteidigungslinien zu besetzen oder Depeschen an Göring oder Keitel weiterzugeben. Er ging in die Nebenräume, um zu schauen, ob der Gefechtslärm von Paul und seiner Truppe inzwischen auffällig geworden war. War er noch nicht! Also eilte er zurück, salutierte und überbrachte Befehle aus Berlin!

Die Herren Altlandser waren inzwischen stark gesichtsgerötet und unterhielten sich nur noch im Kommandoton. Paul war zwischenzeitlich zum Kommandeur der Division Großdeutschland befördert worden.

Holger reichte das Ganze jetzt! Er drückte die Taste: »Not-Aus«, indem er zu dem Chef der sinnlos rumklimpernden Liveband ging und ihm im Auftrage von Onkel Paul 10 DM aus seinem Portemonnaie in die Hand drückte, um die ersten Akkorde des Marsches »Alte Kameraden« zu spielen.

Die taten dann auch so! Paul und sein siegesgewohntes Regiment standen schwankend auf und salutierten beschwingt in Richtung des Heeresmusikkorps. In einer frühzeitig ausgeführten seitlichen Absetzbewegung schaute sich Holger das Ganze amüsiert von der Seite an.

Tante Erna erschien als Zerstörer mit begleitenden Fregatten aus den anderen Räumlichkeiten, nahm Paul und seine Division widerstandslos gefangen, und leitete alle schnell und zielgerichtet wohlbehalten hinaus, nicht ohne Holger noch einen giftigen Blick zuzuwerfen.

Die gefangen genommene Division bat Holger noch auf das Dringlichste, die Stellung zu halten. Er versprach es selbstverständlich in aller Ernsthaftigkeit, denn er hatte nach dem Kampfgeschehen ebenfalls ordentlich die Lampe an, selbst wenn er jede zweite Lage Alkohol in die Blumen geschüttet hatte. Dafür traf er seine Tischnachbarin wieder! Mit einem Schwips wurde sie tatsächlich etwas schöner, was sie natürlich nicht verstand.

Am nächsten Morgen fuhr Holger mit seinen Eltern nach dem Frühstück nach Dortmund zurück. Seien Mutter lobte ihn wegen seiner intensiven Gespräche mit den älteren Herren vom Vorabend. Sie war sich ja gar nicht bewusst, wie nett ihr Sohn mit älteren Menschen umgehen konnte und wie interessiert und gespannt er dabei gewirkt hatte.

Holger ließ das Ganze unkommentiert und versucht auf Belanglosigkeiten zu wechseln. Das klappte nicht ganz, denn vorher musste ihm seine Mutter noch erzählen, dass die ganze aufgeblasene Hochzeit natürlich nur von den Braute ltern finanziert wurde. Ilkas Vater war nämlich leitender Angestellter bei der weltbekannten Firma MÄRKLIN. Und wenn Holger mal heiraten sollte, dann müssten auch seine Schwiegereltern in spe diese Kosten übernehmen und deshalb sollte es immer ein Mädel aus gutem Hause sein und blablabla ... und überhaupt! Somit war wieder der Kreis geschlossen. Es wurde inzwischen gar kein Verweis auf Holgers akademische Zukunft mehr gegeben, denn seine Mutter setzte sie inzwischen stillschweigend voraus.

Holgers Eltern hatten sich zwischenzeitlich ein Opel-Olympia mit schwarzem Dach gekauft. Bar bezahlt mit Nachlass und Blumenstrauß an die Frau Gemahlin. Das Ding war ein etwas modifizierter Opel-Kadett aber jeder, der dieses Unwort Kadett wagte zu benutzen, wurde von Mutter sofort belehrt, dass es sich aber hierbei um den Olympia handelte. Wie schon vorher den Käfer durfte Holger nunmehr auch diesen Wagen fahren, aber nie allein. Wenn er fuhr, dann saß sein Vater immer vorn neben ihm und hatte mit zusammengepressten Lippen die Hand an der Feststellbremse.

Das erste Jahr der Fachoberschule schaffte Holger mit guten Zensuren und wurde im Sommer 1972 in die zweite Klasse versetzt.

Vom 1.7.1972 bis zum 9.7.1972 machte er einen Zelturlaub am Möhnesee zusammen mit Rolf Rutz und Wolfgang Mohn. Zu Wolfgang Mohn hatte sich der freundschaftliche Kontakt über seinen Bruder Jürgen ergeben. Der Zeltplatz, auf dem sie campierten, lag fast direkt am See in unmittelbarer Nähe eines englischen Segelklubs. Wolfgang und Rolf hatten sich zu einem Segelkurs in einer Segelschule angemeldet.

Wolfgangs Vater hatte eine Segeljacht an der Möhne liegen. Holger fragte seine Eltern erst gar nicht nach einer Finanzierungsbeteiligung eines Segelscheines, denn ihre Absage in Sachen des Motorradführerscheins war ihm noch gut in Erinnerung. Rolf steuerte das Zelt und die gesamte Campingausrüstung bei, einschließlich des 2-flammigen Gaskochers. Das Zelt war ziemlich groß mit Innenzelt und ausklappbarem Eingang, der mit Stäben abgespannt gleichzeitig als Vordach dienen konnte. Trotz des Komforts von Luftmatratzen war das Zeltleben für Holger etwas gewöhnungsbedürftig und anstrengend. Aber er betrachtete es als günstige Vorabinformation über mögliche persönliche Einschränkungen in Hinblick der sich für ihn unwiderruflich abzeichnenden Wehrdienstzeit.

Gleich am ersten Tage regnete es in Strömen und in dem Zelt wurde alles klamm. Holger verbrachte die Hälfte dieses Tages lesenderweise allein, denn seine Freunde genossen diesen Teil ihres Segellehrganges mit Trockenübungen im Bootshaus der Segelschule. Mittags war immer eine zweistündige Pause und danach ging der Unterricht weiter.

Zur Pause des ersten Tages erschienen Holgers Freunde gleich mit zwei netten jungen Damen im Kielwasser. Die beiden waren ungefähr 35 Jahre alt, Lehrerinnen und besuchten ebenso wie Wolfgang und Rolf den Segelkurs. Sie hießen Almuth und Heidrun und hatten für die Zeit des Segelkurses Pensionszimmer in einem Dörfchen in der Nähe angemietet.

Mit Rolf und Wolfgang hatten sie besprochen, die jungen Männer bekochen zu wollen, wenn sie bei ihnen die zweistündige Mittagspause verbringen durften. Natürlich durften sie die jungen Kerle bekochen! Almuth war eine sehr gute Köchin und aus den mitgebrachten Vorräten der drei Jungens zauberte sie wunderbare schmackhafte Dinge.

Holger wurde schon am Abend des ersten Tages die Botschaft überbracht, dass er selbstverständlich an dem Segellehrgang teilnehmen durfte, nur eben ohne Prüfung. Die Segelschulbesitzer hatten sofort gesagt, dass es nicht nötig sei, für Holger, allein im Zelt liegen zu müssen. Und so erlebten die nunmehr fünf Segler vom Zeltplatz zusammen eine herrliche Woche, die nur durch zwei halbe Regentage etwas eingeschränkt wurde. Ansonsten schien die Sonne von morgens bis abends. Holger versuchte sich Heidrun zu nähern, aber sie gab ihm mit einem Kuss auf die Wange zu verstehen, dass er nicht zu ihrer altersmäßigen Zielgruppe gehörte.

In dem Segelkurs war ein nettes junges hübsches Mädchen. Sie hieß Barbara Platzmeister. Ihre Eltern hatten ebenfalls am Möhnesee eine Jacht liegen. Barbara verliebte sich offensichtlich in Holger und wurde immer ganz kuschelig, wenn die ganze Bande abends nach Segelschluss und Abtakeln in der Sonne am Wasser saß und noch einige Dosen Bier trank. Sie setzte sich, wenn sie nach zwei Dosen Bier einen im Kragen hatte, ganz zwanglos auf Holgers Schoß und legte ihm ihre Arme um den Hals. Selbst die Gegenwart ihrer Eltern ließ sie nicht zurückhaltender sein. Die erzählten Holger später, dass sie sehr froh gewesen waren, dass er diese Situationen nicht ausgenutzt hatte.

Barbara hatte zwar nette kleine Mäusetitten, die auch in einem Bikinioberteilchen ganz lustig aussahen, aber mit ihren 15 Jahren gehörte sie nun mal nicht zu seiner Zielgruppe, dann eben schon eher Heidrun. Vor allen Dingen, wenn er mit ihr zusammen allein segelt und sie ihm im Boot gegenüber auf der Reling saß. Kurze weiße Shorts, die Beine gespreizt, das eine Bein im Wasser und das andere im Boot und keinen Tittenhalter unter dem T-Shirt. Mann oh Mann, so etwas hatte eine absolut vernichtende Wirkung auf Holger und er hegte den heimlichen Verdacht, dass Heidrun sich seiner Qualen bewusst war und es sogar noch genoss, das Luder!

Die kleine Barbara hatte eine ältere Schwester. Sie hieß Antje und war mit Helmut Topf verlobt. Sie waren ein nettes Pärchen, mit dem sich Holger sofort gut verstand. Antje und Helmut hatten schon vor einigen Jahren ihre Segelscheine gemacht. Die Eltern von Barbara und Antje besaßen nicht unweit des Möhnesees eine Ferienwohnung. Vater Platzmeister war in Paderborn irgendein Bankenfürst und konnte sich das Ganze gut leisten.

Die Abende am Wasser wurden immer lustiger und viele, die gar nicht an dem Segelkurs teilnahmen, so wie Holger, gesellten sich dazu und spendierten Bier oder Schnaps. Ein Lagerfeuer wurde entzündet und ein alter, ehemaliger Kapitän der Hochseeschifffahrt erschien mit seiner Quetschkommode und stimmte Seemannslieder an, in die alle, so sie diese Lieder kannten, laut grölend einfielen.

Der gute Kapitän hatte eine Frau, die vor Arroganz strotzte. Die wiederum besaß einen weißen Pudel, der ihr nicht nur verdächtig wesensgleich war, sondern ihr auch recht ähnlich sah und durch Bellerei auf das Unangenehmste auffiel. Es war inzwischen dunkel geworden, aber dieses Mistvieh umzubringen wäre doch etwas auffällig gewesen, war die einvernehmlich geflüsterte Meinung der fünf vom Zeltplatz.

Irgendjemand brachte eine riesige Dose mit Brühwürstchen mit, die bei allen Beteiligten das uneingeschränkte Interesse fand. Die Dose wurde geknackt, herumgereicht und jeder bediente sich. Auch die blöde Töle bekam mit allem Selbstverständnis der Welt von Frauchen eine eigene Wurst gereicht. Nach blitzschnellem Auffressen hoppelte dieses Tier sofort in der Runde herum, um mit nervigem Bellen um zusätzliche Bissen zu betteln. Holgers Freund Rolf hatte hinter sich noch eine volle Flasche Schnaps stehen. Wolfgang verzichtete auf sein Würstchen und perforierte das gute Teil hinter seinem Rücken mit einem am Strand des Sees gefundenem Stückchen Draht.

Holger setzte sich zwanglos neben Rolf und schraubte mit einer Hand den Verschluss von der Schnapsflasche hinter seinem Rücken ab. Wolfgang reichte ihm die gelochte Wurst und Holger tauchte sie unbemerkt in die Schnapsflasche. Nach fünf Minuten zog er die Wurst wieder aus der Flasche heraus und wedelte etwas versteckt und verhalten in Richtung Kackpudel. Das verfressene Vieh kam sofort auf ihn zugelaufen und wollte ihm fast die ganze Wurst aus der Hand schnappen. Nix da! Holger brach ein kleines Stückchen Wurst ab und reichte es dem Tier zum Fressen. Selbst Holger roch den Sprit, der als fremdartiger Duft der Wurst entwich. Nur der Hund nicht! Entweder war er blöd oder Alkoholiker. Er zog sich das Stückchen Wurst rein, guckte etwas dusselig und legte sich in freudiger Erwartung auf weitere Zuwendungen in der Nähe nieder. Das konnte er haben! Die Wurst wurde wieder mit Schnaps imprägniert und nach weiteren zehn Minuten kam die nächste Lage Wurst für Hundchen. Offensichtlich war alles nach seinem Geschmack, denn er kam sofort auf seine Versorger zu, allerdings nicht geradlinig, sondern mit einem deutlichen Extrabogen, der ihn sichtbar selbst erstaunte, denn er schaute immer wieder orientierungslos zurück. Die Panscherei der drei Segelfreunde fiel keinem auf. Nach diesem Stückchen Wurst bekam das Pudelchen einen deutlichen Schluckauf. Nach drei weiteren Wurstbissen mit Schnaps war das Hauptbeweismittel aufgefressen.

Sie ließen die Flasche Schnaps durch die Reihe der Segler gehen, damit sie mit ihr nicht in Verbindung gebracht werden konnten. Der Pudelwautz war strackendicke und konnte nicht mehr gehen. Eigentlich schon, aber die hinteren Läufe knickten immer ein. Er gab eigenartige Jaultöne von sich und versuchte sich in die Nähe seines Frauchens zu ziehen. Die wurde nunmehr, weil sie zwischenzeitlich auch etwas angeheitert war, auf ihr Hundchen aufmerksam und nahm es, Schlimmes erahnend, auf den Arm und zog es liebevoll an die Brust.

Der Wautz revanchierte sich, in dem er zeitgleich alle Körperöffnungen auf Durchzug stellte und sein Frauchen komplett zusaute. Die ganze Bande hatte natürlich, wie Wautzilein, ordentlich einen im Schuh und wälzte sich, brüllend vor Lachen, über den Strand. Man gab Frauchen den heißen Tipp, gleich komplett zu Reinigungszwecken in die Möhne zu waten und den Süffelhund mitzunehmen. Machte sie aber nicht!

Die war richtig beleidigt und bedachte die ganze Gesellschaft mit irgendwelchen Schmähungen, denn inzwischen hatte auch sie gemerkt, dass ihr Hundilein eine ordentliche Fahne hatte. Der lag währenddessen schon im Koma und schnarchte wie Oberförster Schmitz.

Der ganze Verein musste jedenfalls noch mehr trinken, um diese Situation zu verarbeiten und sich wieder zu beruhigen. Die Alte zog mit ihrem Hund ab. Ihr Mann blieb noch und spielte weiter auf seinem Schifferklavier. Er war regelrecht froh, denn wie er allen verriet, konnte er den Hund ebenfalls nicht leiden. Wahrscheinlich seine Frau auch nicht.

Der Segelkurs ging mit einer Regatta zu Ende und alle Teilnehmer bekamen ihre Segelscheine. Holger gelobte mit der Familie Platzmeister, sowie mit Antje und Helmut Topf Kontakt zu halten.

Für den Rest der Ferien arbeitete er in der Firma von Wolfgang Mohns Vater. Er hatte ein Tiefbauunternehmen mit ungefähr 50 Mitarbeitern. Die Baustelle, an der Holger eingesetzt wurde, lag in unmittelbarer Nähe seines Elternhauses, nämlich an der Overgünne. Das Unternehmen hatte die Aufgabe, im Bereich des Bürgersteiges Stromkabel zu verlegen. Holger durfte mit einem Presslufthammer nach angegebener Breite den Asphalt aufbrechen und dann den Verlegegraben auf ungefähr 80 Zentimeter Tiefe mit der Schippe ausheben. Eine Hunds-Viecherei!

Am ersten Abend konnte er zu Hause beim Abendbrot kaum Messer und Gabel halten, so schüttelte es ihn immer noch nach dem Tag am Presslufthammer. Aber von Tag zu Tag ging es besser und er gewöhnte sich an die körperliche Arbeit. Nach vier Wochen konnte er sich im Büro von Herrn Mohn seinen Scheck abholen. Er hatte Holger für 17:00 Uhr bestellt. Herr Mohn öffnete selbst und war von der Kleidung her als etwas derangiert zu betrachten. Er hatte die Hose auf und das Oberhemd heraushängen.

»Ach du bist es schon, Holger! Ist es schon so spät? Na. Komm rein!« Vor Holger zu seinem Büro hergehend, versuchte er sich zu sortieren. Aus der offen stehenden Tür seines Büros kam ihnen eine junge Frau entgegen gehastet, die sich einen aufgeknöpften Kittel um den Leib zog, um zu verhindern, dass er sich unbeabsichtigt weiter öffnete. Als sie an den beiden vorbeihastete, haute Herr Mohn ihr auf den Hintern und rief ihr nach: »Brauchst dich gar nicht erst wieder anziehen, du alte Sau. Gleich geht es weiter!« In seinem Büro knallte sich Herr Mohn großspurig hinter seinen Schreibtisch und bot Holger Platz in dem davorstehenden Sessel an. Mit gezierten Handgriffen entzündete er sich eine Zigarette, inhalierte tief und beugte sich mit weltmännischer Selbstdarstellung zu Holger über den Schreibtisch: »Na, entsetzt, Holger?«

»Nein, Herr Mohn. Sollte ich?«

»Tja, hätte ja sein können. Du kennst mein Söhne Jürgen und Wolfgang und meine Frau. Aber ich bin der Meinung, dass wer hart arbeitet, auch ab und zu seinen Harten loswerden muss. Und meine Frau steht nicht mehr so darauf. Ich gebe hier der Schlampe als Putzfrau Arbeit. Und für ein paar Mark mehr nehme ich sie manchmal mit zum Segeln und zeige ihr etwas von der Welt. Sie ist übrigens etwas doof und hat fürchterliche Hängetitten, aber vögeln kann sie wie ein Tier. Ich baue auf deine Diskretion! Übrigens, Jürgen hat mich mal mit ihr erwischt. Er weiß also Bescheid. Aber er ist so ein fürchterlicher Moralapostel. Du kennst ihn ja! Na, was sagste jetzt?«

»Gar nichts, Herr Mohn. Eigentlich wollte ich nur meinen Scheck abholen!«

»Ach ja, dein Scheck. Wo hab' ich ihn denn den?« Mit gespielter Unwissenheit krabbelte Herr Mohn durch die drei Schubladen seines Schreibtisches. »Ach ja, hier ist er. Übrigens, ich habe dir erst mal einen Abschlag fertiggemacht. Den Rest kriegst du in 14 Tagen. Habe da einige kleine Außenstände. Du weißt schon!« Er warf Holger ein verschwörerisches Lächeln zu und nickte leicht in Richtung Tür, hinter der wahrscheinlich seine Gespielin weilte.

Holger nahm den Scheck, stand auf und sagte artig: »Na denn, einen schönen Abend noch!«

Herr Mohn lächelte jovial und sagte: »Hab' ich schon, das weißt du doch. Du findest allein raus?! Ich habe noch zu arbeiten!«

Als Holger draußen war, fand er erstmals im Leben das Verhalten eines Erwachsenen, wie das von Herrn Mohn, lächerlich und erbärmlich. So ein Brimborium der Selbstdarstellung, um dann einem in den Ferien jobbenden Schüler gerade mal die Hälfte seines ihm zustehenden Arbeitslohnes auszubezahlen. Er konnte jedenfalls jetzt die Aversionen, die Jürgen gegenüber seinem Vater hegte, gut nachvollziehen.

Jürgen Mohn war zu der Zeit bei der Marine und leistete seinen Wehrdienst ab. Er diente auf einem Schnellboot und wurde zum Navigator ausgebildet. Das bedeutete, dass er das Privileg hatte, in einem der wenigen geschlossenen Räume des Bootes zu sitzen und den Kurs anhand der mitgeführten Seekarten und der Vorgaben festzulegen. Alle anderen Besatzungsmitglieder, bis auf die Maschinenbesatzung, standen im freien Wetter auf der Brücke oder an den Waffen.

Seine freien Wochenenden verbrachte er zu Hause und erzählte fürchterliche Schauergeschichten über das Militärleben. Nun war Jürgen ein Hasenfuß, der alles und jedes dramatisierte. Er fuhr auch ungerne Auto. Das hatte natürlich den Vorteil, dass Holger bei den Gelegenheiten, an denen sie beide etwas zusammen unternahmen, seinen blauen VW-Käfer fahren durfte. Jürgen schaffte es bald, vom Einsatzkommando zur See an Land versetzt zu werden. Dort schob er eine ruhige Kugel und sah der Beendigung seines Wehrdienstes mit Ruhe entgegen.

Das zweite Jahr an der Fachoberschule begann für Holger ruhig und gelassen. Er vermisste das Praktikum mit körperlichem Einsatz und Abenteuer. Der jetzt wieder existierende Vollschulunterricht war für ihn erst einmal gewöhnungsbedürftig. Aber er fand sich schnell damit ab und seine Zensuren waren gut!

Seine Eltern hatten wegen seiner guten Schulnoten auch keine Probleme mit seinen Freizeitaktivitäten. Im Gegenteil! Seine Mutter förderte sie geradezu noch und hatte jetzt natürlich in ihrem Bekanten- und Freundeskreis immer etwas von Holgers Segelexkursionen mit dem Tiefbauunternehmer aus Dortmund oder mit der Bänkerfamilie aus Paderborn zu erzählen. Natürlich fehlte ihr, wie sie nicht aufhörte in Holgers Anwesenheit zu betonen, seine Gegenwart, denn in ihrer Ehe fühlte sie sich weiterhin allein gelassen. Aber für ihren Sohn und seine Entwicklung und Einbindung in die bessere Gesellschaft war sie selbstverständlich bereit jedes Opfer zu erbringen!

Holger entfremdete sich etwas von seiner ganzen Clique, denn er war in jeder freien Minute der Wochenenden am Möhnesee. Entweder rief er bei Wolfgang Mohn an und fragte ihn, ob er mit seinem Vater zum Segeln rausführe oder er rief bei dem Ehepaar Platzmeister in Paderborn an und fragte nach, ob sie segeln würden. Einer war eigentlich immer unterwegs.

Vater Mohn warf ihm bei der Autofahrt, wenn er Holger mitnahm, einen augenzwinkernden verschwörerischen Blick durch den Rückspiegel zu, um ihn an seine eingegangenen Versprechungen zu erinnern. Oft fuhr Holger auch allein auf seinem Mofa zum Möhnesee. Wenn keiner dort war, bei dem er eine Runde mit segeln konnte, dann ging er für ein paar Dosen Bier in die Segelschule zu den Segellehrern und fuhr nach einigen Klabautermanngeschichten nach Dortmund zurück, oder er legte sich bei schönem Wetter an den Strand und ließ sich von seinen Gedanken treiben.

Mit dem Ehepaar Platzmeister und ihren zwei Töchtern Barbara und Antje, sowie Antjes Verlobten Helmut, verband Holger mittlerweile eine intensive Freundschaft. Oft übernachtete er bei ihnen in ihrer Ferienwohnung am Möhnesee.

Auch »Unser Almuth« aus dem Segelkurs war oft dabei und zeigte allen die Standfestigkeit einer sauerländischen Lehrerin beim Saufen. Und die war beachtlich! Platzmeisters verfügten in ihrer Ferienwohnung über, für Holger unbekannte, Ex-Gläser! Wo andere Gläser einen Abstellfuß hatten, war hier nur ein runder Knubbel. Dies förderte natürlich die Taktung der Lagen ungemein!

Barbara Platzmeister war inzwischen seltener dabei. Sie hatte sich etwas ausgeklinkt, nachdem sie ihr Herz irgendeinem an ihrer Schule geschenkt hatte. Ihre Eltern waren darüber entsetzt, denn dieser Typ stand in Verdacht, Rauschgift zu nehmen.

Holgers Kontakt galt jetzt in erster Linie Antje und ihrem Verlobten Helmut. Irgendwann war Barbara mit ihrem Herzbuben auch mal wieder dabei. Helmut und Holger verarschten ihn fürchterlich und der arme Tropf merkte es nicht einmal. Aber Barbara merkte es und macht den beiden bei ihrem nächsten gemeinsamen Treffen schlimme Vorhaltungen.

Helmut, der Jura studierte, plädierte auf »Nicht schuldig!« und Holger schloss sich seiner Meinung vorbehaltlos an, denn auch er hielt Barbaras Freund für den Typ »Arschgesicht«.

Durch den beginnenden Herbst wurden die Segelwochenenden seltener, aber die Verbindung zu Platzmeisters blieb bestehen.

Die Fachoberschule machte Holger nunmehr in der Vollzeitform auch viel Spaß und er entwickelte sich zu einem Schüler, von dem auch die unmittelbaren Banknachbarn gerne abschrieben. Diese Erfahrung war natürlich ganz neu für ihn, aber er hatte nichts dagegen und ließ, wen auch immer, bei sich abschreiben. Es existierten natürlich auch in dieser Klasse einige Kandidaten, die absichtlich falsch schrieben, um die bei ihnen Abschreibende ins offene Messer laufen zu lassen, indem sie kurz vor Abgabe der Arbeit die eigenen Ergebnisse noch schnell korrigierten.

Das waren die Typen, die zu ihm kamen und sagten: »Wenn du mich in Englisch und Deutsch abschreiben lässt, dann lasse ich dich auch in Mathe abschreiben!«

Holger hielt von so einem Kuhhandel überhaupt nichts und ließ bei sich abschreiben, denn das Risiko erwischt zu werden, trug natürlich immer der Abschreibende.

Vom 26.12.1972 bis zum 8.1.1973 nahm Holger an einer Ski-Winterfreizeit für junge Erwachsene in Südtirol/Italien teil. Wolfgang Mohn fuhr auch mit. Ansonsten hatte keiner aus ihrer Clique Interesse am Skilaufen. Einige Mitschüler Wolfgangs vom Ostwallgymnasium fuhren ebenfalls mit. Sie waren Holger aus seiner Zeit an dieser Schule zumindest noch gesichtsbekannt. Es handelte sich um eine gemischte Gruppe von jungen Erwachsenen, was bedeutete, dass nur noch räumlich zwischen den Geschlechtern unterschieden wurde.

Nach dem offiziellen Feierabend wurde nicht mehr kontrolliert, wer zwischen den Schlafzimmern zu welchem Zimmer huschte und in welchem Bett pennte. Holger schlief mit Wolfgang in einem 5-Bettzimmer. Und Bruni schlief mit ihrem Max in dem gemeinsamen Zimmer.

Bruni war körperlich ungemein attraktiv bis auf ihren Kopf. Leider hatte der liebe Gott hier seine schöpferische Pause eingelegt und bei Neustart der Produktion den Anfang vom Ende verpasst. Das arme Kind hatte ein absolut unschönes Gesicht mit glitschigen strähnigen blonden Haaren. Ihr Freund war dagegen wirklich gut aussehend. Aber Bruni schien ihre äußerlichen Defizite ihm gegenüber vollkommen ausgleichen zu können, denn sie vögelte ihren Kerl die ganze Nacht und der lag tagsüber bei jeder sich ergebenden Pause schlafend in der Sonne.

»Nun gut«, dachte sich Holger, »dann sieht er wenigstens nicht ihr Gesicht und kann wieder von der nächsten dunklen Nacht träumen.«

Irgendwann hatte auch Holger ein Mädel im Bett. Sie war nicht unattraktiv, aber schlief permanent auf dem Bauch. Sie war aus ihrem Zimmer geflüchtet, weil ihre Mitbewohnerinnen noch mehr übernachtende Herrenbesuche in ihren Betten hatten.

Holger hatte sie sich als Notnagel ausgesucht, weil er so einen guten Eindruck auf sie machte. Nicht einmal an ihre Titten durfte er. So eine Sauerei! Also schlief er auch auf dem Bauch, denn das nächtliche unterdrückte Gestöhne und Geficke von Bruni mit ihrem Freier machte Holger rattengeil und die Grete neben ihm hörte von nichts, weil sie fröhlich aber deutlich vor sich hin schnarchte.

Durch seine sportliche Vorbildung konnte Holger inzwischen leidlich Skilaufen und kam eigentlich jeden Berg hinunter, wenn man mal die Fahrstilistik außer Acht ließ.

Auf einer Berghütte lernte er den berühmten Jagertee kennen und auch sofort schätzen. Gegen viele gut gemeinte Ratschläge trank er vier Glas Tee dieser Sorte und ging dann vor die Tür, um Luft zu schnappen und lief prompt vor eine unsichtbare Stahlwand. Zumindest meinte Holger dies, aber es waren die ihm bereits vorhergesagten Einflüsse dieser Sorte Tee.

Da es ohnehin später Nachmittag war und der Lift auch nicht mehr lief, schnallte sich Holger gut gelaunt seine Bretter an und fuhr talwärts. Falsch! Er glaubte, talwärts zu fahren. In Wirklichkeit lag er im Schnee und versuchte, seine Beine zu sortieren. Das mit dem Skilaufen probierte er mühselig noch weitere drei Male, dann zog er die Bretter hinter sich her und lief den ganzen Berg hinunter.

Der Bus mit seiner Freizeittruppe wartete seit einer halben Stunde auf ihn. Alle waren deswegen etwas ungehalten und er war froh, heil den Berg heruntergekommen zu sein. Seitdem hatte Holger beim Skilaufen nie wieder Alkohol getrunken! Irgendwann war auch dieser Urlaub zu Ende und es ging mit dem Bus über den Brenner nach Hause.

Zwei Monate später fand das sogenannte Nachtreffen dieser Skifreizeit in einer Jugendherberge im Sauerland statt, einschließlich einer Übernachtung von Samstag auf Sonntag. Wolfgang und Holger wurden von Wolfgangs Bruder Jürgen mit dem Wagen hingebracht. Während des ganzen Samstages wurde Holger von einem Mädchen mit dem Namen Karin Zolei geradezu mit den Augen verschlungen. Während der Skifreizeit war sie ihm gar nicht weiter aufgefallen. Bald saßen sie nebeneinander und Holger hatte seine Hand unter ihrem Pullover und unter ihrem Bustier auf dem Rücken. Sie trug keinen BH, weil sie augenscheinlich Mäusetitten hatte. Mäusetitten machten Holger eigentlich nicht geil. Dafür hatte sie enge Jeans an und offensichtlich einen weiten Schritt. So um eben oben mit zwei Fingern durchzufassen. So etwas zu sehen machte Holger schon immer kirre.

In Abwägung der Mäusetitten mit dem etwas weiten Schritt wurde Holger einfach nur geil. Im Laufe des Abends begann zwischen beiden die Knutscherei und Holger hatte seine Hand auch schon weit oben zwischen ihren Beinen und Karin legte auch artig eine Hand auf seinen Oberschenkel.

Wolfgang und Holger hatten ein 4-Bettzimmer im Erdgeschoss zugewiesen bekommen. Es war eigentlich nur von den beiden belegt. Das dritte Bett wurde nicht bezogen, weil der eingeplante Nutzer mit seinem Mädel die Nacht anderswo verbringen wollte. Und das vierte Bett war ohnehin frei. In das zog dann offiziell Karin ein, denn ihre Eltern wollten sie sonntags früh um 6:00 Uhr abholen, um dann mit ihr zusammen zu einer Hochzeitsfeier weiter nach Frankfurt zu fahren.

Praktischerweise zog sie aber gleich in Holgers Bett. Sie blieben beide angezogen. Aus ihrer sabbernden Knutscherei wurde natürlich bald mehr. Holger war nun auf ihrer Körpervorderseite unter dem Bustier und stellte fest, dass die Mäusetitten prachtvolle Warzen hatten, die bei seinem Streicheln knallsteif und hart wurden. Wenn er mit seiner Handfläche ganz leicht darüber fuhr, stöhnte Karin wohlig auf! Da war ein Ei dran! Holgers Schwanz war inzwischen auch knallsteif und Karin streichelte leicht die Beule in seiner Hose. Er fuhr mit seiner Hand zu ihrem Schritt herunter. Sie hatte die Beine gespreizt. Leicht glitt er mit seiner Hand von ihrem Schritt zum Arsch. Karin wurde durch die Jeans feucht und stöhnte vernehmlich. Sie streckte Holger verlangend ihren Unterleib entgegen. Schnell hatte er ihren Hosengürtel geöffnet und den Reißverschluss heruntergezogen. Er wollte ihr unter die Unterhose fassen. Das war bei so engen Jeans leichter gedacht als getan und stellte sich als mühselig heraus. Aber das Mädel dachte genauso praktisch wie Holger und streifte sich mit einer fließenden Bewegung Hose und Slip herunter. Holger tat auch so. Stöhnend wandte Karin sich ihm wieder zu, nahm seine Hand und führte sie unter die Bettdecke zwischen ihre weit gespreizten Beine an ihre klatschnasse Fotze. Ihre Schamlippen waren weit geöffnet und geschwollen. Ihre Hand wanderte an Holgers Ständer und begann ihn zu reiben. Seine Hand glitt inzwischen, weil schon schön feucht von ihrer Pflaume zu ihrem Arsch. Sie mochte es, wenn er seinen Daumen in ihre Fotze und den Ringfinger in den Arsch steckte und beide im Rhythmus bewegte.

Leise flüsterte er ihr ins Ohr: »Willst du dich jetzt auf mich legen und mich ficken? Du brauchst nur noch über meinen Schwanz zu rutschen!«

»Das geht nicht, Holger. Ich bin erst 17 und darf noch keine Pille nehmen. Das wollen mir meine Eltern erst mit 18 Jahren erlauben«, flüsterte Karin ebenso leise zurück.

»So eine Scheiße aber auch!«

Beide verabredeten, dass Holger so schnell wie möglich Pariser besorgen sollte, um ihnen die Möglichkeit zu geben, an einem der kommenden Wochenenden endlich zu bumsen, denn beide waren in dieser Sache noch jungfräulich. So behauptete Karin das von sich! Und Holger von sich auch, aber nicht so laut. Aber es war ja so und er musste es schließlich wissen!

So spielten die beiden die ganze Nacht aneinander herum und Karin hatte fünf Mal einen Orgasmus und Holger spritzte vier Mal ab. Die Entscheidung, die Klamotten auszuziehen, war also nicht verkehrt, denn so versauten sie mit ihren Ergüssen nur die Laken der Jugendherbergsbetten und nicht ihre Kleidung.

Als Karin um kurz vor 6:00 Uhr aufstand, um sich anzuziehen, war die Schambehaarung der beiden platschnass und Holger tat von Karins Handlung sein Schwanz weh. Als Holger mit Karin zum Hauseingang ging, um sie zu ihren wartenden Eltern zu bringen, durchqueren sie einen Gruppenraum der Herberge.

Hier sahen sie den Partner, der es nicht vorgezogen hatte, mit ihnen zusammen das Mehrbettzimmer zu teilen und sein Mädel. Sie lag nackt mit gespreizten und angezogenen Beinen auf einem Tisch und er stand nackt bis auf ein T-Shirt gebückt vor ihr und leckte ihre Pflaume und ihren Arsch.

Karin und Holger murmelten einen kurzen Morgengruß verbunden mit der Bitte, sich nicht stören zu lassen und gingen an ihnen vorbei. Sie ließen sich nicht stören und Holger und Karin stellten bei ihrem Abschied voneinander an der Haustür einvernehmlich fest, dass sie es doch in dem Bett weitaus bequemer hatten.

Wolfgang fragte Holger hinterher, ob er denn Karin nun auch endlich genagelt hätte, denn er sei bedingt durch ihr leises Gestöhne hinterher vor Langeweile eingeschlafen. Holger konnte ihm keinen Vollzug melden. Aber das stundenlange Gespiele an den Geschlechtsteilen einer jungen Frau hatte ihm natürlich Erkenntnisse gebracht, die er eigentlich nicht an Wolfgang weitervermitteln wollte. Sollte er sie sich doch, wenn es für ihn mal so weit war, selbst erarbeiten.

Holger bekam eigentlich nur das, was er Jahre vorher in Büchern gelesen hatte, und was die Straßenaufklärung in geheimnisvollen Andeutungen erwähnte, in der Realität bestätigt, nämlich, dass ihn Sex unheimlich geil machen konnte.

Nun kam natürlich jetzt noch die Nummer des Besorgens der Präservative auf ihn zu! In eine Apotheke, wo man sie normalerweise besorgen konnte, wollte er nicht gehen. Irgendwelches Gequatsche und Gefrage nach ansteckenden Krankheiten wollte er sich ersparen! In Dortmund hatte in der Innenstadt seit kurzer Zeit ein Erotikgeschäft der Firma ‚Beate Uhse' geöffnet und so ein Erotikgeschäft sollte seine Wünsche erfüllen können.

Nach kurzem Rundumblick betrat er das Geschäft. Hoffentlich wurde er nicht gesehen! Holger Geh in einem Pornoladen! So etwas hätte nur noch seine Mutter wissen müssen!

Die Besucher des Geschäftes waren ausschließlich Männer. Bis auf eine leise Hintergrundmusik war es sehr still in dem Geschäft. Die männlichen Besucher hatten ihre Nasen tief in irgendwelche Magazine und Bildbände gesteckt und versuchten so der Umwelt ein Nichtvorhandensein ihrer Person vorzuspielen. Holger ging zielgerichtet durch die Regalreihen mit Präservativen und ließ sich nicht ablenken durch Verpackungsaufschriften, wie: ‚Geschmacksneutral! Mit Erdbeergeschmack!', oder ‚Fördert die Lust der Frau!' Holger wählte eine Packung Blausiegel mit Feuchteschutz und Antisperma-Beschichtung. So etwas fand er zumindest technisch aussagefähig. Die junge weibliche Kassiererin nahm ihm dafür zwei Mark ab und ließ keine Peinlichkeiten erkennen.

Nach zwei Wochen war es dann so weit. Holgers Eltern hatten eine Einladung zu Bekannten auf dem Höchsten, vielleicht zwei Kilometer Luftlinie von der Althoffstraße entfernt. Holger durfte ihren Wagen benutzen, um Karin zu besuchen. Seine Verbindung zu Karin war kommentarlos zu Kenntnis genommen worden, denn Karins Vater hatte den Titel eines Elektromeisters und besaß ein eigenes Fernsehfachgeschäft. Da konnte auch seine Mutter erst einmal nicht meckern.

Holger brachte seine Eltern um 19:00 Uhr zu ihrem Einladungstermin und holte dann Karin ab. Offiziell natürlich, um mit ihr in die Stadt zu fahren; inoffiziell um mit ihr endlich zu vögeln. Sie sausten zurück in Holgers Elternhaus. Wo sollten sie sich jetzt nun breitmachen? Das Bett in Holgers Zimmer aus dem Bettkasten zu holen und das Schlafsofa mit einem Laken zu beziehen war etwas verräterisch, falls Holgers Eltern verfrüht von ihrem Besuch nach Hause kamen und das zerwühlte Bett sahen, aber ohne Inhalt, weil er Karin gerade nach Hause brachte. Also entschied sich Holger für den Wohnzimmerteppich. Musik spendete Vaters altes Röhrenradio in Form von irgendwelchem Bluesgelalla, und eine Stehlampe in der Ecke des Raumes stellte mit ihrem zurückhaltenden 60-Watt-Birnchen etwas Licht zu Verfügung. Die Rollläden des tiefen Wohnzimmerfensters ließ Holger auch leise herunter, damit ihnen nicht irgendwelche neugierigen Nachbarn auf den Arsch schauen konnten.

Und nun kamen die Plünnen aber ganz schnell nach unten. Beide waren schon erwartungsgeil bis in die Haarspitzen. Karin war inzwischen pladdernass und stöhnte bei jeder Berührung. Egal, ob er ihr an die Titten, die Fotze oder an den Arsch fasste. Holger hatte einen Ständer, an dem man einen vollen Eimer hätte aufhängen können. Sie sanken zu Boden und Holger zog wieder die Register, die er kurze Zeit vorher bei Karin in der Jugendherberge schon ausprobiert hatte. Und es klappte! Dann kam auch die für ihn neue Nummer des Pflaumeleckens. Er schob sich auf Karins Bauch nach unten, drückte ihre weit gespreizten Schenkel nach oben und leckte ihre geile feuchte Fotze und ihr Arschloch. Sie ging ab wie eine gut gefüllte Silvesterrakete und hatte wiederholt Orgasmen, die sie schrill wimmern ließen, was sich aber mit dem Bluesgedudel aus Papas altem Röhrenradio zusammen nicht unflott anhörte.

Besonders kirre wurde sie, wenn Holger ihre geschwollenen Schamlippen mit seinen Lippen leicht massierte. In ihr Arschloch konnte er nach kurzer Zeit und entsprechendem sabbernden Gelecke zwei Finger schieben, was Karins Wimmern in ein hechelndes Grunzen übergehen ließ. Holger öffnete eine Blausiegelverpackung und zog sich so eine Nachtmütze über seinen inzwischen auch feuchten Schwanz. Stimmungstötend oder zumindest minimierend war so ein Vorgang auf jeden Fall! Und schwupp ging es hinein in das erwartungsgeile Fötzchen! Normale Missionarsstellung war angesagt. Und nach einigen Bewegungen und viel Gestöhne und Gewimmer der beiden war alles vorbei und Holger zog sich aus Karin mit gefüllter Nachtmütze zurück.

Holger war keine männliche Jungfrau mehr und Karin war keine Jungfrau, selbst wenn sie es immer wieder beteuerte, dass Holger der Erste gewesen war. Der biologische Widerstand des Verschlusses musste schon vorher anderweitig außer Kraft gesetzt worden sein.

Nach weiteren 20 Minuten kam die zweite Nachtmütze zum Einsatz und Holger wusste nunmehr, dass das erste Mal ohne Pariser ficken zu können, mit Sicherheit ein Erlebnis sein würde! Nun gut, es war jetzt vollbracht und er war jetzt ein Mann und konnte mitreden. Meinte er zumindest!

Schnell kostümierten sich Karin und Holger wieder, denn er war natürlich hochnervös, weil seine Eltern durchaus ungeplanterweise früher von ihrem Besuchstermin zurückkommen konnten. Und ihre nackten Ärsche auf dem Wohnzimmerteppich brauchten sie eigentlich nicht zu sehen. Holgers Vater schwafelte ihm ohnehin immer so einen Mist vor, dass man sich als Mann für die richtige Frau aufheben sollte.

»So ein Hokuspokus«, dachte Holger dann immer, »und was sollte er dann bitteschön mit dem ganzen Rest machen, der vielleicht nicht so richtig war?«

Seine Mutter erzählte ihm immer, dass ein Mann darauf achten sollte, dass die Frau auch sauber sei, mit der er sich einließe. Wie sie das wiederum meinte, hatte er nie erfahren können. Etwa in der Badewanne ficken?

Solche Anekdötchen teilten die Eltern natürlich Holger nur unabhängig voneinander mit. Zusammen sprachen sie nie mit ihm über solche Themen. Wenn Holger sie mal auf die Rolle nahm und selbst solche Dinge anschnitt und dann auch noch seine Eltern zitierte, dann waren sie immer fürchterlich verlegen voreinander und versuchten schnellstens das Thema zu wechseln.

Holgers Mutter meinte dann meistens, dass er viel zu viel über »Sexy« sprechen würde. Wenn er daraufhin nachfragte, ob sie denn früher in ihrer Jugend beim BDM (Bund Deutscher Mädchen) nie über das Vögeln gesprochen hätten, kam meist eine verlegene, ausweichende und für ihn als Sohn total unbefriedigende Antwort. »Siehste, deshalb habt ihr auch den Krieg verloren«, war meist Holgers Kommentar, der, wie er selbst wusste, absolut unsachlich war, aber er schaffte es, damit bei seiner Mutter dieses unkonkrete Andeutungsgequatsche schnell zu beenden.

Karin wurde von ihren Eltern in Familiensachen ziemlich in Beschlag genommen, sodass sich die beiden eigentlich nur einmal an einem Tag am Wochenende sahen. Karins Eltern waren nett zu Holger, aber sie gaben ihm auch unmissverständlich zu verstehen, dass sie im Moment keinerlei zu festes Verhältnis von ihm zu ihrer Tochter dulden wollten. Das war Holger nicht unrecht, denn Karin mochte nett ficken können, aber irgendwie dolle verliebt war er eigentlich nicht in sie.

So verbrachte er in dem beginnenden Frühjahr wieder viele Wochenenden bei Platzmeisters am Möhnesee. Einmal fuhr Holger samstags mit seinem Mofa allein zum See raus, da war doch tatsächlich Vater Mohn mit seiner Fick-Putze auch am Bootssteg. Er lud Holger großspurig von Weitem winkend zu einem Bier auf seinem Boot ein. Sie war in einem Bikini und ließ sich von Holger ungeniert mustern.

Geiles Fahrgestell mit krassem Bär, der vorwitzig aber deutlich unter dem Hauch von Stoff hervorschaute, aber Hängetitten, die bei jeder zweiten Bewegung aus den Haltern kullerten.

»Pack deine Euter weg, du geile Sau«, sagte Herr Mohn dann meist und schaute Holger verschwörerisch herausfordernd an. Wenn er seine Gespielin in die Kajüte schickte, um Nachschub an Bier holen zu lassen, zog er ihr bei ihrem Vorbeigehen immer leicht den Slip herunter, was sie mit Gequieke quittierte. In Wirklichkeit wollte er nur die Aufmerksamkeit der anderen Bootsanleger erlangen, um mit seinem Verhältnis auf die Sahne zu hauen.

Bei Holger neigte sich das zweite Jahr der Fachoberschule dem Ende entgegen und die Abschlussklausuren wurden geschrieben. Mathematik hatte ihn als Sorgenfach wieder eingeholt. Integral- und Differenzialgleichungen waren einfach nicht sein Ding. In den anderen Fächern hatte er gute Zensuren. In Mathematik war er mit ausreichend vorzensiert, die Prüfungsklausur vergeigte er jedoch mit mangelhaft. Zur Belohnung durfte er deshalb in die mündliche Prüfung.

Der Mathematiklehrer hatte seine Schüler netterweise vorher befragt, wo ihre Stärken seien. Er versprach nur Fragen und Aufgaben zu stellen, die den vorgegebenen Themen entsprachen. Das war wirklich nett! Er schrieb sich dies sogar alles auf, um nichts falsch zu machen. Offensichtlich verwechselte er aber die aufgeschriebenen Namen, denn Holger bekam von ihm eine Aufgabe gestellt, die ihm überhaupt nicht lag und er sollte vor der mehrköpfigen Prüfungskommission irgendeine dusselige Ableitung an die Tafel basteln. Das gelang ihm auch einigermaßen. Er wurde entlassen und ging in den Warteraum zurück in dem die anderen Aspiranten noch auf ihre Prüfung warteten.

Während Holger noch über seine Erfahrungen mit dem Prüfungsausschuss berichtete ging die Tür auf und einer der Lehrer aus dem Ausschuss erschien, um Holger nochmals in das Prüfungszimmer zu bitten. Der Prüfungsvorsitzende erläutert ihm, dass seine Ausführungen nicht überzeugend gewesen seien und er deshalb nochmals geprüft werden sollte. Das überstieg aber nunmehr Holgers nervliche Belastungsfähigkeit, denn er war davon ausgegangen, dass das Thema für ihn zu seiner Zufriedenheit abgehandelt gewesen sei. Deshalb lehnte er eine weitere Prüfung ab und akzeptierte ein mangelhaft in seinem Abschlusszeugnis der Fachoberschule, da er genug gute Ausgleichszensuren vorweisen konnte. Seine Eltern waren damit auch zufrieden und seine Mutter konnte allen, selbst wenn sie es nicht mehr hören wollten, erzählen, dass ihr Sohn nunmehr an einer Fachhochschule studieren konnte.

Holger verbrachte noch einige schöne Wochenenden bei Platzmeisters am Möhnesee. Das Wetter war blendend und er wurde schnell braun. Seine Haare waren inzwischen schulterlang gewachsen. Nur vorn trug er sie kurz, denn das Freimachen, um einen Durchblick zu haben, ging ihm gegen den Strich. Ende Juni ging er zum Friseur und bestellte sich einen kurzen Militärschnitt!

Der letzte Samstag am Möhnesee brach an. Holgers Eltern liehen ihm ihren Wagen, damit er dorthin fahren konnte, denn sein Mofa hatte er

Anfang Juni verkauft. Alles lachte sich über seinen kurzen Militärhaarschnitt kaputt. Bei dem guten Wetter verbrannte er sich prompt die vorher von langen Haaren bedeckten Ohren und den Nacken. Am späten Samstagnachmittag kam Holger nach Hause. Vorher fuhr er noch auf ein kurzes Gefummel bei seiner Karin vorbei. Sie lachte sich ebenso wie seine Eltern über die Sonnenrötungen, bedingt durch seine kurzen Haare, halbschlapp. Holger packte seinen Koffer, denn am Sonntag war Dienstantritt bei der Bundeswehr!

Drittes Kapitel
Erwachsen werden

Am Sonntag den 1.7.1973 trat Holger Geh seinen Wehrdienst bei der Bundeswehr an. Sein Gestellungsbefehl zur Grundausbildung rief ihn zu dem Panzerartilleriebataillon 165 in Hamburg-Wentorf.

Der Sammeltransport per Bahn ging ab Unna 7:00 Uhr morgens. Unna war ihm ja noch gut bekannt und seine Mutter brachte ihn um 6:00 Uhr zum Bahnhof, denn man sollte sich eine Stunde vor Abfahrt des Transportzuges dort melden.

Sofort bei Erscheinen hatte man den Einberufungsbescheid zu zeigen und wurde einem Gruppenführer zugeteilt. Der Transportzug stand schon am Bahnsteig und die Rekruten mussten sich vor den ihnen zugeteilten Waggons sammeln. Die Abteilbelegung des Zuges war interessanterweise fast identisch der späteren Stubenbelegung während der Grundausbildung.

Nach dem Verstauen des persönlichen Gepäcks fuhr der Zug pünktlich um 7:00 Uhr los. Viele Frauen und Eltern standen winkend am Bahnhof und verabschiedeten so ihre Söhne, Männer oder Freunde. Während der Abfahrt des Zuges durften die Rekruten die Zugabteile nicht verlassen. Wahrscheinlich bestand Sorge, dass einer der Eingezogenen in letzter Minute den Zug verlassen könnte.

Und wiederum wurde durchgezählt und nochmals namentlich gegenkontrolliert. Dann ging ein Uniformierter durch den Wagen und erteilte die Erlaubnis, das Abteil verlassen zu dürfen, um sich im Gang die Füße zu vertreten.

Holger lernte dabei einen jungen Mann aus dem Nachbarabteil kennen. Er war schwarzhaarig und drahtig, kam aus Wattenscheid und hatte den Einberufungsbescheid zu der gleichen Einheit wie Holger. Er hieß Leo Blanc und war gut ein Kopf kleiner als Holger. Auch Leo hatte gerade sein Abitur gemacht und musste vor dem Studium seinen Militärdienst ableisten. Es war der Beginn einer langjährigen Freundschaft zwischen den beiden.

In Holgers Abteil saß auch noch Elmar Rösing. Er fiel sofort durch seine verhalten langsame Sprachweise auf. Man hatte permanent den Eindruck, dass er nicht so richtig dabei war. Aber der Schein trog. Er konnte auch schneller sprechen, wenn er wollte, aber meistens wollte er eben nicht.

Alle drei jungen Männer waren Raucher und so unterhielt man sich fast die ganze Fahrt über bei geöffnetem Fenster im Wagengang über die gemeinsame neue Zukunft. Elmar wohnte in Bochum und war fast schon ein Nachbar von Leo. Ein glühend heißer Tag erwartete den Truppentransport und die Männer waren froh, die Fenster geöffnet halten zu können. Der Transportzug war in der Beförderungshierarchie offensichtlich ganz unten angesiedelt. Die Männer saßen in uralten Wagen, die eigentlich schon mehr musealen Charakter besaßen. Holger vermutete, dass diese netten alten Wackelkisten nur noch eine sehr niedrige Geschwindigkeitsfreigabe hatten, denn die Zuggeschwindigkeit dürfte die 80 km/h nur knapp erreicht haben. Jedenfalls hielt dieser Zug fast an jeder Milchkanne an und ließ alle folgenden Züge und sogar Güterzüge überholen.

In Osnabrück verließ ein großer Teil der eingezogenen Männer den Zug und wurde von Uniformierten aus dem Bahnhof geleitet. Wahrscheinlich ging es dort jetzt in die unterschiedlichsten Standorte weiter. In Bremen wiederholte sich dieser Vorgang und der Zug wurde nach dem Erreichen von Hamburg im Hafengebiet auf ein Abstellgleis geschoben. Der Grund wurde nicht mitgeteilt. Die mitfahrenden Soldaten waren den Rekruten gegenüber höflich, aber sehr distanziert. Fast zwei Stunden standen sie in knalliger Sonne und die Uraltwagen heizten sich gut auf. Die Kameradschaft zwischen Elmar, Leo und Holger war von Anfang an sehr gut und sie teilten sich ihren mitgebrachten Proviant und vor allen Dingen die Getränke.

Irgendwann ging es dann endlich weiter und der Zug zuckelte im Schritttempo durch unendlich lange Hafen- und Lagerhallengebiete. Irgendwann erreichte der Transportzug eine Rampenanlage und dann wurde der Grund des langen Wartens klar. Ein Militärzug, der ins Manöver fahren sollte und noch beladen werden musste, hatte die Einrichtungen blockiert. Nun war dieser Zug mit seinen Materialwagen, auf denen Panzer und Lastwagen standen, sowie den vorgekoppelten Personenwagen mit den Mannschaften, zur Abfahrt bereit.

Der Zug von Holger und seinen neuen Kameraden hielt. Alle für das Umfeld von Hamburg vorgesehenen Rekruten wurden aufgefordert, den Zug zu verlassen, der dann als letztes Reiseziel Kiel ansteuern sollte.

Kaum waren die jungen Männer dem Personenzug entstiegen, wurden sie von den Soldaten des ausfahrbereiten Militärtransportzuges vom Bahnsteig gegenüber mit einem Pfeifkonzert und Gegröle empfangen: »Rotärsche, Reserve, unter Hundert, Maßband, lasst Euch schön ficken!«

Es blieb den jungen neuen Rekruten nichts anderes übrig, als diese Verhöhnungen still über sich ergehen zu lassen, denn keiner von ihnen wusste, was diese Wortkürzel bedeuteten. Sie bestiegen große hochrädrige bereitstehende Militärlastwagen. Im Mittelteil der Lastwagen standen Bänke. Auf diesen Bänken nahmen die Männer Platz und klemmten sich ihre Köfferchen zwischen die Beine.

Die Fahrt nach Hamburg-Wentorf begann. Nach ungefähr 45 Minuten hatten sie die Kaserne erreicht und hielten nach dem Passieren der Wache vor ihrem Kasernenblock. Es dunkelte bereits, aber trotzdem hingen in den umliegenden Mannschaftsblöcken die Soldaten aus den Fenstern und bedachten sie mit den gleichen Schmähungen, wie sie sie bereits vor einer Stunde beim Verlassen des Zuges gehört hatten.

Die jungen Rekruten saßen von den Lastwagen ab und nahmen nach Weisung lockere Aufstellung vor ihrer neuen Unterkunft. Die Stubenbelegungen wurden vorgelesen, sie rückten in das Gebäude ein und bezogen ihre Stuben.

Elmar Rösing war auch auf Holgers Stube. Leo Blanc wohnte zwei Stuben weiter. Holgers Stube war mit sechs Mann belegt in jeweils zwei Betten übereinander. Die Spinde standen auf der anderen Zimmerseite. In der Mitte des Raumes befand sich ein Tisch mit sechs Stühlen. Neben der Zimmertür stand ein einsamer Putzspind. Die Koffer oder Reisetaschen wurden in den Spinden verstaut und die Spinde mit einem Vorhängeschloss, das jeder Rekrut mitzubringen hatte, abgeschlossen. Dann mussten alle Mann wieder vor der Unterkunft antreten und wurden zur Kantine gebracht.

Inzwischen war es durch die Transportverspätung reichlich dunkel geworden und die Kantinenbesatzung reagierte entsprechend säuerlich, weil sie wegen der neuen Rekruten, einen längeren Dienst schieben musste. Fast jeder an der Essensausgabe zischte den Neuankömmlingen ein freundlich begrüßendes: »Rotarsch«, oder »Rote Säue!« entgegen. Nach einer halben Stunde war Essensende.

Die jungen Männer mussten sich daran gewöhnen, dass ab jetzt, alles zeitlich reglementiert wurde. Der ganze Verein wurde wieder geschlossen zu seiner Unterkunft geführt und die Männer rückten in ihre Stuben ein.

Auf den Betten lagen Decken, Laken und Bezüge und, eins, zwei, drei waren alle in ihren Kojen. Jeder hatte sein Bett irgendwie gemacht und war froh, schlafen zu können, denn alle waren knallkaputt von dem Transport.

Plötzlich um 22:00 Uhr ertönte auf dem Flur der Unterkunft eine schrille Trillerpfeife und nachfolgendes Gebrüll: »Batterie, Licht aus!« Dann folgten schnelle Schritte von Tür zu Tür. Jede wurde aufgerissen, ein Uniformierter kam herein, schaltete das Zimmerlicht aus und sagte laut und deutlich: »Ruhe jetzt! Gute Nacht!« Nun gut, jetzt wussten alle Männer, dass sie eben eine Batterie waren.

Am nächsten Morgen um 5:00 Uhr erfolgte wieder Gepfeife und Gebrüll: »Batterie aufstehen!« Wiederum wurden die Türen aufgerissen und gebrüllt: »Raus! Waschen! Anziehen! In 15 Minuten ist Antreten!«

Wenn der diensthabende Soldat die letzte Tür in der Unterkunft aufriss, um zu wecken, dann hatten diejenigen, die noch nicht durch den Krawall aus den Betten waren, nur noch 13 Minuten Zeit, um sich zu waschen, zu rasieren und sich anzuziehen. Das konnte ganz schön knapp werden! Und immer zwischendurch das Gebrüll: »Laufschritt!, Laufschritt!«

Dann begann das sich ewig wiederholende Ritual des gemeinsamen Weges zum Frühstück und zurück, Betten machen und des Antretens zum Dienstbeginn um 7:00 Uhr. Es war das letzte Antreten in Zivilsachen!

Die Dienstpläne wurden verteilt und es erfolgte der Prozess der Einkleidung sowie der Antrittsbesuch bei den Standortärzten.

Ganz allmählich zog der normale Dienstplan mit Beginn der Ausbildung ein. Die Männer lernten zu gehen, zu stehen, zu grüßen, zu salutieren, zu marschieren und Betten zu bauen. Dienstgradabzeichen und Ränge, Vorgesetztenverhältnisse und Strukturen der Verbände wurden ihnen eingebläut. Sie lernten schnell, was ein »Rotarsch« war. Ein Rotarsch war ein gerade eingezogener Rekrut. Also sie selbst! »Reserve« oder »Unter hundert«, durfte man sagen, wenn man als Soldat den Einzug der nächsten Rekruten oder auch Rotärsche nicht mehr erlebte, weil man vorher seinen Wehrdienst regulär beendet hatte. Na toll! Das half aber im Moment den jungen neuen Soldaten auch nicht weiter!

Die ersten sechs Wochen der dreimonatigen Grundausbildung durften die Rekruten die Kaserne nicht verlassen. Weder nach Dienstende noch an den Wochenenden. So konnte Holger bedauerlicherweise nicht an der Hochzeit von Antje und Helmut Topf teilnehmen. Der einzige Kontakt zu seinen Eltern und Karin bestand aus den abendlichen Telefonaten aus den Telefonhäuschen in der Nähe der Kantine. Die aber waren von vielen Soldaten frequentiert und es bildeten sich regelmäßig lange Schlangen davor.

Holger war nun ein Kanonier! So lautete die offizielle Anrede der Rekruten, solange sie keinen Dienstrang erreicht hatten. Die Ausbildung begann mit der Handhabung der gängigsten Handfeuerwaffen, wie der Pistole, Maschinenpistole, dem Sturmgewehr, Maschinengewehr und der leichten Panzerfaust. Die Gasmaskenausbildung war eine dusselige Sache. Um die Dichtigkeit der Maske zu überprüfen, wurde man in einem geschlossenen Gebäude durch einen Hindernisparcours gescheucht, wobei in das Gebäude Tränengas eingeblasen wurde. Holger hatte Glück! Seine Gasmaske war dicht! Das war nicht ganz selbstverständlich, denn er musste als Brillenträger eine Gasmaskenbrille tragen. Trotzdem kam auch bei ihm nach Testende das Geheul, denn das Gas hatte sich auch in der Kleidung festgesetzt und entwich nach dem entsprechenden Abklopfen. Irgendwie fühlte er sich dabei an seine Praktikantenzeit erinnert. Da war doch etwas?! Die älteren Stammsoldaten, die sie während des Testes aus Sicherheitsgründen begleitet hatten, amüsierten sich natürlich königlich und klopften ihre Kleidung mit noch aufgesetzten Masken ab, bevor auch sie sich dieser Dinger entledigten.

Die Stube, auf der Holger war, wurde von allen, einschließlich einiger Vorgesetzter, nur die »Abbis« genannt, weil alle auf dieser Bude einen Schulabschluss besaßen, der zum Besuch der Hochschule oder der Fachhochschule befähigte. Nur ihr armer Freund Leo Blanc war als einziger »Abbi« auf einer Stube, wo auch junge Männer mit Hauptschulabschluss und Realschulabschluss untergebracht waren. Holger hörte von ihm, dass Leo von einigen seiner Stubenkameraden deswegen auch reichlich unter Druck gesetzt wurde.

Nach ungefähr drei Wochen erfuhren die jungen Soldaten nun auch, warum sie Kanonier genannt wurden! Zu Dienstbeginn marschierten sie zu einem Kasernenteil mit großen Abstellhallen. Die Tore wurden geöffnet und die Fahrer ihrer Ausbildungseinheit fuhren große Geschütze auf den Hallenvorplatz. Wie von den Ausbildern erklärt wurde, handelte es sich um Panzerhaubitzen des Typs M 109 G.

Das war aber echt geil! Holger war doch aufgrund seiner Größe bei der Musterung für den Einsatz in Panzerkampfwagen für untauglich erklärt worden! Seine Frage in diese Richtung beantwortete ihm der ausbildungsleitende Hauptmann allen Ernstes, wie folgt: »Das, Herr Kanonier Geh, ist eine unnötige Frage! Ein Wagen ist eben ein Wagen und keine Haubitze! Für Wagen sind sie also untauglich, aber für Haubitzen eben nicht!«

Es war also uninteressant, dass es in beiden Fahrzeugen gleich eng und laut war und die Haubitze das größere Geschützkaliber von 155 Millimetern besaß! Es war alles nur die Auslegung eines Namens!

In Holgers Ausbildungseinheit waren junge Männer, die hatten eine Körpergröße von fast zwei Metern! Die konnten sich in diese Kisten fast nur hineinklappen!

Diese Waffe, ein Mittelding zwischen Kanone und Mörser, also weit schießender Langrohrwaffe und kurz schießender Steilfeuerwaffe, beherrschte nun neben den Handfeuerwaffen den Großteil der Grundausbildung. So eine Geschützbesatzung bestand aus einem Geschützführer, einem Richtschützen als stellvertretendem Geschützführer, einem zweiten Richtschützen sowie vier weitere Kanoniere, die sich im Wesentlichen um die Munitionszuführung und Bereitstellung zu kümmern hatten. Und der Fahrer durfte natürlich nicht unerwähnt bleiben, wobei der nur die Kiste zu bewegen hatte und sich ansonsten um nichts anderes kümmern musste.

Holger wurde zum Richtschützen und stellvertretendem Geschützführer bestimmt. Das hatte klare Vorteile! Er brauchte nicht mehr um das Geschütz herumzurödeln wie der Rest der Geschützbesatzung. Andererseits trug er eine große Verantwortung, denn ein Schuss bei einem falsch eingerichteten Geschütz, insbesondere bei einer falschen Höhenlage, konnte auch schon mal in den eigenen Reihen landen. Das waren zumindest die Gruselgeschichten, die den Soldaten von den älteren Mannschaftsdienstgraden der Ausbildungseinheit sofort berichtet wurden. Nach sechs Wochen stand dann endlich der erste Heimaturlaub nach Dienstschluss freitags um 14:00 Uhr an.

Leo, Elmar und Holger fuhren zusammen nach Hause. Erst mit der S-Bahn von Wentorf nach Hamburg und dann mit einem regulären D-Zug weiter in Richtung Ruhrgebiet. Als Wehrdienstleistende erhielten sie nicht unerhebliche Preisnachlässe und eine bestimmte Anzahl von Freifahrten.

Holgers Eltern standen am Bahnhof und holten ihn ab. Er musste natürlich alles haarklein erzählen und sein Vater fand einige technische Auskünfte über militärische Geräte interessant.

Seine Mutter interessierte sich vornehmlich für die Bildung und Herkunft seiner Kameraden. Mit Freude nahm sie zur Kenntnis, dass ihr Sohn auf einer sogenannten »Abbi-Stube« lag. Das hob nach ihrer Meinung das Niveau und ließ für sie den Verdacht aufkommen, dass ihr Sohn bei der Bundeswehr nicht versumpfte. Den Begriff »Abbi-Stube« nahm sie umgehend in ihren Sprachgebrauch auf, wenn sie gegenüber ihrem näheren oder weiteren Umfeld von der Wehrdienstzeit ihres Sohnes berichtete.

Nach einem gemeinsamen Abendbrot verabschiedete sich Holger von seinen Eltern und lieh sich ihren Wagen, um Karin zu besuchen. Sie hatten Glück, denn ihre Eltern waren auch nicht da und er hatte noch eine Packung Verhüterli als eiserne Reserve in der Tasche.

Karin war genauso geil wie Holger, denn ihre Hose war von außen erkennbar deutlich nass, was ihn eine fast schmerzhafte Erektion bekommen ließ. Also holte er sie fast ohne jedes Gestreichel aus ihren Sachen heraus und legte sie in ihrem Zimmer auf das Sofa mit dem Rücken zur Lehne. Holger entledigte sich ebenso schnell seiner Kleidung und vögelte sie kräftig durch ...

Den Rest des Wochenendes war sie schon wieder für die Familie verplant und Holger verbrachte den Samstagabend mit Peter, Sabine und Jürgen.

Leo Blanc rief Holger am Sonntagvormittag an und fragte ihn, ob er nicht für die gemeinsame Fahrt nach Hamburg zur Kaserne nach Gelsenkirchen kommen könnte. Von Gelsenkirchen ging ein Zug nach Osnabrück und weiter nach Hamburg. Dadurch, dass dieser Zug nicht Dortmund und Münster berührte, war seine Fahrzeit gegenüber den anderen Zügen um 30 Minuten kürzer. Und diese 30 Minuten konnte Leo dann noch mit seiner Freundin Mia Lonka verbringen. Holger willigte ein, denn 30 Minuten früher oder später von zu Hause aufzubrechen war für ihn nicht ausschlaggebend. Da sie jetzt bei der Bundeswehr bis 24:00 Uhr Ausgang hatten, begann der Aufbruch zum Standort erst ab 17:00 Uhr. Also traf sich Holger mit Leo Blanc und Elmar Rösing und deren Freundinnen im Bahnhof von Gelsenkirchen, der ihm ja aus seinen Bahnfahrten vor Jahren zu seinen Großeltern nicht unbekannt war.

Leos Freundin Mia war eine hübsche junge blondhaarige Frau mit dem Charme einer geöffneten Flasche Sekt. Permanent lustig und gut drauf! Elmars Freundin dagegen war etwas farblos und erzählte ihm fortwährend, was er zu tun hatte und was nicht. In Gegenwart seiner Freundin rauchte Elmar nicht. Als Holger ihm eine Zigarette anbieten wollte, lehnte sie für ihn ab und sagte: »Elmar raucht doch gar nicht!«

Der Zug fuhr ein, Holgers Kameraden wurden von ihren Freundinnen nochmals geküsst und selbst er bekam von Mia noch ein Küsschen auf die Wange, obwohl sie ihn gerade erst vor gut 20 Minuten kennengelernt hatte. Echt nett! Sie stiegen ein und ihr erstes freies Wochenende während der Bundeswehrzeit neigte sich dem Ende entgegen.

Leo hatte von seiner Großmutter eine Flasche guten alten Cognac abgestaubt. Den schoben sich die drei in den Kopf und Elmar qualmte wie ein Schlot. Er spielte seiner Freundin den Nichtraucher vor und hatte jetzt deutliche Entzugserscheinungen. Holger rauchte Reval ohne Filter und Leo rauchte alles, was qualmte, auch Zigarren und Zigarillos.

Selbstverständlich waren die ersten Berichterstattungen untereinander ausschließlich dem am Wochenende ausgelebten Geschlechtstrieb gewidmet.

In Bremen angekommen hatten die drei schon ordentlich die Lampe an und unterhielten den ganzen Wagen. Natürlich nicht mit ihren Sexualerlebnissen, sondern mit allgemeinem Geblödel! In Hamburg stiegen sie aus. Sie nahmen die S-Bahn und waren kurz vor Zapfenstreich in ihrer Kaserne und stiegen schnell in ihre Betten, denn ab 5:00 Uhr mussten sie wieder ihrem Vaterland dienen und die anderen Kameraden waren bereits in den Federn und schnarchten still und leise vor sich hin.

Die Grundausbildung nahm weiterhin ihren Lauf und die Sportausbildung wurde ebenfalls großgeschrieben, was aber durchaus hilfreich war, den Frust über einige Dinge abzubauen.

Gegenüber der Kaserneneinfahrt befand sich eine Kneipe, Typ Kaschemme mit dem vielsagenden Namen ‚Bei Mutti'. Leo, Elmar und Holger waren dort einige Male nach den Dienstenden zu einem Bier eingekehrt. Die Kneipenbesitzerin wurde wirklich von allen Gästen mit der Bezeichnung »Mutti« angesprochen und war auch tatsächlich irgendwo in der Rubrik »Alte Puffmutter« anzusiedeln. Graue Haare, hochgesteckt und toupiert, sowie permanent eine Zippe zwischen den Zähnen, die sie auch beim Sprechen nicht herausnahm und deren Asche schon mal in ein Bierglas fiel, was sie billigend zur Kenntnis nahm und auch nicht abstellte.

Irgendwelche Einwände von Gästen tat sie regelmäßig mit den Worten ab: »Du wirst auch mal zu Asche, also hab dich nicht so!« Auch eine Logik!

Aber das Gesöff, was sie da als Bier ausschenkte, war weit von der Begrifflichkeit eines Bieres entfernt, sodass die Aschekrümel eher als Geschmacksverstärker anzusehen waren. Als verwöhnte Ruhrgebietsjungens hatten Holger und seine Kameraden eine andere Geschmacksvorstellung von Bier, als die ihnen angebotene »Fischkoppplörre!« So titulierten sie zukünftig das ausgeschenkte Gerstengebräu und bestellten es auch so. Das wurde auch akzeptiert!

Eine halb gedroschene weibliche Bedienung fegte noch als Angestellte mit durch die Bude und versuchte mit kurzem Rock und einem blicktiefen Dekolleté die meist männlichen Gäste zum Saufen zu animieren. Sie hatte einen leichten Silberblick und lispelte süß. Holger und seine Kumpels tauften sie »Titten-Klara« und sprachen sie auch so an. Das wurde auch akzeptiert!

Sie antwortete dann meist mit einem schüchtern gelispelten: »Ach Jungens.« Der begleitende versilberte Augenaufschlag war einfach nur goldig! Mit der Nummer konnte sie auch im Ohnesorg-Theater in Hamburg neben Heidi Kabel auftreten.

In diesem Etablissement saßen auch oft drei andere Rekruten aus der Ausbildungsbatterie der drei Freunde. Es waren Typen der übelsten Sorte mit verschlagenem Blick. Die drei hatten in ihrer Einheit kaum Kontakt zu ihnen. An einem Abend saß eine auffällig gut gekleidete Frau mit an ihrem Tisch. Sie war vielleicht Ende 30 Jahre und mit einer tollen Figur ausgestattet. Nur bei dem Kopf musste der Zeugungsvorgang stark unterbrochen gewesen sein. Die Frau beteiligte sich kaum an dem Gespräch der drei Landser. Nach einiger Zeit stand das Kleeblatt auf, verließ die Lokalität und rauschte mit einer Taxe ab. Diesen Vorgang beobachteten Holger und seine Freunde noch an zwei weiteren folgenden Abenden.

An einem Abend saßen diese drei Galgenvögel allein in der Pinte, gesellten sich zu Leo, Elmar und Holger und wurden nach einigen Gläsern Fischkoppplörre etwas gesprächiger. Sie berichteten, dass sie von dieser Dame zu ihr nach Hause eingeladen wurden. Dort erhielten sie umgehend Aufenthaltsprokura und durften die Tante gemeinsam vögeln oder nacheinander oder zuschauen oder dabei saufen und nebenbei einen Film im Fernsehen anschauen! Das fanden Holger und seine Freunde erst mal sehr beachtlich!

Der ganze Spuk hatte dann kurze Zeit später ein plötzliches Ende, als die ganze Batterie vor dem Kasernenblock außerplanmäßig antreten musste. In Gegenwart des Batteriechefs, einem Hauptmann, einem Major aus dem Bataillonsstab, sowie einiger Militärpolizisten, Landespolizisten und Zivilisten schritt die, Holger und seinen Freunden, bekannte Dame die Fronten der Batterieaufstellung ab, wie die Queen zu ihrem Geburtstag! Vor den drei Galgenvögeln blieb sie stehen und zeigte jeweils kurz nickend auf sie. Die drei Herren mussten aus der Formation raustreten und wurden von der Polizei umgehend eingesackt.

Kurze Zeit später erfuhren Holger, Elmar und Leo von ihren Ausbildern, dass diese drei Blödmänner die Tante nicht nur glücklich gevögelt, sondern auch noch zusätzlich erfolgreich bestohlen hatten. Erst wohl nur Bargeld, dann aber auch noch Schmuck und Wertgegenstände. Wie bescheuert konnte man nur sein!

Die drei Freunde verlegten ihre Feierabendbierchen in andere Lokale, wo zumindest Tischdecken lagen und keine Asche in Bieren schwamm.

Imponierend war übrigens die Aufklärung des Klassenfeindes aus der DDR. Gerade in den letzten sechs Wochen der Grundausbildung fuhr die ganze Einheit öfter raus zu Gefechts- oder Alarmübungen. Alarmübung hieß, mitten in der Nacht, vorzugsweise gegen morgens 3:00 Uhr mit der Trillerpfeife und dem Gebrüll: »Batterie – Alarm, aufstehen! Raustreten auf den Flur!« unsanft geweckt zu werden.

Die Mannschaften wetzten auf den Flur! Ungefähr 25 Prozent der Männer waren wohl aus wohligem Schlaf geweckt worden und hatten einen Ständer, was eigentlich ganz lustig aussah! Dann war blitzschnelles Anziehen und Antreten angesagt. Auf Waschen und Betten machen wurde kein Wert gelegt. Grobe Erklärung der Lage! Meist war der Feind aus Richtung Osten durchgebrochen und wollte dem Westen das Fell versohlen. Also mussten irgendwelche Verfügungs- oder Bereitschaftsräume bezogen werden. Alles sauste zu den Geschützen.

Eine Batterie bestand aus sechs Geschützen, einigen gepanzerten Hilfsfahrzeugen, Munitions-Lkw, Kradmeldern, Jeeps, Instandsetzungsfahrzeugen und Sanitätsfahrzeugen. Es war also eine ganze Menge Blech unterwegs. Das letzte Fahrzeug war noch auf dem Kasernengelände und die

Ersten rollten bereits auf der Hauptstraße, da wurde der Feuerleitpanzer schon durch die gegnerische Aufklärung über Funk über eine Allgemeinfrequenz begrüßt: »Liebe Kameraden der Artillerieausbildungsbatterie aus Wentorf, wir wissen, dass ihr euch nach Batteriealarm auf dem Marsch zu eurem Verfügungsraum Oskar befindet! Wir wünschen euch einen guten Tag! Wir haben euch im Auge, Kameraden!«

Das war schon eine tolle Nummer, denn die Herren von der anderen Feldpostanschrift konnten solche Informationen eigentlich nur über gut informierte Kreise aus Holgers Ausbildungseinheit erfahren haben.

Eines Abends wurde Holger zum Dienstschluss in das Dienstzimmer des Batteriehauptfeldwebels (Spieß) befohlen. War kein gutes Zeichen! Das bedeutete in der Regel meistens Ärger! Vor der Tür zum Dienstzimmer des Spießes standen schon einige andere Kameraden, unter ihnen auch Leo und Elmar. Bei genauerer Betrachtungsweise waren es alle »Abbis« der Einheit. Auch Werner Memper, ein Kamerad aus Dortmund, war mit dabei.

Nacheinander wurden alle zum Spieß hineingebeten und durften vor seinem Schreibtisch Platz nehmen, nachdem man seine übliche Meldung gemacht hatte. Er hatte einige Listen und Fragebögen vor sich liegen. Der Grund seiner Befragung war sehr einfach. Er wollte von Holger wissen, ob er an einer Reserveoffiziersausbildung interessiert war! War er! Aber sicher! War er auf jeden Fall!!!

Nachdem er zur Musterung von dem Schicksal der Tauglichkeit überrascht wurde, hatte er sich vorgenommen, für sich das Beste aus der Zeit des Wehrdienstes zu machen. Und da konnte die Ausbildung zu einem Offizier bestimmt nicht schlecht sein! Also nickte er zu alle Punkten der Befragung und befürwortete die Antragstellung positiv. Natürlich wurde ihm ein Erfolg dieses Antrages nicht in Aussicht gestellt, denn es mussten noch verschiedenste Tauglichkeitspunkte abgeklärt werden, wie ihm der Spieß erläuterte.

Vor der Tür unterhielt er sich später mit den anderen Aspiranten der Befragung. Schnell stellte sich heraus, dass schon selektiert worden war. Nicht allen »Abbis« war eine Ausbildung für die Reserveoffizierslaufbahn angeboten worden, einigen wurde nur die Möglichkeit der etwas eingeschränkten Unteroffizierslaufbahn offeriert. Leo und Elmar wurden ebenfalls für die Reserveoffizierslaufbahn vorgeschlagen. Alleinig Werner Memper hatte kategorisch alle Angebote abgelehnt. Er war überzeugter Pazifist und bedauerlicherweise im Vorfeld der Musterung bei der Anerkennung als Kriegsdienstverweigerer gescheitert. Alle anderen hatten die ihnen unterbreiteten Ausbildungsvorschläge angenommen.

Holgers Mutter war am Wochenende ganz aus dem Häuschen, als sie von ihrem Sohn diese Neuigkeiten erfuhr. Akademiker und Offizier, das war für sie die Perspektive! Oder erst Offizier und dann Akademiker! Scheiß egal!! Sie war regelrecht besoffen vor Glück! Wahrscheinlich fühlte sie sich an ihren mit dem Schlachtschiff Bismarck versenkten Verlobten erinnert.

»Wenn das noch dein Opa wüsste!«, war ziemlich lange ihre Einlassung auf die von ihrem Sohn geschilderte Situation.

Holgers Bitte, das Ganze vorerst unter Vorbehalt zu betrachten und Stillschweigen zu wahren, kam sie selbstverständlich nicht nach. Mehr oder weniger umgehend telefonierte sie in Folge mit Freunden, Bekannten und Verwandten und lenkte das Gespräch nach einigen Begrüßungsfloskeln und Belanglosigkeiten gleich in die für sie wichtige Richtung. »Ach ja, übrigens der Holger ist gerade hier - ja, er hat Wochenendurlaub - nein, er kommt gut zurecht bei der Bundeswehr – die Ausbildung belastet ihn nicht – nein, auf keinen Fall! Es wurde ihm schon angekündigt, dass er zum Offizierslehrgang muss!«

Selbst Holgers Vater war der Meinung, dass so eine Ausbildung eventuell später bei einer beruflichen Orientierung eine entscheidende Rolle spielen konnte. Holgers Freundin Karin war auch beeindruckt und wollte ihn zur Belohnung an ihrer Fotze lecken lassen, weil ihr dies offensichtlich immer mehr gefiel. Also tat Holger auch so!

Von seinem ersparten Geld kaufte er sich einen rotten Fiat 770 S. Gegenüber dem 500er war er etwas länger, hat einen 4-Zylinder-Motor und stolze 23 PS. Holgers Mutter hatte einen Ganztagsjob angenommen. Sie war maulig, weil Holger seine Wochenenden hauptsächlich mit Karin oder seinen Freunden verbrachte. Sein Verweis auf sein Alter verhallte bei ihr unkommentiert. Holgers Eltern bezahlten den Unterhalt seines Wagens und seine Mutter benutzte ihn für ihre Fahrten zum Arbeitsplatz oder auch zum Einkaufen. An den Wochenenden stand er Holger zu Verfügung.

Für Karin und ihn ergab sich somit die Möglichkeit auch mal auf einem großen Parkplatz im Auto zu fummeln, wenn ihre Eltern zu Hause waren. Karin sagte ihm dann eines Tages an einem Wochenende, dass er es sich doch überlegen sollte, eventuell bei der Bundeswehr zu bleiben. Ihre Eltern hätten ihr gesagt, dass Offiziere nicht schlecht verdienen würden.

Holger war richtig sauer! Der eigenen Tochter die Pille als gängiges Verhütungsmittel nach wie vor verweigern, aber deren Freund nach gerade mal viermonatiger Beziehung mit nur gelegentlichen Wochenendtreffen Vorschläge für die berufliche Laufbahn machen zu lassen, war für Holger nicht nachvollziehbar. Das sagte er Karin auch! Sie reagierte etwas indigniert und kommentierte das Ganze nicht.

In seiner Bundeswehreinheit wurde Holger von dem Spieß gefragt, ob er nicht nach Dienst als Ordonnanz im Offizierskasino bei einem Ball servieren wolle. Er willigte ein, denn seine Kameraden Leo und Elmar machten auch mit. Eine zweistündige Einweisung war angesagt. Sie bekamen weiße Uniformjacken und weiße Handschuhe angelegt. Mit den aufgelaschten Epauletten auf den Schultern sah das richtig nobel aus. Holger kam sich vor wie Rittmeister Hotzenplotz.

Jede Ordonnanz bekam einen Tisch zugewiesen und hatte ausschließlich für diesen Tisch zuständig zu sein. Jeder Tisch war mit zwölf Personen besetzt. Die Plätze waren per Tischkarte ausgewiesen. Die Herren Offiziere erschienen mit ihren Damen und nahmen Platz. Die Ordonnanzen bedienten, was das Zeug hielt und die Damen und Herren ließen es sich gut gehen.

Dann kamen Zigarren und Zigaretten auf den Tisch und die Luft wurde blau. Natürlich folgte lagenweise Sprit bis zu Sprachlosigkeit. Die Damen bekamen auch einen Schwips, zogen die Kleider oder Röcke kürzer und fingen ungeniert an, mit Holger zu flirten. Vor lauter Begeisterung darüber kippte er einer Offiziersgattin ein Glas Wein in ihr aussagefähiges Dekolleté, was von ihrem Gatten, einem schnöseligen, leicht überfetteten Oberleutnant, mit den Worten »Tölpel!« kommentiert wurde.

Sie sagte nur: »Macht doch nichts, junger Mann, mir ist sowieso heiß!«, und legte Holger mit geilem Blick und der Zunge zwischen den Lippen leicht die Hand auf seinen Arm. Sie war ein hübsches Luder mit kurzem schwarzen Bubikopf und schwarzem Kleid, welches ihre offensichtlich gute Figur nur noch betonte.

Ihr Göttergatte stand auf und schwankte mit einem Major aus dem Ballsaal in die Bar. »Um die Wege kurz zu halten«, wie er betonte. Dem Major hatte er ohnehin den ganzen Abend etwas vorgesabbert. Möglicherweise war es sein Vorgesetzter oder in anderer Form wichtig für seine Laufbahn. Seine hübsche Frau führte nunmehr ein wichtiges Gespräch mit einer anderen Offiziersgattin.

Inzwischen war es spät geworden. Die Ordonnanzen trafen sich jetzt auch mal kurz in der Küche, um ein Schlückchen zu heben. Das Kasinopersonal schenkte nun ganz ungeniert aus, was an teuren Getränken bestellt wurde.

»Bezahlt ja sowieso der Staat, also wir, also das Volk. Wir sind das Volk!«

Die gesamte Kasinobesatzung hatte inzwischen auch den bekannten Kronleuchter an und die Ordonnanzen schlossen sich dieser Argumentation widerstandslos an.

Plötzlich kam Elmar angeschossen und sagte: »Du wirst an deinem Tisch vermisst, Holger. Mach, dass du reinkommst!« Der sauste los und fand seinen Tisch verwaist vor, nur die Frau des Oberleutnants war noch da.

Sie hatte inzwischen noch leuchtendere Augen, drohte ihm leicht mit dem Finger und säuselte: »Eine gute Ordonnanz sollte sich immer um seine Gäste kümmern.«

»Soll ich nach Ihrem Mann schauen?«, fragte Holger ebenso säuselnd.

»Ich will, dass Sie sich um mich kümmern. Das ist Ihre Pflicht. Folgen Sie mir bitte, aber mit vier Schritt Abstand, verstanden!«

»Oh je, das gib Mecker!«, dachte sich Holger und folgte ihr wie ein begossener Pudel. Aber sie ging stracks an der Bar vorbei, ohne auch nur einen Blick hineinzuwerfen. Ihr Oberloddel hatte sich zwischenzeitlich mit Handschellen einhändig am Messinghandlauf der Bar angeschnallt und gab sich mit einigen nur noch wenigen Herren mit seinem zweiten Händchen ordentlich die Kante.

Holgers Vorläuferin ging an den Toiletten vorbei in Richtung Kasinoausgang. An einer Treppe bog sie ab und ging zielstrebig hinunter in die Kellerräume. ‚Kegelbahn' stand über einer Tür. »Die kennt sich aber aus«, dachte Holger. Daneben war noch eine Toilettenanlage. Sie steuerte schnurstracks die Damentoilette an, zog Holger hinein und weiter in eine der drei Kabinen, die sie hinter sich verriegelte. Dort fiel sie ihm sofort um den Hals und sagte: »So, mein süßer Soldat, jetzt kannst du dich für deinen Fehler von vorhin entschuldigen. Geh mir sofort an meinen Arsch!«

Nun musste Holger also seine Pflicht tun. Er schob ihr langes enges Kleid bis über die Hüften hoch, wo es hängen blieb und streichelte ihre wunderschön geformten Pobacken. Seitlich fuhr er unter ihren weißen Brasiltanga. Den konnte er nämlich im Spiegel sehen, den ein offensichtlich erfahrener Kaserneneinrichter in die Toilettenkabinen für die Damen hatte schrauben lassen. Der Spiegel war nicht ganz übergroß, vielleicht so 40 cm mal 50 cm, aber groß genug, um aus Holgers Blickhöhe den Arsch seiner Gespielin sehen zu können. Er schob sie so zurecht, dass er ihren Arsch noch besser begutachten konnte.

»Das macht dich geil, wenn du meinen Arsch auch siehst und nicht nur spürst, nicht wahr?«

»Ja«, erwiderte Holger nur kurz.

»Das merke ich, du stehst ja auch schon ganz stramm«, hauchte sie ihm ins Ohr.

Holger war inzwischen mit beiden Händen unter ihrem Brasil und hatte von jeder Hand einen Finger in ihrer klatschnassen Fotze und spielte sie geil, bis sie nur noch stöhnte: »Jetzt will ich sehen, wie du an meiner Fotze spielst.«

Sie drehte sich in Holgers Armen um, drückte ihn mit seinem Rücken gegen die Kabinenwand und stellte ihr rechtes Bein auf den Toilettensitz. Mit einem kleinen Ruck stellte sie ihren linken Fuß auf die Kabinentürklinke. Ihr Rücken drückte gegen seine Brust und er spürte keinen Büstenhalter unter ihrem Kleiderstoff, sondern nur den Reißverschluss ihres Kleides. Die Frau drehte weit ihren Kopf zu Holger nach hinten und saugte sich gierig an seiner Zunge fest. Holger sah im Spiegel, dass sie von Natur aus schwarzhaarig war. Er spielte mit einer Hand an ihrer Fotze, mit der anderen fuhr er ihr unter das hochgeschobene Kleid und spielte an ihren strammen Titten. Seine Vermutung, dass sie keinen Halter trug, bestätigte sich.

Seine Gespielin hatte ihm inzwischen beide Arme um den Hals gelegt, um ihn etwas von dem Druck ihres Rückens auf seine Brust zu entlasten. Diese Nummer konnte sie eigentlich nur im Zirkus gelernt haben. Und das erste Mal in diesem Etablissement war es für die junge Frau auch nicht, denn sie wusste die Inneneinrichtung optimal zu nutzen. Sie wendete nun ihr Gesicht dem Spiegel zu. Beide konnten jetzt die gemeinsame Geilheit sehen und noch gerade am unteren Spiegelrand ihre Fotze zwischen ihren weit gespreizten Beinen.

»Ich bin deine geile Fickfotze, spiel mir einen runter, dann will ich deinen Schwanz im Mund haben, bis du spritzt.«

Holger spielte an ihrem Kitzler, was ihr mit genauso großer Geilheit gefiel, wie ihm. Sie stöhnte und führte mit ihrem Unterleib immer kürzer werdende Stöße in Richtung Holgers Hand aus.

Holgers Gespielin keuchte nur noch rhythmisch und schrie plötzlich lang anhaltend auf und zuckte und zitterte in seinen Armen. Ihre Beine zitterten genauso und versuchten sich zu schließen, um sich gleich wieder weit zu öffnen. Der Saft ihres Orgasmus lief ihm warm über die Hand. Keuchend brachte sie ihre Beine wieder auf den Boden, setzte sich mit gespreizten Beinen auf den Toilettensitz und zog Holger zu sich herum. Schnell öffnete sie seinen Hosengürtel und den Hosenschlitz. Mit einem

Ruck riss sie ihm seine Hose und seine Unterhose bis auf seine Schuhe nach unten. Sein steifer Schwanz sprang sie förmlich an. Sie zog ihn daran bis zu sich hin und nahm ihm sofort in den Mund. Gekonnt bewegte sie seine Vorhaut hin und her und zog sie manchmal bis zur Schmerzgrenze nach unten, um nur mit der Zunge oder dem Mund über seine hart geschwollenen Eichel zu gleiten. Dann rieb sie ihn wieder mit der Hand und tänzelte nur mit der Zunge über die Eichelspitze.

Holger hechelte nur noch vor sich hin und flüsterte ihr die größten Sauereien zu, die sie aber noch wilder machten, denn selbst mit seinem Schwanz in ihrem Mund schnaufte sie deutlich.

Holger hatte jetzt ihren Kopf in beiden Händen und vögelte ihr mit kraftvollen Stößen in den Mund, mit dem sie seine Steifen immer fester umspannte und dann kam auch er.

Kaum hatte sie ihm den Saft abgeleckt, zog er sie hoch, bückte sich und riss ihr den Tanga herunter, aus dem sie auch sofort ausstieg. Sie drehte sich herum, bückte sich mit weit gespreizten Beinen und stützte sich auf dem Toiletten-Spülkasten auf. Gut, dass hier keine Druckspülung installiert war.

Seine Partnerin machte ein Hohlkreuz, sodass ihr Arsch richtig schön hoch kam und er ihre Pflaume gut sehen konnte. Sie war noch ganz nass. Ziemlich schnell steckte er seinen Schwanz hinein, was sie laut aufstöhnen ließ. Sie stand jetzt auf ihren Schuhspitzen und beugte sich vorn noch weiter runter, um Holger ihren Hintern noch besser und geiler entgegenstrecken zu können. Er leckte sich seinen Mittelfinger klatschnass und schob ihn ihr in den Arsch. Ganz langsam, bis zum Anschlag.

»Vögel mich, bums mich, schneller, ich bin deine geile Ficksau. Mach mir den Hengst!«

So animiert bumste Holger sie ordentlich durch. Seine Eier schlugen klatschend an ihre Schenkel. Laut aufstöhnend kam sie und stöhnte weiter, bis Holger einige Sekunden später auch kam und röhrend in sie abspritzte und seinen Schwanz zum letzten Male mit Kraft in sie hineinstieß.

Dann ging alles sehr schnell. Holger war in Windeseile wieder in seiner Uniform. Frau Oberleutnant kam übergangslos wieder zu der distanzierten Anrede zurück. »Ordonnanz! Sie können schon mal gehen und meinen Mann darauf vorbereiten, dass wir gleich fahren wollen. Ich brauche noch ein paar Minuten, um mich zu sortieren.«

Also schlenderte Holger betont lässig in die Bar zurück. Ungefähr knapp 15 Minütchen hatte das gesamte Nümmerchen gedauert. Holger kam es wesentlich länger vor. Es war nur noch Kasinopersonal da und die Ordonnanzen und alle hauten sich auf Staatskosten die Hucke zu. Ach ja und der Herr Oberleutnant. Aber der hatte ganz schlechte Karten und war offensichtlich nicht nur Oberleutnant, sondern auch Oberblödmann, denn er hatte die Schlüssel für seine schönen Handschellen vergessen. Und so saß er auf einem Hocker vor dem Tresen und hatte sein rotes Köpfchen auf den am Tresenhandlauf gefesselten Arm gelegt und schnarchte fröhlich vor sich hin. Diese Nummer musste er möglicherweise genauso oft schon geübt haben wie seine Frau mit Holger vor einigen Minuten im Keller.

Die erschien nun ganz aufgeräumt, erkannte sofort die Situation und sagte einem zum Kasinopersonal gehörendem Unteroffizier: »Rufen Sie mir bitte eine Taxe. Bis Sie den Herrn dort befreit haben, wird es ja noch eine Weile dauern und schicken Sie ihn dann per Taxi an die Ihnen bekannte Adresse.«

Holger würdigte sie keines Blickes mehr, sondern ging zu dem Eingang des Kasinos. Nun denn! Der Unteroffizier kam nach der Ausführung des Telefonates nach der Taxe zurück und fragte: »Na, war es eine geile Nummer?«

Holger schaute ihn offensichtlich etwas irritiert an.

»Mach dir nix draus. Wir haben sie alle schon da unten auf der Kegelbahn gevögelt. Auf Frischfleisch ist sie ganz wild. Die wenigsten haben sie das zweite Mal gebumst. Sie soll mal gesagt haben, dass es ja genug Männer bei der Bundeswehr gäbe. Ihr Alter weiß das Ganze übrigens. Deshalb kettet er sich auch immer an, um ihr nicht gleich was auf die Fresse zu hauen. Deswegen schicken wir ihn auch mit zeitlichem Versatz zu ihr nach Hause. Einen zweiten Schlüssel für die Handschellen haben wir inzwischen auch. Das erste Mal war es ein wenig anstrengend, da mussten wir nachts zwei Stunden suchen, um jemanden aus der Instandsetzungseinheit mit einem Bolzenschneider zu bekommen. Aber jetzt kennt das inzwischen jeder hier. Selbst die Taxifahrer.«

Holger bedankte sich artig für die Informationen und trabte mit Elmar und Leo in tiefer Nacht zu ihren Kasernengebäuden zurück. Und plötzlich empfand er seine bisher abgeleistete fast dreimonatige Wehrdienstzeit nicht mehr als nutzlos und eine Offizierslaufbahn nicht mehr als sinnlos, denn man konnte ja etwas lernen. Und sei es nur festzustellen, dass Liebe mit Sex nicht gleichzusetzen war. Aber guter geiler Sex konnte ganz schön abhängig machen, weil man sich immer wieder daran erinnerte!

Holger wollte mal an einem der nächsten freien Wochenenden mit seiner Freundin Karin über ihren gemeinsamen Blümchensex sprechen. Schließlich hatte er ja nun das erste Mal in seinem Leben ohne Pariser gefickt. Von den ganzen anderen netten Dingen, wie dem Spiegel und anderen Positionen mal ganz zu schweigen. So ging das wirklich nicht weiter!

Die Grundausbildung war vorbei und die jungen Rekruten wurden vereidigt. Mit Antreten, feierlichem Gelöbnis und Fahneneid und Marschmusik sowie zackigen Reden hochrangiger Offiziere. Viele Eltern waren dabei.

Nach Abschluss des förmlichen Teiles mussten die Rekruten vor ihrem Batteriegebäude antreten und wurden zu ihren Einsatzverbänden verabschiedet. Fast alle Rekruten kamen nach Boostedt zum 185. Artilleriebataillon 3. Batterie und 2. Batterie. Einige wenige wurden einem Feldartilleriebataillon zugeteilt.

Es war inzwischen Freitag 14:00 Uhr und alle freuten sich darauf, nach dem Umzug in die neue Einheit den Weg nach Hause ins Wochenende antreten zu können. Es dauerte unendlich lange, bis die Transportlastwagen erschienen, um alle Rekruten mit Militärgepäck und Privatsachen zu den neuen Standorten zu bringen. Von Hamburg-Wentorf bis nach Boostedt unterhalb von Neumünster waren es gerade mal knapp 80 Kilometer. Aber die ganze Kolonne fuhr im Verband über Bundesstraßen mit gerade mal 60 km/h. So kamen die Rekruten erst gegen 18:00 Uhr in Boostedt an, und es erfolgte die schon bekannte Stubenaufteilung mit wiederholtem Antreten vor dem Wohnblock.

Und dann erfolgte der schon bekannte geführte gemeinsame Gang zur Kantine. Die wenigen in der Kaserne verbliebenen älteren Soldaten der Stammeinheiten hingen aus den Fenstern ihrer Wohnblöcke und bedachten die jungen Soldaten mit den nunmehr schon bekannten Schmähungen.

Als Holger mit den anderen neu angekommenen Soldaten vom Abendbrot zurückgekommen war, wurde wiederum Antreten befohlen und sie wurden von ihrem neuen Hauptmann begrüßt, einschließlich Spieß und allen anderen Dienstgraden der Batterie.

Na toll! Hoffentlich würden die nur sagen wollen: »Hallo und tschüss und ab ins Wochenende!« Nein! Scheiß auch, die sagten: »Ihr Wochenende ist gestrichen. Ihr Dienst beginnt sofort!«

»So ein Mist auch«, dachte sich Holger, denn er hatte ja unbedingt mit seiner Karin über eine Korrektur ihres gemeinsamen Blümchensexes sprechen wollen. Am besten mit sofortigen gemeinsamen Korrekturübungen. Aber nein, die machten einen gleich zur Begrüßung richtig lang. Der neue Hauptmann und Batteriechef war ein richtiger Bilderbuchhauptmann. Ganz schnieke und gut aussehend und die grauen Wildlederhandschuhe lässig in der Hand. Und keine Kampfuniform an. Nein, eine gute Ausgehuniform, und die von einem Schneider gemacht mit edlem Stöffchen und Beschlag. Das ebenso handwerklich gefertigte Schirmmützchen keck auf dem gebräunten Köpfchen, stellte er einen Typ des deutschen Offiziers dar, den man eigentlich nur noch mit Filmvorlagen vergleichen konnte. So ein wenig Hardy Krüger mit einem Schuss Fritz Wepper und einem Hauch Heinz Rühmann. Und, sehr arrogant! Dieses überkandidelte Sackgesicht erzählte ganz unverblümt, dass er es gewohnt sei, die beste Batterie des Bataillons zu führen, und dass er diesen Sachverhalt als nicht gefährdet ansehen wollte, durch die Neuankunft frischer Rekruten für seine Einheit. Also sei für die neuen Soldaten von Anfang an nur Druck und Stress angedacht worden, damit auch keiner auf dumme Gedanken käme, seine urdeutschen Ziele zu verfehlen! Nachdem er seine Gedankengänge bühnenreif von sich gegeben hatte, verließ er die Örtlichkeit und überließ die Befehlsgewalt den niedrigeren Offizier- und Unteroffizierrängen.

Holger wurde einem kleinen dicklichen Zugführer mit dem Namen »Dust« zugeteilt. Von den Rekruten bekam er sofort den Namen »Dusty« (staubig) verpasst. Klein, überdeutlichst moppelig, mit einem Hauch von schmalem Oberlippenbart und vollkommen humorlos. Als Erstes wollte er die Ausbildungsvorschläge hinsichtlich der möglichen militärischen Laufbahnen der neuen Soldaten überprüfen!

»Die Kameraden in den Ausbildungseinheiten lassen sich da schon mal etwas blenden, vor allen Dingen von den Abbis«, drückte er sich kaum lächelnd aus. Das bedeutete, dass er Holger und seinen Freunden ordentlich auf den Zahn fühlen wollte. »Ich habe nur Realschulabschluss, aber Zählen kann ich auch«, fabulierte Dusty weiter.

»Ist doch nicht schlimm! Wir haben sie aber trotzdem lieb, Herr Feldwebel«, versuchte ihn Holger zu trösten. Ach du Scheiße! Diese kleine Kanonenkugel durchlief so ungefähr alle Gesichtsfarbschattierungen eines wild gewordenen Farbfernsehers bei der Wiedergabe der Sendung - Der goldene Schuss mit Vico Torriani - aus dem Jahre 1970.

Elmar, der auch in Holgers Einheit und auf seiner Stube war, setzte noch einen drauf und sagte mitleidig: »Jetzt ist er schon ganz grün, gleich stirbt er.«

Ihr gemeinsamer Freund Leo, den auch das Los ereilt hatte, mit ihnen zusammen versetzt zu werden, verkannte die sich ergebende Situation total und rundete das Ganze mit der Bemerkung ab: »Eigentlich nicht schlimm! Den kannste mit der Kiste hinstellen oder legen. Ist eh ein Würfel, die Kosten bleiben also gleich!«

Himmel, Gott und gütiger Geist! Was hatten die drei da nur gemacht? Das Ganze war natürlich im »Stillgestanden« bei vollständiger Batterieeinheit geschehen! Und das waren so ziemlich exakt 100 Mann! Die Mannschaften standen wie ein Mann atemlos da mit der Hand an der Hosennaht! Die Dienstgrade standen ihnen gegenüber und kämpften auf das Deutlichste gegen Prust- und Hustenanfälle. Einige bekamen mit hochrotem Kopf einen deutlichen Schluckauf. Der Batterieoffizier, ein

Oberleutnant, der nach dem Abschied des Hauptmannes nunmehr die Befehlsgewalt hatte, stand etwas abseits, mit deutlich zuckendem Unterkiefer.

Feldwebel Dust drohte zu platzen! Offensichtlich hatte er die Nettigkeiten der drei Soldaten noch nicht ganz verarbeitet. Dann wurde er urplötzlich kreideweiß, machte auf der Stelle kehrt und marschierte wie ein Uhrwerk auf den Batterieoffizier zu. Vor dem baute er sich stramm auf und machte Meldung: »Melde Herrn Oberleutnant etwas Ungeheures! So etwas ist mir in meiner zwanzigjährigen Soldatenlaufbahn noch nie passiert! Drei Rekruten haben mich beleidigt und meine Autorität untergraben! Ich werde mich morgen beim Kommandeur beschweren! Ich bin doch kein Hampel!« Die letzten Worte stammelte Dusty fast schon weinend. Während seiner Meldung salutierte er wie ein aufgezogenes Uhrwerk permanent sinnlos vor sich hin.

Der Oberleutnant, ein Hüne von Kerl, schaute etwas distanziert über ihn hinweg und entließ ihn mit einem kurzen Befehl in sein Dienstzimmer. Dann befahl er Holger, Leo und Elmar aus der Aufstellung seitlich wegzutreten. Er übergab die Batterie dem Spieß, der sie in das Gebäude einrücken ließ.

Dann kam er zu den drei neuen Soldaten, baute sich vor ihnen auf, stemmte die Hände in die Seiten, beugte sich leicht zu ihnen hinunter und sagte leise, scharf und überdeutlich: »Ihr seid doch wohl ein bisschen bescheuert! Das Einzige, was euch im Moment hilft, ist euer sogenannter Welpenschutz, weil ihr gerade aus der Grundausbildung kommt! Normalerweise müsste ich euch Knalltüten postwendend in den Bau schicken und ein Disziplinarverfahren einleiten! Ich werde deshalb auf eure freiwilligen Ordonnanzeinsätze während der Grundausbildung verweisen, die das Ganze ins Lot bringen dürften. Dusty ist ein guter Zugführer! Ich werde ihm jetzt eure Entschuldigung mitteilen. Aber er dürfte das Ganze für lange Zeit wohl nicht vergessen, weil es vor der gesamten Einheit geschah und viele der Unteroffiziere es ihm gegönnt haben. Ihr seid auf ihn angewiesen und eure Vorschusslorbeeren sind jetzt aufgebraucht! Und jetzt macht, dass ihr mir aus den Augen kommt!«

Und Dusty hatte das die drei Abbis spüren lassen. Und wie! Aber letztendlich hatte Holger das mit seinen Kameraden auch überstanden.

Für das kommende Wochenende verabredete sich Holger mit seiner Freundin Karin. Am Telefon wirkte sie etwas zurückhaltend. Was das wohl zu bedeuten hatte? Nach den üblichen Begrüßungen und Berichterstattungen bei seinen Eltern sauste Holger samstagabends mit seinem roten Fiat zu Karin. Sie trug einen kurzen Faltenrock, war aber merkwürdig verhalten und ging mit Holger auf ihr Zimmer. Dort setzte sie sich betont artig ihm gegenüber auf die Eckgarnitur ihres Sofas und eröffnete ihm, dass sie die Verbindung zu ihm auflösen wolle. Sie hätte genug von Blümchensex! Seit zwei Wochen nähme sie nun die Pille und durch Zufall habe sie auf einer Schulparty einen ehemaligen Mitschüler von Holger aus seiner Zeit auf dem Ostwallgymnasium kennengelernt! Und der habe sie nach dem Kennenlernen nach allen Regeln der Kunst durchgevögelt!

Nun gut! Holger war nicht weiter beleidigt. Er hatte ja zwischenzeitlich auch seine Fortbildung in diesen Dingen erfahren. Aber ihr weiter Schritt, gerade jetzt unter dem Faltenrock ließ seine Fantasie nicht ganz unberührt. Und, mit ihr hatte er seine männliche Jungfräulichkeit verloren. Er wünschte ihr alles Gute und weg war er. Aber, sie war die einzige Frau, die ihn Jahre später, nach einem zufälligen Treffen mitten in der Dortmunder City, in Gegenwart ihrer Freundin, in den Arm nahm, ihm einen Kuss auf die Wange drückte und dabei sagte: »Ach Holger, die Zeiten mit dir in deinem kleinen roten Fiat auf den vielen Parkplätzen war doch schön! Ich möchte sie nicht missen!« So etwas hatte Holger danach nie, nie wieder erlebt.

Holgers Mutter hatte für diese Trennung, ohne dass er auch nur annähernd weiter darauf einging, nur eine verächtliche Bemerkung übrig, die da lautete: »Sie hat ohnehin nicht zu dir gepasst!«

Elmar, Leo und Holger kamen allmählich mit ihrem Zugführer Dusty in ihrer Bundeswehreinheit zurecht. Er hatte gemerkt, dass die drei wirklich etwas leisten konnten, wenn sie wollten. Er nahm ihnen selbstverständlich den Entscheidungsfaktor des ‚Wollens' knallhart ab und diktierte ihnen das ‚Müssen'. Die drei entschieden sich unabgesprochen und sprachlos für das ‚Wollen müssen'. Funktionierte aber auch!

Ihr Freund aus den Grundausbildungsmonaten in Hamburg-Wentorf, Werner Memper, war in der 2. Batterie untergekommen, verbrachte jedoch nach Dienst seine gesamte Freizeit mit ihnen zusammen. Werner verhielt sich in Sachen des Wehrdienstes, nach Meinung von Elmar, Leo und Holger, absolut dusselig. Sie sagten ihm das auch! Er verweigerte doch tatsächlich seine Beförderung in den Rang eines Gefreiten. Selbst ihr Argument, dass mit dieser Beförderung eine Anhebung seines Wehrsoldes verbunden sei, mochte ihn nicht bekehren.

Werner hatte sich einen alten VW-Käfer zugelegt. Es war ein absoluter Schrotthaufen, aber er fuhr. Elmar, Leo und Holger fuhren mit Werner und seinem Auto einige Male gegen Spritgeldbeteiligung nach Dortmund zum Hauptbahnhof als Treffpunkt in den Wochenendurlaub oder von dort wieder am Sonntagabend zu ihren Einheiten nach Boostedt zurück. Werner war verheiratet und seine Frau hatte eine Anstellung als Sprechstundenhelferin bei einem Arzt. Werner wollte, wenn sie alle zusammen mit ihm fuhren, keine Spritgeldbeteiligung annehmen. Aber die drei gaben es ihm trotzdem, auch wenn er immer betonte, dass er ihnen eigentlich Geld geben müsste, damit sie überhaupt mit ihm mitfuhren. Damit hatte er eigentlich nicht ganz unrecht, denn an seinem Auto waren ganz entscheidende Dinge nicht funktionsfähig. Die Heizung existierte nicht, sie ging nicht! Die Scheibenwischer waren zwar vorhanden, aber gingen nicht! Ersatz wurde durch eine Wäscheleine gefunden, die an den Scheibenwischerarmen verknotet wurde, um sie dann durch die schräg gestellten Seitenfenster in den Innenraum des Wagens zu führen. Hier kam dann als Ersatzmotor der Beifahrer nach Werners Aufforderung zum Einsatz. Der Fußraum der Beifahrerseite war vollgestopft mit alten Handtüchern, weil hier bei Regen nicht unerhebliche Mengen an Wasser eindrangen. Wer hinten saß, war fein raus, denn er konnte sich quer hinsetzen, wenn das Wasser auch den hinteren Fußraum flutete. Nur, die Karre beschlug wie Hacke und es war wegen der geöffneten Seitenfenster lausekalt.

Irgendwann bat Werner seine drei Kameraden, ihm an einem Wochenende doch bei dem Einbau einer neuen Kupplungsscheibe in seinen alten Wagen behilflich zu sein. Nach seiner Aussage war es mit dem Lösen einiger Schrauben getan und würde nicht mehr als zwei Stunden Zeitaufwand in Anspruch nehmen. Danach wäre bei ihm gemeinsames Abendessen mit begleitendem Besaufen und anschließender Fahrt am Sonntag nach erfolgter Ernüchterung zu ihrem Standort nach Boostedt angesagt.

Leo und Elmar lehnten das Ersuchen von Werner unter Vorspielung falscher Tatsachen ab. In Wirklichkeit mussten sie ihre Mädels bespaßen, wie sie Holger nach diesem Wochenende anvertrauten. Elmar musste sogar vor seiner Ankunft in Bochum seine Hände mit einer Wurzelbürste unter Einsatz von parfümierter Seife schrubben, damit seine Freundin keine Rückschlüsse auf seine aktive Rauchertätigkeit während der Woche ziehen konnte. Dabei fraß er spätestens ab der Höhe von Münster lagenweise Kaugummis mit Pfefferminzgeschmack. Insofern blieb nur Holger für den Kupplungsreparaturversuch übrig, denn er hatte natürlich im Kreise seiner Freunde und Kameraden von der Trennung von Karin berichtet.

Er meldete sich also am Samstag bei seinen Eltern unter Verweis auf den kameradschaftlichen Einsatz bei Werner Memper ab. Seine Mutter fühlte sich, wie sie ausdrücklich betonte, nur noch ausgenutzt, um am Wochenende seine Bundeswehrkleidung und seine private Wäsche zu reinigen. Holger konnte es nicht ändern. Das sagte er ihr auch! Aber das änderte auch nichts!

Werner hatte für den Samstag noch einen Kumpel für den Kupplungsscheibenwechsel aktiviert! Typ Arschgesicht! Aber er kannte angeblich etwas von VW-Motoren, also musste er bleiben. Werner, Holger und Arschgesicht schraubten für den Kupplungsscheibenwechsel unter Verwendung eines Kastens Bier für die Lagerung des Motors und Spülung ihres Durstes ungefähr sechs Stunden auf einem Garagenhof vor sich hin. Sie waren danach nicht nur knallkaputt, sondern auch knallbesoffen.

Werners Frauchen hatte eine Riesenportion Nudeln mit Tomatensoße und Hackfleisch gemacht. Alle tranken noch einige Portionen Bier und

Weinbrand und Arschgesicht setzte sich unter Vorspielung irgendwelcher dümmlichen Ausreden ab.

Irgendwann waren auch Werner, seine Frau und Holger knallkaputt und sie beschlossen, das Licht auszuknipsen. Die beiden Mempers wankten in ihr Schlafzimmer und Holger ließ sich im Wohnzimmer auf der Couch unter einer Decke nieder.

Sonntags morgens wurde Holger durch blendenden Sonnenschein, der in sein Gesicht strahlte, geweckt. Er setzte die Brille auf und begutachtete seinen Zeitmesser. Der erzählte etwas von 10:00 Uhr. Es war eigentlich die beste Zeit, den Tag zu beginnen. Im Hause Memper herrschte noch absolute Ruhe. Kein Kaffee- oder Toastgeruch bereicherte die Luft. Es war vollkommen still. Holger stand auf und ging in Richtung Mempersches Schlafzimmer, um sich abzumelden. Wenn es schon kein Frühstück gab, dann konnte er die Zeit bis zur nachmittäglichen Fahrt nach Boostedt um ungefähr 18:00 Uhr auch bei seinen Eltern verbringen, denn dann hatten die auch etwas von ihm.

Holger stieß die Tür zu Mempers Schlafzimmer leicht auf und was sah er? Die beiden bespielten sich! Sie saßen beide nackt auf ihrem Bett an das Rückenteil angelehnt, hatten das Oberbett zum Fußende weggedrückt, die Beine weit gespreizt und waren durch einen innigen Dauerkuss verbunden. Werner hatte einen Riesenständer, den seine Frau leicht und spielerisch bearbeitete. Er hatte eine Hand zwischen ihren Oberschenkeln. Sie war blond und sehr, sehr hellhäutig. Schambehaarung hatte sie nicht.

Holger sagte brav: »Guten Morgen! Ich wollte nicht stören, aber ich wollte gerade gehen und mich nur noch schnell verabschieden.«

Die beiden ließen sich in ihren Tätigkeiten nicht wesentlich beeindrucken, sondern schauten Holger nur an. Bei Werner war das zu lustig, denn Holger kannte ihn nur mit Brille. Seine Frau sagte: »Wenn du willst, kannst du mitmachen.«

»Wenn ihr etwas gegen Atempest habt, bin ich dabei«, antwortete Holger.

»Geh in das Badezimmer, da findest du alles!«

Holger sauste in das Badezimmer und angelte sich eine Zahnbürste. Wem sie gehörte, war ihm nicht ersichtlich, aber es war ihm auch gleichgültig, denn er hatte einen Geschmack im Mund, der ihn im Entferntesten an die Ausdünstungen einer Müllkippe erinnerte.

Nach Reinigung seines Esszimmers und einigen Schluck Wasser war ihm wohler und er hatte inzwischen eine Riesenlatte bei der Erinnerung der gerade erlebten Bettszene von Mempers. Im Wohnzimmer entledigte er sich seiner Kleidung, ging in das Schlafzimmer von Mempers und stieg in das Bett und setzte sich neben Werners Frau.

Sie lag jetzt zwischen den beiden Männern und rieb sofort Holgers Schwanz. Einen hatte sie nun in jeder Hand. Da Werner noch ihre Fotze streichelte, bespielte Holger ihre Brustwarzen, denn Titten hatte sie nicht. Nicht einmal Mäusetitten! Aber gut, der Rest machte Spaß und ihre Mäusenippel wurden ganz schön lang und ließen sich gut streicheln und lecken. Werner fickte seine Frau von hinten und sie hatte vorn Holgers Schwanz im Mund, als er vor ihr kniete. Oder umgekehrt! Oder sie kniete mit ihrer Pflaume auf Holgers Ständer und Werner steckte ihr zusätzlich seinen Schwanz in den Arsch und sie vögelten alle im gleichen Rhythmus. Oder umgekehrt! Ein Orgasmus zu dritt machte ganz schön Lärm! War auch etwas Neues für Holger!

Mit dem Käfer konnten sie letztendlich doch nicht nach Boostedt fahren. Irgendetwas Entscheidendes war bei dem Kupplungswechsel vergessen worden und die Kiste wollte nicht so richtig. Also erfolgten einige Telefonate und Elmar, Leo, Werner und Holger fuhren mit der Bahn zu ihrem Standort. Die Stunden gemeinsam erlebten sexuellen Vergnügens mit seiner Frau und Holger erschienen in Werner Memper keinerlei Peinlichkeiten erweckt zu haben. Das war auch eine Erfahrung für Holger!

Wenn die jungen Männer mit ihren Wochenendzügen zu ihren Einheiten zurückfuhren, erlebten sie es oft in den Bahnhöfen, insbesondere zu Zeiten der Werksferien bei den Autoherstellern, dass auf den Nachbargeleisen Urlauberzüge mit Gastarbeitern standen, die zu ihren Familien nach Italien, Spanien, Portugal oder Griechenland fuhren.

Diese Ferienzüge der ausländischen Arbeitnehmer waren immer bis unter das Dach voll bepackt. Radios, Fernseher und große Pappkartons sah man in den Gepäcknetzen. Aber alle waren lustig und fidel und es klang aus einigen Transistorradios fremdländische Musik aus den geöffneten Zugfenstern auf die Bahnsteige. Die Züge hatten damals noch etwas längere Aufenthaltszeiten auf den Bahnhöfen, um Anschlusszüge abzuwarten und mögliche Zugergänzungen vorzunehmen.

Während dieser normalen Haltezeiten gingen Holger und seine Bundeswehrkameraden meist auf den Bahnsteig, um sich die Beine zu vertreten und eine Zigarette zu rauchen. Oft unterhielten sie sich dann mit den Gastarbeitern. Die waren immer freundlich und mitteilsam und boten den jungen deutschen Männern schnell durch die geöffneten Zugfenster einen heimischen Schnaps, wie Grappa oder Uso an. Sie erzählten bereitwillig, woher sie stammten und dass sie sich freuten, zu ihren Familien zu kommen um Kinder, Freunde und Verwandte wiederzusehen. Kaum einer beklagte sich über die Trennung von der Familie, sondern die meisten Gastarbeiter waren froh, in Deutschland Arbeit gefunden zu haben, um aus der Ferne die Lieben in der Heimat finanziell unterstützen zu können.

An einem Wochenende hatten Holger, Leo und Elmar Dienst bis zum Samstagvormittag. Eine Fahrt zum Wochenendbesuch in das Ruhrgebiet für gerade einmal 24 Stunden war also völlig illusorisch. Also beschlossen die drei, am Standort zu bleiben. Elmar und Leo wollten nach Neumünster fahren, um den Samstagabend dort in Kneipen und Kinos zu verbringen. Werner Memper kam aus seiner Einheit zu den dreien hinüber geschlendert. Er hatte auch Dienst bis zum Samstagvormittag gehabt. Er fragte seine drei Freunde, ob sie nicht eben mal mit ihm in seinem Auto nach Holland mitfahren wollten, um seine Frau zu besuchen. Sie war dort in einer Zeltfreizeit irgendeiner Pfadfinderorganisation ehrenamtlich engagiert.

Elmar und Leo wollten nicht, denn sie hatten etwas Angst vor Werners Fahrkünsten und vor allen Dingen vor seinem Auto. Holgers Konto war im Moment zu klamm, um kostspielige Saufabende und Kinobesuche zu finanzieren. Er sagte Werner seine Begleitung für diesen Besuch in Holland von Samstag auf Sonntag zu. Holger erhoffte sich natürlich auch heimlich eine Neuauflage der erlebten ‚Menage a trois'. Hauptsache war für ihn, dass er selbst keinen Männerpimmel in den Arsch bekam, denn das war nun wirklich nicht sein Ding und umgekehrt natürlich auch nicht. Aber der ganze Rest von dem mit Werner und Frau zusammen erlebten Schützenfest? Nicht schlecht, Herr Specht!

Werner sagte, dass er um 12:00 Uhr fahren wollte, um nach einer kalkulierten Fahrzeit von ungefähr sechs Stunden auf dem Zeltplatz in Holland einzutreffen. Also schmiss sich Holger in zivile Wochenendkluft, steckte sich eine frische Unterhose, Strümpfe und eine Zahnbürste in die Jacke und spazierte etwas später zu Werners Einheit hinüber.

Werner wartete schon auf ihn, war aber immer noch in Uniform. »Du weißt doch, dass wir nicht in Uniform über die Grenze dürfen, Werner?«, fragte ihn Holger.

»Ist mir egal, ich habe keine frische Wäsche mehr. Wir fahren! Meine Frau wartet auf mich. Und auf dich hat man sich auch vorbereitet. Du wirst versorgt!«, antwortete Werner.

»Na gut!«, dachte sich Holger. »Werner ist der Wochenendboss!«

Sie setzten sich in Werners bekannten Käfer und knallten los. Mit Werner Auto zu fahren war immer ein unbeschreibliches Erlebnis. Man konnte sich ganz toll mit ihm beim Fahren unterhalten. Er war immer ganz entspannt und hörte aufmerksam zu und sprach mit seinem Beifahrer. Und das mit einer Intensität, dass er am Lenkrad hing, seinen Gesprächspartner und Beifahrer fixierend anschaute und überhaupt nicht auf die Straße achtete. Die sich daraus ergebenden Gefahrensituationen konnte man eigentlich nur mit Warngebrüll entkräften: »Werner pass auf! Der Feind kommt auf uns zu! Werner Kurve, Bäume in Angriffsformation! Werner, Oma mit Panzerfaust auf dem Fahrrad vor uns, in eindeutig feindlicher Absicht!« Je krasser Holger mit seinen Umschreibungen der wirklich immer gefahrenträchtigeren Verkehrssituationen war, desto besser reagierte Werner. Und das Ganze, verbrämt mit gefechtsähnlichen Beschreibungen der realen Verkehrslage, ließ ihn zu rennfahrerähnlichem Talent aufsteigen. Locker saß er an seinem Lenkrad, während Holger das Angstwasser durch die Arschritze lief.

Die Stunden vergingen. Es wurde nebelig und Sprühregen setzte ein. Das war gut so, denn es senkte die Geschwindigkeit nicht unerheblich, weil das autospezifische Scheibenwischerbindfadensystem eine ziemlich spärliche Effektivität besaß.

Am Grenzübergang wurden Werner und Holger von der niederländischen Polizei aus dem Verkehr gewinkt. Die netten Polizisten wiesen Werner daraufhin, dass er nicht in einer deutschen Militäruniform nach Holland einreisen dürfe. Was machte dieser Werner daraufhin? Er stieg aus und zog seine olivfarbene Arbeitsjacke auf links und wieder an, sodass die Kokarden nicht mehr zu sehen waren. Das Schiffchen als Kopfbedeckung mit der Kokarde vorn drehte er ebenfalls auf links und setzte sich das Ganze quer auf den Kopf. Dann fragte er in seiner dümmlichsten Art, für die er sich allerdings nicht anstrengen musste: »Darf ich denn in meiner Arbeitskleidung weiterfahren?«

Die Niederländer konnten sich vor Lachen kaum auf den Beinen halten, so bescheuert sah Werner aus. Sie nahmen ihm allerdings das Versprechen ab, dass er sich während seines Aufenthaltes in ihrem Land nicht wieder auf Rechts umziehen dürfe, und klopften sich dabei gegenseitig vor Begeisterung auf die Schultern.

Werner fragte noch artig nach dem Weg zu dem Zielort mit dem Zeltplatz, den es anzusteuern galt, und hörte zu seinem Erstaunen, dass es mindestens fünf Orte gleichen Namens gab. Bei der Erwähnung der Provinz erfuhr er dann, dass dieser Ort kurz vor der belgischen Grenze lag und noch eine Fahrzeit von mindestens fünf Stunden erfordere.

»Ist nichts mit kurz über die Grenze«, dachte sich Holger. Er durfte sich als Navigator mit dem spärlichen holländischen Kartenmaterial beschäftigen, das Werner in seinem Auto mit sich führte.

Der Nebel und der Regen verstärkten sich. Werners Militärstiefel waren inzwischen total durchnässt, weil die Fahrerseite seines Käfers zwischenzeitlich auch wasserdurchlässig geworden war. Als er tanken musste, erstand Werner noch ein Paar alte Gummistiefel, die der holländische Tankstellenpächter nebenbei auf einem Tisch als Trödel verhökerte. Damit ausgestattet, einschließlich seiner Kopfbedeckung, hätte Werner glatt weg beim nächsten Käseradwettrennen in Amsterdam teilnehmen können.

Nach einiger Zeit wurde Werner müde und er tauschte mit Holger den Platz und die Stiefel. Holger fand dies jetzt entspannend, denn immer die Füße auf der Beifahrerseite oberhalb der Innenraumwasserlinie an das Prallblech stemmen zu müssen, konnte ganz schön verkrampfen.

Es hatte aufgehört zu regnen, sodass Werner sich ganz auf die Navigation konzentrieren konnte, ohne nebenher den Scheibenwischer über die hauseigene Seilzugkonstruktion bedienen zu müssen. Nach gut einer Stunde Fahrzeit wurde die Gegend den beiden endlich etwas vertrauter und sie standen an einer Kreuzung, die sie schon einmal passiert hatten, nur eben von einer anderen Seite zu einer anderen Zeit.

»Fahrer an Navigator! Was hältst du eigentlich davon, wenn du mal in diesem Scheißzeltlager anrufst und fragst, welche größeren Städte oder Orte sich in der Nähe befinden? Das könnte uns möglicherweise weiterhelfen!«

»Gute Idee! Hätte von mir sein können«, antwortete Werner.

So taten sie dann auch! An der nächsten Telefonzelle hielt Holger an und Werner stieg aus, um zu telefonieren. Er hatte von seinem letzten Urlaubsabstecher nach Holland noch einige Gulden zurückbehalten, sonst wären sie jetzt mit ihrer DM ziemlich aufgeschmissen gewesen. Es war ein langes Gespräch, das er mit der Campingparkleitung führte und er machte sich fleißig Notizen auf dem Kartenmaterial, denn andere Schreibunterlagen hatte er nicht in seinem Auto.

Als er zurückkam, sagte er fröhlich: »Mein kleines Frauchen hat sich mit der Provinz vertan. Das Ganze liegt nicht in Südholland, sondern in Nordholland. Kurz vor der deutschen Grenze.«

»Nun gut, bei seiner Frau kann mich eigentlich nichts mehr verwundern«, dachte sich Holger und wendete den Wagen.

Nach insgesamt zwölfstündiger Fahrzeit erreichten sie mitten in der Nacht das Zeltlager.

Einige wenige Betreuerinnen und Betreuer des Jugendzeltlagers saßen übermüdet um ein verglimmendes Lagerfeuer herum. Werner war ganz geil auf sein Frauchen, die er schnell nackig machen wollte, wie er Holger noch in das Ohr flüsterte, bevor er mit ihr rasch abzog.

Zwei Mädels versuchten Holger zu belabern, doch noch ein kaltes Grillwürstchen zu essen, was er jedoch dankend ablehnte, weil er nach dieser Holland-Rundfahrt ebenfalls todmüde war. Die beiden boten ihm an, ihm den Schlafplatz für die Nacht zu zeigen. Es war ein riesiges Gepäckzelt und stand etwas außerhalb des Zeltlagers. Die Gepäckstücke, Rucksäcke und Reisetaschen waren am Rand des großen Rundzeltes gestapelt. In der Mitte um die armstarke Zeltstange waren vier große Luftmatratzen gelegt mit weichen kuscheligen Decken. Zwei Petroleum-Sturmlaternen erhellten schwach das Innere und gaben nicht nur optisch eine wohlige Wärme ab. Das ganze Zelt hatte im mittleren Bereich deutlich Raumhöhe.

»Fein«, sagte Holger, »da kann ich mich ja zweimal diagonal rauflegen.«

»Denkste«, antworteten seine zwei netten Begleiterinnen wie aus einem Munde, »wir sollen uns um dich kümmern«, sagte die eine, »und das werden wir auch machen«, ergänzte die andere.

Ehe Holger es sich versah, waren beide ausgezogen und halfen auch ihm mit seiner Überraschung fertig zu werden und sich auszuziehen. Beide hatten ganz gute Figuren. Die eine hatte propere Brüste, die andere neigte zu Hängetitten. Als beide so nackt vor Holger standen, bekam er prompt einen Riesenständer und seine Müdigkeit war wie verflogen. Seine erwachende Geilheit rauschte ihm durch die Adern.

Den beiden Mädels musste es ebenso ergehen, denn sie spreizten im Stand leicht die Beine und spielten sich selbst zwischen den Schenkeln und streichelten sich die Brüste. Holger zog sich mit einer Hand leicht die Vorhaut vom Schwanz zurück und zeigte den beiden seine geschwollene Eichel. Laut aufseufzend fiel das eine Mädchen vor ihm auf die Knie, nahm seinen Dödel in den Mund und lutschte an ihm herum. Die andere trat hinter ihn und streichelte seine Brustwarzen, bis sie steif waren. Er fasste mit einer Hand hinter seinen Rücken zwischen ihre gespreizten Beine. Dann ging alles sehr schnell. Die hinter Holger stehende Maus griff mit einer Hand von seiner Brust hinunter und zog ihrer Freundin

Holgers Schwanz aus dem Mund. Dann zog sie ihn ganz zu sich herum und runter auf das Kuschellager. Sie kniete sich auf ihn und steckte sich sofort seinen Schwanz in ihre Möse. Ihre Freundin kniete sich ihr zugewandt auf Holgers Gesicht, bis er ihre Fotze lecken konnte. Beide Mädels, sie mögen auch so in Holgers Alter gewesen sein, küssten sich über ihm und streichelten sich gegenseitig die Brüste. Alle drei waren so geil, dass sie unmittelbar gemeinsam einen riesigen Orgasmus hatten.

Nun übermannte sie ziemlich schnell die Müdigkeit und wohlig aneinander gekuschelt schliefen sie ein, bis Holger durch die Berührung eines Mädchenarsches an seinem Schwanz geweckt wurde. Der reagierte prompt und stellte sich empört auf. In Löffelchenstellung liegend steckte Holger ihn dem Mädel zwischen die Arschbacken in die sich allmählich anschwellende Pflaume und fickte sie wach. Stöhnend kam sie. Das Mädchen hinter ihm war durch die Bewegungen ebenfalls erwacht und durch die Geräusche auch prompt geil geworden.

Holger war noch nicht gekommen und geil wie ein Stier. Also hob er das Mädchen auf die Knie und bockte sie von hinten, bis sie beide zu ihrem Orgasmus kamen.

Es war schon hell, das ganze Lager war auf den Beinen, stand um das Zelt herum und klatschte Applaus. Es gab natürlich zotige Bemerkungen, wie: »Glück auf, der Besteiger kommt«, oder »Fick am Morgen, keinen Kummer und keine Sorgen.« Nun denn! Holger hatte jedenfalls seinen Spaß gehabt und seine sexuellen Defizite abgebaut, einschließlich der gewonnenen Erfahrung mit zwei Frauen gemeinsam geschlafen zu haben.

Die beiden jungen Frauen waren irgendwann im Laufe des Vormittages nicht mehr zu sehen und Holger fragte Werner nach ihrem Verbleib. Er sagte ihm, dass die beiden kurz nach dem Frühstück von ihren Freunden am Zeltplatzeingang abgeholt worden waren. Sie hatten nur mal am Wochenende etwas Spaß haben wollen, weil ihre Freunde zusammen auf einem Männerkegelausflug gewesen waren, um auch Spaß zu haben. So hatten denn alle ihren Spaß gehabt!

Holger musste Werner im Laufe des Nachmittages immer wieder zum Aufbruch ermahnen, denn obwohl nunmehr ihre Strecke erheblich kürzer war als bei der Hinfahrt, waren seine Vorbehalte gegenüber Werners Fahrkünsten und dem Sicherheitsstandard seines Autos nicht geringer geworden. Aber der musste immer wieder sein Frauchen ‚nackkich' machen, wie er Holger öfter verschmitzt lächelnd zuraunte, bevor er schnell wieder mit ihr in ihrem Zelt verschwand.

Irgendwann erschien er mit völlig übermüdeten Augen, hatte Zivilkleidung an, die ihm seine Frau geplanterweise mitgebracht hatte, und ließ Holger zur Belohnung sofort an das Steuer seines Wagens. Sie hatten den Zeltplatz noch nicht lange hinter sich, da schnarchte Werner schon. Übermüdet erreichten sie kurz vor Mitternacht ihre Einheit und Holger war froh, in die Federn kriechen zu können.

Als er am nächsten Tag Leo und Elmar von seinem Hollandabenteuer erzählte, bedauerten beide, nicht mitgefahren zu sein. Ihr Samstagabend war wohl wirklich langweilig gewesen und sie zeigten sich offensichtlich neidisch über Holgers sexuelle Zeltlagereskapaden.

Der Dienst in der Einheit erwies sich als ziemlich anstrengend. Der schöne Hauptmann der drei Freunde wollte seine Batterie wirklich zur Vorzeigebatterie machen. Das bedeutete, dass die Einheit in aller Regelmäßigkeit Alarmübungen fuhr. Und zwar alle 14 Tage immer zum Wochenende. Alarmwecken erfolgte in der Nacht zum Freitag mit Antreten und Erklärung der Lage. Alles im abgedunkelten Zustand. Nur die abgeschirmten Taschenlampen glimmten durch die Nacht.

Die Geschütze wurden gefechtsmäßig aufgerüstet. Fahrt zu den Munitionsbunkern mit anschließendem Aufmunitionieren. 28 Granaten Kaliber 155 mm waren eine ganz schöne Schinderei. Dann erfolgte der Weitermarsch in Verfügungsräume. Weitermarsch in Gefechtsräume. Feuerbereitschaft wurde hergestellt und simulierte Feuerbefehle ausgeführt. Stellungswechsel in neue Feuerstellungen. Dann erfolgten Stellungswechsel in Ruheräume. Kurze Schlafzeiten von maximal drei Stunden. Wachen wurden eingeteilt mit einstündigem Wechsel. Wer die mittlere Wache hatte, besaß die absolute Arschkarte!

Holger gewöhnte es sich an, im fahrenden Geschütz schlafen zu können. Verbotenerweise saß er nicht angeschnallt auf einer der ausgeklappten Sitzbänke, sondern lag auf dem Boden auf einem schönen weichen Tarnnetz unter dem riesigen Geschützverschluss. Allerdings mit Helm, denn den Kopf stieß man sich nur einmal, wenn man nach Stillstand des Fahrzeuges hochschreckte und Kontakt mit dem blöden Blechteil hatte. Dadurch, dass er sich auf diese Art zu schlafen angewöhnt hatte, war sein Ruhebedürfnis auch nicht ganz so ausgeprägt wie bei einigen anderen Kameraden.

Samstags mittags erfolgte die Rückfahrt in die Kaserne. Die Geschütze wurden abgerüstet und das Material verstaut, sowie die Handfeuerwaffen in der Waffenkammer abgegeben. Nach solchen Einsätzen halfen sich alle Teileinheiten untereinander, um fertig zu werden, denn nur, wenn die gesamte Einheit komplett »Fertig« gemeldet wurde, erfolgte das Abschlussantreten.

Der schnieke Batteriehauptmann war nie zufrieden und kündigte zusätzliche Ausbildungsmaßnahmen an. Dann durfte die Einheit in das Wochenende wegtreten.

Für die Kinder des Ruhrgebietes war dann ‚Tote Hose' angesagt. Leo und Elmar fuhren noch öfter mal allein oder zu zweit nach Hause, erzählten aber immer, dass es sich für die 24 Stunden eigentlich nicht lohnte.

Holger blieb dann meist in der Einheit zurück und schlug sich lesenderweise auf dem Bett die Zeit um die Ohren. Zu Hause hätte er ohnehin nur seiner Mutter als Ersatzehemann dienen müssen, mit dem sie ihre täglichen Sorgen und Nöte besprechen wollte, weil sein Vater sich dafür nicht hergab.

Wache schieben war während der Zeit 1973-1974 nicht der lustigste Teil des Militärdienstes. 1969 Fand ein Überfall auf eine Militärwache in Lebach statt, bei der schlafende Soldaten im Wachgebäude von Terroristen erschossen wurden. Die RAF (Rote Armee Fraktion) trieb ihr Unwesen. Bundeswehrdepots wurden überfallen, um Waffen zu erbeuten. Die Soldaten waren übersensibilisiert und verängstigt. Mindestens alle 14 Tage wurden nachts die Bereitschaften herausgerufen, um einer Streife zu Hilfe zu kommen. Die Bereitschaften waren 24 Stunden unter Waffen, auch während der Ausbildung. Geschlafen wurde in Kampfuniform auf dem Bett mit der Waffe an der Seite.

Bei solchen nächtlichen Bereitschaftsanforderungen stiegen dann oft Leuchtkugeln und Gefechtsfeldbeleuchtungen auf, um in den Randbereichen des Kasernengeländes Sicht auf den imaginären Angreifer bekommen zu können. Auch Schüsse oder Feuerstöße waren zu hören. Aber es waren meist nur übereilte Reaktionen der Wachen und oft verlor eine Kuh, ein Reh oder ein Hase auf den angrenzenden Feldern sein Leben, weil keine Reaktion auf den Wachanruf: »Wer ist da?« erfolgte.

Die alten erfahrenen Feldwebel, wie Holgers Dusty, empfahlen den jungen Soldaten ohnehin immer: »Erst schießt ihr und dann ruft ihr – Wer ist da?«

Eines Tages ließ ihn sein Hauptmann zu sich in sein Dienstzimmer rufen.

»Kann nur ins Auge gehen«, dachte sich Holger und eilte zu ihm. Über das Spießzimmer wurde er zu ihm gelassen. Der Spieß zwinkerte ihm freundlich zu.

»Na ja, Ostfront kann das nun wirklich nicht bedeuten«, machte sich Holger selbst Mut.

Der Hauptmann ließ ihn gnadenlos stehen und schaute ihn nicht einmal an. »Herr Gefreiter Geh, ich würde Sie gern für einen Ordonnanzeinsatz in unserem Kasino vorschlagen - am nächsten Samstag. Hätten Sie da wohl Zeit?«

»Jawohl, Herr Hauptmann!«

»Fein, das hatte ich bei Ihnen eigentlich vorausgesetzt und Sie deshalb auch schon angemeldet!«

»Jawohl, Herr Hauptmann!«

»Ach übrigens, Herr Gefreiter, Ihr Einsatz ist nur als Ordonnanz vorgesehen!«

»Herr Hauptmann, jawohl! Wie habe ich das zu verstehen?«

Der schöne Hauptmann schaute von seinen Papieren auf, denen er sich uneingeschränkt während des kurzen Wortwechsels gewidmet hatte, und musterte Holger eisig. »Kellerspielereien sind hier nicht angesagt, Gefreiter Geh! Ihnen läuft in dieser Beziehung ein gewisser Ruf voraus!« Er fixierte Holger mit den Augen von oben bis unten und ergänzte dann schon fast verächtlich: »Kann ich allerdings nicht ganz nachvollziehen! Ruf ist nach meiner Meinung auch immer mit Titel, sprich Dienstgrad verbunden. Sie können wegtreten, Gefreiter!«

»Ach so, du Marionettenhauptmann, du kannst nur schön aussehen und arrogant quatschen! Aber ansonsten kommst du irgendwann nicht weiter und musst wahrscheinlich für ein Nümmerchen außerhalb deiner ehelichen Gemeinschaft noch die Geldbörse zücken! Und jetzt lässt du Uniformseppel deinen Frust an einem Untergebenen aus, du Hardy Krüger Verschnitt«, dachte sich Holger, sagte er aber nicht! Aber, er dachte sich dies so deutlich, dass er schon der Meinung war, dass man seine Gedanken hätte eigentlich hören können!

Er meldete sich bei seinem Hauptmann ab und ging zum Spieß in das Vorzimmer. Der gab ihm noch einen leisen Tipp mit auf den Weg: »Passen Sie auf! Ihre Kellernummer in Hamburg-Wentorf war hier ganz schnell bekannt! Da ist die Bundeswehr wie eine große Familie. Und unser Hauptmann ist einer der Soldaten, der sich bei besagter Dame fürchterlich ins Zeug gelegt hatte - bis schon fast zur Peinlichkeit, aber nicht zum Schuss kam. Deshalb ist er fürchterlich sauer, in seiner Einheit einen einfachen Soldaten zu haben, dem das offensichtlich bravourös vor kurzer Zeit gelungen war! Alles klar?«

»Alles klar, Herr Hauptfeldwebel, danke für den Tipp«, sagte Holger und entschwand der Höhle des Löwen.

Der Samstag seines Ordonnanzeinsatzes nahte. Elmar, Leo und Werner waren schon am Freitag nach Dienst in das Wochenende gefahren und hatten Holger noch gute Ratschläge zurückgelassen bezüglich eventueller Nahkampfeinsätze auf Toilettenanlagen.

Am frühen Abend trat Holger seinen Dienst im Kasino an. Als Erstes erfuhr er von dem Kasino-Personal, dass sein Hauptmann die Verantwortung für den gesamten Kasinobetrieb an diesem Standort trug. Also ein reiner Verwaltungsjob, der ohnehin von den unteren Dienstgraden ausgeführt wurde, aber die Lorbeeren immer nach oben abwarf. Das Bild von seinem Hampel-Hauptmann wurde für ihn immer runder. »Nach unten treten und nach oben buckeln, so ist das also«, dachte sich Holger und bereitete sich mental auf seinen Dienst vor.

Die Damen und Herren Gäste erschienen und sein Hauptmann auch. Er hatte ein attraktives Frauchen an seiner Seite, aber das interessierte Holger nicht, denn dieses Sackgesicht von seinem Vorgesetzten versuchte ihn sofort und permanent irgendwie vorzuführen. »Ordonnanz, wo bleibt Ihre Aufmerksamkeit?«, waren seine geregelten Sprüche, die aber Holger nach kürzerer Zeit ebenso geregelt am Arsch vorbeigingen.

Er versuchte auch süffisant zu sein: »Ordonnanz, Ihre Bewegungen sind so eckig. Sie können sich doch sonst auf kleinstem Raum bewegen! So habe ich jedenfalls gehört!« Dabei schaute er sich beifallheischend um und nahm wohlwollend zur Kenntnis, wenn eine gewisse Klientel seiner Offizierskameraden in anzügliches Grinsen verfiel und ein Großteil der Damen über das Gehörte betreten schwieg.

Holger gab sich keine weiteren Blößen und schwieg lächelnd. Das Ganze setzte sich fort, bis einem älteren Offizier mit dem Dienstgrad eines Oberstleutnants der Kragen platzte. Er blinzelte Holger kurz zu und sagte deutlich laut: »Ordonnanz, ich nehme mit großer Überraschung und natürlich einer gewissen Verärgerung seit geraumer Zeit zur Kenntnis, dass unser Hauptmann hier«, und dabei machte er eine weit ausholende Armbewegung zu Holgers Batteriechef, »mit Ihren Leistungen nicht zufrieden ist, was ich allerdings unmittelbar nicht bestätigen kann. Aus welcher Einheit kommen Sie eigentlich, Herr Kamerad?« Er lächelte dabei spitzbübisch und paffte eine riesige blaue Zigarrenwolke in den Raum.

»Aus der Einheit von Herrn Hauptmann, der dritten Batterie, Herr Oberstleutnant«, antwortete Holger artig.

»Also, das ist ja eigenartig, Herr Hauptmann, dass Sie keine besseren Leute in ihrer Einheit haben, als diesen Gefreiten, über den Sie sich selbst, übrigens wie ich beobachtet habe, als Einziger, den ganzen Abend meinen, ärgern zu müssen.«

Patsch, das hatte gesessen! Holgers Hauptmann bekam einen roten

Kopf und stammelte einige verlegene zusammenhanglose Sätze. Der alte Offizier setzte noch einen drauf: »Nach ihrem Verhalten diesem guten Ordonnanzsoldaten gegenüber und ihrer bekannten treffsicheren Auswahl von Menschen, kann ich nur vermuten, dass alle anderen Soldaten Ihrer Einheit das Niveau dieses Kameraden bei Weitem nicht erreichen können. Sie sollten deswegen überlegen, ob sie für das Gefechtsschießen der Einheit in Munster in zwei Monaten die Benennung ihrer Batterie nicht bei Herrn Oberst zurückziehen und noch ein wenig an der Ausbildung feilen, bis die anderen Soldaten zumindest das Niveau dieses Mannes erreicht haben, was für sie ja auch noch nicht ausreichend ist. Denken Sie mal darüber nach, Hauptmann!« Er nahm der ganzen Situation die Peinlichkeit, indem er aufstand, noch eine riesige Zigarrenwolke von sich gab und den Raum in Richtung der Bar verließ.

Holgers Hauptmann murmelte etwas von irgendeiner plötzlichen Unpässlichkeit und nahm mit seiner etwas unglücklich dreinschauenden Gattin Reißaus. Die weiteren Stunden vergingen wie im Fluge, die Reihen lichteten sich, der große Gesellschaftsraum leerte sich und nur noch wenige Offiziere hingen an der Bar herum.

Holgers alter Oberstleutnant war auch noch da und packte ihn an den Kragen, als er an ihm vorbeisegeln wollte. Er hatte augenscheinlich inzwischen auch gut den Kronleuchter an und seine Uniform erkennbar gelockert.

»Komm mal her, mein Ordonnanzchen«, herrschte er Holger etwas gestelzt an. »Ich muss dir mal etwas über dieses Hauptmannsarschloch, deinen Chef, erzählen.«

Holger dockte neben ihm am Tresen an. »Aber selbstverständlich, Herr Oberstleutnant!«

Der alte Dienstgrad bestellte mit Fingerzeichen bei der Tresen-Bedienung für sich und Holger Getränke und begann etwas umständlich mit seinen Ausführungen: »Diese Knallcharge von Hauptmann hat ein Problem, er kommt nicht weiter! Er hat alle unmittelbar notwendigen Stabsoffizier-Lehrgänge längst bestanden und müsste eigentlich schon mindestens Major sein. Sein Problem ist seine Feigheit. Immer wenn es gilt, seine Einheit in gefechtsähnlichen Situationen, also unter Stress und harter anschließender Manöverkritik zu führen, dann versagt er. Hier, solche Lala-Abende, das ist seine Welt, da kann er in seiner maßgeschneiderten superteuren Uniform mit seinem Höhensonnen gebräuntem Gesicht glänzen und den Offiziersdamen den Kopf verdrehen. Aber das ist nun einmal nicht die Aufgabe eines Offiziers. Ein Offizier muss kämpfen und führen können! Damit kann er dann glänzen! Und deshalb kommt dieser Bengel nicht weiter. Ich wette, dass er vor dem Manövereinsatz mit dem abschließenden Regimentsschießen in Munsterlager rechtzeitig erkrankt. So Kamerad, nun geh in deine Einheit und schlaf dich aus!«

»Jawohl, Herr Oberstleutnant, ich wünsche Ihnen eine gute Nacht!« Holger kurvte in seine Einheit zurück und plumpste in sein Bettchen, denn er hatte sich während der kurzen Ausführungen des alten Haudegens einige viele Schlückchen eines hochprozentigen Gesöffs in seinen Kopf gekippt, das der Oberstleutnant für sie beide hatte mixen lassen. Aber er brauchte ja keine Rücksicht zu nehmen, denn er war allein auf der Stube, weil seine Kameraden sich alle im Wochenendurlaub befanden.

Am Montag berichtete er in der Frühstückspause Elmar, Leo und Werner von seinem Ordonnanzeinsatz und den Ausführungen von Herrn Oberstleutnant. Sie wussten nun zusammen als Erste in ihrer Einheit unter den Mannschaftsdienstgraden, wann der Manövereinsatz in Munster-Lager über die Bühne gehen sollte.

Holger bekam durch seinen Hauptmann eine Stelle als Babysitter nach Dienst vermittelt. Es war bei einem Major, den sein Chef kannte. Holger wurde von seinem Hauptmann persönlich in die Lage eingewiesen, mit dem abschließenden Hinweis, ihm keine Schande zu bereiten.

Frau Majorsgattin holte ihn nach Dienst vor dem Kasernentor ab und fuhr mit ihm zusammen zu sich nach Hause. Ihr Mann, der Herr Major erschien kurz und begrüßte Holger nett.

Sie hatten zwei Kinder, ein Junge und ein Mädchen. Das Abendbrot war zubereitet und Holger wurde aufgetragen, die Kinder zu einer bestimmten Zeit nach dem Abendbrot mit Karenzzeit in das Bett zu schicken. Die Kinder waren lieb und nett und folgsam. Nach dem Abendbrot verschwanden sie unaufgefordert in ihre Betten und Holger schaute sich irgendeine Schnulze im Fernsehen an.

Spät in der Nacht erschienen ihre Eltern und brachten Holger mit dem Wagen in die Kaserne zurück. Diese Babysitter-Einsätze führte er bei dieser Familie noch einige Male aus. Sie verschafften ihm in dem doch eher tristen Soldatenalltag einen kleinen Einblick in ein offensichtlich funktionierendes Familienleben und ließen ihn für einige Stunden seinen täglichen Arbeitsablauf vergessen.

Peters Freundin Sabine rief ihn immer öfter an, wenn er an den Wochenenden zu Hause war. Eigenartigerweise war sie am Telefon nicht so zurückhaltend und leicht verlegen, als wenn sie in der Gruppe zusammen waren. Holger führte das auf die Anonymität eines Telefongespräches zurück, bei dem zu dem Gesprächspartner kein Sichtkontakt bestand und man daher seine Reaktionen und Gesichtsausdrücke nicht wahrnehmen konnte. Interessanterweise bestätigte Sabine Holgers Vermutungen, allerdings nur telefonisch.

Der Tag der Abfahrt in das Manöver war gekommen. Sämtliche Kettenfahrzeuge des Bataillons wurden auf der kaserneneigenen Verladerampe auf Flachwagen der Bundesbahn geladen. Das bedeutete für die Fahrer und die Einweiser Präzisionsarbeit. Die Kettenfahrzeuge wurden verkeilt und mit schweren Spannketten gesichert. Bahnbedienstete wuselten umher und gaben Anweisungen hinsichtlich der Anschlagpunkte. Die Fahrzeuge waren in den Innenräumen mit den Aufrüstteilen beladen worden. Der gummibereifte Teil des Bataillons ging geschlossen über einen Autobahnmarsch als Kolonne in das Manövergebiet.

Einer der Fähnriche aus Holgers Batterie, der als ‚Vorderster Beobachter (VB)‘ in das Manöver ziehen sollte, hatte sich einen Arm gebrochen und musste in der Kaserne bleiben und Innendienst schieben. Er bedauerte dies sehr und die Mannschaften auch, denn sein Beliebtheitsgrad war wegen seiner Fröhlichkeit und Ausgeglichenheit in der Einheit recht groß!

Der Batteriehauptmann war, wie von einigen älteren Dienstgraden schon vermutet, rechtzeitig mit irgendeinem Ziegenpeter krank geworden und musste zu Hause das Bett hüten.

Den Mannschaften wurde ein Leutnant angekündigt, der die Batterie im Lager Munster übernehmen sollte, um sie in das Manöver zu führen.

Das Bataillon trat mit viel Geruckel die Fahrt nach Munster an. Die Mannschaften saßen wiederum in Personenwagen der Marke ‚Uralt'. Waffen und persönliches Gepäck hatten Platz in den Gepäcknetzen über den Sitzgelegenheiten der einzelnen Abteile. Der Transport erreichte den Truppenübungsplatz Munster-Lager am späten Nachmittag.

Die Geschütze und die anderen Kettenfahrzeuge des Bataillons wurden abgeladen, technisch aufgerüstet und fuhren in ihre Ruheräume. So hießen die Übernachtungsstellungen der einzelnen Batterien. Die Soldaten zogen dort das fahrbare Material in Überwachungsräume, die per eingeteilte Streife in der Nacht zu kontrollieren waren. Die Mannschaften bauten abseits davon ihre Zelte auf und konnten ihren Schlaf finden.

Während der ganzen zehn Tage des Manövers mit imponierendem Gefechtsschießen des ganzen Regimentes war Holger nur zweimal auf die Toilette gegangen, um seine Darmtätigkeit ausüben zu wollen. Der sogenannte ‚Donnerbalken' für Mannschaften verursachte in ihm eine Art von ‚innerlichem Darmverschluss', den er auch bei differenziertester Betrachtungsweise nicht mehr ablegen konnte. Einmal war er mit Kameraden auf einem Lkw in die Kaserne Munster gefahren, um irgendetwas für die Einheit zu besorgen. Es stand für ihn und die anderen Mannschaften eine einstündige Kack- und Duschorgie auf dem Programm. Es war nur herrlich!

Das Manöverende bescherte Holgers Einheit zwei negative Vorfälle.

Kurz vor Hamburg fuhr dem Militärtransportzug mit seinen schweren geschützbepackten Flachwagen und den vorgelagerten alten Personenwagen eine Rangiereinheit, bestehend aus einer Diesellokomotive mit einem Güterwagen, in die Flanke. Die starke Masse der mit Geschützen und anderen Kettenfahrzeugen beladenen Zugeinheit drückte die viel leichtere Rangiereinheit problemlos aus den Schienen und verursachte keinen größeren Schaden. Der ganze Vorfall war verbunden mit einem ungeheuren

Knall und einem Schock für die Landser, denn die befanden sich nunmehr nach Manöverende im Tiefschlaf und wurden unsanft durch den Unfall geweckt.

Die Personenwagen, in denen sich die Mannschaften befanden, wurden durch die Masse der angekoppelten Flachwagen mit den tonnenschweren gepanzerten Geschützen von den Geleisen geschoben und ratterten, sich gefährlich schief stellend, auf den Gleisschüttungen fröhlich vor sich hin, bis der ganze Krempel mit einem Ruck zu stehen kam. Alle Gepäckstücke, unter anderem die Gewehre und Rucksäcke, waren durch die Wucht des Aufprales von der einen Seite der Abteile in die entsprechenden Behältnisse der anderen Seite geschleudert worden.

Es war gut, dass alle geschlafen hatten, denn sonst wären ernsthafte Verletzungen möglich gewesen. Nur ein Kamerad hatte etwas Pech. Er saß zum Zeitpunkt des Aufprales auf der Waggontoilette, allerdings auf der richtigen Seite, sodass er nicht gegen die gegenüberliegende Wand geschleudert wurde, sondern nur eine kräftige Beule am Hinterkopf davontrug. Die Toilettentür war allerdings dermaßen verzogen, dass es doch einige Zeit dauerte, ihn dort herauszubekommen.

Die Mannschaften bekamen sofort den Befehl, aus dem verunglückten Zug zu steigen. Die Befehlshabenden des Transportzuges hatten berechtigte Angst, dass Teile des entgleisten Zuges in das Gleis des Gegenverkehrs ragten und Folgeunfälle möglich waren. Umgehend wurde eine Sicherungsstruktur ins Leben gerufen, die es ermöglichte, die Kameraden am Fuße des Bahndammes aufzunehmen und in Sammelräume zu führen. Der Unfallort wurde gesichert und Wachen aufgestellt. Nach weiterer Sicherung des Unfallortes durch Bahn-, Bundes- und Militärpolizei wurden die Mannschaften in die Sporthalle einer nahegelegenen Schule geführt. Hier wurden sie durch das Rote Kreuz mit Abendbrot versorgt.

Die inzwischen etwas ausgelassene Stimmung über das erfolgreiche Manöverende und den überstandenen Unfall auf Schienen wurde in Holgers Einheit durch die plötzliche Nachricht überschattet, dass ihr aller Lieblingsfähnrich, der mit dem gebrochenen Arm, bei einem Autounfall, sein Leben verloren hatte.

Still und gedämpft verbrachten sie die anschließende Fahrt mit Militärbussen in ihre Einheit und krochen auf ihr Betten, die nach der Manöverzeit nunmehr wahre Schlafparadiese waren. Sie waren alle zu übermüdet und erschöpft, um auch nur annähernd eine Reinigung ihrer Figuren vorzunehmen. Alle lagen deshalb wie eine Alarmrotte auf den Decken ihrer Betten und hatten sämtliche Waffen ihrer jeweiligen Geschützbesatzung wie Gewehre, Maschinegewehre und Pistolen auf ihren Stuben.

Am nächsten Morgen wurde die Einheit in Anbetracht des Manöverendes und der anderen Geschehnisse verspätet geweckt.

Holgers Kampfuniform legte sich wie ein Panzer um seine Figur. Die Unterwäsche, die er bedingt durch das permanente Regenwetter und die Übernachtung in den kleinen Zweimannzelten, nie gewechselt hatte, dokumentierte ihren Einsatz über die zehn Tage im Manöver durch entsprechende Verfärbungen in deutlichen gelb-braun Tönen. Geruchsbelästigungen waren kaum vorhanden, dafür waren die Verunreinigungen zu alt und die entsprechenden Anhaftungen wegdiffundiert. Sie stellten sich alle mit den Uniformen, einschließlich der Unterwäsche und den Waffen unter die Duschen und ließen sich lange, lange einweichen. Dann zogen sie sich frische Klamotten an, besoffen sich literweise mit schwarzem Kaffee und begannen den Dienst mit dem Reinigen der geduschten Handfeuerwaffen.

Die folgenden Tage vergingen mit dem technischen Dienst an den Geschützen und den üblichen Flick- und Reinigungsarbeiten nach einem Manöver.

Sabine rief immer öfter bei Holger in der Einheit an und fragte nach, ob er am Wochenende nach Hause kam, um mit ihr und Peter etwas zusammen anzustellen. So ganz allmählich wurde Holger immer sensibilisierter, was Sabine betraf. War er am Wochenende zu Hause bei seinen Eltern, dann rief Sabine schon samstags früh an, um gemeinsame Treffen mit der Clique abzusprechen. Stundenlang konnte sie sich dann mit ihm am Telefon unterhalten. Waren sie dann alle in der Gruppe zusammen, dann war sie Holger gegenüber genauso zurückhaltend und schweigsam wie allen anderen gegenüber auch und benutzte wie gewohnt ihren Peter als Übersetzer und Erklärer ihrer Meinung.

Während der vielen Telefongespräche, die Sabine und Holger an den Wochenenden gemeinsam führten, kristallisierte sich heraus, dass Sabine vermeintliche Probleme mit ihren Zähnen hatte. Daher rührte auch ihr Lachen, welches sich auf ein leichtes Lippenhochziehen beschränkte, wobei sie immer darauf achtete, dass ihr Oberkiefer nicht entblößt wurde. Holger sagte ihr deswegen am Telefon: »Mensch Biene, du hast gute Zähne, und solange du nicht wieherst wie ein Pferd, kannst du dein Gebiss auch sorgenfrei zeigen!«

Seit diesem Zeitpunkt lachte Sabine ein schönes offenes Lachen und ihre Zurückhaltung und verlegen Art begann zu schwinden. Na also, ging doch!

Sabine hatte inzwischen eine eigene kleine Wohnung in Dortmund-Wambel bezogen. An einem seiner dienstfreien Wochenenden besuchten Peter und Sabine Holger zu Hause. Holgers Eltern waren nicht anwesend, da sie, was inzwischen eher ganz, ganz selten war, zusammen in Urlaub gefahren waren. Irgendwie hatten sie es versäumt, die Heizung anzustellen und es war recht frisch in der Wohnung. Sabine fror und Holger breitete eine schöne warme Decke über ihren Beinen aus, die sie sich bis zu den Schultern hochzog.

Peter fand das Ganze so amüsant, dass er Holger aufforderte, sich neben seine Freundin unter die Decke zu setzen, denn er wollte die Szene per Foto festhalten. Und damit begann das Verhältnis zwischen Sabine und Holger, das ihr gemeinsamer Freund Peter so nett fotodokumentarisch festgehalten hatte. Denn unter der Decke, selbst im Moment der Blitzlichtaufnahme, hatte Sabine sofort Holgers Hand ergriffen. Die Überraschung über dieses plötzliche körperliche Zueinanderfinden fand sich bei den beiden als leicht idiotischer Gesichtsausdruck auf dem entwickelten Foto deutlich wieder.

An diesem Abend brachte Sabine ihren Freund Peter mit ihrem bunten Wagen zu seinem Elternhaus nach Hörde zurück und raunte Holger beim Verabschieden leise zu, dass sie später noch einmal bei ihm vorbeischauen wollte. Holger rechnete eigentlich nicht damit, sondern vermutete, dass Sabine während der Fahrt mit ihrem gemeinsamen Freund die Erkenntnis haben dürfte, dass Dreiecksverhältnisse fast immer zum Scheitern verurteilt waren.

Er hatte sich vertan! Nach ungefähr 45 Minuten ging die Klingel und Sabine stand vor der Tür. Verlegen lächelnd stand sie frierend vor ihm und fragte, ob Holger sie noch einmal hineinließe. Wie konnte er anders? Sie saßen in Holgers Zimmer wieder unter der Decke, wie es sich Sabine wünschte, weil ihr kalt war. Und dann fingen ihre Hände urplötzlich an zu spielen. Ehe Holger es fassen konnte, hatte Sabine seine Hose geöffnet, nahm seine Knalllatte in die Hand und rieb sie. Genauso schnell hatte er ihre Hose und ihren Slip heruntergezogen und spielte an ihrer immer nasser werdenden Pflaume, die sie ihm geil entgegenstreckte und immer mehr den Bewegungen seiner Hand anpasste. Intensiv küssten sich die beiden.

Holger bekam Skrupel. Einmal schon hatte er seinem Freund Peter eine Freundin ausgespannt. Zumindest hatte dieser das so gesehen und Holger auch zu verstehen gegeben. Holgers Argument, dass das Mädel sich ja damals für ihn entschieden hätte, fand bei seinem Freund keinen dauerhaften Nachhall.

Holger sagte dies Sabine und sie konnte es durchaus nachvollziehen. Ihr ging es genauso. Eigentlich wollte sie ihren Freund nicht mit seinem besten Freund betrügen. So schnell, wie die beiden sich entblößt hatten, so schnell waren sie auch wieder angezogen. Der Vorfall hinterließ bei Sabine und Holger jedoch keinerlei Peinlichkeiten. Im Gegenteil, sie fühlten sich nur noch mehr zueinander hingezogen und mussten sich bald eingestehen, dass sie sich ineinander verliebt hatten. Ihre Telefonate an den Wochenenden wurden noch zeitintensiver und Sabine versuchte Holger immer mehr in eine Dreisamkeit mit ihrem Peter zu integrieren.

Ihre Verlegenheit hatte Sabine abgelegt und suchte permanent die körperliche Nähe zu Holger. Irgendwann sprach Peter seinen Freund Holger ganz offen unter vier Augen auf die offensichtliche Sympathie zwischen ihm und Sabine an. Holger versicherte ihm, dass mehr als freundschaftliche Gefühle zwischen ihm und Sabine nicht existierten. Peter gab sich damit zufrieden. Von Sabine erfuhr Holger, dass Peter sie in gleicher Sache zur Rede gestellt hatte.

Es waren Semesterferien und Sabine und Peter fuhren für eine Woche gemeinsam in Urlaub. Danach war Peter wie ausgewechselt! Permanent krabbelte und knutschte er an Sabine herum und wollte wohl der Umwelt gegenüber so seine Besitztumansprüche in Bezug auf Sabine dokumentieren. Sabine war das Ganze gegenüber Holger sichtlich peinlich, denn sie versuchte hinter Peters Rücken mit Gebärdensprache, die jeweilige Situation zu entkräften.

Ende Februar 1974 fuhr Holger mit seinem Vetter Freddy und seiner Frau Kirstin nach Campitello in Italien zu einem Wintersporturlaub. Freddys Bruder Anton mit seiner Frau Ilka war auch mit dabei und noch einige Paare aus deren gemeinsamer Clique. Es war ein schöner Urlaub und gab Holger etwas Distanz von Sabine. Vetter Anton gab Holger unumwunden zu verstehen, dass er die Frau seines Bruders ausschließlich für schön hielt, aber ihr ansonsten keinerlei geistige Fähigkeiten zubilligte.

»Aber«, sagte er, »Freddy ist eitel. Er braucht etwas zum Repräsentieren. Andere Männer tragen teure Uhren. Freddy ist dafür zu geizig, deshalb schmückt er sich mit einer schönen Frau. Dass Schönheit vergeht, wird er erst im Alter bemerken.«

Nach seinem Urlaub versuchte Sabine Holger wiederum vermehrt in Beschlag zu nehmen. Wenn er am Wochenende zu Hause war, ließ er sich vielfach von seinen Eltern verleugnen und spielte toter Mann oder er redete sich mit familiären Verpflichtungen heraus, um ein Treffen mit ihr und Peter zu vermeiden.

Vom 2.4.1974 bis zum 21.6.1974 wurde Holger mit Leo und Elmar zum Fahnenjunker-Lehrgang nach Idar-Oberstein abkommandiert.
Werner verabschiedete sie mit den Worten: »Nur damit ihr Bescheid wisst! Wenn ihr als Dienstgrade zurückkommt, kenn ich euch nicht mehr!«

So ganz ernst nahmen die drei ihren Werner nicht.

Mitte April wurde Holger 21 Jahre alt und damit volljährig. Sabine meinte bei einem ihrer letzten Telefongespräche, dass ihr die Zeit ohne Holger reichlich lang werden würde. Er hatte ihr versucht einzureden, dass die Wochenenden bei dieser komprimierten Ausbildung meist so kurz wären, dass es nicht lohne, nach Dortmund zu fahren.

Diese Einlassung von ihm war nicht ganz verkehrt, denn die Fahrt nach Idar-Oberstein mit dem Auto war ab Köln fast nur nervig, weil eine autobahnähnliche Anbindung noch nicht existierte und fast nur kleine Dörfchen durchfahren werden mussten. Bei der Bahnfahrt musste man meist in Bad Kreuznach und dann noch einmal in Köln umsteigen - mit den entsprechend langen Aufenthalten für die Verbindungszüge. Durch solch eine Wartezeit in Köln bei der Rückfahrt zu der Lehrgangseinheit in Idar-Oberstein kamen Elmar und Holger noch in den Genuss, den Kölner Dom zu besteigen. Die Stunde Wartezeit auf den Anschlusszug nach Bad-Kreuznach wollten die beiden sinnvoll einsetzen und die grandiose Aussicht von dem Kirchturm nach der elendigen Wendeltreppenlauferei hatte den Aufwand gerechtfertigt.

Leo fuhr an den Wochenenden vielfach rüber nach Siegen zu seiner Freundin Mia. Sie war in der Modebranche tätig und hatte dort eine Geschäftsführeranstellung in einem Damenbekleidungsfachgeschäft gefunden. Er hatte damit eindeutig die kürzeste Fahrzeit und schwelgte am Sonntagabend immer noch von seinen sexuellen Erlebnissen mit seiner Mia. Wenn Elmar gut drauf war und er sein Wochenende mit seiner Freundin ebenfalls orgasmusfreundlich verlebt hatte, brachte er sich auch noch in dieses Thema ein und Holger fühlte sich etwas unterfickt.

Das legte sich aber gründlichst an einem Mittwoch in der zweiten Woche ihres Lehrgangsaufenthaltes. Holger wollte nach Dienstschluss nach Idar-Oberstein runterfahren, da ihre Kaserne hoch über dem Ort lag und er einige kleine Besorgungen erledigen musste. Elmar und Leo hatten vor, im Kasino Billard zu spielen und blieben deshalb in der Kaserne. Holger stand als Einziger an der Bushaltestelle und wartete auf die nächste Verbindung runter in den Ort. Es war ein warmer sonniger Frühlingstag und er trug nur Hemd und Hose und offenen Sandalen, selbstverständlich ohne Strümpfe. Plötzlich hielt ein kleiner offener Fiat-Sportwagen vor ihm und eine nette Dame in rotem Kleid mit Kopftuch und Sonnenbrille fragte ihn lächelnd: »Kann ich Sie in den Ort mit runternehmen?«

»Na klar! Sehr gerne, danke!«, antwortete Holger höflich und stieg zu ihr in das kleine Cabrio.

»Man muss die Zeit auch nicht unnötig mit Warten verbringen, wenn es sich vermeiden lässt«, setzte die Dame, die Holger auf Ende dreißig schätzte hinzu. Sie war sehr gepflegt und hatte schöne Beine. Beim Anfahren schaute sie noch auf die andere Straßenseite hinüber, dort standen ebenfalls zwei offene Sportwagen, deren Marken Holger jedoch so schnell nicht identifizieren konnte. Zwei Damen, ähnlichen Alters wie Holgers Fahrerin, lehnten sich unterhaltend an einem der Fahrzeuge und winkten kurz herüber, als sie abfuhren.

Die Fahrt runter nach Idar-Oberstein dauerte ungefähr zehn Minuten. Unten angekommen hatte Holger schon fast alle persönlichen Daten seiner hübschen Fahrerin erhalten. Sie hieß Rita, war 38 Jahre alt und naturbrünett, wie sie behauptete. Sie hatte eine 16-jährige Tochter und war mit einem 45-jährigen Major verheiratet, der bei Freiburg stationiert war, an seiner Beförderung zum Oberstleutnant bastelte und allenfalls zu den Wochenenden nach Hause kam.

Rita hatte auch etwas in der Stadt zu besorgen und sie verabredeten einen Treffpunkt, um dort eine Stunde später wieder zusammenzukommen. Rita fragte nett, ob sie Holger zu einem kleinen Imbiss verführen dürfe, weil er so einen höflichen Eindruck auf sie hinterlassen habe und sie sich gerne etwas unterhalten wollte.

Sie durfte Holger zu einem Imbiss verführen und sie bot Holger, als ältere Dame, wie sie betonte, dass du an, was er auch gerne annahm. Als sie sich nach genau einer Stunde wiedersahen, schaute sich Holger Rita etwas genauer an. Sie hatte ein hübsches Gesicht mit brünetten Haaren, weil ja nun das Kopftuch und die Sonnenbrille fehlten, war das alles gut zu erkennen. Aber irgendetwas hatte sich an ihr verändert. Er betrachtete sie verstohlen von der Seite und dann fiel es ihm ein! Sie hatte vor einer Stunde einen Slip und einen BH angehabt. Beides hatte sich durch den roten Stoff ihres hautengen Kleides schwach und nett aber nicht aufdringlich abgezeichnet. Und beides war jetzt nicht mehr zu erkennen.

Rita schien Holgers Musterung nicht wahrzunehmen, jedoch umspielte ein leicht wissendes Lächeln ihre Lippen. Sie fuhren mit ihrem kleinen Flitzer aus Idar-Oberstein heraus.

»Ich kenne da was Nettes«, sagte Rita. Vor einem kleinen Ferienhaus in Hanglage am Ende einer Sackgasse hielten sie. Wirklich etwas einsam, das nächste Haus war vielleicht 50 Meter entfernt. Rita packte eine Tasche mit ihren Einkäufen aus ihrem Wagen. Sie betraten das Haus und Rita ging in die Küche und stellte ihre Tasche ab. Von da aus schaute sie Holger, der noch im Eingang stand an, und sagte lächelnd: »Unser Imbiss für nachher. Geh schon mal ins Wohnzimmer und such was Weiches im Radio. Ich mach schon mal die Toast-Hawai fertig, dann brauch ich sie nur noch in den Backofen schieben. Und du ziehst dich schon mal aus, denn dass du gemerkt hast, dass ich inzwischen unter meinem Kleid nackt bin, hat mich ganz geil und fickerig gemacht. Ich komme gleich auf deinen Schwanz!«

»Ein schöner Imbiss«, dachte sich Holger. Also zog er sich aus und setzte sich auf das große Ledersofa. Erst war es ein wenig kalt am Arsch. Aber er hatte Hoffnung, dass sich das legen würde. Die Füße positionierte er auf dem weißen Marmortisch vor sich und hatte die Beine leicht gespreizt. Die Arme hatte er links und rechts von sich auf der Rückenlehne des Sofas geparkt. Sein Pimmel hatte ihm die sexuelle Unterversorgung der letzten Monate absolut übel genommen, reckte sich empört in die Höhe und meldete deutlich seine Ansprüche an.

Rita kam zu ihm in das Wohnzimmer und trat zwischen seine gespreizten Beine. Sie hatte das rote Kleid immer noch an und schaute sich Holgers nackten Körper stöhnend an. »Das ist so geil, wie du da liegst, mit deinem großen Hengstschwanz. Zieh mich aus, aber langsam. Ich will dir dabei zusehen.«

Holger beugte sich vor, knöpfte Ritas Kleid langsam auf und warf es auf einen der gegenüberstehenden Sessel. Dabei streichelte er ihre steifen Brustnippel und ihre dunkle Schambehaarung. Sie war wirklich brünett!

Mit dem Zeigefinger ging er ihr zwischen die Beine und streichelte ihre geschwollenen feuchten Schamlippen. Das machte Rita rattengeil und sie wollte ihre Beine spreizen. Das konnte sie aber nicht, denn sie stand ja zwischen Holgers Beinen und er ließ ihr nicht den Spielraum, sich zu bewegen, was sie noch geiler machte, denn inzwischen hatte er ihr seinen Finger tief in ihre Fotze geschoben und die Lust sich ganz zu öffnen und sich überall streicheln zu lassen, machte sie nur noch wilder.

Holger öffnete seine Beinklammer, damit Rita sich bewegen konnte. Sofort setzte sie sich mit dem Gesicht zu ihm auf seinen Schwanz, der langsam in ihr verschwand, und begann ihn zu reiten. Sie saugten sich mit ihren Münden aneinander fest und Holger streichelte Ritas steife Brustnippel. Sie war genauso sexuell ausgehungert wie er und kam nach einigen Minuten laut aufstöhnend. Holger war aber noch nicht zum Orgasmus gekommen, deshalb ließ er sie sich auf dem Sofa mit dem Gesicht auf der Rückenlehne vor sich hinknien und fickte sie von hinten. Einige Minuten später kam auch er röhrend wie ein Hirsch und zuckte mit seinem Schwanz noch fast eine Minute in ihrer geschwollenen Pflaume.

Rita kam auch wieder zu Atem und sagte: »Das ist der Vorteil, wenn keine Nachbarn in der Nähe sind. Dann kann man beim Ficken richtig Krach machen und muss sich das Stöhnen und Schreien nicht verkneifen. Das Häuschen gehört einer guten Freundin von mir. Und für solche Eskapaden ist es ganz gut zu gebrauchen.«

Rita machte ein wunderbares Toast-Hawai und servierte es mit einem schönen kalten Chablis. Die beiden ließen die Rollläden herunter und bewegten sich nackt in dem Haus. Zumindest Holger. Rita hatte sich eine nett gemusterte blaue Schürze umgebunden, aus der ihr wohlproportionierter Arsch keck und attraktiv hervorlugte. Das Ganze hatte natürlich den riesigen Vorteil, jederzeit da wieder anfangen zu können, wo man noch einige Minuten vorher erschöpft aufgehört hatte. Und ein Toast-Hawai ließ sich auch in einem Umluftbackofen noch nach einigen Minuten reaktivieren.

Irgendwann schlief Rita in Holgers Armen erschöpft ein und wachte nach einer Stunde mit leichten Tränchen in den Augen wieder auf.

»Denke nicht, dass ich meinen Mann nicht liebe«, sagte sie. »Aber das immer als erfüllend beschriebene Leben einer Offiziersgattin ist bei Weitem nicht das, was in der Realität stattfindet. Du musst immer von Garnison zu Garnison mitziehen. Das geschieht fast geregelt alle fünf Jahre. Irgendwann ist der Punkt gekommen, da fühlst du dich mit deiner Familie an einem Ort verwurzelt und beheimatet. Du hast dir möglicherweise Eigentum erarbeitet und die Kinder haben ihre eigenen Freunde. Und dann kommt dein Partner mit einem langen Gesicht nach Hause und eröffnet seiner Familie, dass er einer neuen Einheit in einem anderen Standort zugeteilt wurde. Um der Karriere Willen macht man das eine ganze Zeit lang mit, aber irgendwann ist der Punkt gekommen, da wollen die Kinder das Recht mit ihren Freunden weiterhin Umgang haben zu können. Wir Frauen stecken ohnehin in einer Einbahnstraße. An eine Berufstätigkeit ist für uns bei einem Standortwechsel alle fünf Jahre ohnehin nicht zu denken. Also richten sich viele Familien wie wir auf die Wochenendbeziehungen ein und müssen darauf hoffen, dass man mit seinem Ehepartner möglicherweise alle drei bis vier Wochen mal Sex haben kann. Das ist mir als Frau viel zu wenig. Ich muss auch zwischendurch außerplanmäßig gevögelt werden und nicht nach der Dienstplantaktung meines Mannes nur am Wochenende. Die Dunkelziffer der Soldatenehen, die deswegen auseinandergehen, ist ohnehin so groß, dass sie schon gar nicht mehr veröffentlicht wird. Übrigens, mein Mann hat an seinem Standort auch ein Verhältnis, wie mir zugetragen wurde. Kann ich ihm auch nicht verdenken, denn seine Bedürfnisse sind meinen sehr ähnlich, sonst hätten wir auch gar nicht geheiratet. Meine Freundinnen, du wirst sie sicherlich bald kennenlernen, ergeht es genauso. Sie sind auch einsame Offiziersgattinnen. Komm Holger, lass uns noch mal rammeln, sonst werde ich ganz depressiv.«

»Kommt gar nicht in Frage«, antwortete Holger und führte seinen immer noch strammen Soldaten dem letzten (nur für diesen Tag, nur für diesen Tag liebe Leute!) Gefecht entgegen.

Rita führte für sie beide den sogenannten EWG-Tag ein. (Einmal in der Woche genügt!) Und das war meist mittwochs.

Holger nahm während der Mittagspause mit ihr telefonischen Kontakt auf und fragte lieb nach, ob denn EWG-Tag sei. Wenn EWG-Tag war, dann bestätigte Rita dies am Telefon und stand zu den Dienstenden mit ihrem roten Flitzer in der Nähe des Kaserneneinganges. Holger erzählte Elmar und Leo nichts von seinem neuen Lenden entspannenden Kontakt.

Das sich immer mehr verstärkende Brunftgehabe zwischen den Kameraden ging ihm allmählich auf den Keks und er beschloss, ihnen gegenüber die Gefechtseinsätze seiner Sexualität auf Nullauskünfte zurückzufahren.

Die Freundinnen von Rita lernte Holger gut drei Wochen später kennen. Es waren die zwei Damen, die an dem Nachmittag, als Rita Holger erstmals in die Stadt mitnahm mit ihren Autos gegenüber der Bushaltestelle gestanden und bei ihrer Abfahrt rübergewinkt hatten. Diese zwei, ebenfalls sexuell unterversorgten Offiziersgattinnen, hatten sich nach dem gleichen Schema wie Rita Frischfleisch geangelt. Nur eben aus anderen Lehrgangsbereichen, sodass kein täglicher Kontakt zwischen den Soldaten gegeben war mit der Möglichkeit eines eventuellen Abgleichens über außerdienstliche Aktivitäten. Sehr geschickt! Und so trafen sich eben rein zufällig eines Tages drei Paare in dem besagten Wochenendhäuschen zu einem Toast-Hawai.

Was kam, war vorauszusehen, weil es von einem geplanten Schema gelenkt wurde und somit unausweichlich war! Es kam ziemlich schnell zu geilem Gruppensex, nachdem jedes Pärchen für sich auf dem Sofa oder dem Sessel gevögelt hatte. Allein das Gestöhne und die tierisch geilen Schreie und Sprüche turnten so an, dass sämtliche Schranken fielen. Es gab alles! Drei Mann mit Dame und zwei Damen im 69er, die sich durch das Beficken ihrer Freundin angeilen ließen. Und umgekehrt und anders und von oben und von hinten und von unten und von vorn und wie auch immer.

Die zwei anderen Herren schafften es dabei noch, sich auch gegenseitig fröhlich in den Arsch zu ficken. Das war etwas, worauf Holger überhaupt nicht stand und es wurde selbstverständlich respektiert, wobei er nichts dagegen hatte, einer hübschen Frau seinen Pimmel in den Hintern zu stecken, wenn sie es mochte. Aber das Ganze war für Holger eigentlich nur eine abgeschmackte Notsituation von erwachsenen Menschen, in diesem Falle von den Damen, die keine grundlegende Entscheidung über ihren weiteren Lebensweg treffen konnten und wollten und sich in eine Fantasiewelt hineinbegaben. Rita und ihre beiden einsamen Freundinnen taten ihm bald nur noch leid, sich bei jedem Treffen wie rossige Stuten von den Männern bespringen zu lassen, nebst den sich allmählich einstellenden Spielzeugen, wie Dildos und Liebeskugeln. Er klinkte sich alsbald aus dieser Veranstaltung aus, denn er erfuhr beiläufig, dass diese Frischfleischeinkäufe zum Lehrgangsanfang am Kaserneneingang pro Quartal für diese Damen reine Routine war. Und ein gut abgehangener alter Bulle mochte er eigentlich noch nicht sein.

Der Offizierslehrgang war sehr interessant und vielschichtig. Holger hatte mit seinen Kameraden sehr gute Ausbilder und er merkte, dass er aus der Situation des Wehrdienstes einschließlich der Ausbildung für die Reserve-Offizierslaufbahn wirklich das Optimum für seinen weiteren Lebensweg mitnehmen konnte.

Zum Lehrgangsende erlebte Holger mit Leo Blanc noch einen dusseligen Autounfall. Sie fuhren mit einem anderen Lehrgangsteilnehmer zum Wochenendurlaub in dessen Auto nach Hause. Elmar war in der Einheit geblieben. Seine Freundin wollte ihn dort abholen und beide hatten dann vor, sich ein kleines Hotelzimmerchen in der Eifel suchen, um die Moselgegend zu erkunden.

Der Kamerad, mit dem Leo und Holger mitfuhren, besaß einen alten, aber sehr gepflegten Audi 60. Nur die Fahrerseite war mit einem nachgerüsteten Sicherheitsgurt ausgestattet. Holger saß auf der Beifahrerseite. Im Raum Koblenz mussten sie tanken und Leo bestand darauf, jetzt unbedingt vorn auf der Beifahrerseite sitzen zu müssen. Holger wies ihn freundlich auf den zwischen ihnen bestehenden Größenunterschied von 27 Zentimetern hin. Nutzte nix!

Selbst Holgers Hinweis, dass Leo mit seinem Gardemaß von gerade mal 1,60 Metern selbst noch den Kofferraum des Audis als Eigentumswohnung hätte nutzen können, half nicht weiter. Stur bestand er auf den Beifahrerplatz.

»Na gut«, dachte sich Holger. »Soll er doch! Dadurch wird er auch nicht größer.«

In Köln-Lohmar auf dem 6-spurigen Teil der A3 wurden sie von einem fürchterlichen Platzregen erwischt. Sie fuhren auf der rechten Spur, die durch den Lastwagenverkehr nicht unerheblich ausgefahren war. In diesen Spurrillen stand reichlich Wasser. Urplötzlich kam der vorausfahrende Verkehr abrupt zum Stillstand. Ihr fahrender Kamerad hatte genug Sicherheitsabstand eingehalten und wollte richtig handelnd auf die freie mittlere Spur nach links wechseln, um an dem Stauende auf der rechten Spur vorbeifahren zu können. Dabei machte er auch gleichzeitig das einzig Falsche. Er ging voll in die Bremse bis zur Blockade und drehte wie rasend an dem Lenkrad herum. Der Wagen rutschte auf der Wasserschicht gleitend wie an der Leine gezogen ungebremst auf das Stauende zu.

Leo realisierte ebenso wenig die Sachverhalte wie der Fahrzeuglenker und brüllte noch: »Brems, du Arsch!!!« Das Letzte, was Holger sah, war, wie Leo versuchte, sich zur Seite nach links zum Fahrer wegzudrehen, um sich mit beiden Händen an seiner Sitzlehne festzuhalten. Holger ließ sich aus seiner sitzenden Position mit dem Oberkörper zwischen Vordersitzreihe und Rücksitzbank gleiten und verschränkte die Hände über seinem Kopf. Die Antwort des Fahrers auf Leos letzte Ermahnung ging in einem riesigen Knall unter. Ungebremst, bedingt durch das Aquaplaning, war der Wagen auf das Stauende geprallt. Dem Fahrer war nichts passiert, er war ja angeschnallt. Holger war auch unverletzt. Er hatte leichte Kopfschmerzen und seine Brille war etwas verbogen.

Leo stand unter Schock! Er war voll durch die Scheibe geraucht und wieder in den Beifahrersitz zurückgeworfen worden. Es war Gott sei Dank nur seitlich geschehen, weil er sich wegdrehen wollte, sodass die Augen und die Nase unverletzt waren. Aber sein rechtes Ohr war fast abgerissen und er blutete wie Sau.

Der Fahrer und Holger holten ihn aus der schrottreifen Karre, die einmal ein Audi 60 war, und lehnten ihn an die Beifahrertür. Permanent versuchte er an seinen Ohrresten herumzufrasseln und fragte wie ein Tonband mit Endlosschleife in seiner ihm eigenen Eitelkeit nach seinem Aussehen.

Holger war darüber nicht ganz unbeeindruckt, weil er natürlich auch unter Schock stand und sagte: »Du hältst jetzt die Fresse und bleibst schön still stehen und der Onkel Holger macht dich jetzt wie neu!«

In ihrer Einheit hatten sie, wie es der Zufall wollte, gerade 14 Tage vorher einen umfassenden Erste-Hilfe-Lehrgang absolviert, dessen Inhalte Holger nunmehr sehr gut anzuwenden wusste. Er hatte ganz zeitnah in Erinnerung, dass bei abgerissenen Gefäßteilen unbedingt die ungestörte weitere Durchblutung sichergestellt sein sollte. Also pappte er seinem Freund Leo schön langsam seine teilabgerissene Ohrmuschel auf die blutigen Endungen an seinem Kopf und fixierte das Ganze mit einem eindrucksvollen Verband, den er sofort LT (Leos Turban) taufte.

Leo verlor allmählich seinen Schockzustand. Da er jedoch immer noch nach seinem Aussehen fragte, gab ihm Holger umgehend den Namen »Frankenstein«. Das löste selbst bei Leo ein lautes Lachen aus und dezimierte seinen Schock nun fast gänzlich.

Andere Verkehrsteilnehmer waren nicht verletzt und Leo wurde mit Holger zusammen in das nächste Unfallkrankenhaus gefahren. Leos Ohr wurde wieder kunstvoll und erfolgreich an den Rest seines Körpers genäht. Die operierende Ärztin sagte ihm auch, dass er dies nur den Verbandskünsten von Holger zu verdanken hatte.

Holgers Schädel wurde zur Vorsicht auch geröntgt, weil er über Kopfschmerzen geklagt hatte, aber es wurde nichts Auffälliges festgestellt und die beiden wurden als transportfähig entlassen. Mit der Taxe ging es zum nächsten Bahnhof und dann nach Hause.

Nach diesem Wochenende erschien Leo zwei Tage später in der Ausbildungseinheit, denn er hatte noch ein Bundeswehrkrankenhaus in Münster aufsuchen müssen, um seine Verletzungen überprüfen zu lassen. Er war diensttauglich geschrieben worden, denn sonst wäre seine weitere Lehrgangsteilnahme auch stark gefährdet gewesen. Dafür trug er jetzt für weitere zwei Wochen einen wunderschönen Ohrverband.

Am 21.6.1974 war der Lehrgang in Idar-Oberstein, nach umfangreichen Prüfungen, zu Ende und Elmar, Leo und Holger nähten sich die entsprechenden Sterne an die Ärmel ihrer Uniformjacken und waren nun Gefreite-ROA (Gefreite mit bestandenem Reserveoffiziers-Anwärter-Lehrgang). So ausgestattet kehrten sie in ihre Batterie nach Boostedt zurück.

Werner war ihnen nunmehr sehr, sehr reserviert gegenüber, als er die Sterne an ihren Jacken erblickte. In der Kantine kam er nicht mehr an ihren Tisch und die Verabredungen für irgendwelche gemeinsame Aktivitäten nach Dienst nahmen mit fadenscheinigen Ausreden seinerseits rapide ab.

Auch in der Einheit ebbte das einst enge Verhältnis zu den anderen Mannschaftskameraden schnell ab. Die ‚Drei' waren jetzt Vorgesetzte und wurden von einem Tag auf den anderen gesiezt und siezten ihre ehemaligen Mannschaftskameraden auch.

Holger hatte keine Probleme damit, denn er betrachte diese Verhaltensweise einfach technisch nach dem Motto: Schalter umlegen von ‚Du' auf ‚Sie' und fertig! Emotionen, wie sie Elmar und Leo äußerten, waren ihm in dieser Situation eigentlich fremd.

Nach weiteren 14 Tagen wurden die ‚Drei' vor der ganzen angetretenen Batterie von ihrem Bataillonskommandeur und ihrem Batteriehauptmann zu Fahnenjunkern befördert und bekamen die damit verbundenen Unteroffizierspauletten auf die Schulterlaschen ihrer Uniformjacken geschoben. Der Spieß war so nett, ging hinterher und trennte die Gefreitenbalken mit einem kleinen Scherchen ab. Auf dem Weg zum Offizierskasino, denn dort mussten sie nun ihre Tagesmahlzeiten einnehmen, kam ihnen ihr Freund Werner entgegen. Steif ging er an ihnen vorbei und grüßte militärisch mit der Hand an der Mütze: »Mahlzeit, die Herren Fahnenjunker!«

»Mensch Werner, lass doch den Scheiß! Wir sind doch alte Freunde«, grüßten die drei frischbeförderten Fahnenjunker zurück. Es nutzte nichts! Er ging, wie schon angekündigt, seinen Weg und kannte Elmar, Leo und Holger privat nicht mehr.

Am Wochenende fuhr Holger mit seiner neuen Uniform nach Hause.

Seine Mutter war natürlich ganz aus dem Häuschen und erzählte wieder in alter Manier ihre Protz- und Prahlgeschichten über den Herrn Offizier durch die Gegend.

Sabine war von seiner Uniform mit den Dienstgradabzeichen auch ganz angetan. Freund Peter war meinungslos, denn er leistete seinen Wehrersatzdienst gerade in einem Krankenhaus ab.

Jürgen Mohn rümpfte über Holgers Dienstgrad nur die Nase. Er hatte es bei der Marine zum Obergefreiten gebracht und alles Militärische, eventuell noch mit Befehlen und Gebrüll verbunden, war ihm nie ganz geheuer gewesen.

Holger fuhr in Uniform mit seinem kleinen roten Fiat nach Gelsenkirchen zum Grab seiner Großeltern und salutierte militärisch vor ihrem Grab. Speziell vor seinem Großvater, denn der hatte es als alter Haudegen des Ersten und Zweiten Weltkrieges nach seiner Meinung verdient. In ihrer Einheit wurden sie nun offiziell als Geschützführer geführt und erlebten den täglichen Drill jetzt aus einem anderen Blickwinkel, nämlich nunmehr als Ausbilder.

Am Samstagabend des folgenden Wochenendes war Holger bei Sabine in ihrem Appartement. Peter war in Sachen eines Wochenenddienstes im Krankenhaus als ZIVI unterwegs.

Sabine und Holger saßen irgendwann nebeneinander in ihrem kleinen Wohnschlafzimmer auf dem Teppichboden mit dem Rücken an den großen flachen Raumheizkörper gelehnt. Urplötzlich fanden ihre Münder zueinander und sie fingen an zu knutschen. Fast übergangslos begannen sie sich gegenseitig auszuziehen. Und so kam, was kommen musste ... Laut aufstöhnend und wimmernd vor Lust hatten sie ihren ersten gemeinsamen Orgasmus. So begannen sie ihre sexuelle Beziehung, die sie fortschreitend bei jeder sich bietenden Gelegenheit auslebten.

Vom 26.8.1974 bis zum 19.9.1974 mussten Elmar, Leo und Holger nochmals zu einem weiterführenden ROA-Lehrgang nach Idar-Oberstein. Jetzt traten sie diesen Lehrgang schon als Fahnenjunker an. Während des Lehrganges erfuhren sie auch, warum so viele Artilleriebeobachter ausgebildet wurden. Nach empirischen Erhebungen, basierend auf den Erfahrungen des Zweiten Weltkrieges, hatten 80 Prozent der vordersten Beobachter (VB) keine Chance, ein halbstündiges Artilleriegefecht zu überleben. Während dieser kurzen Zeit wurden sie durch gegnerische Funkmessung aufgeklärt, eingemessen und durch gegnerisches Feuer vernichtet. Die restlichen 20 Prozent der überlebenden VBs hatten wiederum eine fünfzigprozentige Chance weiterzukommen, wenn sie ein halbtägiges Art-Gefecht aushielten. Die allerletzten 10 Prozent hatten dann die Möglichkeit, einige Tage älter zu werden, wenn sie einen eintägigen Gefechtseinsatz überstanden. Das ganze Geheimnis war, wie ihnen unter anderem als Lehrgangsinhalt vermittelt wurde, die Geschwindigkeit des permanenten und schnellen Stellungswechsels. Demnach ein Job, der mehr als Schlank machen konnte und mit schnellen Stellungswechseln verband Holger ohnehin etwas ganz anderes. Sie wurden also als VBs auf Halde produziert, um im Falle eines Falles die zu erwartenden hohen Ausfälle ersetzen zu können.

Rita und ihre zwei Freundinnen standen wieder in der Nähe der Kaserneneinfahrt und suchten nach Frischfleischportionen. Alle drei Damen erkannten Holger zweifelsfrei wieder. Es wäre auch eher etwas unwahrscheinlich gewesen, wenn es nicht so sein würde, denn man hatte ja mehrmals miteinander gevögelt und sich dabei auch noch auf hautnaher Distanz zugesehen und zugehört. Aber sie taten so, als wenn sie ihn noch nie gesehen hätten.

Holger nickte ihnen leicht schmunzelnd zu und notierte das Ganze unter der Rubrik der sexuellen und menschlichen Erfahrungen, die sich nunmehr mit Sabine auf einer anderen Ebene fortsetzten.

Die gemeinsamen Zeiten mit Sabine waren für ihn wahnsinnig erfüllend. Es verging kaum eine Situation, in der nicht die Hände des einen in der Hose des anderen waren. Selbst im Kino konnten sie unter langen Mänteln nicht davon lassen. Zu den Filmenden hatte Holger jeweils nicht unerhebliche Schwierigkeiten seine Utensilien unter dem Hosenschlitz wieder zu ordnen. Meist gelang das erst wieder, wenn sie gingen und sich der Blutdruck im wahrsten Sinne des Wortes senkte.

Wenn ihr Verlangen auf gemeinsamen spontanen Sex zu groß wurde, kam es auch durchaus vor, dass Sabine und Holger sich gegenseitig in ein Wohnhaus zogen, dessen Haustür nicht geschlossen war. Hier fickte Holger Sabine schnell von hinten, während sie sich vornüberbeugte oder im Stehen, wenn sie sich auf seine beiden Handflächen setzte und ihre Schenkel um seine Hüften schlang und ihre Arme um seinen Hals legte. Inzwischen hatten sie sich angewöhnt, sich ihre sexuellen Erregungen beim Ficken ungehemmt zu erzählen und ihrer Entspannung beim Orgasmus lautstark freien Lauf zu lassen.

So kam es öfters vor, dass bei solch einer Gelegenheit irgendeine Wohnungstür aufgerissen wurde und irgendjemand seine Beschwerde über die Ruhestörung in den Hausflur brüllte. Holger fühlte sich dann immer prompt an seine Kindheit erinnert.

Am 26.9.1974, nur sieben Tage nach ihrem Lehrgangsende in Idar-Oberstein war für Elmar, Leo und Holger die Bundeswehrdienstzeit zu Ende und sie wurden als Fähnriche der Reserve entlassen. Wie sie hörten, hatte Werner in seiner Einheit irgendwelchen Mist gebaut und war mit einer Disziplinarstrafe belegt worden, die unter anderem eine einmonatige Wehrdienstzeitverlängerung nach sich zog. Die drei sahen ihn nie wieder.

Elmar hatte sich an der Uni in Bochum für das Lehramt eingeschrieben und Leo für Jura. Holger hatte sich an der Ingenieurschule für Werkstofftechnik, Fachrichtung Eisenhüttenwesen in der Sonnenstraße in Dortmund eingeschrieben.

Er begann sein Studium mit dem Wintersemester 1974/75.
Folgende Schwierigkeiten hatte er vom ersten Tag an:
Er konnte nicht selbstständig nach eigenem Antrieb arbeiten.
Während der Schulzeit hatte er permanenten Vorgabedruck durch die Schule selbst und durch seine Eltern bekommen.
Während der Wehrdienstzeit bekam er permanenten Vorgabedruck durch die Ausbilder und durch die Lehrgangsleiter der Offiziersausbildung.

Er hatte ein technisches Studium ergriffen - mit einem schulischen mangelhaft in Mathematik.

Und er lag viel zu oft während der Vorlesungszeiten mit Sabine bei ihr im Bett.

Die Professoren bemängelten im Allgemeinen das mangelhafte Wissen der Studenten im Fach Mathematik und sprachen Empfehlungen aus, dieses oder jenes zu tun.

Mit Empfehlungen konnte Holger nichts anfangen.

Er schaffte einige Scheine und fasste wieder Mut.

Sabine trennte sich von Peter. Wie sie Holger oft versichert hatte, würde sie, sie ja eigentlich beide lieben. Peter wegen seiner stillen, ruhigen Art und Weise und Holger wegen seiner stürmischen Gier nach wildem animalischem Sex. Sie hatten ein schönes halbes Jahr miteinander. Natürlich war Holgers Kontakt zu Peter sofort abgebrochen, nachdem Sabine ihm erzählt hatte, mit wem sie nun Zusammensein wollte. Holger konnte es ihm nicht verdenken.

Anfang 1975 wurde Sabine immer schweigsamer und trauriger. Sie erzählte Holger, dass sie Peter öfter an der Uni traf und die Zeit mit ihm zusammen nicht vergessen konnte. Und dann war es so weit.

Holger lag eines Morgens zusammen mit Sabine bei ihr im Bett und sie liebten sich fürchterlich. Urplötzlich erzählte ihm Sabine, dass es das letzte Mal sei, weil sie zurück zu Peter wollte. Absolut grausig und utopisch war das, aber leider real! Sie erlebten einen gemeinsamen letzten Orgasmus, bei dem auf ihren zusammengepressten Gesichtern die Tränen ineinander liefen und sich der Rotz ihrer Nasen vermischte wie ihre Flüssigkeiten in den Genitalbereichen. Dann zog sich Holger weinend und schluchzend an und sagte einer ebenfalls heulenden Sabine: »Alles Gute«, und verließ ihr Leben. Sie war die erste große Liebe seines Lebens gewesen und er dachte noch etliche Jahre an sie wehmütig zurück.

Da er sich ablenken wollte, fuhr Holger mit seinem kleinen roten Fiat nach Paris, um seinen Freund Jürgen Mohn dort zu besuchen. Der studierte das Lehramt für die Oberstufe und hatte zwei Semester in Paris belegt. Seine Studienzeit war dort nun zu Ende und Holger hatte sich bereit erklärt, ihn in Paris abzuholen.

Jürgen war inzwischen mit einer Französin befreundet, die irgendwo in Paris in einem Büro arbeitete. Sie hatten sich in Paris an einem bekannteren großen Platz zu einer bestimmten Uhrzeit verabredet. Von diesem Platz hatte Holger zumindest eine Ansichtskarte, die ihm Jürgen netterweise zur groben Orientierung geschickt hatte.

Holger war optimistisch. Wer sich nach einer Landkarte während der Bundeswehrzeit im Gelände orientieren konnte, der konnte auch in Paris einen großen Platz finden. Dachte er! Also brezelte er mit seinem Fiat-Bomber via Belgien los. Belgische Autobahnen waren auch nachts wunderbar beleuchtet. Wer die Stromrechnung bezahlte, war wohl uninteressant. War es für Holger auch! Er hatte eine schöne Straßenkarte von Paris neben sich auf dem Beifahrersitz liegen. Danach musste es wohl gelingen, den Treffpunkt zu finden.

Auf einem Außenring um Paris versemmelte er sich mit einer Ausfahrt und landete auf dem Zubringer zu einem großen Flughafen. Zubringer waren doof, deshalb nahm Holger die nächste Ausfahrt durch ein weit geöffnetes Tor und landete nach mehreren Kurven vor riesigen großen Hallen mit riesengroßen Toren, aus denen riesige Düsenjets mit monumentalen Flughafenschleppern herausgezogen oder hineingeschoben wurden. Riesige große Flughafenschlepper mit angehängten Riesenflugzeugen zu umschippern war doof, weil Holgers kleiner ferrariroter Flitzer unter all den weißen oder silbernen Blechgehäusen der Flugzeuge und des begleitenden rollenden Equipments auffiel wie Richthofens roter Dreidecker 1918 über der Westfront. Den ganzen Mist zu umfahren war auch doof, deshalb nahm er schon mal den kürzeren Weg unter den Riesentragflächen und zwischen den Riesentriebwerken hindurch.

Das wiederum fand das französische Flughafenpersonal überhaupt nicht lustig und beantwortete Holgers Tiefffliegerangriff mit wildem Geblinke, Hupen und dem Anschalten von gelben, blauen und roten Rundumleuchten.

Holger steigerte seine Geschwindigkeit und nahm die nächste Ausfahrt nach rechts hinter so einer riesigen Flugzeugabstell- oder Wartungshalle. Falsche Entscheidung! Die war aber auch so etwas von falsch! Große Ausfahrt-Tore schlossen sich langsam! Ihm gegenüber standen zwei Citroën-Wellblechbusse mit der Aufschrift - Gendarmerie - und Uniformierte machten eindeutige Handbewegungen gegenüber Holger stehen zu bleiben.

»Ach du Scheiße!«, dachte der sich. »Ich will doch keinen internationalen Konflikt heraufbeschwören, nur um meinen Freund Jürgen in Paris zu besuchen!«

Die ihm wie Bulldoggen gegenüberstehenden Citroën-Busse der französischen Polizei hatten ihr Blaulicht eingeschaltet und die Sirenen an.

»Halt!«, ging es Holger durch den Sinn. »Da war doch noch etwas!« Er hatte seinen knallroten Fiat 770 S mit seinen 23 PS nicht nur in der Spur mit legalen Distanzscheiben auf den Bremstrommeln zur Verbreiterung optisch etwas aufgehübscht. Nein! Hinter der Front, mit dem bekannten Markenemblem saß eine kleine Sirene, die er vom Armaturenbrett aus, mit einem Wechselschalter, über den Hupenknopf bedienen konnte.

Die Hupe selbst war auch gar nicht dumm, denn es handelte sich um eine Dreiklang-Kompressor-Fanfare. Aber diese kleine, dafür sehr, sehr laute Sirene, mit der er in Deutschland gerade mal Fußgänger oder Radfahrer zu Begeisterungssprüngen weg von der Fahrbahn bewegen konnte, bekam hier in Frankreich einen völlig neuen Stellenwert. Sie klang nämlich original genauso wie die Sirenen der französischen Polizeifahrzeuge!

Holger machte vor der französischen Staatsmacht fast eine Vollbremsung und einen anschließenden 180 Grad Turn-Around mit angezogener Handbremse (hatte er im Winter auf Schnee extra geübt) und sauste den gekommenen Weg zurück. Nun aber anders! Die Warnblinkanlage war an! Die Sirene wurde von Holger in ausgeklügelter akustischer Choreografie manuell gespielt und war permanent am Auf- und Abschwellen! Die Lichthupe bediente er im Rhythmus der Sirene! Der ihn vorher behindernde Querverkehr durch irgendwelche rangierenden Großraum-Düsenjets mit Begleitfahrzeugen und Schleppern kam vollständig zum Erliegen.

Er hatte das Fenster auf der Fahrerseite geöffnet. Es war fast still, bis auf die Geräusche von Flugzeugen in einiger Entfernung auf der Start- und Landebahn des Flughafens. Nur die schrille Sirene seine Autos war zu hören und der dumpfe röhrende Ton des Auspufftopfes, den er nach Montage (konnte man alles noch selbst machen) erst mal um glatte 10 Zentimeter beschnitt, was so manchen TÜV-Beamten zeitweise nachdenklich stimmte.

Die verfolgende Meute von Polizeibussen kam nicht so schnell voran wie Holger. Wahrscheinlich hatten sie vergessen nachzufragen, ob sie unter den Tragflächen dieser Riesenflugzeuge durchsausen durften, denn sie kurvten zeitaufwendig um diese Dinger herum.

Die Fahrer der stehen gebliebenen Flughafenfahrzeuge und die Kräfte, die zu Fuß unterwegs waren, standen staunend und verwundert still und hatten Holger möglicherweise in die Rubrik James-Bond-Verschnitt mit Schrumpf-Maserati einkatalogisiert.

Souverän grüßend und lächelnd sauste er um die letzte Ecke der Hallenansammlung und durch das sich ferngesteuert langsam schließende Zufahrtstor und war wieder auf diesem komischen Autobahnzubringer. Im Rückspiegel konnte er gerade noch erkennen, wie die blinkende und jaulende französische Staatsmacht vor dem jetzt geschlossenen Tor anhalten musste.

An der nächsten Ausfahrt verließ er sofort den Zubringer und nahm eine Straße in Richtung Centre-Ville. Der Verkehr war schauderhaft dicht und nach seinem Ausflug in den Flughafenverkehr hatte Holger keine Lust mehr, sich nebenbei Karten lesend dem französischen Berufsverkehr hinzugeben. Also hielt Holger an einem Taxistand und fragte einen der Taxifahrer unter Zuhilfenahme von Jürgens Postkarte auf Englisch, ob er mit seiner Taxe vor ihm herfahren könnte, um ihn auf kürzestem Wege zu dem Treffpunkt zu bringen. Nach einigen Verständigungsproblemen hatte dieser Holgers Wunsch verinnerlicht.

Nach nur 25 Minuten Fahrzeit waren sie an dem Postkartentreffpunkt und Holger hatte den Termin mit Jürgen gerade mal um zehn Minuten überschritten, was der mit einer gewissen Ehrfurcht honorierte. Holger entlohnte den Taxifahrer mit einem fürstlichen Trinkgeld und fuhr mit Jürgen zu dessen Quartier, nicht ohne ihm von seiner Flughafenbesichtigung zu erzählen. Beide waren sie der Meinung, dass der kleine rote Wagen schnellstens abgestellt werden sollte.

Vor Jürgens Haus, in einer ruhigen Seitenstraße, hatten sie das unverschämte Glück, einen Parkplatz zwischen zwei Bäumen zu finden. Jürgen wohnte bei einer österreichischen Rentnerin zur Untermiete. Sie hatte ihm zwei Räume vermietet und die Gästetoilette. In dem einen Raum schlief Jürgen, den anderen nutzte er als Arbeitszimmer. Dadurch, dass in diesem Arbeitszimmer ein Sofa stand, fand auch Holger hier eine Bleibe.

»Aber«, sagte Jürgen, »heute Nacht schlafen wir in einem Hotel. Für Mariange und mich habe ich ein Doppelzimmer gebucht und für dich ein Einzelzimmer. Die Kosten für dein Einzelzimmer übernehme ich selbstverständlich, denn du bist ja eingeladen. Nur hierhin kann ich Mariange nicht mitnehmen, denn die alte Wienerin ist sehr konservativ und erlaubt keine Damenübernachtungsbesuche. Die Eltern von Mariange sind genauso konservativ. Mariange wohnt mit ihren 22 Jahren noch bei ihren Eltern und hat für heute Nacht eine offizielle Einladung mit Übernachtung zu einer ihrer Freundinnen. Ihre Freundin ist informiert und würde bei einem Anruf von Marianges Eltern Entsprechendes bestätigen. Aber ohne solche Tricks könnten Mariange und ich gar nicht zusammen schlafen.«

Also fuhren Jürgen und Holger mit der U-Bahn rein nach Paris, um Mariange zu treffen. In der U-Bahn fiel Holger auf, dass die Bevölkerung von Paris (Pariser verband Holger immer sofort mit einer ihn störenden Nachtmütze) etwas schlampig zu sein schien. Kaum eine Krawatte bei den Herren oder ein Rock oder ein Kleid bei den Damen war ohne Flecken oder andere Verunreinigungen. Dafür war die Metro mit ihrem zusätzlichen hinter den Bahnrädern liegenden Auto-Gummireifenantrieb grandios und verlieh den Fahrzeugen enorme Beschleunigungs- und Bremswerte sowie ein rasantes Klettervermögen, wenn sie aus dem Untergrund wieder an das Licht der Welt sauste.

Mariange war nettes liebes junges Frauchen, fröhlich und lieb, etwas vollschlank und leicht hausbacken und genauso wie es Holgers spraddeliger und schon dünnhaariger Freund Jürgen brauchte. Mariange sprach kein Wort Deutsch und Holger unterhielt sich mit ihr mit Händen und Füßen.

Es kamen noch einige Studienkolleginnen und Kollegen von Jürgen hinzu und es wurde ein netter Abend, der für Holger sehr interessant war. Erlebte er doch hinter den sicheren Fenstern einer Kneipe die rasche Auflösung einer Demonstration durch die französische Polizei. Die droschen mit ihren Knüppeln auf alles ein, was nicht schnell genug in den Seitenstraßen verschwand. Dafür war der Spuk nach einer halben Stunde erledigt und das bunte Abendleben nahm wieder Fahrt auf.

Das Einparken der Franzosen in Parklücken, die eigentlich gar keine waren, imponierte ihm ungemein, nachdem er es vom Fenster aus sah, wie mehrere Autos zusammengeschoben wurden und so eine Parklücke entstand. Er war heilfroh, dass seine kleine rote Nahverkehrskapsel sicher zwischen zwei Bäumen geparkt war.

Spät am Abend gingen Jürgen, Mariange und Holger zu dem kleinen Hotel, wo sie schon angemeldet waren.

Mit einiger Verwunderung hörte er die Frage, ob sie in einem Zimmer zusammen schlafen wollten. Soviel verstand er doch in französischer Sprache, dass er Jürgen nicht um Übersetzung bitten musste. Holger bekam sein Einzelzimmer mit kleinem Toilettenraum und stellte fest, dass direkt neben dem Bett ein Bidet stand. »Auch nicht schlecht«, dachte er sich, »hatte man mal Druck auf der Tüte, brauchte man nur schnell rüberzurutschen.« Er wusste schon, was für einen Zweck ein Bidet zu erfüllen hatte, selbst wenn es in Deutschland im Jahre 1975 im Sanitärbereich eine eher untergeordnete Rolle spielte.

Es klopfte und Jürgen kam rein und schaute sich in dem Zimmer um, sah das Bidet und fragte: »Wozu ist das Ding den zu gebrauchen?«

»Zum Haare waschen, wozu denn sonst«, antwortete Holger ihm spontan ohne weitere Betonung. Im weitesten Sinne war das mit den Haaren damals auch nicht so ganz verkehrt!

»Du hast doch wahrscheinlich auch keine Dusche auf dem Zimmer?«

»Nein, haben wir nicht.«

»Siehst du, das hier ist die kleine Version, entwickelt in Frankreich, wenn für eine Dusche in den Räumlichkeiten kein Platz mehr ist.«

»Ach so, na denn, gute Nacht. Frühstück bei uns auf dem Zimmer. Die Tante vom Empfang hat so ulkig geschaut, als ich nach den Frühstücksräumlichkeiten fragte.«

»Gute Nacht, Jürgen! Und fick Mariange nicht so dolle!«

Nach ungefähr zwei Stunden Schlaf schreckte Holger hoch. Um ihn herum war ein Gelärm und Getöse wie in einem Dolby-Sorround-Cinema. Aber das war noch nicht erfunden, infolgedessen konnte es auch kein kinoähnlicher Effekt sein. Er legte seinen Kopf an die nächste Wand und hörte: »Qui, Qui, je t`aime. Je vien!« Daraufhin eindeutige weitere Fickgeräusche und Gestöhne. An der nächsten Wand identisches Gelärm, nur andere Stimmlagen. Die dritte Wandanhörung ergab gleiche Erkenntnisse. Das Ganze zog sich bis zum frühen Morgen hin mit wechselnden Einsätzen, kurzen Pausen von 15 Minuten, Türen Geklapper und Toilettenspülgeräuschen mit unterdrücktem Gelächter und Gekicher.

Ganz plötzlich läuteten bei Holger die Glocken der fröhlichen Erkenntnis! Sie waren in einem Stundenhotel gelandet! Na toll!! Alle durften sich um ihn herum die Seele aus dem Leib vögeln! Mit Sicherheit auch Jürgen mit seiner Mariange! Nur Holger nicht! So eine Sauerei! Hätte er das gewusst, dann hätte er bei dem vorangegangenen Kneipentreffen im Quartier-Latin eine von Jürgens Kommilitoninnen angebaggert und mit ihr in dieser lustigen Stundenbude das ‚Halali' auf die Völkerverständigung geblasen! Und das im wahrsten Sinne des Wortes!

Um 8:00 Uhr klopfte es und Jürgen bat zum Frühstück in sein Doppelzimmer mit Mariange. Jürgen hatte natürlich sein sich lichtendes Haupthaar im Bidet gewaschen! Etwas anderes hatte Holger von seinem etwas zerstreuten Freund eigentlich auch nicht erwartet.

Die nächsten Tage vergingen rasant schnell. Jürgen zeigte Holger noch einige Sehenswürdigkeiten von Paris, die sie jedoch konsequent alle mit der Metro erledigten, um den tollen Standplatz von Holgers Auto zwischen den Bäumen nicht zu gefährden. Eines Abends lud sie noch Jürgens Vermieterin zu einem originalen ‚Wiener Schnitzel' zum Essen ein.

Selbstverständlich von ihr selbst zubereitet! Es war ein Traum und hatte wenig mit diesen komischen Klischeevorstellungen eines Wiener Schnitzels, die auf vielen Speisekarten manifestiert waren, zu tun.

Dafür ging Holger die Berichterstattung der alten Dame als jüdische Emigrantin aus Nazideutschland im Jahre 1940 ziemlich auf den Sack und er entgegnete ihr reichlich keck, dass da doch wohl ihr alter Landsmann ein gewisser Adolf H. für einige allgemein bekannte Dinge im Geschichtsverlauf die Verantwortung zu tragen hätte.

Davon wusste nun die gute alte Schnitzelfabrikantin überhaupt nichts oder wollte es auch gar nicht wissen. Jürgen lenkte das Thema schnell auf Rosen und anderes Plattrasengesulze, bevor seine Vermieterin in Versuchung geriet, ihm und Holger den Rest der wirklich leckeren Schnitzel zu entziehen.

Es war so weit, der Tag der Abfahrt an einem Sonntag! Holger und Jürgen packten ganz frühmorgens den kleinen roten Fiat bis unter das Dach voll mit Jürgens Koffern, Taschen, Bücherkartons und Papierkisten und starteten in Richtung Heimat. Ein letztes Mal ließ Holger die Sirene seines Wagens durch die noch fast leeren Straßenschluchten hallen und sie nahmen Abschied von Paris.

Von Holgers Vorschlag, unter Verweis auf seine Flughafenumleitung während der Anreise, einen kleineren Grenzübergang abseits der Autobahn zu wählen, wollte Jürgen nichts weiter hören. Er glaubte nicht, dass Holgers Fahrzeug zu Fahndung ausgeschrieben war. Nach seiner Meinung waren die Franzosen zwar sehr spontan, aber ansonsten nicht weiter nachtragend. Außerdem hatte ja Holger, nach seiner Schilderung auf dem Flughafen nichts weiter beschädigt, außer eventuell ein klein wenig den Stolz der Flughafenpolizei.

Sie passierten den Grenzübergang problemlos. Holger fiel ein Stein vom Herzen und Jürgen war stolz wie Oskar, weil er doch nun, nach einem Jahr Studienzeit in Paris, die Mentalität der Franzosen so gut einschätzen konnte! Meinte er zumindest und Holger unternahm auch nicht den geringsten Versuch, seine Meinung anzuzweifeln.

Jürgen war froh, von seiner Mariange getrennt zu sein, denn wie er erzählte, war in den vergangenen Wochen kaum ein Treffen zwischen den beiden gewesen, wo Mariange nicht von einer Heirat gefaselt hätte. Und davon wollte Jürgen nun überhaupt nichts wissen. Ob das aus dem bekannten Eheleben seiner Eltern herrührte, wo sein Vater nebenbei das Putzpersonal vögelte, erfuhr Holger nie.

In den Semesterferien wollte Holger arbeiten und er erschien frühmorgens bei dem Schnelldienst des Dortmunder Arbeitsamtes am Heiligen Weg. Dort versperrten ihm einige Besuffkis den Weg in das Zimmer des Arbeitsvermittlers und erzählten was von Wartehirachien und Gewohnheitsrechten und ähnlichen Scheiß. Wenn einige den Mund öffneten, wurde Holger vielfach an einen ‚offenen Tagebau' erinnert. Abgestandener Alkoholgeruch vermischt mit dem Muff ungewaschener Kleidung und übelster Körpergerüche durchwoben den Warteraum.

»Ist einer von Euch Sattelzugfahrer?«, fragte Holger laut in die Runde. Kopfschütteln und ungläubiges Gemurmel war die Antwort. »Na also, das ist genau der Grund, weswegen ich als Erster rein muss«, sagte er und ging an allen vorbei in das Zimmer des Vermittlers.

Der hatte einen Job für ihn im Hafengebiet von Dortmund. Dort sollte sich Holger bei einer Gerüstbaufirma melden, die einen Fahrer suchten. Er gab zu bedenken, dass er nur über den Führerschein der Klasse 3 verfügte und der Vermittler schaute nochmals in das vor ihm liegende Anforderungsprofil und bestätigte, dass ein Fahrer mit dem Führerschein der Klasse 3 gesucht wurde. Holger verließ das Zimmer und seine Arbeit suchenden Freunde vor der Tür fragten sofort neugierig: »Hast was? Haste was?«

»Na klar, ihr Lieben! Sattelzugfahrt in die Eifel! Einen defekten Bagger abholen!« Respektvoll öffnete sich vor ihm eine Schneise der Wartenden. Nur der letzte Besuffki murmelte nicht verstehend permanent vor sich hin: »Baggerfahrt in die Eifel! Was Tiefes rausholen!« Dabei nickt er selig lächelnd wie der berühmte Wackel-Dackel auf einer Hutablage im Auto.

Holger nahm sich vor, was Anständiges zu lernen. So wollte er nicht enden!

Er sauste mit seinem Wägelchen zu der angegebenen Adresse. Er meldete sich im Büro bei einer hübschen jungen Frau mit schlanker Figur und zu großem Busen. Sie nahm seine Personalien auf und rief den Vorarbeiter in das Büro. »Heinz, das hier ist der Holger, der fährt euch heute.«

Holger fragte ihn, wo denn der Kleintransporte stünde, den er fahren solle.

»Mensch Holger, Junge, haste denn keene Oogen im Kopp? Steht doch dick und breit vor der Tür. Bisse doch gerade vorbeigeloofen!«

»Wie? Was? Das Gespann da draußen soll ich fahren? Ich hab doch nur den Führerschein Klasse 3!«

»Na passt doch! Die Karre hat ein zulässiges Gesamtgewicht von 7,5 Tonnen und den Einachsanhänger dahinter darfse ooch ziehen!«

»So etwas habe ich aber noch nie gemacht!«, antwortete Holger irritiert, in der Hoffnung, irgendwie aus dieser Nummer herauszukommen.

»Macht nischt«, sagte Heinz. »Irgendwann macht man alles zum ersten Male. Außerdem bin ich ja bei dir.«

Holger ging nach draußen und schaute sich dieses Monstrum von Gespann erst mal aus der Nähe an. Es war ein Magirus-Rundhauber mit Doppelkabine und einer fünf Meter langen Ladefläche. Auf der hinteren Achse war Zwillingsbereifung. Vor der hinteren Bereifung waren unterhalb der Ladefläche beidseitig Staukästen angebracht. Auf der Ladefläche war ein stabiles Eisengestell montiert, das die Fahrerkabine überragte. Der Wagen war vollgepackt mit Bohlen, die alle bündig mit der Ladefläche abschlossen. Auf dem Ladegestell lagen lange Holzleitern in mehreren Lagen übereinander und nebeneinander. Sie überragten das Fahrerhaus und schlossen mit der vorderen Stoßstange bündig ab. Hinten ragten sie drei Meter hinaus und waren durch eine rote Fahne gesichert. Der Einachsanhänger hatte ebenfalls eine Zwillingsbereifung und eine Ladefläche von fünf Metern, den auch hier schlossen die aufgestapelten Bohlenreihen vorn und hinten bündig ab. Dann kamen die restlichen vier Gerüstbauer aus dem Umkleideraum. Alle waren stämmige Kerle, muskelbepackt und etwas älter als Holger. Sie stiegen in den hinteren Teil der Doppelkabine und Heinz setzte sich auf die Beifahrerseite. Holger hatte noch nie einen

Diesel gefahren. Er musste vorgeglüht werden, bis ein rotes Lichtsignal erlosch, was gut eine Minute in Anspruch nahm (es war die berühmte Rudolf-Diesel-Gedächtnis-Minute), dann konnte er gestartet werden. Mit mächtigem Geboller aus 5000 ccm und 6-Zylindern mit 90 PS Leistung erwachte der Motor zum Leben und spukte ganze Ladungen dunkelster Wolken in den Himmel.

»Musst schon zupacken«, sagte Heinz, »der Wagen hat keine Lenkhilfe.«

Und so fuhr Holger mit dem Gespann von dem Firmenplatz, um gleich an der nächsten Bude nur 200 Meter von ihrem Ausgangspunkt entfernt wieder anzuhalten. Die Männer stiegen aus und besorgten sich ihr Frühstück und Mittagessen in Form von Brötchen und Fleischwurst. An Getränken favorisierten sie Kakao, Milch oder Cola. Nur Heinz hatte sich sein Quantum Bier, nämlich vier Flaschen, für den ganzen Tag eingekauft. Er sagte auch zu Holger: »Ganz ehrlich, das Zeug schmeckt mir so gut, dass ich davon nicht lassen kann. Deswegen bist du auch hier, denn von uns hat keiner mehr den Führerschein.«

An der ersten Baustelle wurde Holger noch erklärt, dass er nur zu fahren brauchte und nicht mitarbeiten musste. Aber es war ihm so langweilig im Wagen allein zwei oder drei Stunden zu sitzen, dass er schon an der zweiten Baustelle seine Mithilfe anbot. Sie wurde auch angenommen und er schuftete im Rahmen seiner Möglichkeiten mit, sodass er schon abends von Heinz gefragt wurde, ob er nicht länger arbeiten wolle.

Holger willigte ein und erarbeitete fast vier Wochen bei dieser Firma. Er versuchte die Micky Maus im Büro, sie hieß Eva, anzubaggern, aber sie erwies sich als spröde und er hasste es, um die Gunst einer Frau buhlen zu müssen. Also blieb es bei belanglosem Geplapper, falls er sie mal tagsüber im Büro besuchte, wenn bei ihm eine Vorlesung ausgefallen war.

Durch seinen Freund Rolf Rutz lernte Holger im August 1975 eine junge Frau in seinem Alter kennen. Sie hieß Lisa Grote und arbeitete bei der Post in der mittleren beamteten Laufbahn. Ihre Eltern waren mit den Eltern von Rolf befreundet und dieses ganze Kennenlernen war von den Eltern eingefädelt, denn Lisa war gegenwärtig partnerlos wie Holger. Rolf zog sich nach dem Vermittlungsvorgang ziemlich schnell zurück und erzählte irgendetwas von weiteren Verpflichtungen. Lisa war mit ihm zusammen in seinem Wagen gekommen und Holger bot sich an, sie in seinem Auto nach Hause zu fahren.

Sie saßen in einer Kneipe in Hörde. Es war eine ‚Szene-Kneipe' und hieß ‚Bei Agie'. In dieser Kneipe saß den beiden gegenüber an einem Tisch ein Pärchen, das unter dem Tisch anfing, sich zwischen den Beinen zu bespielen. Das Pärchen bemerkte nicht, dass die leicht erhöhte Stellung ihres Tisches auf einem vielleicht 25 Zentimeter hohen Podest wunderbare Einblicke unter die Tischdecke gewährte. Sie hatte einen Rock an und er spielte zwischen ihren gespreizten Beinen unter ihrem Slip herum, während sie mit einer Hand seine gut ausgebeulte Hose bearbeitete. Er wollte ihr am Tisch den Slip herunterziehen, aber diese Nummer war der jungen Frau offenbar zu risikoreich, denn sie stand plötzlich auf und ging auf die Toilette. Er richtete derweil sein in der Hose verschobenes Gebälk neu ein. Das Mädel erschien wieder und nahm den gleichen Platz gegenüber Lisa und Holger an dem Tisch ihres Partners ein. Nun hatte sie keinen Slip unter ihrem Rock mehr an und ihr Begleiter konnte sofort und ungehindert an ihrer Pflaume spielen. Irgendwann kam sie, aber weil ihr Freund sie dauerhaft küsste, war von ihr nur ein leichtes Geschnaufe zu hören und ihre Beine schlugen unkontrolliert zusammen.

Lisa war inzwischen über diese Vorführung genauso geil geworden wie Holger, denn auch ihre Atmung ging hörbar schneller. Da sie nebeneinander saßen, hatten sich inzwischen ihre Hände unter dem Tisch ebenfalls gefunden. Holger zahlte und dann gingen sie Hand in Hand zum Parkplatz, wo sein Auto stand. Kaum hatten sie Platz genommen, fielen sie auch schon übereinander her, so geil hatte sie die Vorführung ‚Bei Agie' gemacht. Sie küssten sich ab und schnell war Holger unter Lisas Bluse und öffnete ihren BH, der praktischerweise einen Vorderverschluss besaß. Er rutschte mit dem Mund runter zu ihren Titten und saugte sich an ihren Nippeln abwechselnd fest. Dann war er schnell an ihrer Hose und öffnete Gürtel und Reißverschluss. Mit einer Bewegung zog er ihre Hose und ihren Slip hinunter bis zu ihren Schuhen. Weit öffnete Lisa ihre Schenkel und Holger spielte sofort an ihrer klatschnassen Fotze, die sie ihm gierig entgegendrückte. Stöhnend kam sie zum Orgasmus. Als Holger sie nun aufforderte, sich auch mal um seinen Schwanz zu kümmern, erzählte sie ihm, dass sie noch eine Jungfrau sei und einfach noch etwas Zeit brauche, um sich intensiver mit seinem Geschlecht zu befassen.

Für eine Jungfrau hatte Holger aber seine Finger aber reichlich tief in ihr gehabt. Das sagte er Lisa auch, aber sie blieb dabei, dass außer Petting bislang mit Ficken nichts gewesen wäre. Na, das hatte er schon mal gehört! Außerdem musste sie sich durch den Frauenarzt noch die Pille verschreiben lassen. Also brachte Holger erst seine nigelnagelneue Freundin Lisa nach Hause und danach sich selbst und seinen Ständer in sein Elternhaus.

Am Tag drauf hatte Holger schon eine Einladung durch Lisa von ihren Eltern zu gemeinsamen Bekannten anlässlich einer Geburtstagsfeier am kommenden Wochenende. Da Lisa ein nettes schlankes Mädel war mit einer brünetten Pagenhaarfrisur, die Holger mochte, stimmte er der Einladung zu. Eigentlich widerstrebte ihm eine solche schnelle Beschlagnahme seiner Person durch die Eltern seiner gegenwärtigen Beziehungen, aber hier machte er eine Ausnahme möglicherweise aus Trotz, denn seine Mutter war natürlich über seine sich abzeichnende Beziehung geradezu entsetzt!

Eine neue Freundin und schon eine Einladung mit deren Eltern zusammen. Und das Mädchen hatte nur ‚Mittlere Reife' und war nur in der mittleren Beamtenlaufbahn bei der Post. Und der Vater war nur Amtmann bei der Post und hatte nicht studiert. Und die Mutter arbeitete an der Gemüsetheke bei COOP. Für Holgers Mutter brach eine Welt zusammen! Stundenlanges Gesülze über ‚Nicht standesgemäße Beziehungen' war die Folge und wurde in den folgenden Tagen und Wochen immer wieder aufgegriffen.

Die Einladung von Lisas Eltern erwies sich für Holger fast als Komplettflop. Lisas Mutter hatte ziemlich schnell die Lampe an und fing an vor der gesamten Gesellschaft Holger als ihren Schwiegersohn zu titulieren. So etwas mochte Holger aber nun überhaupt nicht! Hintergrund dieses für Holger echt peinlichen Verhaltens von Lisas Mutter war, dass Lisas verflossener Freund mit seinen Eltern ebenfalls anwesend war.

Dieser Bursche hatte es wohl nicht geschafft, Lisa richtig durchzuvögeln. Permanent wurden von der angedudelten Alten Holgers Vorzüge betont, einschließlich des Sachverhaltes, dass er natürlich studierte. Holger wurde das Ganze immer unangenehmer und er verabschiedete sich mit Lisa aus dieser Runde. Ihre Mutter rief ihnen noch nach: »Und macht es euch schön kuschelig, so schnell kommen wir nicht nach Hause.«

Lisa wohnte noch, genauso wie Holger, in der elterlichen Wohnung. Auf dem Weg zu ihr nach Hause erzählte Lisa stolz, dass sie nun seit einer Woche die Pille nahm und sie jetzt zum ersten Male mit einem Mann ficken wollte. In ihrem Zimmer zogen sie sich blitzschnell aus und legten sich nackt auf ihr Bett. Holgers Schwanz hatte es Lisa angetan. Offensichtlich hatte sie noch keinen Männerschwanz aus nächster Nähe gesehen. Sie schaute ihn sich fast ehrfürchtig von allen Seiten an und zog langsam die Vorhaut zurück, bis ihr die Eichel knallig entgegenleuchtete. Alles hinterfragte sie. Warum dieses und jenes sein müsse und was Holger spüre, wenn sie hier und dort rieb oder massiere.

Irgendwann war Holger so rattig, dass er sie auf den Rücken drehte und ihre Fotze leckte, nachdem er ihre Beine weit gespreizt und etwas angehockt hatte. So etwas kannte sie ja nun noch gar nicht. Sie stöhnte, wurde nass und laut und lauter. Holgers Latte begann schon zu tropfen, denn auch er wurde geil und geiler. Also hockte er sich vor sie hin und zog sie langsam auf seinen Ständer. Permanent war sie mit einer Hand an seinem Schwanz, um zu spüren, wie weit er schon in sie eingedrungen war.

Lisa konnte es gar nicht fassen, dass das alles von Holger in sie hineinpasste. Er fickte sie langsam. Kaum ließ er ein wenig im Tempo nach, begann Lisa sich ihm gierig entgegenzustrecken. Also stieß Holger schneller und schneller, bis beide laut aufstöhnend und wimmernd fast zeitgleich ihren ersten gemeinsamen Orgasmus erreichten und Lisa ihre beiden Unterschenkel auf Holgers Hintern legte, um ihn mit aller Kraft noch zusätzlich in sich hineinzudrücken.

Eine Woche später wurden Lisa und Holger zu Lisas Freundin Angela Logge und deren Mann Bernhard eingeladen. Angela hatte Geburtstag und es war dort eine junge Frau anwesend, die mit Bernhard zusammen die Lehre bei der AEG absolviert hatte. Sie hieß Katrin Riese, war ungefähr 1,60 Meter groß, mit schmaler, schlanker Figur und einem nicht zu großen, aber doch auffälligen Busen. Das einzig optisch Negative an ihr war, ihre prägnante sehr ausgeprägte Nase. Ansonsten war sie sehr sympathisch ruhig und ein wenig elegant. Holger bedauerte es fast, sie nicht schon früher kennengelernt zu haben, aber ohne Lisa hätte er auch nicht deren Freunde kennengelernt, die die Verbindung zu Katrin Riese waren.

Das Studium machte Holger immer weniger Spaß und er geriet mit seinen Semesterscheinen in Verzug. Das erzählte er natürlich keinem Menschen, insbesondere nicht seinen Eltern. Zwischen Praktikum und Studium war eben doch ein meilenweiter Unterschied.
Im September 1975 fuhr Holger mit Lisa für ein verlängertes Wochenende nach Bernkastel an die Mosel. Bernkastel war ihm noch aus seiner Bundeswehrlehrgangszeit in Idar-Oberstein in guter Erinnerung. Für Lisa war dieses Wochenende eigentlich ein Kennenlernwochenende des männlichen Körpers. Das Thema Aufklärung musste offensichtlich vollständig an ihr vorbeigegangen sein.

Lange lag sie nachts bei guter Zimmerbeleuchtung neben Holger und studierte seinen Genitalbereich auf das Gründlichste, um dann hier zu saugen und dort zu lecken, bis sich die Erfolge ihrer Bemühungen einstellten und Holger sie in seiner Erregung in allen ihm bekannten Stellungen durchvögelte.

Aber das Peinlichste war Lisas Mutter, der sie blöderweise die erlebten Intimitäten anvertraute, und die dann nichts anderes zu tun hatte, als den Eltern des Ex-Freundes zu erzählen, mit welcher Zärtlichkeit Holger Lisa zur Frau gemacht hatte.

Scheiße mit Zärtlichkeit! Lisa hatte wohl vergessen zu erzählen, dass Holger lärmen konnte wie ein kleiner schwedischer Möbelhaus-Elch mit dem Namen Röhreby, wenn er seine Finger und seine Latte in sie hineinpackte!

Das Verhältnis zwischen Holger und seiner Mutter verschlechterte sich eklatant. Der Grund war natürlich einerseits Holgers Beziehung zu Lisa, andererseits fing seine Mutter an zu behaupten, dass ihr Sohn sie bestahl. Das war natürlich absoluter Unsinn, den während der Semesterferien arbeitete er fast immer in der Gerüstbaufirma, in der er schon mal tätig war. Außerdem bekam er Bafög, sodass sein Portemonnaie eigentlich geregelt ausreichend gefüllt war und verschwenderisch war er beileibe nicht. Im Gegenteil, er lieh sogar seinem Vater Geld, weil der durch seine Frau nur Taschengeld zugeteilt bekam.

Als seine Mutter Holger weiterhin Vorhaltungen in dieser Sache machte, empfahl er ihr doch dringlichst zur Aufklärung die Polizei hinzuzuziehen. Mutter reagierte außerordentlich beleidigt und sprach einige Tage nicht mehr mit ihm.

Im November 1975 machten Lisa und Holger einen einwöchigen Urlaub in Prag. Die Tristesse hinter dem Eisernen Vorhang beeindruckte Holger ungemein und er beschloss, mit seinem nächsten Besuch in die Ostblockstaaten zu warten, bis dieser Vorhang gefallen war.

Mit Leo Blanc hatte Holger weiterhin guten freundschaftlichen Kontakt. Meist fuhr er alle paar Wochen zu ihm hin, um mit ihm Schach zu spielen und zu klönen. In seinem elterlichen Haus in Wattenscheid hatte Leo eine kleine Dachgeschosswohnung. Seine Freundin Mia hatte inzwischen in Essen eine Festanstellung und übernachtete ziemlich häufig bei ihm, was Holger absolut beneidete.

Im Frühjahr 1976 kristallisierte sich für Holger immer mehr heraus, dass er einen falschen Studiengang eingeschlagen hatte. Im Sauerland und im Siegerland begann das Sterben der Kleineisenindustrie. Immer mehr Jungingenieure kamen von dort zurück und versuchten an der Fachhochschule als Dozenten oder Hilfsdozenten eine Anstellung zu finden. Mit ihnen unterhielt sich Holger sehr oft und alle gaben ihm hinter vorgehaltener Hand den Rat, das Studium des Eisen-Hüttenwesens schleunigst an den Nagel zu hängen und rasch etwas anderes zu studieren oder zu erlernen. »Stahlherstellung wird bald in den Billiglohnländern des Fernen Ostens angesiedelt sein«, war ihre einhellige Meinung.

Lisa bezog ein kleines Appartement in Dortmund-Wellinghofen und das war auch gut so, denn das Liebeslaubengefasel ihrer Mutter ging Holger schlichtweg auf den Geist.

An den Wochenenden übernachtete Holger ziemlich oft bei ihr. Ein Schlafanzug von ihm war auch dort eingezogen, kam jedoch nie zum Einsatz.

In den Semesterferien nach dem Wintersemester 1975/1976 arbeitete Holger im Finanzbauamt Dortmund als sogenannter Werkstudent. Seine Eltern wollten, dass er nicht nur immer Hilfsarbeitertätigkeit ausübte, sondern auch mal Bürotätigkeit, um seinen Horizont zu vergrößern. So nannte das seine Mutter. Sein Vater hatte mitgeholfen, diesen Job für Holger zu vermitteln, denn er arbeitete schon jahrelang bei dieser Behörde.

Holgers Arbeitsvertrag ging über vier Wochen. Anfänglich fuhr er noch mit seinem Vater hin, dann kam der Tag, an dem dieser in einer Feierstunde offiziell mit 63 Jahren in den Ruhestand verabschiedet wurde. Es war für Holger schon ein eigenartiges Gefühl bei dieser Verabschiedung aus dem Arbeitsleben dabei sein zu dürfen. Dabei betrachtete er es als etwas paradox, dass sein Vater das Berufsleben beendete, während Holger als sein Sohn, das eigene noch nicht einmal begonnen hatte.

Unter der Berücksichtigung, dass Holgers Vater 40 Jahre alt war, als er Papa wurde, relativierte sich das Ganze schon wieder. Jedenfalls kristallisierte sich für Holger ganz deutlich heraus, dass er eine ähnliche Laufbahn, wie die seines Vaters, würde nicht einschlagen wollen.

Er saß während der vier Wochen bei einem Bauingenieur mit im Zimmer und arbeitete ihm mit untergeordneten Aufgaben zu. Nach einem halben Tag bei ihm gab der ihm ganz deutlich zu verstehen, dass Holger viel gründlicher arbeiten müsste und das hieß vor allen Dingen sehr, sehr, sehr viieel langsaammmeeeer!

Der Dienstbeginn war um 8:00 Uhr und begann mit einer garantieren 30-minütigen Vorbereitungen der Arbeitsplätze. Bleistifte, Lineale, Kugelschreiber, Bleistiftspitzer und Radiergummis mussten aus der Schreibtischschublade geholt und nach Größe neben der Schreibunterlage gestaffelt abgelegt werden. Ein DIN-A4-Block wurde daneben ausgerichtet. Dann wurde der Akt des Vortages oder ein Neuer geöffnet und entsprechend, es handelte sich im Wesentlichen in dieser Abteilung um Rechnungsprüfungen, der Bearbeitung zugeführt. Korrekturen erfolgten grundsätzlich erst einmal mit Bleistift. Um 9:00 Uhr erfolgten Telefonate mit Kollegen im Haus und Verabredungen zum Frühstück. Danach wurde gegen 10:00 Uhr die Sachbearbeitung fortgesetzt. Um 12:00 Uhr erfolgten Telefonate in identischer Sache wie morgens, nur handelte es sich jetzt um die Mittagspause. Arbeitsaufnahme war dann gegen 13:00 Uhr. Zwischenzeitlich wurde in der geöffneten Schreibtischschublade gründlichst ein Modelleisenbahnprospekt studiert, denn der Herr, dem Holger zuarbeitete, war ein bekennender Modelleisenbahnfan, was ihn natürlich in Holgers Bewertungshirachie des Beamtentums enorm an die Spitze rutschen ließ. Um 14:00 waren wiederum die Telefonate hinsichtlich der Kaffeepause und um 15:00 begann wieder die erschöpfende Sachbearbeitung, die gegen 16:30 Uhr eingestellt wurde, um den Arbeitsplatz aufzuräumen, die Bleistifte zu prüfen und gegebenenfalls anzuspitzen und dieses Arbeitsmaterial vorsichtig und geordnet in die Schublade zu räumen. Die bearbeiteten Akten bekamen an den Fortsetzungsstellen für den nächsten Tag Lesezeichen eingelegt, die mit militärisch exakter Länge gleich aus dem Akt herausschauten. Abschließend wurde noch der nun fast leere Schreibtisch mit einem weichen Tischbesen abgefegt. Die letzten fünf Minuten wurden der einsamen Zimmerpalme auf der Fensterbank gegönnt, sowie dem Anlegen des Mantels. Dann stand mein Gegenüber mit seiner Aktentasche in der Hand vor der Zimmertür, die er exakt um 17:00 Uhr öffnete und Holger ein fröhliches: »Schönen Feierabend, Herr Geh«, zurief und in den Flur trat.

Und so ging das Tag für Tag. Zum absehbaren Abschluss der Sachbearbeitungs-Prüfung wurde die Rechenmaschine aus dem Schreibtisch geholt und der schon per Hand gerechnete Zauber nochmals nachgerechnet. Und erst dann, aber auch wirklich erst dann, wurden die vorgenommenen Bleistiftprüfungen sorgfältig mit einem roten Kugelschreiber überschrieben. Die noch übrig gebliebenen Bleistiftvorabeintragungen wurden vorsichtig wegradiert, was dann den nachmittäglichen Handfegereinsatz auf der Schreibtischplatte wirklich rechtfertigte. Dann wurde der offensichtlich notwendige Prüfkommentar positionsbezogen handschriftlich mit Bleistift vorgeschrieben.

Zwischenzeitlich wurden von Holgers Zimmerchef auch schon mal Dienstgänge zu außer Haus liegenden Behördenteilen vorgenommen, um Zusatzinformationen über den gerade in Bearbeitung befindlichen Akt zu erlangen. Seltsamerweise führten diese Dienstgänge mit Sicherheit immer an stadtbekannten Modellbahngeschäften vorbei, denn daraufhin verschwanden immer neue bunte Modellbahnprospekte in der Schreibtischschublade und danach zum Feierabend in der Aktentasche.

Die mit Bleistift vorgeschriebenen Prüfkommentare wurden überarbeitet und erweitert. Es wurde radiert und gestrichen. Auch wurde schon mal ein Kollege oder Vorgesetzter um den Rat einer Formulierung gebeten. Wenn dann das alles so schön und fertig war, erfolgte die Reinschrift mit Kugelschreiber. Dann kam der Prüfkommentar in das Schreibzimmer, wo es von einer Schreibdame durch die Schreibmaschine gejagt wurde und mit den entsprechenden Kopien zurückkam. Dann kam der Kommentar in den Akt, die den Vermerk ‚Geprüft' erhielt und damit in das Körbchen ‚Ausgang' wanderte. So eine Rechnungsprüfung, die konnte aber auch dauern, nämlich daauuueeeerrrrrrrn!

Nach der vierwöchigen Tätigkeit in der Behörde hing Holger freiwillig noch die letzten zwei Wochen seiner Semesterferien als Arbeitstätigkeit in der Gerüstbaufirma ran, um mal wieder etwas zu bewegen. Es war für ihn nicht nachvollziehbar, wie sein Vater so eine Tätigkeit hatte jahrelang ausüben können!

Im September 1976 machte Holger mit Lisa einen dreiwöchigen Badeurlaub in Jugoslawien. Er berichtete ihr vorsichtig von seinen Zweifeln an seinem Studienfach.

Lisa zeigte absolut kein Verständnis dafür, sondern überhäufte ihn mit Vorwürfen: »Du enttäuscht nicht nur mich, Holger, sondern auch meine Eltern, die wie ich darauf gebaut hatten, dass du dein Studium zielstrebig abschließt, und ich will ja schließlich auch mal jemanden finden, mit dem ich eine gesicherte Partnerschaft eingehen kann ohne Ängste und Nöte.«

»Ach so ist das«, entfuhr es Holger. »Du wolltest also auf dem Standesamt promovieren. Deine Mutter hatte ja schon am Tage Nummer sechs unserer Beziehung nichts Eiligeres zu tun, mich als ihren Schwiegersohn und Ingenieur in spe darzustellen. Einschließlich ihrer Berichterstattung über unsere ersten gemeinsamen Intimitäten. Hatte sie eigentlich das Datum und die Uhrzeit und die Dauer auch publiziert?«

Lisa fing an zu weinen und beide bedauerten es unabgesprochen, jetzt für drei Wochen aneinander gebunden zu sein. Also entschuldigte sich Holger bei Lisa und gelobte über seine Überlegungen hinsichtlich seines Studiums nochmals nachzudenken. Dann fickten sie sich wieder glücklich, aber ein Riss ging doch durch ihre Beziehung und Holgers Gedanken wanderten öfters zu Katrin Riese. Dazu zeigte auch noch eine andere Urlauberin Interesse an Holger und Lisa reagierte zusätzlich stark eifersüchtig.

Nach dem Urlaub begann wieder die Zankerei zwischen Holger und seiner Mutter hinsichtlich der Stehlerei, die sie ihm unterstellte. Mal sollte er ihr einen Geldschein gestohlen haben, dann wiederum ein Buch oder gar Marmelade oder eine Flasche Wein. Dann eröffnete sie ihm noch, dass sie mit Lisa vor deren gemeinsamen Urlaub telefoniert hatte, um sie zu bitten, Holger nicht von seinem Studium abzulenken. Jetzt konnte sich Holger Lisas Reaktion während ihres Urlaubes etwas mehr erklären.

Durch Leo Blanc fand Holger seinen alten Jugendfreund Till Beinemann wieder. Leos Freundin Mia und Till hatten zusammen die Lehre bei der

Firma Sinn in Essen absolviert. Da konnte man doch sehen, wie klein die Welt war.

Vom 21.2.1977 bis zum 18.3.1977 absolvierte Holger mit Leo eine Wehrübung bei ihrer alten Einheit in Boostedt. Holger trug sich mit dem Gedanken, eventuell zur Bundeswehr zurückzukehren, um die Berufssoldatenlaufbahn einzuschlagen.

Als Einzige wussten Leo und Holgers Vetter Freddy mit seiner Frau Kirstin über seine Überlegungen Bescheid. Aber nach zwei Wochen bei der Bundeswehr hatte Holger für sich schon den Entscheid gefunden, nicht zur Truppe zurückzukehren.

Vor der Wehrübung hatte er noch ein Wochenende bei seinem Vetter Freddy in Köln verbracht. Bei einer Flasche Whiskey im Laufe einer Nacht und vielen Diskussionen hatte er versucht, Holger beizubringen, die Wehrübung kritisch, hinsichtlich einer beruflichen Perspektive bei der Bundeswehr, zu betrachten. Er hatte mit seinem Einfluss auf Holger sicherlich zu dessen Entscheidungsfindung beigetragen!

Ende März eröffnete Holger seinen Eltern, dass er das Studium nicht fortsetzen würde. Für seine Mutter brach eine Welt zusammen. Sie bedrängen ihn permanent, das Studium fortzusetzen.

Sein Vater fuhr mit ihm nach Aachen, weil dort auch dieses Studienfach gelehrt wurde, um ihn in mit der Unterstützung eines Dozenten dazu zu bewegen, an diesem Studienort das Studium fortzusetzen. Aber Holgers Entschluss war unumstößlich.

Lisa verhielt sich ihm gegenüber nunmehr sehr distanziert und gab ihm am 22.4.1977 den Laufpass, indem sie ihm seinen immer noch unbenutzten Schlafanzug, der bei ihr wohnte, in die Hand drückte. Zum Abschied sagte sie noch: »Für deine Mutter empfinde ich sehr viel Verständnis, Holger.«

Der erwiderte nichts, weil es sich nach seiner Meinung auch nicht mehr lohnte.

An der Fachhochschule blieb Holger weiter eingeschrieben, besorgte sich jedoch einen Hilfsarbeiterjob bei den Gasrußwerken im Dortmunder Hafengebiet. Einerseits um Geld zu verdienen, andererseits, um möglichst wenig Berührungspunkte mit seinen Eltern zu haben.

Lisa traf er noch zweimal durch Zufall in ihrer ehemaligen Stammkneipe mit ihren Eltern, grüßen konnten sie alle nicht mehr, als Holger ihnen freundlich zunickte.

Das erste Mal war ein Knilch in der Nähe von Lisa, der sie stockbesoffen deutlich beflirtete. Früher hatte sie den Typen mal als »Hammerwerfer« tituliert. Das zweite Mal saß der Hammerwerfer schon mit im Kreise der Familie, duzte sich lautstark mit Lisas Eltern und beknutschte Lisa aufs Heftigste, was ihr offensichtlich wohl nicht ganz recht war, aber von ihren Eltern billigend in Kauf genommen wurde.

Holger war in Begleitung von dem Ehepaar Logge und von Katrin Riese. Logges gingen selbstverständlich kurz zu Lisas Tisch nebst Anhang, um sie zu begrüßen.

Als sie zu Katrin und Holger zurückkamen, erfuhr der auch den Grund, weswegen sich Lisa von ihm getrennt hatte. Stellvertretend für ihre Tochter und ohne überhaupt befragt worden zu sein, benannte Lisas Mutter »Seelische Grausamkeit«, welche Holger gegenüber ihrer Tochter hätte walten lassen.

Damit konnte Holger überhaupt nichts anfangen und in seinen Gedanken galoppierte der kleine lustige Möbelhaus-Elch Röhreby über seine Fantasieleinwand und machte: »Muh!« Und damit war dieser Filmabschnitt auch schon zu Ende.

Am 22.5.1977 verabredete sich Holger mit Katrin zu einem Spaziergang im Rombergpark. Es knisterte sofort zwischen den beiden und der Spaziergang endete mit Geknutsche sowie der Feststellung, dass sie schon bei dem ersten Kennenlernen bei Logges mehr als nur Sympathie füreinander empfunden hatten.

Katrin hatte sich von Logges immer über den Stand seiner Beziehung zu Lisa berichten lassen und im Grunde auf Holger gewartet. Seine neue Freundin hatte eine kleine Wohnung in der Nähe des Rombergparkes.

Den berühmten Sprung ins Bett verschob er für Erste, was ihm Katrin hoch anrechnete, wie sie ihm später anvertraute.

Als es dann irgendwann passierte war es für Holger ohnehin nur Blümchensex und er sagte sich, dass Sex nicht alles wäre, was im Leben zählte. Katrin stand ihm bedingungslos zur Seite und legte keinen Wert auf berufliche Titel oder Ähnliches. Sie schrieb seine Bewerbungen für einen Ausbildungsplatz an verschiedene Firmen. Es waren alles Blindbewerbungen an Anschriften, die sich Holger aus den gelben Seiten des Telefonbuches heraussuchte, und es handelte sich nur um Bewerbungen für einen Ausbildungsplatz in technischen Bereichen. Eine kaufmännische Ausbildung kam für Holger nicht in Betracht. Die meisten Firmen sagten ab. Einige wenige Firmen - oder Personalchefs luden ihn zu einem Gespräch ein. Aber fast alle nur aus kaum verhohlener Neugier, um, wie sie sagten, die wahren Beweggründe eines 24-jährigen Mannes zu erfahren, der nach einem Studienabbruch noch eine Lehre anstreben wollte. Alle bedankten sich dann höflich für Holgers Interesse an ihrem Unternehmen und wiesen ihn abschließend wegen angeblicher ‚Überqualifizierung' höflich ab.

Katrin hielt weiterhin unerschütterlich zu ihm und schrieb fleißig seine Bewerbungen zu Hause auf ihrer kleinen Reiseschreibmaschine. Zwischenzeitlich hatte sich Holger auch zum Arbeitsamt begeben, um sich dort ebenso ausbildungsplatzsuchend zu melden. Die Mitarbeiter des Arbeitsamtes in Dortmund waren sehr zuvorkommend und einfühlsam. Sie erkannten schnell, dass Holger nach seinem Studienabbruch eine Lehre anstrebte, um zumindest erst einmal einen Ausbildungsabschluss vorweisen zu können. Holger war auch für die Sachbearbeiter des Arbeitsamtes so etwas wie ein Exot, denn die meisten Studienabbrecher strebten ein Folgestudium an oder studierten sich alt.

Holgers Mutter hielt natürlich überhaupt nichts von seiner Verbindung zu Katrin Riese. Katrin war Fremdsprachenkorrespondentin und arbeitete in der Verwaltung der Dortmunder Kronenbrauerei. Ihr Vater war bei der Ruhrkohle Elektriker über Tage. Ihre Mutter war gelernte Fotografin aber nach kurzer Berufstätigkeit nur noch Hausfrau. Sie besaßen ein kleines Bergmannreihenhäuschen in Dortmund-Marten. Das alles war selbstverständlich für Holgers Mutter etwas zu simpel. Dass Katrins Eltern ein Häuschen hatten, war für sie zumindest erwähnenswert. Aber in Marten! Schlimmste Malochergegend!

Katrins Eltern waren sehr nett zu Holger. Sie zeigten sich berührt über seine berufliche Situation, waren aber keineswegs kritisch, sondern vertraten die Meinung, dass er seinen beruflichen Weg schon finden würde.

Über das Arbeitsamt bekam Holger einige Vorstellungstermine zugeteilt. Der Vorteil des Kontaktes zu dem Arbeitsamt war, dass Holgers persönlicher Berater schon seinen eigenen Eindruck über ihn vermitteln konnte, sodass das lästige Erstabtasten bei einem Vorstellungsgespräch minimierte wurde. Sein Alter war meist das Handicap, das nicht zu einer Anstellung führte.

Als Holger schon fast resignierte kam ein Anruf von seinem Berater: »Hallo, Herr Geh. Ich hatte gerade ein interessantes Gespräch mit dem Mitinhaber eines der größten Ingenieurbüros hier in Dortmund. Es ist das Ingenieurbüro Schlübke in der Nähe der Schmerteichstraße. Der Mann, mit dem ich gesprochen habe, heißt Bernhard Alter. Er kümmert sich in dem Büro um Personalangelegenheiten. Sie suchen noch zwei Auszubildende für die Zeichnerausbildung – konstruktiver Ingenieurbau. Herr Alter war natürlich über Ihr Alter entsetzt. Und die von mir geschilderte Ausbildung in der Reserveoffizierslaufbahn während Ihrer Wehrdienstzeit hatte ihn auch nicht glücklicher gemacht, weil er, wie viele andere Chefs, der Meinung ist, dass Sie sich nicht mehr unterordnen können. Aber es hat ihm imponiert, dass Sie sich mit Ihren 24 Jahren noch mal auf die Lehrbank setzen wollen. Machen Sie sofort einen Vorstellungstermin. Das Ingenieurbüro Schlübke beschäftigt ungefähr 90 Mitarbeiter und ist für seine gute Ausbildung bekannt. Offensichtlich will Ihnen Herr Alter eine Chance geben. Alles Gute! Halten Sie mich auf dem Laufenden!«

Holger machte sofort einen Vorstellungstermin!

Nach einem fast einstündigen Vorstellungsgespräch bei Herrn Alter bekam er die Zusage auf einen Ausbildungsplatz, und zwar mit einer einjährigen Verkürzung - bedingt durch seine schulische Vorbildung. Holger war überglücklich und Katrin teilte vorbehaltlos seine Freude. Holgers Eltern zeigten vornehme Zurückhaltung und enthielten sich jeglichen Kommentars.

Seine Mutter versuchte wieder psychischen Druck auszuüben, indem sie wieder ihre Verdächtigungen aufleben ließ, dass Holger sie bestehlen würde. Das gestohlene Gut würde dann in Richtung Katrin wandern oder an andere Freunde. Dieser fürchterliche soziale Abstieg! Von einem Offiziersanwärter über einen Ingenieurstudenten zu einem Lehrling!

Holgers Vater holte zur Belohnung die altbekannte aber immer noch wohlklingende alte Platte aus seiner Sammlung: »Alle loofen se an dir vorbei! Se loofen alle an dir vorbei!«

Holgers Einlassung: »Stell das Ding auf 78, dann können wir uns das öfter anhören«, verstand er nicht. Das war aber auch nicht schlimm! Holger gab seinen Eltern, insbesondere seiner Mutter sehr deutlich zu verstehen, dass er nunmehr seinen Lebensweg in allen Dingen, den beruflichen, wie den privaten, in eigene Hände nehmen würde. Holgers Patentante Bärbel unterstützte ihn in all diesen Dingen immer und vertrat auch gegenüber seinen Eltern die Meinung, dass ein Mensch irgendwann für sich selbstverantwortlich handeln müsste.

Holgers kleiner roter Fiat 770 S, der ihn auf seinem Ausflug auf den internationalen ‚Aeroport Charles de Gaulle' so tapfer und einmalig begleitet hatte, verreckte elendig mit einem Getriebeschaden! Er gab ihn schweren Herzens ab und kaufte sich einen identischen Typ, jedoch in der Farbe weiß.

Am 1.8.1977 begann Holgers Lehre zum Bauzeichner im Ingenieurbüro Schlübke. Sein Ausbilder hieß Lause. Zwischen den beiden herrschte höfliche Antipathie vom ersten Blick an. »Das kann ja heiter werden«, dachte sich Holger, denn Lause war natürlich über Holgers bisherigen Lebenslauf bestens informiert. Herr Lause war untersetzt, ungefähr 1,60 Meter groß und litt deutlich sichtbar unter starker Neurodermitis und das wohl am ganzen Körper. Lause hatte ein absolut inniges, freundschaftliches, ja fast schon leidenschaftliches Verhältnis zum Alkohol. Egal mit welcher Farbe, welcher Umdrehungszahl und welchen Alters dieses Wässerchen behaftet war, Lause nahm sich seiner absolut vorbehaltlos und rührend wertneutral an. Jeden Morgen erschien er mit einer Plastiktüte bewaffnet, in der er neben seinem Frühstücksbrot auch noch verschämt zwei Flaschen Bier transportierte, die er sofort in seinem Schreibtisch deponierte.

Von 8:00 Uhr bis 9:00 Uhr saß er für den Rest des Zeichensaales unsichtbar hinter seinem großen Zeichenbrett und beschäftigte sich nur juckenderweise und leise stöhnend mit der Haut seines Körpers und nichts anderem.

In dieser Zeit, so lernte Holger schnell von den anderen Zeichnern, sollte man ihn möglichst eher nicht ansprechen. Um 9:00 Uhr erschien ein netter dienstbarer Geist und schenkte auf Kosten des Hauses Kaffee aus. Nach der Tasse Kaffee und dem Vertilgen eines Frühstücksbrotes war dann das vorsichtige »Flippsch« eines Kronkorkens zu hören. Alle Zeichner in dem großen Raum, es waren mit Holger sechs Männer, schauten sich über ihre Zeichenbretter verständnisvoll lächelnd gegenseitig an und machten eindeutige Grimassen, wenn aus Lauses Ecke nach den ersten zwei Schlucken Bier ein seliges »Ah« zu hören war. Das passierte noch zwei Mal, dann war die erste Flasche Bier um mehr als die Hälfte gealtert und ließ Lause zur künstlerischen Hochform auflaufen. Er begann wie ein Wilder zu zeichnen, zu telefonieren und zu rechnen. Er legte eine Energie an den Tag, die bemerkenswert war. Er kam jetzt öfter jovial zu Holgers Arbeitsplatz, um seine Ausbildungsfortschritte zu kontrollieren und erforderliche Korrekturen vorzunehmen.

Gegen 11:00 Uhr überkam Lause eine gewisse Unruhe und er schaute in seinem Geburtstagskalender nach, ob sich ein Jubilar finden könnte. Bei der großen Zahl an Mitarbeitern des Büros war die Trefferquote ziemlich hoch und Lause bewaffnete sich mit einer großen Alibizeichnung. Mit dieser unter dem Arm geklemmt zog er los, um seine Glückwünsche bei dem Geburtstagskind gegen Alkohol einzutauschen. Nach mindestens einer Flasche Bier vor Ort und einiger Schnäpse sowie einer zusätzlichen Flasche Bier in der ausgebeulten Hosentasche als Wegverpflegung erschien er dann schnaufend, um die Mittagspause um 12:30 Uhr antreten zu können. Hier fiel ihm meist das zweite Frühstücksbrot zum Opfer.

Nach der Mittagspause versank Lause für mindestens eine halbe Stunde in eine tiefe Selbstfindungsphase, in der er gedankenverloren an seinen Extremitäten kratzte, sodass sich schon mal Strümpfe oder weiße Hemden an den entsprechend behandelten Stellen blutig färbten. Dann wurde mit plötzlichem Elan ein erneuter dienstlicher Besuch bei dem vormittäglichen Geburtstagsjubilar angesagt, bei dem er, nach internen Informationen, zumindest den Pegelstand des Geburtstagsschnapses deutlich sinken ließ. So angetörnt kam er zurück und verband seine nachmittäglichen beruflichen Aktivitäten mit der Vernichtung seines restlichen eigenen Bierdeputates.

Das fiel ihm zunehmend schwerer, denn dann war oft hinter seinem Zeichenbrett ein kaum verhaltenes Gähnen zu hören oder er rieb sich die übermüdeten geröteten Äugelchen. Lause stand jetzt nur noch hinter seinem Zeichenbrett und sprühte sich in regelmäßigen zeitlichen Abständen irgendwelche Atemsprays in den Mund, um seine Alkoholfahne zu übertünchen. Offiziell verkaufte er das als Allergiedämpfer.

Wenn man nachmittags nach Feierabend hinter ihm herging, um zu dem Parkplatz des Hauses zu gelangen, durchlief man mit Pfefferminzgeschmack angereicherte Alkoholwolken. Nachdem Holger die kleine Schwäche seines Meisters erkannt hatte, kaufte er von seinem ersten Lehrlingsgehalt eine Schachtel Bier und eine gute Flasche Schnaps und bat den kleinen Lause zu Tisch. Er selbst enthielt sich natürlich mit dem Hinweis auf seinen Status als Auszubildender. Selbstverständlich wurde das von Lause sofort akzeptiert, denn dann hatte er mehr zu saufen. Auf diese Art und Weise näherte sich das Verhältnis von Lause und Holger einer Normalbeziehung am Arbeitsplatz an.

Es gab interessanterweise nicht nur Geburtstagsrunden. Nein, es gab Urlaubsrunden, Autorunden, Umzugsrunden, Möbelrunden, Kleidungsrunden, Beziehungsrunden und noch viele andere Anlässe, um jederzeit Alkohol zu verkonsumieren. Der kleine Meister Lause war natürlich immer dabei. Es war schon interessant zu sehen, wie viele Lauses mit Alkohol im Blut nach Feierabend den Heimweg mit ihrem Auto antraten.

Katrin verkaufte ihren grünen Volkswagen-Käfer und erwarb einen der ersten VW-Golf. Durch Katrin lernte Holger ihre beste namensgleiche Freundin aus frühen Schulzeiten kennen. Sie war ihm sofort zuwider und er konnte nicht verstehen, wie man mit einem so humorlosen Menschen befreundet sein konnte. Den Spitznamen »Die Fischige«, den sie wohl seit Jugendzeiten trug, konnte er absolut nachvollziehen. Sie hatte einen netten gut aussehenden Mann, den Holger für seine Verbindung mit ihr nur bewunderte. »Aber möglicherweise kann sie einen tollen Karpfenmund machen und ihm seinen Dödel blasen, bis die Eier glühen!«, dachte sich Holger. Er verwarf allerdings den Gedanken schnell, denn nach seinem Wissen und den Erzählungen von seiner Katrin kannten sich die Mädels seit Realschulzeiten und der Name »Die Fischige« musste nicht unbedingt etwas mit seiner Karpfenmundfantasie zu tun haben.

Im Frühjahr 1978 legte Holger seine Zwischenprüfung während der Lehrzeit ab. Seine Mutter bescheinigte ihm daraufhin Arroganz und anderen Unsinn, den er aber nicht weiter ernst nahm, denn ihre Meinung spielte in seinem Leben keine große Rolle mehr. Das sagte er ihr auch, und das nahm sie ihm, wie er es erwartet hatte, sehr übel.

Das Ehepaar Logge kaufte sich einen schwarzen VW-Golf GTI. Das war natürlich der Brüller und Katrin flog darauf genauso ab wie Holger. Sie machten zusammen mit Angela und Bernhard Logge Urlaub in der Nähe von Grömitz. Deren Golf-GTI war natürlich zu Katrin beigem Normalgolf mit 75 PS eine geile Rakete. Der Urlaub in einem angemieteten Fericnhäuschen war nctt. Die Tage vergingen mit Ausflügen nach Grömitz, Kellinghusen, Neustadt, Kiel, Laboe und Plön. In Laboe besuchten sie das Marineehrenmal mit dem auf dem Strand liegenden U-Boot. Es war imposant und ließ die Grauen des Seekrieges in so einer geschlossenen Schwimmdose nachvollziehbar werden. Holger konnte sich noch gut an den Urlaub zusammen mit seinen Eltern erinnern, als die Vorbereitungen für dieses Monument seinerzeit noch nicht abgeschlossen waren. Die vier kochten zusammen und verbrachten die Abende mit stundenlangen Monopoly-Spielen.

Holgers weißer Fiat löste sich in Rost auf und er kaufte sich einen gebrauchten Peugeot 104. Es war die reine Sänfte. Man konnte ihn so herrlich aufschaukeln und Katrin wurde es dabei geregelt schlecht.
    Holgers Eltern verkauften ihren Opel Olympia und legten sich einen neuen Manta B zu. Es war ein riesiges Schiff aber mit seinen 60 PS total untermotorisiert. Holgers Mutter vertrat die Meinung, dass allein die Größe für die Nachbarn wichtig wäre. Daran wäre zu erkennen, dass man es zu etwas gebracht hätte.
    Im Herbst 1978 kaufte sich Katrin von einem Werksangehörigen in Wolfsburg einen schwarzen VW-Golf GTI mit 110 PS. Holger und sie waren inzwischen Autofanatiker geworden. Holger schenkte seiner Katrin einen Doppelscheinwerfergrill, den er gegen den Seriengrill austauschte. Bei dieser Gelegenheit entfernte er unter viel Einsatz von heißem Wasser einen dusseligen rotgelben Zierstreifen, den sich der Vorbesitzer beidseitig auf den schwarzen Wagen geklebt hatte.
    Katrin kaufte sich für ihren GTI einen großvolumigen Auspuffendtopf und das fetzige Ding war nicht nur optisch eine Rakete. Man konnte seinen tief bullernden Sound schon von Weitem hören.
    Katrin war ein Fußballfan wie Bernhard Logge. Oft gingen sie zusammen mit anderen Freunden in das Stadion, wenn die Borussia ein Heimspiel hatte. Für Holger war diese Sportart nicht so interessant, als dass er bereit gewesen wäre, sein Geld in die teuren Eintrittskarten zu investieren. Schließlich hatte er nur eine Ausbildungsvergütung zu Verfügung.

Im Sommer fuhren Katrin und Holger mit Logges nach Rosas in Spanien. Mit ihren zwei schwarzen GTIs fielen sie dort natürlich überall auf. Aber es machte ihnen Spaß! Sie hatten zusammen eine Ferienwohnung und alle kamen gebräunt aus dem Urlaub zurück. Katrin und Holger waren viel mit dem Ehepaar Logge zusammen. Für Holgers Geschmack war es schon ein wenig zu viel, denn sie begannen, ihre anderen Freundschaften zu vernachlässigen.

Im Frühjahr 1979 machten die zwei Paare wieder zusammen Urlaub in dem ihnen schon bekannten Ferienhäuschen in der Nähe von Grömitz. Wie schon ein Jahr zuvor wanderten sie viel und unternahmen Ausflüge nach Plön, Malente, Lübeck und Hamburg.

Als sie eines Tages ihren Proviant ergänzen mussten, fuhren Holger und Angela Logge nach Neustadt zum Einkaufen. Holgers Katrin und Bernhard Logge waren faul, weil mieses Wetter herrschte, deshalb wollten sie lieber in dem Ferienhaus bleiben und lesen.

Angela hatte eine richtig niedliche Figur mit einem schönen Knackarsch und lustigen kleinen Titten. Wenn sie nicht so farblos im Gesicht wäre, hätte Holger auf dumme Gedanken kommen können. Noch etwas hemmte ihn in seinen Überlegungen: Angela stank bisweilen wie ein drei Tage toter Otterbock. Kaum transpirierte sie, bildete sich dieses, zumindest für seine Nase, anrüchige körpereigene Parfüm. Allerdings war diese Anrüchigkeit nicht nur Holgers Empfindlichkeitsmonopol, seiner Katrin erging es ebenso. »Entweder macht der Körpergeruch von Angela den guten Bernhard affengeil, oder er bumst sie mit Gasmaske«, waren Holgers Überlegungen und sein kleiner unsichtbarer Freund Röhreby wieherte bei diesem Gedankengang begeistert mit.

Im Sommer bestand Holger seine Lehrabschlussprüfung und hatte das Pech, mit einem Wertungspunkt an einem Abschluss mit ‚Gut' vorbei zu schrammen. Nun denn, ein ‚Befriedigend' war auch nicht schlecht und in einigen Jahren würde ohnehin keiner mehr danach fragen. Die Hauptsache war für Holger, dass er nun einen Berufsabschluss vorweisen konnte. Er wurde von seinem Ausbildungsbetrieb in eine Festanstellung übernommen.

Natürlich reichte die von Holger erlangte Zensur seines Gesellenbriefes seiner Mutter überhaupt nicht und sie unternahm einen letzten Versuch, ihn zu der Aufnahme eines Bauingenieurstudiums zu drängen. Nachdem er ihr nochmals begreiflich gemacht hatte, dass ein Studium für ihn inzwischen ausgeschlossen sei, weil ihm auch die Lebensarbeitszeit davonlaufen würde, öffnete sie wieder die bekannte Psychodruckdose. Wie üblich bezichtigte sie ihren Sohn des Diebstahls ihres Eigentums wie Geld Bücher und Wein, außerdem machte sie ihn verantwortlich für ihre ehelichen Schwierigkeiten mit seinem Vater.

Während des gemeinsamen Weihnachtsessens 1979 unterbreiteten Holgers Eltern ihm den Vorschlag, sich doch eine eigene Wohnung suchen zu wollen. Nachdem er nun seine Ausbildung beendet hatte, wäre es angemessen für ihn, selbstständig zu werden. Sie wollten ihn selbstverständlich nicht vor die Tür setzen, aber sie hielten ein Jahr für angebracht, sich eine eigene Wohnung zu suchen.

Im Frühjahr 1980 wurde Holger gegenüber Bernhard etwas misstrauisch. Permanent suchte der zu Katrin körperlichen Kontakt. So etwas kannte Holger, allerdings aus einer anderen Perspektive und aus einer anderen Zeit. Er fragte Katrin, ob da zwischen ihr und Bernhard etwas laufen würde. Sie nahm das mit Erstaunen auf und erklärte Holger, dass außer der Freundschaft aus Lehrzeiten zusammen mit Bernhard absolut nichts sei.

Holger fiel auf, dass auch Angela diese Situation zwischen ihrem Mann und Katrin nicht entgangen war. Das kleine Glöckchen in seinem Hinterkopf wurde lauter. Als seine Katrin mal wieder mit Bernhard zu einem Fußballspiel nach Dortmund gefahren war, machte er mit seinem Wagen einen Ausflug zu ihrem Haus. Und siehe da, der Wagen von Bernhard Logge stand davor. Und ihrem Holger erzählte Katrin immer, dass sie Bernhard von der AEG am Westfalendamm abholen würde, um mit ihm rüber in das Stadion zu gehen.

Das Haus, in dem Katrin wohnte, bestand aus vielen kleinen Wohnungen, die jeweils über ein Zentraltreppenhaus und dann über außen liegende Flurloggien erreicht werden konnten.

Das Treppenhaus war meist zugänglich, sodass Holger bis vor Katrins Wohnungseingangstür gelangen konnte. Die Wohnung war belebt! Von innen waren eindeutig Geräusche zu hören, die abrupt abgestellt wurden, als Holger klingelte. Er wanderte um das Haus herum und konnte von einem Weg beobachten, weil die Wohnung im Halberdgeschoss lag, wie Katrin auf dem Balkon erschien und ein Handtuch zum Trocknen aufhängte.

»Aha«, dachte er sich, »Duschen nach dem Ficken!« Holger wanderte nochmals um das Haus herum, und als er wieder zum Hauseingang kam, sah er, dass der Wagen von Bernhard verschwunden war. Auf sein Klingeln öffnete Katrin sofort und er folgte ihr in die kleine Wohnung. Sie nahmen einander gegenüber auf ihrer Sitzecke Platz und Holger sah es Katrin an, dass sie wusste, dass er es wusste.

Holger fragte: »Wie lange geht das schon?«

Katrin nahm eine spürbar desinteressierte Haltung ein und antwortete schulterzuckend und sehr distanziert, fast schon gelangweilt: »Ach, ist doch eigentlich egal. Schon eine ganze Zeit. Ich wollte es dir eigentlich morgen sagen. Bernhard sagt es heute seiner Angela.«

»Dann seid ihr also schon letztes Jahr zusammen in die Kiste gesprungen, als wir vier in Cismar bei Grömitz zusammen Urlaub machten und Angela und ich nach Neustadt zum Einkaufen fuhren und ihr beide nicht mitfahren wolltet? Oder eventuell auch vorher bei euren zahlreichen Stadionbesuchen?«

Wiederum erfolgte nur Schulterzucken von Katrin, mit einem gelangweilten Ausspruch: »Ist doch eh egal.«

Jetzt wurde Holger über diese Arroganz, die Katrin an den Tag legte, leicht sauer und er brachte etwas Süffisanz ins Spiel: »Bist du dir dabei nicht irgendwie billig vorgekommen, mit mir während dieses Urlaubes zu ficken und nebenan Bernhard und Angela zu hören, als die fickten? Ich meine, wenn alles eh egal war, dann hätten wir auch alle zusammen vögeln können und ich hätte zugeschaut, wie dich Bernhard bumst und ich hätte dabei seine Angela bocken können. Vielleicht hätten wir ja zusammen noch daraus etwas Geiles lernen können?«

Wiederum antwortete Katrin mit ihrem Schulterzucken und erwiderte: »Wir haben uns erst danach so richtig verliebt. Bernhard will sich von seiner Angela scheiden lassen.«

»Und als ich dich neulich fragte, ob zwischen euch irgendetwas läuft, hast du mich glatt angelogen, Katrin.«

»Da war zwischen Bernhard und mir noch nicht alles besprochen und wir brauchten noch etwas Zeit.«

»Als kleiner Lückenfüller eurer Meinungsfindung durfte ich dann noch zweimal mit dir schlafen. Das Thema Zeit scheint bei euch ohnehin ja nur eine untergeordnete Rolle zu spielen, denn wenn ich über eure gemeinsamen angeblichen Besuchsaktivitäten im Fußballstadion nachdenke, dann läuft, grob überschlagen, eure Doppelfickerei über eineinhalb Jahre. Ich hoffe für dich, Katrin, dass dir so etwas, was du mir jetzt angetan hast, niemals selbst angetan wird. Wir hatten schon zusammen für die Zukunft geplant, gerade in den letzten Monaten und jetzt schmeißt du mich weg wie einen alten Putzlappen? Sag mal, Katrin, war es nicht schwierig, diese parallelen Planungen voneinander zu trennen? Einmal eine Zukunftsplanung mit Bernhard und einmal mit mir?«

Schnippisch antwortete Katrin: »So ist es eben!«

Holger ging mit ihr noch darauf in ihren kleinen Keller, weil er dort einige Kleinigkeiten eingelagert hatte, die in seinem Elternhaus nicht so gut aufgehoben waren. Dann wünschte er ihr für die Zukunft mit Bernhard zusammen alles Gute und sagte abschließend: »Dass du damals zu mir gestanden hast, als ich mein Studium abgebrochen hatte und du meine Bewerbungen hier bei dir zu Hause geschrieben hast, werde ich dir nie vergessen. Den Rest danach werde ich versuchen, schnell zu vergessen. Obwohl mir das in Anbetracht unserer gemeinsamen Zukunftsplanungen in den letzten Monaten sehr schwer fallen wird.«

Katrin begann bei Holgers abschließenden Worten zu heulen wie ein Schlosslöwe und ging laut schniefend in ihre Wohnung. Holger hatte auch einen dicken Kloß im Hals und sprach sich selbst Mut zu: »Nun gut, dann stellst du den Kilometerzähler eben wieder auf null. Andere Mütter haben auch hübsche Töchter.«

Am übernächsten Tag rief Holger Angela an. Sie konnte vor Tränen kaum sprechen. Ihr Mann Bernhard übernachtete bereits bei Katrin. Sie bestätigte Holger, dass nach Auskunft ihres Mannes, das Verhältnis zwischen ihm und Katrin wohl schon seit über einem Jahr bestand. Die wohl treibende Kraft sei angeblich Katrin gewesen. Dieser Aussage maß Holger gar keine Bedeutung zu, im Gegenteil. Aber das sagte er Angela nicht.

Was ihm jedoch ungeheuer imponierte, war ihre zwischen vielem Schnupfen und Geheule herausgepresste Aussage: »Holger, ich werde um meinen Mann und meine Ehe mit ihm kämpfen. Und das mit allen Mitteln und mit aller Macht!«

Holger machte Katrins Eltern einen Abschiedsbesuch, weil er sie sehr gerne hatte. Sie waren auch sehr traurig über das Auseinandergehen der Beziehung zwischen ihrer Tochter und Holger. Von ihnen erfuhr er interessanterweise, dass Katrin eigentlich eine ‚Wiederholungstäterin' war. Während ihrer Ausbildungszeit bei der AEG hatte sie mit 17 Jahren schon einmal ein Verhältnis mit einem verheirateten Kollegen. Nachdem seine Ehefrau davon Wind bekam, hatte sie sich ihrer Not an Katrins Eltern gewandt, mit der Bitte, auf ihre Tochter Einfluss zu nehmen, um diese Beziehung schleunigst zu beenden.

Er verabschiedete sich von Katrin Rieses Eltern und versprach, den Kontakt zu ihnen nicht abreißen zu lassen. Er rief auch Katrins alte Freundin Katrin die ‚Fischige' an und informierte sie über die Trennung von ihrer Namensfreundin.

Ihr Kommentar war sehr kurz: »Ja, da kann man wohl nichts machen. Ich wünsche dir für die Zukunft alles Gute.«

Holger ging die Überlegung durch den Kopf: »Der Spitzname passt! Glitschig wie Fisch! Bloß keinen Standpunkt haben oder gar eine eigene Meinung äußern!«

Holgers Mutter reagierte auf den Bericht der Trennung von Katrin und ihrem Sohn mit ihrer blasierten Art: »Es muss ja offensichtlich etwas an deiner fehlenden Leistungsbereitschaft liegen, dass keine Frau mit dir eine längere Beziehung eingehen will.« Und damit war sie fertig!

Holger litt sehr unter der Trennung! Im Büro nahm er alles wie durch eine Nebelwand wahr. Selbst Meister Lauses Angewohnheiten konnten ihn nicht sonderlich erheitern. Lause verbrachte einen sechswöchigen Kur-Urlaub an der See und kam glatt und braun gebrannt wie ein Filmschauspieler sowie um einige Pfunde erleichtert zurück. Viele Damen und Herren des Büros umschmeichelten ihn wegen seines guten Aussehens. Lause erzählte jedem, selbst wenn dieser es nicht hören wollte, dass er absolut keinen Tropfen Alkohol mehr trinken würde. Selbst seine morgendlichen Tüten-Biere waren ausgesetzt!

Hinter vorgehaltener Hand wurden, wie Holger vernahm, Wetten abgeschlossen über die Laufzeit von Lauses Abstinenz. Und dann kam am dritten oder vierten Tag nach Verkündung seiner neuen Lebenseinsicht der urplötzliche Einbruch. Lause krümmte sich hinter seinem Zeichenbrett schauspielerisch gekonnt zusammen und stammelte etwas von wahnsinnigen Magenschmerzen.

Einige ältere Mitarbeiter, die schon jahrelang in diesem Büro beschäftigt waren, flüsterten sich verhalten zu: »Es ist wieder so weit.«

Holger tapste einfältig in das ihm unbekannte Fettnäpfchen, ging zu Lauses Arbeitsplatz und fragte besorgt: »Herr Lause, soll ich den Notarzt rufen? Ich kann auch rübergehen zur Apotheke und ein schmerzstillendes Medikament besorgen!« Passte überhaupt nicht. Aber auch gar nicht!

Lause fauchte ihn an: »Herr Geh! Ich habe ein wichtiges Terminprojekt hier auf dem Zeichenbrett. Ich brauche nur einen kleinen Schnaps gegen meine Magenschmerzen. Es ist ja nur aus medizinischen Gründen.« Und schon war er raus und durchpflügte das Gebäude nach Medizin. Meist wurde er ziemlich schnell fündig.

Die Kollegen, die ihn kannten, hatten für solche, ihnen nicht neue Situation, vorgesorgt und es fand sich eine schlecht versteckte Flasche uralten abgestandenen Fusels, die sich für Lauses medizinische Selbstheilungsversuche noch dankbar opferte.

Lause war danach schlichtweg blitzgeheilt und er erschien am folgenden Tage wieder wie gewohnt mit seinen Flaschen Tageseinstandsbieres in der Einkaufstüte und ein neues Semester seiner Neurodermitis begann.

Mit Angela Logge stand Holger weiterhin in telefonischem Kontakt und sie berichtete über ihre Bemühungen, die Ehe mit Bernhard zu retten. Täglich rief sie ihn im Büro an, um ihn in Gespräche zu verwickeln und ihm so ihre verbale Stimmpräsens zu zeigen. Wenn er nach vorheriger telefonischer Anmeldung bei ihr in der Wohnung war, um einige Dinge abzuholen oder weitere Abläufe ihrer anstehenden Scheidung abzuklären, verwickelte sie ihn in Gespräche gemeinsamer Erinnerungen. Ihr hatte eine gute Freundin dazu geraten, die ebenfalls mal in so einer Situation war.

Und nach ungefähr zwei Monaten zeigte Angelas Vorgehen seine Wirkung. Angela rief eines Tages bei Holger an und erzählte: »Holger, du wirst es nicht glauben wollen, aber Bernhard ist gestern zu mir zurückgekommen und wieder in unsere gemeinsame Wohnung eingezogen. Unsere gemeinsamen Erinnerungen und unsere Gewohnheiten sowie die ja eigentlich gute Ehe, die wir geführt hatten, waren für ihn stärker als die Beziehung zu Katrin. Katrin hat es wohl stark überrascht, dass Bernhard diesen Rückzieher gemacht hat, zumal sie sich ja jahrelang kannten. Sie hat auch offensichtlich nicht damit gerechnet, dass ich so intensiv um meinen Mann kämpfen würde. Und dir wünsche ich jetzt alles Gute. Ob Katrin zu dir zurückkommt, weiß ich natürlich nicht, aber sie ist eine intelligente Frau, und wenn sie nachdenkt, wird sie schon merken, dass sie so viele Möglichkeiten nicht mehr hat. Also, noch mal alles Gute!« Das wünschte Holger ihr auch und harrte der Dinge die, da noch passieren konnten oder auch nicht.

Und tatsächlich! Eine Woche später rief ihn eine total verheulte und verschnupfte Katrin Riese an und bat ihn telefonisch um Verzeihung wegen ihrer Untreue und ihres unmöglichen Verhaltens ihm gegenüber. Sie bat Holger um ein Treffen und gab ihm gleichzeitig zu verstehen, dass es für sie durchaus nachvollziehbar wäre, wenn er dies ablehnen würde.

Aber Holger willigte ein, weil er sie eigentlich ganz lieb hatte. Aber das sagte er ihr natürlich nicht sofort!

Einen Tag später trafen sie sich in der Stadt und Katrin war sichtbar unglücklich und verweint. Sie bat nochmals um Verzeihung und fragte Holger direkt, ob er ihr nochmals eine Chance geben würde, ihre Beziehung zu erneuern.

Holger gab sie ihr! Allerdings sagte er ihr auch, dass dies die absolut letzte Chance darstellte. Das sagte er auch ihren Eltern, als sie sich einige Zeit später bei denen zum sonntäglichen Mittagessen einfanden.

Holgers Mutter reagierte wenig erfreut, als er ihr erzählte, dass Katrin und er ihre Beziehung wieder reparieren würden. »Du wirst ohnehin nichts Besseres, finden, mein Sohn«, war ihre lakonische Einlassung.

Katrin verhielt sich Holger gegenüber noch drei Wochen abstinent, was sie damit rechtfertigte, nicht so schnell von einem Mann zum anderen springen zu können. Holgers Einwand, dass das aber in ihrer Zeit der Doppelfickerei mit Bernhard und ihm aber offensichtlich gut geklappt hatte, hinterließ keinen Eindruck, sondern erzeugte nur einige Tränchen bei ihr. Als sie dann endlich wieder zusammen schliefen, war es für Holger nur der schon bekannte Blümchensex mit Ficken im Dunkeln und ohne Lärm und möglichst nur in einer Stellung. Das Intermezzo mit Bernhard hatte in dieser Sache für Katrin wahrscheinlich keine neuen Erkenntnisse gebracht.

Katrin und Holger beschlossen zusammenzuziehen. In der Mögenholtstraße, abgehend von der Benninghoferstraße fanden sie eine Wohnung in der ersten Etage eines lang gestreckten Achtfamilienhauses. Vor diesem Haus lag ein verwildertes Grundstück mit einem kleinen unbewohnten Häuschen. Dieser verwilderte Baumbestand dämpfte den Verkehrslärm der naheliegenden Benninghoferstraße nicht unerheblich. In der Nähe befand sich die alte Lohschule. Die Wohnung war ungefähr 90 qm groß, mit überdachtem langem Balkon, der allerdings mit seiner Breite von 1,20 Metern nur zum Nebeneinandersitzen einlud.

Natürlich war es jetzt Holgers Mutter nicht mehr recht, dass er ausziehen wollte. Sie machte alle möglichen Einwände geltend, ihn von seinem Entschluss abzubringen. Einmal war es die Geschwindigkeit des Vorhabens, dann war es der Sachverhalt, dass er mit Katrin zusammenziehen wollte, und dann war es ihr Hinweis auf ihre eheliche Gemeinsamkeit mit Holgers Vater, der sie ja schon bei Lebzeiten zur Witwe machen würde, weil er seine eigenen Wege ging.

Holgers Verweis, dass sein neuer Wohnort maximal drei Kilometer von seinem Elternhaus entfernt lag, fruchtete nicht. Katrin und Holger kauften sich von ihrem jeweils ersparten Geld neue Möbel. Katrin finanzierte das Schlafzimmer und Holger das Wohnzimmer mit einer modernen dunklen Stollenwand mit indirekter Beleuchtung. Katrins Jugendzimmer kam mit Holgers Schreibtisch in das neue Kinderzimmer. Von Rieses bekamen sie deren altes Esszimmer geschenkt. Das Badezimmer bekam ein kleines weißes Zusatzschränkchen für die nötigsten Sachen. Ein Gäste-WC und eine kleine Garderobe waren ebenfalls vorhanden und in die Küche wurden einfachste Möbel eines schwedischen Möbelhauses geschoben, in die Katrins alter Kühlschrank eingebaut wurde. Die Wohnung ließen sie mit einem hellbeigen Teppichboden versehen und kauften über die Beziehungen von Katrins Vater als Elektriker modische Strahler, die er als Fachmann montierte.

Der Auszug aus seinem Elternhaus kam! Mit Koffern, Kissen und Oberbett ausgestattet trat Holger die kurze Fahrt zu Katrins und seiner gemeinsamen Wohnung an. Zum Auszug bekam er von seiner Mutter noch einen Briefumschlag zugesteckt mit der großen Aufschrift: „Abschied" sowie 18 Flaschen Weißwein als Grundstock für einen Weinkeller. Tränchen liefen seiner Mutter über das Gesicht, als er ihr seinen Haustür- und Wohnungsschlüssel in die Hand legte. Dann schloss sich hinter ihm die Haustür seines Elternhauses und er war draußen.

Katrin und er köpften mit Freunden, die sie zum Einzug besuchen kamen, eine Flasche Sekt und ihr gemeinsames Wohnen und Leben begann. In dem Umschlag von Holgers Mutter mit der theatralischen Aufschrift ‚Abschied' befand sich ein 1.000 DM-Schein mit einem angehefteten Zettel auf dem geschrieben stand: Zu freien Verwendung.

Kurz nach dem privaten Umzug wurde Holger von seinem Büro im Rahmen eines Projektes in das international bekannte Ingenieurunternehmen Eduh delegiert. Dieses Unternehmen war ebenfalls in Dortmund angesiedelt.

Das Ganze passierte natürlich mit seiner schriftlichen Einverständniserklärung, um die rechtlichen Vorschriften hinsichtlich des Arbeitnehmer-Überlassungsgesetzes einzuhalten.

Die Arbeit bei Eduh war sehr interessant. Holger wurde in die technischzeichnerische Entwurfsprojektierung der ersten deutschen atomaren Wiederaufarbeitungsanlage für abgebrannte Kernbrennstäbe eingebunden.

Sehr informative Gespräche zwischen den unterschiedlichsten Abteilungen dieser riesigen Denk- und Entwicklungsfabrik durften von ihm mit begleitet werden. Bald wechselte er in ein anderes Bearbeitungsprojekt und verfolgte dort eine ähnliche Entwicklung, jedoch mit einem perspektivischen Standort in Brasilien. Holger waren zwei brasilianische Jungingenieure beigestellt, die seine zeichnerische Entwicklungstätigkeit unterstützen sollten. Sie konnten kein Deutsch und Holger kein Portugiesisch. Also versuchten sie sich auf Englisch zu verständigen, wobei die Brasilianer in dieser Sprache nicht einmal fortgeschrittene Grundkenntnisse aufwiesen. Die beiden netten, fröhlichen und verdammt gut aussehenden jungen Männer hatten zu allem Lust, nur nicht zur Arbeit.

Manchmal sah Holger sie in einer Woche nur stundenweise und manchmal gar nicht. Die Firma Eduh hatte, wie Holger hörte, keinerlei Disziplinargewalt über diese Leute, sondern nur der brasilianische Auftraggeber und der war fern. Holger wiederum nahm seine Aufgaben, auch im Sinne seines eigenen Büros, sehr ernst und bekam im Herbst 1980 seine Quittung in Form eines neuerlichen Magengeschwürs dafür.

Seinen schaukligen Peugeot 104 verkaufte Holger und erstand den ersten Neuwagen seines Lebens, nämlich einen Innocenti. Es war ein Miniverschnitt auf Italienisch und ein rattenscharfer Kurvenflitzer mit Go-Cart-Feeling.

Zwischenzeitlich lernten sich die Eltern von Katrin und Holger in deren gemeinsamer Wohnung in der Mögenholtstraße kennen. Die beiden Väter verstanden sich von Anbeginn gut. Da waren schon die beiden gemeinsamen Berufsbilder im Bereich der Elektrotechnik eine Verbindung. Auch Katrins Vater wurde von Holgers Mutter nett akzeptiert. Aber die Mütter der beiden verstanden sich vom ersten Händedruck an überhaupt nicht. Ob es an dem Altersunterschied zwischen den beiden Frauen lag, war nicht nachvollziehbar. Holgers Mutter war 15 Jahre älter als Katrins Mutter, meinte aber wesentlich jünger zu wirken. Beide ließen schon im ersten gemeinsamen Gespräch keinen Zweifel über ihre gegenseitige Antipathie aufkommen. Das Besuchsende war für alle Beteiligten erlösend, jedoch geprägt von dem fixierten Wissen kommender freudloser Begegnungen.

Es war genau das, was Holger sich nie gewünscht hatte, aber in allen möglichen Groschenromanen über Beziehungen zwischen potenziellen Schwiegereltern beschrieben wurde. Holger bezeichnete das immer als: »Voreingenommenheit zum Quadrat und keiner will seien Standpunkt auch nur um einen Zentimeter aufgeben.«

Katrin und Holger machten im Winter 1980/81 einen Skiurlaub in den Dolomiten mit Holgers Vetter Freddy und dessen Frau. Ein befreundetes Ehepaar von den beiden fuhr mit ihren fünf und sechs Jahre alten Söhnen ebenfalls mit. Sie hatten alle zusammen schöne Tage und Vetter Freddy gab sich reichlich Mühe, Holgers Katrin das Skilaufen beizubringen, da sie noch nie auf Brettern gestanden hatte. Das klappte auch ganz gut und zum Urlaubsende konnte sie jede Skipiste sicher befahren.

Natürlich aßen sie schon wegen der beiden Jungens gerne in Pizzerien. Dort bestellten sie einmal für die zwei Kinder Dunkelbiere, da sie großen Durst hatten. Die italienische Bedienung fragte nochmals nach und bekam von den Eltern den Wunsch bestätigt. Dann kamen die Weine, die Wasserkaraffen, die zwei dunklen Biere und die Pizzen. Natürlich waren es große Gläser, denn die beiden Söhne hatten nach dem anstrengenden Tag durch ihre sportliche Betätigung reichlich Durst. Alle aßen und tranken fröhlich vor sich hin und die Kinder tranken tapfer ihre großen Biere und fingen an albern zu werden. Dann wurden die Jüngsten plötzlich müde und einsilbig. Sie fingen an zu lallen und plötzlich kam einem Elternteil die Eingebung, an dem Bier zu kosten. Und siehe da, es war, wie bestellt Dunkelbier mit fast sechs Prozent Alkoholgehalt und nicht wie gedacht alkoholfreies Malzbier. Der Fehler war also eindeutig bei den Erwachsenen anzusiedeln und nicht bei der netten Servicekraft des Hauses. Die ganze Gesellschaft brach ziemlich schnell auf und brachte die beiden alkoholisierten jungen Herren rasch zu Bett.

Bei einer Schneeballschlacht pfefferte einer der beiden Helden einen vereisten Schneeball auf die Motorhaube von Katrins schwarzem Golf-GTI und hinterließ damit eine tiefe Delle. Katrin war zutiefst verärgert und die Eltern der beiden Jungens boten sich an, den Schaden über ihre Familienhaftpflichtversicherung regeln zu lassen. So wurde das Ganze auch abgehandelt und diese zwei Urlaubsgeschehnisse, nämlich ‚Alkoholgenuss von Kindern auf Weisung ihrer Eltern' und ‚Delle in der Motorhaube durch einen Schneeball' waren noch lange Jahre für alle Beteiligten eine amüsante Erinnerung an diesen Winterurlaub.

Im Frühjahr 1981 wurde Holger Geh zu seinem Ingenieurbüro Schlübke zurückbeordert. Er ließ sich von der Firma Eduh ein Zeugnis über seine neunmonatige Tätigkeit in deren Hause ausstellen. Es bescheinigte ihm mit netten Worten eine selbstständige Konstrukteurs-Tätigkeit mit guten Ergebnissen! Was wollte er mehr? Er gab dieses Papierchen in der Personalabteilung seines Arbeitgebers ab und Herr Alter zeigte sich ebenfalls erfreut, dass der Ruf seines Büros durch Holger in der Firma Eduh so gut vertreten worden war.

Im Sommer machten Katrin und Holger einen 10-tägigen Urlaub auf der ihnen unbekannten Insel Sylt. Katrins Eltern waren Syltfans und fuhren jedes Jahr einmal dorthin. Sie hatten am Ortsrand von Wenningstedt in Richtung Westerland ein kleines Appartement gemietet. Ein Gästezimmer mit Bad war in dem Haus noch frei und wurde von Katrins Eltern reserviert, nachdem sie schon eine Woche auf der Insel waren.
Katrin und Holger hatten einen wunderschönen, sonnigen Anreisetag, als sie mit dem Wagen über Hamburg nach Niebüll, und dort zu der Autoverladestation für den Zugtransport über den Hindenburgdamm nach Sylt fuhren. Die Transportkosten richteten sich nach der Länge der Autos und dann ging es mit viel Geklapper über die Ladestationsrampen auf die reichlich in die Jahre gekommenen doppelstöckigen Autotransportanhänger der DB. Man musste während der ungefähr 45-minütigen Überfahrt im Auto sitzen bleiben. Bei schönem Wetter und im Sommer waren na-

türlich die Plätze auf dem Oberdeck begehrt, weil man von dort den besten Ausblick hatte. Bei kaltem Wetter und im Winter wurden die unteren Plätze favorisiert, denn während der Überfahrt durften die Motoren der Autos nicht in Betrieb sein und die Heizungsanlagen der Fahrzeuge waren somit außer Funktion.

Die beiden Anreisenden hatten gleich beim ersten Mal Glück und standen auf dem Oberdeck, als sie mit Sonnenschein bei blitzeblauem Himmel der Insel entgegen rumpelten. Von der Autoverladestation in Westerland waren es nur noch wenige Minuten Autofahrt nach Wenningstedt und Vater Riese stand schon winkend an der Hauptstraße und wies ihnen den Weg in eine kleine Seitenstraße zu ihrem Quartier. Es wurde ein wunderschöner Urlaub auf Sylt und Katrin und Holger beschlossen, diese Insel, wenn es die Umstände zuließen, zukünftig öfter zu besuchen.

Im Jahre 1981 wurde die Bauindustrie von einer tiefen Rezession heimgesucht und damit natürlich auch solche Büros wie Schlübke, die von einer reinen baubegleitenden Tätigkeit mit Statikern, Entwürfen, Planungen und Konstruktionszeichnungen, sowie Bauleitungen leben musste. Holger beschloss, in das Baunebengewerbe zu wechseln. Hier favorisierte er insbesondere Fensterbaufirmen, Heizung- oder Klimabauer und Bedachungsfirmen.

Er wandte sich wieder an das Arbeitsamt in Dortmund. Er erinnerte sich noch recht gut an die Vermittlungsbemühungen der dortigen Sachbearbeiter um einen Ausbildungsplatz für ihn.

Und siehe da, er bekam den gleichen Vermittlungsberater zugewiesen, der ihm schon im Jahre 1977 so erfolgreich hatte weiterhelfen können, als Holger verzweifelt eine Lehrstelle suchte. Der gute Mann konnte sich sofort an seinen Fall erinnern und Holger brauchte nicht viele Worte mit ihm zu wechseln, um ihm zu erklären, was seine Zielrichtung war.

Er sah ebenso wie Holger die Zukunft für ihn im Baunebengewerbe angesiedelt. Das Sprichwort: »Gebaut wird öfter, aber saniert wird eigentlich immer« war eben nicht von der Hand zu weisen. So bekam Holger von seinem Coach jetzt immer die Anrufe im Büro und der las ihm kurz die jeweils neuen Stellenbeschreibungen vor, bei denen er sich bewerben konnte.

Und dann kam der Anruf: »Herr Geh, ich glaube, ich habe hier etwas Interessantes für Sie! Wenn Sie gleich in der Mittagspause vorbeikommen könnten, würde ich Ihnen das Ganze etwas näher erläutern!«

Holger sauste kurze Zeit später in seinem Innocenti los zum Arbeitsamt und traf seien Vermittlungsberater. Der schilderte ihm Folgendes: »Herr Geh, die Firma Kratzer GmbH sucht einen Bauleiter. Die Firma Kratzer war jahrzehntelang in Familienbesitz und hatte irgendwann wirtschaftlichen Schiffbruch erlitten. Kann ja passieren! Die Gebrüder Dasholz, als Inhaber des Bauunternehmens Dasholz aus Dortmund haben den Oddo Kratzer aufgefangen und wieder auf die Füße gestellt. Es gibt einen Werner Dasholz, der ist Diplom-Kaufmann und es gibt einen Gerd Dasholz, der ist Diplom-Bauingenieur und beide sind Vettern von Herrn Oddo Kratzer. Die Gebrüder Dasholz sind als sehr seriös zu betrachten. Wo die ihre Finger bewegen, kommt eigentlich immer Musik raus. Die beiden Brüder Dasholz sind mit 75 Prozent an der Firma Kratzer beteiligt. Herr Oddo Kratzer trägt als Geschäftsführer der Firma Kratzer die restlichen 25 Prozent. Die Firma Oddo Kratzer beschäftigt sich in erster Linie mit Bedachungen in einer speziellen handwerklichen Form aus den Materialien Kupfer, Messing, Zink, Aluminium, Blei sowie Stahl und Eisen. Hier könnten Ihnen sicherlich ihre Kenntnisse der Materialkunde über entsprechende Metalle aus Ihrer Studienzeit positiv weiterhelfen.

Die Firma Kratzer hat vor kurzer Zeit einen pleitegegangenen Dachdeckerbetrieb aufgekauft, der sich mit den etwas gängigeren Bedachungen aus Ziegeln, Schiefer oder Dachpappen und Folien beschäftigte. Die Firma Kratzer ist mit dieser breiten Leistungspalette und ihren ungefähr 27 Monteuren, gegenüber der Konkurrenz mehr als sehr gut aufgestellt. Im Großraum Dortmund errichtet die Firma Kratzer zurzeit einen Kirchturm, der das Stadtbild der Nachkriegszeit möglicherweise nachhaltig verändern könnte. Rufen Sie doch Herrn Oddo Kratzer möglichst umgehend an. Er machte mir am Telefon den Eindruck, als dass er schnellstens Hilfe und Unterstützung benötigen könnte. Die Firma Kratzer GmbH hat ihre Geschäftsräume in dem Verwaltungsgebäude der Firma Dasholz im Einzugsgebiet des Dortmunder Hafens am Festungspfad 5-6.

Herr Kratzer wartet dringlichst auf Ihren Anruf, um sich mit Ihnen zu unterhalten. Ich habe Ihre Fähigkeiten, insbesondere Ihre Zeit bei Eduh wärmstens geschildert.«

Holger terminierte bei der Firma Kratzer GmbH wegen eines Vorstellungsgespräches. Katrin war darüber sehr froh, denn sie hatten sich schon vorher zusammen als Bauleiterehepaar um Jobs im Ausland beworben. Katrin konnte hier natürlich mit ihren sehr guten Englischkenntnissen punkten und einige große deutsche Bauunternehmungen, die Objekte im Ausland ausführten, hatten bereits Interesse bekundet und um weiterführende Gespräche gebeten. Katrin war aber sehr mit ihren Eltern verbunden und hatte eine gemeinsame langfristige Auslandstätigkeit weniger favorisiert.

So nahm Holger Geh im September 1981 seinen Vorstellungstermin wahr.

Oddo Kratzer war ein riesig großer ungefähr 2,10 Meter langer schlanker Mann, der Holger in grauer Cordhose und grauem Rollkragenpullover empfing. Kratzer mochte allenfalls Mitte 40 Jahre alt sein. Militärkurze schwarze Haare und ein entwaffnend offenes Lächeln mit dem Aus- und Einblick in ein Esszimmer, welches den Vergleich mit dem Gebiss eines bengalischen Tigers durchaus standhalten konnte.

Kratzer schilderte seinen Lebensweg. Internat in Bayern mit abschließendem Abitur und folgendem Sanitärtechnik-Studium in Aachen. Anstellung in Österreich als Assistent der Geschäftsleitung in einem Großunternehmen. Dann Abteilungsleiter im stiefelterlichen Unternehmen, welches 1978 in Konkurs ging. Neuanfang mit 13-14 Monteuren aus dem Altbestand der Firma Kratzer mit Hilfe der Gebrüder Dasholz. Die Dasholzens waren Vettern um acht Ecken herum von Oddo Kratzer. Familiäre Bande waren also mitentscheidend für den Neuanfang des Unternehmens Kratzer, das unter diesem Namen schon einige Jahrzehnte auf dem Markt war. Das Unternehmen kaufte einen alten pleitegegangenen Dachdeckerbetrieb nebst altem Besitzer, den Meister sowie die Maschinen und den Fuhrpark. Die zwölf Monteure wurden mit übernommen. Wie Oddo Kratzer augenzwinkernd erklärte, besaß dieser alte Meister einige Defizite im Schreiben und Rechnen, insbesondere bei seinen Angeboten und Aufmaßen. Ihn sollte Holger unterstützen, falls eine Anstellung von ihm zustande kam.

Oddo Kratzer und Holger Geh wurden sich über die Vertragsmodalitäten schnell einig und Kratzer fragte ihn: »Ich gehe bei ihrem Alter davon aus, dass Sie verheiratet sind?«

»Nein, Herr Kratzer, das bin ich nicht, aber ich lebe mit meiner Freundin seit fast zwei Jahren zusammen und wir werden mit Sicherheit in absehbarer Zeit heiraten. Ist denn eine Verbindung ohne Trauschein ein Problem für Sie?«

»Nein, äh, äh, natürlich nicht! Aber aus meiner Erfahrung mit Monteuren weiß ich, dass bei einer Ehe eine andere Solidität der Treue vorauszusetzen ist, die natürlich auch eine Beziehung zu einem Arbeitsplatz festigt. Ich wäre natürlich an einer langfristigen Bindung Ihrerseits an mein Unternehmen interessiert.«

»Das ist ja alles nachvollziehbar, Herr Kratzer, aber Sie werden mir doch wohl nicht abverlangen wollen, dass ich bis zum 31.12.1981 heiraten werde, nur um Anfang 1982 hier in Ihrem Hause meine Arbeit als verehelichter Mann aufzunehmen?«

»Nein, nein, Herr Geh, natürlich nicht! Aber ich muss Sie noch meinen Mitgesellschaftern vorstellen. Sie halten an der Firma Kratzer GmbH einen Anteil von 75 Prozent. Das gebietet schon der Akt der Höflichkeit, selbst wenn ich als Geschäftsführer selbstverständlich die alleinige Entscheidung treffe, wen ich einstelle oder nicht. Und die Herren Dasholz sind eigentlich auch etwas konservativ. Darf ich Sie wenigstens bei meiner gleich erfolgenden Berichterstattung, an meine Mitgesellschafter über Ihren Besuch, als verlobt bezeichnen?«

»Aber selbstverständlich, Herr Kratzer, das dürfen Sie, das ist versprochen! Denn im Leben kann man sich ja öfter versprechen.«

»Wie? Und ach, äh, äh, Herr Geh, äh, Ihren Namen habe ich noch nie gehört! Geh, wo kommt der denn her?«

»Ganz einfach, Herr Kratzer! Meine Vorfahren väterlicherseits kamen alle aus dem Raum Baden-Württembergs, hatten handwerkliche Berufe und waren Gesellen. Der Name kommt aus der Zunftsprache. Wenn ein Geselle seinen Meister verlassen wollte, sagte er einfach: Meister, ich will gehen. War der Meister damit einverstanden, sagte er ebenso einfach: Geh oder auch gehe. Damals machte man noch nicht so viele, teils unnötige Worte!«

»Ach so, ja, ja. Danke!«

Sie gaben sich zum Abschied die Hand und raus war Holger aus dem Haus. Bemerkenswert war der Händedruck von Herrn Kratzer. Er hatte kaum einen! Das war zu seiner Körpergröße vollständig disharmonisch und schlabbrig. Vor der Heimfahrt nach Hause saß Holger noch 15 Minuten in seinem kleinen Wagen und zog folgendes Resümee des soeben geführten Gespräches:

Oddo Kratzer hatte in seiner Firma des gleichen Namens aber nicht viel zu sagen! Das hatten scheinbar die Brüder Dasholz. Das ergab sich für Holger nicht nur aus ihrer hohen Beteiligung von 75 Prozent an der Firma Kratzer, sondern auch aus der Erklärung Kratzers, dass er die Mitgesellschafter nicht um ihr Einverständnis bei der Neueinstellung eines Angestellten fragen müsste, es aber letztendlich doch machte. Er war schon auf die Begegnung mit Dasholzens gespannt, denen Kratzer jetzt, wie er im Gespräch angekündigt hatte, artig über das Vorstellungsgespräch mit Holger berichten musste.

Oddo Kratzer schien ein Kehlkopfdenker zu sein. Ohne weiter über Holgers Einlassungen hinsichtlich seiner Vorstellungen über eine zwischenmenschliche Verbindung mit fehlendem Trauschein nachzudenken, blubberte er seine Ideen mit wenig weiteren Überlegungen herunter.

Und bei einem Vorstellungsgespräch als potenzieller Arbeitgeber den Namen des möglichen Mitarbeiters auf dessen Bedeutung zu hinterfragen war stilistisch unmöglich. Entweder machte man es später oder man hatte sich selbst vorher schlaugemacht. Schließlich wusste Holger auch nach dem Blick in einen Namensduden, dass der eher seltene Namen Oddo aus den angelsächsischen Gebieten stammte.

Holger kam zu dem Ergebnis, dass eine Anstellung für ihn bei der Firma Kratzer GmbH nicht verkehrt sein konnte, zumal die großen und maßgeblichen Weichenstellungen des Firmengeschehens offensichtlich von den Herren Werner und Gerd Dasholz getroffen wurden. Und der Name Dasholz war ihm aus den Zeiten in seinem Ausbildungsbetrieb Schlübke sowie bei der Firma Eduh sehr gut bekannt. Es handelte sich immerhin um eine alteingesessene Dortmunder Bauunternehmung mit einem sehr guten Ruf im Großraum des Ruhrgebietes. Hervorgehoben wurden immer seine technische Kompetenz sowie der Ruf der absoluten Zuverlässigkeit.

Katrin freute sich genauso über die sich abzeichnende Festanstellung wie Holger. Er schilderte ihr Herrn Oddo Kratzer als großen gutmütigen Jungen. Mit großen Ohren hörte sie natürlich von den Vorstellungen Kratzers über eine dauerhafte Bindung zum Arbeitsplatz unter Einbeziehung einer ehelichen Verbindung. Sie lag ihrem Holger schon seit Monaten in den Ohren, ihre Beziehung auf eheliche Grundlagen zu stellen. Er sagte ihr dies zu, sobald seine Unterschrift unter einem Anstellungsvertrag bei der Firma Kratzer GmbH getrocknet sein sollte.

Einen Tag später bekam Holger den Vorstellungstermin bei den Herren Dasholz mitgeteilt. Er fuhr hin und traf Herrn Kratzer in dessen Büro. Kratzer rief Werner Dasholz an und fragte, ob er denn nun Zeit für ihn und Herrn Geh hätte. Herr Dasholz erbat sich noch zehn Minuten Zeit, um wichtige Post abzuzeichnen. Diese Wartezeit verbrachten Kratzer und Holger mit Small Talk. Holger erfuhr, dass Kratzers Frau Ursel hieß und Energietechnik studiert hatte. Holger erstarrte vor Ehrfurcht. Ehrlich! Ein Studium unter lauter Männern? Sie musste in Mathematik wohl unglaublich gut gewesen sein.

Oddo und Ursel Kratzer hatten ein Kind, einen Sohn, er hieß Hajo und war wohl sieben Jahre alt.

Dann kam der Anruf von Werner Dasholz, der die Herren Kratzer und Geh zu sich bat. Sie gingen in dem Verwaltungsgebäude eine Etage höher zu den Büros der Herren Dasholz und wurden von Werner Dasholz empfangen. Er war der ältere der beiden Brüder und übernahm sofort auf souveräne aber nicht aufdringliche Art die Gesprächsführung. Sein Bruder Gerd kam hinzu und stellte die eine oder andere Zwischenfrage an Holger.

Das Gespräch mit den beiden Herren dauerte ungefähr eine halbe Stunde. Herr Kratzer hatte selbstverständlich in der Beschreibung von Holgers Familienstand die Titulierung »Verlobt« gewählt. Sie hinterließ allerdings keinen sichtbaren Eindruck. Ansonsten war Kratzer an dem Gespräch kaum beteiligt und bestätigte Holger eigentlich nur seinen Eindruck aus dem Erstgespräch mit ihm.

Zum Abschluss des Gespräches gaben die Herren Dasholz Holger und Herrn Kratzer ihre guten Wünsche mit auf den Weg und die Unterredung war beendet. Holger ging mit Herrn Kratzer in dessen Büro zurück und unterzeichnete den schon vorbereiteten Anstellungsvertrag für den Beginn seiner Tätigkeit in der Firma Kratzer GmbH ab Anfang Januar 1982.

Zu Hause öffneten Katrin und Holger eine Flasche Sekt und Holger musste umgehend sein Versprechen einlösen, um Katrins Hand anzuhalten. Sie fassten den Entschluss, im Frühjahr 1982 zu heiraten.

Holgers Eltern waren über seinen Vorsatz, den Betrieb zu wechseln, erst gar nicht so erfreut. Sein Vater beschäftigte sich als Erster positiv mit diesem Gedanken. Er kannte das Haus Dasholz noch aus seiner aktiven Zeit bei dem Finanzbauamt in Dortmund. Einige Male hatte er wohl auch beruflichen Kontakt mit Gerd Dasholz gehabt und bestätigte seinem Sohn die absolut technische und kaufmännische Gradlinigkeit dieses Unternehmens: »Wo die rühren, brennt erst einmal nichts an. Zu dem Kratzer kann ich nichts sagen, aber nach deiner Schilderung hat er in dem Laden ja auch nicht viel zu sagen. Deine Entscheidung ist in der heutigen Situation der Bauindustrie nicht schlecht.«

Holgers Mutter sah das Ganze selbstverständlich nicht so positiv. Erstens hatte sie immer noch heimlich gehofft, dass ihr Sohn doch noch ein Studium anstreben wollte und zweitens hatte sie erhebliche Zweifel daran, dass eine GmbH ein seriöses Unternehmen sein konnte.

Wo sie diese Weisheiten herholte, war für Holger nicht nachvollziehbar. Selbstverständlich störte es sie ungemein, dass Katrin und Holger heiraten wollten. Sie machte kein Hehl daraus, dass sie bislang gehofft hatte, dass sich ihr Sohn eine andere Frau aussuchen würde.

Katrin schrieb Holgers Kündigung an das Ingenieurbüro Schlübke und Holger überreichte es mit dankenden Worten an Herrn Alter, der ihm einst mit der Bereitstellung eines Ausbildungsplatzes so entgegenkommend aus der Patsche geholfen hatte.

Herr Alter sagte noch: »Herr Geh, ich hatte von Anfang an gewusst, dass Sie Ihren Weg gehen werden. Den Herrn Oddo Kratzer kenne ich übrigens vom Golfplatz. Er ist irgendwie ein großer, netter, lieber Kerl. Aber Sie sind das auch bisweilen noch ein klein wenig Herr Geh, selbst wenn man durchaus bemerkt, dass Ihre militärische Laufbahn Sie mit Exaktheit und Disziplin geprägt hat. Ich glaube, Sie werden bei dem Oddo Katzer in guten Händen sein.«

Katrins Eltern freuten sich ebenfalls, als sie von Holgers beruflicher Neuorientierung hörten und insbesondere über die anstehende Hochzeit der Kinder. Holgers Patentante Bärbel war ebenfalls aus dem Häuschen und sagte immer, wenn Holger mit ihr telefonierte: »Mein Junge, ich wusste immer, dass du deinen Platz im Leben findest.«

Bei seinem Sachbearbeiter des Arbeitsamtes machte Holger noch einen Dankesbesuch und übergab ihm ein neutral eingepacktes sinnvolles Fläschchen. Auf die Sachbearbeiter des Arbeitsamtes in Dortmund ließ Holger Geh nichts kommen. Sie hatten ihm nachweislich im Jahre 1977 und 1981 mit viel Engagement bei seinen beruflichen Problemen weitergeholfen.

Herr Kratzer rief Holger nochmals im Oktober an und fragte ihn, ob es ihm nicht möglich war, zwei Monate früher in seinem Unternehmen tätig zu werden, da sein Bedarf an Unterstützung doch recht groß war. Insbesondere bei der Abrechnung eines großen Projektes konnte er Hilfe gebrauchen. Holgers Nachfrage im Hause Schlübke wurde durch die Geschäftsleitung abschlägig beschieden und er teilte dies Herrn Kratzer umgehend mit. Der zeigte sich zwar enttäuscht, musste jedoch die Entscheidung von Holgers Noch-Arbeitgeber akzeptieren und gab dafür bei einem neuerlichen Termin in seinem Büro Holger stapelweise Vorschriften und

Kalkulationsgrundlagen für Bedachungsarbeiten mit auf Weg, mit der Bitte, dass er sich doch hier schon nebenbei bei Langeweile einarbeiten könnte.

Im November 1981 bekamen Katrin und Holger Besuch von Antje und Helmut Topf mit ihrer kleinen Tochter Lulla. Familie Topf war zwischenzeitlich von Paderborn nach Koblenz gezogen. Mit den Eltern der kleinen Lulla verband Holger seit ihren gemeinsamen Segelzeiten an der Möhne eine tiefe Freundschaft, in die inzwischen seine Freundin Katrin ebenfalls verwurzelt war. Töchterchen Lulla war noch im Pampersalter und geborene Frühaufsteherin und so spazierten alle zusammen sonntagmorgens bei aufgehender Sonne durch nordstädtische Bereiche Dortmunds.

An einigen Kreuzungen im weiteren Stadtgebiet herrschte reger Bauverkehr. Oberleitungen wurden montiert und riesige Kranteile auf Tieflader verladen. Europas größter Autokran wurde unter Ausnutzung des Wochenendes demontiert. Er war im Einsatz gewesen, um eine Kirchturmspitze, die die Firma Kratzer GmbH zu fertigen hatte, auf die Spitze des Kirchturmstumpfes zu ziehen. Diese Kirchturmspitze hatte eine Länge von fast 40 Metern und war in den letzten Kriegstagen wie viele andere Kirchen des Ruhrgebietes durch den Bombenhagel der Alliierten zerstört worden.

Es war schon beeindruckend, dieses Gewusel von Autohilfskränen zu sehen, die technische Hilfestellungen gaben, den riesigen Kran in transportable Einzelteile zu zerlegen. Holger war schon ein wenig stolz, seiner Katrin und seinen Freunden zeigen zu können, dass dies von dem Unternehmen ausgeführt wurde, in dem er seine berufliche Neuorientierung finden wollte. Die letzten Wochen verflogen zusehends in Holgers ehemaligem Ausbildungsbetrieb und Meister Lause wurde etwas wehmütig, als Holger seinen Ausstand gab, und verquetschte sich fast ein Tränchen.

Viertes Kapitel
Holgers beste Lebensjahre

Im Januar 1982 begann Holger Geh seine Tätigkeit bei der Firma Kratzer GmbH im Einzugsgebiet des Dortmunder Hafens am Festungspfad 5-6 im Verwaltungsgebäude der Bauunternehmung Dasholz. Die Identifikationsfarbe des Hauses Dasholz war ein Rost-Braun-Rot-Ton. Jedenfalls zierte eine Bauchbinde in dieser Farbe alle ihre Fahrzeuge, Bauwagen, Bagger und andere Baugeräte. Der Name Dasholz war in gleicher Breite in der Bauchbinde integriert. Der Grundton der so verzierten Fahrzeuge war ein kräftiges Hellelfenbein. Ähnlich verhielt es sich mit den Fahrzeugen der Firma Kratzer. Der Grundton Hellelfenbein war identisch, jedoch war die Bauchbinde in einem starken Lila gehalten. Lila war die Lieblingsfarbe von Oddo Kratzer. Der Firmenname war auch in dieser Bauchbinde integriert. Außerdem noch ein für Holger nicht nachvollziehbares Firmenlogo in Form von vier raketenähnlichen Gebilden, zwei schmale gleichgroße links und rechts und der Mitte zwei etwas dickere und größere. Holger taufte dieses Gebilde spontan Kratzerdödel. Holger wurde von Herrn Kratzer freundlich in Empfang genommen und in das Büro des älteren Meisters geführt, den er unterstützen sollte. Dieser Meister hieß Justus Rein.

Holger bekam den Schreibtisch zugewiesen, der dem des Meisters gegenüberlag. Herr Rein war passionierter Zigarrenraucher. Diese Konfiguration passte, denn Holger rauchte Pfeife und Herr Kratzer rauchte Zigaretten, allerdings meist geschnorrte, wie Holger im Laufe der Zeit feststellen konnte.

Herr Kratzer führte Holger voller Stolz durch das Haus der Firma Dasholz. Hier hatte die Firma Kratzer zwei Büroräume angemietet, und stellte ihn als seinen neuen Mitarbeiter vor, der den Bauleitungsbereich verstärken sollte, wie er sich ausdrückte. Es ergaben sich viele Berührungspunkte mit der Firma Dasholz, denn die meisten Logistikarbeiten, wie Materialbestellungen, Lohnbuchhaltungen, Fuhrpark-Betreuung und Schreibarbeiten wurden im Mietverhältnis durch die Firma Dasholz mit ausgeführt. Die Firma Kratzer benutzte auf dem Betriebsgelände der Baufirma Dasholz einige kleine Hallenteile für ihre Werkzeuge der Dach-Klempnerei und den Fundus der Materialien. Holger wurde den Klemp-

nermonteuren vorgestellt, die das eigentliche Rückgrat des Unternehmens bildeten und durchweg, bis auf wenige Ausnahmen, um die 40 Jahre alt waren. Erwähnenswert waren die Herren:
Leon Hall
Klaus Mera
Heribert Weiber
Rust Waltert
Radon Ridic (Jugoslawien)
Heribert Lustig
Fred Rubbel
Rust Krähe
Lutz Regener
Fred Laurien
Manni Schelte
Dietrich Ratter
Jörn Sommerlage
Martinus Bug
Merlin Mathau

Auf der Dachdeckerseite befanden sich ungefähr zehn Monteure. Prägnante Namen befanden sich darunter, wie:
Horst Alting
Jörg Pomborn
Peter Klaborz (Polen)
Walter Reise

Mit Holger Geh war die Firma Kratzer GmbH nunmehr knapp 28 Mann stark, einschließlich des Meisters und des Geschäftsführers Oddo Kratzer.

Holger arbeitete dem alten Dachdeckermeister zu, indem er seine Aufmaße der ausgeführten Arbeiten sauber aufzeichnete und mit Positionsziffern des Angebotes oder Leistungsverzeichnisses versah. Holger fühlte sich bei dieser Arbeit wohl und die beiden Herren waren von seinen Ausführungen angetan.

Nach der ersten Arbeitswoche gingen Katrin und Holger in Dortmund auf dem Westenhellweg einkaufen. Und wem liefen sie in die Arme? Holgers neuem Arbeitgeber mit seiner Frau Ursel. Ursel Kratzer war etwas größer als Holgers Katrin, nämlich um die 1,70 Meter. Es war ein eigenartiger bemerkenswerter Kontrast zu dem riesengroßen Oddo Kratzer. Herr Kratzer war freudig angeregt und stellte Holger als seien neuen Mitarbeiter vor, der verlobt war und in absehbarer Zeit heiraten wollte. Ursel Kratzer machte einen netten aufgeschlossenen Eindruck. Auffällig war ihre ausgeprägte Gesichtsrötung. Holger fragte sich besorgt, ob die Ursächlichkeit dieses Teints bei einem zu hohen Blutdruck oder an einer Hautkrankheit lag.

Oddo Kratzer trug unter dem Arm ein Plastikkörbchen mit einer kleinen Kaffeemaschine und Tassen sowie Untertassen und Löffeln.

»Wir sind ja jetzt eine kleine Bürobesatzung und da sollte eine Kaffeemaschine für uns schon abfallen. Sie können doch Kaffee machen, Herr Geh?«, fragte er augenzwinkernd.

Holger wusste also unabgesprochen, wer die Arbeit zu machen hatte.

Privat hatte ihn seine Katrin schon in die Pflicht genommen, über einen Hochzeitstermin nachzudenken. Sie einigten sich auf Anfang Mai.

Holgers Eltern reagierten wie immer negativ. Sie hielten diese plötzliche Hochzeit für übereilt. Insbesondere seine Mutter äußerte wiederholt die Meinung, dass er sich doch etwas Besseres zur Ehefrau aussuchen könne als Katrin. Katrins Eltern freuten sich riesig über die bevorstehende Heirat.

Auch Oddo Kratzer zeigte sich erfreut über Holgers Nachricht der bevorstehenden Hochzeit. Überhaupt war er mit Holgers Arbeitsweise sehr zufrieden und ließ immer wieder die Bemerkung fallen, dass doch zwischen ihnen beiden ein fast freundschaftliches Verhältnis herrschen würde und keine typische Chef-Angestellten-Beziehung.

Holger ging das Ganze eigentlich schon etwas zu weit. Oddo Kratzer versuchte ihm auch so ein verstecktes »Du« aufzudrücken, indem er in Gegenwart von anderen sagte: »Ach da kommt ja der Holger. Wir wollen mal sehen, was der Holger zu dieser Situation sagt. Na Holger, was sagste dazu?«

Der hatte seine militärische Ausbildung noch sehr gut in Erinnerung und hielt sich auch in dieser beruflichen Situation konsequent daran, nach oben wie nach unten die üblichen Formen der distanzierten Höflichkeit mit der Anrede des »Sie« einzuhalten. Er duzte ganz konsequent keine Monteure und irgendwann sah es auch Herr Kratzer ein, dass Holger an einem »Du« mit ihm nicht interessiert war.

Der Hochzeitstermin stand vor der Tür. Einladungen mussten geschrieben werden und Quartiere wurden gebucht. Dann kam der Polterabend in einem großen Gemeindesaal in Dortmund-Huckarde. Die Beköstigung und den Ausschank, sowie die Musiktruppe hatten Holgers zukünftige Schwiegereltern organisiert. Alle Freunde und die nahen Verwandten Katrins und Holgers nahmen daran teil. Selbstverständlich auch Holgers Chef mit Frau. Er schenkte dem jungen Paar einen Elektrogrill. Der Abend war sehr schön und rauschte an den Hauptbeteiligten fast erinnerungslos vorbei.

Die standesamtliche Trauung fand am 7.5.1982 in Dortmund-Aplerbeck statt. Katrins Vater und Holgers Vater waren die offiziellen Trauzeugen. Vor dem Standesamt standen Freunde des frisch getrauten Paares und beglückwünschten es mit Sekt für die ganze Gesellschaft. Und dann ging es mit beiden Elternpaaren zu Katrins Elternhaus. Katrins Eltern hatten zum gemeinsamen Mittagessen in ihr Häuschen eingeladen.

Und dann während des Mittagessens passierte es. Holgers Mutter nahm ihr Glas Wein in die Hand und sagte: »So und jetzt ist es an der Zeit, da ja unsere Familien zusammenwachsen, dass wir vom formellen »Sie« Abstand nehmen und uns mit »Du« ansprechen!«

So wurde es auch getan und begossen, wobei anzumerken war, dass sich Holger mit Katrins Eltern schon seit längerer Zeit duzte. Holgers Eltern hatten bis zum gegenwärtigen Zeitpunkt auch Katrin gegenüber das distanzierte »Sie« gepflegt. Katrin und Holger hatten in dieser Sache überhaupt keinen Einfluss nehmen wollen. Nun war dieser blöde Bann gebrochen aber das Verständnis der beiden Mütter zueinander hatte sich keinen Deut verändert.

Am anderen Tag war die kirchliche Trauung in der alten Kirche in Dortmund-Wellinghofen. Frühmorgens holten Katrin und Holger seine Patentante Bärbel vom Hauptbahnhof in Dortmund ab. Am späten Vormittag war dann die kirchliche Trauung. Neben Holgers Eltern waren seine Vettern Anton und Freddy mit ihren Frauen da und sein alter Freund Jürgen Mohn sowie Antje und Helmut Topf.

Katrins Eltern hatten ihre Patentante mitgebracht und Katrins Namensvetterin aus Jugendtagen und deren Ehemann. Viele Freunde standen, wie schon am Tage zuvor vor der Kirche, und begrüßten das Brautpaar nach der Trauung mit Sekt und Blumen.

Die anschließende Feier fand in einem Restaurant in der Nähe der Hohensyburg statt und rauschte an dem kirchlich getrauten Paar vorbei wie ein Wasserfall. Von Holgers Eltern bekamen die Jungverheirateten einen wunderschönen Teppich geschenkt. Holgers Mutter konnte nicht aufhören, immer wieder zu betonen, wie intensiv sie nach diesem guten Stück gesucht hatte. Dass es kein billiger Teppich war, verstand sie geschickt in ihre Beschreibungen einzuflechten. Dann war auch dieser Tag vorbei und der Ehealltag empfing die beiden, wobei sie feststellten, dass es eigentlich überhaupt keinen Unterschied darstellte, mit oder ohne Trauschein zusammenzuleben.

Nach einem halben Jahr war Holgers Probezeit im Hause Kratzer vorüber und Oddo Kratzer schwebte in Bezug auf Holgers Person und Arbeit weiterhin auf Wolke sieben.

»Herr Geh«, sagte Herr Kratzer eines Tages zu ihm, »ich sehe sie eines fernen Tages als graue Eminenz hier in diesem Hause in die Rolle eines Prokuristen hineinwachsen.«

Holger bedankte sich artig über so viel Nettigkeit und berichtete natürlich abends begeistert seiner Frau. Die zeigte sich ebenfalls angetan, wies jedoch vorsichtig, mit ihrer wesentlich längeren Berufserfahrung, daraufhin, dass Vorschusslorbeeren im Laufe eines Berufslebens schnell verblassen konnten. Holger nahm sich das zu Herzen und verhielt sich gegenüber seinem Chef und dem Meister höflich aber ohne übersteigerte Euphorie. Herr Kratzer zog Holger mit neuen Aufgaben allmählich von der reinen Dachdeckerei ab in den Bereich der Dach-Klempnerei. Holger zeichnete Details im Maßstab 1:1.

Er konnte dafür einen Raum nutzen, in dem ein sehr großes Zeichenbrett und ein Ablagetisch standen. Eine Vervielfältigungsmaschine der Firma Dasholz konnte mitbenutzt werden. Und so zeichnete Holger nach Angaben von Herrn Kratzer Klempnerdetails und korrigierte sich fast zu Tode, wenn er hier und dort eine Kante vergessen hatte. Diese Art von Details war neu für ihn, aber er lernte schnell, damit umzugehen. Er kopierte wie der Teufel und fabrizierte wahre Zeichnungstapeten, die er im Büroflur zum Trocknen auslegte.

Sein Chef war stolz wie Oskar und sagte jedem Mitarbeiter der Firma Dasholz, der sich um Holgers Auslegewahre herumdrücken musste: »Das ist Kratzer, der erste Bedachungsbetrieb in Deutschland mit solchen Details.«

Oddo Kratzer war ein Mann, der sehr schnell euphorisch sein konnte, und arbeiten konnte wie ein Tier. Er war weit vor 7:00 Uhr morgens auf dem Betriebshof und ordnete die Monteure ihren Baustellen zu. Abends verließ er kaum vor 18:00 Uhr das Büro.

Er verriet Holger auch im Laufe der kommenden Wochen, wodurch es bei der ehemaligen Firma Kratzer zum Konkurs kam. »Ganz einfach, Herr Geh! Es wurde nicht mehr gearbeitet! Die Monteure fuhren zu den Baustellen und wurden hinsichtlich ihrer Tagesleistungen nicht mehr kontrolliert. Wenn mein Stiefvater morgens mit seinem großen schwarzen Mercedes von dem Fahrer in das Geschäft gefahren wurde, hatte seine Hausdame schon in der Firma angerufen und bei den Sekretärinnen sein Kommen angekündigt. Die konnten sich dann ausrechnen, wann der Alte eintraf und telefonierten in die Abteilungen und gaben die Information weiter. Kam der Alte dann an, so war überall Hektik und Bewegung. Verließ der Seniorchef das Firmengelände, dann verfiel der ganze Laden wieder in Lethargie. Und das spiegelte sich natürlich in den Leistungen auf den Baustellen wieder. Die Monteure hatten sich einfach nur gesagt, dass sie nicht im höheren Drehzahlbereich arbeiten müssten, wenn im Büro auch nicht gearbeitet wurde. Und verfahrene Stunden, die bezahlt werden müssen, ohne dass dafür Leistung erbracht wird, sind für ein Unternehmen tödlich. Es ist ohnehin gefährlich, wenn auf diese Art und Weise Sekretärinnen anfangen, ein Unternehmen zu führen. Ich werde so etwas nie wieder zulassen. Damals wurde ich zu spät in das stiefväterliche Unternehmen gerufen. Ich konnte das Steuer nicht mehr herumreißen. Eines habe ich mir geschworen! Ich werde niemals faul sein! Sie haben das Recht, mich dann darauf hinzuweisen, falls ich einmal faul sein sollte!«

»Eine tolle Rede! Klingt richtig gut! Werde ich mir merken!«, dachte sich Holger. Allerdings erfuhr er von den Altmonteuren etwas ganz anderes. Nach ihrer Berichterstattung war Oddo Kratzer in dem ehemaligen Unternehmen mit gleichem Namen der Inbegriff der Faulheit gewesen. Wie das wohl alles zusammenhing?

Katrin wollte Mutter werden und folglich sollte Holger auch perspektivisch Vater sein. So richtig konnte er mit dem Gedanken noch nicht umgehen, aber nach Katrins Verweis auf den Arbeitsplatz bei der Firma Kratzer ging er auf ihren Vorschlag ein, verstärkt in dieser Sache tätig zu werden. So tat er auch! Blümchensex konnte ja auch schwanger machen. Außerdem versprach ihm Katrin, dass es ja lange dauern konnte, bis sie schwanger werden würde. Insbesondere dann, wenn man wie sie jahrelang die Pille genommen hatte. Holger glaubte erst mal alles. Erst mal!

Ende September 1982 machte das junge Ehepaar Geh Urlaub auf Sylt. Es hatte eine kleine Ferienwohnung gemietet. Bei etwas bedecktem Wetter erreichten die beiden mit ihrem schwarzen Golf auf dem Autoreisezug Westerland. Es war um die Mittagszeit und bei geöffnetem Fenster waren sie in Westerland irgendwelchen Fischbratgerüchen ausgesetzt. Katrin wurde es urplötzlich schlecht! Holger geriet in Ängste, denn eigentlich aß Katrin sehr gerne Fisch - egal ob gekocht, gedünstet oder gebraten. Und am ersten Urlaubstag gleich zum Arzt zu müssen, fanden beide nicht so prickelnd. Das Unwohlsein bei Katrin verschwand so schnell, wie es gekommen war. Nur eines fiel auf! Mit Fisch war Katrin in diesem Urlaub nicht glücklich zu machen. Holger hielt das Ganze für eine Allergie und Katrin auch!

Erst am Ende des Urlaubes, nachdem diese allergischen Reaktionen verstärkt auftraten, fiel Holger mit einem Schlage etwas ein und er fragte seine Katrin: »Sag mal, mein Schatz, besteht da irgendwie die Möglichkeit, dass du schwanger bist?«

Katrin rechnete mit allen möglichen Konjunktiven und bestätigte eine gewisse Wahrscheinlichkeit. Katrin ging sofort nach dem Urlaub zu ihrem Frauenarzt und siehe, sie war schwanger!

Anfang 1983 verkauften Katrin und Holger schweren Herzens ihren Golf-GTI und erwarben einen BMW 316 von einem Werksangehörigen in München als Jahreswagen. Sie würden ja jetzt bald einen Kofferraum benötigen für einen Kinderwagen und Pamperskisten. Sie tauften ihr ungeborenes Kind auf den Namen »Froggy«, denn sie wollten sein Geschlecht vorab nicht wissen, sondern sich einfach überraschen lassen.

Holgers Chef engagiert sich sehr für die Geburt des Kindes seines neuen Mitarbeiters. Er vermittelt einen Bettenplatz für Holgers Frau in der gynäkologischen Abteilung eines Krankenhauses in Dortmund-Brackel. Der dortige Chefarzt hatte Kratzers Sohn wohl auch auf die Welt geholfen.

Aber Katrins und Holgers Kind zeigte sich irgendwie desinteressiert, das Licht der Welt zu erblicken und Mitte Mai unterbrach der besagte Arzt sogar seinen einwöchigen Urlaub und holte Töchterchen Carina mit einem Kaiserschnitt auf die Welt.

Nun waren sie also eine richtige Familie. Holger war seinem Chef wirklich dankbar für seine Vermittlung und er erkannte, dass das Vitamin ‚B' wirklich in einigen Situationen hilfreich sein konnte.

Oddo Kratzer band Holger Geh immer mehr in die vollständige Bauleitung seines Betriebes ein. Angefangen von der Kalkulation oder Erstellung eines Angebotes, bis zur Abwicklung und Bauleitung eines Objektes und der sich daran anschließenden Abrechnung. Eines Tages rief Herr Kratzer Holger zu sich in sein Büro und nach einigen höflichen Belanglosigkeiten kam er zu dem Kernpunkt seines Anliegens: »Herr Geh, das Geheimnis an einen Auftrag mit guten Preisen zu kommen ist der Sachverhalt, dass Sie mehr Absprachen treffen müssen.«

»Was für Absprachen, Herr Kratzer?«

»Aber Herr Geh, das ist doch ganz einfach. Architekten oder ausschreibende Stellen, egal ob privat oder öffentlich, sind meist faul oder überfordert. Wenn Sie diese Stellen gut beraten, was die technischen und kaufmännischen Ausführungsmöglichkeiten eines Objektes, also in unserem Falle eines Daches, oder einer Fassade, betrifft, dann wird man Sie automatisch fragen, ob Sie nicht bei der Ausschreibung oder Angebotserstellung behilflich sein wollen.«

»Und dann?«

»Ja was und dann? Dann erstellen Sie natürlich diesen Leuten die Ausschreibung oder das Angebot!««

»Na klar, Herr Kratzer jetzt versteh ich. Mache ich selbstverständlich.«

»Herr Geh, aber nun geht es weiter! Sie werden diese Arbeiten als so schwierig beschreiben, dass es diesen Menschen schwindelig wird. Diese anfragenden Personen oder Institutionen werden Sie meist fragen, ob Sie denn Firmen kennen, die möglicherweise in der Lage sind, solche Arbeiten überhaupt zu kalkulieren, oder als Abfolge, im Falle einer Beauftragung, solche Arbeiten auch ausführen können.«

»Das verstehe ich, Herr Kratzer.«

»Das weiß ich, Herr Geh, aber jetzt Folgendes: Sie werden natürlich nur Firmen benennen, die wir kennen. Selbstverständlich in Einzelabsprache mit mir.

Vor allen Dingen, wenn es um Aufträge außerhalb des Ruhrgebietes geht. Dann erstellen wir zusammen eine Firmenliste, die sie entsprechend an Ihre Kontaktperson der ausschreibenden Stelle weitergeben. Wenn wir daraufhin zur Angebotsabgabe aufgefordert werden, dann geben Sie an diese Firmen, auf der erstellten Liste, Preise weiter, die über den von uns abgegebenen Preisen liegen. Haben Sie das jetzt verstanden?«

»Ja, natürlich, Herr Kratzer ... Aber ist das nicht eine Absprache, die kartellrechtlich verfolgt werden kann?«

»Prinzipiell haben Sie recht, Herr Geh, aber das betrifft doch eigentlich nur die Industrie. Wir, das praktizierende Handwerk sind nicht einmal unter der Rubrik ‚Kleine Fische' angesiedelt. Hier ist das allgemein üblich. Machen Sie das einfach mal und Sie werden die Erfolge sehen.«

»Aber sicher, Herr Kratzer, Sie sind der Chef!«

Holger tat dann auch so, denn es war ja so üblich - nach Meinung seines Chefs. Also faxte er bald bei entsprechenden Objekten Preislisten durch die Gegend mit der Aufschrift: Ihre Preise, bitte einsetzen.

Hatte Holger wenig Zeit zu Verfügung, denn diese Preislisten mussten für jedes Unternehmen, das sich auf dieser Firmenliste befand, individuell und per Hand erstellt werden, dann fand er eine andere Vorgehensweise. Er faxte an alle gelisteten Betriebe eine identische Preisliste, darauf stand: unsere Preise! Ihre bitte raufsetzen!

Letztere Möglichkeit kam jedoch kaum vor, da er es hasste, der potenziellen Konkurrenz, selbst wenn sie jetzt schützend half, mitzuteilen, wie die Firma Kratzer real kalkulierte. Im Gegenzug wurde den helfenden Unternehmen natürlich auch geholfen. »Eine Hand wäscht eben die andere«, sagte Oddo Kratzer und half bundesweit.

Der verwilderte Garten hinter dem Mietshaus, in dem Holger Geh mit seiner Familie wohnte, wurde gerodet und das kleine alte Häuschen abgerissen. Ein Bauträger hatte das Grundstück aufgekauft und wollte dort eine vier Häuser große Wohnanlage mit 24 Eigentumswohnungen errichten. Holger suchte Kontakt zu diesem Bauträger und bald bekam er die ersten Exposés mit Grundrissen und einer Baubeschreibung übersandt.

Katrins Eltern schenkten ihrer Tochter und Holger 25.000 DM! Nach Auskunft der Eltern hatte sie eine identische Geldsumme ebenfalls einst von ihren Eltern zu Beginn ihrer Ehe erhalten.

Nun hatten Katrins Eltern inzwischen ihr Häuschen schuldenfrei und wollten diese Summe den Kindern zu Verfügung stellen. Die einzige Auflage, die die Eltern trafen, war die Weisung, das Geld nicht für einen Autokauf zu verwenden. Sie wussten, dass beide Autofans waren, und hielten die Anlage von so viel Geld in einen Wagen für nicht sinnvoll. Aber dem konnte sich das junge Paar nur anschließen, denn seine Ambitionen hatten sich mit der Geburt von Carina auch geändert. Weiterhin forderten Katrins Eltern, dass im Falle einer ehelichen Trennung von Katrin und Holger diese Summe von 25.000 DM vorab von Holger an Katrin zurückzugeben sei.

»Das könnt ihr Lieben aber eigentlich nur hälftig meinen«, grübelte Holger vor sich hin. Aber er mochte Katrins Eltern zu sehr, um sich in weitere Erörterungen einzulassen und stimmte zu.

Carinas Taufe stand an und damit die Auswahl der Paten. Katrin und Holger einigten sich auf Katrins alte Schulfreundin Katrin und auf Helmut Topf. Die »Fischige Katrin« war natürlich überhaupt nicht Holgers Favoritin, aber er verkniff sich weitere Diskussionen. Aus der eigenen guten Erfahrung mit seiner Patentante Bärbel wusste er, dass man bei der Wahl eines Paten für sein Kind nicht kritisch genug sein sollte, wenn es darum ging, jemanden zu finden, der einen heranwachsenden Menschen möglichst lange mit Erfahrung und Rat durch das Leben begleiten könnte. Carina ließ die Taufe mit den Wassertröpfchen klaglos über sich ergehen. Einige der anderen Täuflinge wurden dabei ordentlich sauer und brüllten den Tempel zusammen.

Katrin und Holger hatten viel Geld angespart. Das lag zum einen in dem Sachverhalt, dass Katrin sehr gut verdiente, zum anderen in der Tatsache, dass Holger durch Herrn Kratzer sehr viel ‚Schwarze Kohle' bekam. Neben seiner Aufforderung an Holger »Absprachen« zu treffen, hatte er ihn gleichzeitig angewiesen, potenziellen privaten Bauherren anzubieten, »Intelligent« abrechnen zu können, anstatt über einen Nachlass zu verhandeln.

»Intelligent abrechnen«, bedeutete, dass diese Frage gleich zu Anfang eines Auftrages geklärt werden musste. Denn dann existierte überhaupt kein schriftlicher Auftrag mit einer schriftlichen Auftragsbestätigung und der entsprechenden Akte, oder es wurde nur ein Teil offiziell schriftlich beauftragt und der Rest intelligent abgerechnet. Vielfach war der Rest wesentlich größer als das anfängliche Teilstück.

Im Klartext hieß dies, dass der Kunde mit Intelligenz die Mehrwertsteuer sparte und auf die Nettosumme noch einen Nachlass von, je nach Intelligenz (Verhandlungsgeschick), mindestens zehn Prozent bekam. Natürlich nach unten auf runde Summen abgerechnet, denn diese Summen wurden bar ausbezahlt. »Kleingeld zerbeult nur die Hosentaschen«, teilte Kratzer Holger augenzwinkernd mit.

Das auf solchen intelligenten Baustellen verbaute Material und die Monteurstunden wurden auf andere Baustellen umgebucht. »Natürlich«, sagte Herr Kratzer voller Stolz, »kann man so etwas nur machen, wenn der ganze Laden satte Gewinne mit offiziellen Geschäften macht, denn ansonsten würde man ja die Jahresbilanz in die roten Zahlen schicken. Und glauben Sie mir, Herr Geh, das Unternehmen Kratzer macht reichlich schwarze Zahlen, dafür werde ich schon sorgen und Sie müssen mir dabei helfen! Übrigens, Herr Geh, wenn Sie mir einen intelligenten Auftrag bringen, sind sie mit zehn Prozent in bar von der Nettoabrechnungssumme dabei. Ich muss natürlich die Restsumme prozentual mit den Mitgesellschaftern teilen, denn eigentlich wurde die Firma Kratzer GmbH nur zu diesem Zweck gegründet. Dadurch, dass wir so viele Dienstleistungen durch die Firma Dasholz beziehen, bekommen die reichlich Kostendeckung, aber bei uns ist das eine sehr geringe Belastung durch diese Mietleistungen. Deshalb sind wir immer ertragreich und können es uns leisten, unsere Baustellen zusätzlich zu belasten. Bei der Firma Dasholz schaut die Steuerprüfung viel gründlicher hin, als bei uns. Dafür sind unsere Baustellen meist viel zu kurzläufig! Ach, sprechen Sie doch bitte die Privatkunden auf die Möglichkeit einer intelligenten Abrechnung an, dann bin ich als Geschäftsführer optisch so etwas außen vor!«

»Was soll das?«, fragte sich Holger. »Ach so, der Herr möchte keine gesiebte Luft atmen, wenn es knallt! Verstanden!« Also bildete er trotzdem fröhlich Absprachen und bot intelligente Abrechnungen an, denn dazu hatte ihn ja sein Geschäftsführer per Weisung ausdrücklich aufgefordert.

Für Holger brachte dies so ungefähr 9.000 bis 12.000 DM pro Jahr

BaT (Bar auf Tatze)! Für Holger, wohlgemerkt! Den Rest konnte man sich ausrechnen!

Und der alte Meister Rein machte Identisches! Seine Abrechnungssummen kannte Holger nicht, aber einige Male bekam er auch von diesen Erträgen durch Herrn Kratzer etwas herübergereicht. Der Sinn dieses verstopften Gießkannenprinzips wurde Holger schnell klar! Mitwisser sollten auch mit haften, deshalb durften sie auch über gönnerhafte Brosamen mit genießen!

Die Klientel, die diese BaT-Geschäfte mitmachte, hatte fast durchweg richtig Geld. Es waren Ärzte, Juristen, leitende Angestellte und Selbstständige aller Art. Es war für Holger schon interessant zu erfahren, wie ‚geschmiert' und nett das Wirtschaftssystem des Landes strukturiert war.

Das tägliche Leben, bis auf die monatlichen Fixkosten, bestritten Katrin und Holger von diesem BaT-Gehalt. Den Rest ließen sie auf den Konten stehen. Da sie einen eher zurückhaltenden Lebenswandel führten, konnten sie eine Menge Geld ansparen. Zusammen mit dem geschenkten Geld von Katrins Eltern waren es mehr als 50.000 DM. Nach vielen gemeinsamen Überlegungen mit dem Ehepaar Topf aus Koblenz, sowie mit Holgers Vetter Freddy, verwarfen sie die Idee, Holgers Eltern anzusprechen, um zu hinterfragen, ob sie dort in deren Haus hätten einziehen können. Das gesamte Geld der beiden hätten sie in energetischen Maßnahmen einfließen lassen wollen.

Ende 1983 kauften sie eine Dachgeschosswohnung in der Baumaßnahme, die in dem ehemals verwilderten Garten hinter ihrem gegenwärtigen Wohnsitz stattfand. Über den Bauträger akquirierte Holger die Dachdecker- und Zimmerarbeiten für das Haus Kratzer. Selbst wenn die Zimmerarbeiten, die sie durch die Dortmunder Firma Plinske ausführen lassen wollten, nur einen Durchlaufposten als Subunternehmerleistung darstellte, war die Beaufschlagung von 12-15 Prozent als ‚Ertrag für Nix' nicht zu verachten.

Der Bauträger war zufrieden, weil er in unmittelbarer Nähe seiner Baustelle noch einen ‚Controller' wohnen hatte, der sich bedingt durch seine Fachkenntnisse und des Sachverhaltes, dass er das Objekt selbst mit beziehen wollte, intensiv mit dem Baufortschritt befasste. Oddo Kratzer freute sich, dass Holger dieses Objekt für sein Unternehmen akquiriert hatte.

Ab Ende 1983 war in der Dortmunder Bau-Szene bekannt, dass sich Holger Geh einen guten Namen als Mitarbeiter von Oddo Kratzer erarbeitet hatte. Insofern fand es Holger auch nicht unbotmäßig, seinen Geschäftsführer zweimal im Jahr, nämlich im Frühjahr und im Herbst, um eine Gehaltserhöhung zu ersuchen, der dieser auch, ohne große Diskussionen, umgehend nachkam.

Die Elektroinstallationsarbeiten in der erworbenen Eigentumswohnung führte Holgers Schwiegervater aus. Er war inzwischen Rentner und stellte seinen Kindern netterweise seine Arbeitskraft und Berufserfahrung zu Verfügung. Zwischen dem Mietshaus, das Holger mit seiner Familie bewohnte und dem Neubauobjekt ihrer zukünftigen Dachgeschosswohnung bestand ein Abstand von ungefähr 30 Metern. Holger spannte zwischen seinem alten Balkon und dem neuen Balkon ein Entlastungsseil, an dem er ein Stromkabel aufhängte. Sein Schwiegervater hatte dadurch die Möglichkeit, in dem Neubau elektrische Maschinen zum Bohren oder Fräsen zu verwenden.

An den Wochenenden war Holger natürlich sofort immer mit dabei und ließ den Hammer fliegen. Durch seinen Schwiegervater lernte er sehr viele praktische Dinge des Bauens kennen. Seine Schwiegermutter war an diesen Arbeitswochenenden vielfach bei Holgers Familie, um sie zu bekochen. Für Holger und seinen Schwiegervater waren dann die Wege zum Mittagessen erfreulich kurz. Je nach Baufortschritt gab es aber auch kalte Verpflegung auf der Baustelle mit zünftigem Picknick - bestehend aus Kartoffelsalat und Frikadellen oder Würstchen. Es macht irrsinnigen Spaß und Holger musste sich eingestehen, dass er inzwischen ein innigeres Verhältnis zu seinen Schwiegereltern hatte, als zu seinen eigenen Eltern.

Natürlich war bei dieser ganzen Bauangelegenheit die Summe der Vorteile auf Holgers Seite. Die Zimmerfirma Plinske schenkte ihm als Provision für den Auftrag der Dachstühle, den sie durch Holger bekam, eine verstärkte Deckenschalung des Spitzbodens und eine zusätzliche Lage OSB-Schalung und eine Lieferung von Paneelen für die Innenverkleidung des Spitzbodens. Auch Trittstufen aus Eiche für seine selbst entwickelte und gezeichnete Raumspartreppe als Zugang zum Spitzboden bekam er geschenkt.

Ein anderes Unternehmen, das sich ihm gegenüber zu Dank verpflichtet fühlte, fertigte nach seinem Entwurf die Stahlkonstruktion der Raumspartreppe und übernahm noch die Farbbeschichtung. Oddo Kratzer zeigte sich auch großzügig und schenkte seinem Mitarbeiter ein großes Dachflächenfenster. Von dem Bauträger bekam Holger ebenfalls Vergünstigungen, weil Holger ihm beim Bauablauf zu Einsparungen verholfen hatte oder zu Wertsteigerungen der Wohnungen, die nicht kostenintensiv waren.

Ende 1983 bekam Holger von der Firma Kratzer einen Firmenwagen mit Dieselantrieb zu Verfügung gestellt. Holgers inzwischen nicht unerheblichen Baustellen – und Architektenbesuche waren zu teuer geworden, da er den Fahrtaufwand seines BMWs über das übliche Kilometergeld abrechnete. Den Firmenwagen konnte er durch die Versteuerungsregelung auch privat nutzen.

Er verkaufte den Innocenti und seine Frau Katrin nutzte dem BMW. Morgens brachte sie Carina zu ihren Eltern, fuhr dann zu ihrem Arbeitsplatz und holte ihr Kind am frühen Nachmittag wieder ab. Katrin hatte sich mit ihrem Arbeitgeber darauf verständigt, nur noch halbtags zu arbeiten. Bedauerlicherweise konnte Holger mit seiner Familie den Firmenwagen für Urlaubsfahrten nicht nutzen, denn ein Kinderwagen und eine Kinderwiege nebst Windelkisten und Koffern passten absolut nicht hinein denn, er war nicht größer als ihr ehemaliger VW-Golf. Aber auch hier erwies sich Oddo Kratzer als honorig und ließ Holger den Spritaufwand seines BMW als Reisekostenabrechnung zu Geld machen. Das hielt er sogar mit den Kosten des Autozuges nach Sylt, wenn Holger mit seiner Familie dort Urlaub machte.

Holger hatte sich seit Anbeginn seiner Tätigkeit im Hause Kratzer schnellstens auf den Arbeitsstil seines Chefs eingerichtet und war auch mindestens von morgens 7:00 Uhr bis abends 18:00 Uhr im Büro. Oft kam es vor, dass Kratzer und Holger noch abends nach 18:00 Uhr Abrechnungen machten. Dann saßen sie zusammen über Abrechnungen in dem großen Besprechungsraum der Firma Dasholz. Es passierte auch öfter, dass Herr Kratzer und Holger zu Hause bei ihren Frauen anriefen, um ihnen zu sagen, dass sie nicht mit dem Abendbrot auf ihre Männer warten sollten.

Möglich war es auch, dass Herr Kratzer am nächsten Morgen sofort zu Holger kam und sagte: »Herr Geh, mir ist da noch etwas eingefallen, was wir gestern vergessen haben. Wir müssen das Ganze nochmals durchgehen.« Dann kam wieder der Bleistift zum Einsatz und die Radiergummis wurden schlank. Die Anzahl der Fast-Abrechnungsnächte war auch nicht unerheblich, insbesondere wenn ein Abrechnungstermin gegenüber einem Bauherren durch vertragliche Fixierung eingehalten werden musste. Dann rief Herr Kratzer schon mal zu Hause an und sagte: »Urselein, ich sitze hier noch mit Herrn Geh an einer wichtigen Abrechnung, die morgen raus muss. Es wird wieder lange dauern. Kannst du uns wohl etwas zu Essen bringen?«

Dann erschien seine Frau alsbald mit einem Körbchen mit belegten Brötchen oder Schnittchen und einer Kanne Kaffee. Die Anrede seiner Frau mit »Urselein« fand Holger natürlich etwas lustig, aber Oddo Kratzer erklärte ihm bereitwillig und unaufgefordert, wo die herstammte. »Wissen Sie, Herr Geh, unser Sohn Hajo sagte dies als eines seiner ersten gesprochenen Worte, weil ich meine Frau immer so ansprach. Und deshalb hat sich dies in unserer Familie so eingebürgert. Mich nennt er übrigens Öddilein und meine Frau natürlich auch, den von ihr stammt ja dieser Kosename.«

Diese Abrechnungssitzungen gingen dann auch schon mal leicht bis gegen 23:00 Uhr. Seine Tochter sah Holger manchmal eine ganze Woche lang nur schlafend. Selbst seine Frau fand er schon oft im Bett vor, wenn er spät nach Hause kam.

Oft saß er an den Wochenenden am Esszimmertisch mit Plänen und erstellte handschriftlich Angebote oder Ausschreibungen mit vielen und umfangreichen Texten, um den potenziellen Bauherren in den Griff zu bekommen und ihm dem Zaubersatz entreißen zu können: »Herr Geh, kennen Sie denn noch andere Firmen, die solche Arbeiten ausführen können?«

Bei ungefähr 40 bis 50 Firmen, die sich damals in diesem Metier auf Bundesebene bewegten, war die Auswahl durch Herrn Kratzer schnell vorgegeben oder er rief ein befreundetes Unternehmen an und fragte, ob die ihm nicht noch ein paar sichere Namen vermitteln könnten, die ihnen hilfreich zur Seite stehen würden, um Schutzangebote abzugeben.

Solche Telefonate endeten dann immer fröhlich von Herrn Kratzer: »Und Sie wissen ja jetzt, zu Gegenleistungen dieser Art sind wir gerne bereit!«

Holger gab sich eigentlich immer sehr viel Mühe mit dieser manuellen Preis-Würfelei und setzte schon mal einige Preise unter die des eigenen Hauses, damit die Sache nicht zu linear aussah und man nicht sagen konnte: »Firma Himpel liegt durchweg acht Prozent über Kratzer und Firma Pimpel liegt komplett 15 Prozent darüber.«

Die öffentliche Hand und der Klerus vergaben fast nur unverhandelt an den günstigsten Bieter. Aber den hatten viele Firmen ja schon im Vorfeld festgelegt.

Hatte Holger im Vorfeld schon bei der Ausschreibung seine Hand mit im Spiel haben können, dann konnte der Bauherr fast sicher sein, dass er nicht mit Nachträgen und auf diese Art und Weise mit Kostensteigerungen rechnen musste, den Holger beschrieb die auszuführenden Arbeiten bis in die kleinste Ecke. Das sprach sich natürlich insbesondere bei Behörden oder beim Klerus bald rum und sie riefen oft bei der Firma Kratzer an und baten Holger zu sich, damit er ihnen ‚Ausschreibungsunterstützung' angedeihen lassen konnte.

Die zuständigen Sachbearbeiter sagten ihm dann vielfach: »Wir wissen, dass die Firma Kratzer nicht günstig in ihrer Preisfindung ist, aber wir bekommen von ihnen wirklich handwerkliche Qualität, und wenn Sie selbst sich noch in Person mit der Ausschreibung befassen, dann können wir auch sicher sein, dass sie die Kostenschätzung, die Sie uns freundlicherweise vorab zu Verfügung stellen, hinterher nach einer möglichen Beauftragung auch nicht überschießen. Ach übrigens! Ist die Firmenliste, die sie uns vor zwei Monaten für ein anderes Bauvorhaben gegeben haben, noch gültig?«

Holger betreute inzwischen eigenständig eine große Baustelle in der Nähe des Hamburger Hauptbahnhofes. Hier führte die Firma Kratzer Metallbedachungsarbeiten mit Messing aus. Interessant war für ihn, dass sich das Rotlichtviertel in unmittelbarer Nähe befand. Wenn er nach seinen Baustellenbesuchen mal eine Currywurst essen wollte, dann war der Besuch in irgendeiner Kaschemme eigentlich immer Pflicht, weil er sich dann immer an seine Bundeswehrzeit erinnert fühlte. Allerdings vermied er den Besuch von Kellerpinten. Dass man dort manchmal schlecht herauskommen konnte, war ihm auch noch in Erinnerung.

Anfang 1984 verlegte Holger auf dem Spitzboden seiner fast bezugsfertigen Dachgeschosswohnung die von der Zimmerfirma Plinske angelieferten OSB-Platten auf der bereits vorhandenen Holzschalung. Als Zwischenlage kam eine drei Millimeter dicke Pappe zum Einsatz und dann wurde das Ganze verschraubt. Durch diese Zwischenlage aus Pappe traten nicht die geringsten Knarz- oder Quietschgeräusche auf und es ergab sich eine wunderbar glatte und biegefeste Fläche. Die schrägen Innendachflächen verkleidete Holger mit den bereits eingelagerten Fichte-Tanne-Paneelen. Darunter zog er noch Kabel für Lampen und Lautsprecher ein. Sein Schwiegervater half ihm auch hier netterweise mit Handreichungen, damit Holger nicht immer von der Leiter heruntersteigen musste.

An einem Samstag war auch sein alter Freund aus Wehrdienstzeiten Leo Blanc mit dabei. Leo hatte sein Jurastudium etwas schleifen lassen und nicht die besten Wertungen erzielt. Auf Holgers Rat hin widmete er sich weiterhin der Reserveoffizierslaufbahn und hatte in den Semesterferien einige Wehrübungen abgerissen. »Wenn du nicht die besten Noten hast, so wirst du gerade in den Rechtsanwaltspraxen den einen oder anderen alten Wehrmachtsoffizier finden, der zumindest deinen freiwilligen Wehrdienst für das Vaterland in die Waagschale werfen wird, wenn du dich bewerben solltest. Diese Jahrgänge dürften jetzt so Mitte bis Ende 60 Jahre alt sein und kurz vor der Pensionierung stehen.« Leo hatte das beherzigt und war inzwischen Oberleutnant der Reserve.

Die letzten Paneel-Innverkleidungsarbeiten auf dem neuen Dachboden konnte Holger nur etwas verknickt hockend allein ausführen. Und das an einem Wochenende an zwei Tagen.

Am folgenden Wochenanfang hatte er fürchterliche Schmerzen in den Waden und in den Füßen. Da er ein starker Pfeifenraucher geworden war, der mit Lungenzügen rauchte, bekam er urplötzlich ungemeine Angst um seine Gesundheit. »Ein Kind gezeugt und bekommen, jetzt in eine Immobilie investiert und verschuldet und nun Raucherbeine und Pedale ab«, jagte es ihm in Panikschüben durch den Kopf, denn er sah sich schon geistig im Rollstuhl zum Sozialamt fahren.

Still und leise packte er seine zehn nicht ganz billigen Pfeifen, sämtliche Tabakvorräte, Tabaktaschen, Pfeifenfeuerzeuge, Stopfer und Pfeifenascher in eine Plastiktüte und versenkte diese, selbst erschüttert, über seine Zukunft, im hauseigenen Müllcontainer. Er beichtete all diese Probleme seinem Chef.

Katrin mochte er mit diesen traurigen Nachrichten gar nicht unter die Augen treten. Oddo Kratzer krümmte sich vor Lachen fast fötal quer in seinem riesigen Schreibtischsessel und sagte: »Mein lieber Herr Geh, nachdem was Sie mir schildern, haben Sie sich nur ordentlich bei Ihren Arbeiten die Blutzirkulation abgeschnitten. Das ist morgen alles wieder in Ordnung. Ich kann das übrigens gut nachempfinden. Mir ist das auch alles passiert. In unserer kleinen Ferienwohnung im Sauerland in dem Örtchen Rüberwuchs bei Brilon in der Straße ‚Zur schwarzen Sau' hatte ich seinerzeit, wie Sie, auch Eigenleistungen solcher Art ausgeführt, die zu ähnlichen Resultaten führten. Machen Sie sich mal keine Sorgen, das ist morgen schon alles wieder vorbei!«

Und? Er hatte recht!! Am folgenden Tag waren die Schmerzen in den Gliedmaßen wie verflogen. Holgers Nikotinsucht steigerte sich nach diesem plötzlichen Heilungserfolg geradezu quadratisch und nur noch ein Gedanke durchwogte sein Gehirn: »Schmök ist geil. Ja, das ist ja so soo geil, so ein schöner langer qualmiger Schmök!«

Abends trieb er die 50 Pferde seines Firmendiesels erbarmungslos zu Eile an, um nach Hause zu gelangen. Hoffnungsfroh und glücklich schritt er auf den Müllcontainer zu und schob die Klappe weit zurück. Freudig bückte er sich hinein und was sah er? Nix!!! Irgendwelche nicht mitdenkenden und nicht mitfühlenden Stadtreinigungsbüttel hatten einfach, nur weil es auf ihrem dusseligen Dienstplan stand, diesen wunderschönen Container geleert, ohne auch nur zu erahnen, welche herrlichen Schmööök-Utensilien sich darin befanden. Nix mehr drin! So ein Scheiß!

Holger beichtete dies alles nun auch seiner Katrin, die sich natürlich auch königlich amüsierte. Aber sie war auch um seine Gesundheit besorgt gewesen und hatte es als gestandene Nichtraucherin ohnehin nie gemocht, einen Aschenbecher küssen zu müssen. Lange lief Holger Pfeifenrauchern mit erhobener Nase hinterher, wenn ein guter Tabakrauch seine Nasenschleimhäute stimulierte. Aber eine Neuinvestition in Rauchzeug war ihm zu teuer und Katrin unterstützte ihn, seine Entzugserscheinungen zu kompensieren.

Im Frühjahr 1984 bezog Holger mit seiner Familie die neue Dachgeschosswohnung. Er beauftragte eine Firma, die die großen Möbel sowie die Umzugskartons von einem Haus in das andere trug. Katrin und Holger hatten sich eine neue Küche gekauft und die alten Küchenmöbel erhielten einen Platz als Vorratsschränke im Keller. Katrin und Holger hatten den größten Keller in dem Haus. Auch das war ein Entgegenkommen des Bauträgers gegenüber Holger.

Seine kleine Tochter Carina erlebte diesen Umzug knapp einjährig. Ihre Eltern setzten sie mit dem Rücken an eine Esszimmerwand und keilten sie von links und rechts mit Kissen fest, damit sie nicht umfiel. Sie war ein fröhliches, liebes Baby und freute sich ungemein über die Action, die um sie herum stattfand.

Die Schwiegereltern und viele Freunde unterstützten Katrin und Holger tatkräftig. Schwiegermutter bekochte alle, und überall in der neuen Wohnung saßen Leute auf dem Boden oder auf Stühlen und schmausten und butterten vor sich hin. Die kleine Carina klatschte sich immer vor

Begeisterung in die Patschhändchen oder machte auch schon mal zwischendurch ein Nickerchen, wenn ihr das ganze Treiben zu langweilig erschien.

Am Ende des Umzugstages erschienen Holgers Eltern. ‚Zur Abnahme', wie Holger es nannte. Sein Vater war schon durch die unmittelbare Nähe von Holgers Elternhaus öfter im Rohbau gewesen. Seine Mutter nicht! Sie schritt nunmehr wie ‚Die Königin von Saba' durch die Räumlichkeiten und hatte fast überall etwas zu kritisieren. Das Kinderzimmer von Carina war ihr zu klein, die Wände zu schräg, die Raumspartreppe zum Spitzboden zu steil, die Gästetoilette zu schmal und der Balkon zu kurz, und, und ...

Holger vertrat Herrn Kratzer. Dieser machte Urlaub. Während dieser Zeit wurde er eines Tages von dessen Vetter und Mitgesellschafter Gerd Dasholz im Treppenhaus des Büros angesprochen: »Herr Geh, ist alles in Ordnung bei Ihnen und bei der Firma Kratzer? Sie schauen etwas bekümmert drein!«

Holger antwortete viel zu voreilig: »Fast alles bestens, Herr Dasholz, aber bei der Baustelle, die mein Chef betreut, ergeben sich durch den Bauherren einige technische Fragen, die ich bedauerlicherweise nicht beantworten kann.«

»Kein Problem, Herr Geh, darum kümmere ich mich sofort. Kommen Sie doch gleich mal mit der Akte in mein Büro!«

Kurz darauf stand Holger mit der Baustellenakte vor dem Schreibtisch von Gerd Dasholz. Der bot ihm an, im Sessel vor seinem Schreibtisch Platz zu nehmen und setzte die Glasbausteine ab, die eigentlich eine Brille waren, und studierte mit der Nase fast auf dem Papier, so kurzsichtig war der arme Mann, die ihm vorliegende Kratzer-Akte. Er wurde immer ungehaltener!

»Wo ist denn nun der Vorgang in dieser Akte, Herr Geh?«

»Das kann ich Ihnen nicht sagen, Herr Dasholz. Ich kenne nicht die Aktenführung von Herrn Kratzer.«

Gerd Dasholz wurde sauer! »Das ist keine Aktenführung! Das ist ein

Sauhaufen! Hier findet man nichts! Aber auch gar nichts! Kommen Sie mal um den Schreibtisch herum und schauen Sie bitte mit in die Akte!«

Holger tat dann auch so und musste feststellen, dass Gerd Dasholz recht hatte. Es war eine große DIN-A4 Akte mit breitem Rücken und ohne jegliches Sachregister. Und alles einfach schlicht aufeinander abgeheftet! Vom Angebot über den Auftrag und Materialbestellungen bis zu den Zeichnungen und dem Schriftverkehr und erforderliche Baustellenbesprechungen. Alles hatte der gute Oddo Kratzer, wie es die Post in das Büro brachte, einfach übereinander geheftet. Nach bestimmten Dingen in diesem Vorgang zielgerecht zu suchen, glich der berühmten Suche im Heuhaufen. Aktenordnung kannte Oddo Kratzer wirklich nicht. Gerd Dasholz tobte!

Werner Dasholz saß im Nebenbüro und erschien, offensichtlich durch das Gebrüll seines Bruders alarmiert, in der Verbindungstür der beiden Büros.

»Gerd, was ist denn los? Warum regst du dich denn so auf?«, fragte er etwas scheinheilig.

Gerd Dasholz setzte sich wieder die Brille auf die Nase und erwiderte etwas ruhiger: »Also Werner, den Oddo, den kannst du nicht laufen lassen. Ich sage ja immer, den kannst du nicht allein laufen lassen! Große Schnauze hat er, aber nichts dahinter! Du kannst den nicht allein laufen lassen! Hier schau! So eine Akte führt Oddo! Nichts findest du wieder! Selbst wenn er selbst damit im Büro noch fertig wird, dann kann ein anderer, wie in diesem Fall Herr Geh und ich, nichts ohne stundenlange Suche finden und in logischen Zusammenhang bringen. Von einem entsprechenden Auftritt gegenüber einem Kunden mal ganz abgesehen. Stell dir mal vor, du sitzt mit so einem Ordner vor einem Kunden in einem Abrechnungsgespräch und fängst an, dich durch so einen Wust durchzuwühlen, um irgendetwas Aussagefähiges zu finden. Katastrophal! Den Kunden hast du nur einmal und dann nie wieder. Ich sag ja, den Oddo kannst du nicht allein laufen lassen!«

»Gerd, nun reg dich nun mal bitte nicht so auf«, entgegnete Werner Dasholz, »dafür hat der Oddo ja jetzt den Herrn Geh. Der wird sich auch um eine Aktenordnung bei Oddo kümmern. Ich gebe ihm eine Bauakte von uns mit. Die kann er sich von Aufbau her als Leitfaden dienen lassen.«

Er drehte sich um, ging in sein Büro und kehrte mit einer Bauakte seines Unternehmens zurück, die er wiederum augenzwinkernd Holger in die Hand drückte. Von diesem Tage an änderte Holger komplett die Aktenführung des Hauses Kratzer. Sämtliche Auftragsordner wurden per Jahrgang farblich und durch Jahrgangsaufdruck gekennzeichnet. Auf den Angebotsordnern standen nicht mehr nur ‚Angebote', sondern der Jahrgang und die Namen der Kunden, die man dann über ein alphabetisches eingeheftetes Register schnell finden konnte. Die Akteninhalte der Auftragsordner wurden über entsprechende handelsübliche Aktenregister vorgegeben.

Hier begann nun alles mit dem Auftrag, gefolgt von der Bestätigung, dem sonstigen Schriftverkehr, Statik, Materialbestellung, Tagelohnrechnungen, Abschlagszahlungen, Aufmaßen, Endabrechnung sowie Zeichnungen und einigen Zusatzregistern. Diese nunmehr geordneten Vorgänge waren für jeden Laien nachvollziehbar. Zwei Tage später traf Holger wieder auf Gerd Dasholz.

»Na, Herr Geh«, fragte dieser ihn, »haben Sie in den Laden von Oddo Ordnung bringen können?«

»Jawohl, Herr Dasholz, das habe ich und den ganzen Rest werde ich mit Sicherheit angleichen können.«

»Gut, Herr Geh, ich habe nichts anderes von Ihnen erwartet. Übrigens, wenn Sie merken, dass da bei dem Oddo in seinem Laden irgendwas nicht richtig läuft, dann kommen Sie bitte sofort zu mir und erstatten Bericht. Und zwar nur mir und nicht erst meinem Bruder, denn der ist dem Oddo gegenüber viel zu freundlich eingestellt. Oddo Kratzer muss man führen, denn sonst macht er nur Mist, aber das werden Sie wohl bald selbst einschätzen können.«

»Häh?!«, dachte Holger und erklärte Herrn Dasholz mit lieben, netten aber bestimmten Worten, dass er nur einen Chef per Unterschrift unter seinem Arbeitsvertrag hatte. Und das war nun einmal Oddo Kratzer. Weiterhin erklärte Holger ihm, dass er von Kontroll-Berichterstattungen hinter dem Rücken seines Chefs an dessen Mitgesellschafter der Firma Kratzer überhaupt nichts hielt.

Gerd Dasholz musterte Holger nur kurz und sagte: »Sie müssen wissen, was Sie tun.«

Seinen Bruder Werner traf Holger kurz darauf: »Herr Geh, mein Bruder hat mir gerade von ihrem gemeinsamen Gespräch vorhin berichtet. Ihre Antwort an ihn war richtig. Der Oddo Kratzer muss sich auch in seinem Haus auf jemanden verlassen können, und die Loyalität zu ihm haben Sie ja vorhin bewiesen. Die großen wirtschaftlichen Zielrichtungen im Hause Kratzer werden bedingt durch die Mehrheitsanteile ohnehin von uns gelenkt. Da brauchen Sie sich für Ihre Zukunft keine Sorgen machen. Da wir den guten Oddo seit Kindertagen kennen, ist uns schon sehr klar, wo seine Grenzen sind.«

Ein Resümee ergab sich für Holger aus diesem Vorfall. Oddo Kratzer und sein Vetter Gerd Dasholz konnten sich wahrlich nicht riechen!

Oddo Kratzer war ein sehr euphorischer Mensch! Schnell konnte er sich für Dinge und Menschen begeistern, ohne in die Tiefe zu gehen oder kritisch zu hinterfragen. Er konnte lachend auf den Tisch hauen und sagen: »Verkündet und beschlossen!«

Bedingt durch seine Körpergröße, nahmen ihm dann fast alle Anwesende dies gleich ab und merkten erst etwas später, dass nur einer etwas verkündet hatte, nämlich Oddo Kratzer! Beschlossen hatte dann auch nur einer, nämlich Oddo Kratzer! Bekam er fundierte Widerworte oder präzise Entgegnungen, dann verließ ihn schnell seine minimale Rhetorik und er wurde rasch zum sprachlosen Spielball seines Gegenübers.

Kratzer neigte zur Jähzorn. Schnell konnte seine Stimmung kippen, wenn ein auslösender Funke, zum Beispiel der Anruf seines Vetters Gerd oder eine negative Information über eine Baustelle, dies bewirkte. Dann konnte er ungerecht, ätzend und verletzend sein und die Verursacher der ihn ärgernden Situation aber auch Unbeteiligte wurden mit seinem plötzlichen Zorn belegt. Entschuldigen konnte sich Kratzer überhaupt nicht! Wenn er sein Unrecht oder Fehlverhalten gegenüber so einem Abgestraften einsah und bedauerte, dann kam er nach 15 Minuten freundlichst angeschlichen und bat um ‚Schön Wetter', indem er zum Beispiel sagte: »Sie haben aber heute ein schönes Hemd an!«, oder »Mit welcher eleganten Wortwahl Sie diesen Brief der Firma Müller erwidert haben, einfach gekonnt!«

Das schöne Hemd war meist ein Jahre alter bekannter Anziehfeudel und die elegante Wortwahl eines Antwortschreibens auf irgendeinen Geschäftsvorgang konnte auch schon mal heißen: »Der von Ihnen geschilderte Sachverhalt ist durch unser Haus nicht bewirkt.« Es hätte auch kürzer heißen können: »Waren wir nicht!«

Oddo Kratzer konnte bei diesen Entschuldigungen schleimen wie eine Weinbergschnecke und die meisten Menschen nahmen ihn nach solchen emotionalen verbalen Attacken nicht mehr für voll. Holger ihn am allerwenigsten. Spontane Wortwahl war Kratzer wenig gegeben. Elegante Gesprächsführung war überhaupt nicht sein Ding. Fuhr Holger mit seinem Chef zusammen zu Besprechungen, wie zum Beispiel einer Auftragsverhandlung oder einem Abrechnungsgespräch oder einem Beauftragungsgespräch über Nachtragsangebote, dann saß Holger als Beifahrer neben Herrn Kratzer und musste sich stundenlang seine zurechtgelegten Gesprächsführungsentwürfe anhören: »Herr Geh ... ich sag dann, so geht das nicht ..., und dann sag ich, dass das noch nicht abzusehen war, und dann sag ich noch, das ist aber unüblich, und dann sag ich, dass man uns das Detail früher hätte schicken müssen ..., und ich sach, dass es auch Vorschriften gibt ... Herr Geh! Sie sagen ja gar nichts!«

»Ja, Sie sagen doch etwas, Herr Kratzer!«

»Ja, das sag ich doch, Herr Geh!«

Je näher sie ihrem Fahrziel kamen, umso hektischer wurden Oddo Kratzers Gesprächsführungsleitlinien: »Ich sach noch ... das ist Bauherrenrisiko, ich sach ... die Konsequenzen müssen Sie tragen. Also Herr Geh, interessiert Sie den gar nicht, was ich sage?«

»Aber sicher, Herr Kratzer, aber Sie haben es doch noch gar nicht gesagt.«

»Doch, Ihnen, Herr Geh!«

»Ja, aber ich bin doch nicht der reale Gesprächsgegenüber, Herr Kratzer, der kommt doch erst nachher!«

Meist bedachte Holgers Chef ihn dann von der Seite mit einem verständnislosen Blick und einem tadelndem: »Also, Herr Geh, ich weiß nicht!«

»Das weiß ich, Herr Kratzer!«, wurde es meist von Holger beantwortet, aber das wurde auch nicht verstanden. Wie sollte es auch? Auf möglicherweise langen gemeinsamen Autofahrten, zum Beispiel von Dortmund nach Trier, ging Holger das Ganze natürlich erheblich auf den Geist, aber er konnte sich nur etwas verbal wehren, was Kratzer ohnehin nicht verstand. Solche Fahrten waren für ihn oft ‚Ohnesorg-Theater on Tour‘, wie er abends seiner Katrin berichtete.

Ab Koblenz in Richtung Trier strickte Oddo Kratzer dann an einer gemilderten Version seines Gesprächsentwurfes: »Herr Geh, ich werde die Schärfe rausnehmen. Ich sage dann nicht mehr ... nein! Ich sage dann ... das sollte man nicht machen! Ich sage nicht ... Vorschrift! Ich sage ... Leitfaden! Was halten Sie denn davon? Nun sagen Sie doch auch mal etwas, Herr Geh!«

Der sagte natürlich erst mal nichts, sondern schraubte sich einen rhetorisch spaßigen Beantwortungskalender für den neben ihm sitzenden Donald Duck der Gesprächsführung zurecht, der eigentlich ziemlich simpel war: »Eine brillante Idee von Ihnen, ein Hinweis mit Charme, technisch superb, eine Lösung mit Ausgewogenheit. Eine Frage mit Resonanzcharakter, überzeugende Argumentation, absolutes Vorwärtsdenken. Zielgenaue Vorgabe, eine Antwort mit starkem Abgang, resolute Nähe, aufopferndes Entgegenkommen, technische Kernkompetenz, Paukboden der Geschichte, treffend bis ins Detail, usw., usw.«

Mit diesen Bewertungen über die Gesprächsführungsvorschläge seines Chefs textete Holger ihn zu und Kratzer hielt sie beide nach solchen Gesprächsfindungstouren für ein starkes Team.

Holgers Beantwortungskalender war natürlich ein wild rotierender Kalender, sodass es seinem Chef nicht weiter auffiel, dass eigentlich immer die identischen verbalen Bestätigungen seines Mitarbeiters auftauchten, teilweise nur etwas frisiert mit einem auflockerndem: »Nein ..., ja ..., unbedingt, ausgezeichnet, gar prächtig.«

Kratzer war begeistert über Holgers Zustimmungsvermögen zu seinen Gesprächsrichtlinien.

Am Ort des Gespräches war natürlich alles innerhalb der ersten fünf Minuten vorbei. Meist erkannte der Gegenüber ziemlich schnell, was er da für einen Kandidaten vor sich sitzen hatte. Oddo Kratzers sorgsam sortierte und katalogisierte Gesprächsrhetorik wurde zerschossen und auf den Müll geworfen. Und dann übernahm der andere Gesprächspartner das Schlachtengeschehen und erklärte Oddo Kratzer, was Sache war. Natürlich in seinem Sinne.

Ziemlich schnell streckte Kratzer die Waffen und stimmte sogar noch in die Argumentation des gegenübersitzenden Gesprächspartners ein. So ließ er sich zu eigentlich unüblichen Preisnachlässen von 15 Prozent und mehr überreden, selbst wenn er noch bei der Hinfahrt zu diesem Gespräch entschlossen erklärt hatte, die drei oder fünf Prozent Nachlass nicht zu überschreiten, um nicht das Gesicht zu verlieren. Vielfach verlor er immer zwei Gesichter - das obere und das untere! Ausführungstermine wurden ihm aufs Auge gedrückt, die er nach kurzer Gegenwehr akzeptierte, obwohl jeder Halblaie erkennen konnte, dass sie nicht zu halten waren. Selbst seine eigenen Leute, die Monteure und auch Holger, wenn er in dieser Sache eingebunden war, haute er vor dem Gegenüber in die Pfanne. Er sprach von: »Fehlinformationen, Unfähigkeiten, nachlässigem Arbeitseinsatz etc.« Das ging sogar so weit, dass sich der Gegenüber verbal schützend vor die von Kratzer beschuldigten eigenen Leuten stellte. Es war einfach nur ein widerliches Verhalten von Oddo Kratzer!

Meist herrschte auf der Rückfahrt von solchen Terminen mindestens ein halbstündiges Schweigen zwischen Kratzer und Holger. Er brauchte die Zeit, um so viel miterlebte geistige Schlichtheit zu verarbeiten und wegzustecken. Letzten Endes war es für ihn aber egal, denn solange die Dasholz-Brothers ihre Augen kontrollierend über das Geschäft Kratzer hielten, würde die Kiste wohl laufen. Aber die Beurteilung von Gerd Dasholz über seinen Vetter Oddo konnte er nunmehr gut verstehen! Sogar sehr gut!! Was der für Geld kampflos in solchen Situationen verknallte, war schon mehr als beachtlich!

Wenn nach solchen Terminen die halbstündige Schweigezeit vorbei war, begann bei Oddo Kratzer die Rechtfertigungsphase: »Herr Geh, ich habe das nur gesagt, um die angespannte Situation zu entkrampfen. Man muss dem Gegenüber auch das Gefühl der Überlegenheit geben, Bescheidenheit ist eine Zier ..., ich bin kein Haudegen ..., ich glaube, die haben verstanden, was wir wollen. Meine Gelassenheit hat die überzeugt und blah, blah, blah, blah.«

Da Holger seine eigenen Antworten schnell geben wollte, ohne in weiteren geistigen Tiefgang investieren zu müssen, war sein Beantwortungskalender auf Kratzers Rechtfertigungsgebrabbel rasch gefunden. Meist bestand er aus Einschüben seines ersten Kalenders mit weiteren blumenreichen Ausschmückungen wie: »Wirklich geordneter Rückzug aus dem Vorgang ..., ein zufriedener Kunde ist kein Feind ..., treffsichere Analyse ..., bescheidener aber überzeugender Abgang ..., so ein Nachlass, wie Sie ihn gegeben haben, setzt Größe voraus ..., Nachgeben mit List ..., in Deckung zu gehen, bedeutet nicht den Kampf aufzugeben usw., usw., usw., blah, blah!«

Meist war Kratzer geradezu aus dem Häuschen und hoch erfreut über so viel verbale Unterstützung seines Mitarbeiters und gewann dem ganzen Vorgang ihres gemeinsamen Termins nur noch Positives ab. Das Schlimme an der Sache war nur, dass er es selbst glaubte. Er redete sich Dinge hin, wie er sie hören wollte, und ging immer davon aus, dass alle Menschen in seiner ihm untergeordneten Umgebung es auch so sahen. Wenn Holger ihm in solchen Situationen zustimmte, blühte Kratzer förmlich auf. Selbst von Holger spontan erfundene künstlich Begriffe wie: »Frei rotierender technischer Nihilismus« oder »Nullanalyse«, rissen ihn zu wahren Begeisterungsstürmen hin.

Die Arschkarte nach solchen Besprechungstouren hatte natürlich immer mehr Holger Geh, wenn Oddo Kratzer zu ihm sagte: »Den Preisnachlass, den *wir* gegeben haben, müssen *Sie* natürlich über Nachträge wieder reinholen!« Oder: »Jetzt müssen *Sie* natürlich Gas geben, damit *wir* die zugesagten Termine auch einhalten.«

Kratzer verstand die Kunst, mit diesem gesprochenen *wir* auch die Mitarbeiter in die Verantwortlichkeit einbeziehen zu wollen, nahezu perfekt. Aber das war wohl auch schon in grauen Vorzeiten so, wie es Holger von den Monteuren einhellig versichert wurde.

Insbesondere der Altmonteur Rust Krähe hielt ihn mit interessanten Informationen über Kratzers Vergangenheit und die damit verbundene Firmenhistorie auf dem Laufenden. Krähe war der Einzige der älteren Monteure, der Herrn Kratzer von Angesicht zu Angesicht sagte: »Oddo, wen du den Mund aufmachst, dann ist schon das erste Wort gelogen.« Aber Rust Krähe konnte sich das auch leisten, den er erbrachte als Obermonteur mit seiner Kolonne gute Ergebnisse und hielt die kalkulierten Zeiten ein oder unterschoss sie sogar, sodass auf seinen Baustellen immer Gewinne lagen.

Auf einer ihrer gemeinsamen Fahrten sagte Holger eines Tages zu seinem Chef: »Mit Verlaub, Herr Kratzer, aber Sie als Chef eines inzwischen so bekannten Unternehmens, das eine grandiose Perspektive hat, sollte unbedingt einmal einen Rhetorikkurs belegen und einen Lehrgang für Menschenführung besuchen.«

Oddo Kratzer schaute etwas leicht pikiert aus der Wäsche und sagte nichts und machte auch nichts. Er saß das von Holger Gesagte einfach aus. Darin war er ohnehin Großmeister. »Viele Dinge erledigen sich von selbst«, war seine Einstellung, oder: »Man muss sich erst um einige Dinge kümmern, wenn es nicht ganz zu spät ist.«

Holger war reichlich froh, dass sein Chef die beiden Brüder Dasholz an der Seite hatte, denn diese traten ihrem Mitgesellschafter rechtzeitig in den Hintern, bevor etwas anbrannte.

Sämtlicher Schriftverkehr der Firma Kratzer, egal ob eingehend oder abgehend, ging bei den beiden Brüdern über die Schreibtische, und wurde mit dem sogenannten Dreierstempel GD, WD, OK versehen. Diese Kürzel standen für Gerd Dasholz, Werner Dasholz und Oddo Kratzer. Jeder der Beteiligten machte in den Stempel sein Namenskürzel und fast jeden Tag war von einem der Brüder ein b.R. (bitte Rücksprache) angemerkt, sodass Oddo Kratzer manchmal reichlich unterwegs war, um diese Rücksprachen abzuarbeiten. Besonders ärgerte es ihn dann, wenn er in einer

Warteschlange mit den Bauleitern der Firma Dasholz stehen musste, die in ähnlicher Berufung darauf warteten, ihre Angelegenheiten mit ihren Chefs abzusprechen.

Kratzer war dann immer richtig sauer und sprach von Schikane und Drangsalierung, denn für ihn war es, nach seiner Meinung, als Geschäftsführer des Unternehmens Kratzer GmbH, absolut unmöglich in einer Schlange des normalen Fußvolkes der Bauleiter der Firma Dasholz stehen zu müssen, um bei seinen Mehrheits-Mitgesellschaftern eine Audienz zu erhalten. Nach solchen Situationen musste man seine Gegenwart besser halber meiden.

Besonders schlimm waren für ihn wohl immer die Wochenenden im größeren Kreis seiner Familie, wenn sein Vetter Gerd Dasholz auch zugegen war. Nach Kratzers treuherzigen Berichterstattungen gegenüber Holger machte Vetter Gerd auch in der Familie kein Hehl daraus, dass er Oddo Kratzer eigentlich für eine Pappnase hielt. Entsprechend schlecht war dann Kratzer montags gestimmt, insbesondere dann, wenn er gleich am Morgen so ein b.R. von seinem Vetter Gerd auf dem Schreibtisch vorfand.

In ihrer neuen Dachgeschosswohnung und in dem neuen Haus fühlte sich die junge Familie Geh sehr wohl. Katrin und Holger hatten sehr schnell Kontakt zu den anderen Mitbewohnern. Sie waren fast alle in einer Altersgruppe und es bestand in vielen Dingen Interessengleichheit. Vielfach feierten alle zusammen und deshalb wurde die Waschküche zum demontierbaren Partyraum hergerichtet. Mit wenigen Handgriffen konnten Bänke und Tische in die entsprechend angebrachten Wandhalterungen eingeschoben werden. In einem Winkelstück der Waschküche wurde die Decke mit Holzpaneelen abgehängt und Einbaustrahler eingesetzt, die sich jederzeit durch rote Birnen ersetzen ließen, sodass tatsächlich eine gemütliche Atmosphäre entstand. Die Waschmaschinen standen ohnehin an einer Raumwand in Reih und Glied und ergaben mit Tischdecken abgedeckt eine wunderbare Stellfläche für das Buffet.

Der Kellerflur wurde von der Hausgemeinschaft weiß gestrichen und in einer weiteren Aktion, begleitet durch Kartoffelsalat und Bier, wurden Teile der Mauerwerksfugen mit dunkler Farbe etwas hervorgehoben. Es sah richtig schnieke aus. Die Wasserleitungen im Hausanschlusskeller, die ja für jede Wohnung mit einer Wasseruhr versehen waren und im Keller sowie in der Waschküche an Deckenabhängern verliefen, bekamen je nach Wohnung eine individuelle Farbe. Das bot, neben dem netten optischen Vorteil, auch noch die zusätzliche Möglichkeit der sofortigen technischen Identifizierung. Sollte eine Wasserzufuhr zu einer Wohnung gesperrt werden, brauchte nur noch die Farbe der Wasserleitung angegeben werden. Vor dem Haus installierte die Hausgemeinschaft einen großen dreiarmigen Leuchter, der bei Dunkelheit über einen Bewegungsmelder aktiviert, den mit Stufen versehen Weg, zur Haustür erhellte. Eine kleine Geländestützmauer im Vorgarten bekam eine Bank und lud vor Betreten des Hauses zum Verweilen ein.

All diese Aktivitäten wurden von den umliegenden Häusern mit Bewunderung und Neid betrachte. Den Hausbewohnern war das herzlich egal und Katrin und Holger feierten mit ihnen, wie sie gerade lustig waren. Der Vorteil bei den Feiern im Keller war natürlich der Sachverhalt, dass die Kinder immer unter Beobachtung standen und der Weg zur heimischen Toilette auch nicht weit war. Zusätzlich ergab sich noch die Möglichkeit, mit der reizvollen Nachbarin einen Quickie haben zu können.

Die Nachbarn von Katrin und Holger waren ein kinderloses Ehepaar. Sie hießen Margit und Dieter Spielauf. Margit war ein unendlich attraktiver Besen. Ein schlanker Hosentyp mit strammen Titten. Margit und Holger waren sich vom ersten Blick an sympathisch und Holger spürte beim engen Tanzen im Keller gern ihren straffen Busen. Als die beiden mehr zufällig zusammen in ihre Dachgeschosswohnungen gingen, um Wasser wegzubringen, fing das Geknutsche zwischen Margit und Holger schon im Treppenhaus an.

Nur war das Treppenhaus der denkbar ungeeignetste Ort, um eine kleine Vögelei zu praktizieren, weil es zur Straße vollkommen verglast war. Das ergab eine nette Optik sowie tagsüber viel Licht und konnte dem einen oder anderen Spaziergänger auf dem Bürgersteig Einblicke unter die

Röcke Treppen emporsteigender Frauen gewähren aber für einen Spontanfick war das eher hinderlich.

Also trafen sich Holger und Margit in Holgers Wohnung, nachdem jeder sich auf seiner Toilette der Kellergetränke entledigt hatte. Ihren Vorsatz zu diesem Treiben hatten beide schon vorher bei dem beschwipsten Treppenhausaufstieg, natürlich ohne Licht, abgesprochen. Ihre Hosen waren schon gar nicht mehr vollständig geschlossen. Nur die Gürtelschnallen und der oberste Knopf waren zu.

Sofort drehte Holger Margit um und ihre Münder verkrallten sich ineinander voller Lust, als sie mit dem Rücken an seiner Brust in seinen Armen lag und ihm ihren Kopf mit dem schlanken Hals über die Schulter entgegenstreckte. Sie stöhnten fast zeitgleich und ihre Atmungen waren ebenfalls fast zeitgleich. Holger fuhr schnell mit beiden Händen unter ihre Bluse und ihren BH und hatte ihre steifen Titten mit den hart geschwollenen Nippeln in der Hand, die er sanft streichelte. Ein leise gurrender Laut entfuhr ihren Lippen. Geräusche konnten sie sich nicht leisten, denn die Wohnungstür zum Treppenhaus war weit geöffnet, damit sie störende Unterbrechungen ihrer Leidenschaft möglichst früh akustisch orten konnten.

Holger bekam einen Ständer, den er Margit bei noch fast geschlossener Anzugsordnung durch ihre Hose bis in ihre Arschritze sofort spüren ließ. Geil rieb sie langsam aber für ihn aufreizend spürbar ihren Knackarsch an seiner Latte. Er zog mit Ein- oder zwei Bewegungen ihre Hose auf und war mit einer Hand sofort durchgreifend unter ihrem Slip zwischen ihren schon erwartungsvoll gespreizten Beinen und spielte langsam an ihrer noch pissfeuchten Pflaume, die sie ihm verlangend entgegendrückte. Mit einer Hand griff Margit hinter ihrem Rücken an Holgers Hose und befreite seinen Ständer von dem letzten Kopf des Hoseneingriffes sowie von seinem Slip. Sanft massierte Margit seinen Schwanz, während Holger nunmehr mit zwei Händen ihre Spalte auseinanderzog und ihren Kitzler streichelte.

Margit beugte sich leicht vor und flüsterte Holger keuchend zu: »Fick mich, du geiler Bock. Vögel mich schnell und hart durch!«

Mit einem Ruck streifte Holger ihre Hose und den Slip herunter und sie stieg aus einem Teil der Beinlinge schnell aus. Margit lehnte nunmehr mit weit gespreizten Beinen und mit dem Gesicht zur Wand. Dabei stützte sie sich mit ebenso weit auseinandergebreiteten Armen ab. Holger schob ihr von hinten seinen knallsteifen Schwanz in ihre geschwollene Fotze, packte sie an den Lenden und fickte sie hart und kompromisslos mit tiefen Stößen durch. Sie kamen fast zeitgleich zu ihren Orgasmen und zischten sich ihre Geilheit zwischen den fast geschlossenen Mündern zu, denn ein Treppenhaus konnte auch ohne Beleuchtung irgendwelchen Zeugen als Aufenthaltsort dienen. Nach vollbrachter Tat ordneten sich die beiden wieder und Holger erschien als Erster im Keller. Katrin war schon etwas verwundert über Holgers langes Fernbleiben aber sie gab sich umgehend mit seiner Erklärung der Erledigung eines größeren Geschäftes zufrieden. Margit kam noch etwas später. Wie sie ihrem Mann ihre längere Abwesenheit von der Kellerparty erklärte, konnte Holger nicht nachvollziehen. Irgendwann im Laufe des Abends zischte sie ihm ins Ohr: »Du hast mich dermaßen besamt, dass mir das Zeug nur so die Beine runter lief. Ich musste mich doch tatsächlich zweimal trockenlegen.«

Es war für Holger endlich mal wieder geiler befriedigender Spontansex und nicht das für ihn bekannte Blümchengeficke mit seiner Frau, mit Licht aus im Schlafzimmer und krampfhaft unterdrückten Lauten. Sie wollte daran auch nichts ändern. Oft hatte Holger mit ihr darüber gesprochen, dass ihm diese Art von Sex nicht ausreiche. Er sagte ihr schon sehr deutlich, dass nur maximal zwei Stellungen im Bett ihn nicht dauerhaft befriedigen würden. Er schlug ihr vor, entsprechende Bücher zu kaufen, die ihnen eventuell weiterhelfen könnten, aber sie lehnte ab. Katrin reichte diese Art von Sex, wie sie ihn als Ehepaar betrieben und alles andere war Tabu für sie.

Nicht nur im Keller feierte die Haustruppe, sondern auch im Sommer vor der Hauseingangstür. Stilistisch eindrucksvoll war dabei ein alter Teppich von einem Mitbewohner, der über die zweistufige breite Zuwegungen zur Haustür herunter drapiert wurde. Ein Grill war auch schnell aufgebaut und bald zog ein herrlicher Bratwürstchenduft durch die ganze Straße, der den einen oder anderen Fußgänger auf dem Bürgersteig neidvoll stehen ließ. Hatten diese dann etwas mehr Zeit, bekamen alle eine Flasche Bier und ein Würstchen. Das machte dieses Haus natürlich ungemein bekannt und die Einwohner wurden wegen ihrer guten Hausgemeinschaft bewundert.

Zum Jahresende 1984 fing im Büro ein neuer Mitarbeiter an. Sein Name war Rainer Titelmann. Er sollte den alten Meister Rein unterstützen, für den Holger einst als Hilfestellung vorgesehen war. Rainer Titelmann war wie Holger ein gelernter Bauzeichner und kam aus einem ebenfalls stadtbekannten großen Bauunternehmen. Offensichtlich wollte Kratzer auf die Erfahrungen, die er mit Holgers Vorbildung gemacht hatte, zurückgreifen.

Titelmann war ein kleines untersetztes Kerlchen, etwas jünger als Holger, und einem erkennbaren Hang zur Leibesfülle sowie einer Löwenmähne, die selbst Jimi Hendrix hätte erschrecken können. Von Menschenführung hatte er genauso wenig Ahnung wie Kratzer. Beide waren nicht beim Militär gewesen. Rainer Titelmann pflegte gegenüber den Monteuren einen kumpelhaften Führungsstil und war schnell mit allen per Du. Oddo Kratzer ließ ihm gegenüber keinen Zweifel aufkommen, dass er Holger Geh für seine Nummer eins hielt.

Holgers Freund Leo Blanc war inzwischen Hauptmann der Reserve und schaffte mit Ach und Krach sein zweites juristisches Staatsexamen. Allerdings erst im zweiten Anlauf und mit einer grottenschlechten Zensur. Jetzt half ihm Holgers einstiger Ratschlag, die Reserveoffizierslaufbahn weiterzuverfolgen. Er fand eine Anstellung als freier Mitarbeiter in einem Anwaltsbüro, dessen Chef ein ehemaliger Panzerleutnant war, der im Krieg unter Rommel in Afrika einen Arm verloren hatte. Wie Holger es Leo prophezeit hatte, sah der alte Kriegsveteran über dessen schlechten Examensnoten hinweg und wertete stattdessen Leos aufopfernden Einsatz für das Vaterland höher. Für Leo war es jetzt ohnehin wichtig, Erfahrungen zu sammeln und sich über seine anwaltliche Tätigkeit einen Namen zu machen. Seine Freundin Mia freute sich riesig, denn sie hatte ihn die ganzen Jahre mit über die Runden gebracht, nachdem sie zusammengezogen waren.

Holgers Vater kam auf seinen einsamen Spaziergängen öfter mal spontan zu einem Kurzbesuch bei Katrin und Holger vorbei. Holgers Mutter brauchte eigentlich immer so etwas wie eine offizielle Einladung. Erschien sie auch mal spontan, dann kam immer nur dummes Gequatsche wie: »Ich störe wahrscheinlich«, oder: »Ihr habt mit Sicherheit etwas Besseres zu tun, ich sehe schon, ich bin unpassend.« Den letzten Satz nutzte Holger übrigens mal, um ihr die Wohnungstür wieder vor der Nase zuzumachen. Auf ihr abermaliges Klingeln öffnete er sofort und seine Mutter maulte: »Was sollte das den jetzt?«

»Ja Mütterchen, wenn du doch schon bei dem ersten Öffnen der Tür feststellst, dass du unpassend kommst, dann kann ich doch den Begrüßungsvorgang als abgebrochen ansehen und die Tür wieder schließen, oder?«

»Ist der immer so?«, fragte Mutter über Holgers Rücken hinweg dessen Frau.

»Meistens«, antwortete Katrin, »aber er hat ja schließlich recht. Wenn du mit so einer selbstbeantwortenden negativen Begrüßung meinst, auf offene Arme zu stoßen, musst du auch damit rechnen, auf eine entsprechende Reaktion zu treffen. Und es ist für uns alle besser, wenn es dein Sohn macht, als wenn ich es machen würde!«

Von der eher zurückhaltenden Schwiegertochter war Holgers Mutter so etwas gar nicht gewöhnt und sie rauschte beleidigt ab wie die Königin von Ober- und Unterägypten sowie des Nildeltas zusammen, natürlich nicht ohne die Bemerkung zu hinterlassen: »Ich bin wohl doch unpassend gekommen und so eine schnippische Bemerkung muss ich mir von so einer jungen Frau nicht bieten lassen.«

Zur Belohnung bekam Holgers Frau einen dicken Kuss von ihm. Von seiner Mutter war eine Woche nichts zu sehen und zu hören. Danach meldete sie sich mal wieder telefonisch und fragte betont höflich, ob sich Katrin wieder abgeregt hätte. »Mutter, sie hat sich überhaupt noch nicht aufgeregt«, beantwortete Holger ihre Frage.

Zwei Wochen hatte das junge Paar Ruhe vor Holgers Mutter, dann kam sie mal wieder unter irgendeinem Vorwand angeschwebt, um ihr Enkelkind in den Arm nehmen zu können, welches ihr ja ohnehin zugunsten der anderen Großeltern vorenthalten wurde, wie sie immer meinte.

Mit Margit vögelte Holger inzwischen zwei Mal im Monat. Sie wartete es ab, wenn er allein war. Katrins Wagen kannte sie und wusste inzwischen, wann Katrin mit Carina auch mal später von Katrins Eltern nach Hause kam. Margits Dieter hatte seine geregelten Zeiten, an denen er sich nach Arbeitsende mit Freunden auf ein Bier traf. Margit klingelte dann kurz, hatte einen Alibi-Waschkorb unter dem Arm und sagte: »Ich muss eben in die Waschküche. Kannst du mitkommen? Im Kellerflur ist eine Birne defekt. Ich habe hier eine. Wenn du eben so nett bist und sie für mich austauschst!« Das war nur ein Theaterspruch für eventuell im Treppenhaus anwesende Mitbewohner.

Holger wartete dann, bis Margit im Keller war, und folgte ihr schnell. In dem verglasten Treppenhaus war diese Vorgehensweise gegenüber Außenstehenden unverfänglicher, als wenn man, für jeden Spaziergänger auf der Straße deutlich sichtbar, zusammen in den Keller hastete. Die Kellerflurtür war aus Metall und klemmte etwas im Schloss, sodass man es deutlich hören würde, wenn jemand den Kellerflur betrat. Und Holgers Keller lag am Gangende und er zog die Kellertür nie in das Schloss, um diese akustische Verbindung nicht zu kappen. Vor dem Kellerfenster von Holgers Keller befand sich zudem sein eigener zu seiner Wohnung gehöriger Autoeinstellplatz. Man konnte also durch das Drahtglas sehr gut sehen, wenn sich Katrin mit ihrem Wagen früher als erwartet auf diesem Platz einfinden sollte.

Margit war ganz wild auf diese Schäferminütchen in Holgers Keller, weil er zudem hinter einem alten Küchenschränkchen einen beurlaubten fast zwei Meter hohen Spiegel stehen hatte. Und es törnte sie und natürlich auch Holger unheimlich an, sich gegenseitig und doch zusammen beim Sex zuschauen zu können. Besonders, wenn Margit sich auf das Schränkchen abstützte und Holger sie von hinten bockte. Geil war es für die beiden, wenn Holger sich seitlich auf das Schränkchen setzte und sie im Spiegel sehen konnten, wenn Margit seinen Ständer leckte und ihn in den Mund nahm. Margit war auf diese Events immer vorbereitet und trug unter der Kleidung keine Unterwäsche.

Außer der schon geschilderten Sympathie verbanden Margit und Holger einfach nur tierische Geilheit und das Wissen um die räumliche Nähe zu dieser beiderseitigen körperlichen Entspannung. Das Ganze dauerte nie länger als 15 Minuten, es sei denn, Margit hatte ihre Regel, denn dann wollte sie von Holger in den Arsch gefickt werden und da konnten es auch schon mal 20 Minuten sein, weil Holger nicht zu ungestüm vorstoßen durfte. Aber auch hier war Margit immer gut vorbereitet und hatte sich die Kiste und den Arsch mit Öl imprägniert.

Im September 1985 fuhr Holger mit Leo Blanc und dem Bruder von seiner Frau Mia nach Sterzing in Tirol zum Wandern. Der Schwager von Leo hieß Arno Lonka. Till Beinemann kam auch noch mit und ein Arbeitskollege von ihm. Der hieß Robert Schleimann und war frisch geschieden, deswegen konnte er auch etwas Luftveränderung gebrauchen. Holger fuhr in seinem Firmenwagen und holte Leo in Bochum ab. Die anderen drei fuhren zusammen mit Arno in dessen Firmenwagen.

Arno war leitender Direktor in einem Industrieunternehmen und ihm stand eine riesige französische Luxuslimousine zu Verfügung. Über die Sauerlandlinie ging es nach Würzburg und Nürnberg und weiter über München und das Inntaldreieck nach Sterzing.

Beeindruckend waren immer wieder die Fahrten über den Brenner und der Kontrast zwischen österreichischer und italienischer Autobahn. Die italienischen Autobahnleitplanken waren durchweg verrostet und als Baustellenabsperrbeleuchtungen mussten qualmende Öllampen herhalten, die bei Wind und Regen unbarmherzig verrauchten und jede Baustellendurchfahrt zu einem Abenteuer werden ließen.

Das Quartier für die ganze Bande lag in Sterzing etwas oberhalb des Ortes und man hatte von der Terrasse einen wunderschönen Blick über dieses mittelalterliche Handelsstädtchen. Leo hatte das Quartier besorgt.

Er war schon einige Male mit seiner Frau Mia zum Skilaufen dort gewesen. Leo und Holger teilten ein Doppelzimmer.

Die Pensionswirtin hieß Marianne, sie hatte die Pension gepachtet und war eine kleine dralle Person mit dem Gemüt eines Bernhardiners. Die Pension war ausgebucht. Ein nettes Ehepaar aus München war auch da mit zwei Kindern. Über die Kinder hatten die fünf Männer schnell Kontakt zu den Eltern. Er war irgendein gut verdienender Unternehmensberater und fuhr einen riesigen goldfarbenen Mercedes. Gern nahm er Holger wegen seines Diesel-Pkws auf die Schippe und fragte ihn, warum es denn nötig sei, mit einem Trecker die Alpen zu überqueren.

Die vier Männer unternahmen mit Holger zusammen tagsüber ausgedehnte Wanderungen und abends machten sie Sterzing unsicher. Eines Abends hauten sie sich bei einem Blasmusikkonzert in Sterzing dermaßen die Köpfe zu und begannen bald mit ihren Mündern Trommeln und Trompeten nachzuahmen. Die realen Musiker kamen ob dieser musikalischen Gegenbewegung aus dem Publikum arg aus dem Takt und der Dirigent warf zornig verärgerte Blicke in Richtung der Gegenspieler. Die Bevölkerung honorierte den selbstlosen Einsatz der fünf jungen Männer mit Begeisterung und spendierte rundenweise schwarz gebrannten Schnaps, der laut Auskunft der Einheimischen deutlich über 50 Watt haben sollte. Mit ordentlichem Bier nachgespült war er jedenfalls auszuhalten.

Der kleine Freund Leo hatte kräftig die Lampe an und Holger, Till, Arno und Robert mussten mehrmals seine Laufrichtung korrigieren, damit er auf dem Heimweg zu ihrer Pension nicht unkontrolliert vom Bürgersteig auf die Fahrbahn schoss. Nach einiger Zeit vermissten sie ihn jedoch und schauten zurück. Wankend und lallend stand er auf dem Bahnübergang am Bahnhof von Sterzing. Sie eilten zurück, denn so eine Situation konnte ja nicht ungefährlich sein.

Ihr Leo stand jedenfalls glücklich mit dem Kopf im Nacken da und schaute nach oben. »Schaut mal Freunde, so einen schönen runden Vollmond habe ich lange schon nicht mehr gesehen«, stammelte er.

Die vier stellten sich auch alle neben ihn, um das Ziel seiner Begeisterung auch in Betracht zu ziehen. Was er da als Objekt seiner Begierde anhimmelte, war nichts weiter als ein großer, großer runder Scheinwerfer an einem Mast, der den Bahnübergang ausleuchtete. Allerdings war bei seinem inzwischen vorhandenen Tunnelblick auch die Einsicht nicht mehr vorhanden, dass es sich nicht um den Mond handelte. Deshalb versprachen ihm alle, dass der Mond am nächsten Abend auch noch für ihn vorhanden sein würde und ein neuerlicher Besuch nicht unwahrscheinlich sein könnte.

Die Männer waren alle gut zu Fuß, aber sie gingen wie Amateure in die Berge. Leo und Holger hatten noch die guten alten Springerstiefel aus ihrer Bundeswehrzeit und waren damit, was ihre Sturmtruppe betraf, noch diejenigen mit dem tauglichsten bergwanderfähigen Schuhmaterial.

Till hatte wenigstens knöchelüberdeckende Leichtwanderschuhe. Die Ausrüstungskerzen der Schuhausstattung wurden von Arno und Robert abgeschossen. Arno trug Halbschuhe mit Stahlkappe aus einer lange zurückliegenden Praktikantenzeit als Werkstudent. Sie waren kaum getragen und machten optisch tatsächlich etwas her und hielten mit Sicherheit an der Fußspitze den Zusammenprall mit einem entgegenkommenden Felsen aus. Robert trug ganz normale alte Halbschuhe und egal, wo auch immer, ob im Berg oder in der Stadt, einen alten blauen Anorak vornehm über dem linken Arm.

Als Haupterlebnis ihres gemeinsamen Bergurlaubes war die Wanderung über den Ridnauner Höhenweg anzusehen.

An einem blitzeblauen Morgen machten sich die fünf um 8:00 Uhr nach einem ausgiebigen Frühstück in ihrer Pension mit dem Wagen von Arno auf die Fahrt runter nach Sterzing und parkten an der am Stadtanfang gelegenen Rosskopfbahn. Diese Bahn war eine klassische alte Seilbahn mit aufgereihten kleinen 6-Personengondeln, die von Sterzing aus das Skigebiet auf dem Rosskopf, dem Hausberg von Sterzing, anfuhr.

Für die Wanderung waren die Männer, wie sie meinten, bestens vorbereitet und hatten sich leichte Pullover umgebunden, falls es mal etwas kühler werden sollte. Arno hatte sogar einen weißen Sonnenschlabberhut auf und Robert trug wie immer seine hellblaue alte Wanderjacke elegant über dem Arm. Als Verpflegung hatten sie sich zwei Sechserpack Bier mitgenommen und ansonsten natürlich nichts, denn sie gingen mutig davon aus, dass an so einem bekannten und schönen Höhenwanderweg mindestens alle drei Kilometer eine als Jausenstation getarnte Pommesbude oder Bergpizzeria gelegen wäre. Oben an der Bergstation angekommen beglückwünschten sie sich für ihren intelligenten Entschluss, zusätzlich noch einen leichten Pullover mitgenommen zu haben, denn dort oben, circa 800 Höhenmeter über der Talstation herrschte interessanterweise um diese noch frühe Tageszeit ein merklich kälteres Lüftchen als im Tal. Also wurden die wärmenden Pullover rasch übergezogen, die Hände in die Hosentaschen gesteckt und ein etwas rascherer Schritt aufgenommen, um die Kühle, die durch die Jeans schlagen wollte, zu verdrängen.

Wenn man so einen Trupp von fünf Männern mit den Händen in den Hosentaschen über die Bergpfade stolpern sah, konnte man die etwas überraschten Blicke der Bergbauern verstehen, die sie noch einige Zeit begleiteten, als sie die Kuhalm passierten und dann die Ochsenalm, bis sich der Bergweg 23 B um eine Biegung herum in das wunderschöne Ridnauntal hineinschlängelte und immer spröder wurde.

Auf beiden Almen war außer den freundlich grüßenden Almhirten keine gastronomische Einrichtung vorhanden. Von dem Höhenweg hatte man bei diesem herrlichen Wetter einen hervorragenden Blick auf die Sarntaler Alpen, die Texelgruppe sowie die Ötztaler Alpen. Der Blick in das Tal mit seinen Orten Telfes, Ratschings, Mareit, Ridnaun und Maiern ließ einen das Gewusel der Menschheit als sehr klein erscheinen.

Es war inzwischen Mittagszeit, die Sonne stand hoch und brannte. Nur Arno mit seinem Sonnenhut war da etwas abgeschirmt, der Rest der Truppe bastelte sich Kopfbedeckungen aus Stofftaschentüchern und sah damit mehr als beachtenswert aus. An einem kleinen Bergsee machten sie um 12:00 Uhr Rast und vertilgten ziemlich schnell als flüssige Mahlzeit ihre zwölf Dosen warmes Bier. Danach wurde der ganze Haufen rasch müde und machte unabgesprochen ein Schläfchen von einer Stunde.

Der deutlich aufkeimende Hunger trieb dann alle hoch und sie setzten den Weg fort. Zwei Wanderpaare kamen ihnen in kurzer Folge entgegen. Beide Paare besaßen gefüllte Wanderrucksäcke, stabile Wanderschuhe und Sonnenschutzhüte. Nett begrüßten Till und Holger die entgegenkommenden Wanderer und fragten nach der nächsten Alm mit gastronomischer Einkehrmöglichkeit.

»Auf diesem Weg gibt es keine Jausenstation, meine Herren. In den Wanderkarten ist ja auch keine verzeichnet. Erst im Tal in Maiern gibt es die Möglichkeit, in verschiedenen Gasthäusern etwas zu verzehren. Aber das haben Sie ja bald geschafft, denn in circa vier Stunden dürften Sie dort sein. Guten Weg noch!«

Leo, Holger, Till, Arno und Robert schauten sich etwas dusselig an und bemerkten allmählich, dass sie etwas grundsätzlich falsch gemacht hatten. Aber es nützte nichts, sie mussten die Zähne zusammenbeißen und diesen wunderschönen Weg ablaufen. Sie bewegten sich in 2500 Metern Höhe und oberhalb ihres Weges entdeckten sie durch Holgers Fernglas Wildpferde in den Bergen. Murmeltiere warnten sich gegenseitig mit ihren markanten Pfiffen, wenn sie sich ihren Bauten näherten.

Kurz vor dem Abstieg in das Tal erreichten sie die Prischer Alm. Hier werkelte ein alter Almbauer mit seiner Enkelin. Diese erklärten sich bereit, den Männern für 5 DM pro Dose einige Dosen ihres Colavorrates verkaufen zu können. Die fünf Männer lehnten dankend ab, weil sie inzwischen ihre eigene Dusseligkeit bereuten, mit so wenig Sachverstand und Überlegung und schlecht ausgerüstet, so einen langen Höhenwanderweg angetreten zu haben.

Sie verließen den Almgroßvater und seine Enkelin, die etwas überrascht waren, dass die Männer das Getränkegeschäft ablehnten. Von der Alm hatte man einen sehr schönen Blick auf das Ende des Tales und es waren dort deutlich Verladeanlagen eines ehemaligen Bergbaubetriebes zu erkennen.

Der Abstieg von der Alm nach Maiern hinunter war sehr steil und kräftezehrend. Wie das liebe Vieh lagen sie jetzt des Öfteren auf dem Wanderweg, wenn ein kleines Rinnsal eines Wasseraustrittes aus dem Berg ihren Pfad kreuzte, und schlabberten das wunderbare kalte Wasser auf.

Nach einer Stunde Abstiegsarbeit kamen die fünf erschöpft im Tal an, und wankten in das nächste kleine Gasthaus, das dem Ende des Wanderweges an der Dorfstraße am Nächsten lag. Die beschirmte und bestuhlte Terrasse war fast menschenleer und sie suchten sich ein schönes Plätzchen in der jetzt gegen 18:00 Uhr immer noch scheinenden spätnachmittäglichen Sonne, nicht ohne sich vorher ihre ulkigen Kopfbedeckungen abgenommen zu haben.

Holger ging in die Gaststube und bestellte erst einmal zehn Krüge mit je einem halben Liter Bier. Er beschlagnahmte auch gleichzeitig die 15 halben belegten Brötchen, die offensichtlich seit dem frühen Vormittag unter einer Glasglocke vor sich hin dösten, denn die Ränder der Käsescheiben sowie der Salami krümmten sich bereits altersbedingt. Auch die beiliegenden Verzierungen, wie Petersilie, Gurkenscheiben und Tomatenviertel hatten ihren Flüssigkeitshaushalt seit vielen Stunden dereguliert und näherten sich der Starre. Selbst die Einwendungen des Wirtes auf das hohe Alter der Brötchen schlug Holger, auch im Namen seiner Wanderkameraden in den Wind.

Der Wirt kapitulierte und Holger wankte zu seinen Wanderfreunden hinaus, wo er sich langsam in einen bequemen Gartenstuhl gleiten ließ und seinen Freunden die baldige Ankunft von Überlebensrationen andeutete.

Alle schwiegen und stierten erschöpft vor sich hin. Der Chef des Gasthauses erschien und baute die geordneten zehn Biere und die Brötchen vor den Männern auf. Er hatte gerade alles verteilt und wollte sich lächelnd in sein Haus zurückziehen, da rief der gute Till: »Moment! Und jetzt bitte das Ganze noch mal von vorn und bitte schon das Leergut mitnehmen!«

Während der gute Mann noch an einem Ende des Tisches hantiert hatte, war der erste Krug Bier von den Männern in einem Zuge geleert worden und der zweite war auch zur Hälfte weg und die Anzahl der ehemals 15 halben Brötchen war auf fünf Stück geschrumpft.

Nach zehn Minuten wurden vor den Männern wiederum zehn Bierhumpen aufgebaut und die Bedienung verkündete, dass Brötchen nicht mehr vorhanden seien, sondern nur noch Brot.

Arno kommentierte das ganz ungerührt: »Das ist doch gar nicht schlimm! Und jetzt immer schön Stullen machen, bis wir abwinken.«

Der Tisch wurde vom Leergut befreit, die restlichen Brötchen waren ohnehin schon gestorben.

Allmählich kehrten die Lebensgeister bei den Wanderern zurück und sie zogen folgendes Resümee: So bescheuert, wie sie es waren, konnte man gar nicht sein, um völlig unvorbereitet so einen Weg anzutreten.

Der Höhenweg war mit einer offiziellen Laufzeit von sieben Stunden bei einer Länge von elf Kilometern angegeben. Sie hatten insgesamt neun Stunden gebraucht. Wenn man die eine Stunden Schlafzeit nach dem flüssigen Mittagessen an dem Bergsee abzog und die eine oder andere Pause zum Fotografieren und Staunen, dann war die Zeit, die sie für diesen Weg benötigt hatten, gar nicht mal schlecht. Schlecht war ihnen allen nur bei dem Gedanken an das Risiko, das sie eingegangen waren, ohne jegliche Wanderausrüstung auf den Berg gegangen zu sein.

Besonders Leo und Holger waren über ihr eigenes Versagen angesäuert. Als ehemalige Soldaten in Führungsfunktion hätten sie nicht so trottelhaft handeln dürfen.

Till sauste in das Wirtshaus und organisierte einen Schreibblock und dann wurde mithilfe weiterer Biere und Brote eine Liste erstellt, die all das enthielt, was sie nach ihren Erfahrungen der vergangenen Tage als notwendig erachteten und was bei keiner Wanderung fehlen sollte. Diese Liste reichte von »A« für Anorak oder Regenjacke bis »Z« für Zange oder Multifunktionswerkzeug. Natürlich unter Berücksichtigung aller anderen Buchstaben wie »V« für Verbandszeug oder ganz wichtig »W« für Wasser. »F« stand für Feuer und »K« war gleich zweimal belegt, nämlich mit Kartenmaterial und Kompass. So hatten sie es auch zukünftig eingehalten.

Der Weg des Tages hatte bei den fünf Männern ab sofort den Spitznamen »Härte 10.«

Gegen 21:00 Uhr verließen sie das Wirtshaus – gut gesättigt und gründlich beschwipst. Sie bedankten sich für die verständnisvolle Bewirtung mit reichlich Trinkgeld, denn die Küche hatte Schnitten geschmiert, bis das letzte Brot aufgegessen war. Mit dem Bus fuhren sie durch das schöne Ridnauntal nach Sterzing zurück und ließen Arnos Wagen an der Seilbahnstation stehen, denn fahrtauglich war von ihnen keiner mehr.

Den nächsten und letzten Tag ihres Urlaubes verbrachten Leo, Holger, Till, Arno und Robert mit Ausruhen und Nichtstun. Die Heimfahrt verlief unspektakulär und Holger freute sich auf seine Frau und seine kleine Tochter. Beide empfingen ihn freudig und Holger war richtig gerührt, als seine Carina ihre Ärmchen um seinen Hals legte und ihren Papa kräftig drückte.

Beruflich ging es gut voran. Die Firma Kratzer expandierte unaufhörlich. Neue Monteure wurden eingestellt. Das Schreibbüro der Firma Dasholz war nicht mehr in der Lage, die von Oddo Kratzer, Holger Geh, Meister Rein und Rainer Titelmann verursachte Papierflut an Angeboten, Leistungsverzeichnissen und Rechnungen zu bewältigen.

Herr Kratzer stellte zum Jahresende 1985 Rita Hase ein. Eine große hübsche Frau, die wohl Mitte zwanzig war. Sie war auch ausgebildete Bauzeichnerin und hatte zusätzliche Kenntnisse im Schreibmaschineschreiben. Sie arbeitete halbtags. Ihr Mann hielt nicht viel davon, dass Frauen arbeiteten.

»Der Platz einer Frau ist am Herd«, berichtete Frau Hase von seiner Meinung. Ansonsten war sie ziemlich schüchtern und wechselte nur die notwendigsten Worte mit den anderen Herren.

Der Kollege Titelmann war natürlich genauso, wie Holger Geh seinerzeit, durch Herrn Kratzer angehalten Absprachen zu treffen oder Kunden auf intelligente Abrechnungsmodalitäten anzusprechen. Dadurch rollte selbstverständlich der Rubel für die Firma Kratzer auf offizieller und inoffizieller Ebene noch besser und die Gebrüder Dasholz wurden oft von Herrn Kratzer nach Feierabend in ihren Büros aufgesucht, um die ‚schwarze Kohle' entsprechend ihrem Firmenanteil übergeben zu bekommen.

Herr Kratzer hatte Holger Geh ziemlich schnell zu verstehen gegeben, dass nunmehr eine zehnprozentige Beteiligung von Holger an solchen Geschäften nicht mehr möglich sei.

»Da Ihr Kollege Titelmann jetzt auch solche Geschäfte anbringt, möchte ich Sie in dieser Beziehung gleich behandeln. Jeder von Ihnen bekommt jetzt fünf Prozent von allen Bat-Geschäften, sonst würde es möglicherweise mal den Dasholzens auffallen. Unter dem Strich haben Sie also mehr schwarze Kohle als vorher, Herr Geh, das ist doch wohl klar!«

Der Einzige, der wirklich mehr hatte, war Oddo Kratzer. Schwarze Kohle bis 5000 DM teilte er schon mal wie folgt auf. 500 DM für Herrn Titelmann und 500 DM für Herrn Geh, der Rest war für ihn, denn: »Dasholzens verdienen ja über die offizielle Beteiligung genug an der Firma Kratzer«, wie er sich einredete.

Bei solchen Geschäften, bei denen er seine Mehrheits-Mitgesellschafter herterging, weil die Summen nach seiner Meinung zu klein waren, um sie an diese auch noch weiterzugeben, hielt er manchmal noch die alte Zehnprozentregelung an Titelmann und Geh ein, um sich seines schlechten Gewissens zu entledigen.

Es konnte aber auch durchaus sein, dass er von privaten Investitionen sprach, die sein eigenes Budget außergewöhnlich belasteten würden, dann waren es für die beiden Mitarbeiter die jeweiligen Fünfprozentbeteiligungen. Holger machte sich über diese Dinge nicht so sonderlich Gedanken.

Sein Kollege Titelmann sah die Sache allerdings etwas anders. Er neidete Oddo Kratzer den finanziellen Erfolg: »Weißt du, Holger, irgendwie stinkt mir das. Was meinst du, wie oft der Oddo bei mir im Büro steht und mich darauf anspricht, wann ich mal wieder an einem Bauvorhaben Plattmoos machen kann. Du mit deinen Großbaustellen und vielen öffentlichen Aufträgen trägst, bedingt durch deine Absprachen, die deckende und auch noch sehr gut gewinnbringende Grundlast und ich mit meinen Baustellen bis ungefähr 50.000 DM soll möglichst viel schwarze Kohle anschaffen. Was meinst du, wie Oddo deine Baustellen mit Material und Stunden belastet, um das Plattmoos wegzubuchen. Das macht er doch alles selbst, damit wir keinen Einblick haben. Der steckt sich doch viel mehr Geld in die eigene Tasche, als er uns anteilig, wie von ihm zugesagt, weitergeben wollte. Und seine beiden Mitgesellschafter bescheißt er ohnehin, wie es schöner gar nicht geht. Das Risiko tragen wir inzwischen allein, weil er sowieso kaum einen Kunden mehr auf intelligente Abrechnungsmethoden anspricht. Dazu hat er jetzt uns und füttert uns mit diesem lächerlichen Fünfprozentanteil oder mal je nach Laune, wie du weißt, ausnahmsweise mal mit zehn Prozent ab.«

»Weißt du, Rainer«, antwortete ihm Holger, »ich kenn das alles. Aber man sollte auch gewisse Dinge akzeptieren. Und das tu ich. Willst du zu seinen Mitgesellschaftern gehen und ihnen sagen, dass Oddo Kratzer sie betrügt? Dann ist doch dein Job hier sofort beendet. Willst du zu Oddo gehen und ihm sagen, dass du mit deinem Plattmoosanteil nicht mehr zufrieden bist? Dann fühlt er sich sofort erpresst und dein Job ist ebenso gefährdet. Ganz abgesehen davon hat die Firma Kratzer einen guten Namen und einen entsprechend positiven Ruf und auf dieser Welle des Bekanntheitsgrades möchte ich möglichst bis zu meinem Ruhestand abreiten können.«

»Du hast ja recht, Holger. Trotz alledem gönne ich dem Oddo nicht diesen ganzen Reibach, denn er ist dumm wie Stroh und lebt nur von hohlen Sprüchen und unserem Wissen.«

»Auch das weiß ich, Rainer, aber ich werde doch nicht die Hand anbrennen, die mir den monatlichen Scheck ausstellt. Wenn du das willst, dann mach es, aber lass mich da raus.«

Rainer Titelmann schloss sich eigentlich immer der Meinung von Holger an, selbst wenn er zum Abschluss, um seinen Restfrust zu beerdigen, irgendetwas Unverständliches vor sich hin brummelte.

Das Unternehmen Kratzer bekam einen großen Auftrag im Einzugsgebiet von Münster. Ein Finanzkonsortium hatte einen riesigen Ausbildungs- und Schulungskomplex gebaut und mit Metalldächern versehen lassen. Diese Dächer waren nach nur drei Jahren seit Erstellung undicht und es tropfte permanent bei Regen dem Vorstand bei Sitzungen in der obersten ‚Belle Etage' auf den Mahagonitisch. Diese Dächer waren von irgendeinem Unternehmen mit wenig Fachverstand erstellt worden. Sämtliche Anschlussdetails entsprachen nicht den Fachrichtlinien der Dach-Klempnertechnik. Kilometerweise war Klebeband verlegt worden, um Schnitte in der Blechhaut zu übertünchen. Dieses Klebeband war nunmehr nach drei Jahren verrottet und das Regenwasser suchte sich naturbedingt, den Regeln der Schwerkraft folgend, den kürzesten Weg nach unten und nahm auf Vorstandsetagen keinerlei Rücksicht.

Die Firma Kratzer nahm diese alten Metalldächer ab und versah die Dachflächen mit einer neuen Metalleindeckung aus Aluminiumblechen. Der anfallende Schrottanteil der alten Dacheindeckungen war nicht unerheblich und Oddo Kratzer bekam leuchtende Augen, als Holger ihm von dem möglichen finanziellen Erlös berichtete, den er von einem Schrotthändler zur Information abgefragt hatte.

»Herr Geh«, sagte er, »lassen Sie das mal meine Sorge sein. Ich kenne hier in Dortmund einen Schrotthändler, der fährt auch bis nach Münster, um Schrott abzuholen. Und er kann das Zeug intelligent verbuchen und braucht es nicht durch die Bücher laufen lassen. Von ihm bekommen wir Plattmoos. Ich werde Sie selbstverständlich beteiligen.«

Und dann kam der große Tag! Das alte Metalldach war demontiert und entsorgt und Oddo Kratzer fuhr mit seinem Mitarbeiter Holger Geh nach einem Baustellenbesuch in Münster nach Dortmund zurück. Kratzer war in sehr euphorischer Stimmung. Das lag aber unter anderem auch daran, dass es in der Firma gut lief.

»Also, Herr Geh«, sagte er unmittelbar nach der Abfahrt von der Baustelle, »wir bekommen von dem Schrotthändler, der das Material abgefahren hat 5.000 DM auf die Hand. Ich gebe Ihnen selbstverständlich 500 DM ab.«

»Danke schön, Herr Kratzer.«

Knapp drei Kilometer weiter sagte Kratzer nach kurzem Schweigen: »Also, Herr Geh, diese Baustelle gefällt mir so gut, nachdem was Sie bisher hier abgewickelt haben, dass ich Ihnen von dem Schrottgeld 1.000 DM geben werde.«

»Danke, Herr Kratzer, das ist wirklich sehr nett.« Nach weiterem Schweigen, kurz vor der Autobahnauffahrt auf die A1 nach Dortmund meldete sich Herr Kratzer aus seinem Gedankengespinst zurück: »Herr Geh, das Ganze war wirklich Klasse. Ich gebe Ihnen 2.000 DM und ich behalte 3.000 DM. Das entspricht dann auch so in etwa der Verhältnismäßigkeit zwischen uns beiden.«

»Sehr großzügig von Ihnen, Herr Kratzer, ich danke Ihnen schon vorab.«

In einer Pause, ihres ansonsten belanglosen gemeinsamen Geplappers, fand Kratzer kurz vor dem Kamener Kreuz plötzlich und unvermittelt zu neuen Ideen: »Ich habe mir das alles eben noch mal überlegt mit dem Schrottgeld. Wir beide sitzen doch in einem Boot, Herr Geh! Ich mache mit Ihnen Halbe und Halbe. Sie bekommen 2.500 DM. Bis zum nächsten Wochenende habe ich das Geld. Wir treffen uns dann am Samstag um 10:00 Uhr im Büro und ich gebe Ihnen Ihren Anteil!«

»Ich weiß kaum, wie ich Ihnen danken soll, Herr Kratzer. Ich sage einfach nur Danke!«

Am folgenden Samstag trafen sie sich zur abgesprochenen Zeit im Büro und Kratzer maulte nunmehr ohne jegliche Euphorie: »Also, Herr Geh, eigentlich ist die von mir angedachte hälftige Aufteilung dieser Schrottgeldsumme unverhältnismäßig!«

Holger zeigte sich unangenehm überrascht. Das war aber auch nicht gespielt! Herr Kratzer sah seine negative Überraschung und fuhr schnell fort: »Aber ich stehe selbstverständlich zu meinen Zusagen! Hier sind die 2.500 DM. Bitte, die ganze Sache bleibt natürlich nur unter uns! Kein Wort zu dem Herrn Titelmann. Zu den Herren Dasholz ohnehin nicht!«

Kratzer blätterte die Scheine vor Holger hin. Aber sein immer mehr erwachender Widerwillen dabei war ihm deutlich anzusehen. Holger nahm das Geld, mit dem er ja nach Kratzers schauspielerischer Zusage gerechnet hatte, und verschwand schnellstens. So war der Onkel Oddo nun halt!

Vorher hatte Holger, mit Katrins Einverständnis, 1.000 DM von seinem Konto abgehoben. Mit diesen nunmehr 3.500 DM fuhr er zu Dortmunds bekanntestem Juwelier und kaufte sich eine Armbanduhr der Marke Rolex. Diese Uhr war für Holger der Inbegriff handwerksmäßiger Zunft und er hatte sich schon lange die Nase an den Schaufenstern platt gedrückt, um dieses gute Stück der Handwerkskunst anzuschmachten.

Nun war sein Traum urplötzlich durch Oddo Kratzer erfüllt worden. Katrin freute sich mit ihm.

Während einer ihrer entspannenden Kellernummern eröffnet ihm Margit Spielauf, dass sie mit ihrem Mann aus dem Hause ziehen wollte. Die beiden betrachteten ihre Ehe als gescheitert und wollten sich scheiden lassen. Holger zeigte sich, wie die anderen Mitbewohner des Hauses, sehr überrascht. Alle bedauerten diesen Verlust, denn irgendwelche Anzeichen über bedeutsame Schwierigkeiten in der Beziehung des Paares waren für Außenstehende absolut nicht erkennbar gewesen. Das Verhältnis zwischen Margit und Holger endete mit dieser Mitteilung. Keiner dachte auch nur im Entferntesten daran, über eine räumliche Entfernung hinweg diese bequeme Kellerentspannung aufrechtzuerhalten.

Holger erhielt einen nagelneuen Firmenwagen mit Kofferraum und fuhr damit mit Katrin und Carina im Sommer nach Sylt. Nun war Platz für Kinderwagen und Pamperskisten. Katrin bekam einen japanischen Kleinwagen und der BMW wurde dafür in Zahlung gegeben.

Der Kollege Titelmann durfte in Erbfolge den alten Firmenwagen von Holger Geh fahren.

Ab dem Jahre 1987 hob Holger seine Tagebuchaufzeichnungen mit privaten und beruflichen Terminen auf! Diese bezogen sich zunehmend auf den beruflichen Teil seines Lebens mit dem Festhalten von Gesprächen, Weisungen und Situationen neben der namentlichen Fixierung der beteiligten Personen!

Das Haus Kratzer führte maßgebliche Arbeiten an einem Regierungsneubau des Landes NRW in Düsseldorf aus. Die Arbeiten waren nur zu bewältigen, indem zwei Subunternehmerfirmen mit beschäftigt wurden.

In Herford verlegte das Unternehmen für die Kirche ein großes Stahldach. Es war eine technisch interessante Aufgabe und Holger war mindestens einmal in der Woche an der Baustelle, um die Leistungsstände zu kontrollieren. Das war eigentlich nicht nötig, denn die Baustelle wurde von Rust Krähe geführt und auf ihn war als bauleitender Obermonteur absoluter Verlass. Aber es waren auch die wöchentlichen Besprechungen mit dem Architekten, die Holger zu diesen Besuchen veranlassten.

Kratzers Sohn Hajo hatte irgendwelche Probleme in der Schule. Seine Eltern steckten ihn in ein Internat in das nahegelegen Sauerland. Anfang März bekam Holger von seinem Chef die Weisung, dessen Sohn von der Schule abzuholen und nach Dortmund zu bringen. Bei Kratzers stand irgendeine Familienfeier an und kein Angehöriger hatte Zeit den Filius einzufangen. Der musste nunmehr so fast 15 Jahre alt sein und war kein aussagefähiger Gesprächspartner für Holger während ihrer gemeinsamen Autofahrt nach Dortmund. Nun gut, Schwierigkeiten während der Schulzeit hatte Holger auch gehabt, aber er war immer ein interessierter Gesprächspartner gewesen, gerade gegenüber fremden Menschen, denn so hatte er immer am besten Meinungen und Einstellungen seiner eigenen Eltern überprüfen können. Aber möglicherweise fing sich ja auch Hajo noch.

Die Post ging gut ab bei der Firma Kratzer. Wenn Holger manchmal Werner Dasholz im Treppenhaus des gemeinsamen Bürogebäudes traf, dann hatte der immer ein freundliches Wort für Holger übrig und zeigte sich über die Erfolge der Firma Kratzer ebenfalls erfreut.

Inzwischen leistete sich Holger den Luxus, einmal im Monat zum Friseur und zur Maniküre zu gehen. Das Friseur-Geschäft hatte seinen Sitz in Dortmund-Marten und hieß nach dem Namen der Inhaberin ‚Kerstin auf dem Berg'. Sie hatte ein absolut hübsches Puppengesicht und viel Humor aber mindestens zehn Kilo zu viel auf der Waage und passte damit überhaupt nicht in Holgers Triebraster. Aber sie und ihre Mitarbeiterinnen waren immer lustig und fidel und Holger konnte mit den Mädels zusammen ordentlich kichern.

Im Sommer fuhr Holger mit Katrin und Carina in dem Firmenwagen in die Toskana. Sie nahmen eine frisch geschiedene Freundin mit. Sie war nur ein Jahr verheiratet gewesen und während des gemeinsamen Urlaubes konnte Holger die Beweggründe ihres Ex-Mannes ungefähr nachvollziehen. Die gute Uta war für ihre gerade mal 30 Jahre fürchterlich betulich und tantig.

Holger hatte über eine Agentur ein Haus gemietet, das außerhalb einer Ansiedlung hoch in den Hügeln lag. Das Haus verfügte über einen großen Swimmingpool und genügend Schlafzimmer und Badezimmer. Der Pool war natürlich etwas für die kleine Carina, und da sie dort nackt, bis auf einen Sonnenhut, durch die Gegend sauste, war sie bald bruzzelbraun, was den Kontrast zu ihren blonden Haaren besonders gut zu Geltung kommen ließ.

Die Italiener jedenfalls waren reinweg verrückt nach ihr und kamen aus ihren kleinen Geschäften und beschenkten sie mit Eis oder Dauerlutschern und mussten sie auf den Arm nehmen.

Holgers Katrin hatte eine sehr gute Figur und sie lag ohne Bikinioberteil an ihrem Pool. Uta brauchte eine Woche, bis sie es sich erlaubte, ihre Mäusetitten der Sonne zu zeigen.

Dank der Absprachen mit anderen Firmen war die Auftrag- und Ertragslage des Hauses Kratzer enorm gut. Im Wesentlichen waren es immer Firmen aus dem Münsteraner Raum und aus der Marler Gegend, sowie aus Kassel, die Herrn Kratzer die ‚Bälle' zuspielten. Bei Bedarf stieß noch ein Dortmunder Unternehmen hinzu, sowie Firmen aus Düsseldorf und Stuttgart, Mannheim oder Hamburg.

Im Betrieb Kratzer wurden wöchentliche Dreiergespräche mit Oddo Kratzer, Rainer Titelmann und Holger Geh eingerichtet, in denen ein Abgleich der jeweiligen Baustellen stattfand und jeder so über den Stand aller Baustellen informiert war.

Der alte Meister Rein war zwischenzeitlich in Pension gegangen und Rainer Titelmann führte die Bedachungsabteilung von der Kalkulation über die Bauleitung bis zur Abrechnung eigenständig.

Holger Geh leitete fast ebenso eigenständig die Abteilung der Dach-Klempnerei. Oddo Kratzer machte die Oberbauleitung, leitete die eine oder andere Großbaustelle selbst und behielt sich vor, bei den Baustellen seiner beiden Mitarbeiter, selbst mindesten zweimal vor Ort rüberzuschauen. Nämlich am Anfang und am Ende kurz vor Schlussrechnungslegung.

»Vier Augen sehen mehr!«, war seine Einstellung.

Holger fand diese Meinung gut, denn sie war richtig. Oft kam Kratzer nach diesen gemeinsamen Besichtigungstouren an den Bauenden auf Vorschläge, das eine oder andere in die Abrechnung hineinzustecken.

»Von oben nach unten gehen kann man leicht. Von unten nach oben zu gehen kann recht schwer sein«, pflegte er dann zu sagen. Auch da hatte er recht, das Übel war nur, dass er sich selbst nicht an seine Weisheiten hielt.

In einem südlichen Vorort Dortmunds baute die Firma Kratzer einen Kirchturm mit einer Metalleindeckung. In drei Teilen wurde die Stahlkonstruktion auf dem Kirchvorplatz gerichtet und montiert und dann mit einer Holzschalung versehen. Der verlässliche Obermonteur Krähe brachte dann die golden glänzende Messingeindeckung an und innerhalb kurzer Zeit wurden unter medialer Begleitung die drei Teile auf den Kirchturmstumpf gezogen und gekoppelt. Nach erfolgter Einrüstung des ganzen Turmes erfolgte die Fertigstellung der Koppelungen in der äußeren goldfarbenen Messingeindeckung. Durch solche Vorgehensweisen der Vorfertigung am Boden wurden in nicht unerheblichem Maße Standzeiten der Gerüste und Montagezeiten eingespart.

Am 18. Dezember fand das erste Weihnachtsessen mit den Büro-Mitarbeitern des Hauses Kratzer statt, und zwar in einem italienischen Lokal in der Nähe des Südbades. Oddo Kratzer war mit seiner Frau Ursel anwesend, ebenso wie Rainer Titelmann und Holger mit ihren Ehefrauen. Auch Rita Hase war mit ihrem Ehemann dieser Einladung gefolgt. Sie saßen an einem großen runden Tisch. Jeder konnte jeden sehen und ansprechen. Rita Hase saß ganz dicht neben ihrem Göttergatten und himmelte ihn permanent verliebt an, während ihre beiden Hände auf einem seiner Knie lagen. Er hieß Detlev und versuchte Kratzer, nach einigen schnellen Gläsern Bier, seine Kernkompetenz in Wirtschaftsfragen einzureden.

Die Büromannschaft amüsierte sich mit ihren Ehegatten königlich und die Mitarbeiter Kratzers konnten jetzt auch den rötlichen Gesichtstein von Ursel Kratzer nachvollziehen. Sie konnte saufen wie ein Stier, und zwar Schnaps pur. Selten hatten Rita Hase, Holger Geh und Rainer Titelmann mit ihren Partnern ein Ehepaar gesehen oder erlebt, das sich in aller Öffentlichkeit gegenseitig des übermäßigen Alkoholgenusses bezichtigte. Zwar nett und fast liebevoll, aber jedoch sehr, sehr deutlich: »Ursel, du bist eine alte Schnapseule. Lass den vielen Schnaps aus dem Balg.«

»Aber Öddilein, du musst gerade quaken. Du spuckst doch selbst nicht rein. Du säufst es nur!«

Jedenfalls war es eine wunderschöne Feier und alle hatten viel zu lachen, zumal Kratzer noch ein privates Ritual preisgab. Es war die tägliche ‚lila Stunde' um 18:30 Uhr zu der das Ehepaar Kratzer den ersten gemeinsamen Feierabendschnaps trank. Ob es dann auch der Letzte war, wagten Holger mit seiner Kollegin und seinem Kollegen nach diesem erlebten Abend zu bezweifeln.

Herr Kratzer und Holger Geh lernten über die Kirche in Trier einen Architekten kennen. Er war ein herzensguter künstlerischer Typ mit langen Wallehaaren, jedoch auch mit vielfach fehlendem technischem Fundus. Sein Name war John Eisenwerfer und er lebte in einem kleinen Dörfchen nahe bei Mainz. Seine eigenen Wissensdefizite in technischen Fragen glich er dadurch aus, indem er an seinen Bauvorhaben Firmen beschäftigte, die ihm bei der Lösung der baulichen Probleme hilfreich zu Seite standen. Aber vorerst galt es ihm, bei einer Ausschreibung behilflich zu sein und das war für Holger eine inzwischen altbekannte Routine.

Nahe bei Bitburg hatte Oddo Kratzer im Frühjahr 1988 zusammen mit einem Bauleiter des Klerus-Bauamtes in Trier einen Auftrag für das Unternehmen nach der bewährten Art der Absprachen eingetütet. Der Bauleiter hatte den lustigen Namen Gandolf Lenin. Er musste bei diesem Bauvorhaben mit einer hochwertigen Fotoausrüstung im Wert von ungefähr 5.000 DM bedacht werden. Selbstverständlich wurde dieser Wert in die Angebotssummen mit hinein gerechnet. Hier half die Firma Kuharm in der Nähe von Trier in jeder Beziehung. Selbst hinterher als Subunternehmer bei der Ausführung. Holger Geh war für die Bauleitung verantwortlich.

Es handelte sich um die Sanierung von Flachdächern einer Schule, die der Kirche gehörte. Ein Stahldach sollte hier zur Ausführung gelangen. Flachdachabläufe wurden auch wieder montiert, und zwar nach einem relativ neuen System, nämlich als Unterdruckabläufe. Im Prinzip ähnelte es den klassischen Badewannen- oder Duschabläufen. Einfacher ausgedrückt war es eine hundertprozentige Vollfüllung der Abwasserleitungen mit einem Abflussverhalten durch die Schwerkraft des gefüllten Wasserstranges. Bekannter war es auch unter der Art des ‚Tank aussaugen mit einem Wasserschlauch'. Wenn das Schlauchende tiefer lag als der Anfang, konnte man auch über einen Hochpunkt entwässern, weil die restliche Wassersäule durch die Schwerkraft zog. Voraussetzung war immer eine hundertprozentige Vollfüllung mit Flüssigkeiten. Jede Luftzufuhr ließ das System sofort zusammenbrechen und führte zu langen Entwässerungszeiten mit den bekannten Nachteilen der zusätzlichen statischen Belastung der Dachdecken durch stehendes Wasser. Diese Unterdruckabläufe konnten so stark saugen und abführen, dass um so einen Ablauf herum bekieste Dächer bis zu einem Durchmesser von ungefähr einem Meter vom Kies befreit wurden.

Durch diesen starken Sog war es sogar möglich, dass die Entwässerungsleitungen zusammengelutscht wurden, wenn die Wanddicken nicht entsprechend dimensioniert waren. Die Leitungen konnten sich auch aufschaukeln und schwingen, wie es bisweilen an Feuerwehrschläuchen oder Betonpumpen zu beobachten war.

Mit der Verlegung dieser Leitungen war das Haus Kratzer nicht betraut. Ein Sanitärunternehmen befestigte diese optisch sehr stabil erscheinenden Kunststoffleitungen mit Abhängern in einem Abstand von vier Metern unterhalb der Dachdecke. Holger Geh schilderte dem Bauleiter Lenin seine Bedenken hinsichtlich der weiten Befestigungsabstände der Abwasserleitungen und kam damit seiner Hinweispflicht nach. Herr Lenin machte es sich leicht und sagte einfach nur: »Mein lieber Herr Geh. Ich nehme das schon mal zu Kenntnis. Nun ist der Chef dieser Sanitärfirma etwas eigensinnig, deshalb seien Sie so gut und sagen Sie ihm das bitte selbst anlässlich unserer nächsten Baubesprechung am kommenden Mittwoch.«

Und so tat Holger auch. Allerdings ohne Erfolg. Der wirklich sehr eigensinnige Chef des Sanitärunternehmens ließ kein gutes Haar an Holgers Bedenken und verwies permanent auf seine jahrzehntelangen Erfahrungen mit Haus- und Dachentwässrungen. Dieses auch für ihn neue Unterdrucksystem würde deswegen für ihn keine nennenswerten Überraschungen bergen. Und fertig war er damit!

»Und ich auch«, dachte Holger und dann weiter: »Wer nicht hören kann, der muss fühlen!«

Das Dach wurde in den Sommerferien fertiggestellt, die wesentlichen schützenswerten Räumlichkeiten wurden wieder eingerichtet und der geregelte Schulbetrieb begann. Es begann auch eine Unwetterphase mit sintflutartigen Regenfällen, die gerade an einem Wochenende dazu führten, dass sich die Entwässerungsleitungen aufschaukelten und vielfach an den Aufhängungen abrissen und natürlich in erster Linie an den Abläufen. Physik- und Chemieräume wurden überflutet und Räume mit nagelneuen Computern. Elektroschaltschränke verrauchten durch Kurzschlüsse und die Telefonanlage beschloss, keine Anlage mehr zu sein. Die gesamte sicherheitstechnische Schalt- und Ruffunktion für die Feuerwehr schloss sich ebenfalls dieser Meinung an und der schöne Holzfußboden krümmte sich in feuchtem Schmerz. Fröhlich waren allein die Schüler, denn sie wurden für zwei Wochen in Urlaub geschickt, bis die notwendigsten Grundfunktionen für einen Schulbetrieb provisorisch wiederhergestellt waren. Es war ein Schaden, der in einige 100.000 DM gegangen sein dürfte.

Bei Holgers folgendem Baubesuch waren die Entwässerungsleitungen brav alle ein Meter unter der Decke befestigt und der Chef des ausführenden Sanitärunternehmens schlug einen weiten Bogen um Holger, als er ihn sah.

Solche Sachverhalte steigerten natürlich die positiven Betrachtungsweisen über die Kompetenz der Firma Kratzer mit Holger Geh als Fachbauleiter bei der Klerus-Bauleitung in Trier ganz enorm.

Oddo Kratzer bekam zunehmend persönliche Schwierigkeiten mit den geschäftlichen Erfolgen von Holger Geh. Er sprach dann immer konsequent von *wir*, oder er schrieb sich selbst irgendwelche, angeblich gegenüber Holger geäußerte, Vorüberlegungen zu, ohne die dieser nie zu solchen positiven Äußerungen oder Überlegungen hätte kommen können.

Klerus-Bauleiter Lenin bekam seine teure Fotoausrüstung, die im Hause Kratzer als optisches Vermessungsgerät verbucht wurde und die Abrechnung dieses Bauvorhabens brachte einen satten Gewinn.

Auch in Bremen führte die Firma Kratzer mit der Kirche einige Bauvorhaben aus. Hier hatte sich durch die Fachkompetenz des Unternehmens ebenfalls ein Vertrauensverhältnis zu der dortigen Bauleitung der Kirche herauskristallisiert, die jedes Angebot mit den entsprechenden Hilfsmitteln zu einem Auftrag werden ließ. Man zählte eben auf die Herren von Kratzer und deren Wissen.

Eine Kirche in Bremen hatte erhebliche bauphysikalische Probleme. Dies war umso verwunderlicher, weil es sich um ein erst 20 Jahre altes Gebäude handelte. Aber immer, wenn die Gemeinde zu dem Gott ihres Glaubens gebetet und gesungen hatte und die Kirche verließ, lief, vornehmlich bei kaltem trockenem Wetter, das Wasser an der schrägen Innenfläche der achteckigen Zeltdachkonstruktion herunter. Es handelte sich um eine mit Messing verkleidete Dachkonstruktion.

Die Firma Kratzer öffnete das Dach an zwei Punkten und stellte fest, dass die Dachkonstruktion über keinerlei Dampfsperre verfügte. Ebenso war eine Hinterlüftung nicht vorhanden. Bei einer Nutzung im Winter durch die Gemeinde schlug die durch Gesang oder nasse Kleidung der Menschen feuchtigkeitsgesättigte und durch die Kirchenheizung erwärmte Luft durch die Dämmung und kondensierte an der Unterseite der kalten metallenen Dachverkleidung. Das Kondensat suchte sich seine Wege nach unten und es kam zu der interessanten bauphysikalischen Erscheinung des ‚Regens bei Trockenheit'.

Oddo Kratzer und Holger Geh fuhren mit ihrem Haussachverständigen Jochen Baumann, als Baugutachter mit ungeheurem technischem Sachverstand, nach Bremen und trugen dort den Herren vom Kirchenbauamt ihre Feststellungen und Lösungsvorschläge vor. Die erforderliche Hinterlüftung des Zeltdaches wurde in der Kirche innenseitig ausgeführt und für die Entlüftung des Zeltdaches wurde ein kleines Türmchen aus Holz entworfen, das zusätzlich auch noch eine Lautsprecheranlage für Kirchengeläut vom Band aufnehmen sollte. Der neben der Kirche stehend Glockenturm aus Metall mit sechs kleinen Glocken war permanent defekt und verursachte immense Unterhaltskosten.

Das Entlüftungs- und Glockentürmchen sollte ungefähr fünf Meter hoch werden, ebenfalls achteckig mit einem Durchmesser von ungefähr 2,5 Metern.

Die Herren vom Kirchenbauamt waren von den Lösungsvorschlägen der Firma Kratzer angetan und erbaten ein Angebot. Jochen Baumann überprüfte die Statik der hölzernen Zeltdachkonstruktion und erstellte die Statik und die Pläne für die Turmkonstruktion.

Die Firma Plinske legte der Firma Kratzer ein Angebot für die Errichtung des neuen hölzernen Entlüftungstürmchens vor und Holger fügte alles zusammen, einschließlich der Arbeiten, die durch die Klempner der Firma Kratzer ausgeführt werden mussten. Es wurde ein kurzes aber aussagefähiges Angebot mit einer ordentlichen Anzahl von Stundenlohnarbeiten, denn bei solchen Bauvorhaben war das Risiko der Unwägbarkeiten nicht unerheblich, wenn man das den Bauherren geschickt verkaufte.

Holger Geh hatte sich dieses Geschick inzwischen erarbeitet. Offensichtlich machte das Angebot einen entsprechenden Eindruck bei den Herren in Bremen, denn die Firma Kratzer GmbH bekam den Auftrag in freihändiger Vergabe ohne jegliche Überprüfung durch den Bauherren über entsprechende Gegenangebote.

Der Klempner Jörn Sommerlage aus dem Hause Kratzer wurde mit der Leitung dieser Baustelle betraut. Die Firma Plinske richtete das Türmchen in zwei Teilen bei der Firma Kratzer auf dem Platz und Jörn Sommerlage deckte die Turmflächen mit dem alten Messingmaterial ein, das aus der vorhandenen Dachkonstruktion der Kirche in Bremen entnommen worden war, um Platz für die Aufnahme des Türmchens zu schaffen. Das hatte den Vorteil, dass kein glänzender Unterschied zwischen neuem und altem Bauteil sichtbar sein würde.

Und dann kam eines Tages der große Tieflader und die zweiteilige Turmfuhre wurde mit einem kleinen Autokran aufgeladen und für den Transport am nächsten Tage festgezurrt. Als Holger an diesem Tage um kurz vor 7:00 Uhr zum Betriebsgelände der Firma Kratzer in die Straße ‚Am Festungspfad' einbog, kam ihm der große Tieflader bereits entgegen.

Kratzers Sohn Hajo hatte angekündigt, dass er mit Holger nach Bremen fahren wollte, um sich anzuschauen, wie der kleine Turm auf das Kirchendach gezogen wurde. Hajo wollte erst 10:00 Uhr losfahren. Holger wollte jedoch um 9:00 Uhr fahren, weil ihm der Vorsprung des Tiefladers von zwei Stunden auf der Autobahn als ausreichend erschien.

Bei drei Stunden Vorsprung erschien ihm das Risiko zu groß, dass der Turm schon gezogen war, wenn er selbst dann erst auf der Baustelle erscheinen würde. Kratzer sah das ebenso. Er rief deshalb zu Hause an und erklärte seinem Sohn, wie der Zeitplan von Holger für die Fahrt aussah.

Aber irgendwie hatte Hajo wohl ganz andere Vorstellungen, denn das Ganze endete in einem telefonischem Gefeilsche und Gelaber, bis Kratzer ungeduldig sagte: »Aber Hajo, wenn du mit willst, dann musst du dich schon nach den Vorstellungen von Herrn Geh richten, ansonsten bleibst du zu Hause.«

Holger stand also um 9:00 Uhr vor Kratzers Wohnhaustür und holte Hajo ab, der Ferien hatte und eigentlich noch etwas bummeln wollte.

Holgers Zeitplan war absolut richtig. In Bremens Vorortstraßen trafen sie auf die rollende Turmspitze und erreichten zeitgleich mit ihr die Baustelle. Der für 12:00 Uhr bestellte große Autokran war aufgebaut und zugbereit. Herr Plinske war mit seinen Zimmerleuten ebenfalls da, um die nötigen Koppelungen der Holzkonstruktionen vornehmen zu können. Einige Passanten standen herum und irgendein Pressefotograf hatte von der Aktion Wind bekommen und knipste einen Film nach dem anderen ab, als die Turmteile kurz nacheinander an den Haken genommen wurden und in Richtung Zeltdachspitze der Kirche entschwebten.

Hajo lief aufgeregt durch die Gegend und erzählte jedem, der es nicht hören wollte, dass diese Arbeiten durch die Firma Kratzer aus Dortmund ausgeführt wurden, die seinem Vater gehörte. Dabei schnorrte er sich permanent Zigaretten von den Monteuren seines Vaters und rauchte sie heimlich hinter vorgehaltener Hand, damit Holger es nicht sah. Holger war das egal, denn er hatte auch ziemlich früh mit dem Rauchen angefangen und anderer Leute Kinder interessierten ihn ohnehin nur unwesentlich.

Nach zwei Stunden war alles erledigt, die Schalluken waren auch eingesetzt und es mussten in den folgenden Tagen nur noch die Koppelungsarbeiten der Messingbleche durchgeführt werden. Holger verabredete mit der Kirchenbauleitung schon einen Abnahmetermin der Gesamtleistungen und fuhr mit Klein-Hajo zurück nach Dortmund.

»So etwas, was Sie hier in der Firma machen, will ich auch mal machen, Herr Geh«, eröffnete Hajo das Gespräch auf der Heimfahrt.

»Wie, was willst du auch mal so machen, wie ich, Hajo?«

»Na so auf die Baustellen fahren und gucken und schauen, ob alles richtig läuft!«

»Was schauen und gucken, was so richtig läuft?«

»Na halt einfach so auf die Baustellen fahren und gucken!«

»Moment mal, mein lieber Hajo«, antwortete Holger ihm, »das ist aber nur der kleine für dich im Moment sichtbar angenehmere Teil des Geschäftes. Vorher kommen harte Arbeiten der Kalkulation, der Berechnungen für die Material- und Massenfindungen. Zwischendurch sind Überprüfungsfahrten angesagt, um vor Ort zu kontrollieren, ob die Monteure auch um 7:00 Uhr ihre Arbeit aufnehmen. Du kannst dir ja selbst ausrechnen, nach unserer gemeinsamen Fahrt jetzt, wann man dann in Dortmund aufstehen muss, um auch wirklich um 7:00 Uhr hier vor Ort zu sein. Und dann kommt noch die Zeit der Abrechnungsaufstellung und die Durchsprachen mit dem Bauherren oder Bauleitern. Mit viel Gucken, wie du es heute durch Zufall gesehen hast, ist da nicht mehr viel. Der Rest ist harte Arbeit nach Termin.«

Hajo zog einen Flunsch und schien angesäuert. »Ich will später auch mal gucken fahren«, sagte er trotzig.

»Da spricht ja auch gar nichts gegen«, entgegnete ihm Holger beruhigend. »Bis dahin gehe ich mal davon aus, dass du alles das erlernen willst, was ich dir gerade geschildert habe.«

»Nein, ich will nur gucken fahren«, antwortete ihm Hajo ungerührt.

»Und wer soll dann die Arbeit machen, die ich dir gerade beschrieben habe«, fragte Holger nach.

»Die machen Sie natürlich und Herr Titelmann«, antwortete Holgers Juniorchef in spe mit stoischer Ruhe.

»Und wenn der Herr Titelmann und ich einmal, warum auch immer, plötzlich nicht mehr da sein sollten, wer macht dann diese Arbeit?«

»Na, mein Öddilein, wer denn sonst? Der macht doch immer alles für mich!«

»Oh, oh, oh, mein lieber Onkel Oddo«, dachte sich Holger, »diesen Zeugungsvorgang hättest du lieber abbrechen sollen. Rauchen kann er ja schon, der liebe Hajo. Aber der Qualm füllt offensichtlich nicht nur die Lunge aus, sondern widerstandslos den ganzen Kopf. Rein biologisch gesehen müsste der Rauch nicht nur durch den Mund und die Nasenlöcher abziehen, sondern auch durch die Ohren. Dann hätte der Junge wenigstens eine echt faire Chance bei der Augsburger Puppenkiste als Kulissenschieber anzufangen. Aber sooo?«

Eine Woche später nahm Holger Geh den Abnahmetermin mit der Kirchenbauleitung in Bremen wahr. Wie er es eigentlich erwartet hatte, verlief die Abnahme glatt und ohne Mängel. Auf der der Kirche gegenüberliegenden Straßenseite stehend machte Holger noch einige Aufnahmen von der Kirche mit ihrem neuen Türmchen.

Eine alte Frau kam vorbei und blieb interessiert stehen. Sie fragte Holger: »Sagen Sie mal, junger Mann, was interessiert Sie denn so an dieser Kirche, dass Sie sie so häufig fotografieren?«

»Nun meine Dame«, antwortete Holger ihr, »der Turm da oben ist neu.«

»Nein«, widersprach sie ihm vehement, »der Turm ist nicht neu.«

»Doch, der Turm ist erst in der letzten Woche aufgesetzt worden.«

»Also hören Sie mal, junger Mann«, erwiderte die alte Frau sichtlich ungehalten, »der Turm ist nicht neu. Ich wohne jetzt seit 30 Jahren hier und habe die Kirche in der Bauzeit erlebt. Und der Turm ist nicht neu, der war schon immer da oben. Außerdem sieht er ja genauso alt aus, wie der Rest des Kirchendaches.«

Damit drehte sie sich verärgert von Holger fort und ging ihres Weges. Holger freute sich über diese offensichtlich unauffällige Arbeit, welche die Firma Kratzer ausgeführt hatte und lange Zeit war diese spaßige Geschichte noch ein Thema im Unternehmen.

An das ausgeführte Bauvorhaben in Bremen schlossen sich weitere Aufträge durch das Kirchenbauamt an, sodass eigentlich permanent eine Kolonne in der Stärke von vier Mann über das Jahr gesehen in dieser Region Deutschlands verplant war. Natürlich mit wechselnden Monteuren, damit den Männern nicht langweilig wurde. Aber es gab auch welche, die sich danach rissen, auf solchen Fernbaustellen eingesetzt zu werden, denn die Fernauslösung, die hier durch den Arbeitgeber gezahlt wurde, machte sich bei ihnen in der Lohnabrechnung sehr bemerkbar.

Auch die Beziehungen zu dem Architekten John Eisenwerfer in dem kleinen Dörfchen bei Mainz vertieften sich ungemein. Er hatte beste Beziehungen zu dem Klerus-Bauamt in Trier und dem dortigen Bauleiter Gandolf Lenin, sodass von der Planung möglicher Dachklempnerarbeiten bis zur Auftragsvergabe eigentlich die Fäden immer in den Händen von Oddo Kratzer lagen.

Die Firma Kuharm bei Trier, sowie Unternehmungen aus dem Stuttgarter und Mannheimer Raum leisteten dabei mit abgesprochenen Angeboten für die Firma Kratzer erfolgreich Schützenhilfe.

Ein ehemaliger Mitarbeiter der alten Firma Kratzer, aus der Zeit vor 1978, meldete sich bei Oddo Kratzer und begann auf freiberuflicher Basis für das Unternehmen Aufträge bei der Deutschen Bundespost zu akquirieren. Er hieß Wallo Lärer und war ein absolut widerlicher Mensch. Fett wie Sau, mit einem umlaufenden Bauch, Typ Wanst und einem stark zurückfliehenden Kinn, sodass die Unterlippe übergangslos in den Schwabbelhals überging. Er hatte eine unsympathische Stimme und war mehr als altersgeil mit seinen möglicherweise 65 Jahren. Permanent beäugte er Rita Hase lüstern, wenn er im Büro der Firma Kratzer weilte, und versuchte bei ihr irgendwelche platten Anzüglichkeiten loszuwerden. Ein Verwendungszweck als Heulboje in der Elbmündung wäre seiner körperlichen Statur und seiner Stimmlage allerdings mehr entgegengekommen. Bei Sichtkontakt hätte ohnehin jeder schwimmende Untersatz, von der Segeljolle bis zum Flugzeugträger, freiwillig und schnellstens, abgedreht.

Holgers nicht übersensibler Geruchssinn kam umgehend zu der Vermutung, dass Lärer sich mit Nuttendiesel der Marke Ätzwech einnebelte. Wallo Lärer war, nach seinen eigenen Angaben, Prokurist bei der ehemaligen Firma Kratzer vor 1978 gewesen, was Oddo Kratzer allerdings vehement in Abrede stellte. Er und Oddo Kratzer verstanden sich jedenfalls offiziell sehr gut. Beide hatten voneinander aber, wie sie es Holger jeweils unter vier Augen bescheinigten, keine gute Meinung.

Wallo Lärer hielt Oddo Kratzer für geburtsblöd und Kratzer hielt Lärer für verblödet.

»Das ist ja interessant«, dachte sich Holger Geh. Jedenfalls verhalf dieser Lärer mit seinen alten Beziehungen der Firma Kratzer zu weiteren Aufträgen, zur Not auch durch das Verteilen von kleinen Schweineheftchen, weswegen er in der in der Bauszene als ‚Porno-Lärer' seinen Spitznamen weghatte.

Das Haus Kratzer stellte einen jungen Dachdeckermeister ein. Holger hatte ihn kennengelernt, während dieser als Subunternehmer für die Firma Kratzer Leistungen ausführte. Sein Name war Lorbas Kläffge. Klein, drahtig, schwarzhaarig und schwarzbärtig fuhr er mit seinem Vater, der ebenfalls Dachdecker war, auf einem uralten blauen Pritschen-Bully durch die Gegend und versuchte sich seine Selbstständigkeit als Unternehmer zu bewahren. Nach Auskunft seines eigenen Vaters, der kurz vor dem Rentenalter stand, war sein Sohn Lorbas umständlich und leicht ängstlich. Deshalb befand sich dieses kleine junge Unternehmen auch schon in der Konkursabwicklung. Aber Lorbas sollte gründlich und gewissenhaft sein. Holger vermittelte zwischen Lorbas Kläffge und Oddo Kratzer ein unverbindliches Orientierungsgespräch und siehe da, Kläffge wurde als mitarbeitender Meister zur Unterstützung von Rainer Titelmann eingestellt.

Zum Jahresende 1988 wurde für Holger Geh ein neues Firmenfahrzeug bestellt. Es war eine etwas größere Reiselimousine mit 90 PS im Farbton schwarz. Holger bezahlte die Mehrausstattung des Fahrzeuges mit dem Sonderfarbton schwarz, sowie den Sportsitzen und dem elektrischen Stahlschiebedach aus eigener Tasche.

Oddo Kratzer brachte diese Summe, welche Holger ihm in bar gegeben hatte, umgehend zu seinen Mitgesellschaftern, um sie entsprechend aufzuteilen. Etwas anderes war auch nicht möglich, denn wie alle Schreiben des Hauses Kratzer liefen auch alle Rechnungen und Bestellungen über die Schreibtische der Gebrüder Dasholz. Holgers alten Firmenwagen kaufte ein entfernterer Verwandter der Familie Kratzer. Mit seinem neuen Firmenwagen führte Holger die DO-KR-Autokennzeichen für das Unternehmen Kratzer ein. Jedes Neufahrzeug bekam in Zukunft dieses Kennzeichen und war deshalb schon von Weitem als Firmenfahrzeug der Kratzer GmbH zu identifizieren. Anhand der lila Bauchbinde war dies nicht unbedingt festzumachen, denn einige andere Firmen im Großraum Dortmund und Umgebung führten ebenfalls einen lila Streifen an ihren Fahrzeugen, teilweise sogar in einem gleichen RAL-Farbton und ähnlicher Breite. Sogar die Fahrzeugtypen waren manchmal identisch und die helle Grundfarbe ebenso.

Holgers Freund Leo Blanc hatte seine eigene Anwaltskanzlei in der Nähe von Hattingen gegründet. Sein Kompagnon war ebenfalls Anwalt. Leo lernte ihn bei seinem ehemaligen Arbeitgeber kennen und beide ergänzten sich prächtig. Leo und Holger trafen sich geregelt zum Schachspielen. Entweder Holger fuhr zu ihm nach Bochum oder Leo kam nach Dortmund.

Die Ehe von Holgers Eltern konnte man als gescheitert betrachten. Holgers Mutter führte mal wieder Korrespondenz mit Holgers Vater über ihre Anwältin. Das brachte aber nicht viel und so lebten beide lustig und fidel nebeneinander her und versuchten nach außen den Anschein einer intakten Beziehung zu wahren.

Im Jahre 1989 beschlossen Katrin und Holger Geh zu bauen. Sie hatten durch die häufigen BaT-Geschäfte (Bar auf Tatze) in der Firma Kratzer einiges an Geld zusammensparen können und wollten ihrer Carina einen eigenen Garten zum Spielen gönnen. An ihrem Töchterchen hatten Katrin und Holger viel Freude. Sie war lieb, aufgeweckt und nicht aufdringlich. Stundenlang konnte sie allein spielen und war nie nervig. Sie war einfach nur goldig!

Im Dortmunder Süden, in der Nähe ihres gegenwärtigen Wohnortes, waren Häuser unbezahlbar geworden und so beschlossen sie, im Raume Unna nach einer Baumaßnahme zu suchen. Dies passte nun Holgers Eltern interessanterweise überhaupt nicht. Sie wollten Katrin und Holger unbedingt in ihrer Nähe behalten und Holgers Vater durchkämmte die umliegenden Siedlungen nach gebrauchten Immobilien. Meist waren diese durch ihre bevorzugte Lage im Dortmunder Süden so teuer, dass nach einer fälligen Renovierung Gesamtsummen erreicht wurden, die von Katrin und Holger nicht mehr zu finanzieren waren.

Irgendwann verriet sich Holgers Vater bei seinen Bemühungen für seinen Sohn und dessen Familie eine Immobilie in der Nähe der Althoffstraße zu finden mit den Worten: »Na ja, wenn wir mal alt sind, dann könnt ihr uns ja pflegen, wenn ihr hier in der Nähe wohnt. Ihr könnt dann für uns einkaufen, den Garten machen und im Winter den Schnee vom Bürgersteig räumen.« Als wenn es Holger und seine Katrin nicht schon längst geahnt hatten.

Sie fanden in Unna in der Talstraße eine überschaubare Neubaumaßnahme mit fünf Häusern, die von einem Bauträger aus dem Kamener Raum ausgeführt wurde. Die Talstraße lag in der Einflugschneise des noch kleinen Dortmunder Flughafens. Katrin und Holger stellten sich auf den perspektivischen Bauplatz und beobachteten und erhörten den Flugverkehr. Sie konnten damit leben und es ließen sich ja gleich zusätzliche Schalldämmmaßnahmen berücksichtigen.

Es herrschte mal wieder eine Bauflaute und entsprechend niedrig waren die Baupreise. Das Haus, welches sich Katrin und Holger ausgesucht hatten, kostete in Standardbauweise und Ausstattung inklusive des 400 qm großen Grundstückes knapp 200.000 DM. Sie rechneten sehr viel an Eigenleistungen heraus. Es waren die Dachdeckerarbeiten, Zimmerarbeiten, Sanitär- und Heizungsarbeiten, Elektroinstallationsarbeiten sowie die Fenstermontagen. Eigentlich kauften sie nur noch einen Rohbau mit Innen- und Außenputz und einer innen liegenden Holztreppe sowie Tapezierarbeiten und Kellerfenstern und einer Garage nebst Auffahrt und Hauszugang. So abgespeckt kostete das Ganze nur noch etwa 140.000 DM und der Bauträger ließ sich auf diese Vorgehensweise ein. Katrin und Holger unterschrieben den Kaufvertrag.

Die aus dem Kaufvertrag herausgenommenen Gewerke beauftragte Holger an Firmen, die er durch seinen Beruf sehr gut kannte und mit denen er Teile der Ausführungssummen offiziell und auch intelligent abrechnen konnte mit den entsprechenden BaT-Einsparungen, denn so viel hatte er ja nun durch Oddo Kratzer gelernt. So hochgerechnet kam er letztendlich auf eine Finanzierungssumme von ungefähr 280.000 DM für die Gesamtmaßnahme des Hauses, jedoch mit einer erheblich besseren Qualität der Einzelgewerke.

Insbesondere waren das die Fußbodenheizung, die schallgedämmten Fenster mit innen liegenden Sprossen, die elektrisch zentral gesteuerten Rollläden, der sichtbare Dachstuhl mit hochwertiger Aufdachdämmung, die Hauseingangstür und einige andere Dinge wie zum Beispiel Zimmertüren in der Ausführung Esche weiß und qualitativ bessere Sanitäreinrichtungen.

Holgers Eltern reagierten auf die Mitteilung ihres Sohnes über den Kauf dieser Immobilie sehr negativ. »Wenn die Russen kommen, werden sie als Erstes den Flugplatz beschießen und dabei euer Haus in Schutt und Asche legen«, warnte sein Vater in Erinnerung an den Zweiten Weltkrieg. Als das Holger und seine Frau auch nicht sonderlich berührte, zog er noch den bauphysikalischen Joker aus dem Ärmel: »Das innen liegende Treppenhaus wird den Schall über das ganze Haus verteilen und die Wärme wird unkontrolliert auf den Dachboden abfließen, sodass eure Heizkosten sehr hoch sein werden. Gleichzeitig wird sich der anfallende Staub in die obersten Etagen verteilen.« Das war aber Katrin und Holger ziemlich egal, denn der Kaufvertrag war ja ohnehin schon unterschrieben.

Holgers Eltern zogen sich einige Zeit beleidigt zurück und am 9. August traf man sich wieder, als Carina in der nahe gelegenen Lohschule eingeschulte wurde. Danach gab es bei den Junioren mit den Eltern und Schwiegereltern ein gemeinsames Mittagessen, das Holger verfrüht verlassen musste, da noch ein beruflicher Termin auf ihn in der Bauabteilung der Oberpostdirektion in Dortmund wartete.

Die Firma Kratzer GmbH hatte sehr gut zu tun und expandierte fortwährend. Größere Baustellen waren in Göttingen, Bremen, Lippstadt, Meschede und in Trier. In Hagen-Haspe bekam das Dach des Bahnhofes eine markante Turmverzierung, die nach den Plänen einer im Kriege zerstörten Verzierung aus Messing von einem Fachunternehmen handwerklich gefertigt und von der Firma Kratzer montiert wurde. In Dortmund-Körne wurde das Flachdach eines Wohnhauses mit einem Stahldach versehen. Der Obermonteur Heribert Lustig führte die Arbeiten gut und zuverlässig aus. Der Inhaber der Immobilie besaß gleich nebenan eine Spedition. Er konnte die Arbeiten an seinem Privathaus steuerlich nicht geltend machen und schlug Oddo Kratzer in einem persönlichen Gespräch in Gegenwart von Holger Geh vor, die ganze Abrechnungssumme ohne Rechnung und Mehrwertsteuer in bar ausbezahlen zu wollen.

Kratzer jubilierte und verquetschte die Löhne und Materialien nach bekannter Sitte auf anderen ertragsträchtigen Baustellen. Oddo Kratzer vergatterte seine beiden Mitarbeiter Titelmann und Geh zur absoluten Verschwiegenheit, denn er wollte seine beiden Mitgesellschafter bei dieser BaT-Summe, es handelte sich immerhin um 40.000 DM, nicht mit partizipieren lassen, weil er mal wieder irgendeine eigene Investition tätigen musste.

Rainer Titelmann und Holger Geh bekamen also jeweils 2.000 DM von Kratzer in die Hand gedrückt und Holger war, wie immer, damit zufrieden. Nur der Kollege Titelmann musste wieder meckern, weil es nach seiner Meinung ungerecht war, dass Kratzer sich 36.000 DM selbst in die Tasche steckte und seine Mitarbeiter nicht mit jeweils 4.000 DM bedacht hatte.

Holger Geh wollte von der Firma Kratzer GmbH ein Zwischenzeugnis und trug Herrn Kratzer sein Anliegen vor.

Oddo Kratzer reagierte entsetzt: »Sie wollen gehen??!!«, fuhr er Holger an. »Weswegen wollen Sie sonst ein Zwischenzeugnis haben?! Sie sind doch meine rechte Hand und können hier im Hause Karriere machen!«

»Aber Herr Kratzer«, erwiderte Holger in beruhigendem Tonfall, »Sie sind viel mit dem Wagen unterwegs und dabei kann immer etwas passieren, was natürlich nie, niemals eintreten sollte. Aber wenn so eine Situation eingetreten sein würde, wer könnte mir dann ein aussagefähiges Zeugnis schreiben? Die Gebrüder Dasholz etwa? Die könnten mir, selbst als Mehrheits-Mitgesellschafter ihres Unternehmens, allenfalls eine Arbeitszeitbestätigung ausstellen. Meine eigentliche tägliche Arbeit und mein Aufgabengebiet, welches sich ja zwischenzeitlich nicht unerheblich erweitert hat, könnten die nicht beurteilen. Und deswegen hätte ich gerne von Ihnen ein aussagefähiges Zwischenzeugnis, das meine für Ihr Haus geleistete Tätigkeit beschreibt.«

Herr Kratzer verstand allmählich Holgers Wunsch und bat ihn, sein Zwischenzeugnis selbst zu schreiben.

»Das ist aber ein bisschen mager«, grübelte Holger, aber es interessierte ihn nicht weiter, denn seine eigenen Formulierungen waren ihm lieber als die ziemlich hilflosen Schreibversuche von Kratzer, der inzwischen oft zu Holger kam, um ihn für seine eigenen betrieblichen Schriftverkehr um Unterstützung zu bitten. Denn auch hier wurde von den Mitgesellschaftern sehr oft der Rotstift angesetzt und ganze Satzgebilde Kratzers zerstört. Natürlich mit dem üblichen b.R. (bitte Rücksprache). Und dann musste Kratzer den abgeschossenen Briefentwurf neu formulieren und seinen Mitgesellschaftern wiederum zur Freigabe vorlegen. Und das versuchte er so zu vermeiden.

Holgers Katrin schrieb nach seinen Vorgaben das Zeugnis zu Hause mit der Maschine und er legte es Kratzer zur Einsichtnahme vor.

»Na«, sagte der, nachdem er es überflogen hatte, »da haben Sie aber eine ziemlich hohe Meinung von sich.«

»Ich glaube nicht, dass das, was ich da geschrieben habe, überzogen ist«, entgegnete ihm Holger. »Für mich ist es eigentlich nur eine Reflexion dessen, was ich aus dem Umfeld Ihres Unternehmens, teilweise sogar von Ihren Mitgesellschaftern als positive Anerkenntnis meines Wirkens in Ihrem Hause erfahre.«

Oddo Kratzer lächelte etwas gespielt verständnisvoll, aber es war ihm deutlich anzusehen, dass er diesen Satz noch nicht ganz verstanden hatte. Er nahm Holgers Entwurf und ließ ihn noch einige Tage warten dann gab er ihn zurück. Er war jetzt auf Firmenpapier geschrieben, und zwar Wort für Wort, wie es Holger vorgegeben hatte und natürlich auch von Kratzer unterschrieben. »Na gut! Geht doch!«, dachte Holger und heftete dieses für ihn wichtige Zwischenzeugnis zu seinen Unterlagen.

Das Weihnachtsessen mit der Bürobesatzung fand im Hause Offermann auf dem Höchsten statt, und da sich die Trinkgewohnheiten nicht wesentlich geändert hatten, endete es wieder in Fröhlichkeit. Das Weihnachtsessen mit den Monteuren wurde im Westpark abgehalten und war ebenfalls spaßig, besonders wenn einige der Herren nach reichlich Treibstoffzufuhr ihre Hemmungen verloren. Da glänzte besonders Heribert Lustig. Bedauerlicherweise aber negativ, denn wenn der gute Herr Lustig angeschickert war, dann wurde er nicht lustig, sondern fürchterlich aggressiv. Das änderte sich erst wieder, wenn er sein Sprachvermögen verlor und nur noch den Kammerton »F« zischen konnte. Dann war es wieder lustig mit dem Heribert Lustig.

Zum Jahresende bekam die Firma Kratzer GmbH ihren ersten Computer. Holger teilte ihn sich mit seinem Kollegen. Der eine nutzte ihn vormittags, der andere eben nachmittags, je nach Absprache untereinander. Das lief ganz gut, denn der PC wurde nur für Angebote, Zahlungsanforderungen und Abrechnungen benutzt. Der normale Schriftverkehr lief immer noch über die Schreibmaschine von Rita Hase.

Anfang 1990 zog Holger mit seiner Familie nach Unna in die Talstraße 26.

Oddo Kratzer hatte sich bereit erklärt, seinem Mitarbeiter Holger Geh eine Zwischenfinanzierung von 70.000 DM zu Verfügung zu stellen. »Das habe ich bei meinen Bauvorhaben auch so gemacht, Herr Geh. Was sollen sie denn unnötig Zinsen zahlen. Wenn Sie Ihre Eigentumswohnung verkauft haben, dann überweisen Sie einfach das Geld wieder zurück.«

»Das ist aber sehr nobel, Herr Kratzer! Ich bedanke mich für dieses Entgegenkommen.«

Holgers Frau freute sich ebenso, denn diese Zwischenfinanzierungskredite waren teuer und verursachten natürlich einen begleitenden Formalismus.

Als dann der Zeitpunkt gekommen war, an dem Holger das Geld brauchte, und er Kratzer daraufhin ansprach, war dieser total irritiert: »Also, Herr Geh, da haben Sie mich aber gründlich missverstanden. Ich kann Ihnen doch nicht einfach Geld vom Firmenkonto geben. Dazu bedarf es eines Gesellschafterbeschlusses. Und die Mitgesellschafter würden mir dazu nie ihre Erlaubnis geben. Aber ich kann Ihnen einen Termin bei der Bürgerbank vermitteln, damit die Ihnen einen Kredit geben.«

Ach so war das! Der Herr sprach, wie er dachte, nämlich nur mit dem Kehlkopf! Holger bekam seinen Termin bei der Bürgerbank. Kratzer hatte ihn als völlig mittellos dargestellt. Als die Bänker sahen, dass Holger eine ausreichende Risikodeckung durch Eigenkapital besaß, ging die Zwischenfinanzierung schnell und reibungslos über die Bühne. Allerdings wäre Identisches über einen Onkel von Katrin mindestens ebenso günstig und schnell auch über die Stadtsparkasse zu erreichen gewesen.

Katrin und Holgers Töchterchen Carina verkraftet den Schulwechsel von Dortmund nach Unna problemlos. Sie war in Dortmund ja nur ein knappes halbes Jahr in die Grundschule gegangen.

Auch in Unna hatten sie das Glück, dass die Schule nicht weit entfernt war und Carina sie gut zu Fuß erreichen konnte, ohne viel befahrene Straßen überqueren zu müssen.

In der Nähe von Bad Kreuznach führte die Firma Kratzer unter der Regie des Architekten Eisenwerfer Dachklempnerarbeiten an dem Neubau einer großen kirchlichen Begegnungsstätte aus. Obermonteur Krähe war an diesem Bau mit seiner Kolonne eingesetzt und führte die Arbeiten zur Zufriedenheit des Bauherren und des Architekten aus.

Am 20.3.1990 hatte Holger um 10:00 Uhr an dieser Baustelle einen Termin, um mit dem Architekten Eisenwerfer sowie mit Krähe die weiteren Details der Klempnerarbeiten zu besprechen. Immerhin kamen hier unterschiedlichste Materialien zum Einsatz, nämlich, aus Zink, Aluminium und Stahl.

Architekt Eisenwerfer war über solche Materialmixturen begeistert, selbst wenn man sie nur aus den obersten Wohnungen der an das Begegnungszentrum angrenzenden Bebauung wahrnehmen konnte.

Gegen 13:00 Uhr rief Holger von einer Telefonzelle aus in Dortmund in der Firma an, um zu hinterfragen, ob es noch nötig war, in die Firma zu kommen. Bei einer Fahrzeit von fast vier Stunden wäre er genau zum Feierabend eingetrudelt. Morgens war er schon gegen 6:00 Uhr von Unna direkt losgefahren, um den Besprechungstermin um 10:00 Uhr einhalten zu können.

Die für die Firma Kratzer eingehenden Gespräche wurden immer über die Telefonzentrale der Firma Dasholz in die angemieteten Räumlichkeiten der Firma Kratzer weitervermittelt. Und so landete Holger zu seinem Erstaunen bei seinem Anruf aus einer Telefonzelle nahe bei Bad Kreuznach nicht bei der Firma Kratzer, sondern in der Buchhaltung der Baufirma Dasholz.

Der nette Buchhalter Schnellweg sagte ihm nur kurz: »Herr Geh, ich soll ihnen ausrichten, dass Sie heute auf keinen Fall mehr in das Unternehmen zurückkommen möchten. Ihr Chef lässt Ihnen sagen, dass Sie doch bitte in aller Ruhe nach Hause fahren. Näheres erfahren Sie von ihm dann morgen früh. Ich wünsche Ihnen noch eine gute Fahrt.«

Und am nächsten Tag erfuhr Holger dann von seinem Chef und Rainer Titelmann sowie Rita Hase den Hergang des vorangegangenen Tages, an dem er in der Nähe von Bad Kreuznach war.

Am frühen Morgen um 8:00 Uhr standen zwei ermittelnde Anwälte des Wirtschaftsministeriums aus Düsseldorf, sowie drei Beamte der Dortmunder Kriminalpolizei für Wirtschaftskriminalität und weitere Beamte vor der Etagentür der Firma Kratzer GmbH und begehrten mit einem Hausdurchsuchungsbefehl um Einlass. Alle Anwesende mussten ihre Arbeitsplätze verlassen und dann wurden die Schreibtische und Schränke nach bestimmten Vorgangsakten und Vorgängen durchsucht. Diese wurden dann in Waschkörben abtransportiert. Sehr oft wurde während dieses Gesamtvorganges von den ermittelnden Beamten nach Holger Geh gefragt und wiederholt um Auskunft seiner Rückkehr von der Baustelle bei Bad Kreuznach gebeten.

Die Firma Kratzer GmbH war mit voller Fahrt in ein kartellrechtliches Ermittlungsverfahren hineingeraten. Der Prokurist einer Firma Kuss bei Kassel hatte einen Besuch der Kriminalpolizei in seinem Privathaus in Kassel gehabt. Die Ermittlungen, die bei ihm zu diesem Hausdurchsuchungsbefehl führten, gingen in Richtung einer Beamtenbestechung. In dieser Sache wurden die Beamten nicht fündig. Jedoch fand ein unauffälliger Ordner mit der Aufschrift ‚Nachbarschaftshilfe' ihr uneingeschränktes Interesse. Er enthielt nur zwei Sachregister. Das eine hieß: ‚Wir helfen' und das andere: ‚Uns hilft'. Und unter diesen zwei schlichten Registern waren ganz einfach die Preisabsprachen abgeheftet, bei denen die Firma Kuss anderen Firmen bei Preisabsprachen den Rücken frei gehalten hatte, und umgekehrt. Und hierbei fanden sich natürlich auch einige Faxe und Preise von der Firma Kratzer sowie Holgers begleitende handschriftliche Texte. Der Rest war für die Behörden leicht und an diesem 20.3.1990 standen außer bei Kratzer auch noch bei ungefähr 70 anderen Firmen, in der Bundesrepublik, die Fahnder morgens auf der Matte, denn die Firma Kuss beschäftigte sich nicht nur mit der Dachklempnerei, sondern auch mit dem Heizungs- und Lüftungsbau.

Kratzer war nervös wie eine kleine Jungfrau vor ihrem ersten Zungenkuss. »Herr Geh, nun erinnern Sie sich bitte mal daran, wo Sie noch Preisabsprachen getroffen haben.«

Holger schaute ihn etwas verwundert an. »Also bitte, Herr Kratzer, diese Preisabsprachen habe ich alle auf Ihre ausdrückliche Aufforderung, Ihrer Mithilfe hinsichtlich der Preisstaffelung und Ihrer Vorgabe der anzusprechenden Firmen, getroffen.«

»Ich bitte Sie, Her Geh, diese Abteilung der Dachklempnerei leiten Sie doch schon ganz lange eigenständig. Von vielen Dingen, die Sie da betreiben, habe ich doch überhaupt keine Ahnung. Jeder weiß doch, dass Sie als mein Vertrauter und meine rechte Hand gelten.«

»Aber nur bei Bedarf«, dachte sich Holger und sprach es lieber nicht aus. »Chef«, sagte er, »nun lassen Sie uns erst mal abwarten wie die Ermittlungen verlaufen und was die eigentlich von uns wollen.«

»Ja«, sagte Holgers Öddilein sichtbar erleichtert, »da habe Sie wohl recht. Was sollen wir uns den Kopf zergrübeln, wenn wir nicht wissen, was die eigentlich wollen.«

Ging doch! Man musste dem Öddilein in solchen Situationen nur sagen, wie er ticken sollte, dann sprang er dankbar an wie ein alter Traktor an der Zapfsäule nach dem Volltanken.

Die Ermittlungen des Wirtschaftsministeriums in Düsseldorf zogen sich über das ganze Jahr hinweg. Die Firma Kratzer schaltete einen Anwalt ein. Holger nahm sich einen Anwalt seines Vertrauens für die anstehenden Einvernahmen seiner Person durch die Beamten der ermittelnden Behörde. Nervenzehrend war das Ganze schon, aber jetzt konnte man nur noch abwarten, wie die Anklage ausfiel und das sich möglicherweise anschließende Strafmaß.

In der Nähe von Fröndenberg hatte die Firma Kratzer Klempnerarbeiten an riesigen Dachflächen eines Altenbegegnungszentrums auszuführen. Die Firma Kratzer führte diese Arbeiten zusammen mit der Firma Schwutzer aus, die im Raume Stuttgart beheimatet war. Nahe bei Bochum wurde ein riesiges Museum für Technik und Arbeit mit Dächern aus Stahl und Aluminium versehen. Wallo Lärer bekam einen Zeitvertrag als Bauleiter für dieses Objekt. Fast täglich musste irgendjemand aus der Firma für diesen Kotzbrocken den Laufburschen spielen und ihm Unterlagen, Ordner oder anderen Kleinkram an die Baustelle bringen, wo der Herr in einem eigens für ihn angemieteten Container residierte.

Vielfach hatte Holger ihn nach Feierabend von der Baustelle abzuholen und ihn an seinem Wohnhaus in Dortmund-Holzwickede abzusetzen, denn diese Knalltüte war nicht motorisiert. Dann laberte dieser Fettbolzen ihm immer mit seinen sexuellen Historien zu und Holger konnte danach die Fenster seines Wagens auf Durchzug stellen, damit der Gestank von dem Nuttendiesel, mit dem der Kerl sich wahrscheinlich duschte, aus dem Auto abzog.

Das Weihnachtsessen mit den Angestellten war in dem Lokal ‚Tante Agathe' in einem nordwestlichen Vorort Dortmunds und das Essen mit den Monteuren fand im Havel-Tor in Dortmund statt, wobei Heribert Lustig gewohnheitsgemäß erst wieder lustig wurde, nachdem er bis zum Eichstrich abgefüllt war.

Eine nette Idee hatte Oddo Kratzer. Ein Freund von ihm besaß in der Nähe von Kratzers Feriendomizil in Rüberwuchs im Sauerland ein kleines Waldstückchen. Hierhin lud Kratzer die Angestellten zum ‚Weihnachtsbaumfangen' ein. Und so pilgerten alle durch eine Fichtenschonung und konnten sich durch einen Waldarbeiter eine Tanne ihrer Wahl absägen lassen. Zum Abschluss gab es eine zünftige Gulaschsuppe und jede Menge Schnaps, wer es denn wollte.

Für Rita Hase war die Arbeit, die sie zu erledigen hatte, inzwischen zu viel geworden, denn sie wurde immer mehr in die technische Sachbearbeitung integriert und konnte ihr ursprüngliches Aufgabengebiet der Schreibtätigkeit kaum mehr wahrnehmen.

Deswegen stellte Herr Kratzer eine Schreibkraft ein. Die neue Mitarbeiterin hieß Rebel Hass und mochte ungefähr 25 Jahre alt sein. Sie war etwas drall, aber nicht auf unangenehme Art und Weise. Es passte eigentlich ganz gut zu ihr, ebenso wie ihr ganz leichter Silberblick, der aber erst auffälliger erschien, wenn sie leicht nervös wurde.

Rainer Titelmann war von ihrem Hintern begeistert, denn den von Rita Hase fand er zu flach.

Rebel Hass hatte ein offenes fröhliches Lachen. Nachdem sie so ungefähr 14 Tage im Hause Kratzer beschäftigt war, erhielt Holger in seinem Büro einen Anruf ihres ehemaligen Vorgesetzten. Rebel Hass war in einem großen Sanitärausrüstungsgeschäft beschäftigt gewesen. Der Anrufer meldete sich, ohne seinen Namen zu nennen.

»Ich dürfte eigentlich gar nicht bei Ihnen anrufen«, begann er das Gespräch, »aber ich habe gehört, dass Frau Rebel Hass bei Ihnen eine Anstellung finden möchte.«

»Das hat sie schon«, antwortete Holger dem namenlosen Anrufer, den er nach dessen Stimmlage auf ungefähr 50 Jahre schätzte.

»Frau Rebel Hass war in meiner Abteilung tätig«, fuhr der Gesprächspartner weiter fort, »deshalb kann ich mir durchaus ein Urteil über ihre Person erlauben. Sie ist dümmlich, arbeitsscheu und link. Und fallen Sie um Gottes willen nicht auf ihr Puppengesichtlächeln herein. Damit will sie nur ihr reichlich ausgeprägtes Nichtwissen und Nichtwollen überspielen. Wenn Sie die Möglichkeit haben, dann entlassen Sie diese Person noch während der Probezeit. Ich wollte das alles nur mal gesagt haben, damit sich diese Person nicht noch weiter auf Kosten anderer durch das Leben schmarotzt. Ich wünsche Ihnen noch einen guten Tag.«

Dummerweise dachte Holger nicht weiter über diesen Anruf nach, sondern verbuchte ihn unter der Rubrik der endgültigen Ablage. Eines kam ihm jedoch komisch vor. Diese Bemerkung über das Puppengesichtlächeln, die stimmte bei der Dame wie auf Knopfdruck!!! Zu dem Rest des Gehörten konnte er sich nach erst 14 Tagen Beschäftigungszeit der Dame noch kein Urteil erlauben. Erst viele, viele Jahre später wurde ihm klar, dass er zumindest seinen Chef hätte über diesen Anruf informieren sollen. Aber da war der Zug für eine mögliche Korrektur der Existenzberechtigung von Frau Hass im Hause Kratzer schon längst abgefahren.

Bei Göttingen baute die Firma Kratzer zusammen mit der Firma Bude, die in der Nähe von Hamburg ansässig war, ein großes Stahldach auf ein Universitätsgebäude. Holger betreute diese Baustelle und traf hier auf Herrn Bude Junior, der von seinem Vater straff und exakt in das Berufsleben eingeführt wurde. Holger imponierte das ungemein, mit welcher Selbstverständlichkeit dieser junge Mann Laufburschentätigkeiten ausführen musste. Sein Vater sagte Holger mal: »Es hat gar keinen Zweck, dass man seinen Sohn, der einmal den Betrieb übernehmen soll, auf Rosen bettet. Er muss alles von der Pike auf lernen und sich durch jede Schweinerei durcharbeiten, denn er muss selbst wissen, was es bedeutet, zu arbeiten. Erst dann weiß er, was seine Monteure machen können und vor allen Dingen in welcher Zeit.« Holger war schon gespannt, wie das sein Chef mal mit Hajo gestalten wollte.

Im Oktober 1991 bekamen Rainer Titelmann und Holger Geh durch Herrn Oddo Kratzer Handlungsvollmacht erteilt. Den beiden war sofort klar, weshalb dies gemacht wurde. Im Wiederholungsfalle so einer kartellrechtlichen Untersuchung konnte man sofort eine eigenständigere Handlungsfähigkeit von Titelmann und Geh herleiten und somit den Geschäftsführer Kratzer mehr aus dem Feuer nehmen. Die Geschäftsführung des Hauses Kratzer, und die bestand in der Realität ja auch aus den Mitgesellschaftern, machte nur einen entscheidenden Fehler. Sie verband die erteilte Handlungsvollmacht nicht mit einer zusätzlichen außertariflichen Zulage. Insofern war sie für Holger nur ein Papier ohne Wert. Kollege Titelmann dagegen strahlte wie ein Weihnachtsbaum und fühlte sich eine Woche lang ganz wichtig.

Bei einer verbalen Auseinandersetzung mit Oddo Kratzer gab Holger Geh seine Handlungsvollmacht mit dem Hinweis ihrer Bedeutungslosigkeit für ihn an seinen Chef zurück. Nach vier Tagen bat Herr Kratzer seinen Mitarbeiter inständig, doch diese Handlungsvollmacht wieder anzunehmen und der machte es dann auch so. Während dieser vier Tage ohne Handlungsvollmacht hatte Holger Geh alle Briefe wieder mit i. A. unterschrieben. Sie durften somit unvergessliche Unikate der Firmengeschichte darstellen.

Am 16.1.1992 bekamen die Firma Kratzer GmbH, der Geschäftsführer Oddo Kratzer und der Mitarbeiter Holger Geh, Bußgeldbescheide als Abschluss der kartellrechtlichen Untersuchung durch das Wirtschaftsministerium in Düsseldorf zugestellt. Von einer weiteren strafrechtlichen Verfolgung gegenüber Kratzer und Geh wurde abgesehen, weil im Falle der Preisabsprachen zugunsten der Firma Kratzer kein gezielter Betrug nachzuweisen war. Die von der Firma Kratzer erzielten Preise, die sie mit der Hilfestellung anderer Firmen, nach Beauftragung bekamen, bewegten sich, nach Untersuchung dieser Vorfälle im Wesentlichen in marktüblichen Bereichen. Zwar absolut knallhart an der oberen Grenze, aber eben noch nicht im vorsätzlich betrügerischen Bereich. Insofern sprach die ermittelnde Wirtschaftsbehörde lediglich von einer gezielten verbotenen Auftragslenkung. Das war auch gut so, denn somit wurden die Institutionen der Auftraggeber, die von diesen gezielten Auftragslenkungen betroffen waren, über diese Ermittlungen nicht informiert. Denn das hätte den Ruin für das Haus Kratzer bedeutet, wenn die öffentliche Hand und der Klerus erfahren hätten, wer ihnen da auf das Dach gestiegen war.

Die Firma Kratzer GmbH musste ein Bußgeld in Höhe von 90.000 DM bezahlen. Der Geschäftsführer Oddo Kratzer hat 15.000 DM abzudrücken und Holger Geh war mit 9.500 DM in der Lostrommel. Herr Kratzer kam sofort entrüstet auf Holger zu und sagte: »Also, Herr Geh, diese Summen! *Wir* hatten doch gesagt, dass *Sie* sich etwas mehr belasten.«

»Das hatten *wir* nicht, Herr Kratzer! Eine Strategie in dieser Sache hat doch von Ihnen nie vorgelegen! Sie sind doch permanent zu Ihren Mitgesellschaftern gelaufen, um sich Rat zu holen. Eine Beantwortungsstrategie Ihrerseits, die unsere beiden Personen in ihrer internen Firmenfunktion beinhaltet, war niemals Grundlage einer gemeinsamen Verteidigung der uns gegenüber erhobenen Vorwürfe in dieser kartellrechtlichen Untersuchung. Es gab also für mich überhaupt keinen Grund, eine größere Schuld an diesen Preisabsprachen auf mich zu nehmen, als diejenige, die mir über meine Preislisten und die handschriftlichen Kommentare nachzuweisen war. Und selbst die habe ich im Sinne der Sache auf Ihre ausdrückliche Weisung getätigt.«

»Also, Herr Geh, ich weiß nicht«, versuchte Kratzer zu kontern, aber er scheiterte, wie so oft, an Holgers bestimmt vorgetragener Erwiderung: »Das weiß ich, Herr Kratzer!«

Selbstverständlich musste Holger die 9.500 DM Bußgeld nicht bezahlen. Aber er musste sie vorstrecken und bekam sie dann in Raten von der Firma zurückbezahlt, damit ein möglicher Rückschluss des Bußgeldausgleiches durch die Firma Kratzer nicht gefunden werden konnte. Das war aber auch so etwas von albern, dass es fast schon wieder lustig war! Selbst die ermittelnden Beamten hatten Holger schon während des laufenden Verfahrens angedeutet, dass üblicherweise die Unternehmen für die Verfehlungen ihrer von ihnen beauftragten Erfüllungsgehilfen in materieller Hinsicht geradestehen. Sämtliche Unterlagen dieser kartellrechtlichen Untersuchung einschließlich der entsprechenden Kontoauszüge hob Holger auf, denn er betrachtete dies ebenfalls als Zeugnis seiner Tätigkeit für die Firma Kratzer GmbH.

Im April 1992 erweiterte die Firma Kratzer GmbH ihr Geschäftsfeld, indem sie ein finanziell angeschlagenes Zimmereiunternehmen übernahm - einschließlich deren Mitarbeiter. Es war das Unternehmen, das seinerzeit schon die Zimmerarbeiten an dem Objekt ausgeführt hatte, in dem Holger mit seiner kleinen Familie eine Eigentumswohnung gekauft hatte. Und urplötzlich war das Haus Kratzer ein Unternehmen mit 65 Mitarbeitern und ebenso urplötzlich war Holger Geh nicht mehr die sogenannte rechte Hand des Geschäftsführers.

Immer öfter sagte Kratzer zu Holger: »Herr Geh, ich will Sie und Ihren Kollegen Titelmann gleichstellen. Sie ergänzen sich geradezu wie Feuer und Wasser.« Auf das Tiefsinnigste überlegte Holger, wer denn nun das Wasser sein sollte und wer das Feuer. Irgendwann kam er zu dem Ergebnis, dass dieser Vergleich ohnehin bescheuert war und durchaus von Kratzer selbst geschaffen sein konnte. Holger hätte den Vergleich mit Salz und Zucker besser gefunden, wobei er sich selbst mit dem Salz hätte identifizieren können und den Kollegen mit dem Zucker.

Im Herbst 1992 erfolgte nochmals eine Schlussbelehrung durch das Wirtschaftsministerium in Düsseldorf in Bezug auf die kartellrechtlichen Verfehlungen der Firma Kratzer. Der ermittelnde Anwalt Michael

Muth sagte abschließend zu Holger: »Wissen Sie, Herr Geh, Sie haben sich für das Unternehmen Kratzer wahrlich wacker in das Zeug gelegt. Vor der Untersuchung, als Sie erfolgreich versuchten, auf Weisung Ihres Geschäftsführers gewinnbringende Preisabsprachen gegen bestehendes Recht zu bilden. Und während der Untersuchung, als Sie versuchten, die alleinige Schuld dieser Rechtsverstöße auf Ihre eigene Person zu lenken. Aber glauben Sie mir, wir gehen täglich mit solchen Situationen um und kennen die Attitüden solcher Geschäftsführer wie die eines Herrn Kratzers, die Leute wie Sie gnadenlos verbrennen, wenn es ihnen an das eigene Fell gehen sollte. Ich darf es eigentlich nicht, aber ich rate Ihnen auf das Dringlichste, alles aufzuschreiben, was Ihnen Ihr Vorgesetzter als Direktionsweisung vorgibt. Solche Leute lassen nicht nach, sich den Vorteil auf Kosten anderer zu verschaffen. Die Regierung arbeitet an der Kronzeugenregelung für Wirtschaftskriminalität, damit solche Menschen wie Sie endlich die Möglichkeit bekommen, sich der moralischen Last zu entledigen, die ihnen permanent durch ihre Vorgesetzten auferlegt wurde, um unlautere Geschäfte abzuschließen, die letztendlich nicht zu ihrer persönlichen Bereicherung führten, sondern im Wesentlichen nur zu der ihrer Vorgesetzten. Ich gebe Ihnen einen guten Rat, der da heißt, dass Sie nie Prokurist der Firma Kratzer werden sollten. Lehnen Sie im eigenen Interesse jegliches Ansinnen von Herrn Kratzer kategorisch ab. Sie wären in so einem Falle wie diesem nur ein notwendiges Bauernopfer. Bei den Gesprächen mit Ihrem Chef habe ich ganz deutlich heraushören können, dass er sich zu Höherem berufen fühlt und dann wird er jemanden suchen wollen, der für ihn die Kohlen aus dem Feuer holt und den Kopf hinhält, wenn es knallt. Hier haben Sie meine Karte, falls Sie in ferner Zukunft irgendeinmal Schwierigkeiten in solchen Sachen haben sollten. Wenn ich nicht mehr in dieser Dienststelle sein sollte, dann brauchen Sie sich nur auf diesen Vorgang beziehen. Diese Bußgeldsache bleibt ohnehin als Akte acht Jahre gültig. Das heißt, wenn Ihr Haus in dieser Zeit nochmals auffällig wird, dann knallt es sofort mit strafrechtlichen Folgen. Nach den acht Jahren bleibt bis zum Ende des Betriebes immer noch die kleine Notiz, die da heißt, da war doch mal was!«

Kaum war dieser nervige Vorgang abgeschlossen, bei der Kratzer genauso wie Holger nochmals eine Belehrung unter vier Augen genossen hatte, kam er mit vor Stolz geschwollener Brust auf Holger zu und tönte: »So, das hätten *wir* ja geschafft, Herr Geh. *Wir* machen natürlich weiter wie bisher und das umso heftiger, denn damit rechnen die überhaupt nicht.«

»Aber, Herr Kratzer, sollten *wir* denn nicht erst einmal etwas Gras über die ganze Sache wachsen lassen, bis *wir* unsere alten Aktivitäten hinsichtlich der Preisabsprachen wieder vollständig aufnehmen?«

»Nein, Herr Geh, *Sie* wollen viel Geld verdienen aber offensichtlich kein Risiko dafür eingehen. Das ist natürlich heute nicht mehr möglich. Entweder *Sie* bekennen sich schnellstens zu einer arbeitsbeschaffenden Position gegenüber der Firma Kratzer oder *Sie* suchen sich einen Job, der Ihrer risikoverachtenden Einstellung entgegenkommt.«

Was sollte Holger daraufhin sagen? Ihm fiel nichts dazu ein, aber er dachte an die wohlmeinenden Worte des Anwaltes aus dem Düsseldorfer Wirtschaftsministerium und jeder Preisabsprachevorgang gelangte bei ihm umgehend in nachvollziehbarer Form in einen großen Umzugskarton im privaten Bereich und seine Tagebucheintragungen wurden noch gründlicher. Die Preise für diese Absprachevorgänge wurden auch nicht mehr gefaxt, sondern auf neutralem Papier an die Privatadressen der Geschäftsführer oder Prokuristen geschickt, die mit ihren Unternehmungen bereit waren, der Firma Kratzer bei Preisabsprachen zu helfen. Der Rubel rollte wieder bei Kratzer wie vor der kartellrechtlichen Untersuchung. Auch die schwarze Kohle tröpfelte nach wie vor ergiebig. Holger gab Rita Hase und Rebel Hass von seiner BaT-Kohle immer etwas ab. Titelmann dagegen hielt diese Großzügigkeit für dusselig.

Holger bekam einen neuen Firmenwagen, der mit seinem Fünfzylindermotor sehr schnell war. Aber seine Fahrleistungen von mehr als 50.000 Kilometern im Jahr machten dies auch inzwischen notwendig. Das Automatikgetriebe dieses Fahrzeuges überraschte ihn anfänglich, jedoch nach den ersten Fahrten über die Autobahnen hatte er sich rasch daran gewöhnt.

In ihrer neuen Umgebung in Unna hatte die Familie Geh schnell soziale Kontakte gefunden. Das erfolgte allein schon über die Kinder und deren Schulbesuche.

Katrin und Holger wurden schnell in einer richtigen Dorfclique heimisch. Aber es zeigte sich auch hier, dass einige Eltern in Bezug auf ihre Kinder vom Ehrgeiz zerfressen waren. Hauptthema bei irgendwelchen gemeinsamen Feierlichkeiten waren oft nur noch die Kinder und deren offenbar auf Karriere programmierte weitere schulische Entwicklung.

Anfang Februar 1993 hatten Katrin und Holger Geh einen Termin in der Grundschule, die Carina besuchte. Es ging um die Frage der Wahl einer weiterführenden Schule nach Abschluss der Grundschule.

Die Grundschullehrerin riet dem Ehepaar Geh, ihre Tochter nicht auf ein Gymnasium zu schicken. Sie sagte: »Carina ist ein typisches Realschulkind. Sie ist im Moment noch zu verhalten und ich befürchte, dass sie auf dem Gymnasium an die Wand gedrückt werden könnte. Sie weiß immer alles, was ihr abverlangt wird, aber sie ist bei ihrer Beteiligung am Unterricht sehr zurückhaltend und lässt sich von vielen Mitschülern, die wesentlich weniger wissen als sie, bei der Bemühung Fragen zu beantworten, den Rang ablaufen. Wenn keiner mehr in der Klasse eine Frage, die ich stelle, richtig beantworten kann, dann brauch ich nur Carina zu fragen und ich bekomme prompt die richtige Antwort. Aber sie scheut die Auseinandersetzung mit den Mitschülern, ihr Wissen zu publizieren. Ich glaube, sie ist hier in Unna auf der Realschule richtig aufgehoben.«

Katrin und Holger überlegten nicht lange und nahmen den Vorschlag an.

Die Kinder ihrer Freunde aus dem Dorf, die mit Carina zusammen die Grundschule besucht hatten, gingen fast geschlossen auf ein Gymnasium in Unna. Es war interessanterweise das Gymnasium, das Holger einige Jahrzehnte vorher für fast ein Jahr besuchen durfte. Nur hieß es jetzt nicht mehr ‚Staatliches Aufbaugymnasium', sondern ‚Ernst-Barlach-Gymnasium' kurz EBG.

Holger war froh, dass Carina nicht mit den Kindern ihrer Freunde das EBG besuchte. Die Erinnerungen an seinen Schulbesuch auf dem Gymnasium mit den Kindern von den Freunden seiner Eltern in den Parallelklassen waren ihm noch präsent.

Im April machte Holger mit seiner Familie über seinen 40ten Geburtstag hinweg Urlaub auf Sylt. Aber es war irgendwie nervig für Holger und er war froh, nach 14 Tagen wieder im Büro sein zu dürfen, denn die Arbeit dort machte ihm einfach ungemein viel Spaß und erfüllte ihn trotz mancher widriger Begleitumstände immer mehr.

Ende April unternahmen Rainer Titelmann und Holger Geh eine 4-tägige Radtour im Großraum von Hameln und Umgebung. Einige Freunde von Titelmann waren auch mit dabei. Meist waren es Tagestouren von 80 Kilometer Länge. Die Hotels waren vorgebucht und Holger kroch nach dem Abendbrot und vier Gläsern Bier in das Bettchen, während sich Titelmann und die anderen Herren noch ordentlich die Kante gaben.

Dafür war Holger am anderen Morgen fit und gestärkt, während einige der anderen Tour-Teilnehmer noch mit Sprachproblemen kämpften und sich während der ersten zwanzig Kilometer stöhnend den Restalkohol durch den Körper drückten.

Den Sommerurlaub verbrachte Familie Geh in der Nähe von Krün bei Garmisch-Patenkirchen. Carina wanderte ebenso gerne wie ihre Eltern. Jeder kleine Gebirgsbach wurde von ihr begeistert als Spielplatz genutzt, um mit vielen Stöckchen und Steinchen Brücken und Staudämme zu bauen. Die von Katrin vorbereiteten Butterbrote zur Rast konnte sie gar nicht schnell genug vertilgen, um wieder zu ihren Spielstätten zurückzukommen.

Ende August hatte Carina ihren ersten Schultag an der Realschule in Unna und sie war überhaupt nicht traurig, die anderen Gesichter ihrer ehemaligen Freundinnen und Freunde nun nicht mehr täglich sehen zu können.

Natürlich bekamen Katrin und Holger aus dem Kreise ihrer Freunde manchen befremdlichen Kommentar zu ihrer Entscheidung, Carina nicht auf das Gymnasium zu schicken. Sie gingen von: »Man sollte doch für sein Kind immer das Beste aussuchen«, bis zu der Einlassung: »Na hoffentlich macht euch euer Kind später keine Vorwürfe über eure Entscheidung hinsichtlich seiner schulischen Laufbahn!«

Die Beurteilungen, die Holger Geh über Rebel Hass, von ihrem ehemaligen Vorgesetzten gehört hatte, schienen so verkehrt nicht zu sein. Wechselseitig versuchte sie, aus eigentlich nicht nachvollziehbaren Gründen, Rainer Titelmann, sowie Holger Geh anzubaggern. Dass die beiden, schon bedingt durch ihre jahrelange Zusammenarbeit, sich darüber austauschen könnten, schien ihr gedanklich nicht nahezukommen. Das bestätigte wirklich die Schlichtheit ihres Gemütes, zumal sie, wie Titelmann und Geh bei ihrem Meinungsaustausch über Rebel Hass feststellten, bei jedem die gleichen Gesten und Worte benutzte.

Im Jahre 1994 bekam Holger in seinen Firmenwagen ein Autotelefon eingebaut. Auf der Mittelkonsole ruhte der Telefonhörer und das ziemlich große Telefongerät wurde seitlich im Kofferraum installiert. Nun zeigte es sich, dass ein Wagen mit Automatikgetriebe seine Vorteile hatte. Schalten und telefonieren mit dem Hörer am Kopf ging einfach nicht. Selbst in Kurven wurde es schwierig, wenn man am Lenkrad nachfassen musste. Die Vorteile lagen klar auf der Hand. Wichtige Gespräche konnte man während der Fahrt führen und die Lenkzeit war dadurch keine allzu große Leerzeit. Der Nachteil war die fast permanente Erreichbarkeit mit dem Gefühl, kontrolliert zu werden. Holgers Chef brachte es fertig, ihn während der Fahrt anzurufen und zu fragen: »Wo stecken Sie denn, Herr Geh?«

»Na auf meiner Fahrt nach Trier, wie ich es Ihnen doch gestern am Nachmittag gesagt habe.«

»Man hört aber doch gar keine Fahrgeräusche, Herr Geh. Sie fahren doch gar nicht! Was machen Sie denn?«

»Treffend festgestellt, Herr Kratzer, aber ich stehe gerade vor einem Rasthof und möchte den Kaffee von heute Morgen wegbringen.«

Diese Anrufe, die Holger wegen der naturbedingten eingelegten Pausen erreichten, gingen ihm ordentlich auf den Keks, denn der nächste Anruf seines Chefs kam meist zehn Minuten später: »Herr Geh, wie ich höre, fahren Sie wieder. Ich möchte Sie bitten, bei Ihrem Termin in Trier an Folgendes zu denken.« Und blah, blah …

Nach weiteren zehn Minuten konnte wieder das Telefon gehen und ein anderer Dialog konnte entstehen: »Herr Geh, was ich gerade vergessen habe … Sie fahren ja gar nicht! Ich höre gar keine Fahrgeräusche! Stehen Sie schon wieder? Können Sie denn ihren Termin halten?«

»Herr Kratzer, Sie haben das richtig gehört, dass ich nicht fahre, aber ich bin gerade auf ein Stauende aufgefahren und sehe in ungefähr 200 Metern Entfernung Blaulicht, sodass ich hoffe, hier nur zehn Minuten aufgehalten zu werden.«

»Ach so, Herr Geh, ich bin gerade auch in meinen Wagen gestiegen und habe nichts von einem Stau auf ihrer Autobahn in den Verkehrsnachrichten gehört.«

»Möglicherweise war der Stau hier zu neu, Herr Kratzer, um ihn in die Verkehrsnachrichten aufzunehmen oder zu unbedeutend.«

»Ja, ja, Herr Geh, das mag wohl sein, aber wenn Sie gleich an der Baustelle sind, dann bitte ich Sie …«

Als wenn man stundenlang auf dem Parkplatz stehen würde, um zu schlafen. Seit dieser Zeit hatte sich in Holger eine ungeheure Abneigung gegen mobile Telefone verwurzelt und er war sich fast sicher, dass sich dies auch niemals ändern würde.

In den neuen Bundesländern wurden durch die Firma Kratzer ebenfalls Arbeiten ausgeführt. Es handelte sich in diesem Fall um Dachklempnerarbeiten auf dem Neubau eines großen Weiterbildungszentrums. Die Anfahrt über die Autobahn bis nach Wolfsburg war gewohnt komfortabel, aber die sich anschließende Hopserei über die Landstraßen der ehemaligen DDR war mehr als nervtötend. Der ehemalige Grenzverlauf war deutlich auf den Feldern zu sehen und der Straßenbelag, wenn er denn vorhanden war, ließ das Verlangen nach Geschwindigkeit erst überhaupt nicht aufkommen. In den Dörfern existierte noch das gute alte Kopfsteinpflaster und zu einem Teil noch mit einem Randstreifen aus Sand für Pferdefuhrwerke. Dafür wurde Holger mit unberührter Vergangenheit konfrontiert, wie er sie nur aus den Erzählungen seiner Eltern und Großeltern her kannte. Storchennester auf dem Hofdach oder die berühmten kleinen Scheißhäuser mit dem Herzchen waren für ihn als Großstadtkind absolut neu. Aber sonst war alles grau in grau. Das Land war trist und stumpf wie eine übergroße alte Kaserne aus Kaisers Zeiten.

Wenn Holger anreiste, um zu kontrollieren, ob die Monteure auch morgens pünktlich um 7:00 Uhr die Arbeit an der Baustelle aufnahmen, wenn sie ihre Quartiere verlassen hatten, dann musste er um 1:00 Uhr nachts sein Haus in Unna verlassen. Die Monteure schauten nicht schlecht aus der Wäsche, wenn sie um fünf Minuten vor 7:00 Uhr mit den Firmenfahrzeugen anrollten und Holger schon auf der Baustelle stehen sahen. Aber es ging eben nur so, dass man die Leistungen und die verfahrenen Stunden auch zeitnah kontrollierte, sonst konnte einem solch eine Fernbaustelle ganz schnell aus dem Ruder laufen.

Nahe bei Olpe im Sauerland montierte die Firma Kratzer GmbH ein großes Messingdach auf eine Kirche. Der bauleitende Architekt Kräuselarm bekam es immer wieder hin, dass das Unternehmen Kratzer zu solchen Aufträgen kam. Nach Rücksprache mit Oddo Kratzer bekam der Architekt auf neutralem Papier die berühmte Namensliste geschickt und der Rest war die bekannte Routine einschließlich der vollständigen Ablage in Holgers Krabbelkiste. Natürlich konnte man nicht immer die identischen Namen verwenden, denn gerade die Kirchenbauämter befielen bisweilen Zweifel, ob es denn nötig war, immer dieselben Firmen zur Angebotsabgabe aufzufordern. Aber Kratzer hatte durch seine inzwischen zahlreichen Ehrenpöstchen in Vereinen, Klubs und Kreisen dermaßen viele Beziehungen, dass er sich meist in sein Büro zurückzog und 15 Minuten telefonierte, um entsprechende Kontakte herzustellen. Mit einer gewissen schon teilweise an Überheblichkeit grenzenden Arroganz, die durch beginnendes Übergewicht deutlich verstärkt wurde, schritt er dann in Holgers Büro und warf ihm ein Blatt Papier auf den Schreibtisch und sagte: »Beziehungen muss man eben haben. Wäre doch gelacht, wenn jemand

Kratzer nicht helfen würde. Hier stehen die Namen und die Telefonnummern der Firmen, die uns helfen und wenn nötig die entsprechenden Ansprechpartner. Die Anschriften besorgen Sie sich.«

Nach solchen für Oddo Kratzer wichtigen Erfolgserlebnissen des Telefonierens konnte er nicht mehr gehen, sondern nur noch schreiten. Auch seine Sprache änderte sich. Nicht in der Rhetorik! Nein, daran hatte er nun wirklich nichts gemacht. Die Betonung seiner Worte wurde bedeutsamer! Zumindest für ihn und Außenstehende, die ihn nicht näher kannten. Auch konnte er bei solchen Gelegenheiten seine Brille abnehmen und optisch wirkungsvoll an einem Bügel herumlutschen, während hinter seiner Stirn die kleinen grauen Männchen versuchten, den nächsten Halbsatz zusammenzuschrauben.

Holger war es letztendlich egal, denn er kannte inzwischen Kratzer wie ein Buch, in dem er vor und zurückblättern konnte. Also setzte er alles auf Weisung um und die Firmenliste, die dann rausging, kam als Kopie mit Kratzers handschriftlichen angehefteten Notizen in Holgers Spielzeugkiste.

Carina Geh brachte auf der Realschule wirklich gute Leistungen und ihre Eltern mussten sich um sie keine Gedanken machen. Holger war dem dörflichen Volleyballklub beigetreten und freut sich immer darauf, einmal in der Woche für zwei Stunden ausgleichende Bewegung zu haben.

Zwei Freundinnen von Katrin und Holger spielten ebenfalls in diesem Verein. Es waren Inge Polter und Evi Göre. Zu den beiden hatte das Ehepaar Geh Kontakt über die Kinder bekommen und die älteste Tochter von Polters Mareike war mit Carina zusammen in der Grundschule gewesen.

Mit Inge Polters Mann Jörg und mit Evis Mann Fred sowie deren Frauen waren sie zudem auch noch mit drei anderen Paaren in einem Kegelverein, der sich einmal im Monat traf. Evi hatte zu Holgers Frau ein besonders gutes Verhältnis und beide gingen ziemlich geregelt in die Sauna, die Holger in den Keller ihres Hauses hatte einbauen lassen. Die Sauna hatte Holgers Mutter spendiert! Sie konnte ja ihre Macken gehabt haben, aber sie war nie geizig gewesen, seitdem Holger sein Elternhaus verlassen hatte. Irgendwann hatte sie ihrem Sohn erzählt, dass ihr Dreifamilienhaus nunmehr schuldenfrei war. Holger hatte immer schon gerne eine eigene Sauna haben wollen, aber seine finanziellen Verhältnisse hatten es bislang nicht zugelassen, diesen Wunsch in Erfüllung gehen zu lassen.

Irgendwann hatten die finanziellen Zuwendungen von Holgers Mutter ohnehin die von Katrins Eltern spendierte Ersteinlage für die Finanzierung der ehemaligen Eigentumswohnung in Dortmund deutlich überstiegen. Holger hatte daraufhin in einer ruhigen Minute mit Katrin und ihren Eltern zusammen ein Gespräch geführt hinsichtlich der ehemaligen Vorgabe bei einer eventuellen Trennung von Katrin, diese Einlage vorab abzuziehen und dann den Rest zu teilen. Also schlug Holger vor, in einem solchen Falle die gesamten wirtschaftlichen Güter hälftig zu teilen. Dieser Vorschlag fand bei Katrin und ihren Eltern sofort Zustimmung.

Im September erfolgte die Abnahme einer großen Baustelle nahe bei Paderborn. Die Kirche hatte dort ein Verwaltungsgebäude errichtet und von der Firma Kratzer wurde im Rahmen der Dachklempnerarbeiten ein Stahldach verlegt. Hajo Kratzer absolvierte in seinem väterlichen Betrieb die technische Ausbildung zum BieU (Berufsassistent in elterlichen Unternehmungen). Obermonteur Rust Krähe hatte das Bauvorhaben abgewickelt und durfte Hajo in seiner Kolonne bei seinen ersten praktischen Tätigkeiten auf einer Baustelle mitführen. Er hatte eigentlich nur eine Beurteilung über die Leistungsbereitschaft des Juniors: »Große Klappe, aber nichts dahinter. Genau wie sein Vater damals in der ehemaligen Firma Kratzer. Immer nach dem Motto: Arbeit komm und ich versteck mich.«

»Oh, oh, oh«, dachte sich Holger, »das kann ja noch was werden. Wenn der jetzt schon so schlaff anfängt, dann ist später wirklich ‚nur mal gucken fahren' angesagt.« Gleichzeitig fiel ihm wieder Herr Bude ein und die Art und Weise, wie der seinen Sohn fit gemacht hatte für einen realen Anspruch auf eine spätere Übernahme des väterlichen Betriebes.

Im September lud Holger seinen Kollegen Rainer Titelmann und dessen Frau sowie die Kollegin Rebel Hass und deren Lebensgefährten Udo Prill zu sich nach Hause zum Essen ein. Von einer Einladung von Rita Hase hatte er abgesehen, weil er mit den Verhaltensweisen ihres Mannes nach Alkoholgenuss nicht zurechtkam. Es tat ihm leid, denn er mochte Rita eigentlich gut leiden, aber ihr Mann ging gar nicht. Es war ein netter Abend, der durch manchmal ganz lustige Vertretersprüche von Udo Prill gewürzt wurde. Er war im Außendienst eines großen Kartonagenherstellers tätig und vertrieb Bierdeckel weltweit. Er bekam postwendend in der folgenden Woche von Rainer Titelmann den Spitznamen ‚Der Bierkutscher' verpasst. Das passte wahrlich ganz trefflich zu ihm. Es fehlte wirklich nur noch die Lederschürze und das schwere Brauereigespann mit Pferden. Da dieser Herr Prill einige Male im Büro erschien, um seine Lebensgefährtin nach Feierabend abzuholen, wurde er natürlich auch von den Monteuren wahrgenommen und sein Spitzname auch sofort von ihnen adaptiert.

Ende November musste Holger berufsbedingt nach Idar-Oberstein und kaufte dort auf der Rückfahrt für seine Kolleginnen Weihnachtsgeschenke in Form von Halbedelsteinen. Zu Nikolaus verteilte er auf jedem Schreibtisch einen Schokoladen-Nikolaus und alle freuten sich, bis auf Oddo Kratzer. Solche kleinen Gesten schienen nicht in sein Schema zu passen.

Der Obermonteur Knuth Löricker, der das Bauvorhaben in den neuen Bundesländern geleitet hatte, eröffnete Holger seine Idee, eine Selbstständigkeit anzustreben. Nach einem kurzen Gespräch zusammen mit Kratzer und Titelmann kristallisierte sich bald der Sachverhalt heraus, dass sich Kratzer, Titelmann und Geh an dieser Gesellschaft mit beteiligen würden.

Oddo Kratzer wurde zum Präsidenten des ‚Freundeskreises des Handwerkes' auch kurz ‚FdH' genannt, für Dortmund und weiterer Umgebung, mit Sitz in Dortmund gewählt. Es mochte in Deutschland so um die 50 Freundeskreise des Handwerkes geben. Kratzer war stolz wie Oskar, selbst wenn er es nicht zugeben wollte.

Holger fragte ihn: »Herr Kratzer, dann können Sie ja jetzt mit diesem Amt bis zu Ihrer Pensionierung weitermachen. Wollen Sie das so?«

»Aber Herr Geh, welche Frage? Natürlich will ich das nicht! Nur die üblichen vier Jahre! Dann ist Feierabend! Solch ein Amt braucht permanent frisches Blut! An solchen Pöstchen darf man nicht kleben bleiben! Da sind innovative Ideen durch nachrückende jüngere Leute gefragt! Nein, ich komme nach den vier Jahren wieder sofort ganz zurück in den Betrieb, um Hajo mit meiner ganzen Kraft für die ja irgendwann anstehende Geschäftsübernahme unterstützen zu können.«

Na so etwas! Holger war überrascht! So eine glasklare perspektivische Zieldefinition hatte er Herrn Kratzer gar nicht zugetraut. Wie man sich doch irren konnte!

Am 21. Dezember war im Hause des ‚FdH' in Dortmund im Sitzungssaal ein Empfang anlässlich der Wahl von Kratzer zum Präsidenten. Die Bürobelegschaft war ebenfalls eingeladen und so lauschten sie alle den vielen honorigen Reden, die zu Kratzers Wahl gehalten wurden. Auch Kratzers Rede selbst war mehr als bemerkenswert. Er schilderte sein Unternehmen aus einer Perspektive, die seine Mitarbeiter in der Realität absolut nicht wahrnehmen konnten. Er sprach von einem fundierten Führungsstil und ließ dabei stark erkennen, dass er offensichtlich seinen eigenen meinte, der aber eigentlich nicht existent war. Er parlierte von gezielter Logistik, was für ihn ein Fremdwort war, denn er organisierte immer erst um zwei Minuten vor 12:00 Uhr. Und er fabulierte von seinem Hang zur Ordnung, die er während seines Studiums in Aachen erlernt hatte, um sie als junger Assistent der Geschäftsleitung eines großen Industrieunternehmens in Österreich seinerzeit zur Perfektion zu bringen.

Holger fiel dabei nur ein: »Musste er aber offensichtlich zwischendurch mal gründlich vergessen haben. Da war doch mal eine Geschichte mit Vetter Gerd und einem Ordner?«

Kratzer erwähnte noch ein substanzielles Organigramm in seinem Betrieb, das Holger noch nie zu Gesicht bekommen hatte. Im Gegenteil, bei der jetzigen Betriebsgröße von 70 Mitarbeitern plärrte er seit Monaten danach, aber er bekam von Kratzer immer die gleiche Antwort: »Ich möchte so etwas ungern festschreiben, denn dann schauen die Leute nicht mehr über ihren Tellerrand.« Wobei Holger seit Längerem den Verdacht hatte, dass Kratzer überhaupt nicht wusste, was ein Organigramm war und wie es aussah. Und dann sprach Oddo Kratzer über die Ehrlichkeit im Geschäftsleben. Das war natürlich die Lachnummer überhaupt. Die kartellrechtliche Untersuchung des Wirtschaftsministeriums in Düsseldorf mit den daraufhin folgenden Bußgeldbescheiden gegen das Haus Kratzer und Beteiligte lag gerade einmal zwei Jahre zurück und das BaT-Geschäft brummte nach wie vor, neben den ohnehin weitergeführten Preisabsprachen, aber Kratzer fabulierte von der Ehrlichkeit im Geschäftsleben. Das Dumme war nur, dass er es selbst glaubte! Er redete sich vielfach Dinge ein und verbalisierte sie so oft, bis sie für ihn Realität waren.

Holgers Mutter konnte das manchmal auch, aber die war gerade schon 73 Jahre alt geworden und Kratzer war erst Mitte fünfzig. Während dieser Rede von Kratzer saßen Holger Geh und Rita Hase nebeneinander und sie mussten sich einige Mal gegenseitig in die Rippen stoßen. Nach dem Auftritt von Kratzer zischte sie Holger in das Ohr: »Das war wie eine Kopie von Dr. Jekyll und Mr. Hyde.« Recht hatte sie!

Holger nahm an der Betriebsweihnachtsfeier nicht teil, denn seine Schwiegermutter feierte gerade an diesem Tage ihren Geburtstag im Lokal ‚Tante Amanda' in der Nähe von Kirchlinde. Wenn er ehrlich war, dann musste sich Holger eingestehen, dass es ihm nicht unlieb war, mal nicht an so einer Betriebsfeier teilzunehmen.

Am 9.1.1995 erschien Oddo Kratzer mit guten elanvollen Vorsätzen für das neue Jahr und verteilte Zuständigkeiten und neue Raumaufteilungen für Rebel Hass und Rita Hase, nur um sie am folgenden Tage gleich wieder zu revidieren. Dafür ließ er gleich für die kommende Weihnachtsfeier einen Saal in der Gastronomie ‚Rosenteich' neben dem Westfalenpark reservieren. Neben dem Titel des Präsidenten des ‚FdII' bekam Kratzer automatisch einen Aufsichtsratsposten in der Dortmunder Bürgerbank sowie in der bekannten Laut-Versicherung. Kratzer hielt sich jetzt selbst für einen bekannten Dortmunder-Köbes.

Holger konnte sich aber jetzt auch durchaus die seinerzeitige Bemerkung des für das Wirtschaftsministerium in Düsseldorf ermittelnden Anwaltes Michael Muth erklären, der ihm andeutete, dass Kratzer sich offensichtlich zu ‚Höherem' berufen fühlte. Möglicherweise war auch noch ein Ablass zusätzlich auf diese damaligen Bußgeldsummen aufgepackt worden, um von einer strafrechtlichen Verfolgung Kratzers abzusehen, denn dann wäre seine sich jetzt wie ein Silberstreif am Horizont abzeichnende Karriere schlichtweg im Arsch gewesen.

Die Anwälte und Richter, die Holger ehemals auf privater Ebene wegen der Bußgeldbescheide befragt hatte, waren jedenfalls einhellig der Meinung, dass die Höhen dieser Summen ungewöhnlich weit oben angesiedelt gewesen waren.

Einer der Zimmerleute fertigte nach Feierabend des Betriebes aus Abfallholz eine kleine Holzbank für Holgers Sauna. Holgers Chef bekam Wind davon und machte den Herbert. Er rief ihn am 1.2.1995 zu sich in das Büro und legte los: »Also so geht das nicht, Herr Geh! Sie können doch nicht die Leute anweisen, während der Arbeitszeit Möbel für Sie zu bauen. Wo kommen wir denn da hin? Ihre Eigenständigkeit geht mir aber nun zu weit! Wenn ich das als Geschäftsführer dieses Unternehmens machen würde, dann wäre das etwas ganz anderes.«

»Entschuldigen Sie bitte, Herr Kratzer«, entgegnete Holger ihm, »aber offensichtlich sind Sie nicht ganz richtig über diesen Sachverhalt informiert. Der Monteur hat die Bank nach Feierabend für mich aus Abfallholz gebaut und wurde von mir bezahlt. Es ist das identische Abfallholz, das Sie den Monteuren zur privaten Verfeuerung in ihren Öfen oder Kaminen zugesagt haben. Sicher, ich hätte Sie fragen müssen, ob der Monteur die Maschinen der Firma benutzen durfte. Das ist eine Unterlassungssünde, die ich Sie bitte im Nachhinein zu entschuldigen.«

»Ich will in Zukunft über so etwas informiert werden«, maulte Kratzer abschließend.

Holger fuhr in der Mittagspause schnell zur Stadtsparkasse, hob 1.000 DM ab und legte Sie Herrn Kratzer für die Maschinennutzung auf den Schreibtisch.

»Das ist doch Unsinn«, nölte Kratzer, »das Thema ist erledigt. Nehmen Sie ihr Geld mit, da muss wohl jemand in seiner Berichterstattung maßlos übertrieben haben.«

Wer ihn in dieser Sache bei Kratzer angeschwärzt hatte, war Holger nie klar geworden, aber er beschloss, um ein Wesentliches vorsichtiger zu werden, um sich nicht auf eine dusselige Art aus seinem Job hebeln zu lassen.

Am 3.2. 1995 fuhren Kratzer, Titelmann und Geh nach Schwetzingen. Es ging um die Gründung einer Firma in der Schweiz, die Bedachungsprofile vertreiben sollte. Die Firma sollte nach dem Wunsch von Kratzer den Namen ‚Avadem' erhalten. Dieser Name entstammte laut Erzählung der Familienhistorie von Kratzer.

Ein Urahn soll beim Holzsuchen im Wald immer den Satz: »Auch viele Ameisen dienen einem Meister«, ausgerufen haben. Dieses daraus hergeleitete Wort als Kurzform Avadem wurde in den familiären Sprachschatz übernommen und bedeutete was Ähnliches wie ‚Mach mal'.

Wenn Holger dieses Wort hörte, kam er aus dem innerlichen Schmunzeln nicht heraus und sah eine Bande von Neandertalern durch den Wald hüpfen, die beim Holzsammeln von ihrem Rudelchef, der natürlich rein zufällig gewisse Ähnlichkeiten mit seinem Kratzer zeigte, permanent mit »Avadem! Avadem! Avadem!« zu freiwilliger Mehrarbeit angetrieben wurden. Das russische Gegenstück könnte: »Dawai! Dawai! Dawai!« gebrüllt haben.

Titelmann und Geh sollten mit jeweils zwei Prozent an der Firma beteiligt werden. An den Verhandlungen in einem gemütlichen Romantikhotel teilzunehmen war hochinteressant. Nach einem gemeinsamen Abendessen endete der Tag um 23:00 Uhr. Holger war müde und ging auf sein Zimmer. Die anderen Herren besuchten noch die Hotelbar.

Am anderen Morgen sahen die anderen Herren noch sehr alt aus und Holger durfte zur Belohnung Kratzer und Titelmann in Kratzers Firmenwagen nach Hause fahren.

Am 17.2.1995 besprachen Kratzer, Titelmann und Geh mit Knuth Löricker die Details seiner Firmengründung. Die vertraglichen Grundlagen sollten von Josef Herdmann entworfen werden. Herr Herdmann war ein alter Freund von Kratzer und Steuerberater. Am 1.3.1995 wurden im Büro von Herrn Herdmann nochmals alle Details der Firmengründung und der Anteile der zu gründenden Knulö-GmbH besprochen und am 3.3.1995 um 15:00 Uhr erfolgten die Unterschriften von allen Beteiligten unter den Gesellschafterverträgen in einem Notariat am Heiligen-Weg in Dortmund.

Die Anteile von Kratzer, Titelmann und Geh wurden von einem Mitarbeiter aus dem Unternehmen von Herrn Herdmann treuhänderisch verwaltet. Herr Kratzer wollte seine Beteiligung an diesem Unternehmen verdeckt halten, damit ihm die Mitgesellschafter seines Unternehmens, die Gebrüder Dasholz, keinen Interessenkonflikt vorwerfen konnten. Wie ein Treuhänder für drei Gesellschafter mit unterschiedlichen Firmenanteilen tätig sein konnte, war für Holger nicht nachvollziehbar, aber er vertraute dem Sach- und Fachverstand der Menschen, die etwas davon wissen sollten.

In der Firma Kratzer brummte es wie in einem Bienenstock und der Umsatz brummte auch. Ende März fuhren Kratzer und Geh zu der Firma Nuss nach Berlin. Die Firma Nuss wollte umfangreiche Dachklempnerarbeiten an einem Objekt in Berlin anbieten und suchte dafür nach einer Partnerfirma. Zusammen mit der Firma Nuss wurde dieses Bauvorhaben, bei dem es sich um Sanierungsarbeiten handeln sollte, besichtigt und anschließend die Kalkulation durchgesprochen.

Vor der Heimfahrt nach Dortmund machte Kratzer noch seinem Kollegen, dem Präsidenten des Berliner ‚FdH' mit Sitz in Potsdam seine Aufwartung. Die beiden Herren führten Gespräche auf höchstem Niveau, wie sie meinten, und sulzten sich gegenseitig über ihre Leistungen und ihre Betriebsgrößen die Hucke voll. Kratzer war ganz wichtig, hatte seine Beine eindrucksvoll übereinandergeschlagen, strich sich permanent über seine eigentlich immer geschmacklose Krawatte und dozierte mit seinem

Brillenbügelkaugesicht bedeutungsvoll vor sich hin: »Mein Lieber, wenn man mal, wie ich, eine Betriebsgröße von gut 90 Mann erreicht hat, dann wird so ein Unternehmen schon fast industriell. Der Herr Geh hier, der durch meine Schule gegangen ist, hat das Ganze eigentlich im Griff. Gut, bei der einen oder anderen Sache muss man natürlich als Chef noch selbst drüber schauen, sonst ginge die Angelegenheit auch gar nicht. Aber es werden schon Summen im Monat bei uns bewegt, da wird so manchen normalen Handwerksmeistern, die ihre 15-Mann-Betriebe führen, ganz schnell schwindelig. Denken Sie doch einmal einfach an die Kosten der 50 Betriebsfahrzeuge, die wir bewegen. Das ist fast eine eigenständige Fuhrparkabteilung. Da kommt hier meinem Betriebsleiter Herrn Geh sicher ein wenig seine einstige militärische Reserveoffizierslaufbahn zugute, aber als Chef bin ich doch eigentlich immer gefordert und ... blah ... blah!«

Die Angabe der Betriebsgröße mit offensichtlich unsichtbaren Mitarbeitern war schon bemerkenswert und die Größe des Fuhrparks erst recht. Wenn das Haus Kratzer einschließlich der Geschäftsleitungsfahrzeuge 25 Fahrzeuge bewegte, dann wäre das schon viel, allerdings waren die Anhänger, Aufzüge und Schuttrutschen hier schon mit eingerechnet.

Holgers Beziehung zu seinem Chef trübte sich urplötzlich ein. Am Montag dem 3. April machte Kratzer seinem Mitarbeiter Geh aus heiterem Himmel fürchterlich Vorwürfe hinsichtlich der gemeinsamen Firmengründung der ‚Knulö-GmbH'. Diese Vorwürfe waren nur ätzend und gingen bis zur persönlichen Gemeinheit. Sie waren alle aus der Luft gegriffen und entbehrten aber auch jeder Grundlage.

Sie gipfelten in Kratzers Aussage: »Ich bedauere es schon jetzt, Herr Geh, diesen Schritt gemeinsam mit Ihnen gegangen zu sein.«

Da die Personalpolitik bei Oddo Kratzer grundsätzlich nur bei geöffneten Bürotüren stattfand, damit auch jeder es mitbekommen konnte, wenn er einen auf ‚dicke Hose' machte, war es in den anderen Räumlichkeiten völlig still. Von den Kolleginnen Hass und Hase, sowie von Rainer Titelmann erntete Holger Geh nur mitleidige Blicke. Erst sehr, sehr viele Jahre später erfuhr Holger den wahren Grund des sich bei Oddo

Kratzer allmählich verfestigenden Unmutes gegenüber seiner Person. Das nicht sonderlich gute verwandtschaftliche Verhältnis gegenüber seinem Vetter und Mitgesellschafter Gerd Dasholz war der Grund. Immer wenn sich Oddo und Gerd privat im Familienkreise trafen, bekam Oddo von seinem Vetter in beruflicher Hinsicht Feuer unter den Popo, und wenn Oddo dann den Lauten machte, sagte Gerd Dasholz immer ganz ruhig: »Oddo, wenn du willst, dann kannst du ja aus der Firma aussteigen. Dann machen der Werner und ich das mit dem Herrn Geh allein weiter.«

Irgendwann wurde auch Rainer Titelmann gedanklich von den Dasholzens in die Geschäftsführung der Firma Kratzer GmbH, ohne Oddo Kratzer, einbezogen, und daraufhin wurde auch er von Oddo Kratzer genauso zusammengebügelt wie Holger Geh. Deswegen begann auch Kratzer, seinen beiden Mitarbeitern Titelmann und Geh deren jeweilige Erfolge für die Firma zu neiden. Er sprach sie jeweils vor dem anderen klein, oder nahm sie gleich für sich selbst ganz in Anspruch.

Kratzer konnte Geh außerdem überhaupt nicht verzeihen, dass Holger seinen Sohn Hajo nach Erreichen des Volljährigkeitsalters konsequent mit dem »Sie« anredete. »Also Herr Geh, das will ich nicht!«, empörte sich Kratzer, nachdem sein Sohn zu ihm gelaufen war, um ihm brühwarm zu erzählen, dass Holger ihn nunmehr mit dem »Sie« anreden wollte. »Sie haben meinen Sohn, nachdem Sie ihn als kleinen Jungen kennengelernt haben immer geduzt, und jetzt wollen Sie auf das unpersönliche »Sie« umschwenken. Alle duzen Hajo. Wir sind ein Familienbetrieb. Ich möchte, dass Sie Hajo weiterhin duzen.«

»Mein lieber Herr Kratzer, ich werde Ihrem Wunsch nicht nachkommen«, antwortete ihm Holger sehr bestimmt. »Ihr Sohn will mal mein Chef werden und meine Achtung ihm gegenüber, die durchaus einmal zu einem Du auf Gegenseitigkeit führen könnte, kann er sich ja jetzt und in den nächsten Jahren verdienen. Und dann sehen wir mal weiter!«

»Also, ich weiß nicht, Herr Geh!«

»Das weiß ich, Herr Kratzer!«

Diese Entscheidung hatte Holger Geh nie bereut.

Katrin und Holger Geh hatten ihre freundschaftliche Beziehung zu Inge und Jörg Polters intensiviert. Mit Jörg unternahm Holger teilweise Radtouren bis zu 50 Kilometer Länge. Inge konnte dem Ehepaar Geh teilweise ziemlich auf den Nerv gehen. Sie setzte öfter soziale Duftmarken, indem sie sagte: »Na ja, man kann unsere Familien so ziemlich vergleichen. Beide Gemeinschaften dürften identische Einkommen aufweisen. Beide Ehemänner fahren Firmenwagen. Und so weiter, und so weiter …!«

Katrin und Holger waren noch nie auf die Idee gekommen, Freundschaften nach dem sozialen Status zu beurteilen oder gar einzugehen. Aber in dieser Hinsicht hatte die gute Inge Polters möglicherweise riesige Komplexe.

Polters hatten zwei Mädels. Sie hießen Mareike und Gitte. Mareike war ein Jahr älter als Carina Geh und beide hatten in dem Alter identische Interessen, nämlich Pferde. Und so brachten die Eheleute Polters und Geh ihre Mädels abwechselnd zum Reitunterricht.

In Erfurt erledigte die Firma Kratzer GmbH an einem Gebäude der Laut-Versicherung Bedachungsarbeiten. Dank der guten Beziehung durch Herrn Kratzer zu dieser Versicherung war es keine Schwierigkeit, an diesen Auftrag zu gelangen. Die Herren Bauleiter und Architekten der Versicherung schwebten zu den Baustellenbesprechungen jeweils mit dem Flugzeug ein und der Herr Geh durfte, um den Baustellentermin morgens um 8:00 Uhr einzuhalten, um 4:00 Uhr mit dem Auto auf die Bahn gehen.

Mitte Juli hatten die Eheleute Geh mal wieder Holgers Kollegen zu Gast. Es waren Titelmanns, Lörickers, Sommerlages, Kläffges und Rebel Hass mit ihrem Lebensgefährten. Der neue Zimmermeister Schmermann war mit seiner wirklich attraktiven Frau auch dabei. Der alte Zimmermeister Plinske hatte die Firma Kratzer verlassen, nachdem er eine Anstellung in einem Betrieb in den neuen Bundesländern gefunden hatte. So schwer es Holger gefallen war, aber auf eine Einladung von Rita Hase mit ihrem Mann hatte er wiederum aus bekannten Gründen verzichtet. Es war wunderschönes warmes Wetter zum Grillen und alle hatten einen riesigen Spaß zusammen und saßen bis spät in die Nacht hinein lachend bei Holger in Unna in seinem Garten.

Holgers Eltern kauften sich ein neues Auto, denn seine Mutter hatte mit dem alten Wagen einen Frontalzusammenstoß mit einer Autowaschanlage. Es gab nur einen Schuldigen, nämlich Holgers Mutter, denn die Waschanlage war nicht gefahren. Der Waschanlage war auch nichts passiert, denn Holgers Mutter hatte ihren Wagen gegen den Betonpfeiler des Einfahrttores geschickt. Die Folge war ein sehr eindrucksvoller Totalschaden an dem elterlichen Fahrzeug. Der ganze Ablauf dieses Geschehens erschien nebulös, aber bei Holger blieben nicht unerhebliche Zweifel über die Fahrtüchtigkeit seiner Mutter hängen.

In den Sommerferien fuhr Holger mit seiner Frau Katrin und Tochter Carina sowie mit der Familie Polters nach England. Sie fuhren durch den neuen Kanaltunnel und allein diese Fahrt war schon ein Erlebnis. Die Fahrt unter dem Kanal betrug nur 25 Minuten, die Ein- und Ausfahrzeiten sowie die Ladevorgänge nicht mitgerechnet. Die Züge fuhren offensichtlich mit aberwitzigen Geschwindigkeiten, aber in den Fahrzeugen war davon nichts zu spüren. Das Linksfahren auf der Insel war für Holger überhaupt kein Problem und er fand sich sofort in dem Straßenverkehr zurecht. England war Klasse! Wie ein eingefrorenes Land. Alles war um einige Jahrzehnte stehen geblieben. Man sah Autos im täglichen Einsatz, die man in Deutschland seit mindestens zehn Jahren nicht mehr sah. Aber sie waren sehr gepflegt. Man sah viele alte Stadtteile ohne Zerstörungsspuren des Krieges. Freilandleitungen für das Telefon und den Strom waren die Regel.

Die beiden Familien lebten in einer urigen Blockhaussiedlung am Rande eines Wäldchens. Familie Polters bewohnte ein Blockhaus, das ungefähr 50 Meter von demjenigen, das Holger mit seiner Familie bezogen hatte, entfernt lag. Die Raumaufteilungen waren identisch. Alles war geradezu idyllisch und die Kinder der beiden Paare hatten viel Spaß.

Die Feriensiedlung bestand aus nur vier Häusern und der Eigentümer lebte in einem Holzhaus, das in einer großen Senke lag und damit wie ein alter Unterstand aus dem letzten Kriege wirkte. Der Besitzer der ganzen Anlage sprach perfekt Deutsch, da er als ehemaliger Soldat 15 Jahre lang in Deutschland stationiert war. Er war sehr zuvorkommend und brachte jeden Morgen Brötchen mit, die er vor den Türen auf der Veranda der Holzhäuser deponierte, über deren Dächer die Eichhörnchen sausten.

Die beiden Familien unternahmen viele Dinge gemeinsam, aber sie machte auch einige Unternehmungen und Ausflüge getrennt voneinander, damit keine Situation des ‚Aufeinanderhockens' entstand.

Holger erlebte mit seiner Familie und den Freunden, dass die Engländer ihnen als Deutsche gegenüber freundlich eingestellt waren. Selbst alte englische Kriegsinvalide waren aufgeschlossen und sprachen sie und ihre Kinder von sich aus höflich und interessiert an.

Carina war den Engländern gegenüber verbal sehr zurückhaltend, obwohl sie ja auf der Realschule Englischunterricht hatte. Mareike und Gitte Polters waren da ganz anders. Sie gingen zu jedem Eisverkäufer und laberten ihm mit ihren halben Englischkenntnissen die Hörnchen voll und hatten Erfolg damit.

Carina stand immer hinten an und ließ sich mitziehen. Katrin und Holger bedrängten sie in solchen Situationen in keiner Weise, denn sie sollte sich möglichst ungezwungen entwickeln können. Holger hatte die teilweise dünkelhafte rein leistungsorientierte Erziehung durch seine Eltern immer noch in starker Erinnerung.

Alle waren begeistert von England und schworen sich, diese nette Insel wieder zu besuchen.

Holger hatte für die gesamte Bürobesatzung einige Kleinigkeiten, wie englische Marmeladen und Bonbons gekauft und verteilte sie an seinem ersten Arbeitstag nach seinem Urlaub. Alle waren fröhlich und freuten sich Holger wiederzusehen. Selbst sein Chef freute sich und drückte es sogar aus! So konnte man sich an seinem Arbeitsplatz wohlfühlen!

Im Hause Kratzer herrschte zu dieser Zeit noch eine ganz spezielle Form des Zusammenhaltens. Es hatte nichts mit dem Oddo Kratzer zu tun. Es ging von der Belegschaft, insbesondere natürlich von den Altmonteuren aus. Jeder half jedem, und begleitende markige Sprüche waren an der Tagesordnung, aber unter dem Strich stimmte alles. Kratzer stand da eigentlich etwas außen vor. Nur wenn die Monteure es wollten, wurde er bei irgendwelchen Betriebsfeiern integriert, sonst hatte er vielfach Pech und musste sich mit der Unterhaltung seiner Büroangestellten begnügen.

Am 16. Oktober besuchte Holger ein Unternehmen in Halle, das schon öfter für das Haus Kratzer Subunternehmerleistungen ausgeführt hatte. Nun bot dieses Unternehmen eigenverantwortlich Leistungen an, und da der Geschäftsführer sich in dieser Sache nicht sehr sicher war, hatte er Oddo Kratzer um eine Kalkulationsüberprüfung gebeten.

Holger saß mit ihm bis zum späten Nachmittag zusammen und sie überprüften das Zahlenwerk. Anschließend bezog er ein Hotel, um dort zu übernachten, denn am nächsten Tag wollte er nach Potsdam weiterfahren, um dort eine Baustelle zu besuchen, die von der jungen Firma Knulö als Subunternehmer für Kratzer ausgeführt wurde. Es war der erste und einzige Termin, den Holger Geh mit einer Zwischenübernachtung auf Firmenkosten zu verzeichnen hatte.

Am 19. Oktober bekamen Kratzer, Titelmann und Geh die Mitteilung von ihrem jungen Meister Sommerlage, dass er, wie sein Kollege Löricker vor ihm, ein eigenes Unternehmen gründen wollte. Ohne Wissen seines Chefs sowie seines Kollegen Titelmann beteiligte sich Holger an diesem Unternehmen.

Zum Jahresende bekam das Unternehmen Kratzer den Auftrag die Dachflächen eines großen markanten technischen Bauwerkes nordöstlich von Berlin in den neuen Bundesländern zu sanieren. Das Objekt stammte aus dem Jahre 1934 und war immer noch zufriedenstellend, wie eine alte Dampflokomotive, in Betrieb. Einige Dortmunder Firmen, die gar nicht mehr existierten, hatten dieses Objekt seinerzeit maßgeblich mitgestaltet. So konnten es Kratzer und Geh bei ihrem ersten Besuch dieses Bauwerks den an der Stahlkonstruktion befestigten Namensschildern entnehmen.

Kratzers Sohn Hajo sollte dieses Bauvorhaben mitarbeitend begleiten und die zu entwickelnden Details für die Dachklempnerausführung zeichnerisch dokumentieren. Allein deswegen wurde für viele 10.000 DM ein neuer Computer mit einem anspruchsvollen Zeichenprogramm und ein Rollenplotter angeschafft. Wie das funktionieren sollte, war für Holger nicht so ganz nachvollziehbar aber er vermutete stark, dass Hajos Ausbildung zum BieU (Berufsassistent in elterlichen Unternehmungen) auch die Ausbildung zum technischen Zeichner mit Rechnerunterstützung beinhaltete.

Wie er es gewohnt war, und bisher immer praktiziert hatte, wollte Holger Geh mit dem Obermonteur, der das Bauvorhaben leitend ausführen sollte, rausfahren, um das Objekt zu besichtigen und den Mann einzuweisen. Es war der bewährte Rust Krähe, der die Arbeiten leiten sollte.

Holgers Chef war irgendwie schlecht drauf und untersagte ihm diese Fahrt. »Herr Geh, es ist absolut unnötig, dass Sie diese Fahrt machen. Der Krähe ist ein alter erfahrener Hase, da brauchen Sie nicht sinnlos mit ihm durch die Gegend juckeln. Der soll sich das Angebot anschauen und danach seinen Container packen.«

»Herr Kratzer, das ist doch ein riesiges Bauvorhaben mit einer Wahnsinnshöhe. Die Anschlussdetails müssen doch mal andeutungsweise durchgesprochen werden. Einige Teile, die wir verbauen wollen, sollen doch hier in der Werkstatt vorgefertigt werden. Ich kann doch nicht einen Mann unvorbereitet an die Baustelle schicken und ihn nach einem Zettel den Container packen lassen. In den neuen Bundesländern kann man nicht eben um die Ecke fahren, wenn einem etwas fehlt. Wir haben ja nicht einmal Bestandspläne!«

»Eben, Herr Geh, deshalb fährt ja auch Hajo mit raus.«

»Ach so, Herr Kratzer! Ich wusste nicht, dass Ihr Sohn erst Bestandspläne herstellt, da hat er aber reichlich zu laufen?«

»Wieso?«

»Na ist doch logisch, Herr Kratzer. Unsere Arbeiten werden in einer Höhe von 50 Metern ausgeführt. Die Zeichenanlage dürfte nicht auf dem Dach stehen, sondern irgendwo unten auf dem Boden witterungsgeschützt in einem Container. Es gibt keinen außen liegenden Personenaufzug, sondern nur eine innen liegende Treppenanlage aus Stahl. Für jedes Maß, das ihr Sohn nehmen muss, oder was ihm fehlt, klettert er also 100 Meter durch die Treppenkonstruktion?«

Leichte Verwunderung machte sich auf Kratzers Gesicht breit, aber er blieb hart: »Ich habe mit Hajo alles durchgesprochen und er hat mir gesagt, dass er das schafft. Herr Geh, Sie fahren da nicht mit dem Krähe raus! Ich verbiete es ausdrücklich!«

So viel Sturheit war schon bemerkenswert! Entgegen früheren Zeiten war Kratzer nicht mehr bereit, über eine einmal getroffene Entscheidung nachzudenken und sie möglicherweise zu revidieren oder sie zu korrigieren.

Also fuhr Holger am Sonntag dem 19.11.1995 um 3:30 Uhr mit Krähe und Sommerlage raus in die Neuen Bundesländer, um die Männer in ihre Aufgabengebiete einzuweisen. Schließlich konnte Holgers Chef seinen Mitarbeitern nicht vorschreiben, was sie in ihrer Freizeit unternahmen.

Sommerlage sollte mit seiner neu gegründeten Firma ‚Mesoda' als Subunternehmer Leistungen für Kratzer in der Teilvorfertigung erbringen. Mesoda stand für Metall-Sommerlage-Dach.

Holger hatte rechtzeitig mit jemandem von der Objektverwaltung terminiert, denn der Betrieb an diesem Objekt, das die Firma Kratzer als Sanierungsauftrag hatte, verlief mehrschichtig im 24-Stunden-Betrieb.

Ungefähr drei Stunden lang hielten sich die drei Männer an diesem sehr interessanten Bauwerk auf und erkundeten jede Treppe und jeden Winkel. Sie machten Fotos, erstellten Skizzen und Aufmaße. Krähe und Sommerlage waren einhellig der Meinung, dass sie frühestens 14 Tage nach Ankunft an der Baustelle mit der tatsächlichen Arbeit erst hätten beginnen können, wenn sie die Baustelle vorher nicht gesehen hätten.

»Wir hätten nur nach dem Leistungsverzeichnis packend mehr als die Hälfte dessen vergessen, was wir nun, nach örtlichem Besuch feststellend, tatsächlich für einen Arbeitsbeginn brauchen«, sagte Krähe, »aber den Oddo kannst du vergessen, der hat nur noch sein Pöstchen im FdH im Kopf und wie er dadurch möglichst viel Kohle machen kann.«

Holger lud die Männer auf der Heimfahrt zum Essen ein und finanzierte wie immer bei solchen Gelegenheiten das Ganze aus der eigenen

Tasche. Während der Fahrt bekamen sie im Wechsel Schnee und Regen aber sie waren guter Dinge und die Scheiben beschlugen bald, weil sie sich königlich amüsierten. Natürlich auch über Kratzer und den Sachverhalt, dass sie letztendlich ihren Willen im Sinne des Unternehmens durchgesetzt hatten. Das war der Geist des Zusammenhaltens und der Gemeinsamkeit für das Geschäft, welchen Holger so schätzte. Um 20:30 Uhr war Holger bei seiner Familie. Um 22:00 Uhr lag er erschöpft aber zufrieden im Bett.

Kratzer bekam irgendwann Wind von der Sache, weil Krähe sich verplapperte. Kratzer hatte den Vorgang nie kommentiert auch Jahre später nicht, wenn Krähe ihn damit auf einer Weihnachtsfeier auf die Rolle nahm und sagte: »Oddo, wenn wir damals am Sonntag nicht rausgefahren wären mit dem Herrn Geh, dann würden wir heute noch da arbeiten.«

Es kamen die üblichen Weihnachtsfeiern, mit den Monteuren nunmehr in der Gastronomie ‚Rosenteich', und ehe Holger sich versah, war das neue Jahr erreicht und er fuhr für seine Bauvorhaben von Ost nach West und von Norden nach Süden.

Am 26.2.1996 fuhr er wieder um 3:00 Uhr morgens nach Potsdam, um mit der Firma Knulö und dem Bauleiter Glasfluss Details und Bauabläufe abzusprechen. Holger fuhr in einen wunderschönen Sonnenaufgang hinein und erreichte Potsdam bei schönstem Wetter um 9:00 Uhr. Die abzuarbeitenden Punkte waren schnell abgeklärt und um 10:00 Uhr fuhr Holger über den Berliner Außenring in Richtung Greifswald, um Rust Krähe an seiner Großbaustelle zu besuchen. Es war lausekalt im Oderbruch und die Monteure waren in ihren Thermokluften gut aufgehoben.

Hajo Kratzer hielt sich merklich im Hintergrund und Holger war schon riesig gespannt darauf, die ersten von ihm gezeichneten Pläne und Details zu sehen zu bekommen.

Nachdem Holger um 14:00 Uhr die Heimreise angetreten hatte, erreichte ihn auf dem Berliner Außenring über das Autotelefon Rebel Hass. Sie sagte: »Holger, unser Chef ist nicht mehr da. Nachdem du heute Morgen die Baustelle in Potsdam verlassen hattest, haben sich für Herrn

Glasfluss noch einige Fragen ergeben, wie er Herrn Kratzer telefonisch erzählte. Der Chef hat ihm gesagt, dass du heute noch mal auf die Baustelle kommst.«

»Kann ich den guten Mann denn nicht vom Autotelefon aus anrufen und mit ihm diese Punkte abklären?«

»Der Chef hat gesagt, dass du noch einmal auf die Baustelle kommst«, beharrte Rebel Hass trotzig.

Also baggerte sich Holger gegen den einsetzenden Feierabendverkehr wieder nach Potsdam rein und erreichte die Baustelle um 16:00 Uhr. Bauleiter Glasfluss war etwas verwundert. »Ich habe doch Ihrem Chef extra gesagt, dass es absolut nicht nötig sei, dass Sie hier zweimal am Tag auftauchen müssen. Wir hätten die Punkte auch morgen telefonisch abklären können. Aber da Sie jetzt schon mal hier sind …«

Um 17:00 Uhr machte er sich auf die Heimreise und fuhr über Hamburg, denn die Autobahn A 2 war durch ihren Ausbau zur Sechsspurigkeit eine einzige Baustellenkatastrophe. Es herrschte zwischenzeitlich ein Sauwetter mit permanentem Regen, der schnelles Fahren nicht ansatzweise zuließ. Holger erreichte Unna um 23:00 Uhr mit 1300 Kilometern mehr auf dem Tacho. Um 24:00 fiel er ins Bett und saß am nächsten Tag wieder um 7:00 Uhr am Büroschreibtisch.

Im März ging ein Auftraggeber des Hauses Kratzer in Konkurs. Die Firma blieb auf einer Summe von ungefähr 50.000 DM ersatzlos hängen. Beauftragt war die Firma Kratzer an diesem Objekt mit Dachdecker- und Zimmerarbeiten. Aber Holgers Chef hatte dem Bauträger, einem alerten Typen aus München und dessen mit einem Zopf kostümierten Sohn, bedingungslos geglaubt.

Holgers Warnhinweise auf ausstehende Zahlungen des Auftraggebers schlug Kratzer bedenkenlos in den Wind. »Also wenn ich eines besitze, dann ist es Menschenkenntnis. Und mit diesem Mann würde ich durch Ostpreußisch Sibirien gehen, glauben Sie mir! Der Mann ist gradlinig!«

Nun hatte er seine Eiseskälte im Firmensäckel und eine nicht ganz gradlinige Bilanz.

Die Frau von Holgers altem Freund Leo Blanc eröffnete in Wattenscheid eine eigene Boutique. In Anlehnung an ihren Vornamen Mia hieß das neue Geschäft treffenderweise ‚Mamamia'. Katrin und einige ihrer Freundinnen fuhren schon mal öfter zu Modenschauen dorthin.

Ende März traten die Ehepaare Geh und Polters mit ihren Mädels einen einwöchigen Skiurlaub in dem wunderschönen Bergdörfchen ‚Rein in Saufers' in Norditalien an. Katrin und Carina belegten Skikurse und Holger tummelte sich mit Polters und anderen netten Gästen des Familienhotels Pichelhof auf der Skipiste. Holgers Damen hatten Spaß am Skilaufen. Insbesondere Carina machte sich gut auf den Brettern. Mareike und Gitte Polters glänzen durch ihre desolaten Tischmanieren, sodass es Holger mit seiner Familie schon teilweise peinlich war, mit Polters an einem Tisch zu sitzen. Gitte war so rotzig laut frech zu ihren Eltern, dass sie damit in der Tat Aufsehen erregt. Holger hatte mit seiner Familie nette Menschen im Urlaub kennengelernt und so verabreden sich alle für das kommende Jahr.

Nach Holgers Rückkehr macht ihm sein Chef Vorwürfe wegen irgendwelcher Nichtigkeiten an dem Bauvorhaben in Potsdam, das von Holger betreut wurde. In Wirklichkeit konnte er den Fußtritt seiner Mitgesellschafter nicht verkraften, den die ihm in den Hintern gedrückt hatten, nachdem er diesen sein Debakel in Rheda-Wiedenbrück gebeichtet hatte. Dieses Bauvorhaben hatte er als Chef selbst geleitet und konnte deshalb das Desaster keinem seiner Mitarbeiter in die Schuhe schieben.

Die Telefonistin und Schreibdame Rebel Hass hatte sich mittlerweile eine subtile Art angewöhnt, Herrn Kratzer zu bestrafen, wenn sie der Meinung war, dass dieser ihr komisch kam. Sie verband einfach keine Anrufer mit ihm. Wenn Kratzer durch sie eine Verbindung haben wollte, dann sprach sie bei geschlossener Leitung mit nicht existenten anderen Vorzimmerdamen und beschied Kratzer mit ihrem Puppenlächeln: »Herr Kratzer, Ihr gewünschter Gesprächspartner ist zurzeit nicht im Hause.« Das machte sie sehr geschickt, einschließlich des Sachverhaltes, dass sie

Kratzers Bitten um Rückruf ebenso nicht weitergab. Bei irgendwelchen Rückfragen Kratzers ließ sie natürlich immer die andere Seite dumm aussehen. Insofern entsprach sie vollständig dem Beschrieb ihres ehemaligen Vorgesetzten, denn sie erzählte bereitwillig ihrer Kollegin Hase, sowie den Herren Titelmann und Geh, wie sie den Chef als ‚Kleinmänneken' vorführte, wenn er ihr blöde kam.

Die hatten das schon längst gemerkt, denn es gab öfter die Situation, dass die drei Gesprächspartner am Telefon hatten, die Rebel Hass, Herrn Kratzer kurz vorher als ‚Außer Haus' verkauft hatte.

Ihre viele freie Zeit, die Rebel Hass nunmehr hatte, seitdem Kratzer Präsident des Dortmunder-FdH war und dann in Ausübung seines Amtes außerhalb der Firma regierte, verbrachte sie mit geregeltem Nichtstun. Sie schaffte es, stundenlang am Arbeitsplatz privat zu telefonieren oder sogar Bücher zu lesen. Ihre Telefonate reichten bis nach England, denn dort wohnten irgendwelche Verwandte. Mindestens zweimal im Jahr fuhr sie mit ihrem Freund dorthin. Außer England, Nordrheinwestfalen und den Autobahnzubringern zum Kanal kannte sie offensichtlich nichts anderes. Eventuell noch die Lüneburger Heide. Wenn Rebel Hass mit England telefonierte, dann aber auch in einer Lautstärke, die jedes Büro erreichte, damit aber auch jeder hören durfte, wie gut sie Englisch quaken konnte. Selbstverständlich nur dann, wenn der große Meister außer Hauses war.

Rebel Hass begann zu expandieren. Nicht geistig, das wäre zu schön gewesen, sondern körperlich. Auf ihrem Schreibtisch hatte eine große Glasschale ihre Heimat gefunden, die wohlgefüllt war mit Süßigkeiten. Angefangen von Lakritzsachen über Schokoladentäfelchen bis zu Bonbons. Offiziell sollte das für Besucher oder die Monteure sein, inoffiziell fraß sie fast alles selbst und wurde fett und fetter. War Kratzer im Hause, dann schleimte sie um ihn herum und bemutterte ihn wie eine Amme.

»Herr Kratzer, ist der Kaffee gut so? Ich hole Ihnen gerne einen Neuen. Soll ich Ihnen lieber einen Tee machen? Was für einen? Kräutertee oder grünen Tee? Soll ich schon Zucker reintun? Kann ich Ihnen ein Brötchen machen? Sie sehen aber heute gar nicht gut aus«, und schleim, schleim, schleim.

Brühwarm erzählte sie dann Kratzer, welcher Gast im Hause gewesen war und wie lange, und bei wem, und möglichst noch warum. Das betraf natürlich auch die eingehenden Telefongespräche, von denen Kratzer dann über Rebel Hass erfuhr, denn die Telefonzentrale lief inzwischen auch über ihren Schreibtisch.

Holger musste dann immer bei Kratzer antreten und ihm ausführliche berichten, wer was und warum gesagt hatte und was er dabei für einen Eindruck hinterlassen hatte. Holger hatte den Eindruck, dass Kratzer ihm gegenüber immer misstrauischer wurde. Letztendlich war ihm das aber egal.

Am 13.6.1996 war endlich die Abnahme des großen Objektes bei Greifswald in den neuen Bundesländern und Holger war froh, dass sich die endlose Fahrerei für ihn damit dem Ende näherte, denn es waren nur noch einige wenige Restarbeiten zu erledigen.

Natürlich hatte Hajo Kratzer auf der für viele 10.000 DM gekauften, teuren Zeichenanlage keinen einzigen Handstrich der versprochenen ‚zeichnerischen Dokumentation' geleistet. Angeblich waren, nach seiner Aussage, keine bauseitigen Räumlichkeiten zu Verfügung, wo diese Einrichtung vor Feuchtigkeit geschützt betrieben werden konnte. Und so verließ diese Anlage nie den oder die Keller des Hauses Kratzer und widmete sich ausschließlich den Themen des Alterns, des Werteverlustes und des Abschreibens.

Einige Autobahnen waren in den ‚Neuen Bundesländern' in einem dermaßen desolaten Zustand, dass die Geschwindigkeit stellenweise bis auf 30 km/h reduziert war. Das lag daran, dass es sich zum großen Teil noch um Autobahnen aus Beton aus Zeiten des 3. Reiches handelte und deren Betonplatten waren unter dem hohen Gewicht der westlichen Sattelzüge hoffnungslos abgesunken.

Teilweise existierten daraus Höhenunterschiede, die schon an Bordsteinkanten erinnerten. Mann hatte nur die Möglichkeit ganz, ganz langsam zu fahren oder ganz, ganz schnell. Letzteres bedeutete, eine Mindestgeschwindigkeit von 180 km/h, um die tiefer liegende Fahrbahnplatte einfach zu überfliegen. Das klappte auch gut, aber dann sah Holger einen Kollegen, der auch solches getan hatte, aber offensichtlich eine zu lange Betonplatte erwischte oder eine zu geringe Überfluggeschwindigkeit wählte. Er war ungebremst in so eine quer zur Fahrbahn verlaufende Bordsteinkante gelandet und hatte sich die gesamte Radaufhängung unter dem Vorderwagen weggerissen. Nun lag sein schöner Ex-Daimler nach dieser Notlandung im Autobahnrandbereich und das Fahrwerk hatte sich 50 Meter dahinter angesiedelt. Holger überlegte nicht lange und fuhr wieder 30 km/h, wenn die gefordert waren, und nahm von weiteren Flugübungen Abstand. Eine Woche später waren bei seinem Firmenwagen bei einem Tachostand von 180.000 Kilometern die Bremsen und Stoßdämpfer zum Austausch fällig und Kratzer schrieb das selbstverständlich Holgers Fahrstil zu, was dieser eigentlich auch nicht anders erwartet hatte.

Im Sauerland bei Olpe wurde das Dach eines Schulneubaus mit einer Aluminiumverkleidung versehen. Die Schule gehörte der Kirche. Kratzer bekam das Objekt nach bekannter Art. Obermonteur Krähe setzte mit seiner Truppe direkt von Greifswald nach dorthin um und taufte das Dach wegen seiner markanten Form und damit auch die Baustelle ‚Die Gurke'.

Am Freitag dem 24. August hatte Holger wieder die ganze Bürobesatzung bei sich im Garten und die ganze Mannschaft tagte bei herrlichstem Wetter bis 2:00 Uhr morgens, wobei natürlich aus bekannten Gründen Rita Hase nicht eingeladen war.

Am 19. September zerschoss Holger Geh um 18:30 Uhr auf der Heimfahrt vom Büro an der Autobahnausfahrt nach Unna bei einem von ihm verursachten Auffahrunfall seinen Firmenwagen zu einem Totalschaden. Es entstand kein Personenschaden, aber der Kontakt mit dem Knallsack aus dem Lenkrad war für Holger ein Erlebnis, das er nicht öfter brauchte. Das Paradoxe war zusätzlich der Sachverhalt, das am Morgen des 19. Septembers ein neuer Firmenwagen für Holger bestellt worden war.

Am 5. November mietete die Firma Kratzer einen Pub in der Westfalenhalle in Dortmund. Mit vielen von der Firma Kratzer eingeladenen Gästen, Architekten, Bauleitern und Lieferanten nahm auch die Bürobesatzung an dem berühmten ADAC-Steherrennen teil. Von der örtlichen Gastronomie waren Würstchen, Brötchen und Bier geordert worden. Holger und die anderen Damen und Herren aus dem Büro, sowie die ebenfalls eingeladenen Betriebsräte der Firma mussten unter ihren Mänteln und in ihren Jackenärmeln Schnaps-, Sekt- und Weinflaschen in die Halle schmuggeln, damit die Kosten überschaubar blieben und die Gäste Alternativen zu dem Bier finden konnten.

Holger hatte inzwischen einen geregelten elfstündigen Arbeitstag, wobei die langen Tage mit 12 oder gar 14-stündiger Abwesenheit von zu Haus bei seinen vielen Fahrten zu auswärtigen Baustellen noch gar nicht berücksichtigt waren.

Zwischenzeitlich hatte eine junge Frau, Nelle Tulpenfeld, bei der Firma Kratzer angefangen und übernahm die Buchhaltung. Nicht wenig später nahm der Bautechniker Hals zur Unterstützung von Rainer Titelmann seine Tätigkeit bei Kratzer auf.

Das Weihnachtsessen der Büroangehörigen und derer Lebenspartner fand nunmehr in großer Runde im Lokal Pendler statt. Die Firma Kratzer GmbH zählte in diesen Zeiten ungefähr 75 Mitarbeiter einschließlich des Büropersonals und Geschäftsführung. Und in dieser schon sehr stattlichen Zahl fand das Weihnachtsessen für die Firma dann wiederum in der Gastronomie ‚Rosenteich' statt.

Am 16.1.1997 brachte Holger zur Arbeitsaufnahme des ‚Neuen Jahres' eine riesige Platte mit den verschiedensten Kuchensorten mit in das Büro. Alle freuten sich über seine gute Idee, aber keinem fiel auf, dass Holger nunmehr 15 Jahre in der Firma Kratzer GmbH angestellt war. Als Holger damals bei Kratzer anfing, war er Mitarbeiter Nummer 28 gewesen und die erste Kaffeemaschine, die Kratzer damals noch selbst gekauft hatte, stand auf der Fensterbank des Büros, das sich Holger mit dem alten Meister teilte, aber auf Holgers Seite, denn er war der Kaffeeminister.

Mitte März bekam die Firma Kratzer den Auftrag für einen bekannten Autohersteller in der Nähe von Bremen, das Dach des Kundenabholzentrums mit Aluminium abzudecken. Der Dämmungshersteller eines Spezialdämmstoffes hatte das Haus Kratzer empfohlen, sodass mit diesem zusammen die entsprechende Firmenliste gefunden wurde, die an dem Angebotsverfahren teilnehmen konnte.

Die Übergabe der vom Band laufenden Fahrzeuge an die selbstabholenden Erwerber entwickelte sich bei allen deutschen Autoherstellern immer mehr zu einem Erlebnisevent.

Das ganze Gebäude war eine filigrane Stahlbaukonstruktion und erinnerte von der Dachform her an eine riesige Welle. Auf den Wunsch seines Chefs beschäftigte sich Holger mit diesem doch technisch ziemlich anspruchsvollen Bauvorhaben. Insbesondere die Dachränder bereiteten ihm einiges Kopfzerbrechen, weil dort die Dämmung aus architektonischen Gründen sehr dünn war, und eine Montage der Befestigungselemente für das Dach das Risiko des Dämmungsbruches mit sich führte. Eigentlich war eine Dämmung gar nicht nötig, denn es handelte sich in diesen Bereichen um Flugdachflächen im kalten Bereich, aber um Ausfallkondensat an der Unterseite des tragenden Stahltrapezblechdaches zu vermeiden, einigte man sich eben auf eine dünne Dämmung.

Holger bekam das Problem der Befestigung in den Griff und er wurde somit als Vertreter der Firma Kratzer bei diesem Spezialdämmungshersteller ein Begriff, der da so ungefähr hieß: »Bei allen schwierigeren Dachfragen kann dir Kratzers Holger Geh was sagen.«

Und so rief eines Tages ein Architekt an, der von dieser Bremer Dachgeschichte Wind bekommen hatte und für ein großes Entsorgungsunternehmen im nahen Sauerland den Neubau eines Verwaltungsgebäudes plante. Diese Wellenbewegung des guten Namens von Holger Geh für das Haus Kratzer zog Kreise und brachte für das Unternehmen Erfolge.

Gegen Ende März fuhr Holger zum wiederholten Male mit Polters nach Tirol zum Skilaufen. Seine Frau Katrin und Tochter Carina fuhren zu seinem Bedauern nicht mehr mit. Sie hatten sich beide gegen das Skilaufen entschieden. Carina, weil sie lieber reiten wollte und Katrin, weil sie lieber bei Carina blieb.

Nachvollziehbar war das für Holger nicht, denn seine Frau und seine Tochter waren eigentlich ganz gute Skiläufer geworden. Ein anderes gemeinsames Hobby übten Holger und Katrin nicht aus, wenn man von den häufigeren Theaterbesuchen, bedingt durch ein jahrelang genutztes Abonnent einmal absah.

Also fuhr Holger allein und traf sich mit Polters wieder in dem schon sehr gewohnten Familienhotel in ‚Rein in Saufers'. Es war, wie immer ein schöner Winterurlaub, aber Holger saß doch etwas gequält mit Polters an einem Tisch und musste die Attitüden ihrer beiden Mädels miterleben. Zusammen hatten sie inzwischen Kontakt zu vielen Miturlaubern, die wie sie jedes Jahr zur gleichen Zeit vor Ort waren. Hervorzuheben waren Harras und Cornelia Freschel mit ihren beiden netten Mädels.

Am 1. April, dem ersten Arbeitstag nach seinem Urlaub, wurde Holger Geh von seinem Chef mit übelster Laune empfangen. »Herr Geh, guten Morgen, die Auftragslage ist miserabel.«

»Aber Herr Kratzer, das kann ich nicht so ganz nachvollziehen. Ich war eine Woche im Skiurlaub und vorher war noch keine Rede davon, dass unser Unternehmen ein Auftragsloch hat. Sind uns denn in der letzten Woche so viele Aufträge entzogen worden?«

»Unsinn, Herr Geh, keiner entzieht Kratzer Aufträge. Ich will damit nur sagen, dass sie besser und effektiver akquirieren müssen.«

»Höh???«, dachte sich Holger und machte sich nicht weiter Mühe, die Ursächlichkeit von Kratzers Unwillen zu erforschen denn die erfuhr er zehn Minuten später, als ihm Rita Hase sagte: »Mach dir nix draus. Vetter Gerd hatte unser Öddilein in der letzten Woche geärgert und da warst du eben jetzt der willkommene Blitzableiter.«

Am 10.4.1997 bekam die Firma Kratzer Kontakt zu einem Zertifizierungsunternehmen. Kratzer wollte sein Unternehmen, in einem geförderten Modellversuch für Handwerksbetriebe, gemäß ISO 9001 zertifizieren lassen. Endlich machten sich seine Beziehungen durch sein Amt im ‚FdH' einmal bezahlt.

Katrins und Holgers Tochter Carina wurde am Sonntag dem 13. April in der Friedenskirche in Unna konfirmiert. Es war eine schöne Feier! Ihre Paten waren mit den Partnern da und die beide Großeltern ebenfalls. Katrin und Holger hatten den Eindruck, dass ihr Kind sich über diese Feier ebenfalls gefreut hatte.

Holgers Verhältnis zu seinem Kollegen Titelmann begann sich zu verschlechtern. Alle Anregungen beruflicher Natur von Holger betrachtete Titelmann plötzlich als Angriff auf seine Person und Unterminierung seiner Kompetenz.

Wer ihm diesen Floh ins Ohr gesetzt hatte, war für Holger nicht nachvollziehbar.

Am Montag dem 16. Juni nahm ein neuer Mitarbeiter in der Firma Kratzer seine Tätigkeit auf. Sein Name war Joachim Silba. Er war Herrn Kratzer, von einem anderen Unternehmen, das ihn loswerden wollte, mit den wärmsten Worten anempfohlen und Oddo Kratzer war prompt darauf eingestiegen, einen professionellen Abrechner einzustellen. Kratzer stellte seinen Mitarbeitern den neuen Kollegen Silba als Vorbild vor.

Insbesondere den Herren Titelmann und Geh erklärte Oddo Kratzer die Vorzüge dieses neuen Mitarbeiters mit markigen Worten: »Sehen Sie, meine Herren, so macht man Abrechnungen! Kein Zaudern, kein Zögern, sondern ran an den Bauherrn mit unseren Forderungen. Schauen Sie, bei dem Bauvorhaben von Herr Geh im Sauerland, rechnet Herr Silba noch 50.000 DM zusätzlich an Leistungen pauschal ab. So etwas sollten Sie sich bei Ihren Abrechnungsversuchen mal als Beispiel dienen lassen!«

»Na toll gelaufen«, dachte sich Holger. »Onkel Oddo sieht nur eine

Zahl, bekommt sofort das Dollarzeichen in die Augen wie Onkel Dagobert und mich lässt er wie einen Tölpel aussehen!«

Der neue Kollege Silba fuhr einige Tage später in das Sauerland, um die von Holger übernommene Abrechnung mit seiner Pauschalpreisergänzung dem Architekten des von Holger betreuten Schulbauvorhabens schmackhaft zu machen.

Anderntags bekam Holger von diesem Architekten einen Anruf, der sich ungefähr folgendermaßen wiedergeben ließ: »Guten Morgen, Herr Geh, welches Arschloch haben Sie mir denn da gestern in das Haus geschickt? Nur meine jahrelange Verbundenheit zu Ihrem Hause hat mich davon abgehalten, diesen Querblick gleich auf die Straße zu setzen! Diesen Vogel möchte ich hier nie wieder sehen! Seine Pauschale ohne jeglichen Beleg von Art und Weise ist für mich armselig und ohne Bedeutung. Er schreibt nur in seinem Rechnungsanhängsel eine Position Mehrkosten für Mehrarbeit und Mehrleistungen, das ergibt 50.000 DM.

Wenn ich einem Bauherrn für 50.000 DM eine Garage anbiete, dann möchte der aber wissen, wie groß die Garage sein wird, wie viele Tore und Türen sie hat und wie viele Autos hineinpassen und ob sie innen und außen verputzt ist und einen Anstrich hat und wie viele Lampen und Steckdosen installiert werden. Wenn ich so einen Job machen würde wie Ihr Abrechner, dann wäre ich arbeitslos. Sagen Sie das bitte Ihrem Chef, und zwar ohne verbale Minderung! Wenn er meint, auf so wenig fundierte Art an Geld kommen zu müssen, dann scheint aber das Ende in eurem Laden nicht mehr weit zu sein!«

Holger gab das Ganze natürlich nur in gemilderter Form an Kratzer weiter. Und was bekam er zu hören? Nur Vorwürfe: »Also Herr Geh, ich muss schon sagen! Da hätten Sie doch als erfahrener alter Mitarbeiter dem Herrn Silba sagen müssen, was er alles unter dieser Pauschale hätte abrechnen und erklären sollen. Wie soll er das den wissen?«

»Also hören Sie mal, Herr Kratzer«, entgegnete ihm Holger Geh, der nun seinerseits reichlich angesäuert war, »Sie verkaufen uns, dem Kollegen Titelmann und mir, diesen Herrn Silba als Superabrechner. Und plötzlich wird er an das von mir geleitete Bauvorhaben geschickt, mit den

Vorschusslorbeeren noch 50.000 DM als Pauschale abrechnen zu können, was ich irgendwie vergessen habe in meine Abrechnung einfließen zu lassen? Jetzt, wo es nicht geklappt hat, weil es auch gar nicht funktionieren konnte und wir eventuell den guten Kontakt zu dem bauleitenden Architekten Stutewech verlieren könnten, weil er sich mehr als verarscht fühlt, wie er sich ausdrückt, soll ich den Sündenbock spielen? Das kann es doch wohl nicht sein, mein lieber Herr Kratzer! Das Problem müssen Sie doch wohl mehr mit Ihrem neuen Mitarbeiter besprechen oder ihre Zielvorgaben konkretisieren oder endlich mal ein zeitgemäßes Organigramm aufs Papier bringen oder bringen lassen, welches da heißt: Wer? Wo? Wie? Was? Wann? Aber darüber haben wir schon so oft gesprochen, dass ich mir erlaube, jetzt nur diese Kurzform zu wählen. Ich betrachte deshalb Ihre jetzigen Vorwürfe in Bezug auf meine Person als absolut haltlos!«

Kratzer brabbelte irgendetwas vor sich hin, was sich anhörte wie: »Sie müssen mehr Verantwortung übernehmen.« Es hätte aber auch heißen können: »Um alles muss man sich selbst kümmern.«

Holger interessierte es nicht weiter und er ließ seinen Chef stehen.

Ende August feierte die Firma Kratzer GmbH das 111 jährige Jubiläum unter diesem Namen. So konnte man es eigentlich nur titulieren, denn der zwischenzeitliche Konkurs vor 1980 und die Neufirmierung unter der entscheidenden Leitung der beiden Brüder Dasholz wurde von Oddo Kratzer inzwischen immer mehr verschwiegen.

Oddo Kratzer hatte zwischenzeitlich seine Anteile an dem Unternehmen Kratzer von 25 Prozent auf 33 und ein drittel Prozent aufstocken können und fühlte sich nunmehr als vollwertiges Mitglied der Gesellschafterversammlung der Firma Kratzer GmbH und war stolz wie Bolle.

Sein Sohn Hajo hatte nach dem Verlassen des Gymnasiums, der Ableistung des Wehrdienstes und der Beendigung der Fachausbildung nunmehr ein Studium aufgenommen. Er widmete seinen jugendlich überschäumenden Elan dem Studium des GBl (Gebürtiger Betriebsleiter). Es war ein sehr anspruchsvolles Studium mit vielen Semestern meditativer Übungen in Theorie und Praxis und das nicht nur im Hörsaal, sondern auch in freier Natur, im Wald und auf dem Feld, bei Wind und Wetter. Galt es doch die Verinnerlichung zu wecken und zu verfestigen, dass man genetisch bedingt in einen elterlichen Betrieb hineinwachsen musste und dieses harsche Los fast unabänderlich war! Die Durchfallquote dieses Studienganges war nicht unerheblich, besonders wenn es Studenten betraf, die dummerweise Eltern hatten, die ihr Unternehmen nicht nur national aufgestellt hatten, sondern unbedachterweise eventuell sogar international. Da war zumindest englisches Meditieren angesagt, und wenn man Pech hatte, sogar noch Französisches oder Russisches.

Ende September wurde die Firma Kratzer GmbH nach ISO 9001 zertifiziert und Hajo Kratzer blamierte sich bei der Zertifizierung bis auf die Knochen. Der zertifizierende Auditor befragte ihn nach seiner Funktion im Hause und Hajo Kratzer antwortete ihm in aller Treue: »Ich studiere GBl und nebenbei spiele ich hier den QMB (Qualitäts-Management-Beauftragter).«

Der Auditor, der ihn schon kurz nach seiner Begrüßung als Berufssohn eingestuft hatte, explodierte geradezu: »Herr Kratzer, Sie spielen nicht den QMB! Sie sind der QMB! Das ist eine Aufgabe und kein Ehrenamt! Und hier haben Sie meine Visitenkarte! Dann können Sie schon mal üben, wie man GBl schreibt! Ich habe diese Studienrichtung auch gewählt, allerdings erst, nachdem ich ein technisches Studium, das meinem väterlichem Betrieb der Elektroinstallation entsprach, erfolgreich abgeschlossen hatte.«

Hajo Kratzer stammelte sich etwas ins Kinn, was allerdings keinen erwähnenswerten Sinn ergab. Rita Hase und Holger stießen sich vor Begeisterung gegenseitig in die Rippen, denn sie waren bei dieser Prachtnummer zugegen.

Nach der erfolgreichen Auditierung kamen Vater und Sohn Kratzer zu Rita Hase und Holger und teilten ihnen ihre Einschätzung über den Auditor mit. Sie bezeichneten ihn beide als frechen Idioten. Frau Hase und Holger nahmen diese Beurteilung lächelnd zu Kenntnis und kommentierten sie selbstverständlich nicht weiter.

Am Sonntag dem 4. Oktober 1997 erschien Holgers Vater morgens um 8:00 Uhr in Unna und klingelte Sohn, Schwiegertochter und Enkelin aus dem Bett. Er war stolz wie Kapitän Fürchtegott nach der Überquerung des Atlantiks in einer Mülltonne und präsentierte den Junioren *sein* neues Auto. Er hatte sich einen Smart gekauft und hinten in das Fenster ein Schild mit der handgemalten Aufschrift ‚Anfänger' hinein geklebt.

Natürlich konnte er fahren, aber da Holgers Mutter den gemeinsamen Wagen immer dann okkupierte, wenn Vater mal fahren wollte, blieb nach seiner Auskunft keine andere Wahl, als sich selbst einen fahrbaren Untersatz zu kaufen. Die Kiste war schwarz-gelb und damit eigentlich eine Reminiszenz an Borussia-Dortmund.

Holger fuhr diesen Rollstuhl auch ganz kurz und empfand ihn als gewöhnungsbedürftig. Er hatte eine eigenartige noch nicht ausgereifte Halbautomatik. Er schaltete wohl selbstständig hoch, aber das Herunterschalten musste der Fahrer durch Antippen des Schaltknüppels selbst ausführen. Holger hielt das für umständlich. Da dieser kleine Smart einer der Ersten in Dortmund war, wurde sein Vater mit seinem ‚Anfängerschild' an der Heckscheibe bald zum Blickpunkt des Autoverkehrs in Dortmund. Selbst Holgers Kolleginnen und Kollegen im Büro sprachen diesen auf seinen Vater hin an, wenn sie ihn im Stadtverkehr sahen. Er schaffte es sogar, auf dem Vorfeld des Dortmunder Flughafens zu landen. Durch irgendein geöffnetes Tor flutschte er auf das eingezäunte Flughafengelände und fuhr vergnügt zwischen den geparkten Flugzeugen umher. Nun, diese Nummer kam Holger nicht ganz unbekannt vor, aber sein Paps war inzwischen 84 Jahre alt und sollte von solchen Eskapaden eigentlich Abstand nehmen. Seinen kleinen Flitzer hielt man möglicherweise anfangs, bedingt durch seine auffällige Farbgebung, für ein neues eigenes Flughafenfahrzeug und ließ ihn ziemlich lange an den Hangars und Flugzeugparkplätzen vorbeikutschieren. Erst als er etwas orientierungslos auf die Startbahn abbiegen wollte, gingen die Sirenen an und er wurde umgehend eingefangen. Die Frage: »Was wollen Sie eigentlich hier?« beantwortete er wahrheitsgemäß: »Ich wollte mir hier eigentlich alles mal anschauen.« Das Flughafenpersonal machte dem alten Herrn überhaupt keinen Vorwurf. Sein Wägelchen wurde ordnungsgemäß geparkt und er bekam eine knapp dreistündige Privatführung durch den Dortmunder Flughafen einschließlich Besichtigung der Heizungszentrale.

Holgers Mutter war über Vaters Alleingang des Autoerwerbes natürlich überhaupt nicht begeistert, denn er hatte für den Kauf des kleinen Wagens knallhart sämtliche gemeinsamen Konten geplündert. Selbstverständlich ohne jede Absprache mit seiner Frau. Holger selbst fand die Entscheidung seines Vaters nicht ganz verkehrt, denn er hatte genauso Anspruch auf das gemeinsame Geld wie Holgers Mutter. Und die traf ihre Entscheidungen, zum Beispiel finanziell aufwendige Fernreisen allein zu unternehmen, ebenfalls ohne jegliche Absprache mit ihrem Mann. In Amerika und Russland sowie in der Türkei war sie mehrmals gewesen.

Ende November, Anfang Dezember besuchte Holger Geh an drei Samstagen ein Auditierungszentrum in der Nähe von Köln und wurde zur Qualitätsmanagementfachkraft ausgebildet. Am 4. Dezember war Holger auf Sylt und verhandelte den Auftrag einer Kirchenbedachung mit Stahlblech. Auch hier waren der Firma Kratzer die inzwischen sehr guten Verbindungen zu dem Spezialdämmungshersteller zugutegekommen, mit dem sie die Arbeiten an dem Autoübergabegebäude bei Bremen ausgeführt hatte.

Auf Sylt wurden Arbeiten nach ähnlichem System ausgeführt und der Spezialdämmungshersteller konnte sicher sein, dass die Verwendung seiner Materialien gut und sorgfältig ausgeführt wurde. Nichts war so schlimm in der Baubranche als ein Handwerker, der Materialien unsachgemäß verbaute. Das brachte den Hersteller und sein Produkt ganz schnell in Verruf. Und so wurde die Firma Kratzer und mit ihr der Mitarbeiter Holger Geh weiterempfohlen und weiterempfohlen.

Als Sylt-Fan war es für Holger ungemein interessant, die Insel um diese Jahreszeit zu erleben. Es war bei regnerischem Wetter absolut öde und leer und viele Geschäfte waren in Westerland geschlossen. Ganz wenige Touristen waren zu sehen, aber trotz aller Witterungsunbilden übte die Insel einen anziehenden Reiz auf Holger aus.

Holger hatte direkt mit dem Kirchenvorstand in Gegenwart des Architekten verhandelt. Er musste während der kaufmännisch-technischen Verhandlung ein 15-minütiges aussagefähiges Porträt der Firma Kratzer, sowie einen fünfminütigen eigenen Lebenslauf abliefern. So wie in der Schule oder in Rhetorikkursen mit dem Blick auf die Uhr, von beiden Seiten. Der Kirchenvorstand schloss die Verhandlung und versprach, die Ergebnisse in die nächste Kirchenvorstandssitzung zum Entscheid einzubringen, da man auch noch mit anderen Firmen in diesen und anderen Dingen verhandeln wollte. Eine Woche später bekam die Firma Kratzer GmbH den schriftlichen Auftrag des Kirchenvorstandes zugeschickt.

Anfang Februar 1998 war Holger zum zweiten Male in dem Auditierungszentrum bei Köln und wurde in einem einwöchigen Seminar zum Qualitätsmanagementbeauftragten der Firma Kratzer ausgebildet.

Hajo Kratzer, der diese Aufgabe eigentlich hätte wahrnehmen sollen, und bei der Firmenauditierung ja auch schon als solcher betrachtet wurde, sah sich durch sein Studium zu sehr eingespannt, um diesen Lehrgang zu dieser Zeit zu besuchen. Holgers Kollege Rainer Titelmann sah in dieser ganzen Zertifizierung des Unternehmens überhaupt keinen Sinn und hielt sich entsprechend zurück.

Am 4. Juni nahm Holger an dem ersten Bauterminierungsgespräch bei dem bauleitenden Architekten auf Sylt teil. Der Termin war auf 10:00 Uhr morgens angesetzt und jeder, der die Entfernung nach Sylt und die Gegebenheiten der Zugverbindung kennt, weiß, wann man dann aufstehen muss, um pünktlich zu sein.

Holgers zeit- und kilometerintensive Einsätze für das Haus Kratzer wurden als selbstverständlich betrachtet. Aber er beklagte sich nicht, denn diese Art der Arbeit lag ihm und er fuhr gerne und schnell mit dem Firmenwagen.

Mitte Juli erfolgte die Abnahme eines großen Verwaltungsgebäudes im nahen Sauerland. Das Bauvorhaben wurde von Holgers Kollegen Schmermann geleitet. Es war das Verwaltungsgebäude des Entsorgungsunternehmens ‚Ebol'. Ein riesiger imposanter technisch anspruchsvoller Bau, der durch seine großen Glasfronten auffiel. Holger hatte im Vorfeld der Bauausführung den Firmensenior Herrn Goldhoff kennenlernen dürfen und dachte gerne an die interessanten Planungsgespräche mit ihm, dem Architekten und anderen Gewerken zurück. Die menschliche Großzügigkeit von Herrn Goldhoff-Senior und dessen geradezu liebevoller Umgang mit seinen Mitarbeiterinnen und Mitarbeitern waren für Holger eine Mustererfahrung in Sachen Menschenführung.

Im November belegte Holger wiederum einen Auditierungslehrgang und war nach erfolgreichem Abschluss zertifizierte Fachauditor, das hieß, dass er nunmehr für Auditierungsunternehmen Zertifizierungen hätte ausführen können.

Den Lehrgang hatte er aus eigener Tasche bezahlt und für den einwöchigen Lehrgang seinen Urlaub geopfert. Im Betrieb wurde dies zur Kenntnis genommen, aber nicht weiter kommentiert. Nach außen hin wurde jedoch von Oddo Kratzer immer betont, dass sein Unternehmen zertifiziert war und sein Mitarbeiter Geh sogar den Titel Auditor führte. Nun denn, das war dann eben so!

Anfang 1999 bekam die Firma Kratzer GmbH den Auftrag über Arbeiten an einem Flugplatzgebäude in der Nähe von Dortmund.

Die Telefonistin und Schreibdame Rebel Hass war inzwischen dick befreundet mit der niedlichen Buchhalterin Nelle Tulpenfeld. Man kannte sich und die Familien und machte zusammen Urlaub. Nach dem »Wo?« brauchte nicht gefragt zu werden, denn es war natürlich England.

Im Juni führte Holger Geh mit Billigung von Kratzer Führungsgespräche ein. Geregelt saßen alle Bauleiter und die Obermonteure bei Kratzer im Büro am großen Besprechungstisch und es wurden von Holger aktuelle Themen der Baustellen behandelt, sowie eventuelle Personaleinsätze. Laut Auskunft der Obermonteure kamen diese Gespräche bei der Belegschaft gut an, denn die Übermittlungswege und Anweisungen waren nunmehr sehr kurz und stellten absolut keine Einbahnstraße dar. Herr Schmermann protokollierte und diese schriftliche Kurzform wurde zwei Tage später an die Monteure weitergegeben. Selbst der Kollege Titelmann, der anfangs diesen Gesprächen absolut konträr gegenüberstand, nahm nach geraumer Zeit an ihnen teil.

Zu Beginn des Augusts war das Richtfest des Flughafengebäudes in der Nähe von Dortmund und fast wöchentlich musste sich Holger mit diesem Bauvorhaben befassen. Entweder saß er bei dem Auftraggeber oder bei dem Architekten, um Details abzuklären.

Am Dienstag dem 10. August kam er von einer Dienstfahrt nach Trier ziemlich spät nach Hause. Morgens noch hatte er seiner Frau Katrin versprochen, auf der Heimfahrt in einem Drogeriemarkt Einkäufe zu machen. Natürlich war das für ihn, in den Gedanken des Arbeitstages, in Vergessenheit geraten und es fiel ihm erst ein, als schon 20:00 Uhr war. Also hielt er vor einem Geschäft in der Nähe von Unna. Es war genau 20:02 Uhr. Holger sah schon von Weitem, wie ein dienstbarer Geist sich an der Geschäftstür zu schaffen machte, um abzuschließen. Wild gestikulierend lief er auf die Eingangstür zu und machte immer die Bewegung des Zähneputzens. Die Person hinter den Glasscheiben nahm ihn, nachdem er mit seinen gestikulierenden Bewegungen näher gekommen war, zu Kenntnis. Es war eine hübsche groß gewachsene kurzhaarige brünette Frau mit schlanker Figur und schlankem Gesicht. Sie trug einen weißen längeren Kittel mit einem kleinen Stehkrägelchen und keiner erkennbaren Knopfleiste an der Vorderfront.

Offensichtlich befand sich der Personaleingang dieses Kleidungsstückes an der Rückseite. Holgers wilde Bewegungen und Zeichen hatten bei der Dame hinter Glas keine neuen Erkenntnisse erzeugt. Er stand inzwischen direkt vor der Tür und machte den Zahnputzkaspar wie aus dem Lehrbuch.

Der Weißkittel hinter der Glasscheibe richtete sich auf, nahm Holgers Bühnenvorführung zu Kenntnis und schüttelte sich hinter der Scheibe aus vor Lachen. Dann machte die Frau wieder mit einigen Schlüsselumdrehungen die Ladentür auf, bat Holger hinein und fragte ihn amüsiert mit ihrer schönen gehaltvollen Stimme: »Ihre künstlerische Vorführung war ja ganz informativ, aber was brauchen Sie den für Ihre Zähne denn nun wirklich? Kukident oder Zahnpasta?«

Sie fielen beide in ein entspannendes Gelächter und Holgers Wunsch nach Zahnpasta wurde schnell erfüllt. Nach Begleichung der Summe an der Kasse wollte sich Holger dem Ausgang zuwenden, aber diese zuvorkommende Person fragte ihn: »Ob Sie mir wohl jetzt einen Gefallen tun könnten? Ich bin ganz allein im Geschäft und kann nicht kontrollieren, ob alle Beleuchtungen auf Nachtbetrieb umgeschaltet sind. Wenn Sie das wohl für mich machen würden?« Also machte Holger das, kam zurück und sagte: »Alles in Ordnung.«

»Ich gehe mich eben umziehen«, erwiderte die hübsche Verkäuferin. Nach kurzer Zeit kam ein flehentliches: »Ich habe mich eingeklemmt, wenn Sie mir helfen könnten?«

Holger ging in die hinteren nunmehr nur noch schwach beleuchteten Restflächen des Ladens und fand die Frau mit hängenden Schultern vor einem Ausstellungsständer für Lippenstifte mit einem großen Spiegel stehen. »Der Reißverschluss auf der Rückseite von diesem Mistkittel hat sich eingeklemmt, wenn Sie mich wohl netterweise befreien würden?«

Unter vielem Gehakel und Gezupfe bekam Holger den Reißverschluss auf und dann ging alles rasend schnell. Der Kittel glitt herunter und er richtete sich hinter dieser schlanken Frau auf, küsste ihren Nacken und legte seine Hände um ihren Bauch, die sie sofort verlangend zu ihrem Schritt schob. Holger bückte sich wieder und zog ihr mit einer Bewegung ihren weißen Slip nach unten, aus dem sie mit einer eleganten Bewegung sofort ausstieg und einladend die Beine spreizte.

Die auflodernde Geilheit der beiden konnte sie unzweifelhaft an ihren eigenen Gesichtern erkennen, die ihnen entgegenspiegelten. Beide keuchten inzwischen und die Frau beugte sich aufreizend nach vorn und streckte Holger ihren attraktiven Arsch entgegen. Das ließ Holger geil werden wie ein australisches Riesenschwanzkänguru. Er öffnete rasch ihren Tittenhalter, der zwei sehr schön proportionierte Brüste entließ, und entledigte sich blitzschnell seiner, an diesem warmen Tag, knappen Bekleidung aus Hose, Slip und T-Shirt. Strümpfe trug er wegen seiner offenen Sandalen gar nicht und die kickte er zur Seite. Dann schob er sich mit ebenfalls leicht gespreizten und eingeknickten Beinen und seiner harten Latte an den Hintern der Frau und ließ sie seinen Ständer spüren ... und spüren ... und immer wieder spüren!

Danach trennten sich beide keuchend voneinander und stellten sich schmunzelnd einander vor: »Ich heiße Holger«, sagte er, »und ich heiße Helga«, sagte sie. »So geil habe ich seit zwei Jahren nicht mehr gefickt«, sagte Helga, »da wurde ich nämlich geschieden.«

»Und ich habe seit Jahren auch nicht mehr so tierisch gevögelt. Ich erlebe nur Blümchensex und bin nicht geschieden«, entgegnete Holger. Sie lachten beide über ihre ulkige Unterhaltung. Dann zogen sie sich flink an, denn Helga musste heim zu ihrem Sohn, der im Alter von Holgers Tochter war, wie sie ihm zu Abschied noch verriet. Sie tauschten eben noch ihre Diensttelefonnummern aus, denn sie hatten unabgesprochen beschlossen, den gerade ausgeführten geilen Sex nicht zu einer Eintagsfliege verkommen zu lassen.

Ende August belegte Holger mit Evi Göre und deren Mann Fred einen Motorrad-Führerschein-Kurs. Holger hatte sich zwischenzeitlich ein Motorrad mit 15 PS und 125 cbm gekauft. Man konnte es mit dem Autoführerschein fahren. Das kleine Maschinchen eines japanischen Herstellers sah aus wie eine Große, aber am Berg fiel die Leistung arg in den Keller und die jungen Kerle, die Holger mit ihren 400er oder 500er cbm Klassen locker überholten, machten sich immer lustig und riefen: »Opa, nun dreh doch mal am Griff!« Also beschloss Holger, den Schein für die offene Klasse zu machen und Evi und ihr Mann machten mit, nachdem Holger von seinem Vorhaben erzählt hatte.

In der Firma konnte Holger mit Zustimmung von Oddo Kratzer eine weitere Neuerung einführen. Die Betriebsangehörigen erhielten je nach Beschäftigungszeit zu einem runden Jubiläum ein Geschenk mit Erinnerungswert. Nach zehn Jahren gab es eine CD des berühmten Bänkelsängers Herborn Tönebeyer aus Witten-Annen an der Ruhr mit dem Titel: ‚Zehn Jahre mit dir unter einem Dach und wir haben immer noch keinen Krach.' Diese CD kam bei den Monteuren gut an und Holger hörte diese

Ruhrpottbaladen von Tönebeyer ebenfalls gerne. Da er immer in identischer Betonung und mit gleichem Stimmmuster sang, konnte man danach Kinderlieder oder auch Wanderlieder intonieren, denn die wurden dann erst richtig Hip.

Für die Mitarbeiter der Firma Kratzer mit zwanzigjähriger Betriebszugehörigkeit wurde ein schwarzer Kugelschreiber mit Großraummine des bekannten Schreibgeräteherstellers Eiger-Nordwand verliehen. Diese Schreibgeräte waren qualitativ sehr gut, hatten aber auch ihren Preis. Holger hatte sich in guten Zeiten auch mal welche gegönnt, und zwar in Silberausführung. Der gute Onkel Oddo bekam daraufhin feuchte Augen und gönnte sich auch welche, und zwar in Goldausführung. Die Jubiläumskugelschreiber erhielten den treffenden gravierten Schriftzug: *20 Jahre kratzen.*

Die Monteure waren hoch erfreut über diese bezeichnenden Belobigungen und auch das Umfeld um das Haus Kratzer fanden solche Auszeichnungen für die unerschütterliche Standfestigkeit langjährig Beschäftigter anerkennenswert.

Hatte ein Mitarbeiter 30 Jahre dem Unternehmen die Treue gehalten, dann bekam er eine vergoldete Sprungdeckel-Taschenuhr mit Automatikwerk des nicht unbekannten Uhrenherstellers Zink aus Datteln. Auch hier war die Gravur auf der Außenseite des Deckels dezent schlicht gehalten und lautete bescheiden: *30 Jahre kratzfest.*

Oddo Kratzer war natürlich ebenso begeistert über *seine* Ideen, die langjährige Betriebszugehörigkeit seiner Mitarbeiter mit solchen Jubiläumsgeschenken honorieren zu können und überreichte sie jeweils zur Weihnachtsfeier dem Jubilar mit würdigen Worten: »Sie haben sich für das Unternehmen verdient gemacht und auch geholfen, den Karren manchmal aus dem Dreck zu ziehen. Solche Geschenke sind nicht die Normalität, in anderen Betrieben ist das nicht …, aber ich bin zu dem Entschluss gekommen …, Ihre Kinder oder Enkel sollen mal stolz sein zu wissen, dass der Vater oder Opa bei Kratzer gearbeitet hat und … blah … blah.«

Fast alle zehn Tage hatte Holger nun ein Treffen mit FFH. Das hieß übersetzt Fick-Freundin-Helga und aus naheliegendem Grunde hieß Holger bei Helga ebenso.

In der Firma hatte Holger ohnehin seit langer Zeit eine Arbeitsauslastung von 120 Prozent. Das brachte einen leichten Adrenalinkick mit sich, machte aber auch gleichzeitig rattengeil.

Helga erging es in ihrem Job als Filialleiterin ebenso und so trafen sich die beiden nach kurzer telefonischer Absprache auf dem dann leeren Firmenparkplatz eines großen Unternehmens in der Nähe der Bundesstraße 1 in der dunkelsten baumbeschatteten Ecke. Helga kam neben Holgers Firmenwagen gefahren und rutschte sofort auf die Rücksitzbank, wo er sie in Geilheit erwartete und sofort auspackte. Die umständliche Kittelform mit Heckverschluss hatte sie auf seine Bitte geändert und trug jetzt welche mit praktischen Druckknöpfen an der Vorderseite, die er sofort verlangend aufreißen konnte, um ihr an den Rest der Wäsche zu gehen. Wenn sie überaus gierig auf ihn war, dann hatte sie auch diese schon im Geschäft abgelegt.

Es war ein hemmungsloses Übereinanderherfallen und Keuchen und Stöhnen. Eine tierische Fickerei in allen Stellungen, die die Inneneinrichtung eines Mittelklassewagens zuließ oder, als es noch warm war, was die Motorhaube als Fläche hergab.

Mehr führte sie nicht zusammen und beide waren entspannt und zufrieden, wenn es vorbei war und sie nach einer Stunde wieder auseinandergingen. Für Holger war es genauso wie damals in Dortmund mit Margit Spielauf und ihren gemeinsamen Minütchen im Keller. Nur, auf dem Parkplatz war bedauerlicherweise kein Spiegel!

Im September kam Holgers Vater in ein Altenpflegeheim und Holger wurde wegen seiner rasch beginnenden Demenz zu seinem Betreuer bestellt. Gleichzeitig begannen nach langer Planungs- und Detaillierungszeit die entscheidenden Arbeiten für die Firma Kratzer an dem Flughafengebäude in der Nähe von Dortmund.

Anfang des Jahres 2000 verkaufte Holgers Mutter den kleinen schwarzgelben Wagen ihres Mannes an ein großes Autohaus in Bochum. Bei dem sich schnell verschlechternden geistigen Gesundheitszustand von Holgers Vater lag der Verdacht nahe, dass er nie wieder würde fahren können. Das Autohaus, an das Holgers Mutter den kleinen Wagen verkauft hatte, war so großzügig, dass es vor lauter Begeisterung die Ankaufsumme von 10.000 DM gleich zweimal an Mutter überwies. Die schenkte ihrem Sohn 10.000 DM, allerdings ohne ihm den Sachverhalt der Herkunft zu erklären. Holger hatte inzwischen die Führerscheinprüfung mit Evi und Fred Göre bestanden und so gab er sein 15-PS-Motorrädchen in Zahlung und kaufte sich eine große Maschine mit 63 PS und 1100 cbm.

Am 9. Januar bekamen Katrin und Holger von Evi die Mitteilung, dass sie sich von ihrem Mann Fred trennen wollte. Das war für Holger und seine Frau nicht so ganz überraschend, denn trotz des gemeinsam absolvierten Motorradkurses stand die Ehe von Evi und Fred schon lange auf wackeligen Füßen.

Am 18. März zog sie dann mit ihrem Sohn in eine kleine Wohnung in die Nähe des Hellweges. Sämtliche Freunde im Dorf halfen dabei und hatten vorher schon tapeziert und gestrichen und die Wohnung grundgereinigt.

Holger macht um Ostern rum wie gewohnt allein seinen einwöchigen Skiurlaub an gewohnter Stelle. Nach seiner Rückkehr aus dem Urlaub bekam er von dem Meister Lorbas Kläffge berichtet, dass der Kollege Rainer Titelmann geäußert hatte, kündigen zu wollen. Kläffge fragte Geh, ob er darüber etwas wusste. Nun wusste Holger überhaupt nichts, denn sein Verhältnis zu Rainer Titelmann hatte sich bedauerlicherweise abgekühlt und über private Dinge unterhielten sich die beiden, entgegen früheren Zeiten, kaum mehr.

Holger betrachtete das Ganze als das berühmte »Interessant machen« von Titelmann, denn der hatte so etwas schon einmal abgezogen, um bei Kratzer mehr Aufmerksamkeit zu erlangen. Aber am 2. Mai eröffnete ihm

Titelmann tatsächlich, dass er sich beruflich neu orientieren wollte. Seine Einlassungen und Begründungen, die ihn zu diesem Entschluss führten, waren für Holger eher nicht nachvollziehbar. Nach den Auskünften einiger schwatzhafter Lieblingsmonteure von Titelmann lag der Verdacht nahe, dass dieser seit Jahren gut an Kratzer vorbeiwirtschaftete und das mit kompletten Dächern, die er mit seinen Lieblingsmonteuren ‚Schwarz' ausführte. Einige Monteure arbeiteten demnach auch bei Titelmann privat zu Hause und schrieben diese Zeiten als offizielle Stunden für die Firma Kratzer auf. Wenn also guter Ertrag war an Stunden in der Firma, dann konnten die Kratzerbaustellen noch etwas belastet werden. Möglicherweise hatte er auch eine doppelte Buchführung in seinem PC, das hätte auch erklärt, warum er wie eine Schlange dieses Gerät bewachte und nicht zuließ, dass sich jemand daran zu schaffen machte. Aber letztendlich war es Holger egal, was dieser Bursche so trieb, denn die Hauptsache für ihn selbst war, immer gradlinig zu sein und eine weiße Weste zu behalten. Und das Verquetschen von Stunden und Materialien auf andere Baustellen hatte sich Titelmann ja jahrelang von Kratzer zeigen lassen.

Am 2. Juni bekam Holger bei einer wirklich geilen Nummer mit seiner Helga von ihr erzählt, dass sie seit drei Wochen einen festen Freund hatte, mit dem sie zusammenziehen wollte, weil er sie auch wohl richtig lieb hatte.

Holger hielt das für nicht weiter tragisch und er bumste mit Helga das übliche Stündchen zusammen. Jetzt kam allerdings der Haken der neuen Situation. Der neue Kerl war nur lieb, zehn Jahre jünger als Helga und hatte seinen Pimmel bis jetzt eigentlich nur zum Pipimachen benutzt. Er hatte sich mit Helga darauf geeinigt, dass er ihr und Holger beim Vögeln zuschauen wollte, um dann irgendwann, wenn er genug gesehen hatte und selbst geil genug war, auch mitzuspielen. Das fand Holger ziemlich doof, denn so etwas war in der Klamottenkiste seiner Vergangenheit unter der Rubrik ‚War auch mal eine Erfahrung' abgelegt und setzte Staub an. Er sagte dies Helga auch. Sie reagierte schnippisch und zickig. Also zogen sich die beiden ziemlich einsilbig an, stiegen in ihre Autos, fuhren in entgegengesetzter Richtung davon und sahen sich nie wieder.

Nach einer Woche rief Helga bei Holger im Büro an und versuchte das für ihn schon erledigte Thema in eine andere Richtung zu lenken. Die Treffen mit ihr und ihrem Freund und mit Holger konnten auch in der Wohnung eines ihr bekannten Ehepaares stattfinden, das ebenfalls an gemeinsamer Fickerei interessiert war. Außerdem war ihr neuer Freund arbeitslos und besaß eine gute Kamera, mit der er die Gruppensexaktionen festhalten wollte, um sie für sehr viel Geld an einen wirklich sehr seriösen Interessenten zu verkaufen.

Holger lehnte dankend ab und empfahl der körperlich überaus attraktiven Helga sich nackt von ihrem neuen Lover fotografieren zu lassen - mit einer schönen großen Pfauenfeder in ihrem Modellpopo und einem kecken Tirolerhut mit Gamsbart auf dem Kopf. Ihr Freund sollte doch dann versuchen, dieses wunderschöne Bild als Lesezeichen über den Buchhandel zu verscheuern. Als letzten Tipp empfahl ihr Holger noch, das Gehirn aus dem Schritt zu nehmen und ihm Zuflucht im Kopf zu gewähren, denn ganz so blöd war sie nach Holgers Meinung nicht. Helga überflutete ihn am Telefon mit einem Sturzbach von unflätigen Schimpfworten, die er mit einem einfachen: »Will do? Dann nimm Dildo!«, beantwortete. Holger hörte von Helga nie wieder etwas und dachte sich: »Dann doch lieber Blümchensex! Zumindest vorerst!«

Rainer Titelmann kündigte tatsächlich sein Arbeitsverhältnis in der Firma Kratzer GmbH! Und zwar ohne eine Perspektive zu haben! Er hatte nicht einmal ansatzweise einen neuen Job in Aussicht! Wirklich überzeugende Argumente für seine Entscheidung wusste er Holger, den Kolleginnen und Kollegen, sowie dem geschäftlichen Umfeld der Firma nicht zu präsentieren. Er faselte etwas von: »Man muss sich auch umorientieren können. Dächer und Fassaden zu bauen kann nicht alles im Leben sein. Es gibt auch noch Wichtigeres, als für Oddo Kratzer arbeiten zu müssen. Meine Frau ist beamtet und hat einen hoch dotierten Job und ... blah ... blah!«

Holger Geh verschaffte Rainer Titelmann über seine guten Beziehungen zu der deutschen Geschäftsleitung eines international tätigen Spezialdämmungsherstellers einen Job. Es war das Unternehmen, mit deren Produkten die Firma Kratzer schon erfolgreich Arbeiten in Bremen, auf Sylt und im Sauerland ausgeführt hatte. Die Firma Kratzer genoss zu dieser Zeit in diesem Konzern einen sehr guten Ruf und der junge Geschäftsführer hatte Holger anlässlich eines großen Vortrages vor ungefähr 100 Architekten, Bauleitern und Planern persönlich im Publikum angesprochen und ihn als Mitarbeiter der Firma Kratzer vorgestellt, der als Verleger nach Vortragsende gerne Fachfragen beantworten würde. Als sich Titelmann von Geh verabschiedete, versprach er ihm, dass er sich für dessen erfolgreiche Arbeitsplatzvermittlung in diesem Konzern mit einer Einladung zu einem Bier bedanken wollte. Dieses Versprechen wurde von Titelmann nie in die Tat umgesetzt!

Am Freitag dem 18. August war die offizielle Verabschiedung von Rainer Titelmann, der mit seiner Frau erschien. Die gesamte Bürobesatzung trat an und Oddo Kratzer fand würdigende Worte für die von Titelmann geleisteten Dienste. Als Krönung überreichte er ihm noch den von Holger Geh kreierten Jubiläumskugelschreiber. Das fand Holger mehr als geschmacklos, weil es nach seiner Meinung die Symbolik der Grundidee als Belobigung für Mitarbeiter der Firma Kratzer nicht unerheblich minderte. Titelmann war nämlich zum Zeitpunkt seines Ausscheidens erst 15 Jahre bei Kratzer gewesen. Eine Gravur auf diesem Schreibgerät der Marke Eiger-Nordwand konnte Holger nicht erkennen, als Titelmann es voller Stolz auspackte und seiner Frau zeigte.

Holger fiel blitzschnell nur eine Gravur ein: *Kratz die Kurve!* Von welcher Seite man es auch sah, es würde immer passen. Entweder als Aufforderung oder als Abschied.

Oddo Kratzer rief Rita Hase und Holger Geh in kürzester Zeit mehrmals zu sich, um sie zu befragen, ob sie den Ausfall von Titelmann ersatzlos auffangen könnten. Beide bejahten! Holger Geh bekam von Oddo Kratzer verbal die Leitung des Unternehmens während dessen Abwesenheit zugeteilt. Die Büromitarbeiter Hals und Silba waren ebenfalls ausgeschieden und das Unternehmen erschlankte wieder auf ungefähr 65 Mitarbeiter.

Mitte September fuhr Holger mit seinen beiden Mädels, wie er manchmal den weiblichen Teil seiner Familie titulierte, nach Südtirol auf den ‚Ritten' oberhalb von Bozen. Es war ein wunderschöner Wanderurlaub und die drei zehrten noch lange davon.

Bei Magdeburg übernahm Holger als Erbe von Titelmann ein Bauvorhaben, das er nun bis zur Fertigstellung abwickeln musste. Es handelte sich um ein technisch interessantes Objekt in der Nähe eines Weiterbildungszentrums.

Hajo Kratzer erschien seit Aufnahme seines anspruchsvollen Studiums nunmehr täglich im Büro, um zu arbeiten. Was dies war, entzog sich Holgers Kenntnis und auch der seiner anderen Kollegen. Er vermutete, dass es sich um praxisorientierte Meditationsübungen für Erstsemestler in Büroräumen handeln könnte.

Wurde nachmittags Hajos Mithilfe für untergeordnete Logistikarbeiten im Büro benötigt, dann verabschiedete er sich urplötzlich unter Verweis auf seine nachmittäglichen Vorlesungen von dem Ort des Geschehens.

Oddo Kratzer erzählte Holger: »Wissen Sie, Herr Geh, wenn der Hajo mal sein Studium beendet hat, dann werde ich ihn wahrscheinlich für zwei Jahre in ein anderes Unternehmen stecken.«

»Ja, aber warum denn das, Herr Kratzer?«, fragte Holger. »Hier kennt ihn doch jeder und er kann gleich ordentlich in die Wand hauen.«

»Genau das ist das Problem, Herr Geh. Ich habe Angst, dass er als Sohn des Chefs zu sehr mit Samthandschuhen behandelt wird. Wenn er aber zwei Jahre weg war und erst dann hier anfängt, ist jeder der Meinung, dass er schon etwas geleistet hat.«

»Ich glaube, das können Sie sich sparen, Herr Kratzer. Sie brauchen Ihren Filius doch nur ordentlich in den Hintern zu treten, dann klappt das schon.«

»Sie kennen nicht Hajos Phlegma. Wenn ein anderer das mit dem Tritt in den Hintern macht, dann ist das allemal besser, als wenn das der Vater macht. Ich glaube, ich werde diesen Weg gehen und selbst wenn ich das Gehalt für Heiko dann zwei Jahre lang an dieses Unternehmen überweise.«

Das verstand aber Holger überhaupt nicht und erst ein Außenstehender, der Oddo Kratzer und seinen Sohn sehr gut kannte, musste es ihm erklären.

»Der gute Odo Kratzer hält seinen Ableger für so schlicht, dass er befürchtet, dass sein Sohnemann noch in der Probezeit auf die Straße gesetzt wird. Und diese Schmach will der Alte sich und seinem Sohn nicht antun, deshalb ist er bereit, für die Zeit von zwei Jahren das Gehalt seines Sohnes selbst zu bezahlen. Ein Unternehmer, der Hajo Kratzer einstellt, trägt doch somit keinerlei kaufmännisches Risiko. Ob der was leistet, oder nicht, ist ihm doch dann letztendlich egal. Möglicherweise würde Oddo Kratzer ja auch noch mehr bezahlen als das von dem Unternehmen und Hajo Kratzer verhandelte Gehalt, dann wär' sogar das Toilettenpapier abgegolten, das Hajo dort benutzt. Kurz und gut, Herr Geh, der Oddo traut seinem Sohn nicht einmal zu, den berühmten Nagel in die Wand zu hauen.«

Am 16. November erfolgte die erfolgreiche Rezertifizierung der Firma Kratzer nach ISO-Norm und kurz darauf noch der Beginn der Fassadenarbeiten an dem werbewirksamen Objekt bei Magdeburg.

Holgers Mutter bekam zum Jahresende einen erbosten Brief von dem Autohaus, an welches sie den kleinen Wagen ihres Mannes verkauft hatte. Dort war nach einem Jahr, wahrscheinlich bei Erstellung der Bilanz, aufgefallen, dass man den Ankaufpreis des Fahrzeuges doppelt überwiesen hatte. Das Schreiben war wenig höflich gehalten und enthielt neben der Forderung, die Summe von 10.000 DM in einer bestimmten Frist zu überweisen auch die Androhung von gerichtlichen Schritten. Holgers Mutter wollte diese Summe sofort überweisen, aber ihr Sohn konnte sie davon abhalten und setzte für sie folgenden Brief auf: „Mit Verwunderung habe ich Ihr Schreiben zu Kenntnis genommen. Der Fehler ihrer Doppelüberweisung ist durch mich nicht bewirkt, sondern offensichtlich durch Ihr Haus. Sie werden doch wohl einer fast achtzigjährigen Rentnerin nicht zumuten wollen, geregelt ihre Kontoauszüge einsehen zu müssen. Zwischenzeitlich habe ich mich unwissentlich von der durch Ihr Haus zu viel bezahlten Summe getrennt und mich somit ungewollt entreichert. Als Rentnerin kann ich mir, wie Sie sicherlich verstehen werden, eine Gesamtüberweisung der von Ihnen eingeforderten Geldsumme nicht leisten. Ich werde deshalb die Ihnen offensichtlich zustehende Summe in zwölf Raten ab 2001 zurücküberweisen. Ich hoffe …"

Und siehe da, das riesige Autohaus ließ sich darauf ein und reagierte nicht einmal. Ging doch!

Anfang 2001 übernahm der ehemalige Kollege Titelmann noch einige Abrechnungsaufgaben für die Firma Kratzer, ehe er Oddo Kratzer einen frechen Brief schrieb und weitere unentgeltliche Tätigkeiten zum Abarbeiten seiner Hinterlassenschaften ablehnte. Von der Sache musste Holger ihm recht geben. Vorbei war vorbei! Allerdings wusste Holger auch nicht, welche Kungeleien zwischen Kratzer und Titelmann gelaufen waren. Möglicherweise die berühmten Hintergehungen auf Gegenseitigkeit.

Vom 5. Februar bis zum 18. Februar fiel Holger mit einer zünftigen Gürtelrose im Schulterbereich aus. Sein erschöpfender Einsatz für das Unternehmen Kratzer zeigte nicht nur ihm seine gesundheitlichen Grenzen auf. Neben seiner Familie baten ihn Außenstehende, unbedingt kürzerzutreten und vermehrt auf seine Gesundheit zu achten. Aber Holger war in dieser Beziehung wie ein Brummkreisel, dessen Umdrehungszahl sich nur schwer reduzieren ließ.

Am 20. Februar feierte Holgers Vater im Altenpflegehcim scinen 88. Geburtstag. Er fühlte sich dort pudelwohl und erlebte dort, wie er es ausdrückte: »Die schönsten Jahre meines Lebens.«

Alle Pflegerinnen wollte er heiraten oder zumindest bumsen. Öfter wurde Holger von der Heimleitung befragt, wie man mit seiner Altersgeilheit umgehen sollte. Holger antwortete dann immer als Vaters Betreuer: »Mein Gott, tut ihm doch irgendetwas Dämpfendes in den Kaffee. Dass mein Alter geil sein soll, ist mir das ganze Leben lang nicht aufgefallen, aber möglicherweise hat er ja auch immer heimlich im Keller onaniert.«

Die Bemerkung mit dem Keller hatte die Heimleitung natürlich nicht verstanden, aber sie kannte auch nicht den Lebenslauf von Holgers Vater. Dass seinem Vater natürlich das Messer in der Tasche aufgehen konnte, war für Holger absolut nachvollziehbar, denn unter den Pflegerinnen waren einige attraktive Schlüpfer, die das auch in ihren nicht immer ganz blickdichten weißen Kitteln zeigten. Vor allen Dingen im Sommer, wenn erkennbar wurde, dass sie unter dem Kittel, außer einem String, nichts mehr trugen. Da wurde Holger nachdenklich und dachte an die unweigerlich kommende Zeit, wenn es ihn mal so erwischen würde, wie seinen alten Herrn. Schnell schoss es ihm durch den Kopf: »Bevor ich dann mal in tiefere Demenz verfalle, werde ich über den Heimbeirat dafür sorgen, dass die Pflegerinnen Kittel mit Druckknöpfen bekommen.«

Holgers Mutter reagierte natürlich grotteneifersüchtig auf die Attitüden ihres Mannes und sagte dann immer: »Du bist doch mit mir verheiratet. Ich bin doch Deine Frau.«

Aber Holgers Vater lächelte dann immer selig in seiner Demenz und antwortete wichtig stirnrunzelnd: »Ja, ja, das weiß ich, aber die Schwester Petra werde ich auch heiraten und die Schwester Stefanie auch, wir sind nämlich schon verlobt.« Er lächelte dann immer wissend und das waren Situation, wo sich Holger vor Lachen hätte auf den Boden werfen können. Das waren theaterreife Auftritte. Es machte aber Holger auch etwas traurig, denn seine Mutter verstand das auch alles nicht mehr so ganz richtig und sie wollte dem alten Mann immer begreiflich machen, dass sie doch seine rechtmäßig angetraute Frau war. Holger wurde immer klarer, dass seine Mutter zumindest am Anfang der Demenz stand.

Am Freitag dem 11. Mai nahmen Oddo Kratzer und Holger Geh an dem Richtfest eines Verbandshauses in Düsseldorf teil. Kratzer zog Holger jetzt öfter zu solchen öffentlichen Auftritten hinzu. Die Beweggründe dafür waren für Holger nicht nachvollziehbar, aber interessant waren für ihn schon Kratzers Äußerungen über die bei dem Richtfest anwesenden Vertreter von Freundeskreisen, Innungen und Verbänden sowie Kommunen.

»Schauen Sie mal, Herr Geh! All diese alten Säcke! Teilweise weit über 70 Jahre alt und inkontinent bis zum Anblick des nächsten Bieres. Die können nicht von ihren Pöstchen lassen. Sehen Sie, Herr Geh, einige gehen sogar schon am Stock!« Dabei schritt er natürlich huldvoll lächelnd und nickend durch diese Ansammlung von Honoratioren. »Alles Seilschaftsfahrer und nur um den eigenen persönlichen Vorteil bedacht. Präsentieren immer wichtig am Revers des Anzuges ihre Zugehörigkeit zu einem Freundeskreis oder einem Verband, und wenn es hochkommt, das Bundesverdienstkreuz oder das güldene Lorbeerblatt. So will ich nie werden, das können Sie mir glauben, Herr Geh.«

Holger glaubte es zu diesem Zeitpunkt!

Mitte Mai wurde Holgers Tochter Carina 18 Jahre alt und damit volljährig. Da Carina im Hause feiern wollte, setzten sich Katrin und Holger über Nacht ab. Carina hatte aber alles im Griff und die üblichen alkoholisierten jungen Männer kotzten brav auf ihre Weisung hin durch das Dachflächenfenster in die Regenrinne. Selbst einen Wassereimer zum Nachspülen hatte sie dorthin gestellt, wie sie später erzählte.

Am 16. August begannen großflächige Arbeiten an einem großen Schulzentrum in der Nähe von Marl-Dorsten. Der bauleitende Architekt war Holger nicht ganz unbekannt und nach der Submission sowie der Auftragsvergabe durch die Kommune teilte er freundlicherweise die Angebotssummen der Mitbewerber mit. Der nächste lag nur knapp 2000 DM über dem Angebot der Firma Kratzer und dann staffelte sich das entsprechend dicht weiter. Bei einer Auftragssumme von über 200.000 DM waren ein Kalkulationsfehler von Holger und somit ein wirtschaftliches Risiko für das Unternehmen Kratzer eigentlich ausgeschlossen. Außerdem war es für Holger wichtig, auf diese Art und Weise seinem Chef nachweisen zu können, dass seine Kalkulationen dem Wettbewerb entsprachen. Dieses Bauvorhaben wurde von einem anderen Herrn aus der Firma Kratzer betreut.

Hajo Kratzer bestand nach übergründlichem und selbstlosem Zeitaufwand erfolgreich sein Examen und war nun mit seinen noch nicht einmal dreißig Jahren Dipl. GBl (Diplomierter gebürtiger Betriebsleiter). Seine Eltern waren darüber begeistert, freuten sich wie Hulle und schenkten ihrem Sohn eine goldene Uhr der Nobelmarke Lebe.

Von einem zweijährigen Aufenthalt in einem anderen Unternehmen war nun keine Rede mehr und Hajo Kratzer wurde in dem Unternehmen voll integriert und sollte sich nach Auskunft seines Vaters um die wirtschaftlichen Aspekte der Firma kümmern.

Interessanterweise wurde Hajo von seinem eigenen Vater nicht für voll genommen. Vielfach war für einige Mitarbeiter zu hören: »Ach, wenn Hajo schon etwas sagt«, oder »fragen Sie nicht Hajo, fragen Sie mich.«

Am 1. Oktober warf Oddo Kratzer Holger Geh massive Fehlkalkulationen vor. Allein das war nach seiner Meinung die Ursache, dass alle Aufträge so mies ausfielen. Weitere Details, die zu dieser Urteilsfindung von Kratzer führten, erfuhr Holger jedoch nicht.

In der Woche, in der Oddo Kratzer in der Gastronomie Rosenteich in etwas größerer Runde Ende November seinen 60. Geburtstag feierte, war Holger mit seinem alten Freund Till Beinemann in Tirol zum Wandern. Rita Hase nahm neben einigen anderen Betriebsangehörigen an dieser Feier teil und sie berichtete ihm später Folgendes: »Holger, um deine treffende Sprachweise zu wählen, die mir nicht unbekannt ist, muss ich dir sagen, dass der Hajo eine ganz niedliche Freundin hat. Ein richtig schicker Schlüpfer! Hübsch, unbefangen und intelligent. Sie hat zusammen mit der Band zu Ehren ihres perspektivischen Schwiegervaters das bekannte Lied ‚Über den Dächern von Paris' nach dem Originalsong von Mireille Mathieu gesungen. Der Saal tobte und Oddo bekam von allen Seiten Glückwünsche zu dieser künftigen Schwiegertochter. So ein Glück für die Kratzers. Du hast richtig was versäumt.«

Anfang Dezember war die Abnahme der großen bunten Fassadenverkleidung an dem Weiterbildungszentrum bei Magdeburg. Das Objekt erregte durch seine gewagte Form und die bis dahin unbekannten technischen Sonderlösungen durch die Firma Kratzer selbst in der Fachpresse reges Interesse. Im Hause Kratzer bekam dieses Objekt den Spitznamen: der Regenbogen.

Im April 2002 fuhr Holger wie jedes Jahr nach Tirol zum Skilaufen und nahm Evi Göre und ihren Sohn Karsten mit. Mutter und Sohn belegten Skikurse und insbesondere Karsten zeigte sich auf den Brettern sehr talentiert. Holgers beide Damen zeigten weiterhin kein Interesse am Wintersport und blieben zu Hause. Holger und seine Frau Katrin machten im Sommer einen 14-tägigen Wanderurlaub in der Nähe von Meran. Sie waren natürlich allein, denn Tochter Carina machte in ihrem Alter lieber Urlaub mit gleichaltrigen Freundinnen. Katrin wanderte sehr gerne und sie gingen einige Wege, die Holger auch schon vorher mit seinem Freund Till gewählt hatte.

Katrin hatte seit einiger Zeit, die für Holger nicht angenehme Neigung entwickelt, ihn in Gegenwart anderer Menschen, wegen irgendwelcher Kleinigkeiten, zu hänseln. Auch Tochter Carina konnte dann gut darin einstimmen, wenn sie zugegen war. Holger verbat sich das bei beiden, aber sie beherzigten es leider nicht in der Konsequenz, die er sich gewünscht hätte.

Selbst Außenstehenden und Freunden im Dorf viel diese neue Gewohnheit von Katrin auf, zu der sie absolut keine Veranlassung hatte. Holger verwöhnte sie in jeder Beziehung. Sie hatte durch Holger im Laufe der Jahre sehr viel teuren Schmuck geschenkt bekommen und eine Putzfrau, die einmal in der Woche kam, entlastete sie auch noch.

Holger fühlte sich mit etwas bitterem Beigeschmack an die Zeit in seinem Elternhaus erinnert, als er sich durch seine Mutter polarisieren ließ und mit ihr zusammen gemeinsam Front gegenüber seinem Vater machte. Mit Sicherheit war er an einigen Situationen in dieser Zeit nicht ganz schuldlos, wenn sein Vater die gemeinsame Wohnung verließ, um sich im

Keller seiner egozentrischen Eigenbrötelei zu widmen. Seinen beiden Damen erklärte Holger, dass er ihre Verhaltensweisen, wenn sie sich weiter in diese Richtung entwickeln sollte, niemals dulden würde. Beide gingen bedauerlicherweise nicht auf seine Wünsche ein, sondern lachten sich zusammen schlapp über die, nach ihrer Meinung unnötigen Empfindlichkeiten von ihm. Aber ein Stich verblieb bei Holger und sein Gespür für solche Sticheleien wuchs.

Mit seiner Kollegin Rita Hase verstand sich Holger beruflich sehr gut. Viele Dinge arbeiteten sie partnerschaftlich zusammen ab, weil das den Vorteil hatte, dass das Gesamtwissen über einen Vorgang sehr groß war und kaum etwas vergessen wurde. Insbesondere wenn jemand von den beiden durch Urlaub ausfiel. Dann konnte der Vorgang oder das Objekt sofort von dem Partner weitergeführt werden. Ganz abgesehen davon war Rita Hase eine attraktive Frau und wirkte in jeder Gesprächsrunde als polarisierender Blickfang. Oddo Kratzer empfand das Ganze natürlich nicht so, aber er ließ die beiden gewähren, da sie mit dieser Verfahrensweise Erfolge für das Unternehmen vorweisen konnten.

Holgers Vater feierte im Februar 2003 im Altersheim seinen 90. Geburtstag. Vater war jetzt etwas einsilbig geworden, und sein Interesse, die jungen Pflegerinnen zu heiraten, hatte sich neben anderen Dingen gelegt.

Von den Kommunalbetrieben in Dortmund erhielt die Firma Kratzer GmbH den Auftrag, im städtischen Bereich an einem alten Energie-Wandel-Gebäude Fassadensanierungen in Form einer Glattflächen-Metallverkleidung vorzunehmen. Es war eine einfache Konstruktion. Hajo Kratzer sollte hier seine ersten Gehversuche als Bauleiter tätigen und Holger Geh stand ihm auf Weisung des Seniors zur Seite. Schwach erinnerte sich Holger daran, dass er seinerzeit von Oddo Kratzer mit den Worten: »Man muss die Leute einfach in das Wasser werfen, dann schwimmen sie schon allein« an seine erste Baustelle zur Bauleitung geschickt wurde. Außerdem hatte Hajo im Unternehmen Kratzer vor seinem Studium eine fundierte

Lehrausbildung erhalten, deshalb verstand Holger nicht so ganz die Sorge seines Vaters.

Nach den ersten gemeinsamen Baustellenterminen mit dem Bauherrn entließ der inzwischen dreißigjährige Hajo Kratzer Holger Geh mit folgenden Worten, aus der väterlich auferlegten Betreuungsverpflichtung: »Also, das ist ja alles so pipieinfach. Ich verstehe nicht, warum da einige Leute so ein Geschiss machen um diesen Bauleitungsjob. Ich mach das jetzt alles allein und brauche Ihre Begleitung nicht mehr.«

»Nun gut, Herr Kratzer. Wenn Sie meinen. Aber Sie wissen auch, wo Sie mich finden, wenn Sie Fragen haben sollten!«, beschied ihm Holger.

Das ganze kleine ungefähr 150 Quadratmeter große Objektlein endete nach vielen, vielen, sehr vielen Wochen in einem Fiasko. Es musste in einigen Teilbereichen abgerissen und neu montiert werden. Und es hagelte böse Briefe von dem Bauherrn. Hajo Kratzer bekam nichts, aber auch gar nichts auf die Kette. Er betrachtete alles als ein sich selbst auflösendes Spiel, in das er, so wenig wie möglich an eigener Energie investieren wollte.

Oddo Kratzer versuchte Holger über dieses Desaster an Hajos erstem geleitetem Bauvorhaben Vorwürfe zu machen. Aber Holger konnte diese mit dem Verweis auf Hajos Vorgabe, ohne Holgers Unterstützung die Fassadenarbeiten weiterhin allein betreuen zu wollen, schnell entkräften. Oddo Kratzer schüttelte bedenklich den Kopf und verließ Holgers Büro mit den Worten: »Also ich weiß nicht, Herr Geh.«

»Weiß ich doch«, gab ihm Holger mit auf den Weg, denn er begann allmählich, mit Oddo Kratzer ein gewisses Mitleid zu empfinden.

Die Firma Kratzer bekam für viele, viele Jahre keine Angebotsanfragen mehr von diesen Kommunalbetrieben, die Holger hinter vorgehaltener Hand mitteilten, dass sie so einen desinteressierten Juniorchef noch nie erlebt hatten.

Holgers Tochter Carina wurde 20 Jahre alt und das Sprichwort »In dem Alter der Kinder spiegelt sich das Altern der Eltern wieder« gewann für Holger an Begrifflichkeit.

Das Verwaltungsgebäude eines größeren Automobilklubs in der Nähe von Unna bekam ein größeres Blechdach, aber da die Firma Kratzer ausgebucht war, wurde dieses Bauvorhaben durch ein Subunternehmen ausgeführt und belastete nicht sonderlich durch Betreuungsaufwand. Dadurch bedingt, dass das Objekt in der Nähe von Holgers Heimfahrtstrecke lag, nutzte er dies auch meist dazu, um mal eben vorbeizuschauen.

Die Firmenbeteiligungen, die er mit Kratzer und Titelmann, sowie auch allein mit Sommerlage eingegangen war, bestanden schon lange nicht mehr. Die Unternehmungen waren alle in Konkurs gegangen und hatten die Beteiligungen aufgefressen. Den größten Verlust hielt Kratzer mit seiner ehemaligen Beteiligung an der Firma Avadem in der Schweiz. Holger konnte schon damals nicht verstehen, warum in dem Geschäftsführervertrag mit Johnny Walker, der als Geschäftsführer der Firma Avadem AG fungierte, ausdrücklich der Passus aufgenommen wurde, dass der Geschäftsführer sein Salär selbst festsetzen konnte. Er hatte es Kratzer gesagt aber der hatte ihn ausgelacht mit den Worten: »Also Herr Geh, da brauchen Sie sich aber gar keine Sorgen zu machen, schließlich habe ich die größten Anteile.«

»Ja, das ist ja das, was mir Sorgen macht, Herr Kratzer. Der Walker kann sich sein Gehalt zusammenstellen, wie er möchte und das Kapital der AG aufzehren, dann hat er das Gesamtgeld der AG und wir die Verluste unserer Beteiligungen.«

»Also Ihr Misstrauen immer. Herr Geh, ich weiß nicht.«

»Weiß ich, Chef!«

Und es kam genauso, wie es Holger vorausgesagt hatte. Johnny Walker erhöhte so ungefähr alle drei Monate eigenständig sein Geschäftsführergehalt und machte nach 18 Monaten den Laden dicht und Oddo Kratzer bekam traurige Augen.

Wenn das die Brüder Werner und Gerd Dasholz erfahren hätten, wären sie möglicherweise vor Lachen umgefallen und hätten auf den Boden getrommelt.

Eines Tages als Holger noch am späten Nachmittag im Büro war, erschien Hajo und nahm vor seinem Schreibtisch Platz. Es war schon länger Feierabend und die beiden waren allein im Büro. Hajo druckste etwas umständlich herum, bis er ein richtiges Gespräch begann: »Na ja, Herr Geh, Sie haben es ja schon gehört?«

»Was soll ich gehört haben?«

»Na ja, halt dass sich meine Freundin von mir getrennt hat.«

»Nö, habe ich noch nicht gehört. Was ist denn passiert?«

»Ich kann es Ihnen ja ruhig sagen, Herr Geh, aber meine Freundin hielt mich für phlegmatisch«

»Wie das, Herr Kratzer?«, fragte Holger nun schon etwas interessierter.

»Unsere gemeinsamen Freunde hatten sich schon immer über unsere Beziehung gewundert und hielten meine Freundin für eine Macherin und mich für einen Nichtstuer.«

»Nun gut. Herr Kratzer«, antwortete ihm Holger, »aber Sie werden jetzt mit Sicherheit alles unternehmen, um diese etwas unrühmliche Beurteilung ihrer ehemaligen Lebensgefährtin und Freunde über ihre Person zu korrigieren?«

Aber Kratzer-Junior hatte eine völlig andere Betrachtungsweise seiner Lebenszukunft. Er erklärte Holger Geh, dass er sich vollständig auf dessen Arbeitskraft und derjenigen von Rita Hase verlassen wollte. »Ich denke gar nicht daran, einen verstärkten Arbeitseinsatz an den Tag zu legen«, sagte er trotzig. »Ich werde weiterhin so arbeiten, wie ich es im Studium und in der Schule gewohnt war. Letzten Endes hilft mir ohnehin mein Öddilein, wenn es nötig ist. Das hat er immer gemacht. Auch wenn ich Geld brauchen sollte.«

So viel Realitätsignoranz war schon beeindruckend!

Hajo Kratzer erwarb sich im Unternehmen den Spitznamen B 25. Dies resultierte aus dem Anruf eines Architekten, der ihn nach den Montagemöglichkeiten von Fassaden befragte und sich in weiterführende statische Überlegungen vertiefte. Hajo begab sich leichtfertig auf für ihn unbekanntes Terrain und erzählte dem Architekten die berühmte Geschichte vom Pferd. Die Krönung von Juniors Aussagen war seine Feststellung, dass er die Betongüte der ihm fernmündlich geschilderten Betonwand mit B 25 bestimmte. Die verwunderte Frage des Architekten, wie er denn die Betongüte ohne näheres Untersuchungsergebnis sofort definieren könne, beantwortete Hajo mit der prompten Auskunft, dass doch die Schilderung der Breite der Wand, die mit einer Verkleidung versehen werden sollte, auch die Betongüte widerspiegelte.

In diesem Falle hatte der anrufende Architekt die Dicke der zu verkleidenden Stahlbetonwand mit 25 Zentimetern angegeben. Nach Hajos Definition war also die Vorgabe der Dicke einer Wandscheibe auch identisch mit der technischen Belastungsgüte eines Betons. Das war natürlich bodenloser Unsinn und am nächsten Tage musste Holger den Architekten, der ihn durch Zufall an die Strippe bekam, beruhigen, dass die Auskunft, die er erhalten hatte, offensichtlich von einem Auszubildenden getätigt wurde, der sich versehentlich unter Hajos Namen gemeldet hatte. Aber der Spitzname B 25 blieb im Unternehmen lange an Hajo Kratzer haften und die Bauszene, insbesondere Architekten und die Firma Dasholz und Lieferanten sowie Subunternehmer lachten sich schlapp, als sie über die Monteure der Firma Kratzer die entsprechenden Details erfuhren. Denn dafür hatte Rebel Hass gesorgt, die ja in zwei Richtungen spielte. Einmal Insiderwissen der Monteure an die Geschäftsleitung weiterzugeben und umgekehrt auch, besonders gerne immer dann, wenn sich jemand damit gut lächerlich machte. Oder, wie sie immer mit ihrem Puppenlächeln sagte: »Zum Kleinmänneken.«

Zum ersten Advent wurden Katrin und Holger Geh von Freunden zum Glühgrillen eingeladen. Ein großes Zelt auf der Terrasse, ein riesiger Kessel mit selbst gemachtem Glühwein sowie ein großer Grill für Bratwürstchen stellten das entsprechende Ambiente bei. Man traf sich um 18:00 Uhr und um 21:00 Uhr war schon wieder alles vorbei, denn am nächsten Tag mussten alle wieder ihren gewohnten Tätigkeiten nachgehen. Diese drei Stunden reichten allemal, den neusten Dorf- und Familientratsch auszutauschen. Es war aber eine feine Idee und alle Gäste hatten ihren Spaß.

Anfang 2004 eröffnete Oddo Kratzer seinen Angestellten, dass sein Sohn Hajo nunmehr auch Geschäftsführer der Firma Kratzer war. Zu diesem Zeitpunkt bestand die Bürobesatzung aus der Telefonistin und Schreibdame Rebel Hass, der neuen Lohnbuchhalterin Marlene Buschfrau geborene Krempel, dem Dachdeckermeister Lorbas Kläffge, Rita Hase und Holger Geh. Ein guter Bauleiter hatte sich mit einem jungen Dachdeckermeister aus dem Hause Kratzer selbstständig gemacht und zog noch einen anderen Dachdecker mit, sodass das Unternehmen ungefähr 60 Mann stark war.

Oddo Kratzer hatte zwischenzeitlich die 66, 2/3 Anteile des Unternehmens, die sich in den Händen der Brüder Dasholz befanden, aufgekauft und somit befand sich die Firma wieder zu 100% im Besitz des Namensgebers. Holger sah das eher kritisch, denn der ausgeprägte Geschäftssinn der Herren Dasholz hatte für Holger immer eine Bank dargestellt. Nach Holgers Meinung und der vieler Außenstehender, die Oddo und Hajo Kratzer gut kannten würde der Junior niemals in der Lage sein, einen Betrieb eigenständig und erfolgreich zu leiten.

Die kaufmännischen Weisungen von Oddo Kratzer an Holger waren zunehmend irritierender.

Am 12. Februar erteilte er Weisung, die Kalkulationsansätze trotz schmaler Auftragslage nicht runterzusetzen.

Am 15. März erteilte er Weisung, die Kalkulationslöhne doch runterzusetzen.

Am 17. März kam die Weisung, die Kalkulationslöhne wieder raufzusetzen.

Am 26. März kam die Weisung, die Verlegezeiten von Stahldächern auf 60 Minuten anzuheben. Marktüblich waren allenfalls 25 Minuten.

Am 23. Juni kam die Weisung, die Verlegezeiten von Schweißbahnen von 5 Minuten auf 7 Minuten anzuheben.

Eine Woche später wurde diese Weisung wieder revidiert. Holger war sehr froh, dass er alles akribisch, einschließlich der Uhrzeit aufschrieb, denn er hatte schon mal die Arschkarte gehabt, als Kratzer die Kalkulationslöhne runtersetzen ließ, um sie eine Woche später wieder anzuheben.

Durch Zufall war dann mal ein Auftrag eingetrudelt, der mit so einem Niedriglohn kalkuliert war. Holger konnte sich sehr gut daran erinnern.

»Herr Geh, kommen Sie doch bitte mal in mein Büro und bringen Sie bitte gleich das Angebot Nr. 007 Bauvorhaben ‚Stockmichauf' mit. Wir haben hier einen Auftrag bekommen und ich will mal nachschauen, wie die Preise sind, die Sie kalkuliert haben.«

Holger schnappte sich den Ordner mit den Angeboten und trollte sich zu Oddo Kratzer. Klein-Hajo war auch schon da, denn sein Vater rief ihn vermehrt bei solchen Gelegenheiten zu sich, denn das Kind sollte ja noch etwas lernen.

Kratzer-Senior studierte die Preise, runzelte die Stirn und begann seinen Kinderunterricht: »Also, Herr Geh, diese Preise, die Sie da kalkuliert haben, die sind aber unmöglich. So kalkulieren Sie uns in den Ruin!« Beifälliges Feixen von Hajo. »Mit welchem Stundensatz haben Sie den kalkuliert?«

»Schauen Sie bitte in der Kalkulationsaufschlüsselung nach, Herr Kratzer. Ich meine, ich hätte da 37,50 Euro für den Stundenlohn eingegeben."

„ Jetzt wird mir aber so einiges klar, warum bei uns die Zahlen nicht mehr stimmen. Ich hatte ausdrücklich Weisung erteilt, mit 39 Euro für die Stunde zu kalkulieren.«

Hajo stand erwartungsvoll da, denn er war dabei gewesen, als sein Vater die Weisungen der Stundenlöhne an Holger weitergab.

»Herr Kratzer«, erwiderte Holger, »Sie erteilten mir Weisung, mit 37,50 Euro zu kalkulieren und sieben Tage später revidierten Sie diese Weisung, indem Sie mir einen neuen Kalkulationslohn von 39 Euro vorgaben. Der Auftrag basiert aus dieser Zeit mit dem von Ihnen vorgegebenen Niedriglohn.«

Kratzer war gewillt, seinen Kindergartenunterricht fortzusetzen, bastelte sich schnell sein Brillenbügel-am-Mund-Gesicht, zog seine dominanten schwarzen Augenbrauen zornig zusammen und herrschte Holger an: »Ich kann mich gut daran erinnern, Herr Geh, aber das war allenfalls über das Wochenende von Freitagnachmittag bis Montagmorgen, als ich über das Wochenende gearbeitet hatte und diesen Kalkulationslohn daraufhin korrigierte. Eine Woche brauche ich für so etwas nicht. Außerdem hatte ich in dieser Zeit viele Termine für den ‚FdH' wahrzunehmen.«

Hajo stand hinter seinem Öddilein und freute sich sichtlich über dessen Lehrstunde in Sachen Menschenführung.

»Moment, meine Herren Kratzer, bevor wir uns jetzt hier im Kreise drehen, hole ich lieber meinen Kalender, denn dann wissen wir auch alle, wovon wir sprechen«, entgegnete Holger, sauste in sein Büro und holte seinen großen schwarzen Buchkalender in DIN A4 Größe, blätterte ein wenig darin und legte ihn vor Oddo Kratzer auf dessen Schreibtisch. »Hier sehen Sie die Daten Ihrer Weisung, den Lohn auf 37,50 Euro zu senken und hier Ihrer Weisung auf 39,00 Euro, als Kalkulationsbasis, wiederum anzuheben. Der Auftrag basiert also auf dem von Ihnen angewiesenen Kalkulationslohn von 37,50 Euro.«

Oddo Kratzer bat Rebel Hass seinen Kalender zu bringen, den sie inzwischen für ihn führte und der seine geschäftlichen Termine enthielt, sowie diejenigen für den ‚FdH' und anderer Klubs und verglich ihn mit Holgers Kalender. Er musste Holger recht geben und schloss seine Hajo-Unterrichtsstunde mit den Worten ab: »Also, dass Sie sich alles aufschreiben, Herr Geh. Sie sind ja richtig gefährlich.«

»Vollkommen richtig, Herr Kratzer, wie eine alte übrig gebliebene Seemine aus dem 2. Weltkrieg. Aber letztendlich bislang nur im Sinne der Firma Kratzer.«

»Also, Herr Geh, ich weiß nicht.«

»Weiß ich«, sagte damals Holger und verließ mit seinem Buchkalender Kratzers Büro. Seit diesem Tage nahm er jeden Abend seinen Kalender nach Hause und brachte ihn morgens wieder mit, denn er merkte bald, dass sein Schreibtisch und seine Schränke regelmäßig gefilzt wurden und der Grat, auf dem er einst sorgenfrei wanderte, immer mehr an Breite verlor.

Am 8. Juli hatte die Firma Kratzer GmbH ein Bietergespräch bei einem Bauherrn der öffentlichen Hand in Bochum. Hajo Kratzer, Lorbas Kläffge, sowie Holger Geh als Kalkulator des Angebotes nahmen an der Verhandlung teil. Nachdem die technischen Details durchgesprochen waren, kam der kaufmännische Teil.

Die angebotenen Preise waren per Formblätter aufgeschlüsselt in Lohn- und Materialanteile. Freundlich wurden die Herren der Firma Kratzer darauf hingewiesen, dass der Einheitspreis der Messingposition ihres Angebotes im Vergleich zu der Konkurrenz extrem niedrig war. Sie kontrollierten zu dritt nochmals diese Position und bestätigten ausdrücklich die Richtigkeit dieses Preises und Hajo Kratzer unterschrieb voller Stolz das Besprechungsprotokoll.

Am 15. Juli erteilte Oddo Kratzer an Holger Geh Weisung, die kalkulativen Verlegezeiten für Stahldächer von 60 Minuten wieder auf 25 Minuten zu senken.

Am 16. Juli ließ Oddo Kratzer Holger Geh um 17:00 Uhr zu sich in das Verwaltungsgebäude des FdH (Freundeskreis des Handwerkes) bitten.

Kratzer teilte Holger mit, dass er im Jahre 2005 für das Amt des Präsidenten des BvdFdH (Bundesverband der Freundeskreise des Handwerkes) mit Sitz in Bonn kandidieren wolle, und führte weiter aus: »Meine Chancen sind recht gut. Ich wäre dumm, wenn ich das nicht machen würde, denn ich kann mir vorstellen, schon im Vorfeld Weichen zu stellen, die auch für das Unternehmen positiv sein könnten. Sie besitzen mein volles Vertrauen und ich möchte Sie bitten, mein Prokurist zu werden und als erfahrener Mann, während meiner Abwesenheit, meinem Sohn über die Schulter zu schauen. Ich halte eine Gehaltserhöhung von 500 Euro in diesem Falle für angemessen.«

»Das ist sehr honorig, was Sie mir da anbieten, Herr Kratzer, aber wir müssen noch viele Dinge klären, bis sich ihr Anerbieten realisieren lässt«, antwortete ihm Holger, bei dem, so nacheinander, in Angedenken mancher erlebter beruflicher Situation im Hause Kratzer, vor dem geistigen Auge die Warnlämpchen von Gelb auf Rot schalteten. Diese lächerlichen 500 Euro Gehaltserhöhung für einen Prokuristen waren für Holger ohnehin nur eine Lachnummer, von begleitenden versicherungs- und haftungstechnischen Fragen mal ganz abgesehen. Aber Oddo Kratzer betrachtete Holgers ausweichende Antwort praktisch als Zusage auf seinen Wunsch.

Am 13. August bekam die Firma Kratzer den Auftrag für das Objekt in Bochum erteilt und Holger erkannte nach nochmaliger Durchsicht der gesamten Unterlagen seinen Kalkulationsirrtum. Rita Hase hatte die Messingpreise eingeholt und ihr war es ebenso wenig aufgefallen wie Holger Geh, dass der Lieferant die Bezeichnung des Materiales geändert hatte. Aus Messing-Naturblank war Messing-Classic geworden. Und Classic war für Frau Hase und Herrn Geh gedanklich der Begriff für alt, also grün, also schon werkseitig vorbewittert. Grünes Messingmaterial forderte aber der Bauherr und der Preis für blankes Material war in die Kalkulation eingeflossen. Jetzt konnte Holger sich auch die Bemerkungen der Bauherren während der Verhandlung erklären. Bei einem Mehrpreis von 100 Prozent für dieses grüne geforderte Messingzeug gegenüber dem kalkulierten blanken Material sah er sofortigen Handlungsbedarf. Nach seiner Ansicht hatte der kommunale Bauherr in der Verhandlung am 8. Juli jedoch einen entscheidenden Fehler begangen. Er hatte auf einen zu niedrigen Preis in der Messingposition hingewiesen, aber da diese Positionen ganz exakt nach Lohn- und Materialanteil aufzuschlüsseln waren, hätte der Hinweis genau auf den Materialanteil erfolgen müssen. Hier hätte sich ein Unterschied von annähernd 100 Prozent zu den Preisen der mitbietenden Konkurrenz erkennen lassen müssen. Auf diesen Verweis hin wäre bei den Herren Kläffge und Geh in der Verhandlung der Groschen mit Sicherheit gefallen.

Holger informierte umgehend Hajo Kratzer und Lorbas Kläffge, der das Bauvorhaben leiten sollte. Natürlich reagierte Kläffge beleidigt, was Holger nachvollziehen konnte, denn ein Bauvorhaben zu leiten, das schon mit Auftragserteilung defizitär war, machte nun wirkliche keinen Spaß.

Hajo kontaktierte sofort seinen Vater, der gerade für den ‚FdH' unterwegs war. Oddo Kratzer ließ sich telefonisch von Holger unterrichten und sah die ganze Sache erstaunlich locker. »Herr Geh, nun machen Sie sich mal nicht unnötig Sorgen, das kläre ich mit dem Bauherrn am Ende des Bauvorhabens. Das bekomme ich schon hin, schließlich bin ich kein Unbekannter mehr«, versuchte Oddo Kratzer Holgers Bedenken zu zerstreuen.

»Aber Herr Kratzer, wenn wir jetzt nicht nach Erhalt des Auftrages schriftlich reagieren und auf den Formfehler in der Verhandlung hinweisen und Einspruch einlegen bei der Vergabestelle in Bochum, dann verstreichen Fristen und wir haben diesen Mistpreis am Arsch!«

»Herr Geh, Ihre Besorgnis und Aufgeregtheit in allen Ehren, aber ich sehe keinen Sinn darin, schon am Anfang eines Objektes den wilden Mann zu machen. Ich kläre das am Ende des Bauvorhabens mit dem Bauherrn in aller Ruhe. Glauben Sie mir, das bekomme ich hin.«

Nun gut, Holger hatte seine Hinweise gegeben. Der Rest war Geschäftsleitungsbeschluss!

Die Nachkalkulation in der Firma Kratzer GmbH war katastrophal! Nur einmal im Monat bekamen Rita Hase, Lorbas Kläffge sowie Holger Geh die Stundenzettel der Monteure über die abgeleisteten Stunden an den einzelnen Bauvorhaben vorgelegt. Die Lohnbuchhalterin Marlene Buschfrau bekam das Ganze nicht in den Griff und meist kamen die Stundenzettel erst nach fünf Wochen zur Kontrolle. Permanent ergaben sich bei den Monteuren Rückfragen über ihre, durch die Firma, zu bezahlenden Arbeitsstunden. Die Stunden, die ausbezahlt werden mussten, stimmten häufig nicht mit den kalkulierten Stunden überein. Ein Bauvorhaben, das abgerechnet war, konnte man nicht mehr kaufmännisch retten, wenn die Nachkalkulation erst fünf Wochen später aufgestellt wurde. Das war für jeden Laien nachvollziehbar!

Selbstverständlich besaß die Firma Kratzer in ihrem aufwendigen Kalkulationsprogramm auch ein Nachkalkulationsprogramm in das man sofort die objektbezogenen Materialen und die Stunden, die die Monteure jeweils zum Wochenende in der Buchhaltung abgaben, hätte einbuchen können. Die Buchhalterin hatte jedoch keine Lust dazu und war dieser Aufgabe nicht annähernd gewachsen. Selbst ihre orthografischen Kenntnisse waren nur als schwach ausreichend zu betrachten.

Holger Geh hatte auf seinem PC aus ihm unbekannten Gründen kein Schreib- oder Excel-Programm. Deswegen diktierte er seine Geschäftsbriefe auf ein Diktafon und gab dieses an Rebel Hass oder Marlene Buschfrau zum Schreiben weiter. Rebel Hass konnte zumindest den

Rechtschreibduden in ihrem Schreibprogramm korrekt aktivieren und ihre Briefe enthielten wenige orthografische Fehler. Dafür vergaß sie zunehmend ganze Worte, weil sie immer flüchtiger wurde und die Briefe nicht mehr auf ihren Sinn kontrollierte.

Marlene Buschfrau beherrschte aber nicht einmal das Schreibprogramm, was dazu führte, insbesondere wenn Rebel Hass in Urlaub war, dass sie einige Briefe von Holger bis zu dreimal schreiben musste, bevor sie fehlerfrei waren.

Oft erschienen Kratzer Senior oder Kratzer Junior bei Holger oder Rita Hase im Büro und fragten sie, ob sie in Bauvorhaben, die sich in Abrechnung befanden, nicht noch etwas hineinrechnen konnten. Im Grunde war es eine offene Aufforderung zum Betrug und die Argumentationen gegenüber den Bauherren oder deren Vertreter wurden zunehmend schwieriger, plötzlich ohne Ankündigung, auftretende Zusatzkosten in einer Endabrechnung akzeptieren zu müssen.

Rita Hase und Holger bemühten sich redlich, alles Mögliche in so eine Rechnung hineinzustopfen, und das, was sich dann rechnerisch ergab, trug sich Oddo Kratzer als Verbindlichkeit in seinen Zahlungsplan ein. Wenn so eine Rechnung dann gekürzt wurde, dann machten er oder sein Sohn den Herbert. Kratzer-Senior konnte das besonders gut, wenn ihm Holger erklärte, dass keine Aussicht auf zusätzlichen Rechnungsausgleich bestand, wenn er Leistungen noch auf Weisung abgerechnet hatte, die gar nicht ausgeführt worden waren.

»Aber Herr Geh, Sie haben doch gesagt, dass wir das Geld noch bekommen. Und nun wird wieder gestrichen. Was meinen Sie, wenn ich mal Ihr Gehalt streiche?« Die Krönung war dann noch folgender Spruch von ihm: »Ich rechne mich nach Ihren Auskünften reich und dann muss ich meinen Zahlungsplan jedes Mal revidieren.«

Aber Oddo Kratzer sah auch den Fehler in der unzulänglichen Verfolgung der verfahrenen Stunden durch die Lohnbuchhalterin Buschfrau und in der fehlenden zeitnahen Nachkalkulation. Er gab der Buchhalterin und seinem Sohn Weisung, die Stundenzettel wöchentlich an Frau Hase, Herrn Kläffge sowie Herrn Geh zur Kontrolle zu geben und sie dann umgehend einschließlich der Materialanteile in das Nachkalkulationsprogramm einzupflegen.

Die beiden von Oddo Kratzer angesprochenen Personen nickten begeistert und voller Einverständnis und ... nichts passierte! Das Ganze wurde von Hajo Kratzer und der Buchhalterin ausgesessen und nicht befolgt! Es war schon toll, wie ein Junior-Chef die Weisungen seines Vaters absolut ignorierte. Einer möglicherweise etwas minderbemittelten Buchhalterin, die durch nicht gekonntes Arschgewackel versuchte, sich bei ihrem kleinen Chef anzubiedern, konnte man nur wohlwollende Absolution erteilen.

Am Donnerstag dem 4. Oktober hatten Rita Hase, Holger Geh, sowie Oddo Kratzer und sein Sohn Hajo um 11:00 Uhr ein Gespräch. Es ging um ein Bauvorhaben in Bochum, das von Rita Hase betreut wurde und mit Verlusten abschloss. Holger, als Vorgesetzter von Rita, stand ebenfalls im Feuer, weil ihm Kratzer unterstellte, die Arbeit von Rita Hase nicht gründlich genug zu kontrollieren. Das war natürlich absoluter Unsinn, denn einerseits tadelte Kratzer zunehmend die gemeinsamen Baustellenbesuche der beiden, andererseits verlangte er von Holger eine absolute Kontrolle über Rita Hases Tätigkeiten.

Holger Geh teilte dies auch Oddo Kratzer in dem emotionaler werdenden Gespräch mit. »Aber Herr Geh, Sie legen sich doch Ihre Argumentation so hin, dass nur Sie recht haben.«

»Aber selbstverständlich, Herr Kratzer, das habe ich zwar von Ihnen nicht gelernt, aber ich kann es zumindest ebenso gut, wie Sie.«

Kratzer ließ mit seinen Vorwürfen von Holger ab und konzentrierte sich ausschließlich auf Rita Hase, die auch immer aufgeregter wurde. Schließlich toppte sich Oddo Kratzer mit dem Einwurf: »Frau Hase, hören Sie bitte mit dem Gekreische auf, das muss ich mir nicht bieten lassen.«

Rita Hase war den Tränen nahe und ihre Unterlippe zitterte. »Aber Herr Kratzer«, mischte sich Holger ein, »Frau Hase kreischt doch gar nicht!«

»Doch, Sie kreischt!«, beharrte Kratzer auf seiner Erkenntnis.

Holger Geh wurde zunehmend sauer: »Herr Kratzer, nehmen Sie doch bitte mal zu Kenntnis, dass Frau Hase nicht kreischt, selbst wenn Sie dazu allen Grund hätte, so wie Sie sie hier jetzt unter Druck setzen. Ich halte es für meine Pflicht, als direkter Vorgesetzter von ihr, mich auch Ihnen gegenüber, als unserem gemeinsamen Chef, für sie einzusetzen. Die Gepflogenheiten gegenüber langjährigen Mitarbeiterinnen und Mitarbeitern, die Sie nunmehr häufiger an den Tag legen, und auch noch verbalisieren sind mir dermaßen fremd, dass ich Sie bitten muss, zu Kenntnis zu nehmen, dass ich Ihnen als Prokurist nicht zu Verfügung stehen werde! Ich sage Ihnen das nur jetzt schon, damit Sie für Ihre weiteren Planungen entsprechend disponieren können!«

Patsch, das hatte gesessen! Oddo Kratzer sackte fassungslos nach Luft schnappend in seinen Ledersessel zurück und japste nur noch: »Also Herr Geh, das wird Konsequenzen haben. Sie müssen sich einen neuen Job suchen. Sie werden beide von mir noch Weisung bekommen.«

»Aber bitte schriftlich«, antwortete ihm Holger und verließ mit einer total derangierten Rita Hase Kratzers Büro.

Das Geschehene und Gesprochene wurde nie wieder kommentiert aber das Ansehen von Holger bei den Monteuren stieg nicht unerheblich, denn durch den Firmenfunk sprach sich ganz schnell herum, in welcher Form sich Holger für die Kollegin Rita Hase eingesetzt hatte. Dafür sorgten schon Marlene Buschfrau und Rebel Hass, die es sogar verstanden, ihre Lieblingsmonteure umgehend anzurufen, um ihnen die neuesten Firmeninterna brühwarm weiterzugeben. Die beiden Damen waren selbstverständlich ziemlich schnell ein dickes Ei zusammen und brachten es fertig, stundenlang während der Arbeitszeit miteinander zu telefonieren, obwohl ihre jeweilgen Büros nur 3,80 Meter Luftlinie auseinander lagen.

Das Nichtstun war den beiden gut gegeben und sie machten Hajo Kratzer sogar verbal ziemlich schnell klar, wer im Hause Kratzer das ‚Sagen' hatte. Nämlich sie und nicht er!

An ihrer Tochter Carina hatten Katrin und Holger Geh sehr viel Freude. Sie war sehr zielstrebig und hatte ihre Schulzeit mit einem guten Abschluss der höheren Handelsschule beendet. Danach absolvierte sie erfolgreich und schnell eine Lehre in einem nahegelegenen Elektrogroßhandelsunternehmen und wurde auch nach der Ausbildung sofort übernommen. Die Reiterei hatte sie zwischenzeitlich an den Nagel gehängt und widmete sich vorzugsweise den zweibeinigen Hengsten.

Gegen Herrenbesuche bei seiner Tochter hatte Holger überhaupt nichts, aber er verbat sich solche Dinge über Nacht. Denn bei einer Luftlinie von drei Metern von seinem Ehebett zu ihrem Bett und nur getrennt durch eine nicht tragende dünne Wand hatte er keine Lust, sich von einem ihrer Jungstiere die Geilheit beim Ficken vorstöhnen zu lassen, während er mit seiner Katrin nur Blümchensex im Dunkeln hatte. Dazu hatte er keinen Nerv und bekannte sich zu dieser altmodischen Einstellung.

Das galt natürlich nicht für die Urlaube, die Holger mit Katrin verbrachte, da bekam Carina natürlich Prokura, sich quer durch das ganze Haus vögeln zu lassen.

Gegen Holgers Rat begann Carina ein Techtelmechtel mit einem gleichaltrigen jungen Mann aus ihrem Unternehmen. Schnell zog sie für die Wochenenden zu ihm und einmal in der Woche übernachtete sie auch dort. Carina teilte mit ihm die Leidenschaft für Autos. Permanent schraubten sie an seinen Autos herum oder an Carinas altem Corsa.

Holger musste sein Töchterchen schon etwas bremsen, damit sie nicht alles Geld in dieses alte Schätzchen versenkte. Natürlich bekam es Sportfelgen, und natürlich ein Sportlenkrad und natürlich einen Sportauspuff mit sonorem Brabbeln und natürlich eine blaue Instrumentenbeleuchtung und natürlich entsprechend farblich abgestimmte Sitzbezüge und so weiter ... Der Witz war selbstverständlich, dass sich Holger und seine Frau in diesen Dingen wiederfanden! Sie waren schließlich auch einmal so gewesen! Deshalb widersprachen sie auch nicht, sondern versuchten sachte zu lenken.

Carina konnte inzwischen mit affenartiger Geschwindigkeit den gesamten Instrumententräger aus dem Cockpit lösen, um die blauen Glühlämpchen zu wechseln. Die von ihr und ihrem Freund eingebaute bläuliche Türschwellerbeleuchtung war zwar verboten, übte aber auch auf Holger einen optischen Reiz aus.

»Du siehst so schön tot aus, wenn du im Dunkeln aus deiner Nahverkehrskapsel steigst, und von unten so bläulich angeleuchtet wirst, Tochter. Ich habe da ein Schild gesehen mit dem Spruch: „Ich sehe zwar tot aus, aber ich lebe noch. Darf ich dir das Schild kaufen und auf das Armaturenbrett kleben, mein Mädchen?«

Holger durfte nicht! Aber dafür durfte er ihr einen Tankdeckel im geschraubten Flugzeuglook schenken. Carina packte noch eine elektrisch ausfahrbare Stabantenne in den Wagen und eine Wumm-Wumm-Anlage in den Kofferraum, der seine Existenz als Kofferraum umgehend einstellte und als Lautsprecherbox firmierte. Der Vorteil war, dass Katrin und Holger aber auch alle Nachbarn immer rechtzeitig wussten, wann Carina Geh heimkam.

Ihr Freund hatte sich inzwischen unter viel Schmerz, wie er erzählte, aber aus lauter Liebe, das identische Hirschgeweih, das Carina sich über ihren Knackarsch hatte tätowieren lassen, bei sich zwischen die Schultern sticheln lassen. Es war immer schön zu sehen, dass Liebe blind machte.

Nach einigen Monaten war auch diese Liebe vorbei, weil der kleine Hund des jungen Mannes permanent durch das Bett bei ihm marschierte, wenn Carina bei ihm war und sich auch durch wildeste Vögelei der beiden nicht vertreiben ließ. Zumindest war das die Version von Carina und sie wurde bei Katrin und Holger Geh wieder Vollzeittochter.

Holgers Vater versank immer weiter in seiner Demenz. Seine schwarzen ausdruckslosen Augen ließen erkennen, dass er geistig nichts mehr verstand. Alle Fragen beantwortete er mit: »Es ist gut. Es ist alles gut!«

Heiligabend 2004 verbrachten Holger, Katrin und Carina in trauter Dreisamkeit bei dem schon gewohnten und lieb gewonnenen Fondue in ihrem Hause. Die Zeiten, dass sie die Eltern und Schwiegereltern eingeladen hatten, waren vorbei. Es hatte manchmal Reibungspunkte gegeben, die für Holger und seine Familie das Fest zur Hölle gemacht hatten, weil die Schwiegermütter sich nicht verstanden und Streit begann über Marmeladen, die sie sich kurz vorher noch gegenseitig geschenkt hatten.

Am ersten Weihnachtstag fuhr Holger mit seinen beiden Damen zu den

Schwiegereltern. Sie freuten sich wie immer und bereiteten Carina eine Riesenüberraschung. Da sie den Wunsch von Carina nach einem Cabriolet kannten, schenkten sie ihr ein kleines Modellauto des von ihr favorisierten Typs und 3.000 Euro in bar. Carina war begeistert und Katrin und Holger waren sprachlos über diese Großzügigkeit.

Am zweiten Weihnachtsfeiertag holte Holger mit seinen beiden Mädels seine Mutter vom Elternhaus ab, um mit ihr zu Vater ins Heim zu fahren.

Sein Vater war nur noch im Rollstuhl zu bewegen und das Essen des Kuchens fiel ihm zunehmend schwer. Aber er war zufrieden, obwohl man das nur vermuten konnte, denn er sprach kaum mehr. Nach Abschluss des Besuches brachte Holger seine Mutter wieder nach Hause zurück. Sie saß neben ihm auf dem Beifahrersitz seines Firmenwagens und Katrin und Carina saßen hinten.

Während der Fahrt fragte Holgers Mutter plötzlich interessiert: »Na, und was hat es gestern von den Schwiegereltern zu Weihnachten gegeben?«

Holger prustete etwas und erkannte mit einem Blick in den Rückspiegel, dass die beiden Damen hinter ihm begannen, sich für das vor ihnen geführte Gespräch zu interessieren. Natürlich hatten sie alle im Heim in der Cafeteria von Mutter ihre Geschenke in Form von Umschlägen erhalten, die Geldgeschenke von jeweils 200 Euro enthielten. Mutter hatte auch für das ganze Umfeld hörbar erläutert, dass ihr das als armer Rentnerin auch schwerfallen würde und blah ... blah!

Holger warf nochmals einen Blick in den Rückspiegel und sagte so mehr beiläufig: »Carina hat eine ziemlich große Überraschung erlebt. Sie bekam doch tatsächlich von den Schwiegereltern 6.000 Euro geschenkt, um sich den Wunsch nach einem neuen Auto erfüllen zu können.« Mit einem Blick in den Rückspiegel erkannte Holger, der die wirkliche Summe des geschenkten Geldes einfach verdoppelt hatte, dass sich Katrin und Carina auf der Rücksitzbank seines Wagens vor stillem Lachen bogen. Für Holger war diese Aussage eigentlich nur ein Scherz.

Seine Mutter fuhr jedoch voll darauf ab und sagte immer wieder: »Nein, Carina, das ist aber großzügig von deinen anderen Großeltern. So etwas

kann ich mir natürlich nicht leisten. Ich muss ja nun noch den Heimaufenthalt deines Großvaters bezahlen. Wir sind ja schließlich Selbstzahler!«
Das sollte heißen, dass der Heimplatz von Holgers Vater durch die gesetzliche Pflegeversicherung und seine eigene Rente finanziert wurde und keine weiteren sozialen Unterstützungen in Anspruch genommen werden mussten. Diese Selbstzahlergeschichte erzählte Holgers Mutter aber auch jedem Menschen, der sie eigentlich nicht hören wollte und das waren ziemlich viele. Ihr ging es finanziell nicht schlecht. Ihr Haus war schuldenfrei, sie wohnte im Erdgeschoss ihres Hauses mietfrei und bekam selbst eine Rente von 900 Euro zuzüglich der Mieterträge aus den beiden Wohnungen und den zwei Garagen in Höhe von gut 1.000 Euro. Ihren Wagen hatte sie auf Holgers Rat hin veräußert und ließ sich von der Taxe fahren.

Am zweiten Februar 2005 erzählten Kratzer Senior und Kratzer Junior unabhängig voneinander ihrem Mitarbeiter Holger Geh, dass nach Feststellung der Firmenbilanz für das Jahr 2004 die Firmenkapitaleinlage von 150.000 Euro durch Gegenüberstellung von 170.000 Euro aufgefressen war und die Firma Kratzer GmbH mit einem Minus von 20.000 Euro in der Bilanz abschloss. Holger riet den beiden dringlichst, den Insolvenzantrag zu stellen.

Oddo Kratzer schaute ihn nur missbilligend an und sagte: »Also, bis das passiert, was Sie da gerade so negativ in den Raum stellen, wird noch reichlich viel Wasser den Rhein hinunter fließen. Wozu gibt es denn Banken, die werden uns schon über diesen kleinen Durchhänger hinweghelfen. Ich will nur Ihr Fingerspitzengefühl sensibilisieren, damit Sie aber auch alles geben, um in der Kalkulation und in der Bauleitung, sowie in der Abrechnung das meiste an Ertrag und Gewinn für die Firma herauszuholen.«

Zurückblickend war dieses Datum für Holger eigentlich der Beginn einer sich langsam abzeichnenden Stagnation der Fortentwicklung für die Firma Kratzer. Oddo Kratzer kümmerte sich fast nur noch um die anstehende Wahl seiner Person zum Präsidenten des Bundesverbandes der

Freundeskreise des Handwerkes (BvdFdH) mit Sitz in Bonn. Die Telefonate, die er im Betrieb, oder bei gemeinsamen Autofahrten in Holgers Gegenwart führte, drehten sich jedenfalls fast ausschließlich um dieses Thema. Es waren meist andere Freundeskreis-Verbands- und Klubpräsidenten oder ähnliche Häuptlinge, mit den er sich über die, für ihn anstehende, ach so wichtige Wahl unterhielt. »Also, wenn der Sowieso, Kratzer wählt und seinen Verein hinter sich hat, dann sorgt Kratzer, wenn er gewählt wird, dafür, dass der Sowieso auch noch in den Aufsichtsrat von Sowieso kommt. Macht er das nicht, dann lässt ihn Kratzer verhungern und der Sowieso verkümmert auf seinem Posten. Wenn der Sowieso mich wählt, dann kann er leicht durch mich hinterher den Vorstand des größeren Sowieso-Vereins hinzubekommen und gewinnt mehr an Gewicht, wenn später die Wahlen zum Aufsichtsratsvorsitzenden im Sowieso-Verband anstehen.«

Es war alles nur ein Geschiebe und Geschacher, oder wie sich Holger dachte: »Absprachen auf einer anderen Ebene. Die Wahlen werden eben schon vor der Wahl entschieden.«

»Herr Kratzer, Sie lassen aber ihre alten Vorsätze auf der Strecke«, sagte Holger eines Tages zu ihm und erinnerte ihn an seine ehemaligen Einlassungen über die alten machtgeilen Verbandssäcke anlässlich des gemeinsam miterlebten Richtfestes eines Verbandshauses in Düsseldorf.

»Also, Herr Geh, ich weiß nicht«, antwortete Kratzer etwas verhalten.

»Das weiß ich, Herr Kratzer«, bekam er wie immer von Holger zu hören, ohne diese Ironie jemals verstanden zu haben.

Holgers Achtung vor diesem Mann, mit dem er seinerzeit zusammen für das Wohlergehen der Firma gekämpft hatte, sank nicht unerheblich und er fand, dass Oddo Kratzer mit seinem Gemauschel und Gefeilsche um sein Pöstchen dem Namen seiner Vorfahren eine absolute Bedeutung zukommen ließ. Kratzer selbst hielt seine Vorgehensweise im Kampf um diesen Bundesposten für hohe Politik und fand sie in Ordnung. Nach seiner Aussage wurde so in Bonn und Berlin und in den Bundesländern und in Politik, Wirtschaft und Kirche und in Freundeskreisen und Verbänden und überhaupt und überall so verfahren!«

»Armes Deutschland!«, dachte Holger.

Holgers Vater wurde Mitte Februar 2005 92 Jahre alt. Er sprach nicht mehr und seine Augen waren schwarz und leer. Manchmal lächelte er verhalten, wenn man ihn ansprach und man konnte den Eindruck haben, dass er sich an irgendetwas erinnerte, aber Kontakt zu seiner Welt bestand nicht mehr. Holgers Mutter in ihrer nun auch deutlich beginnenden Demenz realisierte das aber überhaupt nicht und laberte dem alten Mann die Tasche voll, wenn sie ihn besuchte.

Wie erwartet gewann Oddo Kratzer die Wahl und pendelte daraufhin häufig zwischen Dortmund und Bonn oder auch schon mal nach Berlin, um sich mit den anderen Größen der Wirtschaft, der Politik und der Kirche in Sachen der Volksführung zu treffen. Kratzer hatte die Firmenführung nunmehr fast vollständig an seinen Sohn abgegeben. Selbstverständlich stieg mit diesem neuen Amt auf Bundesebene mit Sitz in Bonn die Arroganz von Oddo Kratzer. Nicht nur seinen Mitarbeitern gegenüber, sondern auch gegenüber Außenstehenden.

Holgers Tochter Carina wurde im Mai 22 Jahre alt und Holgers Mutter rief das Mädel an: »Carina, schick mir doch bitte mal auf einem Kärtchen deine Bankverbindung zu. Ich möchte dir zu deinem Geburtstag ein Geschenk machen. Schau doch dann einfach in den nächsten Tagen auf dein Konto.«

Und Carina tat auch so! Und siehe da, eines Tages berichtete sie ihren Eltern freudestrahlend von einem Geldeingang auf ihrem Konto in Höhe von 12.000 Euro!

Bei Holgers Mutter war ein Sparvertrag frei geworden und sie wollte ihrer Enkelin eine Freude machen. Der wirkliche Grund war wohl der Sachverhalt, dass sie die Schenkungssumme von 6.000 Euro der Schwiegereltern an Carina zu Weihnachten, die Holger aus Spaß genannt hatte, durch ihre Verdoppelung toppen wollte. Katrin, Holger und Carina lachten sich bei einer Flasche Sekt scheckig und freuten sich gemeinsam.

Carina hatte jetzt mit dem Geld ihrer anderen Großeltern 15.000 Euro, und da sie sparsam war und all ihr Geld immer fleißig auf die Bank brachte, besaß sie plötzlich um die 25.000 Euro.

Natürlich hatte das Mädel seine Vorstellungen über den Verwendungszweck dieses Geldes: Ein Cabrio sollte es sein, möglichst ein Roadster, in dem sie mit ihren langen blonden Haaren und der Sonnenbrille auf dem Kopf, der zweibeinigen Hengstwelt die Lenden in Wallung bringen konnte. Ach ja, und es sollte jetzt schnell gehen, denn der Sommer stand vor der Tür.

Eines Morgens, während der gemeinsamen Morgentoilette, sagte Holger, so eher beiläufig zu seiner Tochter: »Du Carina, ich will dir natürlich nicht in deine weiteren finanziellen Planungen hineinquatschen, denn du bist schon lange volljährig. An eine Sache solltest du aber eventuell einmal denken. Wenn dein neues, oder fast neues Auto hier vor der Tür steht, dann ist natürlich der Wertverfall gerade am Anfang extrem hoch und nach fast einem halben Jahr hast du ungefähr 4.000 Euro Wertverlust zu verzeichnen. Es wäre ja auch möglich, darüber nachzudenken, eine kleine Eigentumswohnung zu kaufen. Irgendwann möchtest du ohnehin ausziehen und dann würde die Tilgung der Restschuld, unter Einbeziehung deines jetzigen Eigenkapitals mit Sicherheit niedriger ausfallen als eine adäquate Miete. Und du hättest immer, wenn es einmal deine Lebenssituation erfordern sollte, die Möglichkeit, dich in diese Wohnung zurückzuziehen. Solltest du einmal ausziehen oder Heiraten, dann hast du immer die Möglichkeit, die Wohnung zu vermieten und damit die Restschuld wegzutilgen. Aber ich würde die Wohnung nie verkaufen. Ist sie einmal abbezahlt, dann ist sie für dich persönlich deine Rente. Denk doch einfach mal darüber nach. Dein neues Auto können wir auch noch nächste Woche aussuchen. Aber wenn du willst, können wir auch schon morgen losziehen und ein Auto für dich von deinem Geld kaufen.«

Carina wirkte etwas verhalten und schwieg.

Am nächsten Morgen trafen Holger und Carina sich wieder zu ihrer üblichen gemeinsamen Morgenwäsche. Sie hatten da beide keine Vorbehalte. Der eine duschte eben und der andere putzte sich die Zähne. Meist hatten

Vater und Tochter schon spaßige Themen, was Katrin, wenn sie das hörte, so gar nicht verstehen konnte, denn sie war eher der Morgenmuffel.

Unvermittelt sagte Carina: »Du, Papa, ich habe es mir heute Nacht überlegt mit dem Auto. Ich mache es, wie du es mir vorgeschlagen hast. Ich möchte mir eine Eigentumswohnung kaufen. Hilfst du mir dabei?«

»Na klar, mein Kind!«

Holger und Katrin freuten sich über den vernünftigen Sinneswandel ihrer Carina. Nach nur zwei Wochen hatten Carina und Holger in Dortmund-Holzwickede eine schöne, kleine gepflegte Eigentumswohnung mit 65 Quadratmetern Größe gefunden und wurden mit den Besitzern einig. Der Kaufvertrag wurde vor einem Notar besiegelt, der sich glücklich schätzte, einer so jungen Käuferin bei dem Erwerb einer Immobilie geholfen zu haben. Carina war inzwischen auch sehr stolz über ihre Entscheidung und sonnte sich in der entsprechenden Bewunderung. Oma Geh blühte auf wie eine Pfingstrose und erzählte jedem, der es nicht hören wollte, dass sie ihrer erst 22-jährigen Enkelin zu einer Eigentumswohnung verholfen hatte.

Im Juni äußerte sich Oddo Kratzer erstmalig in der Presse offiziell in seiner Eigenschaft als Präsident des BvdFdH in Bonn und vertrat die Meinung, dass Krankheitstage eines Arbeitnehmers mit dessen Urlaubsansprüchen zu verrechnen waren. Das war natürlich ein absoluter Schuss in den Ofen. Ihm schlug auf breiter Front Ablehnung entgegen und selbst namhafte politische Größen bescheinigten ihm nur Geltungssucht. Kratzer verschwand kurzerhand wie der berühmte Kaspar aus der Kiste eiligst zurück in die Schachtel des Stillschweigens und verhielt sich mit weiteren Äußerungen bei seinen ersten politischen Schritten für den BvdFdH in Bonn sehr zurückhaltend.

Seinen Mitarbeitern in seinem Unternehmen sagte er nur lapidar: »Die Gesellschaft vergisst so schnell. In ein paar Monaten kann sich keine Menschenseele mehr an meine Äußerungen erinnern. Außerdem, was interessiert mich mein Geschwätz von gestern?«

Am Mittwoch dem 20. Juli bekam Holger von seinen beiden Kratzers wiederum Summen vorgetragen, mit denen er nicht umzugehen wusste, weil sie einfach nur in den Raum gestellt wurden. Die Firma hatte nach der Aussage der beiden Herren Verbindlichkeiten in Höhe von 478.000 Euro bei Banken und einen Verlustvortrag von 90.000 Euro. Deswegen wollte Kratzer-Senior 150.000 Euro privates Geld als Einlage zu Verfügung stellen.

Holger Geh konnte mit diesen weiter unkommentierten Zahlenhäufchen nichts anfangen und sagte nur: »Herr Kratzer, das wird mit Sicherheit alles schon richtig sein, Ihr Sohn hat ja schließlich GBl studiert und steht Ihnen mit seinem fundierten Wissen offensichtlich hilfreich zu Seite.«

»Also, Herr Geh, ich weiß nicht.«

»Das weiß ich, Herr Kratzer.«

»Ach übrigens, Herr Geh, ab 2006 werden alle Angestellten, also auch Sie, nur noch halbtags arbeiten, damit wir endlich Kosten sparen.«

»Aber selbstverständlich, Herr Kratzer, das ist eine von Ihnen wirklich wohlüberlegte Entscheidung.« Aber das verstand Oddo Kratzer auch nicht.

Nur zwei Tage später eröffnete er Holger Geh, dass er einen erhaltenen Auftrag an einer sozialen Einrichtung in Dortmund in Höhe von 90.000 Euro durch eine Subunternehmerfirma ausführen lassen wollte.

»Dafür sind unsere Leute zu langsam, Herr Geh. Da bringen wir nur wieder Geld mit!«

An die Ursächlichkeit der Langsamkeit mochte Oddo Kratzer nicht rühren. Er wollte sie nicht einmal hinterfragen und wissen. Diese Ursächlichkeit war einfach und simpel. Nachdem Oddo Kratzer sein Präsidialamt in Bonn angetreten hatte, übernahmen die Telefonistin und Schreibdame Rebel Hass, sowie ihre Freundin, die Buchhalterin Marlene Buschfrau und Meister Lorbas Kläffge ziemlich schnell und eindeutig das Regiment im Hause Kratzer. Stundenlanges privates Gequatsche unter diesem Dreigestirn war angesagt.

Nur anfangs versuchte sich Hajo Kratzer kurzfristig dagegen aufzulehnen und störte so eine Versammlung dieser drei Personen mit seiner Einlassung: »Wird denn hier nur noch gequatscht? Wollt Ihr denn gar nicht einmal arbeiten?«

Holger stand durch Zufall in der Nähe, ohne dass er von diesen vier Personen wahrgenommen wurde. Rebel Hass, sie hatte inzwischen den firmeninternen Spitznamen »Die Dicke«, bedingt durch ihre permanenten, durch Naschereien forcierten, deutlich sichtbaren körperlichen Expansionstendenzen, nahm den Telefonhörer ihres Tischgerätes in die Hand und sagte zu Hajo Kratzer in ruhigem, verächtlichem Ton: »Willst du uns etwas mitteilen? Pass auf, dass ich dir den Hörer nicht an den Kopf werfe.«

Kratzer-Junior wandte sich Hilfe suchend an seinen Meister Kläffge und stammelte fast schon niedergeschlagen: »Ja soll ich euch denn eine Abmahnung schicken?«

Kläffge musterte Kratzer mit geringschätzigem Blick langsam von oben nach unten und erwiderte kurz: »Also pass bloß auf, du!« Dann drehte auch er ihm ostentativ den Rücken zu und nahm seine Unterhaltung mit den Damen wieder auf. Marlene Buschfrau, mit dem internen Spitznamen »Die Strubblige«, resultierend aus ihrer Frisur, die mit irgendwelchem Fett stabilisiert, die Erinnerung an einen überforderten Küchenwischmopp hervorrief, wand sich kurz zum Junior herum und sagte schnippisch: »Hajo, was willst du hier noch? Hast du nichts zu tun? Wir sprechen hier lediglich über firmeninterne Probleme! Mach, dass du in Dein Büro kommst!« Dann wandte auch sie sich wieder ihren beiden anderen Gesprächspartnern zu und zeigte Hajo ihre, zugegebenermaßen nicht unattraktive, kalte Schulter.

Kratzer war total verwirrt und drehte sich mit säuerlichem Gesicht um. Er sah dabei Holger Geh, zeigte aber keine Reaktion und zog sich schnellen Schrittes in sein Büro zurück. Natürlich gab dieses Verhalten den drei Kandidaten nur Stärke und über die Firmenpost sprach es sich ganz schnell herum, wie man mit dem Juniorchef umgehen musste, um ihn zum »Kleinmänneken« zu machen.

Die Monteure nahmen Hajo Kratzer überhaupt nicht für voll!

Arbeitsbeginn bei der Firma Kratzer war 7 Uhr und der Junior erschien frühestens um 7:45 Uhr. Von den Monteuren, die auf ihn in der Werkstatt warteten, weil sie auf einer Baustelle eingesetzt waren, die der Juniorchef selbst betreute, wurde er meist mit der stimmigen Floskel begrüßt: »Ach! Da kommt ja endlich die Mittagsschicht!«

Hajo stimmte dann in das hämische Lachen der Männer ein und merkte nicht, dass dort nur über einen gelacht wurde, nämlich über ihn! Hajo stellte sich dann erst mal mit in ihren Kreis und paffte grinsend eine Zigarette, bis die Monteure von ihm ihre Weisungen erhielten und nach 8 Uhr begannen, ihre Fahrzeuge zu beladen, um an die Baustellen zu fahren.

Natürlich schrieben die Monteure die Wartestunden, die sie aufbringen mussten, um auf ihren Chef zu warten, als Arbeitsstunden auf, die von der Firma bezahlt wurden. Die Männer konnten ja schließlich nichts dafür, dass ihr eigener Chef ihnen die Arbeitszeit stahl. Aber der Beginn zu einem Schlendrian war nunmehr gegeben und bei einer mittleren Kolonnenstärke von drei Mann konnte man sich ausrechnen, wie viele Stunden anfielen, um auf einen unpünktlichen Chef zu warten. Selbstverständlich waren diese Wartestunden kalkulativ nicht erfasst, aber sie mussten bezahlt werden und drückten somit den Ertrag der Baustellen.

Oddo Kratzer redete sich und allen möglichen außenstehenden Menschen ein, dass sein Sohn von den Firmenangehörigen völlig akzeptiert und respektiert wurde. Es war schon hohe Kunst, wie er an der Realität vorbeischauen konnte. Der Sohnemann wurde akzeptiert, ja, ja, das brachte schon sein Berufsbild mit sich, aber der Rest? Dafür sorgte das Dreigestirn, dass das so nicht war!

Am Donnerstag dem elften August nahmen Oddo Kratzer und Holger Geh an einem Bietergespräch in Unna teil. Das Dach der in Citylage befindlichen Zweigstelle der Bürgerbank sollte erneuert werden. Die Firma Kratzer war den bauleitenden Architekten bekannt und es erfolgte ein Schnelldurchgang der technischen und kaufmännischen Fragen. Beim Verlassen des Gebäudes nach Gesprächsabschluss sagte Oddo Kratzer zu Holger: »Sie können den Auftrag schon verbuchen, Herr Geh. Den bekommen wir, das ist doch wohl sicher!«

»Wie das, Herr Kratzer? Ist da irgendetwas an mir vorbeigegangen?«
»Aber ich bitte Sie, Herr Geh, schließlich bin ich im Aufsichtsrat der Bürgerbank. An Kratzer geht da keiner vorbei. Zumindest würden wir hier das letzte Wort bekommen.« Und? Die Firma Kratzer bekam den Auftrag nicht!

Kein letztes Wort, sondern nur die knappe schriftliche Mitteilung, dass der Auftrag anderweitig vergeben wurde. Kratzer tobte und fand für das bauleitende Architekturbüro dieses Objektes nur wenig schmeichelhafte Worte.

Rita Hase und Holger Geh bemerkten ohnehin, dass dem Hause Kratzer in der Geschäftswelt des Bauens zwischenzeitlich teilweise ein eisiger Wind entgegenschlug. Das bewirkte Oddo Kratzers neu gewonnene Arroganz nach seinem Erreichen des Präsidentenamtes für den BvdFdH in Bonn, sowie die identische Arroganz seines Sohnes, der ja nunmehr das Unternehmen fast eigenständig führte und jedem, der es nicht hören wollte, teilweise peinlicherweise mehrfach erzählte: »Mein Öddilein ist ja Präsident des BvdFdH mit Sitz in Bonn. Ich darf jetzt hier die ganze Arbeit allein machen.«

Viele Architekten, Behörden, Bänker und Lieferanten gaben Frau Hase und Herrn Geh auf das Deutlichste zu verstehen, dass für sie Hochmut vor dem Fall kam. Die beiden Damen Hass und Buschfrau vertieften derweilen ihre Kenntnisse im Nichtstun. Oft fanden stundenlange gemeinsame Essgelage an dem großen Besprechungstisch in Kratzers Büro statt, bei dem irgendein Pizzaservice seine wohlgefüllten Kartons einflog. Mit Meister Kläffge wurden solche Termine meist abgestimmt, damit er auch am Mittagstisch teilnehmen konnte.

Kläffge hatte sich ebenfalls seit geraumer Zeit entschlossen, seine körperlichen Konturen abzulegen und sie in Rundungen zu wandeln. Auch Firmenfremde wurden zu diesen mittäglichen Essen eingeladen, die die normalen Pausenzeiten von 30 Minuten, in der Regel der Fälle um mindestens 150 Prozent überschritten. Immer öfter erschien dazu auch der Bierdeckelfreund von Rebel Hass. Vorzugsweise wurden natürlich solche Veranstaltungen ausgeführt, wenn Kratzer-Junior nicht im Hause war.

Kratzer-Senior erschien nur noch seltener in der Woche. Auf die Anwesenheit von Rita Hase und Holger Geh nahm man bei diesen Mittagsveranstaltungen immer weniger Rücksicht. Waren beide durch Zufall auch außer Hausens, dann zeugte nur der mit Pizzakartons überfüllte Papierkorb in der kleinen Kochküche von den Gelagen und der annähernden Anzahl der Teilnehmer.

Die Firma war bei solchen Gelegenheiten von außen kaum mehr telefonisch zu erreichen, wie es Rita Hase, Holger Geh und selbst Oddo Kratzer auffiel. Von den vielen Außenstehenden, wie Bauherren, Architekten, Behörden und Lieferanten mal ganz abgesehen, die sich über die Nichterreichbarkeit der Firma Kratzer GmbH immer öfter mokierten.

Wenn Oddo Kratzer sich bei Rebel Hass beschwerte, dass er von außen telefonierend nicht die Firma erreichte, dann antwortete sie immer scheinheilig mit ihrem inzwischen mondgesichtigem Lächeln:« Ach so, Herr Kratzer, da werde ich wohl gerade auf der Toilette gewesen sein.« Und Kratzer-Senior fiel immer wieder darauf herein.

Ende September wurde in der Firma Kratzer eine Betriebsversammlung abgehalten. Inklusive der Geschäftsführung und der Angestellten war das Unternehmen immer noch 60 Mann stark. Auf Betreiben der Geschäftsführer beschloss die Versammlung der Stimmberechtigten, mit Mehrheit, für die Firma, pro Frau und Mann, jede Woche 1,5 Stunden unentgeltlich mehr zu arbeiten.

Nach Holgers Meinung verstieß dieser Beschluss gegen geltendes Tarifrecht, aber seine Einwände gegenüber der Geschäftsleitung und den Betriebsräten verhallten bedauerlicherweise ohne weitere Überprüfung durch die Gewerkschaft oder eine andere entsprechend kundige Institution.

Holger durfte nicht abstimmen, denn er wurde von Kratzer-Senior, natürlich nur unter vier Augen, als leitender Angestellter im Sinne des Betriebsverfassungsgesetzes dargestellt.

Das war Holger verständlicherweise nicht bekannt, aber er widersprach nicht, um das etwas angespannte Verhältnis zwischen ihm und dem Senior-Chef nicht weiter zu belasten.

Die Monteure gingen natürlich den einfachen Weg und arbeiteten entsprechend langsamer, sodass die beschlossenen unentgeltlichen 1,5 Arbeitsstunden pro Mann und Woche überhaupt nicht ins Gewicht fielen. Im Gegenteil! Es wurde noch, noch langsamer gearbeitet und das waren dann 2 mal 1,5 Stunden = 3 Stunden pro Mann und Woche, die schon rein rechnerisch zum Deibel waren.

Das war die bekannte Trotzreaktion auf das Abringen der Zustimmung zu unentgeltlicher Mehrarbeit. Denn diese Zustimmung kam natürlich nur durch die kaum verhohlene Androhung von möglichen Kündigungen zustande. Und so begann ein langsamer aber stetiger Kreislauf der Zersetzung einer einstmalig sehr guten Arbeitsmoral in der Firma Kratzer mit dem Erfolg, dass die Baustellen mehr Stunden verbrauchten, als kalkulativ im Wettbewerb auf dem Markt zu erzielen war.

Kratzer-Senior hing Holger Geh fortwährend, wenn er im Hause war, in den Ohren mit dem Spruch: »Herr Geh, rechnen Sie das Meistmögliche mit hinein. Stellen Sie Nachträge.«

An die Ursächlichkeit der Kostenexplosion gingen Kratzers nicht heran. Sie scheuten die Auseinandersetzungen mit den Monteuren und von Menschenführung verstand Kratzer-Junior trotz seiner firmen- und praxisbezogenen Ausbildung so viel wie ein Marsmännchen vom Sackhüpfen.

Am Montag dem 24. Oktober bekam Holger Geh erstmals in der Zeit seiner Betriebszugehörigkeit eine Betriebsabrechnung vorgelegt, die Gewinn- und Verlustzahlen der einzelnen Baustellen auswies. Was sollte er dazu sagen? Er konnte die Kontierungen an Materialien und Löhnen nicht mehr nachvollziehen. Öfter hatte Holger Geh auf Weisung vom Senior einzelne Bauvorhaben nach der Endabrechnung durchleuchtet, um Ursachenforschung nach deren Minusergebnis zu betreiben. Meist handelte es sich um Fehlbuchungen von Materialien und Stunden. Interessanterweise wurden die Baustellen, die der Junior leitete, häufig von Stunden entlastet und die Baustellen von Rita Hase und Holger Geh damit belastet. Genauso geschah es mit Materialien. Teilweise waren auf den Bauvorhaben von Frau Hase und Herrn Geh Materialien verbucht, die technisch dort niemals hätten Verwendung finden können.

Gelangte Holger Geh mit seiner Feinprüfung der Buchungen über Material- und Stundenzugehörigkeiten an den konkreten Punkt, wo er diese gewollten Fehlbuchungen ansiedeln konnte, dann entzog ihm der Senior-Chef ziemlich schnell diesen Vorgang:

»Es mag ja sein, Herr Geh, dass sich bei Ihren weiterführenden Untersuchungen der Abrechnung mit den dazugehörigen Buchungen das Ergebnis einstellt, dass dieser Bau nicht im Minus anzusiedeln ist, aber dafür wird es eben ein anderes Bauvorhaben sein.«

Diesen wenig konstruktiven und weiterhelfenden Spruch kannte Holger schon, aber an diesem 24. Oktober nahm das Gespräch einen anderen Verlauf, da Oddo Kratzer fortfuhr: »Unter dem Strich machen die Bauvorhaben, insbesondere Ihre, eben Verluste. Ich bin mit Ihrer Arbeit unzufrieden und möchte Sie dringlichst bitten, sich einen neuen Arbeitgeber zu suchen.«

Jetzt lief der liebe Holger zur Hochform auf und machte einen auf alte Seemine aus dem Zweiten Weltkrieg: »Weisen Sie mir doch bitte mein Fehlverhalten nach. Nehmen Sie zu Kenntnis, dass viele Stundenzettel, die ich abzeichne und das sind nach meiner Stellenbeschreibung gemäß ISO 9001 auch diejenigen von Meister Kläffge und Frau Hase nach deren Abzeichnung, im Nachhinein per Tip-Ex korrigiert und somit urkundlich verfälscht werden.« Holger kam mehr in Form und setzte nach: »Somit entzieht es sich, wie Sie verstehen werden, meiner Kenntnis und Verantwortung, wie die Stundenbelastungen der einzelnen Baustellen zu rechtfertigen sind.« Jetzt wurde Holger aber richtig stinkig und fuhr fort: »Inwieweit solche korrigierten oder gefälschten Stundenzettel einer juristischen oder finanzamtlichen Überprüfung standhalten könnten, sollten Sie tunlichst mit der Buchhalterin Marlene Buschfrau und ihrem Sohn besprechen. Ich habe jedenfalls noch nie per Tip-Ex korrigierte Stundenzettel abgezeichnet und werde diese Aussage aufrechterhalten. Insofern sehe ich für mich keine Veranlassung, mich nach einem anderen Arbeitgeber umzuschauen.«

Oddo Kratzer wirkte irgendwie nachdenklich und deprimiert: »Also, Herr Geh, ich weiß nicht.«

»Das weiß ich, Herr Kratzer.«

Erstmals dachte Holger Geh ernsthaft darüber nach, sich einen anderen Job zu suchen. Nicht wegen Kratzers Gewäsch! Nein, es ging ihm zunehmend auf den Geist, dass der Alte nicht mehr erkannte, was Holger Geh und Rita Hase in der Firma leisteten, und dass sein Sohn von drei Blendlaternen dominiert wurde.

Das Bauvorhaben für die kommunalen Betriebe in Bochum war logischerweise ein Desaster. Der Bauherr hatte Oddo Kratzer, der mit der Wichtigkeit seines präsidialen Amtes in Bonn, noch nach der Schlussrechnung hatte korrigieren wollen, das berühmte Vögelchen gezeigt. Zumindest in netter verbaler Form und unter Verweis auf Fristen und Formen. Also wurde Holger Geh wieder dieser Verlust angekreidet, wie sollte es auch anders sein!!

Am Volkstrauertag, dem 13. November verabschiedete ich Holgers Vater mit fast 93 Jahren still einschlafend von dieser Welt. Holger empfand überhaupt keine Trauer, sondern empfand den Tod als Erlösung für ihn. Holger freute sich darüber, dass sein Vater in späten Jahren seine Zufriedenheit in diesem guten kleinen Altersheim in Dortmund-Brackel an der Flughafenstraße gefunden hatte.

Nun gut, der Verdacht lag nahe, dass er die vielen netten Pflegerinnen hatte nicht bumsen können, wie er es immer vorhatte, als er noch etwas jünger war, aber ansonsten?

Holgers Mutter befand sich jetzt in fortgeschrittenem Stadium der Demenz. Wenn Holger sie nachmittags besuchte, dann konnte es vorkommen, dass sie noch, oder schon wieder Nachwäsche trug. Eine Nebenkostenabrechnung gegenüber ihren Mietern machte sie schon lange nicht mehr, wie Holger plötzlich erfuhr. Sie hatte den Mietern ein Briefchen geschrieben, in dem sie auf den seinerzeitig angegriffenen Gesundheitszustand ihres Mannes verwies, die Nebenkosten willkürlich auf eine geringe Pauschale herabsetzte und so jedes Jahr verfuhr. Die Mieter wären schlecht beraten gewesen, sich dagegen aufzulehnen, denn die Verluste trug eindeutig Holgers Mutter.

Kratzer-Junior berichtete Ende November von einem BBG-Management, das er im Unternehmen einführen wollte. Über Inhalte und Details berichtete er nichts und das war auch nicht weiter schlimm, denn außer dieser Ankündigung geschah ohnehin nichts.

Von Hajos Vater bekam Holger Geh dagegen die ganz konkrete Anweisung, die Kalkulationszeiten anzuheben, um so der Langsamkeit der Monteure entgegenzuwirken. Holger tat so. Und was passierte? Nichts! Die Firma bekam keine Aufträge mehr! Die Submissionsergebnisse der Ausschreibungen sprachen eine deutliche Sprache! Die Angebote der Firma Kratzer GmbH waren an der Spitze und bedingt durch diese zeitlichen Vorgaben viel zu teuer.

Es waren aber auch Architekten und private Bauherren, die bei Holger anriefen und sagten: »Ich habe ja gerne mit euch gearbeitet, aber Ihr seid von sechs Mitbietenden an der Spitze. Wenn ihr 20% Nachlass geben könntet, würde ich mich für euch starkmachen.«

So etwas war selbstverständlich absolut indiskutabel! Natürlich war nach Ansicht von Oddo Kratzer Holger Geh der Schuldige dieser prekären Situation. An die Ursächlichkeit, nämlich die Langsamkeit der Monteure ging er nicht heran, denn das sollte nach seiner Meinung Holger auch noch erledigen.

»Sie müssen die Leute mehr antreiben, Herr Geh, das haben Sie doch früher auch gemacht!«

»Aber früher durfte ich allein entscheiden, welche Baustelle ich wann und wie oft kontrolliere. Heute sagen Sie, Herr Kratzer, dass ich Ihnen zu viel auf der Straße hänge. Was soll ich denn nun machen?«

»Sie müssen mehr Fingerspitzengefühl beweisen, Herr Geh, also ich weiß nicht.«

»Das weiß ich, Her Kratzer.«

Allmählich drehten sich Kratzers und Gehs Gesprächsfloskeln ergebnislos im Kreise. Da Kratzer-Senior inzwischen konstruktive Gespräche mit

Holger vermied und sämtliche Firmeninterna mit seinem Sohn durchkaute, war die Entwicklung des Unternehmens zum Stillstand gekommen und begann sich ganz allmählich zurückzudrehen.

Am ersten Dezember eröffnete Odo Kratzer seinem Mitarbeiter Geh telefonisch aus dem Dienstwagen des FdH-Dortmund (Freundeskreis des Handwerkes), dass in Zukunft die Einsatzgespräche der Baustellen und die Diskussionen über Nachkalkulationen stundenlang oder auch bei Bedarf tagelang geführte werden würden. Natürlich unter seiner Leitung, und zwar vorzugsweise abends oder auch in der Nacht. Holger Geh sollte auch Rita Hase und Lorbas Kläffge über diese Weisung unterrichten. Meist kamen solche unsinnigen Anrufe, wenn Kratzer mit dem FdH-Wagen dienstlich unterwegs war, denn dann konnte er vor dem unbeteiligten Fahrer den dicken Max machen und bekam möglicherweise die feuchte Hose, die Holger ihm wirklich von ganzem Herzen gönnte. Natürlich passierte nichts!

Mit Erlangung seiner Ehrenpöstchen war Oddo Kratzer urplötzlich allwissend geworden. Sämtliche politischen, wirtschaftlichen, juristischen und medizinischen Fragen waren ihm geläufig und glitten ihm, mit der ihn auszeichnenden Schlichtheit, über die Lippen. Selbst zu klerikalen Dingen nahm er Position ein und sogar manche Entscheidung des Papstes wurde von ihm sorgenvoll mit gerunzelter Stirn kommentiert: »Also ob der Papst da gut beraten war, ich weiß nicht.« Gespräche über diese Themen versuchte er meist zu seinen Gunsten zu lenken, indem er im Brustton der Überzeugung mit einem gekünstelt gestellten Karpfenmündchen sagte: »Also, Herr Geh, das müssen Sie mir schon glauben.«

»Ich glaube Ihnen erst einmal gar nichts, Herr Kratzer«, antwortete ihm Holger meist prompt, was vom Senior eigenartigerweise meist mit einem ziemlich gedehnten Grinsen quittiert wurde und sein Raubtiergebiss nicht ungefährlich aussehen ließ.

Insbesondere im medizinischen Bereich waren seine Kenntnisse bemerkenswert angestiegen. Sämtliche Krankmeldungen seiner Mitarbeiter wurden kommentiert: »Da muss man sich doch nicht so gehen lassen, da nimmt man einfach was ein und dann kann man arbeiten. Wenn etwas genäht wurde, dann kann man doch nach drei Tagen wieder vorsichtig zupacken! Da muss man doch nicht zehn Tage feiern!«

Am dritten Dezember feierte Holger den 84ten Geburtstag seiner Mutter im kleinen Kreise zusammen mit seiner Familie. Es hatte fast den Anschein, als wenn ihr der Tod ihres Mannes einen kleinen Schock versetzt hatte und einen zusätzlichen Schub in die Demenz bewirkte. Sie lebte urplötzlich nur noch in der Vergangenheit und versah Holgers Vater postum mit einem Heiligenschein. Sie sprach über seine herausragenden beruflichen Leistungen und die doch eigentlich gute Ehe, die sie mit ihm geführt hatte. Am siebten Dezember fand im allerkleinsten Familienkreise die Beisetzung von Holgers Vater in einem Urnengrab statt.

Am Dienstag dem 13. Dezember um 15 Uhr erhielt Holger wieder einen dieser ulkigen Anrufe von Oddo Kratzer während dessen Fahrt im Dienstwagen des FdH-Dortmund. Es war ein kurzes knappes, zackiges und spaßiges Gespräch und Holger glaubte, bedingt durch den Tonfall in der Stimme seines Senior-Chefs, auch dessen lustiges wichtiges Karpfenmündchen zu erkennen: »Also, Herr Geh, wie mir aufgefallen ist, wird der Umgang mit Ihnen immer schwieriger. Sie setzen meine Anweisungen nicht in der Form um, wie ich es mir wünsche oder wie ich es gesagt habe. Sie werden deshalb in Zukunft nur noch schriftliche Arbeitsanweisungen von mir erhalten.«

»Herr Kratzer, ich begrüße Ihre Entscheidung mit äußerster Freude und Zufriedenheit. Lässt sich doch dann für mich und für Sie jederzeit dokumentieren, welche Arbeiten ich auf Ihre Weisung ausführen musste und es gibt keine Diskussionen über Verantwortlichkeiten. Also wirklich, Herr Kratzer, ein weiser Entschluss!«

»Also, Herr Geh, ich weiß nicht.«

»Aber Herr Kratzer, das ist doch nicht schlimm, das weiß ich doch.«

Das Gespräch wurde vom Senior-Chef abrupt beendet und Holger beschlich das Gefühl, dass Oddo Kratzer doch inzwischen merkte, dass Holger ihn, wenn er Spaß dran hatte, reichlich auf die Rolle nahm.

Natürlich passierte in dieser Sache nichts, denn am 15. Dezember um 9 Uhr erschienen zwei Herren der Kriminalpolizei aus Köln und zwei Herren der Kriminalpolizei aus Dortmund in den Räumlichkeiten der Firma Kratzer GmbH, um Bauakten eines großen Bauvorhabens für die öffentliche Hand im Bergischen Land zu beschlagnahmen.

Die Firma Kratzer wurde der ‚kartellrechtlichen Preisabsprache' verdächtigt. Kratzer-Junior wurde von den Herren der Kriminalpolizei lange einvernommen. Später erzählte der Junior, dass er so ein Gespräch nie, nie, nie wieder führen wollte.

Holger konnte das gut verstehen, denn er hatte so etwas ja schon hinter sich. Deshalb versprach er dem Junior-Chef, dass das mit gewisser Wahrscheinlichkeit noch einmal geschehen könnte. Das konnte Hajo Kratzer überhaupt nicht verstehen, aber er wusste ja auch nicht, dass sich sämtliche Unterlagen als Kopien dieser Preisabsprache in Holgers Spielzeugkiste befanden, einschließlich der persönlich handschriftlich erstellten Firmenliste von Oddo Kratzer. So verschwanden also die ‚Kriminalen' mit den baubezogenen Akten im Wäschekörbchen und widmeten sich ihren Ermittlungen.

Holger hatte zwischenzeitlich Väterchen Kratzer in Bonn im Sitz des BvdFdH angerufen und ihn über den überraschenden Besuch der Kriminalpolizei informiert. Danach stand das Telefon natürlich nicht mehr still. Permanent wurde Hajo von seinem Vater angerufen und nach Details der Fahndung befragt: »Was haben die Beamten gesagt? Wie sahen sie aus? Was haben sie vermutet? Was hat Hajo gesagt? Was haben die Angestellten gesagt?« Ähnlich lautende Anrufe vom Senior-Chef prasselten auf Rita Hase und Holger Geh ein.

Holger hatte dem bauleitenden Architekten seinerzeit bei der Ausschreibung geholfen. Rita Hase führte an diesem schönen großen interessanten Verwaltungsgebäude mit dem bezeichnenden volkstümlichen Spitznamen ‚Am Gibbon-Berg' die Bauleitung der Blechabdichtungen aus. Holger begleitete sie einige wenige Male bei ihren Baustellenbesuchen dorthin. Er hatte mit Rita die Preise gewürfelt und an die von Oddo Kratzer bestimmten Firmen geschickt, mit denen dieser vorher telefoniert hatte, um sie auf seine ‚Kreisbildung' einzustimmen. Ein schlichter Fehler war der guten Rita Hase jedoch unterlaufen. Sie hatte vergessen, einen kleinen Preis zu würfeln und der zog sich durch alle Konkurrenzangebote und Kratzers eigenes nummerisch gleichlautend durch. Hilfreich in dieser Situation war der Sachverhalt, dass die Kommune von sich aus ein Unternehmen zusätzlich auf die Ausschreibungsliste gesetzt hatte. Der Architekt bei Aachen war vor der Ausschreibung persönlich von Oddo Kratzer allein besucht worden und erhielt aus dessen Hand die Firmenliste. Bedauerlicherweise war nur für die Kommune im Bergischen Land, dass ihr eigener Kandidat teurer als Kratzer war, aber die Preisstaffelung zu den Kreisfirmen soll nicht unerheblich abgewichen haben, wie Holger Jahre später erfuhr.

Oddo Kratzer war nun fürchterlich nervös und ganz lieb zu Rita Hase und Holger Geh. Er gab so unsinnig, peinliche Sätze von sich, wie: »Jetzt müssen wir zusammenstehen. Sie müssen auch nicht jedes Wort, was gesprochen wurde, auf die Goldwaage legen. Denken Sie doch bitte auch an die Arbeitsplätze. Ein Bekanntwerden der Ermittlungen würde mich mein Ehrenamt in Bonn und hier in Dortmund kosten und das hätte auch Konsequenzen für Sie. Her Geh, wir haben doch schon ganz andere Dinge zusammen überstanden. Wenn Sie einvernommen werden sollten, dann sprechen Sie sich doch bitte mit mir vorher ab.« Schleim, Schleim, Schleim, wie eine alte ölige Weinbergschnecke auf der Überholspur.

Das alles hatte Holger Geh schon einmal erlebt! Nur die Parameter waren anders! 1991 hatte Holger Geh wenig zu verlieren und Oddo Kratzer nicht viel. Im Jahre 2005 hatte Holger Geh nach wie vor wenig zu verlieren, aber Oddo Kratzer sehr viel. Er war der Präsident des Bundesverbandes der Freundeskreise des Handwerkes (BvdFdH) mit Sitz in Bonn, und wenn der spaßigste Teil der Presse erfuhr, dass der Präsident dieses Verbandes sich in kartellrechtlichen Absprachen übte und jahrelang geübt hatte, dann machte sie kurzerhand ein Schaschlik der Berichterstattung aus ihm. Und das mochte der gute Oddo Kratzer nun gar nicht, denn dann waren seine mediengerechte Auftritte mit Kanzler Dr. Murkel und mit dem Kreis-Präsidenten Dr. Wautz und anderen politischen und wirtschaftlichen Größen in Bonn und Berlin bald nur noch traurige Vergangenheit.

Anfang 2006 ging Oddo Kratzer mit seinem Sohn Hajo auf verstärkte Immobiliensuche für das Unternehmen. Sie wollten unbedingt aus dem Einzugsbereich der Firma Dasholz verschwinden. Von der Sache her konnte das Holger Geh gut verstehen. Nachdem Oddo Kratzer die Anteile der Brüder Dasholz an dem Unternehmen Kratzer aufgekauft hatte, wurde die Firma Kratzer GmbH im Hause Dasholz zunehmend kritisch beobachtet. Vor allen Dingen hielt Hajo Kratzer diesen Beobachtungen nicht stand und das ganze Haus Dasholz wunderte sich erst und amüsierte sich dann über seinen Arbeitselan, der ihn inzwischen nicht vor 8 Uhr in die Firma führte.

Holgers Beziehungen zu seiner Frau Katrin und seiner Tochter Carina trübten sich, zu seinem ganz großen Bedauern, weiter ein.

Holger hatte seine Tochter Carina wirklich sehr gerne und er hatte ihr auch in der kleinen Eigentumswohnung, die sie zwischenzeitlich bezogen hatte, mit Arbeitskraft und Geld geholfen. Holger mochte auch ihren neuen Freund Christian, für den er offensichtlich so etwas wie einen Ersatzvater hergab, sehr gern. Aber er mochte nicht die plötzlich aufkeimende Geldgier seiner beiden Mädels zu Hause, nachdem sein Vater verstorben war.

Holgers Mutter, so stellte sich für ihn heraus, war nicht unvermögend. Sie hatte ein nicht unerheblich gut bestücktes Konto und einen erheblichen Aktienbesitz. Holger stellte dies fest, nachdem er nun seine Mutter zweimal in der Woche besuchte und bei jedem Besuch ihre Schreibablage, die sich inzwischen vollständig auf ihrem Esszimmertisch befand, neu sortieren musste.

Natürlich teilte Holger diese Feststellungen seiner Frau Katrin und seiner Tochter Carina mit. Gab sie doch perspektivische Sicherheit für alle. Aber was machten Holgers Damen? Sie teilten Holgers potenzielles Erbe bereits, und das noch zu Lebzeiten seiner Mutter, unter sich auf.

Lachend sagte Carina zu ihrem Vater: »Du kannst dir endlich deine Harley kaufen und den Rest teilen sich Mama und ich.«

Als Holger aufbegehrte mit dem Einwand, dass es sich ja perspektivisch um sein Erbe handeln würde, hatte sein Töchterchen auch sofort eine Antwort parat: »Wir machen das schon, Mama und ich. Wir haben das alle schon geplant.«

Holger fand dieses Verhalten nur widerlich und sagte es auch den beiden. Aber er wurde nur ausgelacht. »Eines Tages«, sagte Holger vollen Ernstes, »werdet ihr nach Hause kommen und dann ist der Ehemann und Papa nicht mehr da. Dann werdet ihr euch fragen müssen, warum das so geschehen ist. Sucht dann die Antwort bei euch und eurer Gier.«

Carina war über die Ansprache ihres Vaters etwas erschrocken und fragte Holgers Frau Katrin: »Meint der Papa das ernst?«

Und Katrin antwortete lachend: »Nein Carina, der Papa macht nur Spaß!«

Nach Spaß war Holger überhaupt nicht zumute, denn er fand es nur pervers, wenn ein Erbe bereits verteilt wurde, und ein Erblasser, in diesem Falle seine Mutter, noch lebte. Carina konnte sich ohnehin nicht über die Großzügigkeit von Holgers Mutter beklagen. Hatte sie ihr doch gerade mit ihrem großzügigen Geschenk zu ihrer Eigentumswohnung verholfen. Das Verhalten seiner Frau Katrin konnte Holger überhaupt nicht verstehen. Mit Schmuck aus Platin und mit Perlenketten hatte er sie geradezu verwöhnt. Insofern war ihr Verhalten für Holger absolut nicht nachvollziehbar und er sagte es ihr auch. Leider erntete er auch hier nur ein Lachen und keine partnerschaftliche Stellungnahme.

Am 23. Januar 2006 überraschte Oddo Kratzer seinen Mitarbeiter Holger Geh mit der Nachricht, dass die Auftragslage für das Unternehmen sehr gut war und reichlich bis in den Juni des Jahres hineinreichte.

Der von Holger Geh und Rita Hase geführte Auftragsbestand sah zwar nicht so rosig aus, aber Oddo Kratzer neigte seit einiger Zeit dazu, vor allen Dingen in der Außendarstellung des Unternehmens, maßlos zu übertreiben.

Die kartellrechtlichen Ermittlungen wurden eingestellt. Man hatte bei den Unternehmen, die an der Kreisbildung von Oddo Kratzer für die Blechbedachungsarbeiten involviert waren, kein belastendes Material finden können.

Das Einzige für die ermittelnde Behörde sichtbare Indiz der ‚Preispanscherei' blieb dieser eine kleine Einheitspreis, den die gute Rita Hase vergessen hatte zu würfeln, und der sich durch alle Angebote zog, bis eben auf das eine Angebot, das der kommunale Bauherr, ohne Wissen von Kratzer und dem Architekten, lanciert hatte und das durch puren Zufall das teuerste Angebot war, sodass die Firma Kratzer, wie abgesprochen an erster Stelle lag und den Auftrag ‚am Gibbon-Berg' auch ausführte. Dass die ganze Sache gepanscht war, erschien offensichtlich aber eben nur als böses Indiz. Der Bauherr bekam von dieser Sache Wind. Ob offiziell oder inoffiziell, blieb für die Firma Kratzer GmbH unbekannt. Das Haus Kratzer wurde aus dem ‚Bergischen Land' auf kommunaler Ebene nie wieder mit Angebotsanfragen bedacht. Die Ingredienzien dieser Preispanscherei ruhten tief in Holgers voluminöser Rappelkiste.

In Herne begann das Unternehmen Kratzer, eine Fassadenverkleidung mit bunten Blechen herzustellen. Es handelte sich hier um eine neuere ungewöhnliche Form der Unterkonstruktion, die Holger Geh zusammen mit einem Spezialdämmungshersteller entwickelt hatte. Dieses kommunale Bauvorhaben entwickelte sich bald zu einer Pilgerstätte für Architekten, denn der Spezialdämmungshersteller hatte mit Holger Geh etwas geschaffen, was auch bauphysikalisch ein Begriffsnovum darstellte. Es war: ‚Die nicht hinterlüftete Fassade mit gezielter Kondensatabführung.' Ein bombastischer Ausdruck, den sich Holger da hatte einfallen lassen, aber er kam in der Fachwelt gut an, weil er nachweislich stimmte!

Der Geisteszustand von Holgers Mutter verschlechterte sich zunehmend, sodass sich Holger gezwungen sah, bei dem Familiengericht in Dortmund einen Eilantrag auf Betreuung ihrer Person zu stellen. Die gutachterliche Untersuchung von Holgers Mutter erfolgte 21. Februar und schon kurz danach erhielt Holger vorab die telefonische Auskunft, dass seinem Antrag entsprochen worden war.

Am 13. März hatte Holger einen Termin im Hochbauamt der Stadt Remscheid. Man zeigte sich dort sehr interessiert an der von ihm mitentwickelten Fassade in Herne und wollte im eigenen Bereich möglicherweise ähnliche Objekte ausführen. Holger konnte vor der gesamten Bauabteilung zwei Stunden lang referieren und glaubte im Sinne der Firma Kratzer einen guten Eindruck hinterlassen zu haben.

Vom 31. März bis zum 2. April waren Katrin und Holger in Weimar. Eine sehr schöne Stadt und die beiden sahen sehr viel, allerdings herrschte zwischen den Eheleuten ziemliche Schweigsamkeit. Katrin erläuterte Holger später, dass sie ihm nicht mit unnötigem Gequatsche auf den Nerv gehen wollte, weil sie wusste, wie stark er durch die Firma und die rasch fortschreitende Demenz seiner Mutter belastet war.

Am Montag dem 3. April wurde Holger Geh von Oddo Kratzer im Beisein seines Sohnes Hajo zum Verlassen des Unternehmens aufgefordert: »Herr Geh, ich möchte Sie nochmals bitten, sich endlich einen anderen Arbeitgeber zu suchen. Wir haben schon öfter darüber gesprochen. Ich finde es ist jetzt an der Zeit, dass Sie diesen Vorsatz auch umsetzen.«

»Herr Kratzer«, erwiderte Holger sofort, »ich fange an, mich zu wiederholen. Ich sehe für mich keine Veranlassung, dieses Unternehmen, welches ich vor über 20 Jahren mit Ihnen zusammen aufgebaut habe, zu verlassen. Ich habe auch keinen Vorsatz dazu, wie Sie sich ausgedrückt haben. Sie mögen einen Vorsatz, zu welchen Handlungen auch immer haben, aber dann liegt es an Ihnen, diesen Ihren Vorsatz auch auszuführen.«

Damit war für Holger das Thema erledigt und er fuhr allein am 7. April nach Tirol zum Skilaufen.

Am zweiten Urlaubstag erlitt Holger aus heiterem Himmel einen Nervenzusammenbruch, der ihn dazu veranlasste, spätabends bei seiner Frau Katrin anzurufen und ihr das Ende der gemeinsamen Ehe mitzuteilen.

Die nächsten Tage vergingen mit vielen Telefonaten und gemeinsamen Weinen über 900 Kilometer Entfernung.

Am vierten Tag begann Holger die Unsinnigkeit seiner Entscheidung, worauf sie auch immer begründet sein mochte, einzusehen. Holger erklärte seiner Frau, dass er die Ehe mit ihr fortsetzen wollte. Katrin war natürlich heilfroh und bot sich an, mit dem Zug nach Tirol zu fahren, um dann gemeinsam mit Holger in dem Wagen die Heimfahrt nach Unna anzutreten.

Holger lehnte das aber ab, da er noch auf der Rückfahrt seine Patentante Bärbel bei Rosenheim besuchen wollte. Die Tage des Urlaubes rauschten an Holger vorbei wie im Nebel. Katrin empfing ihren Mann mit Tränen in den Augen und erzählte von ihren Ängsten und Nöten, die sie ausgestanden hatte, nachdem ihr Holger fernmündlich das Ende ihrer Ehe in Aussicht gestellte hatte. Sie schob die Ursächlichkeit von Holgers Nervenzusammenbruch auf Oddo Kratzers kurz zuvor abgelieferten wiederholten Kündigungsauftritt und auf die Belastung durch die demenzerkrankte Schwiegermutter.

Holger sah es ähnlich, aber es half ihm auch nicht weiter, denn er war nicht mehr zu Hause angekommen. Stundenlang stand er an der Terrassentür und schaute in den Garten, ohne zu realisieren, dass es sein eigener Garten war.

Im Büro erzählte Holger dem Junior-Chef von seinem Nervenzusammenbruch. Der zeigte sich tatsächlich sichtlich erschüttert und verzichtete auf einen Ausgleich der Firmenhandykosten in Höhe von 350 Euro, die durch Holgers viele Telefonate während seiner Zeit in Tirol angefallen waren.

Oddo Kratzer dagegen zeigt sich über Holgers Nervenzusammenbruch, der beinahe sein Ehe-Ende mit Katrin herbeigeführt hätte, wenig berührt: »Herr Geh, Sie wollen doch nicht allen Ernstes behaupten, dass mein Verhalten Ihnen gegenüber, kurz vor Ihrem Urlaub, beinahe zum Ende Ihrer Ehe geführt hätte. Also, das ist doch etwas weit hergeholt. Eine Ehe ist mir heilig, das weiß ich.«

»Das weiß ich nicht, Herr Kratzer.«

Kratzer stutzte etwas irritiert, fand aber keinen weiteren Bezug zu dem nun etwas ungewöhnlichen Wortwechsel zwischen ihm und Holger über das »Wissen«, was er offensichtlich mit etwas anderem Vorzeichen in seinem Unterbewusstsein gespeichert hatte.

Töchterchen Carina fragte öfter Holgers Frau: »Ist wieder alles gut mit Papa?« Meist erntete sie von Katrin nur ein Schulterzucken.

Holgers Schwiegermutter schrieb ihm einen netten Brief zum Geburtstag. Der Kernsatz lautete: »Was auch in der Zukunft geschehen mag, du wirst immer unser Schwiegersohn bleiben.«

Holger war richtig gerührt, denn für ihn bedeuteten seine Schwiegereltern ebenfalls sehr viel.

Nach wie vor stand Holger lange grübelnd vor der Terrassentür und starrte in den Garten. Seinen Hochzeitstag am 8. Mai vergaß er und bekam von Katrin entsprechende Vorhaltungen.

Am 13. Juni wurde die bunte Fassade in Herne abgerüstet. Da vorher während der Bauphase Netze den freien Blick behinderten, war das Werk nunmehr ungehindert zu betrachten und stellte ein Aushängeschild für die Firma Kratzer GmbH da.

Ende September fuhr Holger mit seiner Frau zum Wandern nach Tirol. Nach einer Woche war das Vergnügen vorbei, denn Holger hatte sich einen Gichtfuß geholt, der in keinen Wanderstiefel mehr passte. Übermäßiger Biergenuss war seit Jahren nicht mehr Holgers Ding und Fett essen kam bei ihm kaum vor, dafür war er zu sehr ein Salatverzehrer. Eventuell war es aber auch das strapazierte Nervenkostüm, das ihm diesen Gichtschub beschert hatte.

Da das Wetter schön war, verbrachten Katrin und Holger den Rest ihres Urlaubes lesenderweise im Garten ihrer Pension. Katrin maulte, weil der Urlaub nicht ihren Vorstellungen entsprach, aber ansonsten herrschte Sprachlosigkeit zwischen den Eheleuten Geh und Holger betrachtete inzwischen seine Ehe mit Katrin als endgültig gescheitert.

Nach seinem Urlaub bemerkte Holger, dass seine Mutter das Zeitgefühl verlor. Immer öfter traf er sie in ihrer Wohnung im Schlafanzug an. Bezüge zu Tageszeiten und Wochentagen gingen ihr verloren.

Am Montag dem 11. September lobte Kratzer-Senior voller Elan: »Das Angebot für die Getriebefirma Prilo hier in Dortmund haben Sie ja besonders gut kalkuliert, Herr Geh! Auf zu neuen Taten!«

Nun gut, so tat Holger auch ... und verliebte sich in Evi Göre, seine und Katrins Freundin. Holger hatte auf Sylt zu tun. Irgendetwas war an der Kirche, die die Firma Kratzer dort einst mit einem Blechdach versehen hatte, defekt und Holger, der das Bauvorhaben kannte, sollte sich den Schaden anschauen. Holger nahm Evi auf dieser Fahrt mit, denn ihre Eltern wohnten nahe bei Flensburg und Holger setzte sie dort ab, bevor er nach Niebüll zu der Autozugverladung nach Sylt weiterreiste.

Auf der Rückfahrt verfuhr Holger genauso. Evi und Holger hatten sich während ihrer langen Fahrt viel zu erzählen und gestanden sich ihre Gefühle füreinander ein. Auf der weiteren Heimfahrt, kurz nach Hamburg, es war schon dunkel, steuerte Holger einen einsamen Parkplatz an. Ohne eine weitere gemeinsame Verabredung fuhren beide ihre Sitze weit nach vorn und eilten nach hinten auf die Rücksitzbank, wo sie sich küssend und keuchend gegenseitig ihrer Kleidung entledigten und gierig und geil übereinander herfielen, wie es die Geometrie des Wagens zuließ.

Sie trieben es miteinander, bis alles wehtat. Das gemeinsame Gekicher danach entspannte sie wieder und sie setzten in Ruhe ihre Fahrt fort und hatten nur noch ein gemeinsames Ziel, nämlich ihre gemeinsame Zukunft!

Vom Hochbauamt in Remscheid erhielt die Firma Kratzer den Auftrag einer Fassadensanierung nach dem Muster der Fassade in Herne. Holger freute sich darüber unheimlich, denn es zeigte ihm, dass selbst zeitintensive Beratungen eines Bauherrn teilweise Früchte tragen konnten.

Am Mittwoch dem 8. November kam der Senior-Chef mit einer Aufgabe auf Holger zu: »Herr Geh, Sie werden sich bitte um die Sanierungsarbeiten der Dächer an der Kröping-Halle kümmern müssen. Ich hatte eigentlich Herrn Kläffge für die Leitung dieser Baustelle vorgesehen, aber ich bin der Meinung, dass er nicht in der Lage ist, solche komplexen Baustellen zu leiten.«

Von der Sache her, stimmte Holger der Meinung seines Chefs stillschweigend zu, aber im Innersten kochte er vor Wut, denn dieser kleine, inzwischen deutlich verfettende Meister hatte die Angewohnheit angenommen, sich bei jeder bietenden Gelegenheit, zu verpissen. Selbst die Monteure spotteten inzwischen über seine Baustellen, die nach ihrer Meinung hießen: »Aldi, Metro, Lidel, Bauhaus, Obi oder Praktiker.«

Von all diesen Häusern hatte dieser kleine meisterliche Kugelblitz die fast täglich neuen Angebotslisten von Werkzeugen im Kopf und wusste damit Hajo Kratzer mächtig zu beeindrucken. Und der Junior-Chef schickte Kläffge los, um die nach dessen Recherchen günstigen Werkzeuge einzukaufen. Voller Stolz kam dieser mit fünf Bohrmaschinen für je 25 Euro zurück.

Hajo Kratzer freute sich über diese günstige Einkaufsquelle und konnte sich natürlich einen kleinen verbalen Seitenhieb gegenüber Holger Geh nicht verkneifen: »Immer diese teuren Hilti-Maschinen, das muss wirklich nicht sein. Und immer lassen unsere Leute das teure Werkzeug in den Fahrzeugen liegen. Wenn die aufgebrochen werden, geht der Schaden in die Tausende. Ich finde es wirklich gut, dass Kläffge auf die Kosten achtet.«

Holger Geh war eher der Meinung, dass gute Arbeit auch gutes Werkzeug erforderte und so war es auch jahrzehntelang im Hause Kratzer gehandhabt worden. Wenn allerdings mit den Monteuren in keiner Art und Weise mehr Menschen führend und auch disziplinarisch gearbeitet wurde, dann durfte man sich auch nicht wundern, wenn aus Betriebsfahrzeugen Werkzeug gestohlen wurde, das nicht einmal in gepflegten Kisten oder Regalen verstaut war. Allenfalls wurde über diese teilweise doch recht teuren Werkzeuge, wie Spezialschweißgeräte, Bohrmaschinen und Fräser eine alte Decke geworfen. Das vermittelte eher den Eindruck eines Lumpensammlerfahrzeuges als den eines Betriebsfahrzeuges der Firma des Präsidenten des BvdFdh (Bundesverband der Freundeskreise des Handwerkes) mit Sitz in Bonn.

Der Obermonteur Merlin Mathau, mit seinem sonnigen Gemüt, hatte in der Werkstatt Arbeiten für seine Baustelle zu erledigen. Ihm vertraute Kläffge die neuen Maschinen an, um sie in die Maschinenliste der Firma aufzunehmen und sie mit den entsprechenden Nummern zu beschriften.

Mathau rief Holger im Büro an und sagte: »Herr Geh, ich habe von Meister Kläffge neuestes Präzisionswerkzeug bekommen. Wenn Sie eben netterweise herunterkommen, um sich selbst ein Bild darüber zu machen?«

Holger ging rasch zu der wenige Meter entfernt liegenden Werkstatt. Die fünf neuen Bohrmaschinen lagen in ihrem satten gelben Farbton nebeneinander auf einer Werkbank. Ohne sie in die Hand nehmen zu müssen, sah man schon optisch die Toleranzen der klobigen Kunststoffgehäuse dieser Maschinen. Teilweise kam, deutlich erkennbar, das metallene Bohrfutter außermittig aus dem Gehäuse.

»Wollen Sie nicht mal eines dieser guten Stücke in die Hand nehmen, Herr Geh?«, fragte Matahu scheinheilig.

»Lieber nicht«, erwiderte Holger, »möglicherweise werden sie dadurch unwuchtig.«

»Nein«, sagte Mathau, »ich habe sie schon alle in der Hand gehabt. Bei einer hat es zwar im Inneren etwas geklappert und bei einer anderen dreht sich das Bohrfutter nur sehr schwer, aber sie sind noch nicht auseinandergefallen.«

»Ja, dann machen Sie mal, Herr Mathau. Aber lassen Sie mir bitte fünf Minuten Zeit, bevor Sie mir über Ihre Erfahrungen mit diesen Maschinen berichten.«

Meister Kläffge drückte sich auch in einem Randbereich der Werkstatt herum und war sichtlich nervös über die von Holger durchgeführte Besichtigung der von ihm eingekauften neuen Werkzeuge.

Holger war kaum zurück im Büro angelangt, da ging sein Telefon: »Mathau hier. Experiment gelungen. Alle Maschinen sind im Arsch. Zwei Stück sind mit Lichtblitz im Gehäuse verraucht. Eine wurde dabei noch so ekelhaft heiß, dass ich sie fallen lassen musste. Eine hat sich langsam festgefressen und raucht auch noch ein wenig vor sich hin. Bei einer ist gleich die Bohrfutterführung abgebrochen und eine hat dermaßen Unwucht, dass ich mich nicht traue, einen Bohrer einzusetzen. Ich habe Meister Kläffge gefragt, ob es für diese Maschinen nicht einen Schultergurt gibt, in den man 20 dieser Maschinen einschieben kann, um so ausgerüstet an den Bau zu gehen und ein Loch in die Wand zu bohren. Aber der kleine Meister will nicht!« Der Rest seiner Ausführungen ging in glucksendes Lachen unter und die Verbindung war unterbrochen.

Holger schüttelte sich ebenfalls vor Lachen und Rita Hase genauso, als ihr Holger über Kläffges Einkauf von baustellengeeigneten Bohrmaschinen berichtete.

Nach einiger Zeit erschien Lorbas Kläffge und jaulte dem Junior-Chef irgendwelchen Unsinn über eine mutwillige Überbeanspruchung dieser günstigen Bohrmaschine vor. Ungestüm wollte Hajo in die Werkstatt eilen, um den bösen Monteur zu maßregeln, der nach Kläffges Bericht die neuen Maschinen zerstört hatte.

Holger hielt ihn mit den Worten auf: »Vorsicht, Herr Kratzer, bevor Sie gleich in der in der Werkstatt etwas Falsches sagen, dann kann der Schuss reichlich nach hinten losgehen. Ich habe mir die Maschinen selbst angeschaut. Sie auch?« Kopfschütteln von Hajo. »Sehen Sie, Herr Kratzer. Sie als Chef sind reichlich in der Fürsorgepflicht. Wenn Sie hier Werkzeug zur Arbeit verteilen lassen, das nicht einmal Hobbyhandwerkerqualitäten entspricht, dann kann das aber »Schwarze Männer« bei einem ernst zu nehmenden Unfall mit solchem Gerät aber reichlich nachdenklich stimmen. Den kleinen Kläffge können Sie dann gleich mitnehmen in den Knast, denn über diese Kenntnisse muss er als Meister auch verfügen.«

Den Begriff »Schwarze Männer« hatte Holger als Synonym für Richter und Anwälte im Hause Kratzer eingeführt und er war von der gesamten Belegschaft und sogar von Oddo Kratzer adaptiert worden.

Die Einkaufspolitik von Meister Kläffge wurde nicht weiter verfolgt. Allerdings merkte Holger auch bald, dass ihn der kleine Kläffge nicht mehr sonderlich lieb hatte. Für Holger wurde jedoch aus diesem Vorgang sein

Verdacht bestärkt, dass Hajo etwas Gravierendes von seinem Vater gelernt hatte, nämlich Urteile und Entscheidungen nach Glauben zu treffen und nicht nach Wissen.

Meister Kläffge suchte sich darauf eine neue Beschäftigung und hing einmal in der Woche kopfüber mit seiner Größe von 1,61 Metern im Schrottcontainer der Firma, um nachzuschauen, ob nicht Werkzeug entsorgt wurde, welches, nach seiner Meinung, noch einsatzfähig war. Mancher Schraubendreher und manche Flachzange waren nach seiner Meinung noch einsatzfähig und wurde unter Zeitaufwand gerichtet und geschliffen, nur um zwei Tage später endgültig auszufallen.

Kläffge zeigte sich auch nicht verwundert, wenn er Werkzeuge zutage förderte, die gar nicht im Firmenbesitz gewesen waren. Sämtliche Monteure machten sich inzwischen einen Spaß daraus, den privaten Schrott und den der Verwandtschaft in diese Container zu entsorgen. Der Firma Kratzer tat das nicht weh, eher im Gegenteil, da Altmetalle inzwischen gut gehandelt wurden. Und Kläffge lief immer regelmäßig zu Hajo, um ihm zu berichten, was er schon wieder gerettet hatte.

Selbst das auf diese Weise entsorgte Schrottlager eines Scherenschleifers in den Alteisencontainer der Firma Kratzer ließ ihn nicht nachdenklich werden. Nach einiger Zeit wies ihn ein mitleidiger Monteur darauf hin, wie radikal gründlich er zur Erbauung der Firma verarscht worden war. Aber das irritierte Kläffge nur kurzfristig. Er war ein absoluter Schreibtischchaot und sein Schreibtisch folglich ein Sauhaufen. Es kam vor, dass er sein Telefon unter einem Wust von Papieren suchen musste, wenn es bei ihm klingelte. Identisches Chaos herrschte auf einem Schreibtisch, der seinem gegenüberstand sowie auch auf einem kleinen seitlichen Beistelltisch. Über diesen Schreibtischen schwebte in Kopfhöhe, die beiden Schreibtische ausleuchtend, eine ein Meter lange zweiröhrige Büroleuchtstofflampe an vier stählernen Anhängern. Aus Kläffges Aktenfundus, der auf seinem Schreibtisch verteilt war, stellte Holger drei DIN A4 Akten fein säuberlich mittig auf die in einer Höhe von 1,7 Metern schwebende Lampe. Er sah richtig gut aus, wie gewollt. Keiner nahm daran Anstoß, selbst der kugelige Lorbas Kläffge nicht. Aus seiner Frosch-Perspektive konnte er es auch gar nicht sehen, denn er ging immer mit gesenktem Blick durch die Gegend, wie ein alter schwerer trauriger Fahrradscheinwerfer.

Oddo Kratzer mit seiner Körperlänge von 2,10 Metern sah natürlich diese Aktenordnung sofort, verstand sie aber nicht. Er kam zu Holger und sagte lachend: »Haben Sie das schon gesehen, Herr Geh? Ist doch pfiffig diese Lösung von Kläffge. Die Akten, die er griffbereit haben muss, stehen direkt in Augenhöhe.«

»Entschuldigung, Herr Kratzer, aber der Kollege Kläffge ist normal gewachsen, er hat die Augen nicht auf dem Kopf, sondern im Kopf.«

»Also, Herr Geh, wie Sie das wieder meinen? Ich weiß nicht.«

»Das weiß ich doch, Herr Kratzer.«

Irgendwann suchte der arme Kläffge wie verrückt die drei außerhalb seines Gesichtsfeldes angesiedelten Akten und wurde sogar richtig böse, nachdem sich Holger als Übeltäter zu erkennen gab.

Holger hatte keinen Grund, seine Untat zu verleugnen und tröstete Kläffge mit den Worten: »Lieber Herr Kollege, ich wollte die drei Akten nur vor der natürlichen Beerdigung unter dem Papierhaufen auf dem Schreibtisch retten. Übrigens, der Senior-Chef war der Meinung, dass Sie selbst diese neue pfiffige Aufbewahrungsordnung gewählt hätten, um die Akten vor dem sicheren Untergang auf ihrem Schreibtisch zu retten. Sie sehen also, Ihre Reputation gegenüber der Geschäftsleitung hat in keiner Weise gelitten. Im Gegenteil, wenn Sie die Abhängung der Lampe verstärken, könnten Sie dieses Lampenregal durchaus mit 15 Aktenordnern belegen.«

Kläffge antwortete nicht mehr. Er fühlte sich nicht wohl, da er nicht wusste, ob er von Holger auf die Rolle genommen worden war. War er und seine Lampe war umgehend ordnerfrei.

Montag der 13. November war der erste Todestag von Holgers Vater und einen Tag später zog Holger abends, nachdem Katrin mit ihrer Firma zu einer mehrtägigen Messe nach Nürnberg gefahren war, zu seiner Evi in die Wohnung. Den Rest seines Lebens wollte er nicht in partnerschaftlicher

Sprachlosigkeit verbringen und mit Wochenenden, die von Fußballspielübertragungen beherrscht wurden, nämlich erst im Radio und dann im Fernsehen. Das war Katrins Hobby, das Holger überhaupt nicht mit ihr teilte. Nicht, weil es ihn nicht interessierte, sondern weil er bei diesem Übertragungsgewäsch kein einziges Wort sagen durfte. Und der Blümchensex war ohnehin eine Nummer, von der Holger und auch Evi eine ganz andere Vorstellung hatten.

Holger schaffte in mehreren Fahrten, seine Kleidung, seine Unterlagen, seine Skier und sein Motorrad zu Evis Wohnung. Holger wollte einen messerscharfen Schnitt, das brachte nach Holgers Meinung weniger Leiden, als wenn man sich etappenartig voneinander trennt.

Evi hatte erst kürzlich im Dorfzentrum von Unna eine neue Wohnung bezogen. Allerdings hatte sie mit diesem Einzug auch gleich ihren 18-jährigen Sohn Karsten aus der gemeinschaftlichen Wohnung geworfen und ihn zu ihrem ehemaligen Mann und Karstens leiblichem Vater zurückgeschickt. Karsten hatte seine Mutter gerade in den letzten Monaten fast nur noch belogen und schwer enttäuscht. Er hatte die Realschule mit vielen unentschuldigten Fehlzeiten besucht und seine Mutter trotz ihrer vielen Bemühungen um ihn, nicht über diese Sachverhalte informiert. Bedingt durch seine katastrophalen schulischen Leistungen drohte Karsten ein Verweis von der Schule ohne Abschluss. Dank des Einsatzes von Evi gelang es, durch einen zusätzlichen Formfehler der Schule, für Karsten noch einen Realschulabschuss zu erreichen. Geholfen haben dabei noch zusätzlich Freunde aus dem Dorf, die durch ihre berufliche Orientierung beste Beziehungen zu dem Schulverwaltungsamt in Arnsberg besaßen.

Nachdem Karsten nun den Realschulabschluss erreicht hatte, wollte er unbedingt die ‚Höhere Handelsschule' in Unna besuchen. Da Holgers Tochter Carina diese Schule besucht hatte, wusste er, dass dort die Leistungsansprüche nicht gering waren und er hatte erhebliche Zweifel, dass Evis Sohn diesem Leistungsdruck auch nur annähernd gewachsen war.

Nach nur sieben Wochen Schulzeit war es so weit, wie es Holger vorausgesehen hatte und Evi wurde von der Schule schriftlich zu einem Gespräch in das Direktorat eingeladen. Man eröffnete ihr, dass ihr Sohn

Karsten nur anfangs der Schulzeit für zwei Wochen erschienen war, dann war er nicht mehr gekommen. Er hatte immer nur seiner Mutter den Schulbesuch vorgetäuscht. Deshalb hatte Evi ihren Sohn an seinen Erzeuger zurückgegeben, damit dieser seinen erzieherischen Pflichten als Vater nachkommen konnte, denn mit diesen hatte er sich bislang offenkundig stark zurückgehalten. In dieser Situation zog Holger nun bei Evi ein.

Freitags am 17. November erwartete Holger abends in seinem Haus in Unna in der Talstraße 26 die Rückkehr seiner Frau Katrin aus Nürnberg. Per Telefon erfuhr er, dass sie nicht vor 23 Uhr eintreffen würde. Holger hatte das Haus nach seinem Auszug aufgeräumt, der Kühlschrank war gut gefüllt und im Vorratskeller standen kistenweise Getränke. Den Esszimmertisch zierte ein frischer Strauß Blumen. Der Fernseher im Wohnzimmer hatte den Geist aufgegeben und Holger hatte ihn entsorgt und durch einen neuen ersetzt. Holger rief seine Tochter Carina an und informierte sie über seine unmittelbar bevorstehende Trennung von ihrer Mutter.

Carina fing an zu weinen. Holger bat sie noch, ihrer Mutter beizustehen und sie zu unterstützen. Und dann war es so weit. Holger hatte ein flaues Gefühl im Magen und einen trockenen Mund. Nach dem Ausladen ihres Gepäcks aus dem Wagen bat Holger Katrin zum Gespräch an den Esszimmertisch. Sie setzten sich und Katrin sah an Holgers Gesicht sofort, dass etwas Entscheidendes geschehen sein musste. Ihre Gesichtszüge versteinerten sofort, als Holger ihr eröffnete, dass ihr gemeinsamer Lebensweg in diesem Augenblick zu Ende ging.

Die Worte fielen Holger sehr schwer, denn nur wenige Monate später wäre ihr 25-jähriger Hochzeitstag gewesen, aber ihre Ehe hatte sich in eine Ebene hinein bewegt, die Holger bei seinen Eltern in ähnlicher Form jahrelang miterlebt hatte und die für ihn als Perspektive des gemeinsamen Alterns absolut inakzeptabel war. Das hatte er Katrin allerdings im Laufe ihrer Gemeinsamkeit schon mehrmals gesagt.

Katrin begann hilflos zu schluchzen und das tat Holger in der Seele weh. Sie fragte Holger, ob denn an dieser Situation noch etwas zu machen sei und er antwortete ihr: »Nein, Katrin, da ist wohl nichts mehr dran zu machen. Wie du es ja selbst nach meinem Nervenzusammenbruch im April gesehen hast, bin ich nicht mehr richtig hier zu Hause und in unserer Partnerschaft angekommen. Und jetzt ist es mir passiert, dass ich mich in Evi verliebt habe und den Sinn darin sehe, nach meinen Vorstellungen, die sich mit ihren decken, gemeinsam den Rest des Lebens zu verbringen. Schlaf jetzt erst einmal, über diese, für dich unschöne Nachricht und dann lass uns sehen, wie wir diese Trennung vernünftig und für beide Teile gerecht über die Bühne bringen. Nach fast 25-jähriger Ehe und 30-jähriger Gemeinsamkeit sollte uns das doch gelingen und gleichzeitig sicherstellen, dass wir uns für den Rest des Lebens nicht aus den Augen verlieren. Unsere Tochter habe ich vor 15 Minuten über meinen Schritt informiert und sie gebeten, dir in dieser schwierigen Situation zu Seite zu stehen. Wenn du mich erreichen willst, ich bin jederzeit für dich da.« Dann nahm Holger seine weinende Frau in den Arm und drückte ihr einen letzten Abschiedskuss auf die verheulte und verschwitzte Wange. Er ging und zog die Haustür in dieser Lebensgemeinsamkeit ein letztes Mal hinter sich in das Schloss. Holger kam sich vor, als wenn er sich selbst als Außenstehender aus einer anderen Perspektive über den Bürgersteig zum Auto gehen sah. Ein letztes Mal drehte sich Holger vor dem Einsteigen in den Wagen um, und warf noch einen Blick auf das Haus, das er im Jahre 1990 mit seiner Familie bezogen hatte.

Evis Wohnung war nur fünf Minuten mit dem Wagen entfernt. Aber diese Fahrt in seinen neuen Lebensabschnitt kam Holger vor, als wenn sie mindestens 30 Minuten dauerte und viele Gedanken jagten ihm durch den Kopf. Allen voran natürlich die sich permanent wiederholende Frage: »Ist deine Entscheidung auch richtig? Hast du es dir nicht zu leicht gemacht? Ist deine Erwartungshaltung an eine Ehe und Partnerschaft möglicherweise nicht zu einseitig, weil du von deinem Elternhaus zu viele schlechte Beispiele mitgenommen hast?« Natürlich fand Holger keine Antworten, sondern nur Beruhigungen. Antworten würde Holger wahrscheinlich erst in den nächsten Monaten und Jahren finden, wenn sich sein Lebensweg neu orientierte. Evi fragte Holger nur nach seiner Ankunft bei ihr: »Na, war es schlimm?«

»Trennungen sind immer schlimm, für welchen Teil auch immer. Aber das weißt du ja noch aus deiner eigenen ehelichen Situation und aus der gerade erfolgten Trennung von deinem Sohn.«
Wortlos nahmen sich die beiden in den Arm und der Rest des Abends verging auch in ziemlicher Schweigsamkeit.

Am Montag dem 20. November rief Katrin Holger früh im Büro an und forderte für den Nachmittag ein klärendes Gespräch. Und so stand Holger um 17 Uhr vor seinem eigenen Haus und klingelte, denn die Haustürschlüssel hatte er in Evis Wohnung gelassen. Ihm fiel sofort auf, dass sämtliche Fotografien, die ihn zusammen mit Katrin zeigten und im Flur hingen, entfernt worden waren. Katrin war in diesem Gespräch sehr aggressiv und hinterließ bei Holger den Eindruck, als wenn sie reichlich fremdgesteuert agierte. Ein Bedauern über das Ende ihrer Ehe mit Holger war nicht zu hören. Eigentlich war es nur eine Schuldzuweisung von Katrin gegenüber Holger, dass er doch der eigentliche Verursacher der Trennung war.

Selbstverständlich vermutete Katrin, dass Holger und Evi schon eine jahrelange Beziehung zueinander hatten. Und so drehte sich dies Gespräch über eine Stunde nur im Kreis und der restliche Inhalt blieb Holger nicht in Erinnerung. Katrin forderte sehr energisch Holgers Haustürschlüssel für ihr gemeinsames Haus ein. Holger kam ihrem Wunsch nach und warf das Ding am Mittwoch in den Briefkasten.

Am 27. November hatten Katrin und Holger ihr erstes Informationsgespräch in ihrer Scheidungsangelegenheit bei einem Anwalt in Holzwickede. Bezeichnenderweise war es die Anwalts- und Notargemeinschaft in der Tochter Carina seinerzeit den Kaufvertrag ihrer Eigentumswohnung unterzeichnete. Die gemeinsame Wartezeit im Vorzimmer der Fachanwältin verlief schweigend. Katrin sagte Holger lediglich, dass ihre Tochter Carina noch nicht bereit war, ihren Vater wiederzusehen.

Im Gespräch mit der Fachanwältin gab Katrin deutlich zu verstehen, dass sie sich einen eigenen Rechtsbeistand suchen wollte. Nach diesem

Gespräch trennten sich Holger und Katrin schweigend voneinander. Holger hatte schon vorher zugesichert, sämtliche laufenden Kosten, wie Tilgungen, Versicherungen und Nebenkosten des Hauses, einschließlich Strom und Wasser, sowie Telefon etc. weiterhin bedienen zu wollen.

Am 30ten November überwies Holger an Katrin die erste freiwillige Unterhaltszahlung in Höhe von 500 Euro für den Monat Dezember.

Am 3. Dezember wurde Holgers Mutter 85 Jahre alt. Sie machte bei Holgers Besuch einen stark unterernährten Eindruck und wirkte ungepflegt. Die vom Gericht für sie bestellte Betreuerin akzeptierte sie nicht und der ärztliche Pflegedienst, der ihr die verordneten Medikamente verabreichen sollte, wurde von ihr kurzerhand rausgeworfen.

Am Dienstag dem 5. Dezember erfuhren Rita Hase und Holger Geh von Oddo Kratzer in Gegenwart dessen Sohnes, dass das Unternehmen einen Auftragsbestand bis Ende April 2007 vorweisen konnte. Nun gut!
Am folgenden Tag bekam Holger Geh einen Anruf von der Sekretärin des ehemaligen Mitgesellschafters und eigentlichen Firmenbegründers der Firma Kratzer GmbH, Werner Dasholz. Sie bat Holger zu einem Gespräch mit Werner Dasholz im gemeinschaftlichen Bürogebäude für den gleichen Tag um 14 Uhr. Holger war unbeeindruckt über diese Einladung, denn Werner Dasholz war für Holger immer ein schätzenswerter Mann, der ihm in der Zeit, als er noch Mitgesellschafter des Hauses Kratzer war, immer ein offenes Ohr gönnte und nie voreingenommen war. Also ging Holger zu diesem Termin eine Büroetage tiefer und war sehr entspannt.

Werner Dasholz empfing Holger in seinem Büro sehr freundlich und bat ihn an einen kleinen Gesprächstisch mit gemütlichen Sesseln. Der Tisch war weihnachtlich eingedeckt und eine Kerze brannte. Nachdem die Sekretärin die beiden Herren bewirtet hatte, ließ Dasholz die Katze so allmählich aus dem Sack. Werner Dasholz war ein hervorragender Rhetoriker, aber das wusste Holger ja seit Jahren, insofern waren seine Gehör- und Nervenantennen sensibilisiert, um ja keine Unter- oder Zwischentöne unbemerkt vorbeihallen zu lassen.

Nach dem allgemeinen Wortgeplänkel der gegenseitigen Wertschätzung und der kurzen Erinnerung an alte Zeiten der Firmengeschichte der Firma Kratzer kam Dasholz schnell und konkret zum eigentlichen Thema ihres Zusammentreffens. »Herr Geh, Sie können sich ja sicher gut vorstellen, dass ich Sie nicht nur für einen vorweihnachtlichen Meinungsaustausch über vergangene Zeiten in mein Büro gebeten habe.«

»Mit Sicherheit nicht, Herr Dasholz, dafür meine ich Sie in der Zeit, als Sie maßgeblicher Mitgesellschafter des Hauses Kratzer waren, gut genug kennengelernt zu haben.«

Werner Dasholz fuhr fort: »Um es kurz zu machen, Herr Geh, ich weiß aus früherer gemeinsamer Zeit, dass Sie zielorientiert denken und arbeiten, und will deswegen nicht lange abschweifen. Ich traf neulich im Treppenhaus Ihren Junior-Chef Hajo. Er machte mir einen etwas unglücklichen Eindruck und ich fragte ihn deshalb nach den Gründen seiner Niedergeschlagenheit. Hajo sagte mir, dass Sie nach seiner Einschätzung zu eigenständig arbeiten und ihn nicht an Ihren Entscheidungen und Vorstellungen teilhaben lassen. Er fühlt sich deswegen übergangen und findet einfach nicht den richtigen Weg, mit Ihnen als dem Älteren, ein richtungweisendes Gespräch zu führen. Herr Geh, Sie wissen doch, dass Hajo Kratzer ein lieber, netter Kerl ist! Was sich hinter dieser umgangssprachlichen Floskel verbirgt, ist Ihnen und dem gesamten Umfeld in der Bauszene inzwischen wohlbewusst, nachdem Hajo als Geschäftsführer des Hauses Kratzer offiziell auftritt. Genauso wie bekannt ist, dass Sie, Herr Geh, der wahre Motor der Firma Kratzer sind. Also geben Sie sich doch einen kleinen Ruck und gehen Sie auf Hajo zu, wenn er das nicht kann. Ich habe ihm versprochen, dass ich mit Ihnen dieses Gespräch führen werde.«

Holger nahm das Gesagte von Werner Dasholz freundlich zu Kenntnis und kommentierte es mit begrüßenden Worten. Dann war das Gespräch nach einigen weiteren beiderseitigen verbalen Nettigkeiten beendet und Holger verabschiedete sich von Herrn Dasholz.

»Mein Gott«, dachte sich Holger, »was ist dieses Hajolein nicht für ein armseliger, feiger, rückgratloser Typ. Er ist nicht einmal in der Lage, seinen eigenen Vater in solch einer Sache zu involvieren, sondern benutzt einen ehemaligen Mitgesellschafter, über den er ansonsten immer abfällig herzog, um ihn situationsbedingt für seine infantilen Belange einzusetzen, die er im täglichen Leben allein nicht klären konnte.«

Aber selbst Oddo Kratzer hatte seinem Sohn Hajo in Gegenwart von Rita Hase und Holger Geh schon bescheinigt: »Hajo, du bist ein Feigling und du bleibst ein Feigling.«

Von der Form her war das natürlich grottenschlecht, was da der Senior-Chef über seinen Sohn und Mitgesellschafter in Gegenwart von Mitarbeitern geäußert hatte, aber es traf bedauerlicherweise exakt den Kern der Wahrheit. Hajo hatte nicht einmal das Rückgrat, einem Freund von ihm die Rechnung über Arbeiten an dessen Haus vorzulegen, weil sie gegenüber dem Angebot um 100 Prozent höher ausfiel. Ob diese Rechnung je beglichen wurde, entzog sich Holgers Kenntnis. Und im Büro nahm er ohnehin billigend in Kauf, dass ihn die Damen Hass und Buschfrau sowie Meister Kläffge eigentlich nur noch duldeten und ihm öfter sagten: »Ach Hajo, geh du doch in dein Zimmer und lass uns hier in Ruhe arbeiten.«

Die Betonung der Redewendung »in Ruhe arbeiten«, beschrieb natürlich real den Umstand, der inzwischen in das Arbeitsleben des Dreigestirns eingezogen war. Ruhe bedeutete hier Phlegma und langsame, gestreckte Arbeit.

Der Junior-Chef hatte sich offenkundig damit abgefunden, und dass er in dieser Situation einen Ersatzblitzableiter suchte, um seinen aufgelaufenen Frust abzubauen, war für Holger sogar auch noch nachvollziehbar. Nur dass er dafür die dumme Krücke benutzte, einen Werner Dasholz einzuschalten, war für Holger nicht ganz einsichtig. »Aber gut«, dachte sich Holger. »Eigentore sind auch anerkannte Treffer. Wenn Hajo sie denn sammeln will? Nur zu!«

Im Büro, nach dem Gespräch mit Herrn Dasholz, ging Holger umgehend zu Hajo und sagte: »Herr Kratzer, ich hatte gerade ein informatives Gespräch mit Herrn Werner Dasholz. Im Kern geht es vermutlich darum, dass Sie nicht den richtigen Einstieg finden, mit mir ein konstruktives Gespräch unter vier Augen über Firmenbelange zu führen. So habe ich zumindest Herrn Dasholz verstanden. Wann hätten Sie denn Zeit? Ich stehe Ihnen jederzeit zu Verfügung!«

Kratzer-Junior war von Holgers spontaner Reaktion total geplättet, stammelte etwas von Terminen und blätterte hilflos in seinem wenig beschriebenen Tischkalender. Holger war inzwischen nicht mehr fröhlich und drückte Klein-Hajo mit dessen sichtbarer Pennälerhilflosigkeit ungeniert und ohne Rücksicht verbal in die Ecke: »Also bitte, Herr Kratzer, bei dem Frust, der sich offensichtlich bei Ihnen nach den Schilderungen von Herrn Dasholz über die Zusammenarbeit mit mir aufgestaut haben muss, sollten wir das klärende Gespräch nicht auf die lange Bank schieben. Alles andere wäre ja auch dem Wohlergehen des Unternehmens abträglich. Es wäre doch schade, wenn Ihr Vater mit diesen Kleinigkeiten belastet werden würde, nachdem er gerade in seinem Amt für den BvdFdH in Bonn Fuß fasst!«

Pitsch, patsch, pitsch, patsch! Kratzer-Junior wusste Holgers verbalen Ohrfeigen nicht auszuweichen. Wie sollte er auch? Armer, lieber, netter Kerl! Mit seinen Fingern wuselte er nervös durch seinen Tischkalender und fand nach längerem Anlauf einen freien Termin für das Gespräch mit Holger.

Es war Montag der 11. Dezember um 17 Uhr. Hajo erschien pünktlich in Holgers Büro und nahm vornehm mit übereinandergeschlagenen Beinchen vor dessen Schreibtisch Platz. Diese Geste stand ihm genauso wenig, wie seinem Vater, von dem er sich dies wohl abgeschaut hatte. Und dann nahm Holger kurz und schmerzlos die Gesprächsführung in die Hand, bis es dem Junior-Chef schwindelig wurde. Kratzer-Junior wusste den Ausführungen von Holger nichts Substanzielles entgegenzusetzen außer, dass er etwas kindisch trotzig wurde: »Der Meister Kläffge möchte nicht mehr unter Ihrer Leitung arbeiten. Er will nicht mehr die von Ihnen verkalkulierten Großobjekte in der Bauleitung betreuen müssen. Er will lieber unter meiner Leitung den Kleinbau betreuen.«

»Aber das ist doch wunderbar, Herr Kratzer. Ihr Vater hat mir selbst mitgeteilt, dass er der Meinung ist, dass Kläffge keine komplexen Großbaustellen führen kann!«

»Das glaube ich nicht, Herr Geh. Wann und warum sollte er das denn gesagt haben?«

Holger blätterte durch seinen eng beschriebenen Buchkalender, der ja eigentlich schon seit Jahren ein Tagebuch war. »Moment, Herr Kratzer. Das ist meine Bibel! Hier steht alles drin! Am 8. November hat mich ihr Herr Vater mit der Leitung unserer Bauausführungen an der Kröping-Halle betraut, und zwar mit den Worten, dass der Kollege Kläffge nicht in der Lage ist, so komplexe Großbaustellen zu führen. Das habe ich mir hier auch aufgeschrieben, weil ich diese Negativbeurteilung Ihres Vaters über das Leistungsvermögen seines Mitarbeiters Kläffge für sehr bemerkenswert hielt. Warum er dieser Meinung ist, das müssen sie Ihren Vater schon selbst fragen.«

Hajo blieb trotzig auf seiner Argumentationsspur, das Kläffge zukünftig unter seiner Leitung den Kleinbau betreuen sollte. »Aber das ist doch eine gute Idee, Herr Kratzer, dann können Sie doch jetzt schon Ihre unmittelbaren Führungsaufgaben wahrnehmen, die Sie ohnehin in absehbarer Zeit hätten wahrnehmen wollen. Ich hätte ja jetzt nur noch Führungsaufgaben gegenüber Frau Hase als der unmittelbare Vorgesetzte. Darin sehe ich nun wirklich keinen Sinn mehr. Sie sollten also bitte auch Frau Hase leiten. Dann bin ich eben ab sofort kein Abteilungsleiter mehr laut ISO-Organigramm, sondern ‚Gleicher unter Gleichen'. Ihr Vater wird mit Sicherheit wohlwollend zu Kenntnis nehmen, dass Sie mit Elan und Durchsetzungskraft das Ruder des Firmenschiffes in die Hand genommen haben. Selbstverständlich werde ich Ihnen bei allen Ihren Aufgaben auf Ihre Anforderung hin zu Seite stehen.«

Hajo Kratzer brabbelt hilfloses Zeug vor sich hin und schaut alle paar Minuten auf die Armbanduhr.

»Herr Kratzer, ich dachte, Sie hätten sich etwas Zeit für unser Gespräch mitgebracht?«

»Ja, ja, Herr Geh, aber alles Wesentliche haben Sie doch schon gesagt, und da dachte ich, wir könnten nun zum Gesprächsende kommen, nachdem Sie gesagt haben, dass ich hier alles leiten soll.«

»Falsch, Herr Kratzer! Die Initiative zu diesem Gespräch ging eindeutig von Ihnen aus. Und Sie sollen hier nichts leiten, sondern Sie wollen hier etwas leiten, das ist ein kleiner aber gravierender Unterschied!«

Kratzer-Junior stammelte noch einige Male etwas von Zielen und Vorgaben und war sichtlich überrascht, innerhalb weniger Minuten von Holger die gesamte Führungsverantwortung in Form der Bauleitung in die Hände gelegt bekommen zu haben. Und das passte ihm wohl überhaupt nicht, denn nun konnte er sich ja nicht mehr gegenüber seinem Öddilein hinter Holger Geh verstecken. Er war nun überprüfbar. Der Junior-Chef sprach plötzlich von Übergangsphasen und Anpassungen, aber Holger blieb bei seinem messerscharfen Schnitt der Verantwortlichkeiten und schloss diesen Teil des Gespräches mit den Worten ab: »Herr Kratzer, Sie werden mit Sicherheit nicht Herrn Werner Dasholz mit der Initiierung dieses Gespräches betraut haben, wenn Sie nicht fest umrissene Zielvorstellungen unseres Gespräches gehabt hätten, oder?«

Aber das hatte Hajo mit Sicherheit nicht, wie Holger jetzt feststellte und in den wenigen Sätzen, die der Junior-Chef von sich gab, auch schon gemerkt hatte. So machte Holger aus Klein-Hajos spaßiger Gesprächsrhetorik ein Kügelchen Knetmasse und formte das weitere gemeinsame zweieinhalbstündige Gesulze nach seinen Vorstellungen. Sie sprachen über die zukünftige Eigenständigkeit von Lorbas Kläffge und Rita Hase und deren Kalkulationen und Abrechnungen, die ja nunmehr von Hajo verantwortlich zu kontrollieren waren. Sie sprachen über die Angebotsverfolgung von Privatkunden durch Rebel Hass.

Oddo Kratzer hatte Frau Hass eindeutige Weisung erteilt, nach gewisser Zeit bei Privatkunden anzurufen, um sie zu befragen, ob ihnen das Angebot der Firma Kratzer zusagte, oder ob es noch klärenden Handlungsbedarf gab. Das Problem war nur, dass Rebel Hass dazu keine Lust hatte und diese Geschäftsführungsweisung des Senior-Chefs vom ersten Tag an konsequent missachtete. Sie war nur so dumm und äußerte es auch noch laut. Durch dieses Verhalten bedingt verlor die Firma Kratzer GmbH gerade bei Privatkunden unendlich viele Aufträge, weil sich eine Dienstleistungsverbundenheit so zu einem potenziellen Auftraggeber erst gar nicht einstellen konnte.

Holger erfuhr erst manchmal Monate später von solchen Kunden, dass sie sich geradezu nach so einem Anruf gesehnt hatten, aber die Funkstille aus dem Hause Kratzer irgendwann als ignorante Arroganz betrachteten und den Auftrag anderweitig vergaben.

Hajo Kratzer nickt eifrig mit dem Köpfchen, denn er war ja ein lieber, netter Kerl und schrieb Holgers Ausführungen stichwortartig auf einem DIN A 4 Block mit. Sie sprachen über die dringend erforderliche Beschriftung der Betriebsfahrzeuge. Die glänzten immer noch unzeitgemäß in ihrem Hellelfenbein mit lila Bauchbinde und Firmennamen und Kratzerdödel. Es fehlten aber werbewirksame Anschriften und Telefonnummern sowie Internet-Angaben und das nicht nur an den Fahrzeugseiten, sondern möglichst auch auf dem Dach.

Allem pflichte nunmehr Hajo bei und schaute nicht mehr auf die Uhr. Sie sprachen über eine andere Raumaufteilung. Rita Hase und Holger Geh sowie Lorbas Kläffge konnten sich auf dem kleinen Dienstweg über den Büroflur unterhalten, da die Türen immer offen waren.

Hajo Kratzer saß fünf Meter entfernt und bekam von der Baudurchführung dieser drei Personen überhaupt nichts mit. Eine nähere Platzmöglichkeit für ihn bei den drei bauleitenden Personen wäre aber durchaus einzurichten gewesen.

Kratzer-Junior war über das klärende Gespräch, wie er es nannte, begeistert und versprach anhand der vielen Notizen, die er sich gemacht hatte, das Ganze über die Weihnachtstage aufzuarbeiten und Holger im neuen Jahr Bericht zu erstatten. Das Gespräch endete um 19:30 Uhr, denn Hajo war müde und hatte Hunger.

Um es vorwegzunehmen, es hatte auf dieses Gespräch nie eine Reaktion gegeben. Weder von Hajo Kratzer noch von Oddo Kratzer! Am nächsten Tage unterrichtete Holger Geh Rita Hase über den Sachverhalt, dass er nicht mehr ihr Vorgesetzter war, sondern dass sie nunmehr direkt von Hajo Kratzer geführt wurde.

Rita schaute Holger etwas misstrauisch und zweifelnd an und er musste ihr den Gesamtvorgang, einschließlich des Vermittlungsgespräches mit Werner Dasholz, zweimal erzählen, bis sie diesen ganzen Wust, den der

Junior bewusst oder unbewusst initiiert hatte, in Gänze nachvollziehen konnte und nur noch knapp fragte: »Aber ich kann dich doch wohl weiter fragen, Holger, wenn ich irgendeinen technischen Rat benötige? Auf den Junior brauche ich erst gar nicht zugehen, der hat ja ohnehin keine Ahnung.«

»Aber sicher Rita, wir werden dem Geschäft schon weiterhelfen.«

Meister Kläffge ging auf die geänderte Situation überhaupt nicht weiter ein, denn er wandte sich übergangslos sofort an Hajo Kratzer, um seine betrieblichen Belange mit ihm abzuklären. Kaum war Kratzer-Junior in seinem Büro gelandet, dann lief Lorbas Kläffge wie an der Schnur gezogen zu ihm und berichtete in epischer Breite von den Schwierigkeiten seiner Baustellen. Und dies natürlich in maximaler Form, von vorn nach hinten und von hinten nach vorn. Hajo Kratzer war beglückt und berauschte sich an seinem gegenwärtigen Lebensglück. Ein älterer Mensch berichtete ihm in ausführlichster Form und nahm sogar ehrerbietig und demütig seine Weisungen entgegen. So bequatschten sich beide stundenlang und erwogen und erläuterten und erörterten und vermuteten und – und – und, und verkloppten die Zeit und gingen beide total erschöpft zum Feierabend nach Hause.

Oft hörte Holger seinen Junior-Chef dann sagen: »Du Lorbas, lass und das morgen weiterdiskutieren, mit raucht jetzt der Kopf.«

Es war ja auch wirklich anstrengend, so ein nutzloses Gesabbel. Aber die Zeit verging dabei so schön und das Wort Besprechung fand im Hause Kratzer eine neue Bedeutung und natürlich eine ganz, ganz andere Dimension. Die beiden Damen Rebel Hass und Marlene Buschfrau führten ebenfalls keine gemeinsamen Unterhaltungen mehr, sondern befanden sich gegenüber außenstehenden Anrufenden in einer Besprechung. Die Anrufer verloren natürlich sofort, denn sie wurden unmissverständlich dazu aufgefordert, später nochmals anzurufen, denn man (Frau) befand sich in einer dringlichen wichtigen Besprechung, die es nicht einmal erlaubte, nach dem Grund oder Wunsch des Anrufers zu fragen.

Viele Anrufer, ob Kunden oder Lieferanten oder auch Monteure beschwerten sich bei Holger mit den Worten: »Was ist denn bei euch im

Hause so Entscheidendes umstrukturiert worden, dass sich eine Telefonistin und Schreibkraft, sowie eine Buchhalterin so oft in Besprechungen befinden, dass ich nicht einmal weitervermittelt werde, oder den Grund meines Anrufes vortragen kann? Sofort werde ich abgewürgt mit dem Kommentar, nochmals später anzurufen, weil im Hause Kratzer eine wichtige Besprechung abgehalten wird. Leiten diese beiden Mädels inzwischen den Betrieb?«

Holger ging zu seinem Junior-Chef und trug ihm genauso vor, wie ihm die Anrufer ihren Ärger und ihre Verwunderung in dieser Sache vorgeworfen hatten. Hajo Kratzer antwortete ihm knapp: »Wenn die beiden das wollen! Mir ist das egal.«

Nun gut! Holger war das nunmehr auch egal, denn wenn der Junior-Chef so widerstandslos akzeptierte, dass ihn die beiden Damen und der Meister gemeinsam zum Kleinmänneken machten, dann brauchte Holger als Ältester im Büro auch nicht mehr auf eine seriöse Darstellung des Unternehmens gegenüber dem Kundenkreis achten.

Das neuere Verhalten des Dreigestirns im Büro strahlte sofort auf die Monteure ab, welche die Begrifflichkeiten umgehend adaptierten. Wenn der Junior-Chef in die Werkstatt kam und ein Pulk von Monteuren im Gespräch vorfand und dem Gequatsche Einhalt gebieten wollte, dann wurde er mit den Worten abgefegt: »Was willst du überhaupt, wir haben hier eine Besprechung!«

Und so liefen die Stunden, in denen gearbeitet werden sollte, dahin, und die Stunden, die an die Monteure bezahlt werden mussten, liefen auf. Nur das Verhältnis fing an, nicht mehr zu passen. Aber das musste eigentlich keinem Menschen Sorge bereiten, denn Hajo Kratzer hatte ja GBl (Gebürtiger Betriebsleiter) studiert und der (Miss) Erfolg begann sich doch tatsächlich allmählich einzustellen, denn immer mehr Mitarbeiter des Unternehmens handelten ganz konsequent nach dem altbekannten Prinzip: »Zeit bringt Geld.«

Also wurde vorsätzlich immer mehr Zeit genommen, denn nach diesem Grundsatz musste ja auch automatisch mehr Geld kommen. Oddo Kratzer zahlte weiterhin treu und brav die Löhne und Gehälter. Allerdings

fing er sich doch tatsächlich an zu wundern, dass die Zahlen der Realerträge an den Baustellen und der Bilanzen stark in den Keller gingen. Sein Sohn konnte ihm bei seinen Verwunderungen und Sorgen über das schwindende Geld in der Firmenkasse bedauerlicherweise auch nicht weiterhelfen.
Das war Schade!

Weihnachten wollten Holger und Evi bei Evis Mutter bei Flensburg verbringen. Evi hatte ihrem Sohn Karsten angeboten, mit ihr und Holger, zu seiner Großmutter nach Böklund bei Flensburg zu fahren und er hatte anfangs zugesagt. Selbst nachdem Evi Karsten aus der gemeinschaftlichen Wohnung herausgeworfen hatte, war der Kontakt zwischen den beiden nicht abgerissen. Selbst Holgers Einzug bei Evi nahm Karsten unkommentiert zu Kenntnis. Aber 14 Tage vor Weihnachten brach der Kontakt zwischen Mutter und Sohn urplötzlich ab.

Auf der Fahrt nach Böklund bekam Holger einen verärgerten Telefonanruf von Katrin auf sein Firmentelefon im Wagen. Sie beklagte sich über die vielen Telefonanrufe bei ihr zu Hause der Freunde und Verwandten von Holgers Mutter. Die waren natürlich noch nicht über Holgers private häusliche Veränderung informiert und versuchten seit Tagen Holgers Mutter telefonisch zu erreichen.

Holgers Mutter war zwischenzeitlich auf richterlichen Beschluss hin, ihr Aufenthaltsbestimmungsrecht aberkannt worden. Sie stand nun unter vollständiger Betreuung und war in ein Kurzzeitpflegeheim eingewiesen worden, bis eine endgültige Unterbringung in einem Altenheim möglich war. Holger versuchte dies Katrin mit kurzen höflichen Worten am Autotelefon zu erklären. Sie zeigte sich sogar sichtlich erschüttert über diesen, durch sie nicht mehr verfolgten, geistigen Verfall von Holgers Mutter und sagte sofort zu, in dieser Sache bei ihr zu Hause eingehende Anrufe entsprechend zu beantworten.

Fünftes Kapitel
Die Lawine begann zu rutschen und dann war kein Aufhalten

Die von Holger, unter neuer Anschrift von Evi, verschickte Weihnachtspost an seine Schwiegereltern kam Anfang des Jahres 2007 zurück mit dem amtlichen Stempel: Empfänger verweigert die Annahme.

Schade, Holger war wirklich enttäuscht! Insbesondere nach dem einfühlsamen Brief, den er von seiner Schwiegermutter zu seinem Geburtstag im April nach seinem Nervenzusammenbruch erhalten hatte. Holger hatte seine Schwiegereltern immer sehr geschätzt.

Seinen Freunden und Bekannten sowie seiner Verwandtschaft hatte Holger zwischenzeitlich telefonisch Information über seine geänderte private Situation zukommen lassen. Das tat er, um seine telefonische Erreichbarkeit sicherzustellen.

In der Firma Kratzer war Holgers Trennung von seiner Frau Katrin mit den unterschiedlichsten Kommentaren aufgenommen worden. Kratzer-Junior sagte einfach nur: »Schade.«

Das fand Holger absolut in Ordnung.

Kratzer-Senior dagegen schraubte sich salbungsvolle Sprüche von seiner Festplatte: »Na ja, wenn etwas nicht mehr zusammenpasst, dann soll man es auch nicht erzwingen«, oder »Jeder muss für sich entscheiden, wie sein Lebensweg weitergehen soll.«

Holger ließ dieses Gesulze unkommentiert, denn er war sich schon darüber im Klaren, dass sich Oddo Kratzer ganz genau daran erinnerte, dass er zu Holgers Nervenzusammenbruch im April 2006 wesentlich beigetragen hatte. Da Holger Oddo Kratzers huldvolle Worte nicht weiter würdigte, behielt dieser sie weiter auf seinem Tonträger und setzte sie alsbald gegenüber anderen Gesprächspartnern in ähnlich gearteten Situationen gnadenlos ein.

Holger traf seine Tochter Carina am 31ten Januar 2007 im Café Extrablatt in Unna. Er sah damit seine Tochter das erste Mal seit seiner Trennung von ihrer Mutter. Es war ein sehr einseitiges Gespräch, denn Carina erging sich eigentlich nur in Schuldzuweisungen gegenüber ihrem Vater wegen seiner Trennung von ihrer Mutter. Hintergründe, um eventuell ein Verständnis für die Entscheidung ihres Vaters zu entwickeln, wollte sie nicht erfahren. Ihr Verhalten entsprach nicht dem Alter einer fast 24-jährigen jungen Frau, sondern eher dem eines spät pubertierenden Mädchens.

Holger vermutete, dass Carina auch irgendwie fremdgesteuert war, und nahm ihr das abweisende Verhalten nicht sonderlich übel. Was Holger jedoch negativ irritierte, war Carinas Wunsch, dass sich Holger bei möglichen neuerlichen Treffen mit ihr Gesprächsthemen aussuchen sollte. Sie schlug ihm die Themen, Beruf, Auto und Motorrad vor. Die persönlichen Bereiche, sowie das Privatleben ihres Vaters würde sie dagegen perspektivisch nicht weiter interessieren.

Holger dagegen empfand die Verbindung von Eltern oder einem Elternteil zu dem Kind, als ein sehr persönliches und privates Verhältnis. Deshalb sah er seine Beziehung zu seiner Tochter für die Zukunft, bei ihrer gegenwärtigen Einstellung, unter keinem positiven Vorzeichen stehen. Nach nur einer knappen Stunde trennten sich Vater und Tochter. Holger nahm seine weinende Tochter in den Arm. Sie erwiderte seine Umarmung nicht. Holger wünschte seinem Kind für die Zukunft alles Gute, dann trennten sie sich die beiden und sahen sich nach diesem knappen Termin nie wieder. Dieses Treffen war auf den ausdrücklichen Wunsch von Katrin zustande gekommen, die Holger gegenüber am Telefon angedeutet hatte, dass Carina einige Fragen hinsichtlich der Trennung beantwortet haben wollte. Nun war dies geschehen, zumindest was die Abhandlung des Treffens anbelangte. Den Rest hätten sich Holger und seine Tochter ersparen können. Bei Holger hatte es eigentlich nur Verbitterung erzeugt, ob es bei seiner Tochter ähnlich war, interessierte ihn in diesem Augenblick herzlich wenig, denn er hatte sich für sein Kind auf dessen Lebensweg reichlich den Arsch aufgerissen. Das wusste er selber und brauchte es sich gar nicht erst durch Freunde, Bekannte, Verwandte oder Außenstehende bestätigen lassen. Wenn das seine Tochter anders sah, dann war das ihr gutes Recht, was er ohnehin nur stillschweigend akzeptierten konnte. Wie sie Fragen, nach der Art und Weise des Lebens ihres Vaters mal beantworten wollte, musste sie sowieso mit ihrem eigenen Gewissen vereinbaren.

Am 2. Februar zog Holgers Mutter in das Dalmatiner-Altenpflegheim in Dortmund-Hörde ein. Es war ein Neubau und das Zimmer von Holgers Mutter somit eine Erstbelegung. Die Außenanlagen befanden sich teilweise noch in Vollendung, was bei der gegenwärtigen Jahreszeit nicht weiter unangenehm auffiel. Holgers Mutter war zwischenzeitlich eine neue Betreuerin zugeteilt worden. Frau Förster, so hieß diese Dame, war eine bodenständige und fleißige Frau. Sie wurde jedoch von Holgers Mutter ebenso wenig akzeptiert wie die vorhergegangene Betreuerin.

Holger erhielt einen neuen Firmenwagen. Sein alter Firmenwagen war fast sechs Jahre gut gelaufen. Aber nach nunmehr über 300.000 Kilometern hatte die Maschine den Geist aufgegeben. Und bei einem so alten Fahrzeug lohnte es sich nicht, Überlegungen hinsichtlich einer Austauschmaschine anzustellen.

Da es der Firma Kratzer GmbH finanziell nicht gut ging, empfahl Holger seiner Geschäftsleitung nach einem gebrachten Fahrzeug zu suchen. Mit Zustimmung seiner beiden Geschäftsführer suchte sich Holger ein französisches Fahrzeug aus. Der Wagen hatte fast 40.000 Kilometer auf dem Zähler und kostete etwas über 20.000 Euro. Bedauerlich war nur, dass Holger mit dem Neupreis dieses Fahrzeuges besteuert wurde. Aber gerade jetzt, nach seiner Trennung von Katrin war dieser schöne Wagen auch Wundbalsam auf Holgers Seele.

Am 9. Februar hatte Katrin Geburtstag und zwei Tage später ihr Vater. Die Glückwunschkarte, die Holger ihm schickte, kam postwendend mit dem bekannten Ablehnungsvermerk zurück, wie schon vorher seine Weihnachtspost. Es war schon eigenartig, wie wenig diese Eltern ihr Kind durch ihr eigenes Verhalten unterstützten, die zerbrochene Ehe möglicherweise doch noch zu kitten. Oder eine distanzierte Nähe zu halten, die es zumindest dem Enkelkind ermöglichen könnte, den Kontakt perspektivisch zu beiden Elternteilen zu halten. Man konnte fast der Meinung sein, dass daran nicht das geringste Interesse bestand. Und das war schade, denn für Holger waren seine Schwiegereltern lange Jahre seine Ersatzeltern gewesen. Aber das wussten sie, denn Holger hatte es ihnen nicht nur einmal gesagt.

Holgers Patentante Bärbel war wieder einmal die einzige Person, die in dieser Phase seines Lebens und seiner Ehetrennung bedingungslos zu ihm hielt. Wie sie Holger fernmündlich anvertraute, hatte sie Katrin nie als die richtige Partnerin an Holgers Seite gesehen. Sie war der Meinung, dass Holgers Verbindung zu Katrin nur eine Trotzreaktion gegenüber seiner Mutter war, welche selbst Katrin nie richtig gemocht hatte. Holger sah das aus seiner Erinnerung anders, aber er korrigierte seine Patentante nicht, weil es sich nicht lohnte. Aber er fand es natürlich trotzdem lieb, dass sie zu ihm hielt.

Am 9. März wurde Holger Geh schriftlich zur Kriminalpolizei nach Dortmund-Körne vorgeladen. Es ging um den Fall: Ermittlungen gegen unbekannt – in Sachen Diebstahl bei der Mutter von Holger Geh.

Und wie war das passiert?

Bei der richterlichen Überprüfung des Betreuungsverfahrens gegenüber Holgers Mutter, die zum Entzug ihres Aufenthaltsbestimmungsrechtes führte, hatte diese gegenüber der jungen Richterin bei dem überprüfenden Hausbesuch in Mutters ehemaliger Wohnung geäußert, dass sie um 200 Euro bestohlen worden war. Und diese junge gründliche Richterin hatte nichts anderes zu tun gehabt, als diese Bemerkung sofort aktenkundig zu machen und sie an die Staatsanwaltschaft zur weiteren Verfolgung umgehend weiterzuleiten.

Nachdem Holgers Mutter inzwischen im Heim war, kamen die Ermittlungen nunmehr bei Holger als Sohn an.

»Tolle Wurst!«, dachte sich Holger. Mit dieser Meinung stand Holger zum Glück nicht allein da. Der ermittelnde ältere Kriminalbeamte in Dortmund-Körne sah es genauso. »Wissen Sie Herr Geh«, sagte er, »diese jungen Richter sind natürlich unendlich gefrustet, dass sie sich mit solchen einfachen Problemen der Rechtmäßigkeit von Betreuungen befassen müssen. Natürlich haben gerade auch diese Fragen absolut ihre Rechtfertigung. Wurde doch vielfach damit Schindluder getrieben. Aber im Spektrum der Bevölkerung sind diese Probleme etwas nachrangig angesiedelt. Ein schicker vorsätzlicher Raub bei einer dementen Greisin findet da eine ganz andere Beachtung. Deshalb nehmen unsere Richter solche Dinge ganz gerne nebenbei mit. Es könnte ja der große Brüller werden. Die Arbeit machen ohnehin andere. In diesem Falle ich eben. Also, Herr Geh, haben Sie ihrer offensichtlich dementen Mutter das Geld geklaut?«

»Nein, natürlich nicht.«

»Kann es sein, dass Ihr Fräulein Tochter Carina, sie ist hier auch aufgeführt, Ihrer Mutter, bzw. Ihrer Oma das Geld gestohlen haben könnte?«

»Selbstverständlich nicht!«

»Kann es sein, dass die Putzfrau Ihrer Mutter, Frau Erbhof, sie ist hier auch aufgeführt, das Geld entwendet haben könnte?«

»Nein, bestimmt nicht.«

»Kann es sein, dass Ihre Mutter, bedingt durch ihre rasch fortschreitende Demenz, vergessen haben könnte, über welche Geldmengen sie zu diesem Zeitpunkt des angeblichen Diebstahls in ihrer Wohnung tatsächlich verfügte?«

»Aber sicher kann das sein! Es wäre ja nicht das erste Mal!«

»Danke, das wollte ich hören. Unterschreiben Sie bitte hier ihre Aussage. Ich danke Ihnen für die prompte Hilfe, die zur Einstellung unserer Ermittlungen führen. Ich wünsche Ihnen ein schönes Wochenende.«

Da es Freitag war, hatte Holger die Heimfahrt vom Büro genutzt, um seinen Termin bei der Kripo wahrzunehmen. Er war froh, dass seine Tochter nicht in diese nutzlosen Ermittlungen hineingezogen wurde.

Am 30. März fuhren Holger und Evi zum Skilaufen nach Tirol und wurden zu ihrer Partnerschaft beglückwünscht. Einhellig war die Meinung vertreten, dass Evi und Holger sehr gut zusammenpassten.

Auf der Rückfahrt von Tirol machten Holger und Evi Station bei seiner Patentante in Waldkraiburg, die Evi sofort in ihr Herz schloss. Ab sofort war sie ihr Mädele, wie sie sie nannte.

Nach wie vor spielte Holger in der Hobby-Volleyballmannschaft des ESC-Massen. Er war inzwischen der älteste Spieler dort und derjenige, der die längste Zeit in dieser Abteilung gespielt hatte. Solange die jungen Leute nicht sagten, dass er besser zu Hause bleiben sollte, versuchte Holger mitzuhalten. Natürlich waren die attraktiven Knackärsche von Ulla, Beate, Nicole, Renate, Ingrid und Bibi und der anderen Mädels für Holger auch ein Argument, jeden Donnerstag in die Sporthalle zu gehen. Aber es zählten logischerweise die sportliche Betätigung und der Spaß, den man für die zwei Stunden zusammen hatte.

Am 30. Mai hatte Holger einen Termin bei Katrin für die letzte gemeinsame Steuerklärung, die das Jahr 2006 betraf. Katrin und Holger hatten nach ihrer Trennung jeweils die Steuerklassen 1 angenommen. Es war ein nettes, fast schon freundschaftliches Gespräch zwischen Katrin und Holger, aber andere Themen als die gemeinsame Steuererklärung ließ Katrin nicht zu. Beim Abschied reichte sie Holger schnell noch drei Tüten mit seinen Jugendbüchern zu, die sie loswerden wollte.

Am 16. Juni war ein nettes, schönes Sommerfest in dem Dalmatiner-Altenheim, in dem Holgers Mutter nunmehr lebte, aber sie hatte für all die schönen Sachen, die durch freiwillige Helfer organisiert worden waren, keinen Blick. Sie wollte nur noch nach Hause und verstand in ihrer fortgeschrittenen Demenz nicht, dass dies nie mehr möglich sein würde. Holger hatte seiner Mutter einen Tischkalender auf einen kleinen Beistelltisch gelegt mit mehreren Kugelschreibern und bat sie, die Namen der Menschen, die sie im Heim besuchten, in diesen Kalender einzutragen. So konnte sie zumindest noch kleine zeitliche Abläufe einhalten und zurückverfolgen. Anfangs klappte das auch ganz gut, aber dann schlief auch das ein, denn irgendwann war an Mutters Schriftbild zu erkennen, dass sie vergessen hatte, wie man schrieb und ihre einst erlernte schöne Handschrift mutierte zu einem unleserlichen Gekrakel, und erlosch dann irgendwann völlig.

Dafür übernahmen nunmehr ihre Besucher diese Aufgabe, sodass Holger bei seinen Besuchen leicht erfuhr, wer zwischenzeitlich bei seiner Mutter gewesen war. Auch Holgers Frau Katrin, seine Tochter Carina und sogar seine Schwiegereltern besuchten Holgers Mutter. Das rechnete ihnen Holger hoch an, und schwor sich, diesen Sachverhalt nie zu vergessen, denn gerade seine Mutter war es gewesen, die es Katrins Eltern hatte immer spüren lassen, dass sie sich selbst für etwas Besseres hielt.

Am Mittwoch dem 25. Juli fuhr Holger Geh mit seiner Kollegin Rita Hase sowie dem Obermonteur Martinus Bug um 6 Uhr morgens nach Süddeutschland.

In der Nähe von Freiburg hatte die Firma Kratzer GmbH an kommunalen Gebäuden Bedachungsarbeiten mit Stahl auszuführen. Den für 11 Uhr anberaumten Termin konnte Holger mit seiner Begleitung einhalten und nach Klärung der Örtlichkeiten, einiger Details, sowie der endgültigen Ausführungstermine und der jeweils örtlichen Einweisung des Obermonteurs Martinus Bug, lud Holger seine Mitfahrer wie üblich auf seine Kosten zum Essen ein.

Auf der Rückfahrt machten sie noch einen Abstecher nach Speyer zu einer Baustelle, die von Rita Hase betreut wurde und vor Ort von dem Obermonteur Merlin Mathau geführt wurde. Der Tag war ohnehin Geschichte, da kam es auf ein paar Stunden mehr oder weniger nicht mehr an, die benutzt wurden, um gleich zwei Objekte der Firma Kratzer zu besuchen. Gegen 22 Uhr war Holger wieder bei Evi.

Am 30. Juli hatte Holger wieder ein Gespräch mit Katrin in ihrem gemeinsamen Haus in der Talstraße wegen eines Defektes in der Heizungsanlage. In Katrins Gegenwart beauftragte Holger ein Unternehmen, diese Reparatur auf seine Kosten auszuführen. Dann brachte Katrin ein neues Thema in das Gespräch. Es war das Thema des Hausverkaufes. Holger hatte ihr schon angeboten, das Haus bei einer von ihm geschätzten Wertsumme von 150.000 Euro anzusiedeln und ihre Hälfte von 75.000 Euro abzukaufen, einschließlich der Übernahme der zu dieser Zeit noch bestehenden Restschuld von 8.500 Euro. Katrin erzählte Holger, dass eine

Bausparkasse das Haus mit einem Wert von 185.000 Euro beziffert hatte. Katrin wollte versuchen, auf dem Immobilienmarkt einen Kaufpreis von 190.000 Euro zu erzielen. Holger betrachtete dies als zeitauffressenden Humbug. Mit allen Extrakosten und technischen Besonderheiten hatte das Haus im Jahre 1990 rund 280.000 DM gekostet. Jetzt im Jahre 2007 aus diesen rund 140.000 Euro plötzlich 190.000 Euro an Wertsteigerung heraus argumentieren zu wollen, erschien Holger wenig plausibel, zumal der nahegelegene Flugplatz nicht unerheblich mehr Verkehr dazugewonnen hatte und somit den Wert der Wohnimmobilien nicht beträchtlich minderte. Das galt ebenso für das nahegelegene Autobahnkreuz, die Eisenbahnlinie sowie für die in der Nähe vorbeiführende Bundesstraße 1. Insofern war, nach Holgers Meinung, schon seine Wertfindung der Immobilie in der Talstraße mit 150.000 Euro mehr als großzügig. Aber er äußerte sich nicht weiter dazu und bekam nach Klärung der Heizungsangelegenheit von Katrin zur Belohnung wiederum drei Tüten von seiner alten Jugendliteratur in die Hand gedrückt.

Bemerkenswert war für Holger, dass der Garten einen auffällig ungepflegten Eindruck machte. Außer dem üblichen Rasenmähen passierte dort offensichtlich nichts mehr. Aber ihr Desinteresse daran hatte Katrin schon vor Jahren bekundet. Nur was sie eigentlich als Lebensziel des Wohnens anstrebte, hatte sie auch nie von sich gegeben.

Im Hause von Holgers Mutter wurden mit seinem Einverständnis von der Betreuerin von Holgers Mutter Sanierungsarbeiten ausgeführt. Diese betrafen in erster Linie die ehemalige Wohnung von Holgers Mutter und dort insbesondere energetische Maßnahmen. Sämtliche, der aus dem Jahre 1965 stammenden Heizkörper wurden demontiert und entsorgt. Anschließend wurden die energiezehrenden Heizköpernischen zugemauert und moderne effektive flache Heizkörper vorgesetzt. Gäste-Wc und Badezimmer wurden einschließlich der Garderobe zu einem großen Badezimmer mit bodengleicher Dusche und Eckbadewanne gewandelt und der Abstellraum neben dem Schlafzimmer bekam neues Leben als Gäste-Wc eingehaucht. Sämtliche Fliesen in ihren schicken gelben und hellblauen

Farbtönen gelangten auf den Müll und die gesamte Elektrik wurde dem neuesten Sicherheitsstandard angepasst.

Der Chef des Unternehmens, der diese Arbeiten schlüsselfertig ausführte, fragte Holger irgendwann, ob er diese Wohnung nicht selbst beziehen könnte. Und so geschah es auch. Die Sanierungsarbeiten ergaben unter dem Strich Kosten von 30.000 Euro und wurden von dem Vermögen von Holgers Mutter durch deren Betreuerin beglichen. Selbstverständlich hatte die Betreuerin von Holgers Mutter, Frau Förster, die Hausverwaltung von Holgers Elternhaus übernommen und die Mieter bekamen wieder die ihnen zustehenden Nebenkostenabrechnungen.

Am 24. August musste Holger den freiwilligen Unterhalt von 500 Euro, den er Katrin freiwillig zahlte, auf 300 Euro senken, denn die gesamten Kosten des Hauses, welche er ja noch immer trug, fraßen sein Gehalt auf. Bei Evi musste er sich logischerweise auch am Haushaltsgeld beteiligen, weil außer Liebe auch eine Deckung der täglichen Kosten angesagt war.

Am 27. September bekam Holger von seiner Anwältin einen Brief überreicht, der aus dem Hause von Katrin Rechtsbeistand stammte. Aus diesem Schreiben ging hervor, dass Katrin nicht geschieden werden wollte, zumindest nicht zu der gegenwärtigen Zeit. Das überraschte Holger nun wirklich! Weder Katrin noch Carina oder irgendein anderer Mensch aus Katrins Umfeld hatte einen Reparaturversuch der Ehe unternommen. Also schloss sich Holger alsbald der Meinung einiger, schon geschiedener Freundinnen an, die sich ihm gegenüber dazu äußerten: »Holger, du bist einfach zu großzügig und du warst immer großzügig. Wir wissen alle, dass du Katrin immer nur Platinschmuck geschenkt hast und davon reichlich. Du bist der einzige Mann, den wir kennen, der sich selbst dafür interessiert. Das du heimlich die Verschlüsse an Katrins Perlenketten hast gegen wertvollere austauschen lassen, ist auch nicht unbekannt geblieben und die elegante Cartier-Uhr an ihrem Handgelenk war auffällig. Von dem eleganten Blaufuchs-Mantel mal ganz abgesehen. Nein, Holger, die Dame ist einfach nur verwöhnt und möchte das schöne Leben mit freiem Wohnen und Apanage so lange wie möglich weiterführen. Übrigens, wenn deine Evi dich nicht mehr haben will, bei mir kannst du sofort einziehen.«

Am 5. Oktober war Holger wiederum bei Katrin in dem gemeinsamen Haus in der Talstraße. Irgendein Immobilien-Kasper hatte sich angesagt und lief mit seinem Sohn wichtig durch das Haus, um zu fotografieren und zu schätzen. Auf Knopfdruck an seinem Oberhemd lieferte er dann seine exakte Wertschätzung der Immobilie ab. Es waren genau 190.342 Euro! Nach Holgers Meinung hatte sich der Immobilien-Vogel aber gut verschätzt. Nach der Art und Weise, wie dieser Mensch so einen Preis ermittelte, hätten es nämlich 190.342,83 Euro sein müssen. Diese Immobilien-Null sabbelte noch weiteren Schwachsinn und wurde erst dann für Holger wieder hörbar, als er aus seinem Erfahrungsschatz zitierend sagte: »Nach meinen Erfahrungen dürfte dann bei einem Notartermin eine Summe von 168.000 Euro in dem Vertrag stehen.«

Mit Katrins Zustimmung erteilte Holger diesem Immobilien-Onkel den kostenfreien Auftrag, das gemeinsame Haus auf dem Immobilienmarkt anzubieten. Holger sagte zum Abschied an den Makler gewandt: »Ja, dann wünsche ich uns allen viel Erfolg, denn die Uhr tickt. Meine Scheidungsunterlagen für eine Scheidungsklage sind bei meinem Anwalt. Sollte meine Frau nach erfolgter Scheidung immer noch hier wohnen, dann werde ich sie an sämtlichen, der zurzeit noch von mir getragenen Kosten des Hausunterhaltes einschließlich einer Miete von ihr beteiligen müssen.«

Aus den Augenwinkeln sah Holger, wie Katrins Gesichtszüge geradezu entgleisten. Offensichtlich hatte sie nie mit einem Ende von Holgers Subventionsgroßzügigkeit gerechnet. Holger hielt den gesamten Vorgang ohnehin für Unsinn, da die von dem Makler genannte mögliche Verkaufssumme von 168.000 Euro nur 18.000 Euro über Holgers eigener Schätzung lag, die er Katrin als Offerte einer daraus resultierenden hälftigen Trennung angeboten hatte. Aber Katrin bestand darauf, diesen Versuch mit dem Makler einzugehen.

Hajo Kratzer war der Vereinigung ‚Die 111 tollen Dachdecker' beigetreten. Eigentlich nannte sich diese Vereinigung ganz volkstümlich nur ‚Die 111 Tollen'.

Irgendwie schaffte es dieser vereinsartige Zusammenschluss von 111 Bedachungsunternehmen, mit diesem Namen einen Hauch von Exklusivität auszustrahlen. Zumindest waren sie selbst dieser Meinung. Selbstverständlich wurde das Ganze in der Bauszene beäugt und entsprechend kommentiert. Man sprach von erkauftem Glanz und Gloria.

Holger sah das ebenso, denn diese lustige Vereinsmitgliedschaft kostete die Firma Kratzer ungefähr 2.500 Euro im Jahr. Dafür erhielt man (oder Firma) erst mal nichts. Für alles, was über diesem Level lag, musste bezahlt werden!

Es war aber auch dann nicht ganz schlüssig, ob man (Firma) dann ‚mehr als nix' erhielt oder ‚nix mehr.' Als Vereinsmitglied durfte die Firma Kratzer GmbH, vertreten durch ihren Junior-Geschäftsführer mindestens zwei Mal im Jahr an stattfindenden Vereinstreffen, nicht kostenfrei, teilnehmen. Es brachte für die Firma Kratzer GmbH ‚nix', aber wie Holger durch Außenstehende, aber auch teilnehmende ‚111er' erfuhr, soll sich Hajo Kratzer nicht unerheblich finanziell aufwendig, in die abendlichen Feiergelage für ‚mehr als nix' eingebracht haben, und zwar so selbstlos, bis er ‚nix mehr' erfuhr.

Bestärkt wurde Hajo Kratzer zu diesem elanvollen Einsatz durch die Damen Rebel Hass und Marlene Buschfrau sowie Meister Kläffge, denn diese Treffen dauerten meist von Freitag bis Sonntag, und wenn der Junior-Chef am Donnerstagnachmittag oder am Freitagmorgen, die Firma für ‚nix' oder allenfalls für ‚mehr als nix' verlassen hatte und der Senior-Chef ebenfalls für seine BvdFdH-Einsätze unterwegs war, dann lief bei besagtem Dreigestirn außer wichtigen Besprechungen nichts mehr.

Von irgendwelchen, für die Firma Kratzer, möglicherweise wichtigen oder zumindest informativen, Ergebnissen oder Inhalten dieser zeit- und kostenaufwendigen ‚111er' Wochenendtagungen erfuhren Holger Geh und Rita Hase ‚nix'.

Im Jahre 2007 wurde der Freund von Rebel Hass eingestellt. Er hatte seine Bierdeckelfirma verlassen und wollte sich neu orientieren. Er übernahm eigenständig die neue Firmenabteilung ‚Sauber-Kratzen', die sich mit dem Vertrieb von Algen- und Moosentfernern und Geruchsneutralisatoren beschäftigen sollte. Eine eigene Kalkulationslinie wurde deshalb in die Rechneranlage der Firma Kratzer GmbH eingerichtet. Oft saß nun dieser neue Abteilungsleiter bei seiner Lebensgefährtin Rebel Hass, sowie bei der eiligst hinzugerufenen Freundin Marlene Buschfrau und unterhielt gekonnt beide Damen mit seinen Vertretersprüchen auf Bierdeckelniveau. Wenn es sich eben einrichten ließ, dann wurde Lorbas Kläffge zu diesen stimmungsvollen Exkursen eingeladen was er immer dankbar annahm.

Selbstverständlich bekam dieser Abteilungsleiter sofort einen neuen Firmenwagen und fuhr fröhlich in der Weltgeschichte herum, um in irgendwelchen Baumärkten in Ostdeutschland wie in Westdeutschland die Produkte der Linie ‚Sauber-Kratzen' aus dem Haus Kratzer GmbH zu vermarkten. Die Produkte selbst stammten aus Übersee und wurden von den Auszubildenden der Firma Kratzer mit dem Label ‚Sauber-Kratzen' und der entsprechenden deutschsprachigen Produktbeschreibung gut deckend überklebt. Manches schon überschrittene Verfallsdatum dieser Chemiesoßen erreichte durch dieses einfallsreiche Handling der Herren Kratzer nahezu Unsterblichkeit.

Mit gesteigerter Intensität suchten nunmehr Oddo Kratzer und sein Sohn nach einer Immobilie für die Firma, während sich die Abteilung ‚Sauber-Kratzen' zu einer eleganten Geldvernichtungsmaschine entwickelte, wie Holger nach einigen Blicken in den Computer und dort in der entsprechenden Kalkulationslinie feststellte. Nach einem halben Jahr war nicht einmal ein 14-tägiges Gehalt dieses Ex-Bierdeckelvertreters erwirtschaftet. Von den Spesen für Übernachtungen und Fahrzeugkosten ganz abgesehen.

Als Holger seinen Junior-Chef mal auf die Existenzberechtigung dieser Geldvernichtungsabteilung ansprach, sagte dieser doch tatsächlich zu ihm: »Aber Herr Geh, dieser Posten ist doch in unserem Hause eine ganz andere Kostenstelle. Das besagt doch schon der Name ‚Sauber-Kratzen'.«

»Ach so, Herr Kratzer, dann tragen Sie also die Defizite, die diese Kostenstelle erwirtschaftet?«

»Natürlich nicht, ich werde doch keine Firmenkosten aus meinem Portemonnaie bezahlen!«

»Nein«, fühlte sich Holger geneigt zu sagen, »das macht ja fortwährend Ihr Vater.« Aber er schluckte diesen Satz herunter und erwiderte nur: »Na ja, irgendwoher aus dem großen Firmenportemonnaie wird die Kostendeckung ja erfolgen!«

Hajo war erstaunt und sagte nur grübelnd: »Das wird wohl so sein, Herr Geh, ich glaube, Sie haben recht.«

»Ich meine, Herr Kratzer, Sie sollten einmal kurzfristig mit Ihrem Herrn Vater überlegen, ob das Geld, das Sie in diesen obskuren Teil der Verkaufslinie stecken, nicht besser im ureigensten Bedachungsgeschäft aufgehoben ist.«

Der Jahreswechsel 2007 auf 2008 fand ohne Holger Geh statt. Er hatte sich rasant erkältet und blieb im Bett. Evi hatte er mit Freunden in das Dorf zum Feiern geschickt, denn helfen konnte sie ihm ohnehin nicht. So etwas bekam er immer eigentlich durch Wegschlafen in den Griff und schlafen konnte er in so einer Situation nur allein. Und so stand Holger um 24 Uhr an der Balkontür in Evis Wohnung und schaute in einen Nebel, wie er ihn noch nie zu einem Jahreswechsel erlebt hatte, und grübelte über seine und Evis Zukunft nach, während kaum erkennbare Silvesterraketen durch die milchige Luft trudelten und auch akustisch wenig ins Gewicht fielen.

Am Donnerstag dem 3. Januar 2008 fuhr Holger während der ‚Offiziellen Betriebsruhe über den Jahreswechsel' zu seinen Baustellen nach Süddeutschland in der Nähe von Freiburg. Kurz vor Weihnachten war von einem der bauleitenden Architekten an einer der insgesamt drei Baustellen ‚Vandalismus' gemeldet worden und Holger war beunruhigt über den Zustand der noch nicht verbauten Materialien und der in Containern verschlossenen teuren Spezialgeräte. Nachdem er alles kontrolliert hatte und somit unbesorgt sein konnte, fuhr er nach dreistündigem Aufenthalt wieder zurück nach Unna.

Die Immobilie, welche die Herren Kratzer nach umfangreicher Suche fanden, und als neuen Firmensitz ausgesucht hatten, befand sich in der Nähe der Bundesstraße 1 unweit eines ehemaligen Güterbahnhofes aus Zeiten der Reichsbahn. Es handelte sich um eine geräumte Immobile einer nicht mehr existierenden Tiefbauabteilung der Bundesbahn. Von dieser neuen Anschrift ‚Am Birkelpatt 13¾' bestand eine für das Unternehmen günstige Verkehrsanbindung an die Autobahnen sowie den innerstädtischen Bereich Dortmunds. Die Adresse befand sich in scharfer Randlage einer größeren alten Wohnbebauung. Sie mochte auch, wie Holgers Elternhaus, so um 1960 errichtet worden sein.

Rita Hase und Holger Geh wurden vor Erwerb der Immobilie zu einer Besichtigung des Objektes eingeladen und sollten danach ihr Urteil abgeben. Holger befand das Bürogebäude und die zugehörigen Werkhallen in einem guten technischen Zustand. Es waren eben typische Bahnbauten. Solide, mit dicken Wänden für die Ewigkeit. Er äußerte dies auch. Allerdings gab er auch Vater und Sohn Kratzer den unmissverständlichen Ratschlag, aus kaufmännischen Gründen und der gegenwärtigen gesamtwirtschaftlich schlechten Situation, unbedingt auf diese Investition zu verzichten. Auch fehlte Holger die Nähe zum Hause Dasholz, das man als Bauunternehmen in Notsituationen immer um Aufträge für Bedachungsarbeiten ansprechen konnte.

Aber gerade diese Nähe wollten die Herren Kratzer loswerden, damit sie sich nicht mit ihrem eigenen Geschäftsgebaren vor den ehemaligen Mitgesellschaftern weiter blamierten. So bekam die Firmenbelegschaft irgendwann die Information, dass der Immobilienkauf für den neuen Firmensitz der Firma Kratzer GmbH über die Bühne gegangen war und die Vorbereitungen für den Firmenumzug begannen. Am Montag dem 21. Januar 2008 setzte Hajo Kratzer den Umzugstermin für den Betrieb aus dem bisherigen Domizil zu der neuen Adresse auf den 14. und 15. März fest.

Am 25. Januar bekam Holger die telefonische Information aus dem Dalmatiner-Altenheim in Dortmund-Hörde, dass sich seine Mutter eine Kopfrose eingefangen hatte. Ihm tat die alte Dame leid, denn schon bedingt durch ihre Demenz war sie mit ihren Händen permanent an ihrer schorfigen Stirn und kratzte sich blutig. Holger versuchte sie bei seinen Besuchen oft mit Heilsalbe einzureiben, aber das ließ sie auch nicht immer zu, weil es ihrer Eitelkeit widersprach.

Durch einen der bauleitenden Architekten der Bauobjekte in der Nähe bei Freiburg bekam Holger Geh die unangenehme Nachricht, dass dieser mit den Arbeitsleistungen der Monteure der Firma Kratzer sehr unzufrieden war.

»Herr Geh«, teilte er Holger fernmündlich mit, »Ihre Leute bewegen sich viel zu langsam, wenn ich das mit der Agilität der Mitarbeiter anderer Firmen vergleiche, die auch an diesem Objekt arbeiten. Ihre Leute bewegen sich, wenn es hochkommt, halb so schnell wie die Monteure der anderen Unternehmen, und machen doppelt so viele kleine fünfminütige Ruhepausen für einen Kaffee oder eine Zigarette zwischendurch, wie es auch andere Arbeiter an diesem Bauvorhaben zu machen pflegen. Wenn es hochkommt, aber das ist schon positiv geschönt, dann erreichen ihre Männer hier maximal eine fünfstündige Arbeitsleistung. Ihre Kalkulationsansätze kann ich nicht nachvollziehen, aber wirtschaftlich dürften solche Objekte für Ihr Haus keinen Gewinn erzielen. Eigentlich ist es mir ja egal, ob Ihre Firma Gewinne macht oder nicht, aber wenn durch die Langsamkeit der Ausführungen die Rüstzeiten überschritten werden, dann werde ich Ihnen diese Mehrkosten in Rechnung stellen müssen.«

Obermonteur an dieser Baustelle war Martinus Bug, den Holger persönlich vor Ort in diese Objekte eingewiesen hatte. Umgehend erteilte Holger seinem Junior-Chef Hajo Kratzer Bericht über die Beschwerde des bauleitenden Architekten.

Die einzige Reaktion von Hajo Kratzer war seine eher desinteressierte Einlassung: »Ach der Martinus, von dem hätte ich das eigentlich nicht erwartet!«

Es erfolgten kein weiteres Aufbegehren des Junior-Chefs und kein Wunsch nach weiteren Informationen über die Richtigkeit dieser fernmündlichen Aussage. Es handelte sich immerhin bei diesen drei unabhängigen Baustellen um ein Gesamtauftragsvolumen von deutlich über 200.000 Euro. Kratzer-Junior hielt es nicht für angebracht, diese Baustellen in Süddeutschland selbst zu besuchen, um sich ein Bild zu machen.

Am Dienstag, dem 29. Januar nahm Holger Geh mit dem guten alten Bauphysiker Jochen Baumann an einer Bauausschusssitzung in Remscheid teil.

Irgendein politisch tätiger Schulfritze versuchte permanent die Leistungen der Firma Kratzer GmbH, sowie der bauausführenden Behörde mit irgendwelchem unsachlichen Störfeuer in Misskredit zu bringen. Da dieses kommunale Objekt einer Fassadenverkleidung nach dem Muster eines Objektes in Herne ausgeführt wurde, hatte die Firma Kratzer ein nicht unerhebliches Interesse, diese entstandene Kritik im Keime zu ersticken. Bis 22 Uhr nahmen Holger Geh und Jochen Baumann an dieser Sitzung teil und konnten die haltlosen Vorwürfe entkräften.

Oddo Kratzer sagte bei einem seiner inzwischen eher seltenen Besuch in der Firma zu Holger Geh: »Herr Geh, Sie liegen mir zu sehr auf der Straße. Sie fahren zu viel durch die Gegend. Das ist nicht effektiv und kostet Geld. Kümmern Sie sich bitte mehr um die Kalkulation. Vor allen Dingen die Tandemfahrten mit Frau Hase sind unnötig. Wenn Frau Hase Ihren Rat braucht, kann sie dies auch nach ihren Baubesuchen machen und Ihnen die entsprechenden technischen Sachverhalte schildern. Dazu müssen Sie nicht tagelang zusammen durch die Gegend fahren.«

Natürlich hatte sich Holger diese onkelhafte Betrachtungsweise von Oddo Kratzer selbst zuzuschreiben. Irgendwann, als Kratzer-Senior noch selbst mit persönlichem Bedauern über die vielen zeitaufwendigen Fahrten von Rita Hase und Holger Geh nach Trier, Luxemburg und Speyer reflektiert hatte und sie im Sinne des Unternehmens für lobenswert hielt, hatte Holger mit unvernünftiger Keckheit geantwortet: »Aber das ist doch gar nicht schlimm Herr Kratzer, dafür sind die langen gemeinsamen Aufenthalte auf den vielen Autobahnparkplätzen auf der Heimfahrt umso erholsamer.«

Indem Holger Geh diesen Satz unüberlegt ausquasselte, wusste er, dass er sich ein klassisches Eigentor geschossen hatte, denn auf Oddo Kratzers Stirn stand unmissverständlich der gedankliche Satz zu lesen: »Herr Geh bumst den Hasen mit dem Tandem auf Kosten der Firma über die Autobahn.«

Bald konnte man diesen Satz als tätowiert betrachten. Zugegeben, Rita Hase hatte schon einen bemerkenswert stromlinienförmigen Popo. Und der Rest ihrer Figur konnte einen Kerl wie Holger Geh durchaus zum Grübeln bringen, aber es wäre Holger nie in den Sinn gekommen, seine Fantasie in die Realität umzusetzen. Von Rita Hases Seite übrigens auch nie. Holger vermutete, dass sie eigentlich etwas Angst vor ihm hatte. Möglicherweise ahnte sie, dass er in gewisser Hinsicht ein Tier war.

Weniger fahren bedeutete natürlich eine verminderte Kontrolle der Baustellen und weniger Betreuung auch weiter entfernter Kunden, wie zum Beispiel in Trier, das bedeutete langfristig auch weniger Aufträge, weil der Kontakt zu den Auftraggebern nachließ.

Holger Geh begann allmählich zu resignieren, denn sein Senior-Chef scheute klärende Gespräche mit ihm, sondern ließ sich immer von den Damen Hass und Buschfrau sowie seinem Sohn berichten, welches Unvermögen die Mitarbeiter Rita Hase und Holger Geh an den Tag legten. Dabei wurde gerade er von den zuerst geschilderten Personen formvollendet getäuscht.

Aber daran konnten Holger Geh und Rita Hase nun auch nichts mehr ändern. Die Gesamtparameter standen gegen sie!

Am 6. Februar sprach Holger seinen Junior-Chef nochmals auf die desolate Kostenstelle der Vertriebslinie ‚Sauber-Kratzen' an. Hajo Kratzer versprach, diesen Sachverhalt schleunigst mit seinem Vater prüfen zu wollen.

Am 8. Februar befanden sich Rita Hase, Holger Geh sowie Hajo Kratzer in den neuen Räumlichkeiten des baldigen Firmensitzens. Das Bürogebäude war in leichter Souterrainbauweise gebaut, das bedeutete, dass das Firmengelände leicht zur Straße hin abfiel und der Einblick in die Büros der Telefonistin und der Buchhalterin für die Monteure immer gewährleistet war, wenn sie das Betriebsgelände verließen.

Kratzer-Junior teilte die Räumlichkeiten wie folgt auf: In unmittelbarer Nähe des allgemeinen Treppenhauses sollte das Büro der Telefon- und Schreibdame Rebel Hass angesiedelt werden, danach folgten die Räumlichkeiten für die Buchhalterin Marlene Buschfrau, Rita Hase sowie Holger Geh. Auf der anderen Seite eines kleinen Flurs lagen die getrennten Zimmer der Herren Kratzer. Dann folgten Toiletten und eine kleine Kücheneinrichtung. Meister Kläffge sollte in einem Souterrainraum im Keller sein Büro einrichten.

Rita Hase und Holger Geh monierten sofort diese Raumaufteilung. Sie hielten es für extrem ungünstig, dass die Bauleitung eines Unternehmens, welche im Wesentlichen aus den Personen Rita Hase, Holger Geh sowie Lorbas Kläffge bestand, räumlich so weit auseinandergerissen werden sollte. Sie teilten Hajo Kratzer ihre Argumente mit und versuchten ihn dazu zu bewegen, die Buchhaltung in den Keller zu verlegen. Aber sie liefen mit ihren Argumenten gegen eine Mauer von Einwänden, die alle darauf hinzielten, ihnen unmissverständlich begreiflich zu machen, dass die Raumaufteilung nicht nach einer Logik und möglichen Betriebserfordernissen, sondern nach dem Unterhaltungsbedürfnis der Damen Rebel Hass und Marlenen Buschfrau getroffen wurde. Rita Hase und Holger Geh resignierten.

Holger holte am 20. Februar von Katrin die Bauordner ihres gemeinschaftlichen Hauses in der Talstraße 26 ab. Wie es Holger voraussah, hatte sich ein Käufer für die gemeinschaftliche Immobilie nicht gefunden und Katrin war nunmehr bereit, ihren hälftigen Anteil des Hauses in Höhe von 75.000 Euro an Holger zu verkaufen.

Die Finanzierung dieser Summe besprach Holger mit einem Vertreter einer Bausparkasse. Am Abend des 25ten war Holger wiederum bei Katrin, um den gemeinsamen Hausrat aufzuteilen.

Als Holger bei ihr erschien, hatte Katrin eine hässliche Frau Sanft mit am Esszimmertisch sitzen. Frau Sanft wurde Holger als Freundin von Katrin vorgestellt. Frau Sanft wollte offensichtlich der Besprechung von Katrin und Holger beiwohnen, denn sie zeigte keine Anzeichen, die Räumlichkeiten verlassen zu wollen. Erst auf Holgers Bitten hin und auf Katrins begleitende warmherzige Weisung verließ diese überaus hässliche Frau die Gesprächsrunde der Eheleute und zog sich in das Gästezimmer des Hauses in die erste Etage zurück.

Nachdem Katrin und Holger allein waren, besprachen sie die Aufteilung des gemeinschaftlichen Hausrates. Holger dokumentierte die Aufteilungen auf einem DIN-A4-Block und bat Katrin nach Fertigstellung und Beendigung die Richtigkeit und Anerkenntnis mit ihrer Unterschrift zu bestätigen. Katrin stellte sich vollständig quer und wollte nicht unterschreiben. Aber auch darauf war Holger vorbereitet, denn sein Block hatte ein integriertes Durchschreibpapier und er reagierte achselzuckend: »Ist auch egal, wenn du nicht unterschreibst, denn darauf war ich vorbereitet und deshalb habe ich einen Block mit Durchschreibpapier mitgenommen. Ich schreibe jetzt hier unten als Abschluss unserer Hausratsaufteilung das Datum, die Uhrzeit und die Dauer unseres gemeinsamen Termins auf und schreibe dahinter, dass ein Exemplar zu deinen Händen hier im Hause verblieb. Dann zeichne ich das Ganze alleinig ab.«

So tat es Holger, hinterließ Katrin die Durchschrift der gemeinsamen Hausratsaufteilung und verabschiedete sich mit der Bemerkung: »Ach, grüß bitte Frau Sanft von mir.« So einen Kinderkram hatte Holger seiner Katrin eigentlich nicht zugetraut! Aber man konnte sich eben in einem Partner irren und das selbst nach 30 Jahren.

Am Samstag dem 15. März fand die Hausübergabe von Katrin an Holger statt. Wie verabredet war Holger um 16 Uhr in der Talstraße. Katrins Mutter war auch zugegen und Holger konnte spüren, mit welchem Widerwillen sie ihm die Hand zum Gruße reichte. Holger hatte sie seit über einem Jahr nicht mehr gesehen. Ihre Aversion ihm gegenüber war für ihn geradezu körperlich spürbar. Katrin und Holger gingen kurz durch die

Räumlichkeiten ihres gemeinsamen Hauses. Viele Gedanken gingen Holger in diesem Augenblick durch den Kopf, wie in einem Zeitlupenfilm.

Er sah ihr gemeinschaftliches fröhliches und spannendes Suchen nach diesem Domizil.

Er sah ihre Arbeitsleistungen, die sie zusammen erbracht hatten, bis sie sich in ihrem Eigenheim wohlfühlten.

Er sah, wie Katrins Eltern bei der Anlage des Gartens und der Eibenhecke mit Rat und Tat im Sommer 1990 mithalfen.

Er sah das damals weißblonde Töchterchen Carina mit ihren sieben Jahren durch den Garten sausen und ‚Pferdchen' spielen.

Er sah sich, wie er einst einen Strandkorb auf die Terrasse ihres Hauses hatte schieben lassen und seine Mädels sich unbändig freuten.

Er sah sich selbst, wie in einer Vision, hinter seinem Ehebett stehen, um sich selbst zu betrachten, wie er seine Frau Katrin liebte. Er sah natürlich nur seinen eigenen nackten Hintern, wunderte sich aber, dass von seiner Frau kaum ein lautes Geräusch der Lust zu hören war, während er selbst röhrte wie seine ehemalige selbst gebaute alte Stereoanlage.

All dies sah Holger und nahm zu Kenntnis, dass er bei dem eigentlichen Hausdurchgang sachlich nicht dabei war. Katrin übergab Holger die Schlüssel des Hauses und bemerkte seine Verwunderung über die ihm fremden Schlüssel.

»Du musst schon entschuldigen, Holger, aber nach deinem für mich überraschenden Auszug hier aus dem Haus, hatte ich enorme Angst, allein zu sein. Deshalb hatte ich die Türschlösser wechseln lassen.«

Das konnte Holger aber überhaupt nicht nachvollziehen, denn die Begrifflichkeit eines Stehlerleins ehemaliger Schmuckschenkungen an Katrin, selbst wenn sie die Summe von 20.000 Euro bestimmt erreichten, konnte er sich eigentlich nicht an die Jacke heften lassen. Aber er ließ diesen Schlosswechsel unkommentiert und half Katrin die letzten Tüten ihres Umzugsgutes an ihren kleinen schwarzen Wagen zu tragen, den er auch voll finanziert hatte und der nicht zu der Schmucksumme gehörte, sich aber immer noch über entsprechende Kontoauszüge von Holger nachweisen ließ.

Katrins Mutter verließ als letzte Person das ehemalige Wohnhaus von ihrer Tochter und Holger. Genau auf der Treppenstufe der Haustür wandte sie sich ein letztes Mal zu Holger um und sagte: »Du gehörst nicht mehr zu meinem Bekanntenkreis!«

So etwas hatte Holger eigentlich befürchtet, aber nicht unbedingt erwartet, nach dem einstmalig guten Verhältnis zu seinen Schwiegereltern, deshalb verbuchte er es für sich unter der gerade neu geschaffenen Rubrik: ‚Elterliche Theatralik am Ende eines einstmalig guten ehelichen Lebensweges ihres Kindes.'

»Solche Rubriken«, dachte sich Holger, »kann man ja löschen und neu benennen, wenn es erforderliche sein sollte, denn für Katrins Eltern war es eigentlich nur ein jahrzehntealtes Replik unter geändertem Vorzeichen. Aber das hatten sie offensichtlich erfolgreich verdrängt.«

Die beiden Damen stiegen in Katrins kleinen Flitzer und weg waren sie.

Damit konnte Holger dieses Lebenskapitel auch für sich abschließen.

Evi und Holger stiegen am nächsten Morgen in Holgers komfortable französische Firmenlimousine und fuhren nach Tirol zum Wintersport, um auf dem Rückweg wieder bei Holgers Patentante Station zu machen, die sich freute, Evi wiederzusehen.

Der Umzug der Firma Kratzer GmbH zu dem neuen Firmensitz hatte mit viel Einsatz und Kosten zu dem von dem Junior-Chef avisierten zeitlichen Vorgaben stattgefunden.

Holger bekam am 2. April einen Termin in München bei der Firma Kraftanlagen GmbH. Es handelte sich um das Projekt des ersten Sonnenkraftwerkes in Deutschland am Niederrhein. Nach schneller Fahrt durch die Nacht wurde Holger um 10 Uhr in München durch einen wissbegierigen jungen Ingenieur empfangen, der ihn bis 14 Uhr geradezu leersaugte, bis er ihn danach wieder entließ. Spätabends war Holger wieder zu Hause bei Evi.

Das Objekt am Niederrhein wurde zum Auftrag für die Firma Kratzer, wobei Holger wiederum auf die Fachkompetenz eines Spezialdämmungsherstellers zurückgreifen konnte sowie auf die statischen und bauphysikalischen Fähigkeiten des von ihm sehr hoch geschätzten Ingenieurs Jochen Baumann.

Der Abteilungsleiter der Firmenlinie ‚Sauber-Kratzen' im Hause Kratzer war endlich entlassen worden. Seine Lebensgefährtin Rebel Hass war natürlich stocksauer auf Holger Geh, denn sie konnte es sich leicht ausrechnen, dass Holger die treibende Kraft für seine Demission war. Eventuell war Kratzer-Junior auch der liebe nette Kerl gewesen, der es ihr mitgeteilt hatte. Nur bei einem Jahresumsatz von 25.000 Euro in dieser ‚Sauber-Kratzen-Abteilung' waren nicht einmal die Kosten des Firmenwagens verdient worden.

Katrin und Holger unterschrieben am 27. April um 17 Uhr zusammen den Kaufvertrag für den Verkauf von Katrins hälftigem Hausanteil an Holger, ihres gemeinsamen Hauses bei einem Notar in Dortmund-Aplerbeck. Katrins Mutter hatte ihre Tochter begleitet und drehte während der Wartezeit auf den Notar Holger ostentativ den Rücken zu. Die Hand zur Begrüßung und zum Abschied reichte sie Holger betont flüchtig und schnell, ohne ihn dabei anzuschauen.

In seinem nunmehr eigenen Haus ließ Holger durch ein befreundetes Unternehmen Umbauarbeiten vornehmen. Nachdem der noch vorhandene Hausrat durch ein karitatives Unternehmen entsorgt worden war, wurde die Küchenwand zum Esszimmer herausgebrochen. Sie war von vornherein als nicht tragende Wand ausgeführt worden. Die Küchenzeileninstallation wurde auf eine andere Wand verlegt und die Küchentür zum Flur zugemauert, sodass der Zugang zu der Küche nunmehr ausschließlich über den hinzugekommenen Esszimmerbereich erfolgte. Die Tür vom Flur zum Wohn-Esszimmerbereich bekam eine neue Stahlzarge mit einer Glastür. Ein Esstresen schloss sich an die neue Küchenlandschaft an und man konnte von dort wahlweise durch die Tiefe des Wohnzimmers mit der sich anschließenden Gartenlandschaft schauen oder man wählte den Blick durch das Küchenfenster auf die Straße. Alles war um ein Wesentliches lichter und luftiger geworden.

Am Freitag dem 13. Juni 2008 sprach Holger Geh seinen Junior-Chef Hajo Kratzer auf das Abzeichnen der Baustellenstundenzettel der Monteure an. Seit Oktober 2007 waren Holger Geh sowie seiner Kollegin Rita Hase keine Stundenzettel der von ihnen geleiteten Baustellen zur Kenntnisnahme und somit zum Abzeichnen vorgelegt worden. Der Bezug zum kaufmännischen Leistungsstand dieser Baustellen fehlte den beiden vollständig! Insofern konnten sie auch nicht die, fast schon rhetorische, Frage von Oddo Kratzer nachvollziehen, die immer, wenn er im Hause war, lautete: »Was machen denn die Leistungsstände an Ihren Baustellen?«

Holger und seine Kollegin kommentierten dies immer mit einem hilflosen Schulterzucken und Oddo Kratzer zog sich mit seinem bekannten: »Also ich weiß nicht«, in sein Büro zurück, was aber Holger auch nicht mehr weiter kommentierte, denn es lohnte sich nicht mehr, darauf einzugehen.

So bewusst, wie sich ein Senior-Chef von seinem Sohn und Partner, sowie von zwei mehr als einfach strukturierten Damen mit simplen bürotechnischen funktionalen Aufgaben hinter die Fichte führen ließ, war nach der Meinung von Holger Geh und Rita Hase schon eine hohe Kunst der Ignoranz.

Einmal hatte Holger seinen Junior-Chef im Lauf des Jahres auf den Verbleib der Stundenzettel angesprochen und die für ihn wenig zufriedenstellende Antwort erhalten: »Die Buchhalterin und ich, wir haben das so beschlossen! Ihr zeichnet die Stunden ja ohnehin nur ab.«

»Aha«, dachte sich Holger, »eine Buchhalterin leitet dieses Unternehmen.« So wie Holgers Erfahrungen mit dieser Dame waren, konnten ihre buchhalterischen Fähigkeiten eigentlich nicht wesentlich besser sein, als ihre orthografischen Künste. Holger erklärte seinem Junior-Hajo auf das Deutlichste, dass er und seine Kollegin Hase sehr wenig von seiner Entscheidung und der der Buchhalterin hielten. Holger empfahl ihm zusätzlich, bei den kommenden Bauleitungsgesprächen mit seinem Vater, die Buchhalterin Marlene Buschfrau hinzuzuziehen, damit sie sich dann auch für die an den Baustellen verfahrenen Monteurs-Stunden eigenverantwortlich rechtfertigen konnte.

Hajo machte ein wenig schlaues Gesicht, weil er den tieferen Sinn von Holgers Worten möglicherweise nicht verstanden hatte, und sagte zu, dass ab sofort die Stundenzettel von Geh und Hase wieder abzuzeichnen waren.

Am Tage darauf hatte Holger mit Hajos Vater einen Termin um 11 Uhr im Büro. Es war Samstag und Oddo Kratzer wollte mit Holger Geh einige grundsätzliche Dinge eines großen anstehenden Bauvorhabens in der Nähe von Kassel absprechen. Aber irgendwie war Kratzer-Senior lustlos und das Gespräch war reichlich inhaltsleer und brachte für Holger keine objektbezogenen Neuigkeiten. Über die Möglichkeit, einmal andere firmeninterne Probleme anzusprechen, hatte Oddo Kratzer wahrscheinlich nicht nachgedacht oder er wollte es nicht. Letzteres schien eher der Fall zu sein, aber das interessierte Holger auch nicht mehr, denn das Firmenschiff Kratzer dümpelte nur noch führungslos vor sich hin.

Oddo Kratzer wusste instinktiv, dass sein Sohn Hajo ein Windbeutel war, aber er ließ sich gerne von ihm und den beiden ‚Funktional-Tanten' hinters Licht führen. Besonders immer dann, wenn er aus dem ihm vorgetragenen Unsinn für sich den Schluss ziehen konnte oder wollte, dass Holger Geh oder Rita Hase in einer geschäftswichtigen Situation angeblich versagt hatten. Dann hatte er ‚Blitzableiter' auf denen er verbal herumhauen konnte. Da er die ‚Personalpolitik der offenen Türen' sehr schätzte und auch geregelt praktizierte, kamen Holger und seiner Kollegin solche Äußerungen zu den Ohren, wie: »Die werde ich rausschmeißen«, oder, »Wenn er denkt, dass ihm sein Alter hilft, dann hat er sich geschnitten.«

Aber auch diese Bemerkungen, die gezielt für die Ohren von Holger Geh und Rita Hase bestimmt waren, gingen ihnen nicht mehr unter die Gürtellinie. Holger ohnehin nicht mehr, denn er hatte ja schon drei mündliche Aufforderungen von Kratzer-Senior, den Betrieb zu verlassen, erleben dürfen. Und die Letzte hatte nicht unerheblich dazu beigetragen, dass seine Ehe nach 25 Jahren scheiterte und danach hatte sich Holger vorgenommen, diesen Dünnblechbieger mit dem Namen Oddo Kratzer nicht mehr ernst zu nehmen. Ganz abgesehen davon hatte Holger nun ja auch über die Jahre hin genug Panschereien auf Geschäftsführungsweisung für das Haus Kratzer erledigt. Immer noch half das Haus Kratzer gerne anderen Firmen bei deren Preisabsprachen. Unter anderem der Firma Bude bei Hamburg, deren Kalkulator Lanz gerne die Hilfe der Firma Kratzer bei Preisabsprachen für Kirchenobjekte in Anspruch nahm. Gleiches galt für die Firma Lange bei Brilon im Sauerland oder für die Firma Lachbosch bei Münster und andere.

Oddo Kratzer, als Präsident des BvdFdH (Bundesverband der Freundeskreise des Handwerkes) mit Sitz in Bonn, mutierte immer mehr zum großen Paten der Wirtschaft- und Gesellschaftsgestaltung des Landes. Wenn er in seinem Büro weilte, ließ er sehr gerne die Tür zum Flur offen stehen, damit auch jeder ihn in seiner Pracht des einzigartigen Regenten betrachten konnte. Die Beine übereinandergeschlagen auf dem Heizkörper unterhalb des Fensters zum Firmenhof abgelegt, ruhte er tief in seinem großen ledernen Chefsessel und schaute, den Telefonhörer am Ohr, mit reichlich distanzierter Ruhe auf sein Firmenimperium.

Während solcher Präsidialgespräche wurden schon mal ganze Vorstände von irgendwelchen Firmen ausgetauscht, in denen der Alt-Kratzer residierte oder bald residieren wollte. Selbstverständlich wurden solche Gespräche von Kratzer in so einer überzogenen Lautstärke geführt, dass sie auch zwingend in den Büros seiner Angestellten deutlich vernommen werden mussten. Meist schloss Holger dann seine Bürotür und hörte durch identisches Klappern, dass Rita Hase ebenso verfuhr. So etwas nahm ihr Chef und Präsident etwas unwirsch auf, denn er wollte, dass man (Frau) seinen geistigen Ergüssen ehrerbietig lauschte. Holger Geh und Rita Hase reichte es, wenn die beiden anderen Damen die berühmte ‚feuchte Hose' bekamen.

Am Dienstag dem 26. August 2008 sprach Holger seinen Junior-Chef auf die Möglichkeit der Installation eines Faxgerätes an, welches ausschließlich ihm und Rita Hase zu Verfügung stehen sollte. Das Firmenfax stand vorn bei Rebel Hass und sie vergaß unter Vorsatz, die an Geh oder Hase gerichtete Faxe zeitig weiterzuleiten. Es war immer wieder peinlich, wenn Kunden anriefen und sich bei Holger Geh oder Rita Hasse auf Faxe bezogen, die schon mehrere Stunden oder auch Tage in der Firma waren. Selbst Meister Kläffge in seiner Spielzeugabteilung besaß ein eigenes Faxgerät, um mit der Außenwelt in Verbindung zu bleiben. Hajo Kratzer lehnte Holgers Ansinnen umgehend mit dem Verweis auf technische Schwierigkeiten, drastisch ab.

Am 29. August wurde Hajo von Holger nochmals hinsichtlich des Auftritts im Internet angesprochen. Nach der Meinung von Holger musste dieser Auftritt dringlich überarbeitet werden. Immer noch waren Holgers 15 Jahre alte Aufnahmen der Büromitarbeiter, sowie der beiden Herren Kratzer in diesem Portal als Ansprechpartner zu sehen. Diese Fotografien hatte Holger einst mit seiner privaten Spiegelreflex-Kamera gemacht. Ihm schienen diese alten Papierfotos von Jahr zu Jahr im Internet zu verblassen. Technisch war so etwas nicht möglich, aber der Eindruck blieb bei Holger bestehen, zudem fand er es peinlich, im Internet ein Bild von Personen eingestellt zu lassen, die in der Realität, bedingt durch eine 15-jährige Alterung, inzwischen ganz anders aussahen. Bezüge zu Personen hätte Holger sofort aufzeigen können, aber diese kleine Bosheit verkniff er sich dann doch. Auch auf die noch immer ausstehende Beschriftung der Firmenfahrzeuge sprach Holger seinen Junior-Chef an. Wie immer und schon gewohnt sagte Kratzer-Junior baldige Änderungen zu.

Am 10. September 2008 musste Holger seinen Junior-Chef wiederum auf das leidige Thema der Stundenzettel ansprechen. Rita Hase und Holger hatten von der Buchhalterin Marlene Buschfrau nur noch die Stundenzettel für den Monat Juli erhalten, die Stundenzettel für den Monat August nicht mehr. Hajo Kratzer versprach Abhilfe!

Am 19. September wollte Holger für einen Firmenaufzug, der für das große Bauvorhaben in der Nähe von Kassel vorgesehen war, ein Werbeschild drucken lassen. Dieser Aufzug sollte nach der Planung der Firma Kratzer an dem Neubau direkt gegenüber den Bauleitungsbüros angebracht werden. Die Bauleitung an diesem Bauvorhaben wurde von international tätigen Firmen im Stundentakt besucht. Holger erachtete es für sinnvoll, der internationalen Bauöffentlichkeit den Namen der Firma Kratzer GmbH mit Anschrift und Internetzugang am eigenen Gerät werbewirksam permanent an der Nase bei nur 50 Metern Entfernung vorbeischweben zu lassen. Dieser Investitionswunsch von 100 Euro wurde Holger zuerst von Rebel Hass und abschließend von seinem Junior-Chef Hajo Kratzer abschlägig beschieden. Holger begann nun wirklich zu resignieren.

Am 25. und 26. September war Hajo Kratzer wieder bei seinen ‚111 Tollen' und die Buchhalterin Marlene Buschfrau hatte mal wieder Nachhilfe in ihrem Buchhaltungsprogramm durch einen Vertreter der Softwarefirma. Ihre intellektuelle Dehngrenze musste bei Weitem überschritten sein, denn ihre stereotypischen Einlassungen auf Erklärungen des geduldigen Vertreters waren immer nur ein: »Genau.«

Am 1. November bekamen Geh und Hase wirklich die Stundenzettel für den vergangenen September vorgelegt. Nur die vom August waren im Nirwana verschwunden.

Am 2. November fuhren Holger Geh und der Obermonteur Martinus Bug gemeinsam nach Süddeutschland in die Nähe von Freiburg, um die Abnahmen der von der Firma Kratzer GmbH ausgeführten Blechbedachungen an kommunalen Gebäuden zusammen mit den bauleitenden Architekten sowie Bauamtsvertretern durchzuführen.

Am 7. Oktober sprach Holger seinen Junior-Hajo wiederholt auf die Einteilung und Disposition des großen Bauvorhabens in der Nähe von Kassel an. Bei einem gemeinsamen Besuch dieses Bauvorhabens mit Hajo Kratzer, Rita Hase und Holger Geh, hatte sich der Junior-Chef, in Gegenwart des bauleitenden Architekten als verantwortlicher Bauleiter, der Firma Kratzer GmbH für dieses Objekt in das Besprechungsprotokoll eintragen lassen.

»So, Herr Kratzer«, fragte der Architekt und warf Holger ein verstohlenes Augenzwinkern zu, »Sie wollen sich selbst um die Bauleitung kümmern? Das ist ja ganz prima, denn dann kann ja sicher nichts mehr schiefgehen.«

Klein-Kratzer lief natürlich voll in das sichtbar aufgestellte Messer, plusterte sich auf wie Bunt-Göckelchen und antwortete würdevoll: »Bei gewissen Objekten und Kunden muss ein Chef auch schon mal selbst die Bauleitung in die Hand nehmen.«

Rita Hase und Holger sagten ihrem Chef ihre Hilfe zu. Sie regten an, im Wechsel diese Baustelle zu besuchen, damit verschiedene Blickwinkel der örtlichen Leistungsbetrachtung mögliche technische und kaufmännische Fehler ausgleichen konnten.

Holger schlug vor, unter den drei beteiligten Personen einen ‚Jour fixe' einzurichten, um den gleichen Wissensstand unter allen zu gewährleisten, denn der Materialanteil mit vorpatiniertem Messing war an diesem Bauvorhaben sehr kostenintensiv. Hajo war begeistert über diese Ideen seiner alten erfahrenen Mitarbeiter und deren Teamgeist und freute sich wie Bolle.

Am 13. Oktober 2008 wurde um 10:30 Uhr im Amtsgericht Unna, die am 7.5.1982 vor dem Standesamt in Dortmund-Aplerbeck geschlossene Ehe von Katrin und Holger Geh geschieden. Katrins Anwältin versuchte einen nachehelichen Unterhalt zu erreichen, der bis zur Katrins Renteneintritt gezahlt werden sollte. Holger lehnte dies seinerseits mit seinem Rechtsbeistand entschieden ab. Nicht wenig Eindruck machte ein letztes Schreiben von Holgers Seite auf die Richterin, in welchem er aufzeigte, wie viel das einst mal gemeinsame Haus in der Talstraße gekostet hatte und wie hoch der reale Wertverlust durch den naheliegenden expandierenden Flughafen von Dortmund tatsächlich war. Sie bescheinigte Holger während dieses Prozesses mehr als großzügig gegenüber Katrin gehandelt zu haben. So wurde über einen nachehelichen Unterhalt von 360 Euro pro Monat über fünf Jahre Laufzeit nach dem Urteil verhandelt. Beide Parteien willigten ein, die Verhandlung wurde protokolliert und nochmals vorgelesen, dann kam der Scheidungsspruch und das Urteil war rechtskräftig.

Holger verabschiedete sich von Katrin und wünschte ihr alles Gute. Gleichzeitig bot er ihr zum wiederholten Male seine Freundschaft und Hilfe für die Zukunft an. Sie begann zu weinen und tat Holger etwas leid.

Holger hatte nie wieder einen Menschen erlebt, der seinen Partner nach fast 25-jähriger ehelicher Gemeinsamkeit so kampf- und widerstandslos ziehen ließ. Eigentlich hätte sich Katrin doch an die voreheliche Zeit mit Holger erinnert haben müssen, als sie ihn eineinhalb Jahre lang mit dem Ehemann ihrer besten Freundin betrogen hatte.

Angela hatte damals um ihren Mann und ihre Ehe gekämpft! Das konnte eigentlich nicht so ganz unbemerkt an Katrin vorbeigegangen sein, nachdem Bernhard sich von seiner Angela getrennt hatte und einige Wochen mit Katrin zusammen wohnte, um dann wieder reumütig zu seiner Ehefrau zurückzukehren.

Im Nachhinein machte dieser Sachverhalt Holger sogar etwas zornig und es beschlich ihn langsam der leise Verdacht, möglicherweise etwas ausgenutzt worden zu sein. Nur, die vielen Ws für: »Wie? Warum? Wieso? Wann? Wofür?«, konnte er für sich noch nicht zuordnen und deshalb sah Holger seine Ex-Frau Katrin mit inzwischen reduziertem Mitgefühl in ihren kleinen schwarzen Wagen steigen und wegfahren.

Am Donnerstag, dem 16. Oktober sprach Holger Hajo Kratzer wiederum auf die nunmehr dringende Einteilung und Vorbereitung des Bauvorhabens in der Nähe von Kassel an, aber wie vorher schon ignorierte der Junior-Chef diese Fragestellung komplett und ging nicht auf sie ein.

Am 22. sprach Hajo Kratzer seinen Mitarbeiter Holger von sich aus auf dieses Objekt bei Kassel an: »Herr Geh, wann wollen Sie denn nun mit den Monteuren nach Kassel fahren, um sie in das Bauvorhaben einzuweisen und mit der örtlichen Bauleitung die Standplätze für unsere Baustelleneinrichtung festzulegen? Sie machen das doch sonst auch immer, bevor Sie eine Baustelle beginnen!«

Holger fiel der berühmte Kitt aus der Brille! Das war aber auch eine linke Socke, dieses Hajolein! Wochenlang sprach ihn Holger auf dieses Objekt an und nun bekam dieser Dipl. GBl (Diplomierter gebürtiger Betriebsleiter) urplötzlich kalte Füße und versuchte das Bauvorhaben Holger von links in die Schuhe zu schieben. Deshalb antwortete ihm Holger betont kalt: »Aber, Herr Kratzer, irgendetwas haben Sie offensichtlich falsch verstanden und nicht mehr so richtig in Erinnerung. Dass ich dort die Bauleitung mache, davon kann doch wohl gar nicht die Rede sein. Sie haben sich doch in der Gegenwart von Rita Hase und mir in das Besprechungsprotokoll ausdrücklich als verantwortlicher Bauleiter der Firma Kratzer eintragen lassen und das ganze Objekt zur sogenannten Chefsache erklärt. Wollen Sie sich jetzt vor dem Architekten die Blöße geben, nunmehr doch nicht persönlich den Bau zu leiten? Das werden Sie doch nicht riskieren wollen? Selbstverständlich werde ich Ihnen, wenn Sie mögen, wie schon zugesagt, bei diesem Objekt helfen, aber den offiziellen Beginn müssen Sie schon selbst regeln, um Flagge zu zeigen.«

Hajo verließ mit säuerlicher Miene Holgers Büro und begann in seinen Räumlichkeiten zu telefonieren. Nach ungefähr fünf Minuten kam er mit einem breiten Grinsen auf seinem Osterhasengesicht zurück und verkündete mit sichtbarer Erleichterung: »Gute Nachrichten! Unser Beginn-Termin verzögert sich durch fehlende Vorleistungen um mindestens vier Wochen.«

»Na schön, Herr Kratzer, dann haben Sie ja noch genug Zeit, sich intensiv mit der Vorplanung zu befassen«, entgegnete ihm Holger.

Am nächsten Tag erhielt die Buchhalterin Buschfrau wieder Nachhilfeunterricht in der Anwendung ihres Buchhaltungsprogramms und dieses von ihr gejaulte »genau« strapazierte neuerlich die Gehörknöchelchen von Rita Hase und Holger. Das ostentative Schließen von den Bürotüren der beiden fand auf ihrer geistigen Festplatte keinen Platz mehr.

Am 30. sprach Holger seien Junior-Chef nochmals auf dieses große Bauvorhaben nahe bei Kassel an und empfahl ihm, die Fassadenarbeiten durch ein Subunternehmen unter Zuhilfenahme einer Hubarbeitsbühne ausführen zu lassen. Hajo wollte sich dies überlegen und verkaufte Holgers Idee zwei Stunden später als seine eigene Überlegung an sein Öddilein, als dieser in das Haus kam.

»Ja Hajo, so machst du das! Das ist eine gute Idee von dir! So kriegen wir diesen schwierigen Teil gut abgewälzt, denn die Preise für die Fassadenarbeiten sind nicht so berauschend und unsere Leute können sich mit den wesentlich ertragsreicheren Arbeiten auf dem Dach beschäftigen.

Willst du denn da die Bauleitung machen? Lass das doch den Herrn Geh machen, dann hast du Zeit für andere Dinge.«

»Nein, Öddilein, der Architekt hat mich gebeten, an diesem schwierigen Bau mit diesem anspruchsvollen Material die Bauleitung selbst in die Hand zu nehmen. Ich musste ihm das Versprechen geben und jetzt kann ich ihn schlecht enttäuschen.«

»Du musst wissen, was du tust«, brummte Oddo Kratzer vor sich hin, denn diese Unterhaltung fand wie fast immer bei geöffneten Bürotüren statt.

Ab mittags war wieder Nachhilfestunde in der Buchhaltung angesagt, was den Senior-Chef wohl auch nervte, denn er schloss von sich aus die Tür vom Buchhaltungsbüro zum Flur und der Singsang von Marlene Buschfrau streifte nur noch gedämpft die Ohren von Rita Hase und Holger Geh.

Zwei Gedanken jagten Holger fast zeitgleich durch den Kopf: »Wer unterrichtet hier eigentlich wen?« Und: »Wie abgestumpft oder abgeklärt muss man wohl sein, um dieses ‚genaauuu' über Stunden ertragen zu können?«

Am Freitag dem 7. November erhielt Holger um 17 Uhr telefonisch die Information, dass seine Mutter verstorben war. Wegen akuter Altersschwäche lag sie schon seit einer Woche im Krankenhaus. Bei seinen Besuchen hatte sie Holger nur noch schlafend angetroffen. Holger war der Meinung, dass sie am Ende auch gar nicht mehr leben wollte. Am 3. Dezember wäre sie 87 Jahre alt geworden.

Holger informierte umgehend seine Geschäftsleitung und nahm sich eine Woche Urlaub, um die wichtigsten Dinge der Bestattung zu regeln. Für Holger war die Frage wichtig, in welchem Kreise die Beisetzung oder Trauerfeierlichkeit stattfinden sollte. Wenn es in dem üblichen Kreise der Angehörigen und Nachbarn war, dann musste Holger auch seine Ex-Frau, seine Tochter und selbstverständlich seine Ex-Schwiegereltern einladen. Diese Situation wollte Holger sich selbst und seiner Evi ersparen.

Dumme Blicke oder gar Bemerkungen brauchte er bei so einem möglichen Zusammentreffen nicht. Wie Holger schon aus der Nachbarschaft seines Elternhauses erfahren hatte, machte man sich dort bereits Gedanken über den Termin der Bestattung und verabredete schon Fahrgemeinschaften zu dem danach anstehenden Leichenschmaus. Man musste halt nur Rentner sein, um den Tag mit Anregung und Verköstigung auszufüllen.

Also machte Holger etwas ganz anderes, nämlich nichts!

Er beantragte eine Blitzeinäscherung und die Urne mit den sterblichen Überresten seiner Mutter wurde am Freitag dem 14ten neben seinem Vater in dem kleinen Urnengrab in Dortmund-Wellinghofen beigesetzt.

Was ihnen in den vielen Jahren ihrer Ehe nicht gegeben war, hatten sie nun. Sie waren dicht nebeneinander.

Die Todesanzeige erschien mit gleichem Datum in der Zeitung und sämtliche Karten an Verwandte und Bekannte von Holgers Mutter sowie an Holgers Tochter Carina, seine Ex-Frau und Ex-Schwiegereltern gingen bei diesem Personenkreis ebenfalls zeitgleich ein.

Wie Holger irgendwann einmal erfuhr, hatte seine Tochter Carina die Nachricht über den Tod ihrer Großmutter morgens im Büro von einer Kollegin erhalten, die offensichtlich die Tageszeitung schon sehr früh vor Dienstantritt zu Hause gelesen hatte. Carina telefonierte mit Holgers Vetter Freddy in Köln, um von ihm Einzelheiten über die Trauerfeierlichkeiten ihrer Großmutter zu erhalten, denn in sämtlichen Mitteilungen stand nur abschließend: »Stellvertretend für alle, die Sie schätzten und liebten, habe ich Sie als Ihr Sohn auf dem letzten Wege begleitet.«

Holger hatte seinen Vetter zum absoluten Stillschweigen verpflichtet und so waren nur er und seine Frau, sowie Evi und Mutters ehemalige Betreuerin zugegen, als Holger mit seiner Mutter zu der kleinen endgültig letzten Wohnstätte ging, die sein Vater schon bezogen hatte.

Diese Entscheidung, so zu verfahren, hatte Holger nie bereut!

Seiner Mutter war Holger dankbar, dass sie mit ihrem Tod bis zum Vollzug von seiner Ehescheidung gewartet hatte. Er war sich nicht sicher, ob das anstehende Gesamterbe seiner Eltern nicht in seine Vermögensbewertung eingeflossen wäre. Denn dann hätte es nicht unerheblich Einfluss auf die Festsetzung seines nachehelichen Unterhaltes gegenüber Katrin nehmen können. Und Holger war der Meinung, sich in dieser Sache wirklich nicht geizig gezeigt zu haben.

Am 19ten wies Holger seinen Junior-Chef darauf hin, dass die Planer seines Bauvorhabens bei Kassel das Rastermaß der Dacheindeckung geändert hatten. Gleichzeitig, wie er ihn auf die Erschwernisse der Fassadenarbeiten hinwies, die nunmehr ausschließlich von Hubbühnen ausgeführt werden mussten und nicht wie geplant in großen Teilbereichen von Gerüsten. Holger empfahl ihm für beide Situationen zahlenmäßig ausgewiesene Nachträge zu stellen. Hajo Kratzer war begeistert und machte: »Nix.«

Am 27ten erhielten Rita Hase und Holger Geh von ihrem Junior-Chef die überraschende Mitteilung, dass ihnen ab sofort die Stundenzettel der Monteure wöchentlich zur Kontrolle und zum Abzeichnen vorgelegt werden sollten und was passierte: »Nix.«

Während eines kurzen Telefongespräches am 9. Dezember kündigte Holger seinem langjährigen Freund Leo Blanc ihre seit 1973 bestehende Freundschaft auf. Während der Zeit, die seit Holgers Trennung von Katrin vergangen war, hatte es Leo gerade vier Mal geschafft, bei Holger anzurufen und sich nach seinem Befinden zu erkundigen. Holger hatte mit Sicherheit keinen Freund gebraucht, der ihm nach der Nase redete. Aber er hätte jemanden gebrauchen können, der mit ihm seine Entscheidung der Ehetrennung hätte diskutieren wollen, ohne unter Zeitdruck stehen zu müssen. Es gab ja auch noch die berühmten Wochenenden und es gab eine Zeit, zu der Leo seinen Freund Holger gerne alle 14 Tage besuchte, um mit ihm Schach zu spielen und vorher das von Katrin extra für ihn zubereitete Abendbrot zu essen. Aber Holger war ein Mensch, der irgendwann mal Entschlüsse fasste, die er dann aber auch knallhart umsetzte. Holger kannte Leo länger als Katrin und auch diese Trennung tat wie seine vorausgegangene Scheidung lause weh.

Interessanterweise hatte auch Leo nichts unternommen, um diese Trennung zu reparieren. Nicht einmal den alten gemeinsamen Freund Till Beinemann hatte er versucht, für diese Zwecke zu aktivieren.

Holger sinnierte kurzfristig darüber nach, ob er sich vielleicht zu einem Typ Mensch entwickelt hatte, um den es sich eventuell gar nicht lohnte, zu kämpfen. Aber dieses etwas depressive Gedankengut schob er nach einer Woche in die Mülltonne und orientierte sich weiterhin an seiner optimistischen Lebenseinstellung.

Am 18. Dezember 2008 bestellten Holger Geh und Evi Göre ihr Aufgebot für ihre Trauung bei dem Standesamt in Unna. Am 8. Januar 2009, zu Evis 47. Geburtstag wurden die beiden in diesem kleinen alten Standesämtchen um 11 Uhr getraut. Sie waren allein, Trauzeugen waren nicht mehr nötig und als Wiederholungstäter hatten sie auf begleitendes Brimbamborium verzichtet. Die Entscheidung zur Heirat war kein Spontanentschluss, sondern ein Weg der Vernunft. Warum sollte Evi, wenn Holger einmal etwas zustoßen sollte, nicht von seiner Rente partizipieren können? Zumindest bewegten Holger solche sachlichen Gründe neben den emotionalen.

Holgers Ex-Frau Katrin war gut versorgt. Neben ihrer zur Zeit der Trennung bestehenden Rentenanwartschaft von 800 Euro würde sie von Holgers Rente nochmals 400 Euro übernehmen, und wenn sie sich von den 75.000 Euro des hälftigen Hausanteiles eine Eigentumswohnung kaufen würde, so wie Tochter Carina es gemacht hatte, dann war auch ihre Altersvorsorge gut gesichert. Von den rund 21.000 Euro nachehelichen Unterhaltes, die Holger über fünf Jahre lang an sie abzubezahlen hatte, mal ganz abgesehen. Und wenn man noch die Zeit dazurechnete, die sie kostenfrei mit Apanage im ehemaligen gemeinsamen Haus verbracht hatte, dann kam leicht noch mal ein Sparvorteil von 10.000 Euro dazu.

Ohnehin hatte Katrin ihr eigenes Konto und das Geld ihres Verdienstes aus einem Halbtagsjob nur dazu benutzt, um Lebensmittel einzukaufen und Steuern und Versicherungen für ihren kleinen Wagen abzuführen. Sämtliche Überschüsse darüber hinaus gingen auf ein Sparbuch und in eine Lebensversicherung. Und alle anderen Kosten und Investitionen wurden von Holger getragen. Außerdem hatte Katrin ja noch ihre Eltern, die ebenfalls Eigentum besaßen. Und das war eigentlich der springende Punkt, weswegen Holger seine Evi ziemlich schnell zum Standesamt geschleppt hatte. Evi hatte ja auch noch Eltern, aber die waren kniepig, knauserig und geizig, wie es Holger noch nie in seinem Leben erlebt hatte. Und zwar auf allen Ebenen nämlich materiell und emotional. Sie kamen gar nicht auf die Idee, ihre Tochter Evi, die ja als Ernährungsberaterin und Naturkosmetikerin selbstständig war und ein kleines Geschäft besaß, im Entferntesten zu befragen, wie sie denn finanziell über die Runden kam.

Und Jannes Latz mit seiner Frau Elsa hatten Geld! Als ehemalige Bauern bei Böklund verfügten sie noch über einige Hektar Land, das gut verpachtet war. Unangenehme Dinge wollten sie ohnehin nicht hören.

»Nö, nö, nö, nö, man mach ja gar nicht mal nachfragen«, war ihre Standardeinstellung. Und als Krönung konnte Elsa noch einen draufsetzen: »Alte Leute wollen sich nicht mehr ändern!«

Wenn Evi bisweilen anlässlich irgendwelcher Besuche bei ihnen über ihre Geschäftsprobleme klagte, dann kam unisono die Antwort: »Ja, wir haben auch kein Geld!« Und Jannes Latz war ein Angeber, wie er im Buche stand. Nach seiner Beinamputation Anfang 2007 war ihm von Holger der Titel ‚einbeiniger Bandit' verliehen worden. So etwas ließ sich Jannes allerdings auch lachend gefallen. Logischerweise saß der Einbeinige bei Autofahrten immer vorn auf dem Beifahrersitz und natürlich am liebsten, wenn Holger und Evi mit Holgers großer silbriger französischer Dienstluxuskarosse auftauchten. Dann musste Holger auf Jannes Weisung immer ganz langsam durch die Dörfer gleiten und Jannes winkte dann huldvoll wie die Queen mit seiner rechten Hand den vielen Menschen zu, von denen er annahm, dass sie ihn kannten. Aber die kannten ihn nicht, wie seine Frau Elsa dann meist korrigierend in seine Gruß-Winke-Gruß-Orgien einwarf, denn Jannes Latz trug Brillen, die eigentlich dringend der optischen Korrektur bedurften. Wenn man ihn darauf hin ansprach, kam eigentlich immer eine Standardantwort: »Nö, nö, nö, nö, das geht doch noch. Das muss doch nicht gleich neu. Das kostet doch alles Geld.«

Jannes Latz konnte man zu diesem Zeitpunkt als beginnend leicht dement bezeichnen. Holger änderte daraufhin seine Einstellung zu seinen neuen Schwiegereltern vollständig. Er musste sich nicht mehr zu Hause eine DVD mit einem Werner-Film ansehen, nein, wenn er nach Böklund zu den Schwiegereltern fuhr, dann fuhr er in einen Werner-Film hinein und wurde mit zum Schauspieler. Aber den Stil, die Großzügigkeit und Warmherzigkeit seiner Ex-Schwiegereltern besaßen Evis Eltern bei Weitem nicht. Gerne schilderte Jannes Latz seine Tochter Evi als perspektivisch reiche Erbin. Das passte so gar nicht zu Holgers Erfahrungen, die er bislang auf seinem Lebensweg hatte sammeln können. Seine Großeltern hatten noch mit ‚warmer Hand geben können' und wollen, seine Mutter ebenso und seine ehemaligen Schwiegereltern erst recht, aber Werner-Land?

Evi trug nunmehr, nach der Trauung mit Holger Geh den lustigen Namen Evi Latz-Geh. Holger hatte ihr das umgekehrt vorgeschlagen, aber sie wollte es nicht und sie musste ja nun so unterschreiben und nicht Holger.

Am 19. Januar wies Holger Geh seinen Junior-Chef Hajo Kratzer nochmals auf einige ungeklärte Fragen an dem großen Bauvorhaben bei Kassel hin. Besonders auf die durch den Bauherrn eingeforderten Zahlungsziele, die bislang ungeklärten Anschlussdetails sowie auf die immer noch bestehenden bauseitigen Probleme der Einrüstung. Wie immer nahm Hajo Kratzer die von Holger vorgetragenen Anregungen und Erinnerungen begeistert zu Kenntnis, aber bei Holger blieben Zweifel, ob eine Umsetzung auch erfolgen würde. Holger betrachtete sich nach wie vor als Mitglied eines Teams, das im Sinne der Firma zusammen zu arbeiten hatte und das mit allen Kräften. Zumindest war dies sein Empfinden, obwohl er immer mehr zu Kenntnis nahm, dass diese Einstellung schon länger der Vergangenheit angehörte und ein mehr als ungesunder Egoismus im Hause Kratzer Einzug gefunden hatte.

Insbesondere die beiden Damen Rebel Hass und Marlene Buschfrau sowie Meister Kläffge neigten immer mehr dazu, ihre ritualen Feierlichkeiten im Hause Kratzer zu erweitern. Dienstbeginn war 7 Uhr. Die beiden Damen schafften es nie, pünktlich zu sein. Meistens erschienen sie so gegen 7:15 Uhr, wenn Holger, der fast immer um 7 Uhr an seinem Arbeitsplatz saß, schon vorher den ersten Frühstückskaffee aufgesetzt hatte und durch sämtliche Büros gegangen war, um die Rollläden hochzuziehen. Meist ging er dann noch am Faxgerät vorbei, um nachzuschauen, ob da nicht noch ein Fax lag, das für Rita Hase oder ihn bestimmt war. Mit den Damen, also genauso unpünktlich, trudelte der weibliche kaufmännische Auszubildende ein, der auf Anregung von Rebel Hass und Marlene Buschfrau zu ihrer Entlastung eingestellt worden war.

Dann fanden im vordersten Büro bei Rebel Hass die ersten morgendlichen Besprechungen statt, in die sich der weibliche Lehrling, der dort auch saß, mit Begeisterung integrieren ließ.

In dem anschließenden Büro befand sich die Buchhaltung unter dem Regiment von Marlene Buschfrau. Diese beiden Büros waren die Einzigen im Firmensitz der Firma Kratzer GmbH, die auch untereinander durch eine Verbindungstür zu erreichen waren und nicht nur über die normalen Flurtüren. Also lehnte Marlene Buschfrau im Rahmen dieser Verbindungstür mit einem Becher Kaffee in der Hand und brachte mit vielen Worten die Schlichtheit ihres Wissens in diese erste Besprechung des Tages mit ein.

Meister Kläffge erschien aus seinem Souterrainbüro, das unterhalb des Büros von Rebel Hass lag, um sich seinen Morgenkaffee abzuholen und äußerst intensiv in das jeweilige Besprechungsthema einzusteigen. Entweder wurde er durch Rebel Hass dazu telefonisch eingeladen, oder er erfuhr durch die geöffneten schräg stehenden Fenster, dass über ihm eine für ihn wichtige Besprechung stattfand.

Derweil fuhren die Monteure, wenn sie ihre Fahrzeuge beladen hatten, an dem jahreszeitlich bedingten hell erleuchten Büro vorbei und nahmen die meist lustig geführten Besprechungen mit Interesse zu Kenntnis. Dieses Eckbüro hatte ein Fenster zur Einfahrt auf das Firmengelände und ein Fenster zu der Straße.

Um frühestens 8:15 Uhr erschien Hajo Kratzer. Erst wenn er auf den Hof fuhr, gingen die Besprechungen im ersten Büro vorn zu Ende und alle beteiligten Personen, einschließlich der beiden Damen, widmeten sich ihrer Arbeit, die sie zeitlich maximal drei oder vier Stunden am Tage beanspruchte. Man hätte sie also ohne Weiteres zu zwei Halbtagsstellen mit einer halbstündigen Übergabezeit zusammenfassen können.

Holger machte aus seiner Meinung kein Hehl, denn sie wurde von sehr vielen Monteuren bestätigt, denen die morgendlichen Feierlichkeiten in diesem besagten Büro ebenfalls unangenehm auffielen. Selbstverständlich warteten die Monteure, die Fragen an ihren Junior-Chef hatten, nunmehr bis 8:15 Uhr und der Coffee-to-go bekam im Hause Kratzer einen neuen sinnbringenderen Namen. Er hieß alsbald Coffee-to-wait und wurde von den Monteuren schon gerne mitgebracht, damit sie ihre Thermoskanne mit dem Kaffee von zu Hause nicht vor der richtigen, aber nur noch kurzen Arbeitszeit dezimiert hatten.

Die Arbeitsleistung an den Baustellen sank langsam aber stetig immer weiter ab. Die Logik war ganz einfach erklärlich. Die Monteure nahmen sich einfach das Recht heraus, das ihnen von den Damen, dem Meister und dem Junior-Chef vorgelebt wurde. Die Effektivität der Bauleistungen war schon lange auf dem Stand einer fünfstündigen Arbeitsleistung angelangt, die auf einen achtstündigen Arbeitstag verteilt und bezahlt wurde. Und auch diese Spirale drehte sich weiter in negativer Richtung und spiegelte exakt das wieder, was von dem Dreigestirn, nunmehr mit Lehrling, im Büro vorexerziert wurde. Selbst für einen Laien war es jetzt augenfällig, dass sich die Monteure der Firma Kratzer gegenüber anderen Gewerken auf den Baustellen auffällig langsam bewegten.

Holger erstattete seinem Junior-Chef Hajo Kratzer darüber Bericht, aber der wollte solche Dinge nicht hören und kommentierte sie nur mit einem platten Satz: »Ach ja, die Leute! Was soll man da machen?«

»Ganz einfach, Herr Kratzer! Sie sollten das machen, was ich Ihnen schon mehrmals gesagt habe! Einfach als Junior-Chef einmal selbst für eine Stunde mitarbeiten! Den großen Wecker auf das Dach stellen und die Monteure dazu anhalten, die kalkulierten Zeiten arbeitszeitlich einzuhalten oder besser noch, sie zu unterbieten!«

Holger erhielt auf solche Einlassungen nie eine Antwort oder Reaktion vom Junior-Chef! Zwei Hände reichen nicht aus, um die Anzahl der jeweils gleichlautenden Anregungen von Holger gegenüber Hajo Kratzer zu erfassen. Einige Male war sogar Rita Hase zugegen und wunderte sich ebenfalls über die stoische Reaktionslosigkeit von Hajo Kratzer. Nun hatte Hajo Kratzer inzwischen seinem Körper eine reichlich sichtbare Expansion verordnete und seine einstige schlanke Langstreckenläuferfigur war schon sehr, sehr lange Vergangenheit. Möglicherweise hinderte ihn dies, über Holgers Vorschläge nachzudenken.

Die Beschwerden der Kunden, egal ob öffentliche oder private, über die Arbeitsleistungen der Monteure der Firma Kratzer nahmen zu und wurden von Hajo Kratzer intensiv ignoriert. Sein Vater wurde über solche Dinge nicht informiert. Sogar Briefe, die in dieser Sache persönlich an Oddo Kratzer adressiert waren, wurden durch die beiden Damen aus der Post gefiltert und an den Junior-Chef weitergeleitet, der sie dann dem Rundordner zuführte. Über Rita Hases und Holger Gehs Schreibtisch lief ohnehin jetzt doppelt selektierte Post. Erst wurde sie durch die Damen Buschfrau und Hass vorselektiert und dann noch durch den Junior-Chef. Deshalb hielt Hajo Kratzer auch bedingungslos an den beiden Damen Rebel Hass und Marlene Buschfrau fest. Sie halfen ihm, seine Fehler zu vertuschen und sie seinem Vater vorzuenthalten, oder sie möglichst auf Rita Hase und Holger Geh umzuverteilen.

Anfang März mussten Rita und Holger wiederum zu Kenntnis nehmen, dass ihnen für den Monat Februar keine Stundenzettel vorgelegt worden waren. Die sehr geschwollene Ankündigung von Hajo Kratzer, dass wöchentlich Stundennachweise vorgelegt werden sollten, hatte die Lebensdauer einer Eintagsfliege. Die Person, welche die Stundennachweise im Hause Kratzer versuchte zu verwalten und zu verarbeiten war Marlene Buschfrau. Zwischen ihr und Hajo Kratzer herrschte ein herzliches Einvernehmen, denn sie bearbeitete diese sogenannte Lohnbuchhaltung auf seine ausdrückliche Weisung, wie er sich gegenüber Holger Geh einmal äußerte. Zu Belohnung durfte Marlene Buschfrau ihren Junior-Chef bürointern und auch extern zum Kleinmänneken machen und auch schon mal anbrüllen, was er widerspruchslos duldete.

Am Dienstag dem 3. März waren Holger Geh und Rita Hase um 7 Uhr in Andernach bei der Firma Tott-Bau wegen der Auftragsverhandlung für ein Fassadenobjekt in Köln.

Zwei Stunden ließ man die beiden warten, was Holger unruhig und fast schon ein wenig böse machte. Die Verhandlung verlief dann sehr schnell und glatt und fast ohne jeden Preisnachlass, was Holger und seine Kollegin eigentlich etwas irritierte.

Am 24. März um 9 Uhr erteilte Oddo Kratzer an Frau Hase und Holger die Weisung, zukünftig keine Angebote für Blechbedachungen mit Zink zu bearbeiten. »Das ist doch nur eine unnötige Arbeitsbeschaffungsmaßnahme«, war seine Einlassung. Nun gut, er war der Chef der Firma und Präsident des BvdFdH (Bundesverband der Freundeskreise des Handwerkes) mit Sitz in Bonn und sollte eigentlich wissen, was er machte.

Am selbigen Tag sprach Holger nochmals seinen Junior-Chef auf den inzwischen erfolgten Auftrag der Firma Tott-Bau in Andernach für das Fassadenobjekt in Köln an. »Herr Kratzer, bei diesem Auftrag durch die Firma Tott-Bau habe ich ein mulmiges Gefühl. Ich weiß nicht, worauf das basiert, aber es ist eben so. Deshalb möchte ich Ihnen sehr empfehlen, bei diesem Auftraggeber die Handwerkersicherungsbürgschaft gemäß BGB § 648 A in Anspruch zu nehmen.«

Hajo ging in sein Büro und nahm den Bauordner über dieses beauftragte Bauvorhaben mit. Nach ungefähr 15 Minuten erschien er nochmals in Holgers Büro und pfefferte ihm den Ordner auf den Schreibtisch. Er war sichtlich unwirsch und fauchte Holger an: »Vergessen Sie das mit der Bürgschaft, Herr Geh! Dazu sind Ihre Preise viel zu schlecht kalkuliert! Dieses Objekt hält nicht auch noch so eine Bürgschaft aus!«

Und raus war er aus Holgers Büro, bevor dieser auch nur annähernd die Zeit hatte, zu diesen Äußerungen Stellung zu nehmen. Rita Hase hatte das alles in ihrem Büro mitgehört und kam nach einigen Minuten zu Holger rüber. »Was hatte den der Kleine wieder?«, fragte sie.

»Im Zweifelsfall weiß er nicht, was eine Handwerker-Sicherungsbürgschaft ist, Rita«, antwortete ihr Holger. »Aber das würde mich eigentlich wundern, denn auch im GBl-Studium werden so einige kleine betriebswirtschaftliche Grundkenntnisse vermittelt, selbst wenn natürlich der rein meditative Bereich nicht unerheblich ist.«

Am Donnerstag dem 26.03.2009 erhielt die Firma Kratzer von dem Bauherrn in der Nähe von Kassel, der bereits die Arbeiten mit vorbewittertem Messing beauftragt hatte, eine erneute Anfrage über Fassadenverkleidungsarbeiten, diesmal jedoch mit Zinkblech.

Getreu der Weisung von Kratzer-Senior, dass keine Zink-Objekte mehr kalkuliert werden sollten, wollte Holger diese sehr umfangreiche Ausschreibung in die Tonne kloppen. Aber Hajo hielt ihn davon ab und besprach sich mit seinem Vater, der zu diesem Zeitpunkt im Hause war. Dann kam er wieder und knallte Holger die Ausschreibungsunterlagen auf dessen Schreibtisch: »Das wird kalkuliert! Die Anweisung meines Vaters bezog sich nur auf öffentliche Ausschreibungen. Das hier ist jedoch ein Unternehmen und somit keine öffentliche Ausschreibung.«

War auch gut! Holger hatte ohnehin nichts mehr zu sagen im Hause Kratzer, also tat er so!

Während Holgers Ski-Urlaub in der Karfreitagswoche kalkulierte Rita für die Bauunternehmung Vorhand mit Sitz in Iserlohn ein Objekt in Köln.

Offensichtlich war die Preisfindung für die Firma Vorhand eminent wichtig, denn Rita war in dieser eigentlich kurzen Woche fast jeden Tag im Hause der Firma Vorhand und stand mit dieser Unternehmung zusätzlich noch in telefonischem Kontakt. Den Junior-Chef Hajo Kratzer hatte Rita Hase in die Kalkulation dieses Objektes mit eingebunden. Insofern war er über jeden ihrer Schritte und ihre Handlungsweisen zeitnah informiert. Dieses Objekt wurde an die Firma Kratzer GmbH beauftragt und Hajo übergab dieses Objekt an Holger Geh, damit dieser sich um die Bauleitung kümmern sollte.

Das Objekt war in Köln in der Nähe des Rheins und hatte die Bezeichnung ‚Steuerhaus 11'. Ein interessanter Name! Ob er etwas mit der Steuer zu tun hatte oder mit der Schifffahrt auf dem in der Nähe gelegenen Rhein entzog sich Holgers Kenntnis. An diesem Bauvorhaben hatte Holger am 12. Mai sein erstes Baugespräch. Aus dem Hause des Auftraggebers, der Baufirma Vorhand, leitete ein Architekt Maibaum dieses Bauvorhaben. Es waren die ersten Sondierungsgespräche. Die maßgeblichen Arbeiten für die Firma Kratzer wurden erst für das Jahresende in Aussicht gestellt. Es ging um Materialwahlen und erste Ausführungsdetails. Diese Gespräche sollten wöchentlich geführt werden. Es handelte sich um ein sehr altes Backsteingebäude, das früher auch Fabrikationszwecken gedient haben musste. Interessanterweise sollte dort eine nicht unerheblich große Zollstockfabrikation angesiedelt gewesen sein. So wusste es der nette Architekt Maibaum zu berichten. Das Gebäude war nunmehr entkernt und wurde reinen Wohnzwecken zugeführt. Es war eine zusätzliche Aufständerung mit zwei Geschossen geplant, die von der Firma Kratzer mit einer Aluminiumverkleidung versehen werden sollte.

Schnell erkannte Holger, dass dieses Objekt vollständig verkalkuliert war. Die auszuführenden Arbeiten spielten sich in einer Höhe von zehn Metern aufwärts ab und waren von Rita Hase mit einer Ausführung von einem Rollgerüst angeboten worden. Und das bei einer Nutzbreite eines schmalen Ganges von 1,5 Metern. Die sich anschließende Fassade war schräg mit ungefähr 75 Grad Neigung und einer zu bearbeitenden Länge von sieben Metern. Ausführungszeiten von 25 Minuten je Leistung waren hier auf den Quadratmeter angeboten.

Bei der Schnelligkeit, die die Monteure der Firma inzwischen an den Tag legten, hätten nochmals fast 60 Minuten hinzugerechnet werden müssen. Aber solche Zeiten waren auf dem Markt kalkulativ nicht mehr durchsetzbar. Kein Bauherr bezahlte langsame Arbeiten.

Das bemerkten Rita Hase und Holger Geh im Betrieb immer mehr, insbesondere in der Kleinbau-Abteilung von Lorbas Kläffge. Hier erschienen immer mehr Rechnungsrückläufer, in denen die Auftraggeber die von der Firma Kratzer abgerechneten Stunden kürzten und eindeutig dazu Stellung bezogen hatten.

Da hieß es schon mal: »Von 8-10 °Uhr haben zwei Monteure gearbeitet und danach eine dreiviertel Stunde in ihrem Betriebsfahrzeug pausiert. Danach haben beide Männer noch eine Stunde gearbeitet, bis die Leistung fertiggestellt war. Sie rechnen jedoch zwei Monteure mit je fünf

Stunden Arbeitszeit ab. Ich erlaube mir, Ihre Rechnung entsprechend zu kürzen.«

Diese Rechnungskürzungen wurden von Hajo-Kratzer widerspruchslos hingenommen, denn Meister Kläffge gehörte zu seinen Favoriten, weil er ihm nie widersprach und damit so wunderschön bequem war. Kläffge konnte ohnehin nicht kalkulieren und bot seine Arbeiten immer im Stunden- und Materialnachweis an. Bis 4.000 Euro machte das fast jeder mögliche Auftraggeber mit. Waren dann nachweislich vier Stunden mehr angefallen, dann machte es das Rechnungsgefüge nicht kaputt. Kläffge war nur so dumm, das Holger Geh auch zu erzählen, aber der wusste das schon, als er Kläffge einst den Arbeitsplatz verschaffte. Eigenartigerweise gingen in seinem Bereich die Beauftragungen stark zurück. Offiziell hielt er sich über Wasser, indem er die noch anstehenden Arbeiten aufschob und somit gegenüber der Geschäftsleitung einen gleichbleibenden Auftragsbestand vorweisen konnte. Seine vielen korrigierten und gekürzten Rechnungen wurden irgendwann von seinen Freundinnen aus den Postverkehr gezogen und liefen nicht mehr über die Schreibtische von Rita Hase und Holger Geh.

Holger berichtete seinem Junior-Chef von den erkannten Fehlkalkulationen am Bauvorhaben Steuerhaus 11 in Köln. Der sagte nur: »Deshalb sollen Sie ja auch dort die Bauleitung machen, Herr Geh und nicht Frau Hase. Die von Ihnen erkannten Defizite müssen Sie eben über Nachträge wieder reinholen.« Ach so tat man! Auch gut. Holger würde wie immer versuchen, sein Bestes zu geben!

Die Besprechungen der Damen, der Auszubildenden sowie des Meisters fanden inzwischen mehrmals täglich statt. Manchmal wurde irgendein Monteur, der aus abwicklungstechnischen Gründen im Büro war, in diese Besprechungen integriert, um der ganzen Veranstaltung mehr Ausstrahlung zu verleihen. Das fiel gerade dann umso mehr ins Gewicht, wenn der beschlagnahmte Monteur eine Kolonne führte und der Rest seiner Truppe auf dem Hof im Wagen saß und auf ihren Obermonteur wartete. Solche Besprechungen, die schon mal eine Stunde andauern konnten, wurden selbst dann abgehalten wenn Hajo Kratzer im Büro weilte. Ihn focht das nicht weiter an. Er schaute geschäftig in den Computer, denn zahlen würde ja wie immer sein Öddilein.

Am 18. Mai war Holger um 9 Uhr bei dem Bedachungsunternehmen Schmitz in Bottrop. Es gab zwei Unternehmen unter diesem Namen in Bottrop, aber Holger war eben bei dem *Einen*. Herr Schmeidingstopf aus der Industrie der Spezialdämmungshersteller hatte diesen Kontakt hergestellt.

Das Unternehmen Schmitz hatte von Kratzers Fassadenkonstruktionen in Herne und Remscheid gehört und wollte versuchen, dieses Verfahren bei dem Baudezernenten ihrer Stadt bekannt zu machen. Holger hatte ein sehr intensives Gespräch mit den Herren und durfte seine Lösungsvorschläge und Erfahrungen vortragen. Ob sich aus diesen Vorstellungen je einmal Aufträge ergeben würden, stand natürlich in den Sternen.

Am 3. Juni bat Oddo Kratzer seinen Mitarbeiter Holger, dem Junior-Chef bei der Abrechnung des großen Bauvorhabens bei Kassel behilflich zu sein. Laut Auskunft von Kratzer befand sich dieses Bauvorhaben gut in den ertragreichen Zahlen. Aber das war nicht weiter verwunderlich, da es sich ja um eine der Chefbaustellen handelte und Holgers und Ritas Baustellen mit vielen dieser zusätzlichen Stunden belastet wurden, wie die meisten neu geschriebenen und korrigierten Stundenzettel, die ihnen monatlich vorgelegt wurden, deutlich aussagten. Eine wöchentliche und zeitnähere Vorlage der Stundenzettel und eine damit wirklich bessere Kontrolle der Baustellenleistungen hatte es im Hause Kratzer zu *keiner Zeit* gegeben! Hajo hatte jedenfalls keine Zeit, wie von seinem Vater erwünscht, die Abrechnung seines Bauvorhabens in der Nähe von Kassel mit Holger durchzusprechen.

In die Bauleitungsgespräche an dem Objekt Steuerhaus 11 in Köln hatte Holger inzwischen mit Zustimmung von Kratzer-Junior seine Kollegin Rita Hase einbinden können. Die Bauleitung der Firma Vorhand zeigte die etwas eigene Angewohnheit, sich auf Vergabebesprechungen mit Rita Hase zu beziehen, die Holger gänzlich unbekannt waren, aber Frau Hase auch. Also nahm er sie zu diesen wöchentlichen Gesprächen mit, denn vier Ohren hörten nun einmal besser und mehr als zwei.

Am Freitag, dem 12. Juni erhielt die Firma Kratzer um 8 Uhr in den Büros der Baustellencontainer am Erweiterungsneubau der Laut-Versicherung in der Nähe der Bundesstraße 45 den Auftrag über Bedachungsarbeiten. Oddo Kratzer saß im Aufsichtsrat dieses Versicherungsunternehmens und hatte mit seinen Beziehungen dafür gesorgt, dass der Auftrag an seinen Betrieb erteilt wurde. Da Kratzer-Senior seinem Sohn Hajo offensichtlich wenig Sach- und Fachverstand zubilligte, hatte Holger vom Senior die Aufgabe erhalten, das Angebot der Firma Kratzer so hinzurechnen, dass es das günstigste Angebot der bereits abgeschlossenen Angebotseinholung der Laut-Versicherung deutlich unterschoss.

Gleichzeitig bekam Holger die Vorgabe, für wesentliche Bereiche des Daches eine Stahlbedachung anzubieten. Und dann bekam Holger noch den Hauptwunsch von Oddo Kratzer mit auf den Weg, der da hieß: »Herr Geh, ich will an diesem Bauvorhaben möglichst viel Geld verdienen. Geben Sie bitte Ihr Bestes und lassen Sie Ihre Fantasie walten. Hajo brauche ich damit erst gar nicht zu belasten.«

Aber das Ganze war eigentlich mehr ein Kinderspiel und sehr einfach. Das für die Laut-Versicherung ausschreibende Büro hatte die geforderten Bedachungsarbeiten ziemlich lau und lax beschrieben und auch entscheidende Dinge schlichtweg vergessen. Außerdem war ein Dämmstoff ausgeschrieben, der dem Dämmwert eines nassen Turnschuhes gleichkam und in fantastischen Dicken hätte verbaut werden müssen.

Also bot Holger mit dem Stahldach und der Spezialdämmung etwas an, was qualitativ deutlich besser war und unter den Angebotsstrich natürlich deutlich günstiger. Gleichzeitig verwies Holger noch auf das Einsparpotenzial in den Randbereichen des Daches, weil die Attikaabdeckung des Fensterbauers durch die reduzierte Dämmstoffdicke wesentlich kleiner ausfallen konnte. Die Ausschreibung der Laut-Versicherung bezeichnete Holger als Richtbezug der Hauptmassen und verschaffte sich zusätzlich Rückenfreiheit, indem er die praktische Formulierung einfließen ließ, dass sämtliche für die Ausführung der angebotenen Leistungen notwendigen Zusatzleistungen keine Nebenleistungen im Sinne der VOB (Vergabe- und Vertragsordnug für Bauleistungen) darstellten, die nicht zu verrechnen waren, sondern besondere Leistungen gemäß der VOB, die bezahlt werden mussten. Gleichzeitig wies Holger daraufhin, dass einige Mengen und Preise erst bei der Endabrechnung gefunden werden konnten und nachdem noch einige erforderliche Berechnungen von notwendigen Befestigungsmitteln durchgeführt worden waren. Damit ersparte er sich lästige Nachträge, die zu Nachverhandlungen und Kürzungen einladen konnten. Das wurde alles artig von der Laut-Versicherung abgezeichnet und jeder, der mit baulichen Vertragsverfahren vertraut war, wusste, dass Holger im Sinne der Firma Kratzer GmbH einen riesigen Freifahrtschein in den Händen hielt. Unikate dieser Zeit dürften Holgers eigene statische Vorgaben der Befestigungsmittel des Daches darstellen, die in vielen Plänen von ihm selbst handschriftlich vermasst waren und seinen ausgeschriebenen Eintrag enthielten: »Ausführung nur nach statischer Überprüfung und Freigabe durch den Bauherrn!

Keiner dieser Freigabevermerke wurde je ausgefüllt und abgestempelt!

Und die Arbeiten, die in über 50 Metern Höhe ausgeführt wurden, erfuhren nie eine Überprüfung durch einen Statiker. Jede nachträgliche Eintragung in die normale Papierzeichnung oder die Abzüge konnte somit für einen Fachmann erkennbar sein!

Die Firma Kratzer wurde durch den Konkurs der Firma Tott-Bau in Andernach unangenehm überrascht. Eigentlich hätte Holger Geh Schadenfreude empfinden müssen, schließlich hatte er doch ganz eindeutig und vehement seinen Junior-Chef auf die Handwerkersicherungsbürgschaft hingewiesen! Aber er empfand eigentlich nur noch Traurigkeit und Resignation über diesen Kurs der Firma, die er einst mit Oddo Kratzer unter Einsatz von viel Arbeit und Elan aufbauen durfte. Diese Pleite, das ein Objekt in Köln betraf, bescherte der Firma Kratzer GmbH einen Verlust von 70.000 Euro.

Als einziger Lichtblick stand diesen traurigen Nachrichten die Hochzeit von Holgers und Evis Freundinnen Renate und Manuela gegenüber, die am 3. Juli bei wunderschönem Wetter in Mainz stattfand.

Der bauleitende Obermonteur aus dem Hause Kratzer für das Bauvorhaben Steuerhaus 11 in Köln, bekam mit der Bauakte die Auflage übertragen, die per Bauvertrag eingeforderten üblichen Bautagesberichte zu führen. Die Bautagesberichte hatten die tägliche Stärke der objektbezogenen Kolonne namentlich zu dokumentieren, sowie die Art der Leistung und die Örtlichkeit am Objekt, wo die Arbeit ausgeführt wurde. Weiterhin mussten mögliche Behinderungen der beauftragten Leistungen vermerkt werden sowie die Kerndaten der Witterung. Diese Bautagesberichte waren dem Bauherrn einmal wöchentlich zur Kenntnisnahme und Gegenzeichnung vorzulegen. Das hatte den Vorteil, dass sämtliche Leistungen dokumentiert waren und im Zweifelsfall nicht Gegenstand unnötiger Diskussionen oder gar Streitigkeiten wurden. Der bauleitende Obermonteur der Firma Kratzer, Herr Schaffer, mit dem firmeninternen Spitznamen »das Gespenst« ignorierte bedauerlicherweise diese Anweisung von Holger Geh, die er in Gegenwart von Rita Hase am Bauvorhaben erhielt, vollständig.

Der bauleitende Architekt, Herr Maibaum von der beauftragenden Firma Vorhand, bezweifelte schon zu diesem frühen Zeitpunkt die Richtigkeit, der von der Firma Kratzer erbrachten Vorableistungen in Teilbereichen des Bauvorhabens Steuerhaus 11.

An einem anderen Bauvorhaben in Lünen zeigte sich ebenfalls beginnender Ärger ab. Der planende Architekt schickte der Firma Kratzer eine Mängelrüge. Rita Hase leitete dieses Bauvorhaben allein. Oddo Kratzer war absolut uninformiert und tobte fröhlich vor sich hin. Er ordnete verbal an, dass perspektivisch bei solchen sich abzeichnenden Verlusten für die Firma Kratzer deren Monteure ersatzlos die Fehlzeiten für Änderungen zu tragen hatten und die Bauleiter, wie Rita Hase und Holger Geh, die daraus entstandenen Materialkosten. An die Ursächlichkeiten solcher Mängelrügen ging die Geschäftsleitung nicht heran. Die Monteure führten immer mehr Leistungen aus, die gar nicht beauftragt waren, aber ihnen besser und leichter von der Hand gingen. Die Disziplin verlottert zunehmend.

Am Montag dem 13. Juli war um 14 Uhr der Abnahmetermin der von der Firma Kratzer ausgeführten Leistungen an dem großen Bauvorhaben in der Nähe von Kassel. Hajo Kratzer bat Holger Geh an diesem Termin mit teilzunehmen, um bei irgendwelchen dummen Gesprächssituationen hilfreich zu Seite zu stehen. Die Abnahme wurde für Hajo Kratzer zu einem Fiasko, denn er hatte dieses Bauvorhaben allein geleitet und die angebotene Hilfe von Rita Hase und Holger Geh ignoriert. Dafür wurde er nun immer leiser und leiser und bekam eine schöne große Mängel- und Terminliste in die Händchen gedrückt, die er abarbeiten durfte.

Am 21. Juli waren Rita Hase und Holger Geh wiederum in Köln an dem ‚Steuerhaus 11' und fuhren anschließend weiter zu einem anderen Objekt in Köln, das von Rita allein betreut wurde. Es handelte sich um Fassadenarbeiten für die Firma Amsterdam-Bau. Nach ihrer Rückkehr nach Dortmund machte Hajo Kratzer den beiden wieder Vorwürfe über ihre gemeinsamen Baustellenbesuche.

Holgers Einwand: »Wir erreichen aber wenigstens etwas«, wurde von Hajo gewollt überhört.

Die Weisungen, die Holger Geh an den Obermonteur Schaffer gab, wurden von diesem geflissentlich ignoriert. Dies betraf nunmehr nicht nur die Weisung Bautagesberichte zu schreiben, sondern es waren auch Weisungen bezüglich der Arbeitssicherheit.

Am 4. August nahm Holger Geh seinen Junior-Chef mit zu einem Baugespräch nach Köln an das Objekt Steuerhaus 11, nachdem die Firma Kratzer von dem bauleitenden Architekten Maibaum eine Mängelrüge wegen angeblich falsch montierter Bleche erhalten hatte.

Der Junior spielte dieses Problem und alle anderen herunter und war der Meinung, dass doch alles nicht so schlimm war, wie von Holger Geh dargestellt. So gab er es dann auch an seinen Vater weiter, als dieser im Büro weilte und der konnte dann auch sofort seine abfälligen Bemerkungen über Holgers unfähige Art der Bauleitungsführung über den Büroflur tröten.

Am Montag dem 17. August war Oddo Kratzer um 17 Uhr im Büro und hatte eine Besprechung mit den Herren Schaffer (Steuerhaus 11, Köln) und Uwe Klacker (Betriebsratsmitglied). Oddo Kratzer verkündete nach diesem Gespräch, dass die Firma Kratzer keine Angebote mehr zu machen brauchte, weil genug gute Aufträge im Hause waren.

»Nun gut«, dachte sich Holger, »dann tu ich auch so.«

Am Dienstag dem 25t. Oktober wies Holger Geh in Gegenwart seines Junior-Chefs nochmals den Obermonteur Schaffer darauf hin, für das Bauvorhaben Steuerhaus 11 in Köln Bautagesberichte zu schreiben. Schaffer (Das Gespenst) ignorierte dies weiterhin und Hajo Kratzer, als Junior-Chef ebenfalls!

Diese Anweisung wiederholte sich am 3. November, allerdings ebenso erfolglos!

Die finanziellen Defizite der Firma Kratzer mussten enorm sein, denn Holger wartete seit dem Sommer auf sein Urlaubsgeld und Kratzer Junior hatte es im September verbindlich für Ende Oktober zugesagt. Und Anfang Oktober bekam er dann die Information, dass es dann verbindlich Ende November überwiesen werden sollte. Die Bedeutung der Verbindlichkeiten bekam im Hause Kratzer eindeutig einen neuen Stellenwert.

Ein Subunternehmer war nunmehr für die Firma Kratzer helfend am Steuerhaus 11 in Köln tätig. Holger Geh forderte den Obermonteur Schaffer auf, diesen Subunternehmer in die Bautagesberichte aufzunehmen, weil es eine Kontrolle von dessen abzurechnenden Leistungen enorm erleichterte. Das Gespenst (Obermonteur Schaffer) sagte zu und es passierte: »Nix.«

Am Mittwoch dem 9. Dezember 2009 bat Oddo Kratzer seine Mitarbeiter Rebel Hass und Rita Hase sowie Holger Geh zu sich in sein Büro. Oddo Kratzer ordnete die Einführung eines Angebotsdeckblattes an. Hier sollten von Holger, als Kalkulator, mindestens vier maßgebliche Preise des Angebotes aufgeschlüsselt werden, damit auch ein nicht mit dem Objekt Befasster, im Zweifelsfalle also die Geschäftsleitung, mit einem Blick erkennen konnte, wie das Objekt kalkuliert war. Auch sollten Vorschriftsbezüge und Laufzeiten der Gewährleistung aufgeführt werden.

Rita Hase sollte kenntlich machen, welche Preise für welche Position im Handel angefragt werden mussten. Rebel Hass hatte sicherzustellen, dass diese Preise auch angefragt und Holger Geh als komplettes Paket zur Kalkulation termingerecht vorgelegt wurde. Rebel Hass hatte ebenso durch Kontrolle sicherzustellen, dass auch wirklich alle Preise zur Kalkulation vorlagen. Holger Geh fand diese ganze Einrichtung sinnvoll. Oddo Kratzer wollte Kalkulationssicherheit! Und Holger Geh auch! Aber er wusste, dass das System nicht funktionieren würde. Das konnte er an dem Gesichtsausdruck von Rebel Hass erkennen, als sie nach Gesprächsende bei Oddo Kratzer sein Büro mit einem verächtlichen Flunsch verließ.

Diese Direktionsanweisung von dem Senior-Chef bedeutete Arbeit für sie und Arbeit scheute die Dame wie Graf Dracula die Knoblauchzehe.

Das Arbeitsjahr 2010 begann für die Firma Kratzer am 4. Januar und am 5. Januar hatte Holger schon sein erstes Baugespräch in Köln am Steuerhaus 11.

Am Freitag, dem 8. Januar wurden um 12 Uhr Rita Hase und Holger Geh von den Herren Kratzer zu einem Gespräch hinter verschlossenen Türen gebeten. Oddo Kratzer führte wie immer das Wort und bezog sich auf seine Kalkulationsanweisungen zum Ende des vorangegangenen Jahres. Er sulzte herum und forderte mehr Kampfgeist und Elan sowie Konzentration seiner Mitarbeiter ein. Selbstverständlich wollte er weniger Tandemfahrten von Hase und Geh. Zum Abschluss überreichte er Rita Hase und Holger Geh jeweils noch einen Brief und verwies nochmals auf seinen soeben gehaltenen Vortrag. Dann bat er seine beiden Mitarbeiter eindeutig, den jeweiligen Brief zu öffnen und den Inhalt zu Kenntnis zu nehmen.

Und siehe da, in dem Brief befand sich kein Scheck als Prämie für gute Arbeit, sondern ein geschriebenes Blatt mit dem identischen Gesulze, das er kurz vorher versucht hatte mit seiner schlichten Rhetorik, seinen Mitarbeitern Geh und Hase nahezubringen. Nur eben diesmal mit wesentlich härterer und entschiedener Wortwahl, die fast schon in Richtung von Vorwürfen oder gar einer Abmahnung tendierte. Es war eine Aneinanderreihung von haltlosen Begebenheiten an Bauvorhaben, die schon viele Jahre zurücklagen und keinen Bezug zu der Gegenwart aufzeigen konnten.

Holger erkannte hier nur den hilflosen Versuch, das sich aufbauende

Missmanagement in einer fast schon aussichtslosen Situation des Firmenüberlebens auf die Angestellten abzuwälzen, die jahrzehntelang ihre Haut und ihre Gesundheit für das Unternehmen geopfert hatten. Holgers Kollegin nahm den Inhalt ihres Schreibens schweigend zu Kenntnis und nahm keine Stellung dazu. Holger sagte nur: »Wie soll ich das Schreiben bewerten, meine Herren? Soll das eine Abmahnung sein?«

»Nein, nein«, sagte Hajo sofort, »das sollen Sie nur als Information verstehen und ein wenig darüber nachdenken.«

»Hör doch auf, das abzuschwächen, Hajo«, fiel ihm sein Vater in das Wort. »Dieser Brief soll auch ermahnend sein!«

Holger war sauer! Wie fast immer waren diese beiden Geschäftsführer nicht einer Meinung, obwohl beide Herren Kratzer unterschrieben hatten! Rita Hase hatte übrigens einen gleichlautenden Brief erhalten. Für Holger stand sofort fest, dass man sich auf absehbare Zeit von einem von den beiden trennen wollte. Man wusste nur noch nicht von wem.

Dieser Scheißbrief ging Holger ohnehin schräg runter, denn seine Evi hatte an diesem Tag Geburtstag und es war auch ihr erster Hochzeitstag. Also opferte Holger dieses Wochenende, setzte sich an seinen Computer zu Hause und schrieb ein Antwortschreiben auf diesen dümmlichen Brief. Das Antwortschreiben wurde vier Seiten lang und ging auf jeden dieser unsinnigen Vorwürfe aus dem Hause Kratzer ein.

Insbesondere interessierte ihn der letzte Satz dieses stilistisch simplen Kratzer-Geschreibsels überhaupt nicht, der da aussagte, dass die Familie Kratzer zum wiederholten Male sehr viel privates Geld in das Unternehmen gesteckt hatte, um eine Deckung der Einlagen vorzunehmen. Dieses Schreiben hätte Oddo Kratzer seinem Sohn überreichen können, der Telefonistin und Schreibdame Rebel Hass, der Buchhalterin Marlene Buschfrau, dem Meister Kläffge und vielen Monteuren des Hauses Kratzer, am Allerwenigsten den Mitarbeitern Hase und Geh.

Rebell Hass überschlug sich inzwischen geradezu in der gezielten Demontage von Holger Geh, indem sie jedem Anrufer sagte: »Der Geh hat hier nichts mehr zu sagen, kann ich Ihnen denn nicht weiterhelfen?« Das sagte sie natürlich auch den Monteuren, sodass sich Holger eigentlich nicht mehr wunderte, wenn er das neue Bauvorhaben der Laut-Versicherung besuchte und neun Monteure der Firma Kratzer vorfand, die nach seinen Beobachtungen und Zeitnahmen zehn Minuten lange Zigarettenpausen einlegten. Was sollte er ihnen denn noch sagen?

Viele der älteren Männer, die ihn länger kannten, bemitleideten ihn und sagten: »Es ist schon eine Sauerei, wie Sie demontiert werden.«

Aber Holger zuckte dann mit der Schulter und erwiderte: »Ihr könnt zumindest sagen, dass es da mal jemanden gab, der euch zackig und zielgerichtet geführt hat. Ich kann es nicht mehr ändern, da haben eben zwei Damen das Regiment ergriffen und unser Senior-Chef wundert sich, wo das Geld bleibt.«

Diese zehnminütigen Pausen waren natürlich kein Einzelfall an diesem Bauvorhaben und anderen, aber wenn neun Monteure am Tag mindestens vier Mal zehnminütige Pausen einlegten, dann konnte jeder Laie nachvollziehen, dass bei einem Ecklohn von 13,50 Euro ohne Sozialleistungen und einem Verrechnungslohn von 40 Euro das Verlusträdchen im Hause Kratzer an Geschwindigkeit merklich zulegte.

Die Damen schalteten sich immer mehr in Bauleitungsaufgaben ein. Die Buchhalterin Marlene Buschfrau äußerte sich vernehmlich für Rita Hase und Holger Geh: »Dieses bisschen an Bauleitung kann ich auch noch mitmachen.«

Daraus resultierten dann so sinnvolle eigensinnige Anweisungen von ihr, in dem sie drei Mann in das 30 Kilometer entfernte Örtchen Selm schickte, um eine Dachpfanne austauschen zu lassen. Allerdings setzte ihr der eigene Verstand schnell Grenzen und sie vergaß nachzufragen, in welcher Höhe sich denn die defekte Dachpfanne befand. Und so standen drei Monteure nach drei Stunden wieder auf dem Betriebsgelände, um eine Ausziehleiter aufzuladen, da sie in ungefähr zehn Meter Höhe, an diesem Haus in Selm eine Dachpfanne zu wechseln hatten. Natürlich tickten dann wiederum drei Stunden für drei Mann. Wenn es hochkam, bezahlte der Bauherr, der ja auch nicht dumm war, zwei Stunden mit zwei Mann!

Holger ging mit seinem Briefentwurf zu einem Anwalt und bat ihn, seinen Entwurf umzusetzen. Der Anwalt in Dortmund-Holzwickede sagte zu ihm: »Mein lieber Herr Geh, ich kenne das Haus Kratzer seit Jahrzehnten. Den Oddo Kratzer kenne ich sehr gut aus der Zeit, als das alte Unternehmen bei Unna angesiedelt war. Seine ehemaligen Eskapaden habe ich schon damals von anwaltlicher Seite verfolgt. Wie gestalten ein nettes, kurzes, schwammiges und eigentlich nichtssagendes Antwortschreiben, das aber eindeutig durch die Wortwahl und Stilistik widerspiegelt, dass Sie sich haben anwaltlich beraten lassen und dann harren wir der Dinge. Die Exaktheit Ihres Antwortschreibens heben Sie sich besser für eine Kündigungsschutzklage auf, denn wenn Sie Pech haben, wird es über kurz oder lang darauf hinauslaufen.« Und so tat Holger auch. Dieses Schreiben aus den Händen der Herren Kratzer einschließlich seines Antwortschreibens befindet sich als Zeugnis in den offiziellen Unterlagen von Holger Geh.

In der zweiten Kalenderwoche 2010 hatte Holger Geh geplantermaßen eine Woche Urlaub und besuchte auf eigene Kosten, wie er es immer gemacht hatte, eine Fachmesse. Sein Antwortschreiben, das auf dem anwaltlichen Entwurf basierte, reichte er persönlich während dieser Urlaubswoche bei der Firma Kratzer in die Postzentrale rein.

An seinem ersten Arbeitstag nach seinem Urlaub erhielt er von seiner Geschäftsleitung neue Kalkulationsansätze. Mit keinem Wort wurde sein Antwortschreiben auf den Firmenbrief kommentiert. Am 19. Januar erhielt Holger sogar von Hajo Kratzer die Erlaubnis, die Kollegin Hase zu dem Baugespräch am selbigen Tage zum Steuerhaus 11 nach Köln mitnehmen zu dürfen.

1. Februar 2010, 8 Uhr bis 9 Uhr, Besprechung bei den Damen Hass und Buschfrau mit Kläffge.
2. Februar 2010. Holger begann mit den Abrechnungsvorbereitungen des Bauvorhabens Steuerhaus 11 in Köln.
3. Februar 2010. Holger wies Hajo-Kratzer zum wiederholten Male auf die Disziplinlosigkeit einiger Monteure hin und erntete nur ein Grinsen.
4. Februar 2010. Holger wies den Obermonteur Schaffer auf die immer

noch ausstehenden Bautagesberichte seines Bauvorhabens Steuerhaus 11 hin.
5. Februar 2010. Holger erhielt über Rebel Hass die von Oddo Kratzer per Mail gesandte Weisung, aus Kostengründen keine neue VOB in Buchform zu kaufen, sondern künftig nur noch per Internet mit der VOB zu arbeiten.
8. Februar 2010. Hajo Kratzer sprach mit dem Obermonteur Schaffer bezüglich der ausstehenden Bautagesberichte am Bauvorhaben Steuerhaus 11. Hajo sagte zu, dass Schaffer sämtliche Bautagesberichte nachreichen würde.

Und so könnte Holger minutiös sämtliche Tage der Jahre aufschlüsseln, aber das befand sich ja wohlweislich in seinen Tagebüchern, denn diese Schilderungen stellten ja ohnehin nur kleine Fragmente eines Tages dar.
Kratzer-Senior unterhielt sich mit Holger und Rita, wenn er sich überhaupt dazu herabließ, nur noch mit seinem wichtigen Karpfen-Mündchen und wirkte dadurch lächerlich wie sonst was. Oddo Kratzer verbreitete in seiner Eigenschaft als Präsident des BvdFdH einen Optimismus, der sich bedauerlicherweise in seinem eigenen Betrieb nicht widerspiegelte.
Am 8. März teilte er Holger Geh zwischen den Türen mit, dass die Unternehmensbilanz für das Jahr 2008 mit 200.000 Euro im Minus war und er aus seinem Privatvermögen 250.000 Euro an Einlagen hatte einzahlen müssen. Holgers Frage: »Ach, ist das die Summe, die sie in Ihrem Schreiben vom 8. Januar erwähnt haben?« ließ Kratzer-Senior unbeantwortet.
Am 12. März erhielten Rita Hase und Holger Geh Besuch von Herrn Ohnlowski. Herr Ohnlowski war der Gebietsrepräsentant eines industriellen Spezialdämmungsherstellers. In dieser Eigenschaft war er öfter im Hause der Firma Kratzer. Diesmal sagte er: »Man kann ja zu Ihnen kommen, wann man will, aber vorn bei den Damen ist es immer lustig. Entweder steht der Kläffge da oder ein bis zwei Monteure, oder der Fahrer vom FdH sitzt vor dem Schreibtisch von Frau Hass und trinkt Kaffee. Gehe ich zu der Hass rein, weil ich eine Frage habe, dann steht sofort die Buschfrau in der Tür und gibt ungefragt ihren Senf dazu. Gehe ich zu der

Buschfrau in das Büro, weil ich eine buchhalterische Frage an sie habe, dann steht sofort die dicke Hass in der Verbindungstür und quakt mit. Jetzt fuchtelt da wieder der Meister Kläffge rum und die Tiller-Girls und der weibliche Lehrling hängen an seinen Lippen. Sagt denn Ihr Junior-Chef nichts dazu?«

Rita und Holger schauten sich an und schüttelten zeitgleich den Kopf. »Hat keinen Zweck mehr, etwas dazu zu sagen, der Zug ist abgefahren«, sagte Rita.

»Der Alte hat uns schon vor Jahren gesagt, dass sein Filius feige ist. Er lässt sich von den Damen zum Kleinmänneken machen und dafür helfen die ihm, seine Fehler vor dem Vater zu verstecken«, ergänzte Holger.

»Mein Gott, wie erbärmlich«, entfuhr es Herrn Ohnlowski und dann wandten sich die Drei ihren technischen Themen zu, die es abzuhandeln galt. Der Spitzname Tiller-Girls für die Damen Hass und Buschfrau blieb jedoch hängen und wurde von den Monteuren schnell in Tiller-Tanten gewandelt, was Holger auch eigentlich treffender fand, den trutschig waren beide geworden.

Lehrlinge oder Praktikantinnen wurden von den Tiller-Tanten nicht mehr vorgestellt. Irgendwann lief so ein neues Gesicht durch die Gegend, um nach einigen Tagen bei Holger oder Rita aufzutauchen und verlegen zu sagen: »Ich soll Ihnen das hier von Frau Buschfrau bringen. Ach übrigens, mein Name ist Schraube. Ich bin der neue Lehrling hier.«

Meister Lorbas Kläffge wickelt zusammen mit dem bekannten Architekten Fügethal aus Unna ein Objekt ab.

Irgendwann landet ein Telefonanruf von Fügethal auf Holgers Schreibtisch. »Sie wollte ich gar nicht haben«, sagte Fügethal, der Holger seit 1982 kannte. »Ich wollte eigentlich euren Meister Schwätzge haben, aber Euer neuer Lehrling kann wohl noch nicht richtig mit der Telefonanlage umgehen.«

»Sie meinten wahrscheinlich den Meister Kläffge, Herr Fügethal«, entgegnete ihm Holger, der mit diesem Architekten schon einige gemeinsame Bauvorhaben ausgeführt hatte.

»Nein, Herr Geh«, erwiderte Fügethal, »kläffen kann er ja, der Kleine, aber dummes Zeug schwätzen kann er noch besser.«

Und so mutierte der Name von Kläffge zum firmeninternen Spitznamen Schwätzge.

Am 23. März war bei den TTs (Tiller-Tanten) und bekannten Teilnehmern wiederum eine große Besprechung an der noch zwei Monteure hinzugebeten wurden. Kratzer-Junior kam im Laufe des Tages freudestrahlend zu Holger und teilte ihm mit, dass ihm kurz vorher ein Anwalt den Sinn und Zweck der Handwerkersicherungsbürgschaft erklärt hatte. »Ich werde diese Bürgschaft jetzt öfters in Anspruch nehmen, Herr Geh!«

»Na fein, dann kann ja nichts mehr schiefgehen, Herr Kratzer«, antwortete ihm Holger verhalten, denn die 70.000 Euro Verlust aus dem Konkurs der Firma Tott waren mit dieser etwas leicht verspäteten Erkenntnis auch nicht mehr zu retten. Aber diese seichte Süffisanz fand bei Hajo Kratzer keine Resonanz.

Am 30. April erschien Hajo Kratzer gut gelaunt bei Holger Geh und erzählte ihm breit lachend, wie bescheuert doch seine Kollegen von den ‚111 tollen Dachdeckern' waren. »Sie werden es nicht glauben, Herr Geh, aber die sind so bekloppt, dass sie sich per Telefon oder Mail darüber unterhalten, wer wem und wann bei einer Preisabsprache helfen kann. So bescheuert sind die. Als wenn die nicht wüssten, dass auf der anderen Seite der Zoll mithört.« Und er amüsierte sich dabei wie Donald Duck und schlug sich vor Begeisterung auf seinen deutlich immer großvolumiger werdenden Bauch.

»Aber Herr Kratzer«, antwortete ihm Holger, »Sie werden doch wohl mit solchem Wissen schleunigst aus diesem obskuren Verein austreten. Sie sollten das schon mit Rücksicht auf das Ehrenamt Ihres Vaters tun.«

Aber der Junior sah in dieser Konsequenz keinen Sinn, wie er Holger abschließend beschied.

Holgers Firmenwagen begann allmählich mit einem Problem der Zylinderkopfdichtung zu verrecken und deshalb fuhren Evi und Holger mit Evis kleinem Wagen nach Böklund, um den Geburtstag ihres Vaters zu feiern. Das Risiko dieser Fahrt mit dem defekten Firmenwagen erschien Holger zu groß.

An den Betriebsratswahlen der Firma, Ende Mai, nahm Holger Geh teil, denn die Geschäftsleitung hatte auf Anfrage des Wahlvorstandes mitgeteilt, dass Holger Geh nicht ein ‚Leitender Angestellter im Sinn des Betriebsverfassungsgesetzes' war. Das war für Holger wichtig, falls die Firma Kratzer ihm irgendwann einmal kündigen wollte. Holger bedankte sich dafür bei Marlene Buschfrau und Rebel Hass, denn beide waren im Wahlvorstand für die Betriebsratswahl und hatten diese schriftliche Stellungnahme beantragt. Allerdings aus einem anderen Grunde. Sie wollten, zusammen mit ihrem Busenfreund Lorbas Kläffge, Holger eigentlich nur kleinmachen. Deshalb verstanden sie in ihrer Schlichtheit auch nicht Holgers Danksagung, dass diese schriftliche Bescheinigung seiner Dienststellung im Hause Kratzer für ihn möglicherweise viele 10.000 Euro wert war.

Aus Sicherheitsgründen fuhr Holger nun nicht mehr mit seinem Firmenwagen, sondern nutzte Evis kleinen Japaner. Kratzer-Junior überließ es Holger, mit dem Autohaus, aus dem der defekte Wagen stammte, Verhandlungen über einen neuen Wagen zu führen. Bis zum 30. Juni schleppten sich diese Gespräche hin. Hajo Kratzer fragte Holger nach den Erfolgsaussichten dieser Verhandlungen und zog gleichzeitig ein Angebot aus dem Ärmel, das sich Meister Kläffge für Holger Geh von einem Autohaus hatte machen lassen. Holger fand dieses Verhalten einfach nur widerlich. Bis auf seinen ersten Firmenwagen hatte Holger in der Firma Kratzer GmbH seine Firmenwagen immer selbst auswählen können und nun sollte ein Meister Kläffge alias Schwätzge für ihn einen Firmenwagen aussuchen? Der war ja bereits mit dem Scheibenwischermotor in seinem eigenen kleinen Firmenwagen komplett übermotorisiert und überfordert.

Am 1. Juli 2010 gab Holger bei Hajo Kratzer morgens ein Angebot über einen Firmenwagen ab. Am Nachmittag teilte ihm Hajo mit, dass ihm der von Holger ins Auge gefasste Wagen zu groß war. Das konnte

Holger nicht nachvollziehen, denn der Wagen entsprach der von ihm jahrelang gefahrenen Limousinenklasse, aber er merkte allmählich, dass ihn irgendwelche Interessengruppen in der Firma Kratzer GmbH kleinkriegen wollten.

Und dann endlich ließ Hajo Kratzer die Katze aus dem Sack. »Herr Geh, der Wagen, den Sie sich da ausgesucht haben, ist mir einfach zu teuer. Nehmen Sie sich doch bitte etwas Günstigeres.«

Holger war inzwischen sauer über so viel stilloses Verhalten, dass er seinem Junior-Chef nur traurig sagte: »Herr Kratzer, wissen Sie was, bei dem Thema Auto scheinen sich offensichtlich unsere Ansichten zu trennen. Ich verzichte deshalb zukünftig auf einen Firmenwagen, denn dann können Sie entsprechend disponieren und ich auch.«

Das traf das Hajolein offensichtlich doch, weil er versucht hatte, Holger abzutakeln. Ganz unglücklich schaute er aus seinem inzwischen fülligem Osterhasengesicht, als Holger noch einen draufsetzte und sagte: »Sollte ich allerdings weiterhin im Firmeninteresse Fahrten unternehmen müssen, sehen Sie bitte zu, dass Sie mir ein Firmenfahrzeug zu Verfügung stellen, das meinem gewachsenem Sicherheitsbedürfnis entspricht. Sollte dies nicht der Fall sein, dann werde ich zukünftige Fahrten mit einem kleinen Küchenwagen nur noch mit der entsprechenden Richtgeschwindigkeit, also mit maximal 130 Stundenkilometern oder auch geringer ausführen. Fahrten, die ich, wie ich es gewohnt war, bedingt durch die entsprechende Motorisierung, innerhalb eines Tages erledigte, werde ich dann mit entsprechenden Zwischenübernachtungen auf Firmenkosten ausführen.«

Das machte den kleinen Kratzer nun ganz traurig. Aber das war Holger aber auch so etwas von egal, denn er spürte deutlich, dass er allen anderen im Büro der Firma Kratzer GmbH, bis auf Rita Hase möglicherweise, ebenfalls egal war.

Kratzer-Senior beklagte am Spätnachmittag desselbigen Tages das schwindende Auftragspolster und kündigte Kurzarbeit an. Selbstverständlich sollte das auch für die Mitarbeiter im Büro gelten.

Mitte Juli fand eine Sitzung des Gesamtbetriebsrates der Firma Kratzer GmbH zusammen mit dem Junior-Chef statt. Hajo Kratzer machte den entscheidenden Fehler, den Betriebsrat nicht zu Verschwiegenheit über dieses Gespräch zu verpflichten. So kam einer der Betriebsräte nach dieser Sitzung zu Holger und fragte ihn unumwunden, ob er über die finanziell desolate Situation des Unternehmens informiert war. Auf Holgers Verneinung erzählt ihm das Betriebsratsmitglied, dass Hajo Kratzer den Gesamtbetriebsrat während der Besprechung über den möglicherweise anstehenden baldigen Konkurs des Unternehmens informiert hatte.

Holger war ehrlich überrascht. Nach den letzten Einlassungen von Oddo Kratzer am 8. März hätte das Firmenschiff nach den neuerlichen Einlagen von Kraters Privatkapital in Höhe von 250.000 Euro eigentlich wieder Wasser unter dem Kiel haben müssen. Es bestand aber auch für ihn die absolut nachvollziehbare Möglichkeit, dass eine Zwischenbilanz für das Jahr 2009 gezeigt hatte, dass der Überschuss von 50.000 Euro, bedingt durch die Langsamkeit der Monteure, bei Weitem aufgezehrt war. Das Ganze ließ Holger keine Ruhe und er empfahl dem Betriebsrat dringend, vorab die Gewerkschaft über diese Sachverhalte in Kenntnis zu setzen und um Rat zu fragen.

Am 20. Juli war von 9:20 Uhr bis 10:30 Uhr in den Räumlichkeiten der TTs wieder bekanntes ‚Trallala' mit bekannten Teilnehmern, während der Junior außer Haus war. Das Wort ‚Trallala' war inzwischen das Synonym für die mehrmals täglich stattfindenden Besprechungen zwischen den Damen sowie Meister Kläffge und anderen geladenen oder auch zufälligen Teilnehmern.

Nachmittags ließ sich Hajo Kratzer von Marlene Buschfrau, deutlich für das ganze Büro zu vernehmen, anbrüllen: »Sei still!«

Diese Frau war Holger Geh mit ihrer Frechheit und intellektuellen Armseligkeit dermaßen zuwider, dass er direkt körperliche Beklemmungen verspürte, wenn sich diese Person in seine Nähe bewegte. Aber es war auch deutlich zu merken, dass sie mit ihrem Gebrülle gegenüber dem Junior-Chef Signale für alle setzen wollte. Eigentlich war diese Buschfrau körperlich gar nicht so ganz unattraktiv. Wenn sie sich nach einer Farbberatung ihrem Typ entsprechende Kleidung, Make-up und eine Frisur gegönnt hätte, wäre sie sogar eventuell schwach bemerkenswert gewesen.

Ein kleiner Rhetorik-Kurs, um den Sprachschatz von 50 Worten etwas zu erhöhen und variantenreicher einzusetzen, hätte der Person fast schon den Anflug von leichter Eleganz verleihen können.

Da Holger, trotz mehrmaliger Bitten bei seinem Junior-Chef, auf seinem PC kein Schreibprogramm besaß, schrieb er die nicht wenigen Geschäftsbriefe, die er verfassen musste, inzwischen wie zu Großvaters Zeiten handschriftlich vor. Die Telefonistin und Schreibdame Rebel Hass neigte seit Längerem dazu, Holgers auf ein Diktafon gesprochene Briefe eigenmächtig zu kürzen. Das Kürzen war ihr sehr wichtig, damit sie weniger Arbeit hatte. Die Zusammenhänge des Inhaltes auch zu kürzen aber verständlich zu lassen, überforderte sie bei Weitem. Sie versuchte natürlich auch Holgers handschriftlich vorgeschriebene Briefe eigenmächtig zu kürzen. Seine handschriftlichen Entwürfe warf sie sofort weg, damit kein Nachweis über ihre eigenmächtigen Änderungen zu führen war und somit kein Fehlverhalten ihrerseits nachgewiesen werde konnte.

Aber Holger hatte, in Erinnerung des lange zurückliegenden Anrufes ihres ehemaligen Vorgesetzten, keine Lust, sich von dieser Person hinter die Fichte führen zu lassen. Deshalb machte er sich, und das war der eigentliche Grund seines handschriftlichen Vorschreibens von diesen Briefen Kopien. Bei dem zehnten Brief schnappte er sich alle und legte die Kopie des zehnten Briefes vor Rebel hin. »Hier hast du wieder entscheidende Sätze ausgelassen, Rebel! So versteht das kein Mensch. Absolut zusammenhanglos stellt sich das jetzt nach deinen Kürzungen dar.«

»Mein Gott, Holger«, erwiderte die Schreibdame selbstsicher, »das kann schon mal passieren. Das ist eher selten, dass ich was vergesse.«

»Siehst du Rebel, deshalb habe ich die neun letzten Kopien meiner Briefe auch mitgebracht, damit du dich selbst davon überzeugen kannst, dass du geregelt meine Briefe kürzt. Deshalb wirst du in Zukunft bitte an jeden Durchschlag meiner Briefe meinen handschriftlichen Entwurf anheften. Weißt du, meine Liebe, wenn du mich zum Kleinmänneken machen willst, dann musst du aber schon sehr früh aufstehen. Am besten wäre es, wenn du dich erst gar nicht hinlegst. Offensichtlich hast du dir gar keine Gedanken darüber gemacht, warum ich meine Briefe nicht mehr auf das Diktafon spreche, sondern sie mühselig zeitaufwendig vorschreibe. Aber das ist auch nicht schlimm, denn unser kleines kollegiales Gespräch wirst du mit Sicherheit nicht vergessen. Und mit meinen an die Kopien angehefteten Briefentwürfen kann ich dich viel besser kontrollieren als dieser jetzt von mir durchgeführte Klamauk der Kopien meiner handschriftlichen Briefe. Ja, machen wir es so?«

Rebel nickte nur, denn wenn man sie so mit voller Breitseite traf und noch nachweisen konnte, dass sie bewusst gelogen hatte, dann klappte sie zusammen wie ein ausgeleierter Zollstock und geriet ins Stottern und Stammeln und eines ihrer Augen übte kurzzeitig den Silberblick.

Als Holger im Hause Kratzer noch mehr Einfluss besaß, hatte er der guten Rebel Hass öfter so einen Einlauf verpasst, natürlich logischerweise nie grundlos. Und danach, man mochte es nicht glauben, funktionierte diese Dame für mindestens drei Monate problemlos. Sie war dann plötzlich schneller und fast gründlich. Sogar ihre Bewegungen wurden elanvoller. Inzwischen bewegte sie sich nicht mehr, sondern sie rollte. Allerdings würdevoll wie die Prunk- und Prachtkutsche der Queen. Dass sie eingehende und auch abgehende Post der, oder des Herrn Kratzer nach ihrem Gutdünken sammelte, wusste Holger seit vielen, vielen Jahren.

Irgendwann traf er die gute Rebel Hass am Kopiergerät und sah einen Geschäftsbrief, der von Oddo Kratzer unterschrieben war, als Hajo noch gar nicht im Betrieb integriert war. Der Blick auf das Datum zeigte Holger damals, dass das Schreiben erst zwei Tage alt war. Rebel Hass kopierte das Schreiben zwei Mal. Holger fragte sie: »Hör mal, Rebel, warum kopierst du denn das Schreiben? Du hast das doch im Rechner.«

Rebel Hass wurde etwas verlegen, fand aber schnell zu ihrer Fähigkeit, sich blitzschnell Ausreden einfallen zu lassen, zurück: »Ja weißt du Holger, so einige Schreiben können schon mal im Rechner verloren gehen. Und es kann schon mal vorkommen, dass sie unbeabsichtigt gelöscht werden, wenn ich mal im Urlaub bin und jemand anders an meinem PC arbeitet. Und deshalb mache ich von ganz besonders wichtigen Schreiben eine Sicherungskopie und hefte sie ab.«

Holger sah natürlich schon damals die kleine Fichte, hinter die ihn das Mädel führen wollte: »Aha, dann sind diese Schreiben so wichtig, dass du gleich zwei Kopien davon machst? Also eine Sicherung der Sicherungskopie?«

»Ja weißt du, Holger. Es kann ja immer etwas passieren und deshalb sollte man solche Sachen an zwei getrennten Orten aufbewahren.«

»Wahrscheinlich wirst du Recht haben, Rebel«, antwortete ihr Holger, »denn du übernimmst damit ja auch die Verantwortung, dass diese Kopien nicht in fremde Hände gelangen.«

Die zweite Kopie war natürlich für Marlene Buschfrau, denn die beiden Damen sammelten über Kreuz. Je sicherer sich die Damen fühlten, umso mehr hörte man morgens, nachdem die Post gekommen war oder abends, bevor die Firmeneigene rausging, das Tröten der Damen in ihren Räumlichkeiten: »Ach Marli (Marlene Buschfrau), komm mal her, das ist ja interessant. Komm mal rüber.« Das war eher ganz selten, denn Marlene Buschfrau stand, neugierig, wie sie nun mal war, immer bei Rebel Hass im Büro, wenn diese die Eingangspost öffnete. Dann hörte man immer ganz deutlich einen Spruch: »Das ist aber interessant Belli (Rebel Hass), machst du auch eine Kopie für mich?«

»Aber natürlich Marli, wie immer«, antwortete dann ihre Busenfreundin Belli. Und umgekehrt ging das natürlich auch so, wenn die Buchhalterin plötzlich zu neuen schriftlichen Erkenntnissen gelangte, die zweier Sicherungskopien bedurften. Das Ganze wurde mit so einer hemmungslosen Lautstärke begleitet, damit auch jeder der Ahnungslosen im Hause Kratzer, in den speziellen Fällen, Rita Hase und Holger Geh, bemerkten, welch wichtiges Insiderwissen in die Hände der Tiller-Tanten gelangte. Nur merkten sie in ihrer Bescheidenheit nicht, dass sie damit auch zu erkennen gaben, dass sie das Zeug aufhoben.

Bei Holger war das etwas anders. Er hatte seine Spielzeugkiste immer allein geführt und Rita Hase hatte ihm unbewusst zugearbeitet.

Oddo Kratzers im Dezember 2009 erteilte Weisungen hinsichtlich der Angebotsdeckblätter verschwanden im Nirwana der Bedeutungslosigkeit.

Keine einzige Anfrage hinsichtlich der Preise für Angebote wurde von Rebel Hass verfolgt! Weil ihr diese Arbeit zu schwer war und auch ihren Horizont überschritt, delegierte sie diese Aufgaben sofort an den weiblichen Auszubildenden weiter, der ihrem Verantwortungsbereich zugeteilt war. Diese Auszubildenden kontrollierte sie natürlich nie, denn das arme Ding hatte ja auch nie verstanden, was es hätte kontrollieren sollen. Das artete dazu aus, dass Holger immer mehr eigene Preisanfragen starten musste, wenn die Unterlagen nicht, wie vom Senior-Chef angeordnet, rechtzeitig und vollständig auf seinem Schreibtisch landeten. Wo es Holger dann nicht mehr gelang, rechtzeitig Preise für die Kalkulation auf den Tisch zu bekommen, stand dann ‚Eigenkalkulation' auf dem von Oddo Kratzer eingeführten Angebotsdeckblatt.

Eigenkalkulation bedeutete, dass sich Holger aus seinem geistigen Fundus des Erfahrungsschatzes irgendeinen Preis zusammengeschraubt hatte. Und das war es! Nicht mehr und auch nicht weniger mit allen Konjunktiven eines fehlerbehafteten Menschen! Konnte gut passen oder aber auch nicht! Das war bei einem Preis von einem Stück nicht schlimm, aber bei einer Preisfindung von 100 Stück konnte es, in welche Richtung auch immer, eine große Delle verursachen.

Es stand eigentlich nur noch Eigenkalkulation auf diesem im Dezember 2009 angeordneten Kalkulationsdeckblattes. Und immer, wenn diese Liste von Holgers eigenen Preisrecherchen besonders lang war, erschien der Junior-Chef in seinem Büro und fragte: »Herr Geh, haben Sie denn diese Preise auch hoch und fest kalkuliert?«

Holger musste ja laut neuerlicher Dienstanweisung, genauso wie Rita Hase, sämtliche Angebote über 50.000 Euro durch die Geschäftsleitung gegenzeichnen. Und das war auch gut so! Holgers eigene Kalkulationserhebungen als Grundlage für die Angebote dominierten inzwischen komplett gegenüber den stümperhaften Versuchen von Rebel Hass & Co in diesen Dingen. Aber es wurde ja auch nicht kontrolliert! Kratzer-Junior ließ sich hinter die berühmte Fichte führen und das auch gerne und Kratzer-Senior ließ sich gerne dazustellen. Man musste halt nur große, dicke Fichten finden, aber das konnten die Tiller-Girls!

Die Deckblätter, die Kratzer-Senior so fulminant angeordnet hatte, verkamen zu Schlussblättern der Angebote, den so konnte niemand mit einem Blick erkennen, wie schlampig Frau Rebel Hass diesen Job ausübte.

Kratzer-Senior war nicht mehr in der Lage, seine eigenen Weisungen zu kontrollieren, indem er zum Beispiel zu Rita Hase sagte: »Legen sie mir doch bitte zehn Angebote aus dem ersten Halbjahr 2010 vor.« Dann hätte er schnell gesehen, wo der Frosch die Locken hatte! Jedenfalls nicht an der dafür vorgesehenen Stelle. Aber er hätte auch gesehen, dass sich sein Sohn reichlich rundmachen ließ von den Damen. Und das wollte Oddo Kratzer nicht, denn er redete sich und der Umwelt weiterhin mit Vehemenz ein, dass sein Sohn ein Gott begnadeter und diplomierter Gbler war. Und so dümpelte das Unternehmen weiter vor sich hin und die täglichen Besprechungen der Damen & Co nahmen zu.

Misstrauen zog im Hause Kratzer ein, wie es Holger seit Anbeginn seiner Dienstzeit in diesem Unternehmen noch nie erlebt hatte. Frau Buschfrau schloss nunmehr geregelt leise ihre Zimmertür zum Flur, wenn Besprechungen unter dem Dreigestirn mit weiblichem Auszubildendem und einem oder zwei Monteuren angesagt waren. In ihrer natürlichen Einfachheit übersah sie es, dass sie durch die, wenn auch strukturierten, Glastüren zum Flur deutlich zu erkennen war, wenn sie mit ihrer bekannten Haltung, der verschränkten Arme, im Türrahmen der Zwischentür zu dem Büro von Rebel Hass lehnte und ihren 50 Worte starken Sprachschatz ableierte, wobei natürlich dem Wort »genau« eine zentrale Bedeutung zufiel.

Kratzer-Junior zeichnete sich dadurch aus, dass er bei geöffneter Glastür seines Büros von seinem Schreibtischsessel aufstand, sich neben die Zimmertür stellte, um jedes Wort, das Rita Hase oder Holger Geh am Telefon sprachen, auch mitzubekommen. Die Grundkenntnisse der Physik setzte er für sich außer Kraft, indem er nicht in Richtung seiner gläsernen Zimmertür schaute, sondern konzentriert auf den Boden. Er hätte sonst leicht erkennen können, dass er als Spiegelbild für Holger Geh aus dessen

Büro genau zu erkennen war. Aber so konzentrierte er sich mit meditativer Wachsamkeit auf seine Gehörknöchelchen und Holger musste sich vielfach ein wieherndes Gelächter über so viel Panoptikum um ihn herum mit aller Kraft verkneifen. Rita Hase ging es ebenso.

Am 16. August erteilet Oddo Kratzer seinem Sohn Hajo auf dem Flur des Büros überdeutlich die Weisung, dass Holger Geh zukünftig keine Bauleitungen mehr ausführen sollte. Ebenso laut und deutlich antwortete ihm sein Sohn, dass Herr Geh keine Baustellen mehr eigenständig leiten würde, sondern nur noch mit Kalkulationsaufgaben beschäftigt werden sollte.

Am Freitag dem 20. August wurde Holger von seinem Junior-Chef über den Einkauf eines sogenannten Küchenwagens informiert, der der Allgemeinheit der Firma Kratzer und auch Holger Geh für die Erledigung seiner eventuellen Dienstfahrten zu Verfügung stehen sollte. Es handelte sich um einen französischen Kleinwagen, den Holger, im Verhältnis zu seinen jahrzehntelang für das Unternehmen erbrachten Fahrleistungen, zeitnah als Gehhilfe titulierte.

Natürlich wurde die Verwaltung dieses Fahrzeuges sofort in die begnadeten Hände der Damen gelegt, die nichts anderes zu tun hatten, als sich umgehend in diesen Rollstuhl zu setzen, um bei einem Discounter Schreibutensilien und Toilettenpapier einzukaufen. Da waren dann solche, gar nicht seltenen, Tandemfahrten unbestritten möglich, denn die Damen hatten ja nun einen eigenen Lehrling, der in ihrer Abwesenheit das Telefon bedienen konnte.

Evi und Holger hatten sich nach dem Wegfall der großen französischen Firmen-Limousine einen noch größeren amerikanischen Reisewagen mit deutschen Anteilen zugelegt. Er machte richtig was her und war von der Optik her bei den Monteuren der Firma Kratzer sehr beliebt. Kratzer-Senior kommentierte das natürlich überhaupt nicht, aber Holger kannte ihn zu gut, um nicht zu wissen, dass ihm Holgers Eigenständigkeit und Unabhängigkeit reichlich auf den Nerv ging. Aber das war auch gut so, denn Oddo sollte sehen, dass sich Holger von ihm oder seinem Sohn nicht zum Kleinmänneken machen ließ, denn das sollten die Damen ruhig weiterhin mit den Herren Kratzer machen.

Am 3. September erklärte Holger Geh der weiblichen Auszubildenden, Frau Schraube, den Sinn und das System der Preiseinholung. Sie war von Rebel Hass, wie Holger befürchtet hatte, überhaupt nicht in das von Oddo Kratzer gewünschte Verfahren der Angebotsrecherche eingewiesen worden. Das war allerdings nicht verwunderlich, denn solche Dinge überstiegen ihren Horizont.

Holger hatte das Bauvorhaben der Laut-Versicherung abgerechnet. Es war natürlich um ein Wesentliches teurer, als die ursprüngliche Angebotssumme, aber nur ein Experte konnte sehen, dass da reichlich von Holger Geh im Auftrage von Oddo Kratzer dem Aufsichtsratsvorsitzenden der Laut-Versicherung und Präsident des BvdFdH gepanscht worden war. Eines war jedoch auch für einen Laien im Extremfall unübersehbar. Sämtliche von ihm erstellten Planunterlagen über die statische Befestigung des Daches in über 50 Metern Höhe trugen nicht den von ihm eingeforderten und auf den Plänen vorgesehenen Freigabevermerk eines Statikers!

Der bauleitende Architekt hatte es sich nach der Meinung von Holger etwas zu leicht gemacht, auf sein mehrmaliges Anmahnen der statischen Überprüfung, nur zu antworten: »Aber Herr Geh, wenn die Firma Kratzer so etwas macht, glauben Sie mir, dann wird das schon richtig sein.«

Allerdings hätte es der eigenen Bauabteilung der Laut-Versicherung, die diesem Architekten übergeordnet war, ebenso auffallen müssen. Und ein Briefchen mit geändertem Datum konnte man auch schlecht nachschieben, denn ein Plan war ein Dokument und da gehörten Änderungen und Freigaben hinein, einschließlich des Abhakens der entsprechenden handschriftlichen Masse. Alles andere war Gepansche.

Bedingt durch die sich inzwischen verschlechternden Bankauskünfte über das Unternehmen Kratzer, senkten einige Lieferanten ihre hausinternen Kreditlinien für die Firma Kratzer GmbH. Die Buchhalterin Marlene Buschfrau wurde zunehmend rotziger und patziger und das nicht nur zu den Monteuren des Hauses, sondern auch gegenüber Lieferanten und Subunternehmern. Von ihr wurden vertragliche Zahlungsverpflichtungen des Hauses Kratzer nicht mehr eingehalten. Es gab eine sich mehrende Zahl an Lieferanten und Subunternehmern, die unverhohlen Frau Buschfrau, sogar gegenüber dem Junior-Chef, als fünftklassige Buchhalterin bezeichneten. Holger Geh selbst glaubte, dass die eigentlich richtigere Leistungseinstufung dieser Dame eher im zweistelligen Bereich angesiedelt war.

Das Bauvorhaben Steuerhaus 11 in Köln hatte seine Abnahme durch den Bauherrn erfahren. Hier existierte eine von einem Statiker freigegebene Statik der Fassadenbefestigung in 20 Metern Höhe. Es waren, gegen die Weisungen von Holger Geh und dem Junior-Chef, von dem Obermonteur Schaffer, vom ersten bis zum letzten Tage dieses Bauvorhabens keine Bautagesberichte geschrieben worden. Weisungen verhallten inzwischen ungehört und in Folge einer Nichtbeachtung auch ungeahndet und waren der Disziplin der Mitarbeiter abträglich.

In Lünen führte der Obermonteur Krimfreier Arbeiten aus, die in der von ihm ausgeführten Form falsch waren und nicht beauftragt. Hier beschwerten sich der bauleitende Architekt, Rita Hase und Holger Geh, schriftlich bei Hajo Kratzer über das wenig repräsentative Verhalten dieses Krimfreiers. Was geschah? Nichts!

Stattdessen nahmen die Tralla-Veranstaltungen in den vorderen Büros der Damen weiterhin zu. Dabei war es in dieser dunklen Jahreszeit wieder für die Monteure interessant, morgens an den hell erleuchteten Bürofenstern dicht vorbeizufahren, und die mit viel Heiterkeit abgehaltenen Besprechungen der Damen mit Kläffge zu Kenntnis zu nehmen.

Die Beschwerden über die fehlende Leistungsbereitschaft der Monteure der Firma Kratzer stiegen weiterhin an.

Am 10. Dezember war der Junior-Chef mittags nicht im Hause und genau um 12:30 Uhr rief Oddo Kratzer seinen Mitarbeiter Holger Geh zu sich in das Büro und bat ihn Platz zu nehmen. Und dann begann ein sehr, sehr eigenartiges Gespräch. Mit tief verfinsterten Augen und streng zusammengezogenen Augenbrauen versuchte er, Holger zu fixieren und geistige Überlegenheit darzustellen. Holger beantworte diese Mimik seinerseits mit einer leicht verblödeten, indignierten, schwach interessierten

Gesichtsausdrucksweise, die Kratzer-Senior, wie Holger unschwer erkannte, nicht einzuordnen wusste.

Oddo Kratzer überzog Holger Geh ziemlich schnell mit Vorwürfen der Firmenverunglimpfung und drängte ihn tatsächlich sehr massiv dazu, seine Kündigung einzureichen.

»Diese Nummer hatten wir doch schon mal«, dachte sich Holger, denn Kratzer drückte, fast deutlich sichtbar, die Repeat-Taste und leierte den stereotypen Satz herunter: »Ich will das Arbeitsverhältnis mit Ihnen aufgekündigt sehen, Herr Geh!« Und so wälzte sich das Gespräch zäh weiter und weiter.

Kratzer konnte keine neuen Erkenntnisse oder Argumente aus dem Hut zaubern, um Holger dazu zu bewegen, von sich aus zu kündigen.

Die Unterredung wurde für Holger eher allmählich lustig, weil wenig geistig beansprucht. Das Geschwafel, was sich da Oddo Kratzer einfallen ließ, war eigentlich langweilig, selbst als er in seiner Argumentationsnot noch öfters die Repeat-Taste bemühte. Er versuchte Holger noch irgendeinen Quatsch der negativen Nachrede über die Firma Kratzer GmbH an den Hintern zu hängen. Aber auch das schaffte er nicht, denn Holger konnte ihm nachweisen, dass Hajo Kratzer selbst im Juli 2010 während seiner Sitzung mit dem Betriebsrat das Gerücht des bevorstehenden Firmenkonkurses publiziert hatte.

Natürlich rief Kratzer in Holgers Gegenwart sofort das benannte Betriebsratsmitglied Uwe Klacker an und ließ sich den Sachverhalt bestätigen. Und so endete dieser Teil des ohnehin sinnlosen Gespräches nach ungefähr 30 Minuten mit der netten Erkenntnis von Oddo Kratzer: »Also gegen ihre Eloquenz, Herr Geh, kann man nun wirklich nicht an!«

»Wirklich sehr nett, Herr Kratzer«, dachte sich Holger, »aber das wusste ich schon seit 1982.«

»Herr Kratzer«, sagte Holger, »vielleicht sollten Sie sich mal die Zeit nehmen und sich ganz in Ruhe mit mir unterhalten. Wir haben doch schließlich die Firma zusammen aufgebaut. Ich weiß doch bestens, wo das Unternehmen der Schuh drückt.«

Oh, das war wohl verkehrt, denn Kratzer startet durch wie eine Boeing auf einem Feldflugplatz. »Nichts haben Sie hier aufgebaut, Herr Geh! Sie wurden dafür bezahlt! Es war Ihre Aufgabe, das Unternehmen positiv mit zu lenken! Und wenn ich etwas über Firmeninterna erfahren möchte, dann bestimmt nicht von Ihnen, sondern von meinem Sohn!«

»Und warum haben Sie mich dann die ganzen Jahre gefragt, Herr Kratzer?«, stellte ihn Holger zu Rede.

»Also, Herr Geh, ich weiß nicht«, antwortete Kratzer schon fast niedergeschlagen.

»Aber das weiß ich doch, Herr Kratzer«, entgegnete Holger höflich.

Als letztes Blatt versuchte sich Kratzer in dem Vorwurf des Mobbings, das Holger gegenüber den beiden Mädels, durch deren Nichtbeachtung, ausüben würde.

Eigentlich wollte Holger seinem Senior-Chef erklären, dass die Mädels gar keine Mädels waren, sondern nach der treffenden Formulierung von Herrn Ohnlowski eher Tiller-Girls und bei einer etwas ungünstigerer Betrachtung Tiller-Tanten, aber dann kam Holger zu Schluss, dass dies Oddo Kratzer auch nicht verstehen konnte, und verkniff sich diese Erläuterung.

Kratzer zog sich nun auf irgendwelche obskuren Andeutungen zurück. Wenn das Beschäftigungsverhältnis mit Holger jetzt nicht aufgelöst werden würde, dann eben in zwei bis drei Jahren.

»Nun gut, Herr Kratzer, wenn nicht jetzt, dann eben später, denn es hilft mir für das Erreichen meines Rentenalters sehr viel weiter, wenn ich die nächsten Jahre in ihrer Firma verbringen kann.«

Jetzt zog Oddo Kratzer den Joker in Form eines DIN-A4-Blattes aus dem Schreibtisch und warf es Holger, unter überaus starker Vernachlässigung aller üblichen Höflichkeitsformen, quer über den Schreibtisch vor dessen Hände. Es war die Kopie einer Landkarte Nord-Rhein-Westfalens mit der von Kratzer-Senior vorgenommenen handschriftlichen Eintragung einer E-Mail-Anschrift. »Hier, Herr Geh, das ist Ihr neuer Arbeitsplatz. Das ist das Arbeitsgebiet der Firma Immobil-Bau. Die sitzen bei uns neben unserem Verwaltungsgebäude des FdH in Dortmund und benötigen dringend Unterstützung. Hier werden Sie sich bewerben und bis zum Erreichen Ihres Rentenalters arbeiten können. Aber nicht mehr hier im Hause!

Der Job ist in etwa so datiert wie hier. Er beinhaltet auch Reisetätigkeiten bei der Überprüfung der Immobilien. Das dürfte Ihren Vorstellungen bestimmt entgegenkommen.«

Aber auch dieses Jokerlein lehnte Holger Geh dankend ab und Oddo Kratzer entließ seinen Mitarbeiter Geh mit den Worten in das Wochenende: »Na ja, Herr Geh, letzten Endes ist das ja alles nur eine Frage der Abfindung!«

Holger drehte sich sofort zu Kratzer um, schaute ihn fest an und sagte nur ganz deutlich betont und kühl lächelnd: »Aber Herr Kratzer, über eine angemessene Abfindung können wir uns jederzeit unterhalten. Deshalb hätten Sie nicht so eine lange Einführung wählen müssen, um jetzt endlich auf den Punkt zu kommen. Bin immer zu solchen Gesprächen bereit. Ich wünsch Ihnen ein schönes Wochenende!«

Holger ahnte, dass bald das letzte Stündlein für ihn bei Kratzer geschlagen haben könnte! Das berühmte Tauwetter einer jahrelang intakten Beziehung schien deutlich eingesetzt zu haben. Es war eigentlich nur noch eine Frage der Zeit, bis das letzte Schneebrett als Lawine vom Dach rauschte!

Knapp zehn Tage später wurde Holger nachmittags von Kratzer-Junior in dessen Büro gebeten. Sein Vater und ein für Holger gut bekannter Architekt saßen schon dort. Holger wurde gebeten, Platz zu nehmen und Oddo Kratzer kam ohne Umschweife auf das Thema vom 10. Dezember zurück, allerdings in etwas modifizierter Form. »Also, Herr Geh, wir haben ja neulich schon einmal über die Probleme der Firma Immobil-Bau gesprochen, insofern sind Sie ja im Thema. Die brauchen dringend Unterstützung. Ein leitender Mitarbeiter ist dort ausgefallen, deshalb haben sie Schwierigkeiten in ihrer Organisation. Der Geschäftsführer, ein Herr Karl Görink, hat mich angesprochen und um meine Hilfe gebeten. Sie kennen ja die Zusammenhänge! Der FdH ist Mitaktionär der Firma Immobil-Bau und ich, als Präsident des FdH, bin auch gleichzeitig Aufsichtsratsvorsitzender der Immobil-Bau. Insofern muss ich mich auch darum kümmern und habe denen angeboten, ihnen auf befristete Zeit meinen besten und erfahrensten Mitarbeiter zu Verfügung zu stellen. Herr Magnus Klütte hier, Sie kennen ihn ja seit Jahren, wird sich als Architekt dort um den praktischen Teil kümmern. Insofern stehen Sie nicht einmal allein da.

Hajo wird sich darum kümmern, dass im neuen Jahr sofort der Kontakt zwischen Ihnen und Karl Görink, zwecks Ihrer Arbeitsaufnahme, hergestellt wird. Wir denken daran, dass Sie drei Tage in der Woche bei der Firma Immobil-Bau arbeiten und zwei Tage hier im Haus. Eventuell ist Ihr Einsatz dort schon nach einem halben Jahr erledigt und wir holen Sie wieder zurück.«

Holger war entlassen und dachte schnell nach: »So viel Honig um das Maul geschmiert zu bekommen und als bester erfahrenster Mitarbeiter dargestellt zu werden, war eigentlich mehr als auffällig, wenn man zehn Tage vorher noch als Firmenrufschädiger und Mobbingkönig tituliert wurde. Eigentlich hätte Oddo Kratzer auch auf einer Provinzbühne auftreten können mit leicht grenz debilen Schmierenbühnencharakter. Die Rolle des Professors Unrath in dem alten Film ‚Der Blaue-Engel' mochte ihm eigentlich ähnlich sein!«

Da Holger Geh überhaupt nicht von Oddo Kratzer nach seiner Meinung gefragt wurde, ob er dieser ganzen Angelegenheit zustimmte, erschien ihm die Geschichte etwas abenteuerlich. Holger rief sofort der Reihe nach die drei Betriebsräte des Unternehmens an und setzte sie über den gerade erlebten Vorgang in Kenntnis, einschließlich des Sachverhaltes, dass er selbst, ohne seine eigene verbale oder schriftliche Einverständniserklärung, und ohne zeitliche Begrenzung tageweise an ein anderes Unternehmen vermietet werden sollte. Die Herren nahmen diese Information kommentarlos auf.

Holger fuhr zu seinem Anwalt Paul Kaiser und sprach mit ihm über das Ansinnen von Oddo Kratzer, denn Hajo Kratzer war bei diesem vorangegangenen Termin am gleichen Tage nur ein sprachloser Statist geblieben. Insofern war der Senior-Chef schon als Agitator in dieser Angelegenheit zu betrachten.

Paul Kaiser nahm sich für seinen Mandanten Holger Geh viel Zeit. Ihm eilte der Ruf voraus, ein sehr guter Arbeitsrechtler zu sein, und sich in die entsprechenden Themen intensiv einzuarbeiten. Er ließ sich den Brief von Kratzers vom Jahresanfang 2010 zeigen und Holgers Antwortschreiben. Er kam wie Holger Geh zu folgendem Ergebnis: »Herr Geh, nachdem was Sie mir schildern und was ich hier so sehe, will Sie der Oddo Kratzer, aus für uns nicht ersichtlichen Gründen, loswerden und das in seiner Eigenschaft als Unternehmer erst einmal auf kostengünstige Art und Weise. Er will Sie mürbemachen und weich kloppen, damit Sie möglichst von sich aus die Reißleine ziehen und kündigen. Diese Verhaltensweise hat er offensichtlich mehrmals in der Zeit, in der Sie bei ihm beschäftigt waren, an den Tag gelegt. Die Delegierung auf Weisung der Geschäftsleitung, in Person des Senior-Chefs, nehmen Sie erst einmal wahr. Es verschafft Ihnen im Falle eines Falles die Möglichkeit, vor einem Arbeitsgericht nachzuweisen, dass Sie als Arbeitnehmer bis zuletzt mit allem versucht haben, das nicht unbelastete Verhältnis zwischen Ihnen und Ihrem Arbeitgeber wieder zu richten. Insbesondere das Schreiben Ihres Arbeitgebers vom Januar 2010 passt da als Grundlage sehr gut rein. Aber, Herr Geh, länger als sechs bis acht Wochen sollten Sie dieser Delegierung nicht nachkommen, denn sonst könnte Ihr Arbeitgeber daraus ein konkludentes Einverständnis Ihrerseits ableiten. Das hieße dann abgekürzt, dass Sie diese Delegierung stillschweigend anerkannt haben und somit eine Folgedelegierung möglich wäre.«

Holger gelobte vorsichtig und misstrauisch zu sein, aber das war er ja nun schon jahrelang. Allerdings fand er es inzwischen mehr als traurig die Verhaltensweisen von Oddo Kratzer nach diesen vielen, vielen Jahren der erfolgreichen gemeinsamen Zusammenarbeit, juristisch überprüfen lassen zu müssen.

Privat ging das Jahr 2010 für Holger und seine Frau Evi auch aufregend zu Ende. Holger musste sich dreier Hauteingriffe auf dem Rücken unterziehen und Evi brachte eine schwere Fußoperation hinter sich zuzüglich des Umzuges ihres kleinen Geschäftes von Dortmund Wickede nach Unna.

Oddo Kratzer bekam von dem ehemaligen Bundespräsidenten Courage das kleine ‚silberne Lorbeerblatt am goldenen Stängel' verliehen und von seiner heimlichen Lieblingsstadt im Sauerland erhielt er das silberne Abstellgleis in Form eines Ringes. Dieser Ring sollte seinen fortwährenden, selbstlosen Einsatz im Rahmen des FdH, insbesondere für ältere Arbeitnehmer, honorieren. Denn als Präsident des BvdFdH (Bundesverband der Freundeskreise des Handwerkes) mit Sitz in Bonn gab er wohlklingende Interviews und Statements von sich, die den demografischen Wandel in der Gesellschaft beschrieben und dazu aufforderten, mit der Perspektive der gesetzlich beschlossenen Rente mit 67 Jahren, an älteren erfahrenen Arbeitnehmern festzuhalten. Gleichzeitig beschrieb er gar vorbildhaft sein eigenes privates Bemühen, dies in seinem eigenen Betrieb schon seit Jahren zu praktizieren.

Davon war Holger Geh vor Ort nichts bekannt. Er schrieb noch immer seine Briefe handschriftlich vor. Er hatte neben, der inzwischen auch eine Lesebrille tragenden, Rita Hase, den allerkleinsten Computer-Bildschirm im Büro und vernünftige Beschattungsanlagen für die Bürofenster existierten ohnehin nicht. Das führte dazu, dass während der Sommerzeit früh am Morgen die Rollläden ganz heruntergelassen werden mussten und bis zur frühen Nachmittagszeit ein Arbeiten nur noch mit Kunstlicht möglich war. Das fing irgendwann an sich zu relativieren, denn die Bürofenster waren seit Bezug dieser Immobile im Jahre 2008 nicht mehr geputzt worden, sodass die Speck- und Dreckschicht auf dem Fensterglas inzwischen einen gewissen Filterfaktor hergab. Aber das musste man sich schon sehr schönreden.

Das Jahr 2011 begann wiederum mit negativen Auskünften der Lieferanten über die Bonität der Firma Kratzer GmbH. Teilweise wurde dem Unternehmen sogar ‚Vorkasse bei Bestellung' angedroht. Irgendwann verschwanden diese Drohungen wieder, jedoch verringerten sich die gelieferten Mengen an Material gegenüber den bestellten Mengen nicht unerheblich.

Nach Meinung vieler Außenstehender entwickelte sich Marlene Buschfrau immer mehr zu einer miserablen Buchhaltungsdiva und Holger gab ihr dafür gedanklich in dem Film ›Der blaue Engel‹ die Rolle der Lola, allerdings nur bis zur Hälfte des Filmes. Die andere Hälfte besetzte er mit Rebel Hass.

Die Abrechnung des Bauvorhabens Steuerhaus 11 in Köln zog sich hin wie ein altes Gummiband. Immer wieder sagte der bauleitende Architekt Maibaum die Termine für Besprechungen ab. Hajo Kratzer hatte offensichtlich keine Lust am Ball zu bleiben, oder nach Holgers Vorschlag, gleich die Anwälte einzuschalten.

Natürlich wurden die Preisabsprachen weiterbetrieben!

Am 20. Januar 2011 schickte der Kalkulator Lanz, von der Firma Bude bei Hamburg, per Mail die Preise für ein größeres Kirchenprojekt, welche die Firma Kratzer als Hilfestellung in ihr Angebot einsetzen sollte. Nach Rücksprache mit Hajo Kratzer, der den Firmen-Chef Bude-Junior kurz vorher bei einem Treffen der 111 tollen Dachdecker gesprochen hatte, trug Holger diese vorgegebenen Preise in das Angebot ein. Holger Geh bekam bald danach das Ausschreibungsergebnis auf den Tisch und siehe da, die Firma Bude hatte den Auftrag gewonnen. Das war auch nicht weiter verwunderlich, denn außer den Firmen Bude und Kratzer hatte kein anderes Unternehmen mit angeboten. Die entsprechenden Belege einschließlich der Mail, des doch etwas leichtsinnigen Kalkulators Lanz von der Firma Bude, fanden umgehend ihre zweite Heimat in Holgers großer Spaßkiste.

Am 25. Januar war Holger Geh mit Hajo Kratzer sowie dem Architekten Magnus Klütte bei dem Geschäftsführer der Firma Immobil-Bau, Herrn Karl Görink. Das Unternehmen hatte seine Räumlichkeiten in einem Haus neben dem Bürogebäude des FdHs in Dortmund. Freundlich wurden sie von Karl Görink empfangen. Er war ein etwas kantiger Mann mit flächigem Gesicht und ziemlich platschigen Haaren mit Mittelscheitel. Karl Görink lachte viel und gerne und war auch sonst eher ein wenig schlicht. Gleich zu Beginn des Gespräches erzählte er Holger, dass sie beide, mit einem Anstellungsvertrag für Holger in seinem Hause, schon klarkommen würden. Also war das Ganze doch auf eine vollständige Übernahme der Person von Holger Geh angelegt!

Holger klärte Herrn Görink darüber auf, dass er, ohne eine eigene Einverständniserklärung einer Delegierung Folge leistete. Aber das schien Görink nicht weiter zu interessieren, denn er zog sein einstudiertes Programm weiterhin ab und plapperte seine Nettigkeiten fröhlich vor sich hin.

Hajo Kratzer sagte gar nichts und schaute nur gelangweilt und desinteressiert vor sich hin. Wohl schien er sich aber in seiner Haut auch nicht zu fühlen, denn er frönte nervös seinem jahrelangen Hobby und nagte wie ein Biber seine Nägel ab.

Eigentlich musste sich Holger noch selbst an diesen Görink verkaufen. Von diesem wurde Holgers perspektivisches Betätigungsfeld mehr als schwammig beschrieben. Es sollte sich anfänglich um Restrukturierungen der betrieblichen Organisation und sehr viel später um Bestandsaufnahmen von Immobilien handeln. Allerdings war immer ein Tenor deutlich zwischen den Zeilen herauszuhören und der lautete: »Nun fangen Sie erst einmal bei uns an, Herr Geh und dann sehen wir mal weiter.« Herr Görink versprach, sich bei Holger Geh, wegen dessen Arbeitsbeginn seiner dreitägigen Tätigkeit je Woche in der Firma Immobil-Bau, zeitig zu melden.

Am 9. Februar wurde Holger von Hajo gefragt, ob sich Karl Görink schon gemeldet hätte. Holger verneinte und sagte: »Herr Kratzer, so wie ich das Ganze verstanden habe, möchte die Firma Immobil-Bau Hilfe von der Firma Kratzer. Da sehe ich für meine Person keinen Bedarf, mich aufzudrängen.« Der Klein-Kratzer schaute wie immer etwas indigniert. Es war eigentlich ein untrügliches Zeichen dafür, dass er nicht verstanden hatte, was Holger meinte.

»Dann werde ich mal versuchen, mit Herrn Görink Kontakt aufzunehmen«, fabulierte er fröhlich vor sich hin und zog sich in die Tiefen seines Büros zurück.

Holger nutzte die Tage und kalkulierte wie ein Derwisch. Bis zu fünf Kalkulationen verließen täglich seinen Schreibtisch. Natürlich hatte sich an den Abläufen der Preisbeschaffung nichts geändert. Warum auch? Es war ja so schön bequem in den alten Fahrwassern der Trägheit und Lethargie zu schippern. Und so trugen diese Deck- beziehungsweise Schluss-Blätter der Angebote fast nur die Eintragungen von Holger Geh, die sie als Eigenkalkulation auswiesen.

Am 15. Februar erhielt Holger Geh um 11 Uhr von seinem Junior-Chef die Weisung, seinen delegierten Dienst bei der Firma Immobil-Bau und deren Geschäftsführer Karl Görink am Mittwoch dem 16. Februar um 9 Uhr anzutreten und zwar immer für drei Tage in der Woche, nämlich von mittwochs bis freitags. Montags und dienstags hatte Holger in der Firma Kratzer zu arbeiten.

Holger räumte zum Nachmittag sein Büro auf und überreichte zum Feierabend seine Büroschlüssel an Hajo Kratzer, der sich darüber sehr verwundert zeigte. »Aber Herr Kratzer«, sagt Holger zu ihm, »ich bin jetzt für drei Tage in der Woche in einem anderen Unternehmen. Unser Büro hier hat eine zentrale Schließanlage. Sie werden verstehen, dass das Risiko für mich sehr groß sein kann, wenn ich in der nächsten Zeit nur noch zwei Tage in der Woche hier anwesend bin und hier im Hause ein Einbruch passieren sollte.« Natürlich verstand der liebe, nette Kerl nicht, was Holger meinte, schaute etwas irritiert und nahm dann Holgers Büroschlüssel an sich.

»Übrigens, nehmen Sie bitte auch offiziell zu Kenntnis, dass ich ohne meine verbale und schriftliche Einverständniserklärung zu der Firma Immobil-Bau hingehe und nur Ihrer Direktionsweisung nachkomme.« Das verstand er aber auch nicht.

Am 16. Februar um 9 Uhr trat Holger Geh seinen delegierten Dienst bei der Firma Immobil-Bau an. Fast fürstlich wurde Holger durch den Geschäftsführer Karl Görink empfangen. Im Wesentlichen bestand die Firma Immobil-Bau aus ungefähr 18 Mitarbeitern auf neun Zimmern verteilt. Der Großteil waren Mitarbeiterinnen. Es existierte ein männlicher Prokurist in Holgers Alter. Ein absolut überzogenes und fast schon peinliches Vorstellungsprogramm wurde da von Karl Görink abgespult. Eine Stunde lang erzählte er intensiv von seinen Schwierigkeiten, die er seit den zwei Jahren, in denen er das Unternehmen führte, zu bewältigen hatte. Nach seiner Schilderung handelte es sich eigentlich nur um unfähige Mitarbeiter, welche er durchgehend demissionieren wollte. Holger fand dieses Wort, nach einigen Überlegungen nicht uncharmant und beschloss es seinem Vokabular-Schächtelchen hinzuzufügen.

Görink war nach seiner eigenen Darstellung ein Profi der Immobilienverwaltungsbranche. Der ältere Prokurist war ihm ein Dorn im Auge und stand auf seiner Abschussliste. Görink seifte Holger Geh so viel Honig ums Maul, dass dieser schon eine spontane Reaktion seines eigenen Körpers mit fast vollständigem Herpesausschlag befürchtete.

Die nächsten Stunden vergingen mit Vorstellungsgesprächen in jedem Arbeitszimmer, mit jeder Person und wurden nur unterbrochen durch langatmige Rückzüge zwischen jedem Einzelbürobesuch in das Büro von Karl Görink mit entsprechendem Kaffee- und Plätzchenkonsum. Im Grundsätzlichen drehten sich die Themen von Görink nur um zwei Kernpunkte! Er wollte möglichst schnell und billig das gesamte Personal austauschen und er wollte mit Holger Geh jemanden haben, der sich aktuell um Dienstanweisungen für die vielen örtlichen Hausmeister kümmerte. Karl Görink erzählte gerne augenzwinkernd und auf kumpelige Art, Anekdötchen: »Wissen Sie denn eigentlich, Herr Geh, welchen Spitznamen Ihr Chef im FdH-Dortmund hat?«

»Nein, Herr Görink, das weiß ich nicht. Welchen denn?«

»Er hat den Spitznamen T 34, weil er wie ein alter russischer Panzer alles niedermangelt, was sich ihm in den Weg stellt«, antwortete Görink voller Stolz, denn er nahm mit Freude zu Kenntnis, dass er etwas über Holgers Chef wusste, was diesem offensichtlich unbekannt war.

»Oh«, antwortete Holger nur, »das wusste ich nicht. Dieser Spitzname passt wirklich sehr gut zu ihm und muss wahrscheinlich von jemand geprägt worden sein, der Kratzers Familiengeschichte kennt und über ein gewisses Maß an ironischer Süffisanz verfügt.«

Görink nickte ein wenig irritiert und uninformiert, denn er konnte ja nicht wissen, dass ein naher Verwandter Oddo Kratzers vor Stalingrad den Tod gefunden hatte. Und dort hatten viele Soldaten den Tod gefunden, wenn ihre Stellungen durch T 34 Panzer platt gemangelt wurden. Eventuell war sogar Kratzers Verwandter durch so einen T 34 zu Tode gekommen. Aber so etwas wussten natürlich ein Karl Görink nicht und ein Oddo Kratzer erst recht nicht.

Und so zogen sich die Vorstellungsstunden wie Kaugummi dahin und um 15 Uhr wurde Holger Geh nach diesem ersten Arbeitstag in den Feierabend entlassen, nachdem man ihm in einem kleinen Büro einen alleinigen Arbeitsplatz zugewiesen hatte. Eine ältere Dame in einem Nebenraum war noch beauftragt worden, sich perspektivisch um Holgers anfallende Schreibarbeiten zu kümmern und ihn mit reichlich Kaffee und Mineralwasser bei Laune zu halten.

Von seiner Kollegin Rita Hase erfuhr Holger Geh fernmündlich, dass die Schlussrechnung des Bauvorhabens Steuerhaus 11 in Köln um 130.000 Euro gekürzt worden war. Da hatte der gute Architekt Maibaum von der beauftragenden Firma Vorhand aus Iserlohn aber dolle zugelangt. Entsprechend mies war auch die Stimmung in der Firma Kratzer nach Auskunft von Frau Hase.

Am nächsten Tage war Holger schon am Nachmittag mit seinen Dienstanweisungen für Hausmeister fertig und stand alsbald erwartungsvoll vor Karl Görink, um ihm seine Ergüsse vorzulegen und dann schnellstens das nächste Objekt in Angriff zu nehmen. Denn diese riesige Rechnungskürzung bei Kratzer beunruhigte ihn. Und viel Zeit hatte er ja nun nicht mehr, denn bei Kratzer wartete nur eine Zweitagewoche auf ihn. Aber daraus wurde nichts, denn Herr Görink war mit den Hausmeisterdienstanweisungen von Holger Geh absolut nicht einverstanden und forderte eine abzuarbeitende Ja-nein-Liste.

»Herr Geh«, führte Karl Görink weiter aus, »nehmen Sie sich ruhig etwas mehr Zeit. Ich bin da wirklich nicht knauserig. So etwas muss nicht über das Knie gebrochen werden.«

»Alles klar«, dachte sich Holger, »wenn der Holzhammer bis jetzt noch nicht richtig bei mir angeklopft hat, dann ist es aber jetzt ganz heftig geschehen. Du stehst auf einem Abstellgleis! Zeit spielt keine Rolle und Geld auch nicht! Denn dass das alles gut geregelt ist, dafür sorgt ja schon Oddo Kratzer, weil er ja auch im Aufsichtsrat der Firma Immobil-Bau sitzt. Im Grunde genommen die identische Symbiose, wie die Auftragsabwicklung zusammen mit der Laut-Versicherung. Man könnte so etwas auch als verdeckte Vorteilsnahme bezeichnen. Und nun mach es dir mal schön bequem, Onkel Holger und warte darauf, dass in einigen Jahren der Rentenbescheid möglicherweise vorbeigeflattert kommt! So ein Mist! Ich fühle mich noch zu agil, um mit sehnsüchtigen Blicken hier aus dem Hinterhof-Bürofenster auf den Rentenboten zu warten!«

Die erste Woche von Holgers Ausleihtätigkeit ging zu Ende.

Am Montag dem 21. Februar war Holger früh im Hause der Firma Kratzer GmbH, um dort seine Zweitagewoche abzuleisten. Rita Hase war ebenfalls um 7 Uhr schon da, denn sonst hätte Holger Geh gar keine Möglichkeit gehabt, an seinen Arbeitsplatz zu gelangen, denn die Damen erschienen frühestens ab 7:15 Uhr. Und Holger besaß ja nun keinen Büroschlüssel mehr von der Firma Kratzer.

Kratzer-Junior kam zu seinem Arbeitsbeginn um 8:23 Uhr in Holgers Büro geschossen und fragte interessiert lächelnd: »Na, ist die Arbeit schön, macht sie denn Spaß? Ist die Arbeit denn interessant? Macht sie Spaß? Ist das denn interessant?«

Holger konnte ihm diese etwas platte Fragerei nicht übel nehmen. Dieser Mann hatte in seinem Alter von über 35 Jahren ja auch noch nichts anderes gesehen und erlebt als den väterlichen Betrieb. Deshalb konnte er auch gar nicht wissen, dass nach drei Tagen ein Urteil über neu vorgefundene Betriebsabläufe eigentlich unmöglich war. Das teilte ihm Holger mit etwas einfacheren, aber auch für Hajo Kratzer verständlicheren Worten mit und der Junior zog mit einem Schmollmündchen ab.

Am folgenden Tag erschien Hajo Kratzer bei Holger Geh und berichtete ihm von dieser ungeheuerlichen Rechnungskürzung am Bauvorhaben Steuerhaus 11 in Köln. Die Rechnungskürzung war angeblich bei 140.000 Euro angelangt.

Natürlich musste Holger den Hinweis entgegennehmen, dass es nunmehr seine Pflicht war, den Bauherren schnellstens dazu zu bewegen, die Kürzungen als ungerechtfertigt anzuerkennen und die 140.000 Euro schleunigst an die Firma Kratzer GmbH auszubezahlen.

Wie Holger die von Hajo Kratzer angesprochene Beschleunigung dieses

Vorganges während der Zweitagewoche in der Firma Kratzer bewältigen sollte, blieb von dem Junior-Chef vorsichtshalber unbeantwortet.

Der Geschäftsführer der Immobil-Bau, Herr Karl Görink, war für Holger Geh immer schwieriger zu erreichen. Entweder befand er sich in tagesfüllenden Sitzungen oder er war nicht im Hause. Schnell erkannte Holger, dass diese Verhaltensweise ein gezielter Bestandteil des Programms »Abstellgleis für Holger Geh« darstellte.

Also beschäftigte sich Holger intensiv mit Spaziergängen im Internet. Das erforderte allerdings auch einen Tag langweiligster Arbeit, denn der PC, den er nutzen konnte, hatte ein Jahr oder noch länger keinen Strom gesehen und jammerte nach Systemupdates wie ein Süchtiger. Und es dauerte dann noch einen Tag, bis diese Kiste dann wieder eine akzeptable Arbeitsgeschwindigkeit bot.

Eine jüngere Architektin kümmerte sich in der Firma Immobil-Bau um die Instandhaltung und Modernisierung des Wohnungs- und Hausbestandes. Karl Görink wollte sie auch demissionieren, er wusste nur noch nicht wie. Diese Dame war angeblich mit nervlichen Problemen behaftet und Holger bekam von Görink Weisung auf das Nervenkostüm dieser Person möglichst beruhigend einzuwirken. Diese unglückliche Architektin erstellte für die Firma Ausschreibungen für die Einholung von Angeboten, wie es Holger Geh nur von seinen ersten Anfangsjahren im Hause Kratzer her kannte. Sie kopierte ihre Anfragen aus Angeboten zusammen, die teilweise fünf Jahre und älter waren. Auf Holgers Frage nach diesem Anachronismus antwortete sie: »Aber natürlich existiert hier in der Firma ein hochmodernes Bau-Leistungsprogramm, Herr Geh. Es kann angeblich nicht nur Ausschreibungen erstellen, sondern auch Rendite-Analysen und zeichnerische Darstellungen, und, und, und ... Das Problem ist nur, dass es keiner hier im Hause bedienen kann.«

»Na toll«, dachte sich Holger, »da wird hier nicht nur Geld verbrannt, damit ich mich, im Auftrage von Oddo Kratzer an eine Vermietbarkeit gewöhne, sondern hier wird noch gearbeitet wie zu Kaisers Zeiten, indem alte Leistungsverzeichnisse zusammenkopiert werden, um für die Bestandspflege der Immobilien an vernünftige Preise zu kommen. Nur die alten Texte, die ja auch schon meist kopiert waren, stimmen mit den neueren technischen Vorschriften überhaupt nicht mehr überein.«

Herr Görink war genauso erschüttert, wie Holger, über diesen Sachverhalt, dass keiner das Programm bedienen konnte, nachdem Holger kurz Zeit fand, ihn darüber zu informieren. Der Witz war nur, dass er das seit Beginn seiner Tätigkeit als Geschäftsführer in der Firma Immobil-Bau wusste und dieses Handicap seinem Vorgänger in die Schuhe schob. Selbstverständlich war er so naiv, Holger gleich zu erzählen, dass das Bau-Leistungsprogramm über 100.000 Euro gekostet hatte und je Monat 400 Euro Lizenzgebühren bezahlt werden mussten.

»Oha«, sinnierte Holger, »da muss man aber großzügig sein, um so viel Geld zu versenken, da könnte ja eventuell sogar mein Arbeitgeber noch von lernen, aber der ist ja Aufsichtsratsvorsitzender dieses Vereines, insofern wird ja doch wieder ein Kreis daraus.«

Herr Görink erteilte Holger die Freigabe, sich um dieses Bau-Leistungsprogramm zu kümmern, falls er einmal bei seiner Ausarbeitung der Hausmeisteranweisungen nicht weiterkäme. Die neuerliche Ausarbeitung von Holger in dieser Sache war Herrn Görink zu lang geraten und er erhielt Weisung von ihm, sie auf ein normales Maß herunterzubrechen. Er setzte selbstverständlich hinzu, dass sich Holger hierbei ruhig Zeit lassen konnte. Nach einem halben Tag war dieser Kinderkram für Holger erledigt und er widmete sich diesem sehr ominösen Computer-Programm, welches von Görinks Vorgänger gekauft worden war und niemals seinen Einsatz fand.

»Komisch«, wunderte sich Holger. »Der Oddo Kratzer ist Aufsichtsratsvorsitzender dieser Firma. Er hätte doch mit Sicherheit diese Investition von 100.000 Euro für das Programm absegnen müssen. Und bei den dann noch so hohen monatlichen Lizenzgebühren war von ihm auch keine spätere Nachfrage der Nutzung drin?« Holger war eigentlich ein Computer-Laie, aber er entdeckte ziemlich schnell einen Betriebsstundenzähler dieses Programms, welcher stolze acht Minuten Einschaltdauer vorweisen konnte. Und dann ging es eigentlich noch schneller für Holger. Er machte eine klitzekleine Ausschreibung, denn dieses Riesenprogramm verfügte über ein unendlich großes Textprogramm für sehr viele Baugewerke. Und siehe da, was so schön als Text auf der Mattscheibe flimmerte, wurde nicht gedruckt, sondern erschien nur als sinnloses Zahlen- und Buchstabengehämmer auf dem Papier. Ein Verdacht stieg in Holger auf und bestätigte sich. Dieses Riesenprogramm hatte quer ein Zubehör-Textprogramm in sich stecken und dieses Textprogramm war eine nicht aktivierbare Demoversion. Um diesen Quatsch herauszufinden, hatte Holger keinen Tag gebraucht und nur noch zwei Telefonate mit dem Hersteller der Demosoftware führen müssen.

Karl Görink war von Holgers Recherchen beeindruckt und gleichzeitig peinlich berührt, denn er riss bei Holgers Berichterstattung weit die Augen auf. Das konnte er sogar sehr gut. Wahrscheinlich wollte er dann mit seinen riesigen Kulleraugen um ein Stück bedeutungsvoller aussehen. Auf Holger wirkte er jedoch wie ein großer Lkw auf der Überholspur mit Fernlicht.

»Ja, Herr Geh, das hätte ich natürlich auch herausfinden können, aber für solche Dinge mangelt es mir hier im Haus etwas an Zeit. Seien Sie so gut und finden Sie doch bitte heraus, wie viel dieses Textprogramm kostet. Aber nehmen Sie sich ruhig Zeit.«

Na, denn letzten Satz kannte Holger ja nun!

Im Hause Kratzer beschäftigte sich Holger fast nur noch ausschließlich mit der Rechnungsaufschlüsselung des Bauvorhabens Steuerhaus 11 in Köln. Holger schlüsselte handschriftlich jeden Preis in Material- und Lohnanteile auf und stellte gleichzeitig seine Bezüge her zu der Sachlichkeit der Beauftragung, der Nachträge und der Vorgänge sowie der widerspruchslosen Duldung durch den Auftraggeber. Holger verwies darauf, wo die jeweilige Position akzeptiert wurde und wo nicht, und wann sie, was ganz wichtig war, schriftlich von ihm für eine Ausführung angekündigt worden war.

Das Ganze war eine handwerkliche Sisyphusarbeit und ergab eine Tapete von jeweils drei aneinandergeklebten DIN A3 Blättern. Jeweils acht Positionen passten untereinander auf so einen Tapetenstreifen und verliefen dann eben in den Aufschlüsselungen auf der geschilderten Länge weg.

Bei ungefähr 100 Positionen des Leistungsverzeichnisses zuzüglich der Nachträge ergab sich eine Menge geglättetes Holz, das Holger Geh jeweils in den zwei Tagen seiner Anwesenheit in der Firma Kratzer bearbeitete. Er konnte es immer nur erst mit Bleistift ausarbeiten, um Querverweise aus folgenden Positionen als Bezug und Erläuterung einbringen zu können. Holger fehlten bei dieser Ausarbeitung die Bautagesberichte, die der Obermonteur Schaffer hätte schreiben sollen. Permanent musste Holger in den zwei Tagen Herrn Schaffer anrufen oder gar morgens in das Büro bitten, um mit ihm, nach dessen Erinnerungsvermögen, sachliche und zeitliche Bezüge an diesem Bauvorhaben zu klären. Darüber wunderte sich natürlich Hajo Kratzer, aber darüber wunderten sich Holger und Rita Hase, die das aus ihrem nebenan liegenden Zimmer mit verfolgte, nicht mehr.

Die große Überraschung kam für Holger Geh im Hause der Immobil-Bau, als er feststellte, dass Karl Görink eigentlich wenig schlau war. An einem Immobilienbesitz der Firma stellten sich bei relativ neuen Einfamilienhäusern immer die gleichen Schäden im Sanitärbereich ein. Immer wieder rissen die in der Erstausstattung installierten Wasserleitungsverbinder und mussten ersetzt werden. Viele Fotos existierten von diesen Schäden in den unterschiedlichsten Gebäuden und Wohnungen. Und immer wieder war das gleiche Schadensbild ersichtlich. Karl Görink war der lustigen Meinung, dass man mit dem Begleichen der einstigen Schlussrechnung an die Baufirma, die als Generalunternehmer noch existierte, keine Gewährleistungsansprüche mehr besaß.

Holger klärte Görink über die Begrifflichkeit des ‚Versteckten Mangels' auf. Karl Görink, der Profi der Immobilien, schaltete seine Äugelchen auf die berühmte Lkw-Überholspurbeleuchtung und kam aus dem Stottern nicht mehr heraus. Selbstverständlich waren es mal wieder seine terminlichen Probleme, die es nicht zugelassen hatten, dass er sich selbst um diese Belange hatte kümmern können. Und so waren eben mal insgesamt 16.000 Euro für Reparaturen bezahlt worden, die offensichtlich auf einen Materialfehler zurückzuführen waren.

Holgers Einlassung: »Bad Reichenhall ist eben überall«, verstand der Herr Karl Görink auch nicht. »Eigentlich wäre sein Job ideal für Hajo Kratzer, aber dazu hätte dieser nicht dieses strapaziöse Studium hinter sich bringen müssen«, dachte sich Holger.

Die Riesenaufschlüsselung der Schlussrechnung für das Steuerhaus 11 in Köln erzeugte bei Herrn Maibaum von der Firma Vorhand keine Reaktion. Er schickte sie zurück mit der schlichten Bemerkung, dass sie bei ihm keine neuen Erkenntnisse hinsichtlich seiner Rechnungskürzung bewirken würden.

Holger Geh bekam das Antwortschreiben von Herrn Maibaum durch seinen Junior-Chef kommentarlos und beleidigt auf den Tisch geworfen. Holgers Einlassung: »Ich habe doch gleich gesagt, dass dieser Vorgang zum Anwalt muss«, ließ Hajo widerspruchslos im Raum stehen. Holger wurde nun von Hajo Kratzer beauftragt, die Abrechnung eines Objektes der Firma Amsterdam-Bau einzuleiten. Bei diesem Bauvorhaben war die Situation ähnlich geartet wie am Steuerhaus 11 in Köln.

In der Firma Immobil-Bau beschäftigte sich Holger Geh inzwischen auf Weisung von Herrn Görink mit der Arbeitsplatzbeschreibung des Unternehmens. Holgers dritte Variante der Anweisungen für Hausmeister hatte Görink irgendwann einmal kommentarlos geschluckt. Holger bekam auch keine Stellungnahme von Görink zu hören, ob diese Variante nunmehr seinen Vorstellungen entsprach. Die Arbeitsplatzbeschreibungen brachte Holger mit sehr viel Pausen innerhalb von zwei Tagen zu Papier und er ließ sie Görink zukommen.

Am Freitag dem 25. März wurde Holger Geh zu Herrn Karl Görink gebeten.

Herr Görink war denkbar schlecht gelaunt und hatte seine Äugelchen schon bei Holgers Eintritt in sein Zimmer auf Lkw-Fernlicht geschaltet. Er legte gleich los: »Herr Geh, die Arbeit, die Sie hier machen, ist denkbar schlecht. Sie kümmern sich um Dinge, um die Sie sich nicht kümmern sollen. Sie schaffen nur Unruhe! Sie machen eine Arbeitsplatzbeschreibung für das ganze Büro! Das hätte ich auch gekonnt! Sie sollten nur eine Arbeitsplatzbeschreibung erstellen für die Abteilung, der Sie zurzeit zugeteilt sind!«

Holger klappte der Unterkiefer herunter. Die Abteilung, der er zugeteilt war, bestand mit ihm aus drei Personen. Hier eine Arbeitsplatzbeschreibung zu erstellen und ein Organigramm war absolut sinnlos. Ganz abgesehen davon hatte Holger dies ja mit den Arbeitsplatzbeschreibungen für die ganze Firma Immobil-Bau mit ihren 18 Mitarbeitern und dem Gesamtorganigramm gleich mit erledigt. Dieses Argument nahm Karl Görink schmollend zu Kenntnis, weil er so allmählich merkte, dass Holger sich über die Kleinteiligkeit der an ihn übertragenen Aufgaben seine eigenen Gedanken gemacht hatte. Görink versprach Holger über das Wochenende nachzudenken, mit welchen Arbeiten er Holger in der kommenden Woche betrauen wollte.

Für Holger wurde immer klarer, dass er bei diesem Immobilien-Verwaltungsverein von Oddo Kratzer ‚in Abschiebehaft' geparkt worden war. Zorn stieg in Holger auf und er erklärte Herrn Görink, dass er es gewohnt war, zielorientiert zu arbeiten mit zeitorientierter Durchführung und präzisem Abschluss.

Gönnerhaft erwiderte der Geschäftsführer Görink, dass er selbstverständlich bereit war, mit Holger Geh weiterhin zusammenzuarbeiten, selbst wenn dieser, wie im aktuellen Fall, etwas über das Ziel hinausschoss. Aber Holger hatte für sich selbst die Abschiedszeremonie bereits angekurbelt, indem er Herrn Görink erklärte, dass eine ziel- und zeitlich orientierte Arbeit in den zwei Tagen in der Firma Kratzer im Gegensatz zu der zeitlos orientierten Arbeit während der restlichen drei Tage der Woche im Hause der Immobil-Bau, sein Nervenkostüm unnötig beanspruchte.

»Deswegen, Herr Görink, stelle ich meine Arbeit hier bei Ihnen mit sofortiger Wirkung ein, denn sie entspricht nicht meiner Mentalität und gewohnten Art und Weise von Arbeit und deren Durchführungen. Ich bin nur meiner Delegierung von Herrn Kratzer-Senior nachgekommen, die, wie ich es Ihnen ja sowieso schon mehrmals erläuterte, ohne mein verbales oder sogar schriftliches Einverständnis erfolgte. Sie stellt damit ohnehin einen klassischen Verstoß gegen das Arbeitnehmerüberlassungsgesetz dar. In meinem Anstellungsvertrag mit der Firma Kratzer GmbH, den ich im Jahre 1981 unterschrieb, steht nämlich kein Passus, der es ihr erlauben sollte, mich ohne meine ausdrückliche schriftliche Einverständniserklärung an Fremdunternehmen zu verleihen. Ich bedanke mich für die freundliche Aufnahme in Ihrem Hause. Hier sind die Schlüssel zum Büro, die Sie mir freundlicherweise zu Verfügung gestellt hatten. Ich wünsche Ihnen ein schönes Wochenende!«

Herr Görink war nicht mehr gut gelaunt, schaltete aber seine Äugelchen um von Fernlicht auf Standlicht und zwang sich ein Lächeln ab: »Na, hoffentlich werden Sie Ihre Entscheidung nicht noch einmal bedauern Herr Geh. Alles Gute!«

Es war 11:30 Uhr, als Holger bei der Firma Kratzer auf das Betriebsgelände fuhr. Holger meldete sich bei seinem Junior-Chef. Der war auch denkbar schlecht gelaunt, denn er hatte bereits fernmündlich von Holgers Abschied von der Firma Immobil-Bau erfahren.

»Herr Kratzer«, sagte Holger zu ihm, »diese Arbeit macht mich krank, denn sie ist ziellos sowie wahllos und entspricht nicht den perspektivischen und zeitlichen Vorgaben, nach denen ich es gewohnt war, hier bei Ihnen im Hause arbeiten zu können, um ein zufriedenstellendes Arbeitsergebnis zum Gemeinwohle unseres Unternehmens zu erzielen. Deshalb habe ich meine Delegierung zu der Firma Immobil-Bau aus gesundheitlichen Gründen heute eingestellt. Mit Ihrem Einverständnis werde ich jetzt mein Wochenende antreten, um mich nervlich von diesem völlig uneffektiven Einsatz zu erholen und meine Arbeitskraft ab Montag wiederum ganz dem Hause Kratzer zu Verfügung stellen zu können.«

Hajo Kratzer nickte meinungslos und Holger ging. Die Tür zu Oddo Kratzers Büro war geschlossen, aber der Senior war da und telefonierte. Holger konnte sogar hören, bei wem es sich nach der Ansprache von Oddo Kratzer handelte. Es war Karl Görink!

Auf der Fahrt nach Hause zu seiner Evi telefonierte Holger noch mit allen drei Betriebsräten der Firma Kratzer GmbH und informierte sie jeweils über seine Entscheidung, die Delegierung zu der Firma Immobil-Bau aus gesundheitlichen Gründen eingestellt zu haben. Alle drei Betriebsräte, nämlich Martinus Bug, Uwe Klacker sowie der immer fröhliche Merlin Mathau zeigten ihr Verständnis und begrüßten Holgers Handlungsweise.

Am Montag dem 28. März nach einem schönen sonnigen Wochenende mit viel Arbeit im Garten erhielt Holger morgens von seinem Junior-Chef die Bauakte eines Objektes in der Nähe des Düsseldorfer Flughafens überreicht. Für das erste anstehende Baugespräch an diesem Objekt reservierte Holger den Bereitschaftswagen, der als Ersatz für seinen Firmenwagen eingekauft worden war. Holger hatte keine Lust, mit seiner amerikanischen Reiselimousine zu fahren, denn die Spritkosten bekam er ohnehin nicht ersetzt.

Die Stimmung im Hause Kratzer war angespannt, aber Holger wurde von keiner Seite mehr auf seinen knapp sechswöchigen Aufenthalt im Hause der Firma Immobil-Bau angesprochen.

Oddo Kratzer gab in seiner Rolle als Präsident des BvdFdH wohlgemeinte Statements von sich, welche die Unverzichtbarkeit auf ältere Arbeitnehmer im Handwerk weiterhin wortreich betonten. Gut, es waren nicht Kratzers Worte, sondern vorentwickelte Ausführungen der Presseabteilungen des BvdFdH in Bonn, aber sie kamen zumindest über Kratzers Lippen.

Holger fühlte sich als ältester Angestellter im Hause Kratzer wieder etwas sicherer. Da er ja auch über einen auskömmlichen Mietertrag aus seinem Elternhaus verfügte, was im Hause Kratzer bekannt war, wäre er sogar bereit gewesen, auf einen Teil seines Gehaltes zu verzichten und mit reduzierter Stundenzahl zu arbeiten, wenn man ihn einmal auf solche Möglichkeiten hin angesprochen hätte. Da man dies vonseiten der Geschäftsleitung nicht tat, sah Holger seiner beruflichen Zukunft etwas hoffnungsfroher entgegen.

Die Tage vergingen und Holger verbrachte sie mit Kalkulationen und der Betreuung von insgesamt drei kleineren Bauvorhaben, die sich in der Nähe von Dortmund befanden. Holger besuchte diese nicht weit entfernten Objekte mit seinem eigenen Wagen. Dieses Küchenmopped war ihm einfach zu rumpelig. Holger hatte auch keine Lust, sich auf die Attitüden einer Rebel Hass einzustellen, die immer ganz wichtig einen Tag vor Nutzung des ZbV-Wagens (zur besonderen Verwendung) eine eindeutige Reservierung brauchte. Spontane Besuche eines Architekten, unmittelbar auf dessen Anruf hin, wenn es die Zeit und die Arbeitsabläufe zuließen, waren somit für Holger nicht mehr möglich.

In der Nacht vom 15. auf den 16. April fuhren Holger und seine Frau Evi nach Tirol in den Winterurlaub. Die Skier hatten sie erst gar nicht eingepackt, denn der Blick in das Internet sagte Ihnen, dass am Urlaubsort kein Körnchen Schnee mehr lag. Aber die Tage mit den vielen Freunden und Bekannten, die sie dort, wie jedes Jahr trafen, waren nett und fröhlich. Besuche in Meran, Bozen, Brixen und Brunneck standen auf dem Programm. Insbesondere ‚der Ritten', ein Hochplateau oberhalb von Bozen hatte es Evi sehr angetan. Durch die neue Riesengondelseilbahn war der Ritten nunmehr innerhalb kürzester Zeit von Bozen aus zu erreichen.

Nach dem gemeinsamen Frühstück mit den Freunden in ihrem Hotelchen in Tirol traten Holger und Evi am 23. April ihre Heimreise an. Wie immer fuhren sie bei Holgers inzwischen 86-jähriger Patentante in der Nähe von Rosenheim vorbei. Die alte Dame freute sich sehr, ihren Patensohn und dessen Frau zu sehen. Seit einiger Zeit hatte auch bei ihr erkennbar die Demenz begonnen. Die Gespräche bewegten sich fast ausschließlich in der Vergangenheit und in Beschreibungen von Dingen, die das Leben von Holgers Tante geprägt hatten. Neu war für Holger der plötzlich auftretende Zorn seiner Tante auf die Juden. Holger hatte nie von ihr eine kritische oder gar abfällige Bemerkung über die Juden vernommen. Das war immer ein scharfer Kontrast zu Holgers eigener Mutter gewesen, die Zeit ihres Lebens kaum ein Hehl daraus gemacht hatte, dass sie das jüdische Volk hasste. Aber plötzlich kam auch bei Holgers alter Tante die braune Indoktrination zutage, die ihr zu Jugendzeiten eingetrichtert worden war.

Zu Hause angekommen stellten Holger und Evi am 24. April fest, dass der Hausnachbar seinen Gartenteich zu riesigen Dimensionen ausgebaut hatte und dass ihr eigener Rasen im Garten nach einer Rasur schrie.

Da Holger während des Urlaubes Geburtstag gehabt hatte, erschien er nach Ostern am Dienstag dem 26. April mit vielen belegten Brötchen im Büro, die er schon vor seinem Urlaub für 66 Euro bei einem Bäcker bestellte hatte. Holgers Kolleginnen und Kollegen, sowie Kratzer-Junior erschienen nach ihrem Eintrudeln im Büro bei Holger und gratulierten ihm artig nachträglich zu seinem 58. Geburtstag und aßen brav seine Brötchen. Es waren wieder viel zu viel Brötchen, aber nachdem Holger mit der Werkstatt telefoniert hatte, erschien ein Lehrling und der Rest wurde in der Werkstatt verputzt.

Holgers Kollegin Rita Hase deutete Holger an, nachdem sie ihm gratuliert hatte, dass das Gerücht in der Firma kursierte, dass das Haus Kratzer sich von ihm per Kündigung trennen wollte. Holger nahm diese Mitteilung zu Kenntnis, konnte sie jedoch nicht so richtig zuordnen, denn er fühlte sich dem Unternehmen verbunden und befand sich im 29. Jahr seiner Anstellung bei der Firma Kratzer GmbH. Selbst dieser ulkigen Abstellgleisdelegierung seines Senior-Chefs war Holger widerspruchslos, wenn auch nicht unkommentiert, nachgekommen. Und an Änderungen oder Überlegungen wurden er sowie Rita Hase schon lange nicht mehr beteiligt.

Am Mittwoch dem 27. April wunderte sich Holger Geh um 7 Uhr morgens, als er das Firmengelände befuhr, dass der Wagen des Junior-Chefs schon auf dem Betriebsgelände parkte.

Kaum hatte sich Holger an seinem Arbeitsplatz eingerichtet, erschien Hajo Kratzer in seinem Büro: »Guten Morgen, Herr Geh, wenn Sie mir eben in mein Büro folgen würden!«

»Aber natürlich, Herr Kratzer«, sagte Holger und folgte ihm. Er war erst einmal ziemlich unbefangen und dachte an nichts Böses. In Kratzers Zimmer stand der Betriebsratsvorsitzende Martinus Bug und trug eine Beerdigungsmiene zur Schau. Erst als Herr Bug mit dieser steinernen Miene und körperlich vollkommen verkrampft Holger Geh noch nachträglich zum Geburtstag gratulierte, wurde diesem plötzlich ganz klar, dass seine Demission unmittelbar bevorstand. Hajo forderte den Betriebsrat und Holger auf, an dem Besprechungstisch in seinem Zimmer Platz zu nehmen. Hajo Kratzer hatte zu seinem kanariengelben Hemd eine seiner geschmacklosen Krawatten über seinen feisten jungherrlichen Bauch drapiert und schlug in der von seinem Vater erlernten Manier ein Beinchen bedeutungsvoll über das andere.

»Ja, Herr Geh«, begann der Junior-Chef das Gespräch, »Sie werden es wohl schon im Laufe der letzten Monate gemerkt haben, dass wir hier im Haus die Abläufe etwas umstrukturiert haben. Dazu gehört bedauerlicherweise auch der Entfall Ihres Arbeitsplatzes. Ihre Kalkulationsaufgaben werden zukünftig durch mich persönlich abgedeckt werden. Ihre nur noch wenigen Bauleitungsfunktionen werden durch Frau Hase, Herrn Kläffge und durch mich übernommen. Somit ist Ihr Arbeitsplatz wegrationalisiert und eine Weiterbeschäftigung Ihrer Person ist in diesem Hause aus wirtschaftlichen Gründen nicht mehr möglich.«

Holger schwieg zu diesen einstudierten Ausführungen, nachdem Hajo Kratzer ihn mehr als erwartungsvoll anschaute. Irgendwie hatte Holger es ja geahnt, dass sich die Welle der Ungereimtheiten und der begleitenden Missstände in der Firma langsam aber unaufhaltsam zu einer ihn begrabenden Lawine auftürmen würden. Aber Holger hatte es auch immer wieder gerne etwas weggedrückt nach dem bekannten Motto: »Die Hoffnung stirbt zuletzt.«

»Deshalb, Herr Geh«, unterbrach Kratzers betonungsloser Singsang Holgers eigene Gedankengänge, »muss ich Ihnen bedauerlicherweise nunmehr in Gegenwart des Betriebsrates die ordentliche betriebsbedingte Kündigung überreichen. Die ordnungsgemäße Anhörung des Betriebsrates fand statt.«

»Was dann die Gegenwart dieses eigentlich immer meinungslabilen Betriebsratsvorsitzenden hier bei diesen Feierlichkeiten eigentlich zu bedeuten hat?«, sinnierte Holger, »die Frist eines Einspruches gegen die Kündigung durch den Betriebsrat ist abgelaufen und somit war der Hafer geschnitten und der Ball im Tor und der Drops gelutscht.«

Hajo Kratzer überreichte Holger einen unverschlossenen Umschlag, aus dem dieser das Schreiben seiner Kündigung zog, und es kurz überflog. Es enthielt im Wesentlichen das von Hajo Kratzer Vorgetragene und war nur von ihm unterschrieben. Da war wohl der Oddo Kratzer zu feige gewesen, seinem alten Weggefährten selbst noch den Tritt mitzugeben?

Hajo überreichte an Holger noch ein Schreiben mit den Worten. »Wenn Sie das eben unterschreiben würden, es ist die Empfangsbestätigung Ihrer Kündigung. Wenn Sie das unterschrieben haben, bekommen Sie hier noch etwas. Wir haben hier noch etwas vorbereitet.«

»Herr Kratzer«, antwortete ihm Holger, »Sie glauben doch nicht, obwohl es an dem gesamten Formalismus überhaupt nichts ändert, dass ich nach fast 30 Jahren Betriebszugehörigkeit den Erhalt meiner eigenen Kündigung bestätigen werde? Mit dieser Bestätigung werden sich andere Institutionen beschäftigen.«

Das wiederum fand Hajo Kratzer gar nicht lustig und erwiderte patzig: »Nun gut, wie Sie wollen, Herr Geh. Dann bekommen Sie auch nicht diesen Umschlag, den wir für Sie vorbereitet haben! Wenn Sie bitte nunmehr umgehend Ihr Büro von Ihren privaten Sachen räumen würden! Sie sind ab sofort unwiderruflich von jedem Arbeitseinsatz für dieses Haus unter Einhaltung jeglicher Fristen und Ihrer restlichen Urlaubsansprüche bis zum 30.9.2011 freigestellt.«

Holger besorgte sich aus der Werkstatt einen großen Karton und räumte seine privaten Dinge, wie Bücher, Bilder und Schreibtischutensilien hinein. Er schaute kurz in das Zimmer seines Junior-Chefs und fragte: »Herr Kratzer, soll irgendjemand dabei sein, wenn ich jetzt meinen Schreibtisch und meine Schränke ausräume?«

»Nein, Herr Geh«, antwortete ihm Hajo überlegen lächelnd, »das ist wohl nicht nötig. Es wird hier ohnehin nichts im Büro sein, was sie nicht schon zu Hause haben.«

»Wohl war«, entgegnete ihm Holger, »und noch viel mehr.« Aber das verstand Hajo nicht, denn sein Lächeln war nun mehr als gekünstelt.

Um 8 Uhr verließ Holger Geh die Firma Kratzer GmbH, nicht ohne noch einmal durch die Werkstatt und über den Lagerplatz gegangen zu ein, um von jedem Teil, jeder Maschine, die er seit Jahrzehnten mit begleitet hatte, gedanklich Abschied zu nehmen.

Hajo Kratzer sah ihm dabei von seinem Bürofenster aus zu. Er würde es nicht verstehen! Rita Hase war sichtlich erschüttert! Holger und Rita waren für fast 27 Jahre ein tolles Team gewesen und hatten nicht nur berufliche Belastungen geteilt. Sie umarmten einander und versprachen sich, den Kontakt untereinander nicht abbrechen zu lassen, aber Holger ahnte damals schon, dass das eher unwahrscheinlich war, denn er wusste, dass Rita nicht unbedingt der Typ war, der auf andere Menschen zuging. Dafür war sie etwas zu spröde. Aber gerade diese leichte laszive Sprödigkeit konnte doch wohl manchmal auch etwas erotisierend wirken. So empfand das zumindest Holger gelegentlich. Von Lorbas Kläffge verabschiedete sich Holger mit kurzen Worten, die Damen fanden keine Beachtung von ihm, es lohnte sich ohnehin nicht.

Und so verließ Holger Geh die Firma Kratzer GmbH, die bis dahin für 28 Jahre und vier Monate sein Leben, seine Heimat, seine Familie, seine Versicherung, seine Hoffnung, seine Geborgenheit, seine Zuversicht und anfänglich für zwei Jahrzehnte und mehr auch seine Einstellung war.

Alle möglichen und unmöglichen Gedanken jagten ihm durch den Kopf über diesen Vorgang des erzwungenen Abschiedes aus dem Unternehmen, das er offiziell Anfang 1982 betreten hatte. Blitzartig liefen vor Holgers Augen die guten wie auch schlechten Erinnerungen der Firmengeschichte vor Augen ab. Die Nöte und Freuden von Oddo Kratzer und seiner damals auch noch jungen Familie. Die Besuche bei seiner Jugendfreundin in Osnabrück, die er öfter mit einem Baustellenbesuch dort verband. Er setzte Holger dann immer an der Baustelle in Osnabrück ab und sammelte ihn nach drei Stunden wieder auf, wenn er mit seiner Jugendliebe in Erinnerungen, welcher Art auch immer, geschwelgt hatte.

Die vielen gemeinsamen Fahrten über die Autobahnen zu den Baustellen mit den Besuchen der Rasthäuser, in denen Oddo Kratzer meist das Kleingeld zur Currywurst fehlte, denn er war damals ein notorischer Portemonnaie-Vergesser.

Oder, wenn man die Raststätte verfehlt hatte, die gemeinsame nur wenige Meter voneinander getrennte Pinkelei, die, wenn auch getrennt ausgeführt, doch irgendwie in dieser Drucksituation verband.

Der tragische Tod eines Erfolg versprechenden Lehrlings in der Firma Kratzer, dessen Vater ebenfalls dort beschäftigt war. Die vielen Sorgen von Oddo Kratzer um seinen Sohn Hajo, der schon sehr, sehr früh das wurde, was Werner Dasholz im Jahre 2006 in Gegenwart von Holger Geh so trefflich ausdrückte, nämlich. »Ein lieber, netter Kerl.« All diese Gedanken sausten Holger durch den Kopf und kamen neben vielen unflätigen, ungebührlichen und auch unlogischen Bewertungen der gegenwärtigen Situation seiner Kündigung durch das Haus Kratzer immer wieder auf einen Punkt zurück, der sich bei ihm manifestierte: »Das war mehr als sehr unanständig von Ihnen, Herr Oddo Kratzer. Ihren Sohn trifft da weniger Schuld. Er war ja nur Ihr Erfüllungsgehilfe. Aber ... bei irgendeiner Ihrer nächsten lila Stunden um 18:30 Uhr jeden Abend, wenn Sie ihren ersten Schnaps des Tages nach alter Familientradition trinken, werden Sie möglicherweise erkennen, dass Sie nicht nur mir die berufliche Perspektive weggeschnitten haben, sondern Sie sich selbst, in nicht unbedeutenden Bereichen, auch Ihre Privat- und Firmengeschichte. Bei welcher Ihrer daraufhin folgenden lila Stunden sich dann bei Ihnen diese Erkenntnis festsetzt, dass Sie zusätzlich noch dazu ordentlich hinter die große Fichte geführt wurden, wird sich möglicherweise niemals feststellen lassen. Fragen Ihrerseits hierzu können Ihnen Ihre Mitarbeiter und mit Sicherheit viele Ex-Mitarbeiter sowie Architekten, Bauherren, Lieferanten, Sub-Unternehmer und Preis-Absprache-Helfer, die sich ja unter anderem auch in dem von Ihrem Sohn Hajo besuchten elitären ‚111 Club' tummeln, bei Bedarf, reichlich beantworten.«

Um 10 Uhr war Holger Geh bei seinem Anwalt Paul Kaiser und vereinbarte für den späten Nachmittag einen ersten Besprechungstermin.

Um 11 Uhr erschien Holger bei seiner Evi in ihrem kleinen Geschäft und berichtete von seiner Kündigung. Bedingt durch die in den Vormonaten auch für sie deutlich erkennbaren Querelen in Holgers Berufsleben, war sie nicht gänzlich überrascht über die Kündigung. Die ganze Art und

Weise der Umgangsformen, welche die Firma Kratzer Holger seit dem Jahre 2010 entgegenbrachte, hatte sie, wie viele andere Menschen ebenso, schon vorher reichlich erschüttert.

Um 13 Uhr war Holger beim Arbeitsamt in Unna und wurde perspektivischer Mitarbeiter der Firma ‚Von der Leyen' mit langer Personalnummer.

In den folgenden Stunden und Tagen lief bei Holger Geh das Telefon heiß. Monteure, Kollegen und Ex-Kollegen, Lieferanten und Architekten von nah und fern, sowie Bauleiter von Behörden und Sub-Unternehmer der Firma Kratzer riefen ihn an. Sie versuchten mögliche Hintergründe, der zwangsweisen Verabschiedung aus dem Hause der Firma Kratzer GmbH zu erfahren.

»Ihr seid doch in der Bauwelt eine Einheit gewesen, Herr Geh«, sagte ein Architekt pikiert. »Jahrzehntelang konnte man sagen, da kommen Geh-Kratzer, oder Kratzer-Geh, es passte immer, aber jetzt?«

Holger konnte keine Antwort geben, die ihm schlüssig war, denn er wusste keine. Ob der Junior-Kratzer nicht aus Holgers Schatten treten konnte? Oder ob Hajo Holgers Schatten nicht zu nutzen wusste? Holger wusste es nicht! Ob die eigentlich unbedeutenden und farblosen T-Ts (Tiller-Tanten) den Ausschlag gegeben hatten? Holger wusste es nicht! Und das sagte er auch allen Anrufern! Selbst der älteren erfahrenen Buchhalterin Frau Linnengeber aus der Firma Dasholz konnte er nichts sagen, als diese ihn erschüttert zu Hause anrief.

Holger klagte mithilfe des Fachanwaltes Paul Kaiser auf ‚Weiterbeschäftigung im Hause Kratzer'. Irgendein völlig farbloser Verbandsassessor Brausesturm musste die Interessen der Firma Kratzer GmbH vor dem Arbeitsgericht in Dortmund vertreten und es wurde einiger Schriftverkehr geführt, in denen Hajo Kratzer in seiner Verzweiflung versuchte, Dokumente des Firmenorganigramms nach ISO-Norm nachträglich handschriftlich zu fälschen. Er hätte eigentlich wissen müssen, dass die ISO-Norm handschriftliche Dokumentkorrekturen nicht zuließ, sondern immer nur ein gelistetes Neudokument in gedruckter Form mit Index und hinterlegter Begründung der Korrektur. Der seinerzeitige Zertifizierungsauditor hatte sich ja schon damals über Hajos eigene Aussage gewundert, dass er in der Firma Kratzer den Qualitätsmanagementbeauftragten nur spielte!

Im Oktober 2011 war es dann so weit!

Der Prozess zwischen dem Hause Kratzer und Holger Geh wurde in einem Kammertermin vor dem Arbeitsgericht in Dortmund geführt. Holger wurde von seiner treuen Evi begleitet und Holgers Anwalt Paul Kaiser war auch rechtzeitig da. Oddo Kratzer erschien mit seinem Sohn Hajo und ihrem Assessor Brausesturm. Alle drei passten eigentlich optisch gut zusammen, denn sie alle trugen jeweils ein deutlich sichtbares Übergewicht eindrucksvoll vor sich her.

Oddo Kratzer war eigentlich zu bedauern. Bedingt durch sein Übergewicht hatten sich im Laufe der Jahre arge Knieprobleme bei ihm eingestellt. Er nahm beim Gehen eine Schutzhaltung ein und watschelte, die Arme schwingend, wie eine riesige Ente. Einen Händedruck hatte Kratzer-Senior schon lange nicht mehr. Er legte Holger zu Begrüßung ein totes Stück warmes Fleisch in die Hand.

Sein Sohn Hajo war sehr siegesgewiss! Er war ja auch Laienrichter an diesem Arbeitsgericht und von seinen Berichterstattungen hörte man, wenn überhaupt, immer nur die Einlassungen, dass der und der Richter blöd waren und der und der Fachanwalt oberblöd. Hier fühlte sich Hajo wie zu Hause und knallte seine Akten, die er unter dem Arm trug, mit Schwung und Nachhall ganz siegesgewiss auf die Sitzungsbank im Gerichtssaal.

Eine jüngere Richterin erschien mit zwei Laienrichterinnen. Sie erklärte, dass sie sich mit ihren beiden Laienrichterinnen schon eine Stunde vor der offiziellen Verhandlung mit den Parteien in dieser Sache unterhalten hatte. Sie gab zu erkennen, dass ihnen alle klar geworden war, dass Holger mit unbegründetem Vorsatz aus der Firma entfernt werden sollte. Sie setzte eine mögliche Abfindungssumme von sich aus, wegen der Schwere des Falles, gleich auf eine fast sechsstellige Zahl fest.

Die Sitzung verlief lange, nämlich eine gute Stunde, war aber ganz in Holgers Sinn. Das Haus Kratzer wurde ziemlich kleingemacht! Das Gericht bescheinigte der Firma Kratzer GmbH, vertreten durch deren Assessor Brausesturm, wenig Substanzielles in der Erwiderung zu Holgers Klage auf Weiterbeschäftigung, vorgetragen zu haben. Im Grunde ließ das Gericht nur zwei Möglichkeiten im Raume stehen. Entweder bezahlte die Firma Kratzer an den klagenden Holger Geh die fast sechsstellige Abfindungssumme, wenn dieser zustimmte, oder sie stellte ihn wieder ein.

Und da ließ Oddo Kratzer unbeabsichtigt die Katze aus dem Sack, indem er seinen Sohn während der Verhandlung fragte: »Ja, Hajo, willst du denn den Mann (Holger Geh) wieder zurücknehmen? Der wird doch nur noch gemobbt!! Der wird doch seines Lebens nicht mehr froh!«

Jetzt wusste Holger Geh, dass es offensichtlich wirklich eine kleine Gruppe im Hause Kratzer nebst einigen Mitläufern gab, die ein ureigenstes Interesse daran hatte, dass Holger aus dem Betrieb entfernt wurde. Das war die Gruppe, die eindeutig versuchte, auf Kosten des Unternehmens, und letztendlich Oddo Kratzers, möglichst fast gar nicht mehr zu arbeiten.

Die Firma Kratzer GmbH und Holger Geh einigten sich nach zwei getrennten Unterredungen mit ihren jeweiligen Rechtsbeiständen und abschließend vor Gericht auf die Variante der Abfindung. Oddo Kratzer war mit dem Rest seines Gefolges sichtbar bestürzt über die Größenordnung der Abfindungssumme, die er an Holger Geh zu zahlen hatte. Holger nahm ihn, vor Gericht protokolliert, selbstverständlich persönlich mit haftend in das Urteil gegen das Unternehmen mit auf. Das ärgerte ihn sichtbar umso mehr. Sollte es auch! Schließlich hatte Holger Jahrzehnte für diesen Laden gearbeitet und war mit dessen Finessen bestens vertraut.

Holger verabschiedete sich artig von den Herren Kratzer und wünschte ihnen und ihrem Geschäft für die Zukunft alles Gute! Die Herren wurden von dem großen Dienstwagen des FdH mit Chauffeur abgeholt und zurück in das Unternehmen gebracht. Das erfuhr Holger später von einem guten Freund, der bei Hajo Kratzer einen beruflichen Termin hatte und zusah, wie die beiden Herren mit versteinerter Miene der Luxus-Dienst-Karosse entstiegen. Es war auch für Holgers Freund interessant zu sehen, wofür die Gebühren des Handwerkermittelstandes an den FdH so alles an Verwendung fanden.

Einige Wochen später bekam Holger Geh seine Arbeitspapiere von der Firma Kratzer übersandt. Es fehlten drei Monate, dann hätte er sagen können, dass er bei diesem Unternehmen in eine 30-jährige Betriebszugehörigkeit hineingewachsen wäre!

Nachwort

Holger Geh bekam durch die Vermittlungen seines guten Freundes Christoph Roste ein Vorstellungsgespräch bei einem Bedachungsunternehmen in Bottrop. Holger war in diesem Unternehmen kein Unbekannter.

Dort unterschrieb er im Oktober 2011 einen Anstellungsvertrag für ein Jahr, beginnend ab dem 1.2.2012. Und eines erfuhr er in dieser Firma, anlässlich eines zweitägigen Einrichtungsbesuches seines Arbeitsplatzes, sofort; dass in diesem Hause acht Stunden Arbeit bezahlt wurden, wenn auch mindestens acht Stunden gearbeitet wurden. Die angefallenen Stundenzettel der Monteure wurden *jeden* Abend nach Arbeitsende der Geschäftsleitung mit den Fahrtenschreibern der jeweilig genutzten Betriebsfahrzeuge zur Kenntnisnahme und Kontrolle vorgelegt und nicht wie im Hause Kratzer GmbH bestenfalls einmal im Monat. So war immer ein zeitnaher wirtschaftlicher Bezug zu den einzelnen Bauvorhaben gegeben.

Das passierte jeden Morgen, wenn die Buchhalterin, Frau Kolibri, spätestens um 10 Uhr die Stunden und Materialien in die Nachkalkulation eingegeben hatte. Frau Kolibri war eine Halbtagskraft, die in diesem Unternehmen das leistete, was Frau Buschfrau im Hause Kratzer nicht als Vollzeitkraft in eineinhalb Tagen auf die Kette bekam. Zusätzlich war Frau Kolibri hier noch mit dem Aufgabengebiet der Preiseinholung betraut.

In dieser Firma funktionierte es einwandfrei, denn der Kolibri mutierte zum Bussard, wenn die Preise nicht vollständig und schnell zur Kalkulation vorlagen. Aber das hätte eine Rebel Hass im Hause Kratzer auch nicht verstanden.

Der Junior-Chef leistete hier einen geregelten zwölfstündigen Arbeitstag von morgens 6 Uhr bis abends mindestens 18 Uhr. Er und der Senior-Chef kontrollierten die Baustellen mehrmals täglich unabhängig voneinander und es erfolgte kein Vorwarnanruf einer Telefonistin oder Schreibdame, der da hieß: »Der Chef kommt gleich raus zu euch!«

Holger wusste, dass sich das Schicksal nicht gegen ihn entschieden hatte. Der Gedanke daran, dass er sich bei diesem Unternehmen in Bottrop kein Horn mehr abzustoßen brauchte, ließ ein nettes verschmitztes Lächeln um seine Mundwinkel zucken, wie ihm seine Evi sagte. Gottlob war die Lohnbuchhalterin dort kein Papierrock und weniger konnte eben doch auch einmal mehr sein.

Mit dem Tage seines Ausscheidens aus dem Hause Kratzer wurde sein Bild aus dem Internet-Auftritt der Firma Kratzer GmbH getilgt. Übrig blieben die wenig zeitgemäßen uralten Bilder, die er selbst einst von den Chefs und Mitarbeitern mit seiner eigenen Kamera gemacht hatte, sowie die antiquierten Referenz-Fotos ehemaliger Bauobjekte von denen kaum eines jünger als 10 Jahre war. Holger würde, wie auch immer, eigentlich ewiglich mit dem Hause Kratzer verbunden bleiben. Dafür sorgten nicht nur eine große Menge an Papier, sondern auch die vielen Spuren der Erinnerungen, welche er dort mit seinem Wirken hinterlassen hatte, die so manchen neuen Betriebsangehörigen, nach Holgers unfreiwilligem Abschied aus diesem Unternehmen im Jahre 2011, irgendwann zu der Frage veranlassen könnte: »Wer war eigentlich Holger Geh?«

E7KMGP765C

Auf der Internetseite:

code.asaro-verlag.com

erhalten Sie das das kostenlose E-Book im ePub-Format zu diesem Buch als Download.
Geben Sie dort die obige Zeichenfolge ein.